LUGARES DISTANTES

Zâmbia, 1997 (Foto de Luca Trovato).

ANDREW SOLOMON

Lugares distantes
Como viajar pode mudar o mundo

Tradução
Donaldson M. Garschagen
e Renata Guerra

2ª *reimpressão*

COMPANHIA DAS LETRAS

Copyright © 2016 by Andrew Solomon

Grafia atualizada segundo o Acordo Ortográfico da Língua Portuguesa de 1990, que entrou em vigor no Brasil em 2009.

Título original
Far and Away: How Travel Can Change the World

Capa e ilustração de capa
Elisa von Randow

Preparação
Cláudia Cantarin

Índice remissivo
Luciano Marchiori

Revisão
Ana Maria Barbosa
Jane Pessoa
Huendel Viana

Dados Internacionais de Catalogação na Publicação (CIP)
(Câmara Brasileira do Livro, SP, Brasil)

Solomon, Andrew
    Lugares distantes : Como viajar pode mudar o mundo / Andrew Solomon ; tradução Donaldson M. Garschagen e Renata Guerra. – 1ª ed. – São Paulo : Companhia das Letras, 2018.

    Título original: Far and Away : How Travel Can Change the World.

    ISBN 978-85-359-2927-0

    1. Solomon, Andrew, 1963- 2. Viajantes – Biografia I. Título.

17-10859   CDD-910.92

Índice para catálogo sistemático:
1. Viajantes : Biografia 910.92

[2022]
Todos os direitos desta edição reservados à
EDITORA SCHWARCZ S.A.
Rua Bandeira Paulista, 702, cj. 32
04532-002 — São Paulo — SP
Telefone: (11) 3707-3500
www.companhiadasletras.com.br
www.blogdacompanhia.com.br
facebook.com/companhiadasletras
instagram.com/companhiadasletras
twitter.com/cialetras

*Para Oliver, Lucy, Blaine e George, que
me deram um motivo para ficar em casa.*

Pensemos na longa viagem de volta.
Devíamos ter ficado em casa pensando nas terras daqui?
Onde estaríamos hoje?
[...]
"Continente, cidade, país: não é tão sobeja
a escolha, a liberdade, quanto se deseja.
Aqui, ali... Não. Teria sido melhor ficar em casa,
onde quer que isso seja?"
Elizabeth Bishop, "Questões de viagem"*

---

* Tradução de Paulo Henriques Britto (Elizabeth Bishop, *Poemas escolhidos*. São Paulo: Companhia das Letras, 2012, pp. 227-31).

Sumário

Mensagens de toda parte...11

URSS — As cores do inverno...54

URSS — Três dias de agosto 67

RÚSSIA — A obstinada decadência da jovem Rússia 77

CHINA — Ironia, humor (e arte) podem salvar a China 108

ÁFRICA DO SUL — Os artistas da África do Sul: Separados e iguais 144

ESTADOS UNIDOS — As conquistas de Vlady 180

TAIWAN — "Não mexam com o nosso patrimônio cultural!"..............183

TAIWAN — Em cada paleta, uma escolha de cores políticas 206

TURQUIA — Um cruzeiro para Bizâncio................................212

ZÂMBIA — Zâmbia, uma terra encantadora............................219

CAMBOJA — Os três passos de Phaly Nuon............................228

MONGÓLIA — Os espaços abertos da Mongólia........................235

GROENLÂNDIA — Inventando a conversa.............................246

SENEGAL — Nu, coberto de sangue de carneiro, tomando uma

coca-cola e me sentindo muito bem..................................256

AFEGANISTÃO — Um despertar depois do Talibã 264

JAPÃO — Um museu sem paredes 280

ILHAS SALOMÃO — Cântico de Salomões..............................285

RUANDA — As crianças das más lembranças 295

LÍBIA — Círculo de fogo: Uma carta da Líbia 310

CHINA — Toda a comida da China..................................347

CHINA — Opulência externa para a paz interior: O jardim de
recolhimento de Qianlong 359

ANTÁRTICA — Aventuras na Antártica 370

INDONÉSIA — Quando todos falam por sinais 382

BRASIL — Rio, cidade da esperança 390

GANA — Na cama com o presidente de Gana? 411

ROMÊNIA — Gays, judeus, doentes mentais e um patrocinador
dos ciganos na Romênia 416

MIANMAR — A hora de Mianmar 423

AUSTRÁLIA — Perdido no mar......................................463

*Posfácio — Uma última palavra sobre "Os Estados Unidos
em primeiro lugar"* 473

Agradecimentos 501

Notas 507

Referências bibliográficas 537

Índice remissivo 561

Mensagens de toda parte

Quando eu tinha por volta de sete anos, meu pai me falou sobre o Holocausto. Estávamos em nosso Buick amarelo, na rota 9A do estado de Nova York, e eu tinha perguntado a ele se Pleasantville [Cidade Agradável] era mesmo agradável. Não me lembro por que os nazistas surgiram na conversa um ou dois quilômetros adiante, mas ele achava que eu já tinha ouvido falar na Solução Final, por isso não havia ensaiado nenhuma maneira de me apresentar aos campos de concentração. Disse que o Holocausto tinha acontecido porque os envolvidos eram judeus. Eu sabia que nós éramos judeus e percebi que, se estivéssemos lá naquela época, aquilo teria nos atingido também. Insisti com meu pai para que me explicasse tudo pelo menos quatro vezes, porque eu continuava achando que tinha perdido uma parte da história, a parte que lhe daria sentido. No fim, ele me disse, com uma ênfase que quase pôs fim à conversa, que era o "puro mal". Mas eu ainda tinha outra pergunta: "Por que aqueles judeus simplesmente não foram embora quando as coisas ficaram ruins?".

"Eles não tinham para onde ir", ele respondeu.

Naquele instante, decidi que sempre teria algum lugar aonde ir. Nunca me sentiria desamparado, dependente ou confiante. Nunca iria supor que tudo continuaria indo bem porque sempre estivera bem. Minha ideia de segurança absoluta em casa desmoronou ali, naquele momento. Eu teria ido embora antes que as paredes em torno do gueto se fechassem, antes que as estradas de ferro ficassem prontas, antes que as fronteiras fossem bloqueadas. Se algum dia o genocídio ameaçasse a porção média de Manhattan, eu estaria pronto para pegar meu passaporte e ir a algum lugar onde seria bem recebido. Meu pai mencionou que alguns judeus tinham sido ajudados por amigos não judeus, então resolvi que teria amigos diferentes de mim, o tipo de gente que pudesse me esconder ou me salvar. Aquela primeira conversa com meu pai foi principalmente sobre o horror, é claro, mas também sobre o amor, e com o tempo entendi que podemos nos salvar por ter afetos variados. As pessoas morreram porque suas referências eram demasiado locais. Eu jamais teria de enfrentar esse problema.

Poucos meses depois, eu estava com minha mãe numa sapataria e o vendedor, percebendo que meus pés eram chatos, mencionou o risco de eu vir a ter problemas nas costas no futuro (o que é verdade), porém disse igualmente que eu deveria ser dispensado do recrutamento. A Guerra do Vietnã estava em todas as manchetes, e eu tinha assimilado a ideia de que, ao terminar o ensino médio, teria de lutar. Eu não era bom nem mesmo nas briguinhas na caixa de areia, e a ideia de ser lançado na floresta com uma arma nas mãos me aterrorizava. Minha mãe considerava a Guerra do Vietnã um desperdício de vidas jovens. A Segunda Guerra Mundial, no entanto, tinha valido a pena, e todo bom rapaz americano tinha feito a sua parte, com ou sem pés chatos. Eu queria entender o paradigma comparativo pelo qual algumas guerras eram vistas como justas a ponto de minha própria mãe achar que seu filho tinha de encarar a morte em nome delas, enquanto outras nada tinham a ver conosco. Não havia guerras nos Estados Unidos, no entanto os Estados Unidos podiam mandar alguém para a guerra em qualquer lugar do mundo, com ou sem razão. Com pés chatos[1] ou não, eu queria conhecer aqueles lugares para poder tomar minhas próprias decisões a respeito deles.

Eu tinha medo do mundo. Mesmo que fosse poupado do recrutamento e o fascismo não conseguisse se firmar na era Nixon, um ataque nuclear sempre era possível. Tive pesadelos com bombas lançadas pelos soviéticos sobre Manhattan. Embora ainda não tivesse sido apresentado à lenda do judeu errante, estava constantemente fazendo planos de fuga e imaginando uma vida de porto em porto. Pensava que podia ser sequestrado. Quando meus pais me aborreciam, imaginava que já tinha sido sequestrado, que fora arrancado de pessoas melhores, em algum país mais benigno, para ser levado àquele ninho de loucura americana.

Estava pavimentando o caminho do distúrbio de ansiedade que me acometeria no início da fase adulta.

Em contraponto aos meus cálculos de destruição, crescia meu afeto pela Inglaterra, país que eu nunca tinha visitado. Minha anglofilia se instalou na época em que meu pai começou a ler para mim as histórias do Ursinho Pooh, quando eu tinha dois anos. Mais tarde, foi *Alice no País das Maravilhas*, depois *5 criaturas e a Coisa*, depois *As crônicas de Nárnia*. Para mim, a magia dessas histórias tinha a ver com a Inglaterra e com os voos da imaginação dos autores. Comecei a gostar muito de compota e da perspectiva histórica. Em reação a minhas variadas extravagâncias, a repreensão habitual de meus pais era lembrar-me de que eu não era o príncipe de Gales. Formei uma vaga ideia de que, se pudesse chegar ao Reino Unido, receberia tudo a que tinha direito (alguém que recolhesse meus brinquedos, o item mais dispendioso do menu), o que eu associava mais a uma localização do que a um nascimento acidental. Como todas as fantasias escapistas, essa tinha relação não só com o destino, mas também com o que estava sendo deixado para trás. Eu era um menino pré-gay e ainda não havia analisado a natureza de minha singularidade, portanto não tinha um vocabulário com que expressá-la. Sentia-me um estranho até mesmo em casa; embora ainda não fosse capaz de formular a ideia, eu compreendia que ir a um lugar onde eu *fosse* realmente estrangeiro desviaria a atenção das pessoas da natureza mais íntima de minha alteridade.

Minha anglofilia incipiente foi alimentada por uma babá. Eu tinha muitas cólicas quando era bebê, e minha mãe procurou uma ajudante que lhe desse um pouco de descanso uma vez por semana. Pôs um anúncio e entrevistou candidatas. Um dia, quando não se esperava ninguém, a campainha soou. Minha mãe ficou surpresa ao ver à porta uma escocesa de meia-idade, alta e corpulenta, que anunciou: "Sou a babá. Vim cuidar do bebê". Minha mãe, achando ter esquecido alguma entrevista que havia marcado, levou Bebe ao meu quarto. Eu me acalmei em segundos e comi como nunca. Bebe foi contratada imediatamente. Só mais tarde se soube que ela tinha saído do elevador no andar errado e estava sendo esperada pela família do 14E, não por nós, que morávamos no 11E. Mas então já era tarde. Ao longo dos dez anos seguintes, Bebe esteve conosco durante todas as quintas-feiras: ela fazia pudim para nós e contava histórias de sua infância na ilha de Mull [na costa ocidental da Escócia]. Quando pequena, ela tinha uma bolsa com três etiquetas, em que se lia Paris, Londres e Nova York, e dizia a sua avó que um dia visitaria todos aqueles lugares. A avó riu — mas Bebe não só visitou todas aquelas cidades como morou nelas.

Como os personagens de meus amados livros britânicos, Bebe era excêntrica e mágica — ingênua, incapaz de exasperação, desânimo ou raiva. Ela me ensinou as diferentes pronúncias da letra R. Sua repreensão mais forte era um ocasional "Calma, Bentley!", quando meu irmão e eu fazíamos muito barulho. Eu imaginava que na Grã-Bretanha todo mundo ficaria encantado comigo, da mesma forma que ela, quase o tempo todo, e que lá as crianças tinham o direito de repetir a sobremesa em todas as refeições, mesmo que não tivessem comido legumes ou feito o dever de casa.

Eu ficava impressionado também com a história de uma outra Inglaterra, que confirmava a minha ideia sobre os que tinham morrido por não terem um lugar aonde ir. Nossas vizinhas Erika Urbach[2] e sua mãe, a sra. Offenbacher, eram judias tchecas que conseguiram vistos de entrada para a Inglaterra quando os nazistas invadiram seu país. Contudo, os vistos que tinham para atravessar a Europa só foram obtidos depois que seus documentos ingleses expiraram. De qualquer modo, elas pegaram um trem em Praga. Nos Países Baixos, um policial tentou expulsá-las, alegando que não seriam recebidas na Inglaterra, mas a sra. Offenbacher insistiu que elas não podiam ser retiradas do trem porque seus vistos eram válidos. Quando a balsa aportou em Dover, as duas desembarcaram, e a sra. Offenbacher ficou uma hora observando as pessoas que passavam pelo controle de fronteira, tentando descobrir qual era o policial mais compassivo. Finalmente, ela (que era uma mulher bonita, assim como Erika era uma menina bonita) escolheu uma das filas com todo o cuidado. O policial da alfândega disse-lhe: "Seu visto de entrada para o Reino Unido está vencido". A sra. Offenbacher respondeu calmamente: "Sim. Mas, se o senhor nos mandar de volta, seremos mortas". Depois de uma longa pausa em que os dois ficaram se olhando fixamente, ele carimbou os dois passaportes e disse: "Bem-vindas à Inglaterra".

Minha preocupação com a descoberta de um refúgio no exterior se equiparava a uma profunda curiosidade a respeito do mesmo mundo que eu achava tão ameaçador. Embora a Inglaterra dominasse a minha imaginação, eu queria saber também o que comiam os chineses no café da manhã, como os africanos penteavam o cabelo, por que as pessoas gostavam tanto de jogar polo na Argentina. Lia com voracidade, mergulhado em fábulas indianas, lendas populares russas e histórias coreanas tradicionais.[3] Minha mãe trouxe para casa uma caixa de lenços de papel ilustrada com pessoas vestidas com trajes típicos. Certo de que na Holanda todo mundo usava tamancos de madeira e que todos os peruanos usavam elegantes chapéus-coco, eu imaginava conhecer toda essa gente e guardei a caixa depois que os lenços acabaram. Queria visitar todos os países do mundo pelo menos uma vez — como se para pôr os pés na China ou na Índia tivesse de cumprir os mesmos requisitos que para desembarcar na Gâmbia, ou em Mônaco, ou fazer uma conexão nas Bahamas.

Por sorte, minha mãe adorava viajar. Ela tinha ido à Europa pela primeira vez logo depois da Segunda Guerra Mundial, aos 22 anos, numa época em que viajar ao continente devastado era algo tão inédito que o jornal da cidade em que ela vivia noticiou sua partida. Fizemos nossa primeira grande viagem ao exterior — Inglaterra, França e Suíça — quando eu tinha onze anos, e nos anos seguintes muitas vezes acompanhamos meu pai em viagens de negócios à Europa. Ele não tinha interesse especial em conhecer lugares novos, porém em minha mãe o turismo trazia à tona o que ela tinha de melhor. Antes de viajar a qualquer lugar que fosse, ela nos informava sobre eles. Líamos livros a respeito dos lugares, aprendíamos algo de sua história, descobríamos o que íamos comer e que paisagens veríamos. Minha mãe era muito organizada. Ela programava um itinerário para cada dia, desde a hora em que saíamos da cama até a hora de voltar ao hotel. Tanta precisão pode parecer assustadora, mas na verdade era relaxante, porque com isso as únicas surpresas eram os lugares em si. Nunca andávamos às carreiras. Minha mãe sempre dizia que devíamos viajar a um lugar como se fôssemos voltar a ele. Pensar que aquela seria a única visita nos levaria a querer ver tudo, e por isso não veríamos nada direito. "Deixe sempre alguma coisa para a próxima vez, alguma coisa que o faça querer voltar", dizia ela.

No entanto, só no ensino médio comecei a concatenar essas aventuras geográficas com uma narrativa geral. O sr. Donadio, meu professor de história do nono ano, era dado a frases bombásticas. Falava de personagens importantes (Ramsés II, Pôncio Pilatos, Catarina, a Grande, Napoleão, Thomas Jefferson) como pessoas situadas nos "entroncamentos da história". Eu os imaginava como homens e mulheres valentes que furavam sinais de trânsito, virando para a esquerda ou para a direita em pontos em que todos os demais pensavam em seguir direto. Eu reconhecia que, apesar de esses homens e mulheres terem tomado decisões que mudaram o mundo, também foram levados a essas escolhas pelas circunstâncias. Outro professor repetia que era impossível saber se tais líderes estavam deliberadamente fazendo história ou simplesmente atendendo às exigências de seu tempo. No nono ano, pensei que gostaria de contemplar os entroncamentos da história com a grandiosa esperança adolescente de que, se conseguisse contar o que acontecia na interseção, poderia até mudar o curso das coisas.

Em 1980, no meu primeiro ano do ensino médio, nosso coral devia se apresentar na União Soviética; entretanto, meses antes os soviéticos invadiram o Afeganistão, o que nos fez ser redirecionados para a Romênia e a Bulgária. (Minha estreia como solista — que foi também meu canto do cisne, por causa da minha voz sonora mas estridente de barítono — consistiu em cantar a popular canção espanhola "Ríu Ríu Chíu" num asilo de idosos da periferia de Pleven, a sétima cidade da Bulgária em número de habitantes.) Eu nunca tinha ouvido falar de ninguém que tivesse ido a esses países. Antes de sair dos Estados Unidos, muitos professores e adultos sensatos me preveniram de que a Bulgária era um Estado-fantoche da União Soviética e um lugar terrível, mas a Romênia tinha um líder independente e corajoso, Nicolae Ceaușescu, que se recusava a acatar ordens de Moscou. Porém, assim que chegamos à Bulgária, todos sentimos uma sincera receptividade. Mesmo quando nossa primeiro-soprano, Louise Elton, e eu fomos levados brevemente por um grupo de ciganos, o clima permaneceu agradável. Na Romênia, pelo contrário, todos os dias vimos cenas de repressão, as quais contrastavam com as tentativas de nossos anfitriões de nos convencer de que o país era livre e liberal. O paciente de um hospital que tentou acenar para nós pela janela foi puxado com violência por um atendente que usava uniforme do Exército e imediatamente baixou a persiana. Romenos de aspecto angustiado se aproximavam de nós nas ruas e pediam que levássemos cartas para fora do país, mas tinham medo de entabular conversa. A cada esquina viam-se militares carrancudos. Fomos proibidos de explorar Bucareste com a desculpa de que "aqui na Romênia não temos uma vida noturna animada", afirmação que repetimos achando graça durante o resto da viagem.

Na volta, contei que a Bulgária era encantadora e a Romênia, um Estado policial aterrorizante. Todos os que tinham mais conhecimento do que eu disseram que eu estava enganado. Mais tarde, quando os regimes mudaram, ficou claro que Ceaușescu não era tão admirável — o regime da Romênia era possivelmente o mais repressivo do Leste europeu. Foi uma boa lição sobre intuição: lugares que à primeira vista parecem adoráveis podem ser, na verdade, sinistros, mas lugares que parecem sinistros raramente são adoráveis.

Quase três décadas depois, entrevistei Saif al-Islam Kadhafi, filho do líder líbio Muammar Kadhafi. Até certo ponto, ele era persuasivo: muito bem-vestido num terno londrino, eloquente em inglês, socialmente bem relacionado e charmoso à sua maneira extravagante. Era também terrivelmente autocentrado e um mentiroso indisfarçável. Sua versão esfuziante da vida na Líbia era tão flagrantemente incompatível com o que eu tinha visto e ouvido pessoalmente que era como se ele estivesse representando uma cena. Poucos anos depois da minha visita, fui convidado para um café da manhã em honra de Saif Kadhafi organizado por uma prestigiada sociedade de política externa. Depois do discurso dele, que durou vinte minutos, cada um de nós foi convidado a fazer uma pergunta. Fiquei perplexo com a postura subserviente de seus interlocutores, muitos deles diplomatas experientes. Quando chegou minha vez, eu disse: "Tudo o que o senhor acaba de prometer já foi prometido cinco anos atrás, e até agora nada se concretizou. Em que devemos nos basear para supor que essas promessas serão cumpridas?". Na sequência, fui advertido por ter sido grosseiro com um "talentoso estadista", o representante "de nossas maiores esperanças no Norte da África". Saif Kadhafi está preso e sendo processado pelo Tribunal Penal Internacional por ter cometido crimes contra a humanidade depois de seu desastroso desempenho na Revolução Líbia, durante a qual anunciou que correriam "rios de sangue" se o levante popular continuasse. Uma testemunha pode ser mais valiosa que um analista político. Uma testemunha amadora, livre de conceitos tendenciosos, às vezes vê a verdade mais crua. Nunca devemos nos deixar enganar por gente bem-vestida.

No verão seguinte à minha formatura na faculdade, visitei minha amiga Pamela Crimmins, que conseguira um emprego como fotógrafa pessoal do embaixador americano no Marrocos. Na época não havia telefones celulares no Marrocos, e mesmo as linhas fixas eram escassas, por isso combinamos antecipadamente que Pamela me esperaria no aeroporto de Rabat, a capital. Era a primeira vez que eu me aventurava sozinho num lugar tão distante da minha experiência de vida. Pousamos à noite, não encontrei ninguém à minha espera e entrei em pânico. Um homem, com um carro caindo aos pedaços, ofereceu-se para me levar ao prédio de Pamela; lá, comecei a subir as escadas gritando "Pamela!" em todos os andares, até que a ouvi, sonolenta, dizer "Andrew?". Em retrospecto, os acontecimentos daquela noite podem parecer banais, mas lembro o quanto me senti aterrorizado por estar num lugar estranho sem saber como tomar conta de mim. Estava mais amedrontado por minha ingenuidade do que em razão de qualquer ideia real de perigo.

Acordei na manhã seguinte entusiasmado com nossos planos de conhecer todo o país, mas soube em seguida que Pamela fora encarregada de um trabalho urgente. Ela disse que Ahmed El Houmaidi, motorista da embaixada, queria visitar uma tia em Marrakesh e sugeriu que eu o acompanhasse. Partiríamos de ônibus no dia seguinte. A tia de Ahmed morava na periferia da cidade, numa casa de blocos de cimento construída em volta de um pátio onde havia um pé de romã. Ela tratou a chegada de um estrangeiro como uma grande ocasião e cedeu-me o próprio quarto.

Todas as noites, os homens da casa caminhavam até a Djemaa el-Fna, a grande praça de Marrakesh, que durante o dia fervilha de turistas e à noite funciona como ponto de encontro da vida social. Alguns primos de Ahmed trabalhavam ali, então ficávamos na companhia de mágicos, contadores de histórias e dançarinos até bem tarde. Quando voltávamos para casa, um ensopado de tahine estava à nossa espera para o jantar. As mulheres, sempre de véu, passavam o dia limpando e cozinhando. Vertiam água nas mãos dos homens e se retiravam; voltavam só depois que terminávamos, para comer as sobras. A casa não tinha água encanada nem luz elétrica. O pertence mais valioso da tia de Ahmed era um rádio a pilha. Em nosso último dia, ela disse a Ahmed que queria entender o significado da letra de sua música predileta, mas, como Ahmed não era fluente em inglês a ponto de conseguir traduzir a letra, ele me pediu que fizesse isso. "Sua tia vai ter um problema quando souber do que se trata", respondi. "Chama-se 'Garotas só querem se divertir'."

Dois anos mais tarde, meu irmão estava estudando biologia evolutiva na faculdade, então nossa família decidiu viajar de navio às ilhas Galápagos. Nossas passagens incluíam uma visita ao Equador. Meus pais e os demais integrantes do cruzeiro não se interessaram. Assim, meu irmão e eu ficamos com um guia à nossa disposição. Depois de circular por Quito, fomos a Cuenca para explorar as ruínas incas em Ingapirca.[4] Nosso guia nos preveniu sobre a existência de distúrbios na área, mas, se quiséssemos ir assim mesmo, ele nos acompanharia. A estrada estava quase vazia e tivemos as ruínas só para nós, interrompidos ocasionalmente por uma lhama. Na volta, tivemos de parar de repente porque uma grande pedra havia obstruído a ladeira. Em segundos, um bando de gente agitada brotou detrás das moitas e correu até o carro. Um deles rasgou os pneus, outro estilhaçou o para-brisa, outro brandiu uma arma. O guia sugeriu que fugíssemos de imediato. Estávamos trancados numa arapuca com o guia, enquanto o motorista negociava com os revolucionários, que tinham se declarado independentes porque não queriam pagar impostos. Com a intermediação do motorista, explicamos que, da mesma forma que eles, também não gostávamos de pagar impostos. Aparentemente, o motorista disse que as Forças Armadas americanas podiam bombardear a aldeia deles e envenenar suas lavouras, e em duas horas estávamos liberados. Descemos a montanha até conseguir pegar uma carona para voltar a Cuenca. Eu já era uma pessoa bem diferente da que estivera no Marrocos e fiquei muito menos nervoso, embora o incidente tivesse sido bem mais assustador.

Viver em outro país é muito diferente de viajar para conhecê-lo. Fui fazer faculdade na Inglaterra e achei que mesmo a Inglaterra era um lugar de hábitos esquisitos irritantes — apesar de minhas fantasias de uma volta espiritual ao lar. Adotar um sotaque e aprender um novo vocabulário rudimentar não é o mesmo que exibir fluência cultural. Eu tinha de dominar novas regras de intimidade, conversação e vestimenta, novos comportamentos, humor e etiqueta.

Fui morar em uma casa da própria faculdade que eu teria de dividir com outros americanos e alguns australianos. O encarregado dos alojamentos explicou que "certamente eu me sentiria mais à vontade" com minha "própria espécie". Mas eu não tinha atravessado o oceano para conviver com meus compatriotas. Meus pedidos de mudança foram rejeitados com cortesia e firmeza, entretanto, como eu insisti, a recusa se tornou menos cortês e mais firme. Duas semanas depois do começo das aulas, peguei um resfriado feio e procurei a enfermeira da faculdade, a irmã George, que espontaneamente declarou que o carpete sintético recém-instalado em meu cômodo estava cheio de toxinas. "Talvez você tenha alergia a seu quarto", ela sugeriu. Aproveitando a oportunidade, pedi que ela mencionasse essa implausível probabilidade ao encarregado dos alojamentos. Fui chamado a seu gabinete no dia seguinte e ele disse, com um suspiro de exasperação: "Tudo bem, sr. Solomon. O senhor venceu. Encontrei outro quarto para o senhor".

Levei algum tempo para entender que na Inglaterra a educação muitas vezes é considerada um luxo prazeroso, e não uma necessidade gerada pela ambição. Eu não entendia o papel delicado da meritocracia numa sociedade dividida em classes. Não sabia por que tantos alimentos eram cozidos durante tanto tempo. Nem tinha ideia de quanta autoconfiança podia ser acumulada por famílias que viveram e trabalharam a mesma terra durante séculos; o uso elegante do humor para disfarçar a sinceridade necessária; o hábito reconfortante da permanência cultivado no país inteiro. Fiquei surpreso com o número de escritores de que eu gostava nunca terem sido lidos por meus conhecidos ingleses e com todos os poetas preferidos deles dos quais eu nunca tinha ouvido falar. Com efeito, estávamos separados por uma língua comum que era menos comum do que eu havia imaginado. Adorei a solenidade generalizada e a nova crença segundo a qual o prazer era tão importante quanto o sucesso. Adorei os feriados bancários e os intervalos para o chá. Adorei a religião altruísta e ritualística em vez daquela acusadora e perpetuamente reinventada. Fiquei impressionado com a determinação que os ingleses aplicam a suas viagens. O modo que eles têm de explorar me ajudou a lançar-me na direção que este livro documenta. Passei a amar a Inglaterra por razões diversas daquelas que fizeram de mim um anglófilo juvenil.

Depois de terminar minha primeira pós-graduação, decidi ficar mais algum tempo na Inglaterra. Mandei meu currículo a editoras e revistas, e quando meus pais vieram me visitar, na primavera, eu lhes disse alegremente que estava procurando emprego em Londres. Meu pai ficou tão bravo que deu um soco na mesa do pub em Grantchester onde anunciei meus planos, silenciando todos os clientes. Ele disse que eu estava expressamente proibido de fazer isso, e respondi que ele já não estava em condições de me proibir coisa alguma. Todos nos rebelamos contra nossos pais, mas me impressiona, em retrospecto, o fato de eu ter feito isso por causa de um lugar.

Na verdade, eu queria ficar, em parte, para fortalecer meus vínculos com minha nova pátria e em parte para garantir que podia viver longe da antiga. Tinha 23 anos, era gay e me preparava para sair do armário (embora ainda não soubesse muito bem disso), e não poderia fazer isso em Nova York, onde me sentiria sugado por um turbilhão de expectativas e suposições. Eu precisava me libertar dos Estados Unidos para poder respirar — não para ser eu mesmo, e sim para descobrir em que pessoa estava me transformando. Confundia, como acontece com muitos jovens, o glamour de ser excêntrico com a liberdade de fazer ou pensar o que me passasse pela cabeça. Não bastava reconhecer um novo eu; era preciso criar uma nova persona e tornar-me famoso pela imaginação radical com a qual tinha feito isso. Ostentava roupas exageradas que, no meu entender, refletiam a elegância de uma época passada; usava um discurso arrevesado; era socialmente promíscuo, aceitava todos os convites. Esse exercício de autodefinição, ainda que útil, da mesma forma que as desventuras de juventude, não raro era irritante para os outros. O que eu supunha ser originalidade beirava a afetação. Eu era ao mesmo tempo presunçoso, ao manifestar meu novo eu inglês, e hipócrita ao rasgar meu sistema de valores original. Repudiava meus privilégios e a autonomia que me davam, no entanto também descartava minha confusão. Manifestava minha sexualidade confusa por meio de minha nacionalidade ambígua.

Como muitos gays de minha época, eu me apegava a um lugar e a amizades escolhidas. Porém, à medida que o tempo passava, comecei a perceber que minhas amizades inglesas estavam carregadas de minha arrogância de amador; até então não conseguira entender que precisava ser um pouquinho diferente para ter sucesso com elas. Eu estava encantado pelo fato de meus amigos ingleses serem tão ingleses e acreditei que eles ficariam felizes se eu permanecesse tão americano — mas eu decidira me transplantar, escolha que eles não tinham feito. Magoei profundamente diversas pessoas que amava. Talvez aquelas amizades tivessem naufragado de qualquer forma; eu era jovem, psicologicamente descuidado e imerso no solipsismo de uma depressão florescente. Continuava solteiro enquanto muitos de meus amigos estavam se casando, uma diferença de experiência que fazia com que eu me sentisse desconfortavelmente marginal. Hoje, muitos de meus amigos mais próximos são ingleses que moram em Nova York ou americanos que moram em Londres. O deslocamento se torna uma pátria acolhedora, uma coisa em comum com outras pessoas.

Se a mudança para a Inglaterra foi o começo do meu jubiloso exílio, a ida para Moscou foi sua apoteose. A viagem como membro de um coral no ensino médio tinha sido cancelada por causa da invasão do Afeganistão. A viagem da família à União Soviética que planejamos anos mais tarde foi cancelada em decorrência do desastre nuclear de Tchernóbil.[5] Grande parte da minha literatura favorita era russa, de modo que eu, como as famosas três irmãs[6] de Tchékhov, vivia me perguntando quando afinal iria para Moscou. Em 1988, eu trabalhava como correspondente de artes plásticas para a *Harpers & Queen*, uma revista mensal britânica, e a Sotheby's[7] estava preparando seu primeiro leilão de arte soviética contemporânea. Depois de olhar o material de apresentação, cheguei à conclusão de que aquela arte horrível estava sendo impingida a colecionadores ricos num esquema cínico de exploração. Assim, me propus a escrever um artigo que denunciasse o comportamento insensato da alta-roda em todo aquele lamentável negócio.

E então fui a Moscou. Em meu terceiro dia na cidade, eu tinha combinado uma entrevista com um grupo de pintores cujos ateliês estavam instalados numa casa ocupada na rua Furmann, mas meu tradutor não apareceu. Para não ser indelicado, de todo modo fui para lá. Eles me fizeram saber que eu podia ficar algum tempo por ali. De início, não houve quase comunicação, pois eu não falava russo e eles não falavam inglês. Horas depois, apareceu uma pessoa que falava francês, que eu falo mal, e assim pudemos avançar um pouco. Passaram-se mais algumas horas e apareceu alguém que falava inglês. Mas meu grande prêmio, embora na ocasião não tenha me dado conta disso, foram aquelas horas de impossibilidade de comunicação verbal. Aquilo me deu tempo de observar como os artistas interagiam. Quando um deles mostrava sua obra aos demais, percebi que viam nela coisas que eu não conseguia ver. Mais tarde, fui informado de que eles planejavam dar um aspecto banal à sua obra para evitar chamar a indesejável atenção da KGB, mas imprimiam nela significados ocultos. A chave para entender esses significados estava nas relações pessoais entre os pintores, que não esperavam mostrar seu trabalho ao grande público. Era um trabalho cheio de humor. Mais importante, refletia um misticismo profundo. Aqueles artistas acreditavam que estavam preservando sua integridade diante de um regime determinado a corroer a própria verdade.

Se meu intérprete tivesse chegado naquela manhã, eu não teria descoberto nada disso. O Ocidente tinha curiosidade em relação àqueles artistas, e logo descobri que eles estavam igualmente curiosos em relação ao Ocidente e não tinham um ponto de referência, já que todo intercâmbio estava proibido. Entrei para a órbita deles por saber um pouquinho sobre o mundo artístico ocidental, e eles ansiavam pela orientação que eu podia lhes dar. Assombrosamente distante daquele mundo, eu não sabia como lhe atribuir sentido, mas eles foram gentis comigo e aos poucos surgiu um entendimento mútuo.

No verão seguinte, voltei a Moscou para um mês de pesquisa. No aeroporto de Heathrow eu já estava em pânico. Queria ver meus amigos russos; eu já havia resolvido que eles seriam o tema de meu primeiro livro; contudo, senti uma ponta daquele medo do desconhecido que tomara conta de mim no Marrocos, quatro anos antes. A percepção que eu tinha de mim mesmo ainda era frágil e dependia da reafirmação constante que só a familiaridade pode proporcionar. Em Moscou, tudo era diferente: o que eu comia, onde dormia, sobre o que conversava.

De início, instalei-me numa dacha com um grupo de artistas alemães, mas por fim acampei, não sem alguma apreensão, na casa ocupada da rua Furmann. Eu me considerava um observador, porém acabei entendendo que meus amigos artistas me consideravam partícipe de tudo o que estava acontecendo — tanto porque a vida se altera quando é registrada como porque a presença de um intruso nunca é neutra. Naquela época, mais de cem artistas moravam naquele prédio. Havia diversos toaletes, mas um único banheiro completo, no fundo do quintal. Ao contrário dos pintores, eu tomava banho todos os dias. A pintora Larisa Rezun-Zvezdochetova emprestou-me um roupão de banho fúcsia, mas como ela não chega a um metro e meio de altura, o roupão ficava bem esquisito na minha figura alta e magra. Um documentário russo sobre o mundo da arte no período final soviético, lançado poucos anos depois, tem uma sequência filmada de cima que mostra minha peregrinação diária pelo quintal, vestido com o roupão de Larisa, como uma espécie de pontuação para marcar o passar dos dias.

Cheguei a Moscou sabendo do sombrio domínio soviético, contudo não tinha levado em conta a dimensão heroica da resistência, nem a solidariedade que uma crise ideológica prolongada pode engendrar. A capacidade daqueles russos para a intimidade era proporcional à disfunção de sua sociedade. Já sonhei acordado muitas vezes com o poder de mudar o mundo pela arte, embora fosse da opinião de que a arte, na verdade, não passava de entretenimento. Para os russos, no entanto, mudar o mundo era a razão principal para fazer arte. "Veja só", disse-me o pintor Nikita Alexeev,[8] "nós nos preparamos não para ser grandes artistas, e sim para ser anjos." Diante de um sistema de mercado ocidental, no qual devem atender a expectativas comerciais, alguns deles produziram obras que agradaram colecionadores e museus; outros continuaram perseguindo seu objetivo moral original, criando arte com reduzido potencial de mercado; outros ainda renunciaram totalmente a ela.

A ironia foi a melhor defesa desse grupo desde os dias de Stálin, a armadura de dentro da qual eles abordavam a nova ordem mundial. O artista plástico Kostya Zvezdotchétov foi convocado para o serviço militar como castigo no começo da década de 1980. Estava entre os muitos soviéticos dispensados do serviço militar que foram convocados posteriormente. Esse processo chamava menos atenção no Ocidente do que uma condenação ao gulag, porém servia aos mesmos propósitos. Kostya encontrou-se em meio a uma coalizão de ladrões e assassinos em Kamchatka, península no extremo leste da Sibéria e ao norte do Japão. Seu batalhão recebeu a ordem de escavar as fundações de um edifício que tinha sido construído sobre o gelo. Kostya, de constituição física franzina, adoecia com frequência; finalmente seus superiores descobriram que ele era ótimo desenhista e o puseram para criar cartazes de propaganda. Muitos anos depois, em sua primeira exposição na Europa Ocidental, ele me contou que um dia fora enviado para um ponto remotíssimo no Oriente, um lugar ao qual jamais havia sonhado ir, ou para onde tivesse querido ir; ali o mandaram para uma sala, onde lhe deram tintas e materiais e lhe ordenaram que fizesse arte. Ele obedeceu, mesmo sem concordar com o objetivo daquela arte, porque o poupava de um trabalho físico penoso. Agora, disse, estava num ponto remotíssimo no Ocidente, lugar ao qual jamais havia sonhado ir, ou para onde tivesse querido ir, e mais uma vez fora posto numa sala, onde lhe deram tintas e materiais, e mais uma vez lhe disseram que fizesse arte, e mais uma vez ele desconfiava que o que estava fazendo sustentava uma ideologia com a qual não concordava — no entanto, faria aquilo novamente para ser poupado do trabalho físico árduo.

Em junho de 1991, quando foi publicado *The Irony Tower: Soviet Artists in a Time of Glasnost* [A torre da ironia: Artistas soviéticos em tempos de Glasnost][9] perguntavam-me se o texto seria vertido para o russo. Respondi que dificilmente os soviéticos precisariam que um estrangeiro viesse lhes dizer o que estava acontecendo em seu país. No entanto, em 2013, saiu uma edição russa do livro, com introdução de Kostya. Naquela época, o panorama político e artístico do país havia mudado completamente, e a vida que tínhamos levado se tornara de interesse histórico. Isso fez com que eu me sentisse velho, mas também me levou a contemplar a possibilidade de ter realizado meu desejo adolescente de mudança — fazer a crônica das mudanças me inscrevera nelas.

Em novembro de 2015, jantei com um desses artistas, meu amigo Andrei Roiter, e lhe contei sobre este livro, enquanto lembrava de algumas de nossas histórias que fariam parte do texto. "Lembra quanta esperança tínhamos?", indagou. Perguntei se ele se lamentava pelos sonhos que não tinham se realizado, e Andrei disse: "Mesmo que acabe se mostrando sem fundamento, o simples fato de ter tido aquela esperança naquele momento determinou tudo o mais que eu viria a pensar, tudo o que pintei, tudo aquilo que me tornei". Falamos sobre as iniquidades da Rússia de Putin, e ele disse: "Mesmo aquela violência é diferente porque se segue à esperança". Com essa conversa, consegui entender que a esperança é como uma infância feliz, pois prepara seus beneficiários para lidar com os traumas que inevitavelmente virão. Ela é vivida como um amor primal. Minha vida, relativamente apolítica até que fui a Moscou, assumiu a urgência de integridade ameaçada quando estive lá. Ainda não sei se chamo isso de *ideal*, mas as viagens narradas neste livro — todas elas — vieram daquela exaltação. O sentimento de otimismo entre aqueles artistas soviéticos se baseava em algo que afinal se revelou em boa medida uma ficção — contudo, era um sentimento genuíno, ainda que pertencesse a uma realidade imaginária. A esperança derrotada é permeada de uma nobreza que a mera desesperança nunca vai conhecer.

Deixei Londres e Moscou quando minha mãe estava à morte; assim, pude passar perto dela seus últimos meses de vida. Sair de Nova York havia me dado independência, mas a morte de minha mãe eviscerou a identidade que criei para mim. Minha independência tinha exigido alguma coisa da qual me libertar — em parte os Estados Unidos, em parte minha família de origem. Com a doença de minha mãe, refiz os cálculos e concluí que essa diferença tinha sido superestimada. Voltei para casa para estar com ela e fiquei porque finalmente consegui aceitar ser mais ou menos americano. Ninguém me avisou, no entanto, que, quando uma pessoa vive durante algum tempo no estrangeiro, terá comprometida para sempre sua noção de *pátria*. Sempre vai ter saudades de outro lugar, e nunca mais uma lógica nacional vai lhe parecer totalmente óbvia.

Um ano depois de ter me reinstalado em Nova York, o advogado que me representava em Londres ligou para me avisar que, como eu tinha tido um visto britânico de trabalho durante seis anos, poderia solicitar a nacionalidade britânica. Precisava apenas cumprir algumas condições. Sempre paguei meus impostos, nunca fui preso por um crime. Mas a última condição era não ter passado mais de dois meses fora do Reino Unido nos seis anos anteriores, e nisso, ai de mim, eu teria problemas. Pelo sim, pelo não, escrevi uma carta ao Home Office explicando que tinha estado na Rússia pesquisando para meu livro e que estava nos Estados Unidos para cuidar de minha mãe, mas que era leal à rainha. Minha carta deve ter sido recebida por algum funcionário entediado, no outono de 1993, porque recebi meus documentos de cidadão britânico pelo correio.

A cidadania britânica conferiu legitimidade a algo que era como um subterfúgio. Ter dupla nacionalidade acalmava um pouco a minha ansiedade. Eu não só podia ter dois lugares diferentes, como ainda ser duas pessoas diferentes. Era como se me livrasse do peso de arquitetar uma única identidade, da tentativa exaustiva de espremer minha natureza contraditória numa única narrativa. Isso determinou o sucesso de minha experiência com o estrangeiro. E me deu opções. Eu não podia olhar meu novo passaporte sem pensar em meu pai dizendo: "Eles não tinham para onde ir". Eu tinha um lugar aonde ir, para sempre.

Meus documentos de naturalização validaram minha ambição de ser um cidadão do mundo. Eu não tinha dúvida de que continuaria a viajar de qualquer forma, mas passei a me sentir duplamente justificado para explorar lugares cada vez mais distantes. Os dias em casa quase sempre se confundem uns com os outros; os dias em ambientes estranhos intensificam a vida. O Ulisses[10] de Tennyson disse: "Não posso parar de viajar: Vou beber/ A vida até a borra". Eu gostava de viajar porque era como se o tempo parasse, obrigando-me a viver no presente. Conta-se que Agostinho[11] de Hipona dizia: "O mundo é um livro, e os que não viajam leem apenas uma página". Eu queria ir da primeira à última página. Viajava para ver a mudança que queria que houvesse no mundo.

Meu amigo Christian Caryl,[12] destacado jornalista político e ensaísta, mudou-se para o Casaquistão em 1992 para dirigir o instituto de economia do país. Um ano depois, fui visitá-lo. Contei-lhe que queria ir para as estepes e conhecer nômades, mas ele riu e perguntou o que eu pretendia dizer quando os conhecesse. Quando subíamos uma montanha nos arredores de Alma-Ata (nome que foi mudado para Almaty), fomos apanhados por uma tempestade de neve. Depois de uma hora tentando nos proteger da tormenta, ouvimos um veículo se aproximando e começamos a acenar freneticamente. O motorista nos recolheu. De vez em quando ele tomava uns goles de bebida, porém não estávamos em condições de reclamar. Quando ele me passou a garrafa, bebi um trago do que achava que era vodca, mas era *spirt* — álcool de pura cepa. Aquele único gole me deixou temporariamente cego e tonto. Passei a garrafa para Christian. Bebendo e cantando, descemos a montanha. Quando nosso salvador perguntou o que eu estava fazendo naquela parte do mundo, recitei de impulso minha fala sobre conhecer nômades nas estepes, e ele se dispôs a nos levar até eles na manhã seguinte. Nos oferecemos para comprar o *spirt* do dia seguinte.

Os nômades (que se tornaram menos nômades depois da coletivização forçada imposta por Stálin) não poderiam ter nos recebido melhor. Sentados em sua iurta, bombardeamos aquela gente de perguntas. Um deles mencionou que sua impressão sobre o Irã se baseava na existência de estradas e hospitais na área, ao passo que suas impressões sobre os Estados Unidos vinham principalmente de episódios de *Baywatch*, o programa estrangeiro que passava com mais frequência no país. Com base nessas informações, ele concluíra que o Irã era bom e que os Estados Unidos eram decadentes e maus. Como o Casaquistão é um país grande e rico em petróleo, independente havia pouco tempo, achei que a informação era importantíssima. Quando voltei para casa, escrevi sobre ela e mandei o texto a um editor conhecido da *New Republic*. Ele me ligou sem demora e disse: "Que estranho! É a segunda proposta que recebo nesta semana sobre uma ideia preconcebida a favor do Irã no Casaquistão. Deve estar acontecendo alguma coisa por lá". Constrangido, liguei para Christian, que admitiu ter mandado sua história sobre nossa viagem.

Viajando com meus pais quando era mais jovem, absorvi a ideia turística de que um visitante deve chegar e observar uma sociedade, sem se envolver com ela. Como jornalista, logo me convenci da estreiteza desse princípio. Quando visitava um lugar novo, era normalmente alvo de enorme generosidade das pessoas que conhecia e não via como deixar de corresponder. Em 1992, um amigo e eu sofremos um acidente de carro no Zimbábue. Um dos pneus dianteiros furou numa estrada de terra, o carro capotou e fomos parar numa floresta densa. Tínhamos de levar nossa lata-velha de volta à África do Sul. Estávamos acampando; havia comida para dez dias e várias caixas de amido de milho, muito comum nos hábitos alimentares locais, que pretendíamos dar a pessoas com as quais nos hospedássemos. Não havia motivo para levar tudo aquilo de volta. Assim, logo depois do amanhecer, ao sair da estrada, nos vimos perto de um amontoado muito carente de choupanas, e subi por um barranco íngreme. Pessoas esfregavam as mãos para se aquecer em volta de uma fogueirinha. Entreguei-lhes dez sacolas de mantimentos e durante um momento desfrutei o seu assombro. Viajar implica ajudar estranhos e ser ajudado por eles.

Eu estava cada vez mais preocupado com a questão do envolvimento e da reciprocidade. Todo novo relacionamento é perturbador para os dois lados. Em vez de evitar e minimizar essa perturbação, comecei a tentar me abrir para ela. Havia ocasiões em que o envolvimento era profundo, com frequência era um acaso. Embora fosse bom em me adaptar a circunstâncias incomuns, eu tinha de reconhecer minhas diferenças e aceitar que os outros as percebessem também. Não há como adaptar-se às pessoas fingindo ser igual a elas; a adaptação requer envolver-se em um diálogo sobre as diferenças e deixar de lado a presunção de que o seu modo de vida é de alguma forma preferível ao do outro.

Como Fidel Castro afirmou durante muitos anos que Cuba[13] era ateia, depois permitiu que o país se tornasse moderadamente secular e por fim recebeu o papa em 1996, os festejos de Natal ainda eram incipientes quando estive em Havana, em 1997. Durante as décadas anteriores, a véspera do Ano-Novo[14] se transformara em uma festa centrada na família, e não o Natal. Mas as pessoas começavam a considerar a ideia de uma festa mais animada, e resolvi aderir ao vigor emergente. Com alguns amigos, encontramos um apartamento na Havana Velha, situado numa área bem degradada, porém com pé-direito alto, colunas, cornijas decoradas e um balcão que dava para os antigos edifícios do outro lado da rua. Se você quiser conhecer um país rápida e profundamente, não há nada melhor do que dar uma festa. Nas festas cubanas, a dança começa quando a festa começa. Uma bailarina lésbica magnificamente negra chamada Marleni levou-me para o centro do salão. "A música é a coisa mais importante que existe para mim", ela confessou. "Me faz sentir coisas." Seja como for, estávamos todos sentindo coisas: seis britânicos, dois americanos e uns trinta cubanos (diplomatas, médicos, artistas, celebridades da televisão, diretores de fundações, músicos, prostitutas, estudantes), todos reunidos para celebrar nossas diversas ideias sobre um novo começo. Em pouco tempo perdemos a inibição — os mojitos ajudaram bastante — e, à meia-noite, nos debruçamos no balcão e derramamos baldes de água na rua para mandar embora o ano velho e receber o novo. Nas casas próximas, todos faziam o mesmo, embora algumas pessoas tivessem apenas taças, e outras, barris de água de chuva. Alguém derramou um mojito. Preparamos um prato cheio de comida e uma bebida para oferecer às divindades da Santería. Depois comemos mais uma vez, dançamos até o amanhecer, e todo mundo na rua parecia dançar quando voltávamos cambaleando para casa ao nascer do sol. Os cubanos adoraram nossa festa porque foi muito americana, e nós a adoramos porque foi muito cubana.

Em 1993, fui à África do Sul para fazer uma reportagem sobre o florescente ambiente artístico do país. Antes da viagem, fiz a reserva de um carro e comprei um mapa rodoviário. Meu avião chegou atrasado e o aeroporto estava praticamente fechado quando pousamos. Eu era a única pessoa do voo que tinha alugado um carro e lembrei ao sonolento atendente do balcão que havia reservado com antecedência um veículo com transmissão automática. Não sou bom com alavancas de câmbio nem nas melhores circunstâncias, e na África do Sul dirige-se pela esquerda, coisa em que também não sou bom. Eu ia ter de consultar mapas enquanto dirigia, e, numa época em que o roubo de carros estava em alta, era preciso estar atento a cada parada, pronto para sair em disparada e furar um sinal vermelho numa situação de perigo. O sujeito do aluguel de carros desapareceu durante vinte minutos e, quando voltou, disse: "Tudo bem, chefe, temos um carro automático". Assinei os papéis, saímos e deparei com a maior Mercedes branca em que já tinha posto os olhos. Melhor do que a encomenda.

Os brancos ainda não estavam autorizados a entrar nos bairros negros, e quando o faziam normalmente eram acompanhados de um negro que conhecia as redondezas, já que não havia mapas daqueles distritos. Um dia, fui ao Soweto para entrevistar um pintor. Ele me recebeu à entrada do bairro negro e me mostrou o trajeto para seu ateliê. Quando terminamos a entrevista, ele me disse que o caminho de volta era bem simples e que eu poderia percorrê-lo sozinho. Segui suas instruções, e tudo ia bem até que ouvi uma sirene atrás de mim e um policial fazendo sinal para eu encostar. Ele veio até a janela do meu carro e anunciou: "Excesso de velocidade". Pedi desculpas e disse que não tinha visto nenhum sinal que indicasse o limite de velocidade. Os sul-africanos brancos tinham fama de ser arrogantes com policiais negros, mas fui respeitoso e me desculpei. O policial disse: "Espere aqui. Vou consultar meu supervisor".

Dez minutos depois, outra viatura encostou, o supervisor desceu e se pôs à minha janela. "Excesso de velocidade", ele disse. Pedi desculpas de novo. "O senhor não é daqui, é?", disse. "Vou consultar meu comandante."

Passados mais dez minutos, uma terceira viatura chegou. "Excesso de velocidade", disse o comandante.

Pedi desculpas pela terceira vez.

"Por que estava correndo tanto?"

"Eu não sabia que havia um limite de velocidade; parece que não há sinalização sobre isso; sou um estrangeiro branco numa gigantesca Mercedes branca dirigindo sozinho pelo Soweto, o que por si só já dá medo."

Ao ouvir isso, o comandante deu uma gargalhada. "Não se preocupe, homem. Vamos acompanhá-lo."

Saímos em carreata, com duas viaturas na minha frente e uma atrás.

Viajar é um bom exercício tanto para ampliar horizontes como para determinar limites. Viajar reduz uma pessoa a sua essência descontextualizada. Você nunca se vê com tanta clareza como quando está imerso num lugar completamente estranho. Em parte, isso acontece porque as pessoas fazem diferentes suposições a seu respeito: com frequência, as expectativas se relacionam à sua nacionalidade mais do que a detalhes de sua maneira de falar, ao corte de sua roupa ou aos indicadores de referências políticas. Da mesma forma, viajar lhe dá um disfarce. Uma pessoa pode se sentir estranhamente camuflada e anônima quando envolta nos preconceitos rudimentares dos outros. Gosto de estar sozinho desde que fique sozinho por escolha; posso gostar de um lugar distante e difícil desde que em casa sintam saudades de mim. Não gosto de obrigações sociais, e viajar me ajudou a me libertar delas.

Ao mesmo tempo, como vim a saber na União Soviética, eu me sentia muito deslocado em razão da excessiva anonimidade social. Essa ansiedade reflete tanto a dificuldade de ler as pessoas de outra cultura como a minha ilegibilidade. Se eu não puder imaginar como elas são, tampouco elas poderão imaginar como eu sou. Quando você precisa aprender as regras desconhecidas de um novo lugar, vira criança de novo. Viajar torna uma pessoa mais modesta; quem tem prestígio em casa pode parecer irrelevante ou ridículo no exterior. Não se pode confiar na veracidade das próprias opiniões num país em que os padrões são diferentes. Muitas vezes não se consegue entender por que uma coisa é engraçada ali; em outras, não se entende por que é considerada séria. Questionam-se os padrões de humor, de solenidade e até de moralidade. As paisagens familiares protegem do autoconhecimento porque a fronteira entre quem somos e onde estamos é porosa. Mas, em um lugar estranho, nós nos tornamos mais plenamente evidentes: quem somos realmente é o que subsiste, no seu país e no estrangeiro.

A dissonância cultural também provoca hilaridade linguística. Em um hotel dos fiordes noruegueses, encontrei um cardápio que anunciava: "Café da manhã das 7h30 às 8h. Almoço das 12h às 12h30. Jantar das 19h às 19h30. Lanches até as 22h". É de admirar tanta frugalidade. Fiquei intrigado com o cardápio do serviço de quarto em um hotel da África Ocidental francesa, que oferecia aperitivos como "panquecas enroladas com salmão defumado e ovo de bolo" ou "saquinhos de berinjela, tomate-muçarela". Como prato principal, "fôrma gratinada, migalhas de pão com parmesão" ou "capitão grelhado em molho de azeite", ou ainda a opção vegetariana "salto indiano de lentilhas". Para encerrar a refeição, a única possibilidade era "sobremesa ópera ao caramelo". Em Xian, fomos apresentados a um pianista que, durante o almoço, explicou que dava poucos concertos e ganhava a vida tocando numa casa noturna. Decidimos ir ao bar, apesar das tentativas que ele fez de nos dissuadir. Com o dom para o eufemismo lírico próprio dos chineses, um letreiro em inglês diante da porta identificava o estabelecimento como CLUBE DE TROCA DE AMIGOS SOL DEPOIS DAS OITO. Era um bordel. Desde então, toda vez que um amigo precisa mudar de ares, fantasio uma viagem de volta ao noroeste da China e me lembro das moças que chegavam das províncias, algumas desafiadoras, muitas delas tristes em seus diáfanos *négligés*.

Mesmo prestando atenção, é fácil fazer confusão em ambientes estrangeiros em razão da falta de pontos de referência. Em Praga, em 1985, minha amiga Cornelia Pearsall e eu analisamos o único mapa turístico que havia e decidimos visitar o gueto judeu, representado no mapa pelo número 16. Esperávamos sordidez e ficamos agradavelmente surpresos ao encontrar um conjunto de lindos apartamentos, alguns deles com vista espetacular. Como toda a sinalização estava em tcheco, tivemos nós mesmos de elaborar a narrativa. Cornelia observou o grande número de pianos, e expliquei que a comunidade judaica de Praga era muito culta e artisticamente bem-dotada. Dois anos depois, descobrimos que na verdade o gueto judeu ficava no número 17 do mapa e que tínhamos passado a tarde na mansão em que Mozart vivera.

Às vezes, simplesmente não se entende o que se vê. Conheci Robert McNamara,[15] o ex-secretário da Defesa dos Estados Unidos, quando ele já passava dos oitenta. O homem que estava por trás do recrutamento que aterrorizou minha infância tinha destruído um país, causado 1 milhão de mortes desnecessárias e não conquistara nada. Era então um senhor de idade, simpático, arrependido das encruzilhadas macabras da história pelas quais passara. Disse ter voltado ao Vietnã e se encontrado com militares do país. A conversa, da forma como ele contou, consistiu em perguntas formuladas pelos vietnamitas do tipo "Por que fez X?", a que McNamara respondia "Bem, porque vocês fizeram Y, o que significa isto e isto". Os vietnamitas contestavam: "Não, não, não, é justamente o contrário! Mas aí vocês fizeram tal coisa que era claramente uma tentativa de escalada!". Em referência a isso, McNamara comentou: "Não, estávamos tentando acalmar as coisas, porque achamos que vocês [...]", e assim por diante. Os erros cometidos por McNamara foram decorrência de sua ignorância sobre os oponentes — problema agravado pelo afastamento de especialistas em assuntos asiáticos do governo e das universidades americanas durante o expurgo promovido pelo macarthismo. Como Cornelia e eu na casa de Mozart, McNamara estava aplicando pressupostos sem fundamento a um lugar que ele não compreendia. Se não tivessem morrido mais de 1 milhão de pessoas na Guerra do Vietnã, seu encontro com os antigos inimigos poderia ter sido algo muito diferente de uma farsa. Conhecer um lugar é como conhecer uma pessoa: um exercício de psicologia profunda. É preciso entender as pessoas com quem nos comunicamos para entender o conteúdo do que elas nos comunicam. É preciso modéstia para reconhecer que o que para mim é coerente pode ser incoerente para outrem. "Discutimos na linguagem da guerra", disse McNamara, "que eu erroneamente pensava que era uma linguagem universal."

Muito se fala da diferença entre fazer turismo e viajar. Diz-se que os turistas se deslocam em grupos e que, para se sentirem seguros, fazem comparações pouco elogiosas entre qualquer coisa que estejam vendo com o equivalente em seu país. Os viajantes se aventuram mais porque querem ter a experiência de um lugar, não apenas vê-lo. Quando Flemming Nicolaisen, um amigo inuíte da Groenlândia, veio me visitar em Nova York em sua primeira viagem ao estrangeiro, mostrou pouco interesse pela Estátua da Liberdade, pelo Metropolitan Museum e pelos musicais da Broadway. Ele preferia levar meu cachorro para prolongados passeios pela cidade. "Quando foi à Groenlândia", ele disse, "você quis ver o memorial de guerra? Ou o Museu de Nuuk?" Tive de admitir que o que mais queria era me ver cercado de uma paisagem prismática gelada. Ele me lembrou de que toda a população da Groenlândia caberia em uma das Torres Gêmeas (que ainda estavam de pé) e disse que o que queria era saber como era a sensação de estar em um lugar com tanta gente. Era um viajante, e eu tinha pensado numa programação turística para ele.

A autenticidade é o graal do viajante. Pode ser buscada, mas não planejada. Quando eu tinha 28 anos, viajei de carro com meu amigo Talcott Camp pela maior estrada de Botsuana. De vez em quando, tínhamos de parar para a travessia de uma boiada. Certa vez, vimos de muito longe uma boiada, mas nem sinal de vaqueiros. Ao nos aproximarmos, constatamos que se tratava na verdade de uma manada de elefantes. Já tínhamos visto elefantes em enormes reservas, em seu "hábitat natural". Contudo, os parques nacionais demarcados, onde os turistas pagam ingresso para observar a vida selvagem, davam um quê de artificialismo a nossas visitas. Encontrar por acaso aquelas criaturas fora dos limites oficiais era infinitamente mais eletrizante. Um deles bloqueava a estrada, e tivemos de parar. Ficamos ali durante cerca de uma hora. O sol estava se pondo e banhava os paquidermes com uma luz rósea. Vi elefantes numa dúzia de países africanos e asiáticos, mas em nenhum outro lugar vivenciei um sentimento tão forte de revelação.

Dois anos mais tarde, viajei aos países bálticos com meu pai. Na Lituânia, visitamos um minúsculo museu dedicado à população judaica de Vilnius[16] que desapareceu. Estávamos sozinhos naquelas quatro salas, a não ser por uma dupla de *babushkas*, meio adormecidas em suas cadeiras de plástico, provavelmente vigias ou faxineiras. A propaganda nazista culpou os judeus pela anexação soviética da Lituânia, e 90% deles foram massacrados com a entusiástica colaboração das autoridades locais. Os lituanos que tentavam ajudar seus vizinhos judeus também eram mortos. Poucos judeus lituanos foram parar em campos de trabalhos forçados, mas um dos painéis do museu mostrava as condições desses campos e fazia referência a uma música que os trabalhadores desnutridos cantavam para ter algum alento. Meu pai, grande apreciador de música, fez um comentário sobre aquela canção, e eu, pensando alto, indaguei qual teria sido o seu tom. De um canto da sala, surgiu uma voz fina e aflautada. Não tinha nos ocorrido que a mulher que estava ali entendesse inglês, nem que fosse judia, no entanto ela se pôs a cantar a música do campo de trabalho, e compreendemos que ela era não apenas vigia da sala, como também sua razão de ser. Quando se calou, tentamos conversar, porém ela se recolheu a um aparente monolinguismo, como que incapaz de entender o que lhe perguntávamos. Ela era uma daquelas pessoas que não tinham para onde ir, mas que ainda assim sobreviveu.

É fácil ser primitivo sem ser autêntico, entretanto é praticamente impossível ser autêntico quando se teme a rusticidade. John Ruskin,[17] o grande ensaísta vitoriano, queixava-se de que a eficiência das viagens de trem pôs fim à alegria de viajar. "Trata-se simplesmente de ser 'enviado' a um lugar", disse ele, "e difere muito pouco de ser transformado num pacote." Levei algum tempo para tomar gosto pelo desconforto. De início, eu gostava mais de ter tido aventuras do que propriamente de tê-las, porém pouco a pouco concluí que é preciso escolher entre passar bem e ter uma história para contar, e acabei me abrindo para qualquer desfecho. Na infância, vivi a experiência de viagens de luxo; ao ficar mais velho, aprendi a viajar com menos expectativas materiais e descobri que o luxo é um conceito mutável. Quando fui à Cidade da Guatemala para escrever sobre como era a vida dos membros das gangues, achei-me um dia no bairro pobre de La Limonada. Um senhor de idade com um rebanho de cabras aproximou-se de nós. "Você com sede?", perguntou o delinquente juvenil que estava me mostrando as redondezas. Eu disse que sim, e o pastor ordenhou uma das cabras diretamente num grande copo de papel e o entregou a mim. Nunca gostei tanto de uma bebida.

Se você não quer saber por que o resto do mundo ao mesmo tempo ama e odeia os americanos, é melhor ficar em casa. Sou um patriota quando estou no exterior, mas também sei dos erros de meu país referentes a dignidade, empatia e sensatez. Não se pode interpretar a invectiva americana contra a imigração sem visitar centros de imigrantes e campos de refugiados. É impossível entender a bizarra tirania da National Rifle Association of America (NRA, Associação Nacional de Rifles da América) até que se passe algum tempo em outros países (na verdade, a maior parte dos outros países) em que leis sensatas limitam o uso de armas de fogo e crimes violentos. Não se pode discernir o quanto os Estados Unidos negligenciaram a mobilidade social até conhecer uma sociedade que se encaminha para a justiça econômica. Viajar é como um jogo de lentes corretivas que ajuda a pôr em foco a realidade borrada do planeta. Quando perguntaram a E. M. Forster[18] quanto tempo fora necessário para escrever *Passagem para a Índia*, ele respondeu que a questão não era de tempo, e sim de lugar. Não tinha sido capaz de escrever o livro enquanto morava na Índia, Forster explicou. "Quando fui embora, consegui avançar com ele."

Às vezes, as novas perspectivas são primárias, mas quase sempre são úteis.

"Toda viagem tem suas vantagens", disse Samuel Johnson.[19] "Se o viajante visitar países melhores, pode aprender a melhorar o seu e, se a sorte o levar a países piores, pode aprender a gostar do seu." Comecei a viajar por curiosidade, mas cheguei a pensar que esse ato tem importância política e que incentivar os cidadãos de um país a viajar pode ser tão importante quanto incentivar a frequência à escola, a preservação ambiental e a economia nacional. Lembro-me da viagem do coral da escola para a Romênia e a Bulgária, quando a realidade que testemunhei parecia tão óbvia, apesar dos muitos relatos que contradiziam minha impressão. Não se pode entender a alteridade de lugares que não se conheceu. Se todos os adultos jovens fossem enviados a passar duas semanas num país estrangeiro, dois terços dos problemas diplomáticos do mundo seriam resolvidos. Não importa o país visitado ou o que façam durante sua permanência nele. É preciso chegar a um acordo quanto à existência de outros lugares e reconhecer que neles as pessoas vivem de outra maneira — que alguns fenômenos são universais e outros, culturalmente particulares.

A permeabilidade à imigração serve para os mesmos fins. Uma pessoa não chega a conhecer o próprio país se não for observada; aqueles que vêm de outros lugares ajudam a reimaginar os problemas, o que é condição para resolvê-los. Compreendemos os problemas não apenas ao sair, mas também ao receber quem chega. Livre trânsito do país para o exterior e livre trânsito para as pessoas provenientes de outros países para o nosso têm o mesmo valor. Nem amor, nem trabalho, nem perspectivas favoráveis, é ganhar ou perder. Compartilhar complementa a boa sorte. Descobrimos nossos limites tanto ao encontrar a alteridade como ao ser a alteridade. A identidade é ao mesmo tempo circunstancial e recíproca.

Meus antepassados foram atingidos pelo antissemitismo, mas, ao contrário dos que morreram no Holocausto, eles tiveram um lugar para onde ir: os Estados Unidos. Os pais de minha avó paterna nasceram na Rússia e vieram para Nova York antes do nascimento dela. Meu avô paterno, nascido na Romênia, passou por maus bocados até chegar a este país. Minha avó materna veio da Polônia; os pais de meu avô materno, de Viena e da Ucrânia. Sem essa oportunidade liberal de imigração, eu jamais teria existido. Mas ela serviu também para manter o vigor da cultura americana. Meus antepassados cruzaram o Atlântico pela liberdade, que foi o mais subsidiado produto de exportação dos Estados Unidos. Investigando lugares aparentemente menos livres que o meu país natal, aprendi não só a apreciar mais profundamente as liberdades americanas, como também que a minha vida é menos livre do que eu poderia imaginar. Liberdade é um conceito escorregadio, que encerra a opção de aderir a ideologias fechadas; grande parte do que defendi é mais liberalismo que liberdade. Sociedades opressoras têm liberdades desconhecidas aqui, moldadas pela inexistência de escolha e pela batalha pela dignidade diante da perda de direitos. Quando intelectuais chineses me falaram dos benefícios advindos do massacre da praça da Paz Celestial, quando paquistanesas revelaram o orgulho que tinham de usar o *hijab*, quando os cubanos louvavam sua autocracia, tive de reconsiderar meu entusiasmo reflexivo pela autodeterminação. Em uma sociedade livre, existe a chance de satisfazer ambições; em sociedades não livres, não há essa escolha, e isso muitas vezes suscita ambições mais visionárias. Em Moscou, na década de 1980, aproximei-me de um grupo autointitulado "arquitetos do papel".[20] Conscientes de que não havia material para edificar de acordo com suas especificações, ainda que a burocracia lhes propiciasse os recursos, eles canalizaram sua formação arquitetônica para a imaginação e projetaram, por exemplo, a torre de Babel, ou cidades inteiras, ou a estrutura de um teatro flutuante. A energia criativa de cada um deles foi liberada, e eles continuavam a ser arquitetos, e seu discurso — por mais inédito e conceitual que fosse — empregava a gramática básica da arquitetura. Nenhum arquiteto ocidental subjugado pelos materiais de construção jamais pensou com tanta liberdade.

A liberdade raramente é correlacionada à estase; ela chega em pequenos surtos em tempos de muita mudança. Um de seus elementos é o otimismo, que encerra a crença de que o que vai acontecer deve ser melhor do que o que está acontecendo agora. A mudança é muitas vezes estimulante; a mudança muitas vezes dá horrivelmente errado; a mudança muitas vezes eletrifica o ar só para evanescer, irrealizada. A democratização exige que cada membro de uma população aceite arcar com uma parte do peso das decisões que se tomam. Para muita gente, essa ideia é atraente em abstrato, mas assustadora quando chega a hora de votar. A dra. Ma Thida, escritora e ativista birmanesa, veio a Nova York dezoito meses após eu tê-la entrevistado em Mianmar e disse estar arrasada depois de entender que não só o governo tinha de mudar — o que poderia acontecer logo —, mas também a mentalidade condicionada pela opressão, o que poderia levar toda uma geração. Vendo como as pessoas se atiram para a liberdade, percebi que a mudança pode ser difícil e gloriosa. É claro que, depois de ganhar a liberdade, é preciso aprender a ser livre. Como diz Toni Morrison, é preciso "invocar um eu liberto". Muitos ocidentais supõem que a democracia é uma preferência subjacente a todos os povos e que ela virá à tona quando forem removidos todos os obstáculos. (George W. Bush e Tony Blair, ao que parece, agiram no Iraque com essa suposição.) As evidências não comprovam isso.

A liberdade deve ser aprendida e depois posta em prática. Quando estive no Afeganistão, em fevereiro de 2002, minha amiga Marla Ruzicka marcou para mim uma conversa com três mulheres instruídas e de mente aberta. Elas chegaram usando burcas, que imediatamente tiraram, mas fiquei imaginando por que estavam usando aquilo. O Talibã não estava mais no poder e elas já não eram obrigadas por lei a usar a burca. A primeira delas disse: "Eu sempre achei que me livraria dessa coisa quando os tempos mudassem. Mas tenho medo de que a mudança não seja permanente. Se eu sair sem burca e o Talibã voltar ao poder, posso ser apedrejada até a morte". A segunda revelou: "Eu gostaria de abandoná-la, porém os costumes de nossa sociedade ainda não mudaram, e, se eu sair sem burca e for estuprada, vão dizer que a culpa foi minha". E a terceira: "Odeio essa roupa e sempre pensei que ia abandoná-la assim que o Talibã fosse deposto. Mas, com o tempo, a gente se acostuma a ser invisível. Isso nos define. Assim, a perspectiva de ser visível outra vez torna-se extremamente preocupante". Há muito a ser mudado dentro das pessoas antes que advenha uma mudança na sociedade.

A história está repleta de ondas de transformação festiva seguidas de uma descida ao horror. A relação de uma cultura com sua história muitas vezes reflete a noção de instrumentalização de seus cidadãos. Algumas culturas entendem a história basicamente como algo que lhes aconteceu; outras a veem principalmente como algo que elas fizeram. Cronologias de acontecimentos não raro são menos significativas do que a compreensão da relação entre passado e presente; uma revolução pode representar ao mesmo tempo a plena realização de uma velha tradição e o rompimento com ela. A democracia costuma chegar com uma aura festiva em parte associada à democracia e em parte, à chegada, simplesmente. Testemunhar a Primavera Árabe encantou muita gente tanto nos países em que as mudanças estavam ocorrendo como no estrangeiro, pois muitos supuseram equivocadamente que o que estava por vir devia ser melhor do que aquilo que estava sendo deixado para trás.

O medo praticamente universal de uma mudança extrema no âmbito individual convive confortavelmente com a perspectiva de mudança desde que vivida na companhia de concidadãos. Sou suscetível a esse breve momento de romantismo em que uma sociedade à beira da mudança cai de amores por si mesma durante algum tempo. Ouvi pessoas falando da esperança que sentiram quando Stálin subiu ao poder e da esperança que sentiram mais tarde quando ele morreu; outros, da esperança nutrida quando se iniciou a Revolução Cultural e, depois, quando ela teve fim. A crença persistente na possibilidade de mudança é uma manifestação de esperança. Muitas sociedades conseguiram avançar. Para algumas, as condições realmente melhoraram; para outras, não. A vida na Rússia no século XXI é melhor para a média dos russos do que era quando os servos foram libertados, mas não está nem perto do ideal. O Afeganistão continua uma bagunça. No Iraque e na Síria, a aparente libertação degenerou numa perversa confusão. A Líbia estava muito pior com Kadhafi do que alguém que não esteve lá possa imaginar, contudo seria um exagero dizer que suas condições atuais são qualquer coisa menos que desastrosas.

Às vezes, no entanto, uma grande tirania é deposta. Apesar de tudo o que deu errado na África do Sul, a queda do apartheid renovou a fé mundial na decência. Na China, a vida está melhor do que antes de Deng Xiaoping, embora ainda haja muito espaço para aperfeiçoamento. A esperança é uma circunstância normal da vida política. Os americanos mergulham nela a cada quatro anos, quando muitos supõem que seu gesto de autodeterminação de um minuto diante da urna pode mudar o curso da história. Walter Pater[21] declarou que a experiência, e não o fruto da experiência, é o objetivo da vida. Diz-se que Zhou Enlai[22] teria afirmado que ainda é cedo para julgar se a Revolução Francesa teve sucesso. Mas esse evento não foi apenas o caminho para uma nova ordem; foi também, em si mesmo, um acontecimento. Momentos de transição podem ser válidos ainda que suas promessas não se cumpram jamais. Meu eterno fascínio pela resiliência frequentemente me leva a lugares em que se luta pela transformação. O tempo tornou-me mais cínico. Nos momentos cruciais da história, mudanças que pareciam para melhor com frequência saem pela culatra, enquanto grandes progressos às vezes andam de mãos dadas com a tragédia. Não obstante, o sentimento de novidade e renascimento é significativo mesmo quando surge numa sociedade mergulhada em incertezas permanentes. Além disso, a mudança costuma ser produto não de uma erosão gradual, e sim de uma explosão de largadas queimadas; a transformação só chega depois que duas, três ou dez tentativas frustradas se acumulam e se tornam um avanço.

Por outro lado, a mudança induz à nostalgia. Um presente melhor não apaga um passado de fracassos, e a nenhum passado faltam elementos de grande beleza. A capacidade de lembrar uma identidade passada mas ainda vívida no presente é heroica. Em 1993, uma de minhas amigas moscovitas levou-me para visitar uma senhora que ela conhecia. Subimos sete estreitos lanços de escada para chegar ao apartamento dela, escuro e apertado. Criada num palácio em São Petersburgo, quase todas as pessoas que conhecera tinham sido mortas na Revolução de 1917. Depois, ela perdeu o marido, enviado para um campo de trabalhos forçados no gulag. Uma única relíquia de suas origens aristocráticas foi conservada: uma xícara de chá de porcelana imperial transparente, decorada com uma cena pastoral. Como eu era um convidado de honra, ela me serviu chá nessa xícara. Tenho mãos trêmulas mesmo nas situações mais confortáveis, e nunca senti tão pouca vontade de manipular um objeto como ocorreu com aquele frágil emblema de uma vida desaparecida. "Quem sabe?", disse minha amiga, que sabia de cor as histórias daquela senhora. "Talvez com a Glasnost voltemos a viver daquela forma." A velha senhora riu. "Nunca mais ninguém vai viver daquela forma", ela disse, e nos convidou a comer um pouco mais do bolo que havia preparado segundo uma receita da corte do tsar, cujos ingredientes demandaram que ficasse em filas durante quatro dias consecutivos. Aquele bolo e aquela xícara: que coragem a velha senhora tinha mostrado em sua sobrevivência, e que paixão havia naqueles últimos laços com a pessoa que ela fora um dia! Sua melancolia não era maior do que a de muitos velhos que têm saudade da juventude.

As histórias deste livro vêm do passado. Elas não previram o futuro quando foram escritas, e, embora alguns dos sonhos nelas expressos tenham se realizado, outros naufragaram. São relatos não programados de lugares específicos em momentos específicos. Mesmo as partes narradas com mais intensidade não refletem uma especialização. Estive um bom tempo na Rússia e viajei com frequência à China, mas visitei o Afeganistão durante menos de duas semanas e a Líbia durante seis semanas. Fiz muita pesquisa antes, durante e depois dessas viagens e me mantive em contato com muitas das pessoas que conheci, porém minhas observações se baseiam mais numa amplitude de conhecimento acumulado do que na profundidade de um conhecimento singular. Não posso competir com sinólogos, kremlinólogos ou africanistas. Meus escritos sobre artes versam mais sobre os artistas do que sobre sua produção. Histórias complicadas são mais bem contadas por aqueles que podem abarcar a complexidade, e a arte obriga seus criadores a lidar com ambiguidades e tensões sociais. Estes relatos são, em muitos aspectos, uma análise mais psicológica que política, documentos de um Zeitgeist transitório mais do que documentos políticos. Sou apenas um generalista, colecionador de experiências, e bem excêntrico.

Rever o conjunto da própria obra é uma experiência humilhante e angustiante. A despeito de estas histórias refletirem um mundo em fluxo e em desenvolvimento, refletem também meu próprio fluxo e meu próprio desenvolvimento, e tive de resistir ao impulso de editá-las para adequá-las a minhas opiniões e percepções atuais. Isto é o que escrevi na ocasião, não o que escreveria hoje. Se é decepcionante ficar velho, ter sido jovem é igualmente constrangedor. Ficamos surpresos com o que fizemos no passado mas não faríamos no presente. Como parti do princípio um tanto arrogante de que os problemas das nações e os das pessoas têm solução, acabei acreditando que aceitar os problemas muitas vezes é mais sensato do que pretender resolvê-los. Tentei encontrar um padrão nas poucas coisas que mudam — novas fronteiras, progressos gerais no campo dos direitos civis e dos direitos dos deficientes — e nas muitas que não mudam — o fracasso dos processos eleitorais para fazer justiça, a tendência dos poderosos à corrupção. Tentei me tornar menos prescritivo, mais afiado nas perguntas e menos afoito nas respostas. Eu tinha certeza de uma revolução transformadora, e ainda creio na evolução. Contudo, algumas das convicções que hoje parecem ingênuas ensejaram minhas investigações a respeito de outras culturas.

Revisei alguns de meus artigos, uns tantos em profundidade, e outros simplesmente não revisei. Usei versões mais longas de alguns textos que tinham sido cortados por razões de espaço. Quando assumi o compromisso de escrever artigos de viagem sobre o Brasil e Mianmar, já tinha este livro em mente, por isso colhi material para ensaios mais longos do que me haviam sido encomendados. Eliminei recomendações de viagem desatualizadas. Os artigos aparecem aqui em ordem basicamente cronológica, embora eu tenha priorizado a cronologia das reportagens, e não a da publicação. Mexi um pouco em algumas matérias por ter feito reportagens complementares depois de elas terem sido publicadas e quis incluir as novas informações. (Meus comentários sobre o jardim de Qianlong, no entanto, estão de acordo com a visita que fiz a ele, apesar de nos anos seguintes ter aprendido mais sobre o tema.) Para cada artigo, escrevi alguns parágrafos novos para contextualizar tanto a minha experiência como os fatos que se seguiram a ela. Não fiz emendas em artigos já publicados, pois os fatos neles mencionados já tinham sido verificados à época da publicação. Entretanto, acrescentei notas ao novo material com a intenção de explicar de onde tirei a informação e para fornecer elementos a quem quiser examinar esses tópicos mais a fundo.

Interesso-me pela beleza tanto quanto pela verdade. Comecei a escrever para a *Travel + Leisure* em 1996 e logo descobri que escrever com frequência sobre viagens é trabalho, mas fazer isso uma vez por ano equivale a férias gratuitas. Descobri também que a maior parte dos jornalistas da revista queria escrever sobre um spa em Positano ou um resort em Névis, porém esses artigos requeriam visitas de um ou dois dias, enquanto artigos sobre destinos mais obscuros exigiam permanências muito mais demoradas e muito mais pesquisas. Às vezes, eu simplesmente adorava esses países e tinha prazer em explicar o porquê. Na verdade, ter de explicar tais lugares muitas vezes me ajudava a amá-los. Férias sem reportagem hoje me parecem estranhas. Não há a desculpa para fazer perguntas. Pode ser preocupante mudar rapidamente de uma reportagem de guerra e desolação para outra sobre restaurantes e pontos turísticos, contudo os dois tipos de matéria são elementos de um projeto maior de se entrosar com o mundo e assim, afinal, alimentar uma verdade.

Em meus dois livros mais recentes, *O demônio do meio-dia: Uma anatomia da depressão* e *Longe da árvore: Pais, filhos e a busca da identidade*,[23] inseri relatos de localidades remotas: eu queria saber como a narrativa muda quando o contexto muda. Ajustei o que escrevia aos livros nos quais estava trabalhando; aqui, incluí versões daquelas estadas de uma forma ligeiramente diferente. Quando viajei para promover meu livro sobre a depressão, fiquei chocado com a diversidade de posturas que encontrei. Na Espanha, quase todos os jornalistas que se aproximaram de mim para uma entrevista iniciavam a conversa dizendo "Eu pessoalmente nunca fui depressivo, mas [...]", e a partir daí prosseguíamos, porém eu me perguntava por que aquela gente supostamente tão alegre queria me entrevistar detalhadamente sobre uma doença mental. No Japão, cada entrevistador falava sobre a própria depressão, mas pedia que eu não repetisse isso para outra pessoa. No principal programa matinal da tv finlandesa, uma loura esplêndida inclinou-se para mim e perguntou, num tom quase ofendido: "Então, sr. Solomon. O que

é que o senhor, um americano, tem a dizer ao povo finlandês sobre a depressão?".
A minha sensação era de que eu havia escrito um livro sobre pimentas muito
fortes e o estava promovendo em Sichuan, na China.

Este livro é paralelo à minha obra sobre a psicologia e a dinâmica familiar.
Escrevi recentemente dois livros sobre os determinantes mais profundos da diferença e da identidade, mas também tenho interesse nos motivos mais externos.
Fui criado numa casa em que havia um jeito certo de tratar qualquer coisa — e
mais tarde reuni forças para escolher dentre os princípios de minha infância e não
me obrigar a aceitá-los. Viajar me ensinou a me relacionar com pessoas diversas,
com valores incompatíveis e, portanto, a ser eu mesmo contraditório. Se mais
tarde cheguei a falar sobre doença mental, deficiência física e formação de caráter,
foi por uma extensão da missão de flexibilizar a ideia de que só existe uma maneira melhor de ser. Continuo transitando entre a estranheza interna e a estranheza externa. Cada uma delas fortalece minha relação com a outra.

O resultado global de meu trabalho antológico é uma espécie de *Bildungsro-
man*, um livro sobre minhas aventuras e sobre o planeta em que elas ocorreram.
Nunca poderia tê-lo escrito se não fosse apaixonado pela ideia de ir a outros lugares, uma exuberância ingênua que remete àquela velha caixa de lenços de papel.
Visitei 83 dos 196 países do mundo. Estou planejando escrever um livro sobre
perfis de pessoas para complementar este livro sobre lugares. Mas, de alguma
forma bem profunda, as pessoas são lugares e vice-versa. Nunca escrevi sobre
umas sem os outros.

No quarto de século ou pouco mais coberto por este livro, a condição dos
gays mudou radicalmente numa surpreendente variedade de países. Vinte deles
aprovaram o casamento entre pessoas do mesmo sexo[24] enquanto eu o escrevia.
Outros países aprovaram novas leis que protegem homens e mulheres gays. Em
muitas sociedades, a homossexualidade continua a ser uma subcultura pulsante.[25]
Da mesma forma que a arte, é uma janela através da qual se interpreta um lugar.

Eu costumava viajar mantendo incógnita a minha orientação sexual, mas fui
abrindo cada vez mais minha condição de gay, um sinal não apenas de maturidade pessoal como também de maturidade do mundo. Em alguns casos, minha
identidade era mais óbvia do que eu imaginava. Em Ulaanbaatar, em 1999, vi um
jovem pastor mongol passando pela rua do hotel em que eu estava, guiando um

rebanho de ovelhas de cauda gorda cuja lã se usa na produção de tapetes. Olhei curioso para o espetáculo e fiquei boquiaberto quando ele atravessou a rua e disse, num inglês passável: "Você é gay? Eu também". Depois, com uma voz sedutora: "Eu poderia deixar as ovelhas no estacionamento do hotel e subir com você". Em Ilulissat, meu guia queixou-se de que não era fácil ser o único condutor de trenó gay na Groenlândia ocidental (uma reflexão de que me lembro sempre que bate a solidão existencial). Num jantar formal em Delhi, quando perguntei se a cidade tinha uma cultura gay, dado o grande número de indianos que desqualificam a homossexualidade como "uma importação do Ocidente", meu anfitrião me olhou como se eu acabasse de chegar do espaço sideral e disse: "Você está pensando que esta festa é o quê?". E em Cartagena das Índias, na Colômbia, na rodada de perguntas que se seguiu a uma palestra que dei, uma mulher elegantemente vestida disse que tinha ouvido dizer que filhos de pais gays eram mais ajustados que os filhos de pais hétero, e arriscou: "Acho que é porque homens e mulheres brigam muito". A ideia de que os casais gays estão acima dos desentendimentos me diverte muito. A identidade sexual está na linha de frente de um grande número de sociedades. Como tema de conversa, tornou-se incontornável.

Meu marido e eu nos casamos na Inglaterra,[26] em 2007, numa cerimônia então chamada de união civil, mas que garantia todos os benefícios oferecidos às pessoas casadas na Grã-Bretanha. Isso deu a John o direito de imigrar para o Reino Unido. Eu queria que ele também tivesse um lugar para onde ir. Um casamento em Massachusetts (o único estado americano que tinha legalizado o casamento gay na época) teria o nome de *casamento*, no entanto não nos conferiria nenhuma proteção legal. Embora a sociedade liberal nas regiões litorâneas dos Estados Unidos aceitasse melhor os gays do que sua congênere britânica, as leis avançaram mais rapidamente no Reino Unido, refletindo a relativa laicidade da política britânica. Dois anos depois, nós nos casamos, usando finalmente a esquiva palavra "casamento", em Connecticut, onde as leis nos garantiam uma nova gama de direitos.

Os progressos estão longe de ser universais no que se refere aos direitos dos gays. O Conselho de Segurança das Nações Unidas fez sua primeira reunião sobre assuntos LGBT em agosto de 2015 para tratar de abusos cometidos pelo Estado Islâmico do Iraque e do Levante (Isil, mais comumente conhecido como Estado Islâmico do Iraque e da Síria, Isis).[27] O grupo terrorista postou vídeos de execução de homossexuais, principalmente na Síria e no Iraque. Em junho de 2015, o Isis postou fotos de um gay do Norte do Iraque pendurado no alto de um edifício sendo lançado diante de uma multidão de observadores.[28] No Irã, atos homossexuais são punidos com a morte. Makwan Moloudzadeh,[29] iraniano acusado de sodomia quando tinha treze anos, foi executado aos 21, mesmo depois de as supostas vítimas terem retirado as acusações. No Egito, a invasão policial de uma sauna foi encenada para a televisão. Vinte e seis pessoas foram presas.[30] Em outro episódio, diversos egípcios foram encarcerados simplesmente por terem comparecido a um casamento gay.[31] Na Arábia Saudita, os gays estão sujeitos à pena capital. Dois homens acusados de praticar atos homossexuais foram condenados a 7 mil chibatadas cada um e ficaram permanentemente incapacitados.[32]

As leis russas contra a "propaganda gay" levaram ao espancamento de homens e mulheres gays nas ruas. Muitos fugiram do país.[33] No Quirguistão, a polícia monta armadilhas para detectar homens gays em sites de encontros na internet e depois chantageá-los e extorquir-lhes. Os que são declarados culpados de "propagar relações sexuais não tradicionais" são submetidos a um ano de prisão.[34] No fim de 2013, a mais alta corte da Índia reafirmou a criminalização da prática homossexual da época colonial.[35] E 27 países africanos aprovaram leis que punem a sodomia.[36] Na Nigéria, os gays podem ser apedrejados até a morte, dentro da lei, e eles são comumente submetidos a linchamentos extrajudiciais.[37] Um camaronês foi sentenciado a três anos de prisão em 2011 por ter mandado uma mensagem de texto afetuosa a outro homem.[38] Camarões prende mais pessoas por práticas homossexuais do que qualquer outro país, e muitas vezes "comprova" a sexualidade de homens supostamente gays submetendo-os a exames médicos judicialmente determinados que verificam a elasticidade de seu ânus, embora esses procedimentos sejam ilegais para o direito internacional e não tenham base científica. O presidente do Zimbábue se refere aos gays como "escória" e já ameaçou decapitá-los.[39] Em 2014, Uganda tornou crime punível com a pena de morte a prática homossexual, mas essa lei acabou sendo revogada.[40]

Hasan Agili, estudante que conheci na Líbia, escreveu-me depois de ter saído do país. Um amigo que tinha tomado emprestado seu laptop abriu seu histórico de buscas e o denunciou na escola de medicina. Ele foi assediado tão impiedosamente que abandonou os estudos e se mudou de cidade. Mas as ameaças continuaram. "Assisti a vídeos públicos de amigos decapitados por serem homossexuais", escreveu-me ele.

"Para mim, aquilo acabou. Não posso voltar. Sou conhecido e seria caçado.

Nem sequer posso dizer a minha família o que aconteceu ou por que tive de partir." Ele está escondido num país vizinho, onde os atos homossexuais são proibidos, sem documentos que lhe permitam conseguir um emprego legal, sempre com medo de ser descoberto, assediado e deportado para um país em que sua vida poderia correr perigo.

Passei bastante tempo em países nos quais fui aconselhado a manter em segredo minha identidade sexual. Em 2002, meu futuro marido acompanhou-me em uma viagem de trabalho às ilhas Salomão. Fiquei surpreso com as dificuldades que John teve naquela situação, mas ele tinha dedicado muitos anos e muita energia psíquica para sair do armário e não queria voltar. Embora não estivéssemos sujeitos a uma possível execução nas ilhas Salomão, éramos muitas vezes aconselhados a não reservar um quarto com cama de casal e a não manifestar um afeto que poderia ser "mal interpretado"— o que, na verdade, significaria "corretamente interpretado". De início, a indignação de John me aborreceu. Que problema podia haver em adotar certa sutileza nos lugares que visitávamos? Ao longo dos anos seguintes, passei a sentir que observar os padrões locais de privacidade é uma adaptação adequada, mas voltar à hipocrisia não é o caso. A linha divisória nem sempre é clara. À medida que fico mais velho, me irritam cada vez mais os formulários de imigração que perguntam se sou casado, nos quais tenho de negociar a realidade do que sou em casa, e que não serei no lugar que quero visitar. É como sofrer do distúrbio de múltiplas personalidades. Quando meu livro sobre a depressão foi traduzido para o chinês, as referências à minha sexualidade foram eliminadas sem meu consentimento.[41] Como defensor da saúde mental, eu teria ficado feliz em ajudar chineses deprimidos, mas foi perturbador ver minha história censurada. A abertura total teria tornado impossível que muitos chineses ouvissem o que eu tinha a dizer, contudo, com os cortes, outros chineses que eu poderia ter ajudado foram abandonados.

A censura não se restringe a questões de orientação sexual. Em 2015, fui eleito presidente do PEN American Center,[42] organização dedicada à literatura, americana e mundial, e à livre expressão no país e no exterior. O PEN defende escritores silenciados pela censura ou pela opressão, entre eles muitos dos que foram presos por declarar abertamente opiniões que contradizem aquelas defendidas pelos donos do poder. Desde que assumi o cargo, recebo notícias diárias de violências contra escritores que vivem no estrangeiro que estão empurrando sociedades retrógradas para uma transição. O PEN monitora também restrições impostas nos Estados Unidos a escritores que se sentem coagidos pela vigilância, pelo racismo ou por outras formas de preconceito que levam ao silêncio, por medo de perder o emprego ou a casa, ou por aqueles que cerceiam a liberdade de expressão em nome de algum ideal supostamente maior. "Palavras não são atos",[43] diz o Henrique VIII de Shakespeare, mas discordo. O discurso de ódio é perigoso: os que negam o Holocausto, ou os membros da Ku Klux Klan, por exemplo, semeiam trevas, e o período que passei em Ruanda tornou claro para mim com que facilidade a propaganda conduz pessoas comuns a atos tenebrosos. Inversamente, a supressão de ideias provocadoras não resulta em justiça social, nem é um dos elementos da liberdade. O discurso livre leva à justiça muito mais rapidamente do que controles obrigatórios, por mais bem-intencionados que sejam. É preciso coragem para rejeitar a ideia de um discurso proibido, e há um brilho radical em dizer o que é proibido para torná-lo dizível.

Tentar estender a outras pessoas os privilégios de que se desfruta é um valor moral comum, mas quando lutamos pela livre expressão o fazemos por algo que vai além da obrigação moral. "Até que sejamos todos livres",[44] diz a poeta americana Emma Lazarus, "nenhum de nós será livre." A aceitação da diversidade humana embutida nas palavras dessa autora é parte de meu objetivo como repórter, como se vê neste livro. Toda voz sufocada prejudica aqueles que deviam tê-la ouvido e rouba à inteligência coletiva da qual todos nós bebemos. Em 1997, a birmanesa Aung San Suu Kyi, laureada com o Nobel, pediu ao povo americano: "Por favor, usem sua liberdade para lutar pela nossa".[45] Nossa liberdade depende da liberdade dos demais. Na luta pela manutenção da expressão mais livre possível, nos Estados Unidos e fora deles, o PEN está comprometido não com dois projetos distintos, mas com uma única campanha pela livre circulação de ideias.

Comecei a viajar para garantir que teria sempre algum lugar aonde ir e compreendi que tenho de proporcionar aos outros um lugar aonde ir também. Tive um sentimento de desconexão radical quando o primeiro dos meus amigos soviéticos chegou a Nova York e se hospedou no apartamento de minha família (eu morava na Inglaterra, mas estava em visita aos Estados Unidos). O mundo da vanguarda moscovita me pareceu tão distante de minha existência burguesa em Nova York, e ver o poeta e performático Dima Prigov bebendo um drink com meus pais na sala de nossa casa era como uma cena de Buñuel.[46] Levei algum

tempo para reconhecer que não se compreende o mundo compartimentalizando-
-o. Hoje, sempre há amigos do exterior hospedados em nossa casa, é como um
programa constante de intercâmbio cultural.

Quando conheci Farouq Samim, em meu primeiro dia em Cabul, estava
preparado para ter com ele um relacionamento de trabalho, já que era meu intérprete e contato, mas logo ficou claro que seríamos amigos. Estivemos juntos
por catorze horas diárias durante todos os dias em que passei em seu país. Eram
tempos perigosos para estar naquela parte do mundo. O sequestro e a decapitação
do jornalista Daniel Pearl no Paquistão[47] estava em curso quando passei por Isla-
mabad e Peshawar a caminho da fronteira. No entanto, para minha surpresa,
adorei o Afeganistão, em parte porque Farouq também adorava o país e irresisti-
velmente transmitia sua paixão. Ele havia estudado medicina em Cabul na época
do Talibã, o que significa que todos os dias havia muitas horas de instrução religiosa e pouco estudo de medicina. Ele queria saber como os médicos trabalhavam
num país desenvolvido; por isso, assim que voltei aos Estados Unidos, procurei
os administradores do Hospital de Nova York, que concordaram em recebê-lo
para uma visita de dois meses em que observaria os procedimentos médicos.

Posteriormente, ele preencheu uma requisição de visto e tentei ajudá-lo.
Sempre ouvíamos que as chances de um jovem afegão solteiro entrar nos Estados
Unidos em 2002 eram praticamente nulas. Farouq acabou desistindo da medicina
porque não poderia aprofundar a precária formação obtida em Cabul e achou que
o trabalho com jornalistas estrangeiros era bastante compensador. Conseguiu
uma bolsa para estudar comunicação no Canadá, e cerca de dez anos depois de
minha viagem ao Afeganistão conseguimos que ele entrasse nos Estados Unidos.

Embora a política americana seja centrada na segurança, os sequestradores
responsáveis pelo Onze de Setembro eram muçulmanos que, talvez por descuido,
conseguiram vistos de entrada. Sei que o perfil de Farouq podia assustar os funcionários consulares. Mas sei também que ele havia ajudado muitos americanos
no Afeganistão e que uma viagem aos Estados Unidos em 2002 teria reforçado
sua impressão positiva a respeito do meu país. Ele teria de voltar para casa com
aquela ladainha. Farouq não queria emigrar, nem explodir edifícios. Queria participar de um intercâmbio cultural por meio do qual os povos podem se conhecer.
Mais recentemente, tentei conseguir um visto de entrada para meu amigo Hasan
Agili, um gay líbio, para que pudesse concluir sua formação em medicina e assim
ajudar os doentes e infelizes em vez de ser deportado para enfrentar as gangues

assassinas que o esperavam em seu país. Esses procedimentos tornaram-se bem difíceis. Quando estive na Líbia, todas as pessoas com uma posição pró-americana que conheci tinham estudado nos Estados Unidos, o que não ocorria com aqueles que eram decididamente antiamericanos. Isso não quer dizer que a multiplicação de vistos de estudantes por solicitação do estado de Iowa ou pela Universidade da Califórnia (Ucla) resolveria os problemas do mundo, mas apenas que é difícil gostar de um lugar em que você nunca esteve. Uma política de exclusão indiscriminada de visitantes provenientes de países "suspeitos" é prejudicial à nossa segurança porque aquelas pessoas que teriam falado bem dos americanos são impedidas de descobrir o que há de admirável nos Estados Unidos além da série *Baywatch*.

Depois dos atentados de Paris em novembro de 2015, a exclusão cultural foi promovida à nossa melhor defesa, um argumento que atingiu o ápice com as tentativas americanas e europeias de privar refugiados sírios e iraquianos do direito à cidadania. O principal concorrente republicano à presidência da República, Donald Trump, chegou a propor que os Estados Unidos proibissem a entrada de todo e qualquer muçulmano e que os muçulmanos americanos tivessem uma carteira de identidade especial.[48]★ Essa demagogia cruel é contrária a nossos interesses. O isolamento em relação a todos os demais nos torna odiosos para os que são excluídos e lhes dá incentivo para a radicalização. Bloquear a alteridade gera nos outros uma ignorância a nosso respeito que engendra o ódio, que logo se torna perigoso.[49] Em nós também desperta um ódio igualmente perigoso. A ideia central deste livro é que o retraimento não somente é impossível como arriscado num mundo globalizado. "Buscai e encontrareis", diz o adágio bíblico, entretanto a busca é uma das primeiras baixas provocadas pela xenofobia. Mantemo-nos sequestrados a nós mesmos, não no bem vigiado palácio imperial que os isolacionistas americanos fantasiam, e sim numa prisão decadente.

Meu último livro, *Longe da árvore*, fala da natureza das diferenças dentro das famílias: de como os pais aprendem a amar filhos que não são o que eles tinham em mente quando se dispuseram a tê-los. Este livro, até certo ponto, trata de um processo semelhante: adotar pontos de vista e modos de fazer as coisas que não são os nossos. Não vou subestimar o esforço que isso exige. Se aceitar filhos di-

---

★ Donald Trump foi eleito presidente dos Estados Unidos no final de 2016 e desde sua posse, em 20 de janeiro de 2017, vem tentando impor restrições à entrada de estrangeiros de algumas nacionalidades no país. (N. E.)

ferentes é difícil, com relação a isso a dificuldade é ainda maior. O instinto natural empurra os pais para os filhos; o instinto natural nos empurra para longe de estrangeiros que são diferentes de nós. Mas isso não significa que tenhamos de nos meter na toca dos grupos de afinidade e dos "espaços seguros", onde as pessoas que sempre têm as mesmas opiniões se "protegem" reciprocamente da intrusão de outros pontos de vista. Impedindo-nos de conviver com o mundo vasto e enigmático, nós nos privamos de um direito, por mais que nossa força se multiplique.

Diplomacia é quase sempre mais técnica do que instinto. Nós nos envolvemos com outros países ou porque eles são nossos aliados ou para fazer deles nossos aliados. Uma sociedade capitalista quase sempre define esse envolvimento em termos de dinheiro e superioridade militar, mas esses não são os modelos adequados. Como todos os compromissos, o internacionalismo deve ser um encontro de seres humanos. A importação de tecnologia japonesa e de moda italiana é gratificante; a ubiquidade da Coca-Cola fala em nosso nome; e as operações militares aumentaram a influência americana em algumas nações em dificuldades. Ainda assim, é nas interações transnacionais de civil para civil que encontramos soluções para nossas diferenças. "Quando alguém não entende uma pessoa",[50] escreveu Carl Jung em *Mysterium coniunctionis*, "tende a vê-la como louca." Ambas as partes perdem nesse cenário. Em relações entre pessoas ou entre nações, é mais fácil resolver tensões quando se pode entender o que o outro está pensando. A arte e a cultura, e mesmo a culinária e monumentos de outros lugares podem nos ajudar nisso. Mais que tudo, as pessoas desses lugares nos ajudam. Os Estados Unidos usam essa diplomacia para persuadir os demais, mas com frequência não nos permitimos ser persuadidos pelos outros. Viajar não é simplesmente um divertimento para afortunados; é, sim, o remédio necessário para nossos tempos perigosamente assombrados. Num momento em que muitos políticos estão alimentando a ansiedade, dizendo às pessoas que sair de casa é muito perigoso, é mais urgente ainda argumentar a favor de sair e reconhecer que estamos todos juntos nesse jogo. A busca de liberdade e aventura reflete o imperativo do internacionalismo nestes tempos paranoicos.

Não estou sugerindo que se possam ou se devam eliminar fronteiras ou nações, nem que um dia possamos nos fundir todos numa única grande cidadania, nem que essa pedra de Roseta de valores culturais aquiete antipatias inatas. Os inimigos muitas vezes vêm de fora, e tanto a história antiga como a recente estão marcadas por saque e conquista. A beligerância está inscrita em nós, e os idílios utópicos de não violência nunca intermediaram uma harmonia sustentável em grande escala. O equilíbrio não é um padrão do qual só nos desviamos circunstancialmente. Passei bastante tempo em campo com membros das Forças Armadas dos Estados Unidos, sou grato às pessoas que desenvolveram armas e às que as empunham a nosso favor. Mais que isso, vi que a violência conduz à compaixão. É mais frequente que a paz seja alcançada por meio de intervenções, não por nobre passividade. A concórdia existe em contraposição à agressão, mas poucas vezes a evita.

Como então equilibrar essas necessidades contraditórias: definir um outro, reconhecer a ameaça que o outro pode representar, saber o que for possível sobre esse outro e então lhe dar as boas-vindas desde que se possa fazer isso com segurança? As pessoas fogem mesmo não tendo para onde ir. Quando vemos Justin Trudeau no Canadá e Angela Merkel na Alemanha estender a mão amiga a refugiados, lembramos o quanto é estúpido supor que aqueles que provêm de uma terra cheia de inimigos são também necessariamente inimigos. Não ter para onde ir pode ser fatal; ter algum lugar para ir é precondição de dignidade; proporcionar um lugar ao qual ir é um ato de generosidade que beneficia ambos os lados.

É difícil amar um vizinho, e mais difícil amar um inimigo; com efeito, a segunda circunstância não raro pode ser um exercício de falta de juízo. Animais sociais que somos, nós nos organizamos de acordo com similaridades. Adotar a diversidade pode ser um imperativo ecológico, uma responsabilidade social e a característica inelutável de um mundo cada vez menor, mas ignorar as diferenças entre povos e culturas sempre dá errado. Contra as expectativas liberais, pesquisas convincentes indicam que as crianças que nunca ouviram falar em raça são propensas a se agrupar segundo a cor da pele, ao passo que aquelas para as quais o contexto da diferença é enfatizado são mais dipostas a se misturar. Somos essencialistas e conquistamos nossa identidade principalmente ao compará-la com as características pouco familiares de outras pessoas. Não existiriam Estados Unidos sem o resto do mundo; se você puder desmistificar completamente o resto do mundo, os Estados Unidos tais como os conhecemos desapareceriam. Mas podemos estar separados por nossos passaportes e mesmo assim lutar pela amizade entre as nações, reconhecer que o Plano Marshall funcionou pelo menos tão bem quanto o bombardeio de Dresden, e apoiar como iguais os que não desfrutam dos nossos privilégios. Podemos separar a necessidade urgente de identificar os inimigos já existentes da total insensatez de fazer novos.

Depois que tivemos filhos, meu marido e eu começamos a levá-los conosco em nossas viagens assim que eles aprenderam a andar, porque queríamos que tivessem uma ideia de mundo como um lugar grande e variado, transbordante de possibilidades. As crianças são maleáveis durante um período curto, e quaisquer limites impostos logo se tornam a regra. Nós queríamos que a regra incluísse tudo o que fosse surpreendente, encantador, desconfortável, glamoroso, desconcertante, excitante e esquisito a respeito de viagens. Eles decidirão, quando crescerem, se querem ser pessoas caseiras, mas pelo menos saberão o que estão deixando de lado.

Minha filha tem oito anos e meu filho, seis e meio. Ambos já são excelentes viajantes. Quando eram bebês, as pessoas costumavam dizer: "Eles ainda são muito pequenos. Nunca vão se lembrar da Espanha". Mas não fazemos experiências no presente apenas para que sejam memórias no futuro. As aventuras valem a pena mesmo quando restritas ao agora. Embora soubesse de antemão que George e Blaine poderiam não ter recordações de algum lugar em especial, eu lembraria de tê-los levado para lá, e eles seriam moldados pela compreensão mais precoce possível de que as pessoas têm costumes e crenças diversos. Quando Blaine tinha três anos, eu a levei a um restaurante para ver o pôr do sol na Place de la Concorde e lhe disse que tinha visto a mesma coisa com minha mãe. "Oh, papai", disse ela, "estou tão feliz neste momento." Um ano depois, estávamos no chão brincando com as suas bonecas e ela anunciou: "Emma está com fome. Ela precisa comer alguma coisa". Perguntei: "Bem, onde será que Emma gostaria de comprar alguma coisa? Talvez no Central Market?".

"Não, acho que não."

"Onde, então?"

"Em Paris."

Meu filho George tem interesse especial por mapas. Estuda-os durante horas a fio e traça limites entre os países. Um taxista de Nova York anunciou que tinha vindo do Senegal; pelo retrovisor ele procurou os olhos de George, então com cinco anos, e lhe disse: "Aposto que você não sabe onde fica, menino".

George disse: "Sul da Mauritânia, perto do Mali e da Guiné". O motorista quase bateu o carro.

Poucos meses depois, perguntamos a George para onde ele gostaria de ir se pudesse escolher qualquer lugar do mundo. Ele pensou por um instante e respondeu: "Síria".

John e eu ficamos assustados. "Síria!", perguntamos. "Por que Síria?"

Pacientemente, usando uma expressão que conhecida em nossa casa, George respondeu: "Alguém tem de dizer àquela gente que o que estão fazendo não é certo".

Viajar com meus filhos é um prazer principalmente por três razões. Em primeiro lugar, o deleite com coisas novas renova meu próprio deleite, devolvendo frescor a um passeio de gôndola, a uma vista às Montanhas Rochosas, à mudança da guarda. Muitos clichês turísticos ficaram superexpostos por serem singulares e espetaculares, e as crianças nos dão um pretexto para voltar a apreciá-los. Em segundo, as vantagens de viajar constroem um legado de valor: tenho sorte de ter ganhado o mundo tão cedo. Transmitindo essa dádiva, reacendo minha intimidade com minha mãe; levar meus filhos a lugares distantes honra a memória dela. Finalmente, meus filhos devolveram a minhas viagens uma noção de determinação. Estive em tantos lugares e vi tanta coisa que às vezes aquilo tudo vira um amontoado de crepúsculos, igrejas e monumentos. A diversidade do mudo abriu minha mente, que chegou talvez ao limite de sua elasticidade. Quanto à mentalidade de meus filhos, no entanto, renova-se um urgente sentimento de resolução. Não espero que George dê jeito no conflito com o Isis, mas acho que os conhecimentos que ele, Blaine e seus meios-irmãos Oliver e Lucy estão acumulando vão ampliar a bondade natural deles e aumentar o reduzido estoque de compaixão do planeta.

Eu pensava ser extraordinariamente sensível aos efeitos da atmosfera pressurizada da cabine dos aviões. Choro durante os voos — por causa dos filmes que vejo, dos livros que leio, das cartas e e-mails que tento responder. Esses surtos de emoção apresentam uma intensidade que é mais comumente associada ao abuso de substâncias. Às vezes a viagem é boa, outras vezes é ruim. Às vezes a emotividade é sublime, outras vezes é profundamente sofrida. Durante anos, achei que essa hipersensibilidade estava ligada a outros efeitos psicológicos da altitude, como a redução da capacidade de distinguir sabores — o que é uma bênção em algumas companhias aéreas. Pesquisei para descobrir se certas áreas de meu cérebro estavam sendo mais ou menos irrigadas, ou se minha capacidade respiratória ficava comprometida por causa do ângulo de subida.

Finalmente, me convenci de que a partida simplesmente me deixa triste, ainda que esteja indo para um lugar que sempre quis conhecer ou voltando para casa com saudades. Ainda que viajar intensifique a vida, também evoca a morte. É um desligamento. Fico ansioso na decolagem não por causa da pressurização ou pela possibilidade de o avião cair, mas porque me sinto dissolver. Fui criado para valorizar a segurança mais que o conforto, e o conforto mais que a coragem, e passei minha vida adulta tentando inverter essa hierarquia. Rilke disse: "No amor, só precisamos pôr em prática uma coisa: deixar ir. Porque segurar é fácil, não precisamos aprender".[51] Ao subir acima das nuvens, ponho em prática o ato de deixar ir do lugar de onde vim ou do lugar a que fui. Embora consolado nessas partidas pela perspectiva da chegada, a separação sempre me lança numa tristeza pelo menos momentânea. Mesmo com essa tristeza, no entanto, sei que só pude amar plenamente meu país depois de ir muitas vezes ao exterior, e não pude apreciar o exterior até voltar muitas vezes para casa. Despedida, pelo menos para mim, é um pré-requisito de intimidade.

URSS

As cores do inverno

Harpers & Queen, 1988

Sempre me perguntei por que as pessoas que vão à Rússia ficam obcecadas pelo país e descobri a resposta durante a minha primeira reportagem no estrangeiro, em 1988, quando a revista mensal britânica *Harpers & Queen* me enviou à URSS para cobrir a venda de obras de arte soviéticas contemporâneas pela Sotheby's. Três anos depois, publiquei uma versão ampliada dos mesmos acontecimentos na *Connoisseur*. Neste livro, combinei os dois artigos, refletindo aquelas experiências estimulantes de descoberta — não apenas para mim, mas também para os artistas nelas envolvidos — à medida que nossos mundos pessoais e políticos se chocavam. O encontro narrado neste artigo lançou-me no caminho de meu primeiro livro, *The Irony Tower: Soviet Artists in a Time of Glasnost*.

"A Brejnev!", brindou um dos artistas. Já quase amanhecia e eu estava exausto, então ergui minha xícara de chá sem sequer registrar o nome. "A Brejnev!", respondemos em coro e bebemos nosso chá. Só então me dei conta da estranheza de, no verão de 1988, estarmos brindando a Brejnev e não a Gorbatchóv. Deviam ser quatro da manhã, talvez cinco, e a conversa tinha degringolado. Tínhamos deixado de lado Baudrillard e o desconstrucionismo e o pós-modernismo para contar piadas de turistas japoneses. Éramos sete, amontoados em torno de uma mesa pequena numa sala pequena, todos falando ao mesmo tempo, atacando com gula a comida que um dos artistas tinha feito, revezando os mesmos pratos porque não havia para todos. Foi aí que veio o brinde, depois do qual alguém comentou que tinha sido uma boa noite de boa conversa, "bem como nos tempos de Brejnev". Eu estava muito distraído para perguntar por quê.

Saímos dos ateliês interligados da rua Furmann, ironicamente situados acima de uma escola para cegos, às seis e meia. A aurora tinha chegado a Moscou, e o aspecto da rua era incrível. Eu estava lá desde as onze da manhã da véspera, e aquilo tinha assumido a condição de realidade única, o que inevitavelmente acontece depois de debates intermináveis e da exaustão completa. Nós nos separamos com aquelas palavras, mais uma vez: "A Brejnev!". Então, um dos artistas lembrou-me: "Esteja na estação ao meio-dia. Vamos buscá-lo".

Voltei à opulência ambígua do Hotel Western. Às onze, o despertador tocou, como uma piada de mau gosto. De mau humor, me arrastei para fora da cama e tomei o rumo da estação de trens, sem parar de pensar por que diabos havia marcado aquele encontro. Quando cheguei, vi alguns vanguardistas conhecidos e, percebendo que estava feliz por encontrá-los, parei de amaldiçoar a noite de sono perdida e me lembrei por que fora deitar tão tarde.

Fomos juntos a um lugar de paisagem bucólica, a cerca de duas horas de Moscou. Só uma pessoa — éramos mais ou menos quarenta — sabia para onde estávamos indo, e nem ela estava certa do que encontraríamos ao chegar. Estávamos a caminho de uma Ação, do Grupo de Ação Coletiva (K/D), e o mistério fazia parte daquilo tudo. Descemos do trem e nos vimos numa das extremidades de uma fímbria arborizada. Começamos a caminhar em fila indiana, conversando em voz baixa, às vezes rindo, à espera do que podia acontecer. Percorrido o primeiro trecho de bosque, chegamos a uma vasta plantação de milho, com casas estranhas caindo aos pedaços no horizonte. Na sequência apareceu um bosque de bétulas, depois um lago cercado de junco já lançando sementes, depois um bosque de pinheiros com seus troncos sólidos se erguendo do chão macio. Imagine a cena: toda a vanguarda de Moscou, as muitas faces dos gênios e os olhos ávidos de seus acólitos, caminhando por uma floresta tão quieta como no dia da criação.

Chegamos a um descampado pelo qual corria um rio. Pescadores em botes de borracha lançavam a linha e observavam — com alguma surpresa mas não muito interesse — a procissão de artistas. Finalmente chegamos a uma encosta, onde paramos, fizemos fila e olhamos o rio. Um dos artistas, Georgi Kisevalter, foi até a margem. Saltou na água, nadou até o outro lado e desapareceu. Ficamos com os olhos pregados no ponto em que ele tinha desaparecido. Ressurgiu na outra margem carregando um pacote grande e achatado, pulou na água e nadou de volta. Foi até uma colina em frente à elevação onde estávamos, no que foi seguido pelo líder do K/D, Andrei Monastyrsky, e outro artista. Eles tiraram o papel colorido que envolvia o volume, uma grande pintura em preto e branco.

Cuidadosamente, retiraram as tachas que prendiam a tela à armação e a estenderam no chão. Desmontaram a armação, que tinha um desenho complicado, até reduzi-la a tabuinhas. Envolveram as tabuinhas na tela em preto e branco e depois no papel. Monastyrsky distribuiu fotocópias da pintura aos presentes.

Durante todo o tempo, numa colina atrás de nós, uma campainha tocava dentro de uma caixa azul, mas ninguém a tinha ouvido.

Essa era a Ação. Duas horas para chegar, duas para voltar (sem falar no tempo gasto para chegar à estação e retornar), e dez minutos de algo que achei uma performance artística de peso, importante em si mesma. Depois, à beira do rio, fizemos um piquenique que deveria ter sido agradável, mas eu estava aborrecido. Gostei de ter visto os bosques, o pão e o queijo estavam ótimos, porém o resto me pareceu pura idiotice. Serguei Anufriev, um dos líderes do movimento Hermenêutica Médica, levou-me para um canto e explicou o que ocorrera detalhadamente, fazendo elaboradas referências a performances anteriores, à ligação da arte com a natureza, a preocupações estéticas soviéticas antigas e fora de moda e a episódios relacionados com a vida daquelas pessoas. Quando ele terminou, por um momento achei que eu tinha entendido. No entanto, naquela hora estava cansado demais para pensar.

Bem mais tarde fui entender que não tinha entendido nada, e que essa era a questão. Já então eu chegara a compreender por que brindáramos a Brejnev, o opressor, e não a Gorbatchóv, o libertador. Com Brejnev no poder, como na época de Khruschóv, os vanguardistas soviéticos não podiam exibir publicamente seu trabalho, de modo que penduravam as obras em seus apartamentos e convidavam as pessoas para vê-las. Os únicos a ver essas obras eram outros vanguardistas. Estes eram, segundo as palavras deles, "como os primeiros cristãos ou como maçons". Identificavam-se uns com os outros à primeira vista, estavam juntos para o que desse e viesse, nunca traíam os membros de seu círculo. Acreditavam estar de posse de uma verdade maior que fora subtraída ao resto do povo soviético e que o tempo dessa verdade ainda não tinha chegado. Submetidos a circunstâncias difíceis, eles aprenderam a ser íntegros e construíram um mundo de reciprocidade. Embora perpassada de intensa ironia e pequenos conflitos, essa vida obriga-os a imprimir urgência a seu trabalho, num país em que, para muita gente, qualquer gesto pareceria fútil. Diante da infelicidade, eles encontraram uma alegria estreitamente compartilhada, e a surpresa constante de uma noção tão profunda de ideal lhes ensinou o valor de seu talento.

Aquele talento era formidável. A alegria deles pode ter sido excessiva, mas o acesso a ela envolvia questões demais para provocar alguém incapaz de transcendência. Além disso, a frustração de combater o sistema soviético de dominação absoluta com um intelecto insuficiente em pouco tempo derrotava os tolos. A comunidade artística moscovita não dava espaço ao observador passivo. O compromisso entre seus membros era enorme. Como a experiência de seu trabalho sempre dependia da experiência deles como pessoas — já que as aproximadamente cem pessoas que compunham a vanguarda eram ao mesmo tempo os criadores da arte soviética e seu público —, a personalidade dos artistas era determinante para aquilo que criavam. Suas personalidades fortes se definem em parte pelo espaço que preenchem no mundo da arte e em parte pelas tendências que muitos deles trouxeram para a vanguarda, mas seu gênio é, necessariamente, o do pintor, do poeta, do ator. Essa curiosa concatenação faz com que sejam atraentes, irresistíveis, implacáveis e, em última instância, impenetráveis. É por isso que combinam uma rigorosa integridade com um caráter esquivo astucioso que muitas vezes mascara a desonestidade. Seu trabalho é cheio de verdade, embora toda ela dita numa linguagem enviesada.

O que Anufriev disse a respeito da Ação era uma mentira espirituosa. Ele tentava me persuadir de que o que havia ocorrido era compreensível, coerente e direto. O que teve lugar foi, de fato, um comentário fascinante sobre os problemas da arte soviética contemporânea, que, num nível apenas literal, era compreensível, mas era também uma afirmação da comunidade artística criada pela opressão, uma comunidade que se sentia sacudida pela liberdade. A questão é que havia tantas referências que ninguém seria capaz de captar todas elas. Os artistas presentes podiam afirmar seus lugares na vanguarda por meio do entendimento de muitas dessas referências e confirmar seu grau de mistério deixando de entender o resto. O círculo de vanguarda, repentinamente ameaçado por aqueles que pensam que ser artista é um caminho fácil para a fama e a fortuna, mantém em segredo esses eventos para proteger essa nova fragilidade, terrível, da maneira como o relaxamento das restrições e os mercados estrangeiros ameaçam a cidadela psíquica de seus membros.

Fui a Moscou para um leilão de arte soviética contemporânea realizado pela Sotheby's. O alvoroço em torno do evento foi enorme. A Sotheby's organizou um grande tour pela cidade, num pacote que incluía celebrações diplomáticas, canto de ciganos, observação interminável de ícones raramente vistos, encontros com pessoas importantes, caixas e caixas de champanhe importado e caça à baleia, antes reservada a tsares e comissários de Estado. Estávamos indo não a um simples leilão, mas a um acontecimento de peso na história das relações Oriente-Ocidente. Num elegantíssimo folheto, a palavra "Sotheby's" reluzia, em caracteres latinos e cirílicos, sobre os tons terrosos de um mapa antigo com dísticos ilegíveis. Por mais encantados que estivessem com a perspectiva de comer caviar e observar ícones, muitos dos viajantes ficaram perplexos ao descobrir que o mapa — o logotipo da viagem, reproduzido mil vezes na imprensa internacional — era na verdade um velho mapa das Bermudas. "Era o que tínhamos à mão", explicou um dos diretores da Sotheby's.

Como empresa de fins lucrativos, a Sotheby's tinha motivos para realizar o leilão que iam bem além do interesse pela obra da vanguarda soviética. Era uma oportunidade de estabelecer boas relações com o governo local no início da Perestroika, com a possibilidade de obter contratos exclusivos e outros privilégios futuros. Inicialmente, a arte contemporânea e seus artistas foram vistos como meio de atingir um fim. Embora na verdade a arte soviética tenha sido descoberta pelo Ocidente aos poucos, durante a década que precedeu o leilão da Sotheby's, quando poucos artistas soviéticos começaram a ter visibilidade na Europa Ocidental e em Nova York, os grandes parceiros no jogo da arte não lhes deram muita atenção.

Na época em que a Sotheby's acelerou os preparativos para o leilão, realizaram-se exposições em muitas galerias do Ocidente, com destaque para uma instalação de Ilya Kabakov na Ronald Feldman Fine Arts, em Nova York. Ele tinha criado um apartamento comunitário em Moscou no qual cada cômodo pertencia a uma pessoa tomada de uma obsessão. Num deles morava O Homem que Nunca Jogava Nada Fora, cujo espaço estava repleto de pequenos objetos colados em cartões e etiquetados: "fiapos do meu bolso", "poeira do canto", "um clipe de papel", "um inseto". Em outro cômodo, O Homem que de Seu Quarto Voou para o Espaço suspendeu um banco preso por grandes elásticos aos quatro cantos do teto, com a intenção de se lançar à liberdade da estratosfera. Em outro ainda vivia O Homem (talvez o próprio Kabakov) que Narrava Sua Vida por Meio de Personagens. Mostras como essa mobilizaram alguns poucos colecionadores de arte soviética, e, embora o gosto por elas já não fosse excêntrico, permanecia culto e obscuro.

Antes de se tornar diretor da Sotheby's na Europa, Simon de Pury foi curador da coleção privada do barão Thyssen-Bornemisza. Ao viajar com ele à União Soviética, Pury informou-se sobre a cena artística contemporânea. Reuniu também grande quantidade de obras importantes da vanguarda soviética da década de 1920, que permaneciam em mãos de particulares, assim como mobiliário e objetos preciosos dos séculos XVIII e XIX. Estava ansioso para começar com o pé direito um relacionamento com o novo governo de Gorbatchóv e sua política da Glasnost, para que a Sotheby's ficasse numa posição confortável se dificuldades financeiras levassem os donos desses tesouros a se desfazerem deles. Lênin tinha vendido algumas das melhores obras do Museu Hermitage para pagar os custos do novo governo; talvez Gorbatchóv fizesse algo parecido. A nova arte era uma moeda de troca glorificada. O leilão de "arte contemporânea" a que assisti incluía obras importantes da década de 1920 — entre elas grandes peças de Alexander Rodchenko, Varvara Stepanova e Aleksandr Drevin. "Espere só para ver quanto tempo vai levar para que tenhamos um escritório neste país com o letreiro SOTHEBY'S MOSCOW na porta", declarou um dos colegas de Pury. Porém ele logo viu que a arte contemporânea tinha valor próprio. "É um risco enorme, gigantesco", disse-me ele. "É pouquíssimo o que sabemos sobre essas obras que estamos comprando — mas sabemos que vale a pena comprá-las."

O leilão, na noite de 7 de julho de 1988, atraiu gente que nenhuma outra situação teria aproximado. Às seis e meia, o grupo que participou do tour da Sotheby's começou a entrar na grande sala de conferências do Hotel Mejdunarodnaya. Depois de passar pela recepção para retirar suas raquetes, cada um dos convidados dirigiu-se ao assento reservado na frente da sala. O representante de Elton John falava de amenidades com a irmã do rei da Jordânia. Um jogador de beisebol aposentado acompanhava um bando de escandinavas bem-nascidas. Um grupo de prósperas alemãs, vestidas de vermelho em homenagem ao país anfitrião, envolveu-se numa animada conversa com um membro do Departamento de Estado americano. "Você vai mesmo comprar aquele?", alguém perguntou.

"A qualquer preço", veio a resposta, com um risinho.

Uma mulher magra com diamantes no pescoço e uma enorme bolsa de crocodilo zanzava para lá e para cá entre duas pinturas de artistas diferentes. "Não consigo decidir. Não consigo", choramingou, e depois perguntou a alguém próximo: "De qual dos dois você gosta mais?".

Atrás do entourage da Sotheby's entraram ocidentais residentes em Moscou e soviéticos poderosos vestidos com excessiva formalidade, gordos e felizes entre viajantes americanos e europeus ocidentais de férias. O embaixador americano Jack F. Matlock estava presente com a esposa, o filho e a noiva russa do filho. Os filhos de homens de negócios ricos residentes na União Soviética estavam presentes. Muitos tinham perdido o hábito dos acontecimentos sociais do Ocidente e adoraram a ocasião para usar seus Adolfo e Valentino. A imprensa compareceu em peso portando blocos de notas, câmeras fotográficas e de TV — não críticos de arte que tenham vindo pelo evento em si, mas repórteres de política, com todas as equipes jornalísticas de Moscou cobrindo o momento histórico.

Um terço do salão, ao fundo, não tinha cadeiras. O espaço estava circundado por cordões de veludo, apinhado, com o resto dos moscovitas presentes, pessoas com convites que, dizia-se, teriam sido comprados a peso de ouro, alguns deles, como fomos levados a crer não se sabe por quem, trocados por quadros e mesmo apartamentos. Os artistas do público — muitos deles participantes da Ação Coletiva no rio — cochichavam em grupinhos, num espetáculo secundário naquele que era na verdade seu próprio evento global de relevo. Por trás das cordas havia curadores do Púchkin, amigos dos artistas soviéticos, outros membros da vanguarda. Tinham vindo alguns artistas de Leningrado. O primo de um dos artistas viera de Tblisi, a mais de 1600 quilômetros de distância. As pessoas se empurravam e se punham à frente da multidão, depois eram arrastadas de volta para trás pelas ondas de gente apertando gente, esmagada, mas a salvo, em meados de julho, pelo alívio do ar-condicionado, que não era exatamente um elemento comum na vida soviética.

Os lances começaram às sete. Pury, transpirando apesar do ar-condicionado, estava atrás do pódio, regendo a venda como se fosse o mestre de cerimônias do maior espetáculo da Terra. As obras soviéticas mais antigas superaram em muito os preços previstos. Uma pintura de Rodchenko, *Linha*, de valor estimado entre 165 mil e 220 mil dólares, foi vendida por 561 mil.

Com o lote 19, teve início a venda de arte soviética contemporânea. As obras foram listadas pelo sobrenome dos artistas, em ordem alfabética — segundo o alfabeto latino. O primeiro, portanto, foi Grisha Bruskin, um homem pequeno e retorcido que durante anos se mantivera na periferia dos acontecimentos, tido por seus pares como uma pessoa doce e tecnicamente competente, ainda que relativamente insignificante. Todas as telas dele foram vendidas pelo dobro, pelo triplo, pelo quádruplo dos valores estimados. Uma delas, avaliada em 32 mil dólares, foi vendida por 415 700 dólares.

Os artistas começaram a se entreolhar sem dissimulação. Finalmente, estavam vendo como as pessoas no Ocidente gastavam dinheiro. Com gestos triviais, quase indiferentes, os membros do tour da Sotheby's levantavam suas raquetes de madeira descolorida oferecendo quantias de seis dígitos. Uma diferença de mil dólares não era nada para eles. Fortunas de proporções jamais sonhadas por aqueles artistas eram oferecidas por uma tela — uma tela soviética. Os artistas começaram a entender que a mudança na política do governo poderia, afinal, deixá-los inacreditavelmente ricos.

Depois de Bruskin veio Ivan Chuykov, já mais maduro, apreciada figura pública da arte não oficial. Se alguém tinha pago mais de 400 mil dólares por uma pintura de Bruskin, certamente a obra de Chuykov valeria milhões. Mas seu *Fragmento de uma cerca* não alcançou o lance mínimo de 15 mil dólares, e *Nadas e cruzes* tampouco conseguiu os 20 mil dólares minimamente pedidos. Os outros mal chegavam ao mínimo. Porém a venda continuou, com preços altos que confundiam os soviéticos e preços baixos que os constrangiam. Foi então que uma pintura de Svetlana Kopystiyanskaya, bela mas essencialmente decorativa, foi oferecida. Ela era uma mulher séria e boa pintora, ainda que não exatamente original, e os lances por sua obra foram ficando cada vez mais altos. Como era possível? Se os membros da vanguarda não tivessem sido mantidos à parte pelo cordão de isolamento, e se tivessem compreendido a dinâmica egocêntrica do mundo dos leilões, teriam visto uma batalha de raquetes. Se tivessem comparecido ao faustoso jantar oficial oferecido na véspera, teriam tomado conhecimento de que Elton John instruíra seu representante a dar lances pela mesma pintura que uma elegante suíça pretendia comprar, segundo disse, a qualquer preço. Depois que aquele quadro bateu os 75 mil dólares, os artistas se puseram a repetir, num zum-zum incrédulo: "Será que isso quer dizer que, no Ocidente, acham que Sveta Kopystiyanskaya é melhor que Chuykov? Que Kabakov?".

Quase todas as pinturas foram vendidas. As mais belas, ou, às vezes, as mais flagrantemente incomuns, foram vendidas por muito dinheiro, o que preocupou gravemente a vanguarda de Moscou e instaurou o temor de que o Ocidente criasse um cânone baseado em paradigmas totalmente alheios aos deles. Ficaram profundamente preocupados com alguns dos autores de lances que conheceram, cuja recusa em levar em conta o contexto soviético parecia encerrar uma incapacidade de reconhecer que afinal existia um contexto. Num dos ateliês, depois de ouvir um pintor muito afeito a teorias dar uma explicação de trinta minutos sobre sua obra, uma mulher que acabou oferecendo um dos lances mais altos do leilão perguntou: "O senhor pinta em preto e branco porque é difícil conseguir tintas coloridas neste país?".

Embora algumas das melhores obras tenham sido vendidas a pessoas que as compreendiam, muitas delas foram parar nas mãos de gente que as comprou como souvenir. O leilão angariou 3,5 milhões de dólares, mais que o dobro da estimativa otimista de 1,8 milhão. Simon de Pury abraçou Serguei Popov, vice-diretor do Ministério da Cultura.

Quando deixavam o salão, uma mulher indicou seu catálogo e disse a outra: "Comprei esta". Franziu levemente a testa: "Ou talvez esta. Não lembro qual".

"Qualquer uma", disse a outra. "Desde que você tenha alguma coisa para lembrar esta noite. Não foi emocionante?"

Então os artistas foram trazidos à vista do público, uma situação desconfortável para alguém cujo trabalho se baseia na forma mais extrema de privacidade. Pensadas para parecer tediosas e sem sentido aos olhos da KGB, essas obras foram criadas de acordo com padrões tão secretos que, paradoxalmente, permaneceriam incompreensíveis para o Ocidente bem depois de se tornarem famosas. Quando uma obra de arte é separada de suas origens, a coisa mais fácil de se perder de vista é a ironia que ela encerra. A insistência na multiplicidade da verdade, na arte soviética, é tão política quanto a pintura, porque aceitar uma única verdade oficial é um velho hábito stalinista. A natureza da dissimulação — mais do que a coisa dissimulada — deve ser o foco da crítica. É por isso que o exame sociológico é o procedimento mais racional a seguir. Em resumo, é válido aplaudir o brilho do disfarce; é cômico aplaudir o disfarce em si. O leilão da Sotheby's catapultou os artistas para um relacionamento ambíguo com a celebridade e a fortuna capaz de solapar todo o seu sistema de valores.

Embora a ignorância dos autores dos lances não seja culpa dos leiloeiros, se a venda tivesse sido feita de modo menos teatral, alguns dos compradores de souvenirs teriam ficado em casa. Está claro que nesse caso as obras não teriam chegado a somas tão grandes. E se a venda não tivesse sido um sucesso estrondoso, o Ministério da Cultura provavelmente não se empenharia tanto em empreender, nos meses seguintes, outros eventos similares que pudessem ajudar mais artistas soviéticos. O Ministério, que retém parte considerável das importâncias obtidas, de repente começou a ver os outrora detestados artistas com uma condescendência interesseira, depois que se tornaram uma fonte preciosa de moeda forte.

A Sotheby's anteviu todas essas perspectivas. A casa de leilões sabia que havia encontrado uma nova fonte de lucro que ao mesmo tempo transcendia seu puro e simples interesse comercial. No jantar de despedida, na noite seguinte, até o mais cínico dos representantes da Sotheby's — e as mais céticas autoridades do Ministério da Cultura — pareciam à beira das lágrimas. Durante muito tempo, os dois lados se mantiveram em emblemática oposição recíproca; aceitando que a função da arte é acima de tudo comunicação, a venda era, ela própria, uma obra de arte, uma congregação miraculosa. Nos anos que se seguiriam, críticos, curadores, colecionadores e artistas atribuíram à casa de leilões a descoberta de um movimento, a invenção de um movimento ou a destruição de um movimento. Até certo ponto, todos eles tinham razão.

Os artistas experimentaram sentimentos controversos a respeito do leilão, talvez incapazes de distinguir todas as motivações e razões por trás dele. No dia seguinte, organizaram uma viagem de barco em protesto contra o comercialismo ocidental. Todos os vanguardistas estavam lá, discutindo, exaltados, enquanto navegavam em direção a uma área de lazer, os prováveis efeitos do comercialismo ocidental. Ao chegar, desembarcaram para caminhar no bosque, sentar-se na areia ou alugar botes a remo ou pedalinhos. Fui parar num barco a remo com Viktor Misiano, curador de arte contemporânea do Púchkin, e Jora Litichevsky, pintor cuja resistência como remador era incrível. Todos estavam se divertindo, afirmando uma vez mais a força da comunidade de vanguarda. Enquanto os pedalinhos tentavam abalroar nosso barco e pessoas sorridentes pretendiam nos atirar à água, Misiano acenava com a cabeça para uns e outros, dizendo: "Existe uma importante Leningrado conceitual. Lá existe um verdadeiro pintor comunista. Lá existe um formalista soviético". Como a Ação nos bosques, foi uma oportunidade de ver aquela comunidade impetuosa brincando, o que era uma boa maneira de começar a entender sua obra codificada.

Só depois do leilão é que um de seus organizadores me contou sobre a primeira reunião em que a Sotheby's discutiu sobre este ou aquele artista, individualmente, com o Ministério da Cultura. Naquela época, era dificílimo conseguir informações sobre os artistas, e a Sotheby's logrou fazer uma lista de artistas underground cujos nomes tinham sido obtidos com contatos ocidentais na União Soviética. Os comissários de cultura disseram à casa de leilões, mais por circunstância do que por contrariedade, que todo ocidental que vinha para uma reunião trazia *exatamente* a mesma lista — e que ela podia ser assim identificada porque, entre os nomes, constava o de um pianista que nada tinha de pintor.

O leilão foi um divisor de águas na história da arte soviética. Nos dois anos seguintes, alguns dos artistas que tinham sido figuras de destaque na vanguarda mergulharam na obscuridade. Outros se habituaram à vida no jet set; foram convidados para as coberturas e *palazzi* dos colecionadores e homenageados em jantares celebrados na Trump Tower, em Nova York. A obra deles passou a ser mencionada com frequência na imprensa, e, não obstante não fosse popular, seus autores se tornaram populares. Apareciam em programas matinais na televisão e em revistas de variedades. Sua obra mais forte chegou a refletir a certeza de que o Ocidente podia entender a vontade de se comunicar, quando não os atos específicos de comunicação. O fato de que ambicionassem alguma celebridade com entusiasmo cauteloso não indica que tivessem desistido de refletir sobre o que se tornara passado.

A poética do conteúdo para esses artistas soviéticos reside em parte em sua nostalgia, e talvez seja uma graça maior do que eles imaginam que a tendência a ter saudades de casa esteja entre seus atributos culturais. Quando em sua obra reconhecem que um sonho realizado é um sonho abandonado, eles ressuscitam tanto a pureza de seus ideais como o senso de humor que no Ocidente achamos tão encantador. O tempo e os fracassos inevitáveis começaram a restabelecer para esses artistas o talento sutil para a autorreferência que eles empregaram com tanta felicidade nos anos que antecederam o leilão. Ao redescobrir seu país e sua antiga vida de opressão a uma distância saudável, eles redescobriram as razões originais para dizer, secretamente ou não, aquilo que percebem como verdade inalienável. A força de sua crença nos convence. Dizer a verdade confere à obra deles uma dimensão moral e estética — o presente definitivo que os artistas oferecem não apenas a museus e colecionadores, mas ao mundo. À medida que esses artistas soviéticos e o corpo de sua obra se transferem para o Ocidente, as mudanças por eles sofridas vão mudar a forma como pensamos a arte.

Embora a obra de muitos artistas da vanguarda soviética tardia tenha sido mais comercializada no Ocidente, eles logo conquistaram certa visibilidade também em seu país. A capital russa atualmente apregoa a existência do Museu de Arte Moderna de Moscou, o Museu de Arte Multimídia e o Museu Garagem de Arte Contemporânea. Este último está instalado num antigo restaurante do parque Górki, restaurado com espalhafato num espaço de quase 6 mil metros quadrados, com um átrio em que se encontram dois murais de Erik Bulatov de nove metros de altura. Os artistas trabalham em ateliês instalados numa antiga estação elétrica de Moscou e na antiga padaria industrial Smolinsky de São Petersburgo. Entre as escolas de arte independentes da Rússia estão a Escola Superior Britânica de Arte e Design (fundada em 2003), a Escola de Arte Rodchenko (2006), o Instituto Baza (2011) e a Escola Aberta Manege/Laboratório de Artes Midiáticas (2013).[1] O Hermitage foi o lugar da última Manifesta, uma importante mostra pan-europeia, e a Bienal de Moscou está ganhando força, da mesma forma que feiras de arte comerciais, como a Cosmoscou.[2]

O governo de Vladimir Putin, no entanto, faz pouco-caso da livre expressão, e com frequência as autoridades russas proíbem ou fecham exposições que ofendem os conservadores. As integrantes da banda de rock feminista Pussy Riot foram presas depois de uma apresentação na catedral do Cristo Redentor de Moscou. O caso delas comoveu a imprensa internacional, mas esse é apenas um dos muitos episódios. A "gangue artística anarcopunk"[3] Voina, que significa "guerra", desafia "símbolos e ideologias repressivo-patriarcais antiquadas". A Voina encenou uma orgia no Museu de Biologia Timiryazev em Moscou durante as eleições presidenciais de 2008. Em 2010, cinco de seus membros pintaram um pênis de sessenta metros de altura na ponte móvel Liteiny, em São Petersburgo, de modo que ficasse visível da sede do Serviço Federal de Segurança quando a ponte fosse erguida. Muitos membros da Voina estão presos. Alex Plutser-Sarno, que permanece em liberdade, diz que a sede do grupo fica atrás de "uma muralha alta, intransponível, da prisão de São Petersburgo", onde "definham aos poucos" os artistas Oleg Vorotnikov e Leonid Nikolayev.

Entre as exposições fechadas nos dez últimos anos estão Arte Proibida, no Centro Sakharov de Moscou (2006), que custou o emprego ao diretor da instituição; Invectiva Espiritual, na galeria Marat Guelman de Moscou (2012), depois da qual os organizadores foram submetidos a interrogatório; e Bem--vindo a Sochi, em Perm (2013), sobre a qual o parlamentar Andrei Klimov, partidário de Putin, escreveu: "As obras ali reunidas lembram muito a maneira como a Rússia era retratada pelos propagandistas de Hitler, e antes deles pelos lacaios de Napoleão. Goebbels, estou certo, teria gostado muito".[4] Mais recentemente, a Associação de Salas de Exibição de Moscou fechou Seja Feliz, na galeria Bogorodskoe, e Seja Você Mesmo: Histórias de Adolescentes LGBT, na galeria da praça Vermelha, ambas em 2015. Os organizadores desta última tentaram mostrar fotos da exposição fora da sala, mas elas foram destruídas. O fotógrafo Denis Styajkin, ativista pelos direitos LGBT, e um observador de dezesseis anos foram detidos. As verbas destinadas ao festival de cinema Moscou Première foram redirecionadas de uma hora para a outra a um novo "Festival Jovem do Cinema Otimista", comandado por um dos amigos de Putin. As autoridades russas tentaram até impedir exposições no estrangeiro: o ministro da Cultura protestou contra a exibição pública de peças escaladas para a mostra parisiense Sots Art: Arte Política da Rússia, e as proibiu de sair do país.[5]

O mercado não é fácil nem mesmo para aqueles cujas exposições não são fechadas. Apesar da multiplicidade de museus em Moscou, os russos emergentes, embriagados de glamour, geralmente preferem arte ocidental contemporânea de mais prestígio e mais superficiais do que a que produzem seus compatriotas. Embora os preços internacionais das obras de arte produzidas hoje na Rússia tenham se estabilizado um pouco, o mercado de arte interno entrou em profunda recessão. As três mais importantes galerias de Moscou — Aydan, Marat Guelman e XL — tiveram de se reinventar como organizações sem fins lucrativos.[6] Vladimir Ovtcharenko, diretor da galeria Regina, diz: "Muitos artistas estão trabalhando na cozinha, como faziam no período soviético".[7] Não fica claro se, como no período soviético, eles estão trabalhando com propósitos morais.

URSS

Três dias de agosto

New York Times Magazine, 29 de setembro de 1991

Meu primeiro livro tratava de artistas na União Soviética. Eles eram meu tema, mas também ficamos amigos, e eu ansiava por voltar a Moscou depois da publicação do livro para poder estar com eles sem precisar entrevistá-los. Antevia um período de descontração, de visita a amigos em suas dachas, conversando e bebendo noite adentro. Portanto, os acontecimentos dramáticos que relato aqui chegaram como uma cilada. Foi sempre minha esperança inabalável, mas dificilmente minha crença, de que a arte e a literatura tivessem sentido e que aperfeiçoar a capacidade de expressar verdades difíceis era uma ferramenta no projeto permanente de consertar um mundo quebrado — que a caneta ou o pincel eram na verdade mais poderosos que a espada. Durante aqueles três dias em Moscou, cheguei a compreender que — em algum tempo e em algum lugar — minhas esperanças se tornariam realidade.

Segunda-feira, 19 de agosto. Às oito da manhã, acordo com um telefonema de Viktoria Ivleva, uma fotógrafa. "Desculpe por ligar tão cedo", disse ela, "mas acho que terei de cancelar o jantar desta noite. Sabe como é, Gorbatchóv acaba de renunciar. Acho que não vai dar para ir ao mercado, e não tenho legumes em casa."

Minha cabeça ficou enevoada. "Gorbatchóv renunciou?", repeti vagamente. "Parece que sim. É só o que sei."

Eu estava me recuperando de uma festa que tinha durado até as primeiras horas da manhã, um encontro típico dos artistas de vanguarda de Moscou. "Está bem, Vika, mais tarde falo com você", disse e voltei a dormir. A atmosfera em Moscou nos meados de agosto era tão otimista, e a atitude em relação a Gorbatchóv tão fria e indiferente que sua renúncia bateu em minha mente desnorteada como um passo a mais, sem muita importância, na reestruturação da política soviética. Nos dois últimos anos, dizia-se à boca pequena que a época de Gorbatchóv tinha passado, que ele teria de abrir caminho para reformistas mais enérgicos. Sua decisão final de renunciar não causou muita comoção.

Quando me levantei, liguei na CNN, privilégio oferecido por poucos dos melhores hotéis de Moscou, que falava confusamente do desaparecimento de Gorbatchóv. A palavra "golpe" é mencionada. Olhei pela janela. Todos os camelôs estão, como de hábito, ao longo da rua Rojdestvenka, e a mesma multidão de sempre vem saindo da estação Kuznetsky para fazer compras.

Telefonei para o prédio da rua Furmann, transformado pelos artistas de vanguarda de Moscou num espaço de ateliês. Trabalhei e morei com esses artistas durante mais de três anos, comunicando-me em inglês, francês e meu escasso russo, e havia acabado de publicar um livro sobre nossas aventuras em comum. Larisa Zvezdochetova, uma artista conceitual, atende o telefone. "Você soube do que aconteceu?", perguntei.

"Então é verdade? Esta manhã, às oito, Anton Olshvang me ligou com essas notícias horríveis, e eu lhe disse que estava ficando cansada do senso de humor dele. Então voltei a dormir." Às onze, Larisa recebeu outra chamada, e disseram que um amigo tinha visto tanques se aproximando do Parlamento. Ela concluiu que se tratava de manobras ordinárias e mais uma vez voltou a dormir. "Mas, quando me levantei, pouco depois, liguei a televisão e só havia balés de Tchaikóvski em todos os canais, por isso comecei a ficar assustada." Os balés de Tchaikóvski foram transmitidos por todos os canais quando Stálin morreu — era o sinal mais seguro de que alguma coisa tão grave tinha ocorrido que não havia nada mais para transmitir.

Fui para o edifício decrépito que abriga os ateliês. Oito artistas estavam reunidos na salinha do andar de cima, o lugar em que costumávamos beber e conversar até tarde da noite. O aniversário do marido de Larisa, o também artista Kostya Zvezdochetov, fora duas semanas antes, e seu colaborador ocasional Andrei Filippov fez para ele "a maior bandeira russa do mundo", já que o trabalho desses artistas versa sobre temas como a tensão entre o espírito russo e a burocracia soviética. O pano de três metros de comprimento ficou num canto do ateliê durante vários dias, e agora Kostya o trazia embrulhado em torno dos ombros como se fosse um xale.

Ele conseguiu sintonizar a Rádio Liberdade, canal de propaganda americana, mas o som era intermitente. Ouvíamos pela metade; como nos tempos de Brejnev, a ironia é a única maneira de lidar com o medo e a crise, por isso a conversa é rápida, as tiradas de espírito agudas e cortantes como as notícias. Os artistas descobriram havia muito que a maneira de combater um governo que apresenta mentiras como se fossem verdades é dizer a verdade como se fosse piada. O humor torna-se um meio de comunicação codificada, e fazendo piada eles podem se expressar e ficar invulneráveis ao mesmo tempo. Mas naquele dia, por trás da brincadeira, os artistas estavam reunindo a coragem de que precisariam para o que estava por vir. Em breve teriam de descartar a ambiguidade habitual; essa calamidade exigiria ação real e palpável.

Ansiosos por informação, fomos juntos para o Kremlin e ficamos perplexos ao deparar com a praça Vermelha fechada, vazia em toda a sua extensão, com tanques e militares guardando a entrada. Espremidos no meio da multidão, pegamos cópias das declarações que estavam sendo distribuídas pela resistência.

Na praça Manej, logo abaixo da praça Vermelha, está começando um comício. O centro da praça também está fechado para pedestres. As pessoas estão se reunindo para ouvir discursos improvisados. "Sei tanto quanto vocês", disse-nos um dos soldados. "Só disseram, esta manhã, que tínhamos de vir para cá. Não tivemos outras ordens." Vladimir Mironenko, um pintor, replica: "É ótimo que tenham cercado o Kremlin, só que suas armas estão apontadas para o lado errado. Vocês precisam virá-las para o outro lado, apontá-las para o Kremlin, e não para nós, e tudo vai dar certo". Os soldados riram.

Um orador disse que estava se formando um movimento de resistência em torno do Parlamento e que Boris Yéltsin comandava a luta contra a nova junta. "Eleito por nós!", fica repetindo o orador. "O Yéltsin é que foi eleito por nós!"

Os artistas balançam a cabeça. "Yéltsin é um criador de caso, um animal político, e nenhum membro da intelectualidade gosta muito dele", diz alguém. "Mas devemos ficar com ele neste momento de crise."

No caminho para Tverskaya, o bulevar central, paramos para tirar fotos ao lado dos tanques e conversar com os soldados. Quase como se tivessem sido desocupadas para um desfile, as ruas estavam livres de carros e lotadas de gente.

Topamos com um amigo que nos fala sobre uma movimentação no Parlamento. Tomamos o metrô até a estação Barrikadnaya, assim chamada porque nesse lugar foram construídas barricadas durante a primeira Revolução Russa — uma redundância que todos adoram. A senhora que varre a estação, normalmente carrancuda, assumiu a tarefa de abordar qualquer pessoa que se detivesse, mesmo que por um momento. "Vamos!", diz ela. "Vá logo para a manifestação!" E se dirige ao próximo grupo: "Vamos! Depressa!".

Aderimos à enxurrada de gente que corria em direção ao Parlamento. Enquanto ouvimos os discursos pronunciados no balcão, nem nos passa pela cabeça que estamos inchando o número daqueles que a imprensa noticiaria como participantes de um protesto. Estávamos apavorados pelo quadro do golpe que surgia e com os perfis ameaçadores dos membros da junta, mas não tínhamos ido ao Parlamento para protestar. Estávamos ali para investigar.

Os oradores nos preveniram de que a praça seria invadida às quatro da manhã e nos incitaram a formar barricadas humanas para defendê-la. "Vocês vão fazer isso?", perguntei a meus amigos.

"Se for necessário, claro que vamos", foi a resposta.

Seguimos em direção ao rio, onde havia mais tanques, e falamos com os soldados. A técnica dos artistas era travar uma conversa com eles. "Então", alguém perguntou, "faz muito tempo que você está no Exército? Você é de onde? Ah, minha avó é de perto dali. Você já tinha vindo a Moscou?" No fim desse papo amigável — muitas vezes acompanhado de um presentinho, como uma salsicha, chocolate ou pão comprado nas redondezas —, eles levavam de repente a conversa para outro lado. "Veja, você não sabe que ordens vai receber esta noite", disse um dos artistas, "e claro que eu também não sei, mas quero que fique ciente de que eu e todos os meus amigos defenderemos este edifício. Estaremos sentados diante dele. Não dispare contra nós."

A maior parte dos soldados, nervosos, tira o corpo fora. "Esperamos que não", dizem.

"Não, isso não é o bastante. Não atire em nós. Se tiverem problemas, se precisarem se esconder de seus oficiais, vamos escondê-los." Rapidamente, são trocados nomes e números de telefones, quase sempre rabiscados no verso das declarações de Yéltsin trazidas do Parlamento.

Em 1988, quando comecei a escrever sobre artistas soviéticos, as pessoas que conheci pediam que eu não ligasse do hotel para elas, a fim de não despertar suspeitas da KGB nem que usasse seus nomes reais quando escrevesse sobre certas atividades. Mas não existe mais o problema do anonimato. Digo que devo publicar alguma coisa sobre a resistência e pergunto se é necessário dissimular identidades. "Você deve dizer a todo mundo no Ocidente, ao mundo inteiro, que estive nesta luta", diz Yuri Leidermann, um dos artistas. "Você deve gritar nossos nomes de cima dos telhados."

E, no fim da tarde, ajudamos a armar as barricadas.

"Normalmente é uma chateação que em Moscou tudo esteja sempre em construção", diz Kostya. "Mas no momento essa será nossa salvação: que outro movimento popular teve à sua disposição material tão bom? Hoje, neste lugar, vamos fazer uma verdadeira obra de arte comunitária."

Tinha começado a chover, e uma mulher de salto alto perguntava a cada um de nós: "Com licença, você sabe operar uma pá carregadeira ou uma escavadeira?". Alguém tinha conseguido ligar as máquinas, e elas teriam de ser operadas por homens que obviamente nunca tinham dirigido nada mais complicado que um carro. As máquinas empurram e arrastam, todos nós nos enfileiramos, empurramos e arrastamos; as barricadas começam a tomar forma. A autodesignada supervisora é outra mulher, de voz aguda mas decidida. Salpicada de lama, molhada, com frio, as mãos nos quadris, ela grita instruções de combate. Camisetas com dísticos ocidentais — não importa o que signifiquem — são moda em Moscou. De lado a lado da generosa figura daquela mulher lia-se EU PREFERIA ESTAR JOGANDO TÊNIS.

Combinamos de nos encontrar à noite nos ateliês. Às nove e meia, a maior parte dos artistas de que sou mais íntimo estava lá, talvez quarenta ao todo. O clima de parque de diversões tinha dado espaço a uma coisa mais objetiva. Andrei pega a bandeira que havia feito para Kostya de brincadeira e nos diz que, se tivermos de nos separar, nos encontraremos debaixo dela. Esperançosos, nos dirigimos ao Parlamento. "Acabou o suspense", diz o crítico Josif Bahkstein. "Se ganharmos agora, a reforma triunfa. Se perdermos, estaremos realmente perdidos."

Debatemos a greve geral. "Minha recusa a ir ao departamento de filosofia da universidade", diz Viktor Zagarev, "não tem a menor chance de amedrontar a junta. Hoje, pela primeira vez, sinto que gostaria de ser um trabalhador da indústria automobilística." Alguém mais diz: "Se eu fechar minha galeria de arte, deixarei desempregadas apenas quatro pessoas".

Quando, pouco antes da meia-noite, ouvimos o barulho da barricada sendo destruída, sentimos um aperto no coração. Fomos correndo para lá e vimos dezenas de pessoas lutando para abrir uma brecha em nossa fortificação. "Vamos lá", diziam eles. "Soldados leais a Yéltsin!" Finalmente somos informados de que um batalhão tinha aderido e corria para se unir à tarefa de demolição.

Havia apenas meia dúzia de tanques, mas ficamos atentos a eles e nos encaminhamos para o Parlamento, Andrei com a bandeira de Kostya desfraldada e o pintor Serioja Mironenko, irmão gêmeo de Vladimir, gravando tudo em vídeo. Os soldados dos tanques disseram: "Viemos para nos unir a vocês". A chegada deles aumenta nossas apreensões: podia ser o começo de uma guerra civil. Mesmo assim, a alegria pela adesão foi maior. Até o momento, as manifestações tinham se mostrado mais simbólicas, um gesto não mais significativo que uma obra de arte política. De repente, a força do poder físico está conosco.

Faz frio e começa a chover. Meu grupo e eu ficamos na praça coberta diante do Parlamento. Alguns tinham se afastado, e nos reunimos outra vez sob a bandeira de Andrei. Estariam ali umas cem pessoas levemente vinculadas à intelectualidade, algumas das quais eu nunca tinha visto. "Em geral se reclama que esta cidade não tem vida noturna", diz um dos artistas. "Mas esta noite todas as pessoas interessantes de Moscou estão aqui, e provavelmente estaremos todos aqui durante horas." Lena Kurlyandtseva, crítica de arte, chega correndo e diz: "Andrew, você não conhece Artyom Troitsky. Artyom, você nunca viu Andrew. Mas cada um de vocês leu o livro do outro e acho que ambos têm muitas perguntas a se fazer". Ficamos conversando na chuva. "Energia pública e privada se fundem nos roqueiros soviéticos underground, e essa é uma coisa que os leitores do Ocidente têm dificuldade para entender", disse Artyom. "Eles estão mais dispostos a aceitar essa simultaneidade na obra de artistas visuais." Era como se estivéssemos num coquetel.

Olga Sviblova vinha filmando o cenário artístico de Moscou havia quase quatro anos. Era figura fácil em todas as festas e exposições, com sua câmera meio capenga e seus técnicos meio competentes. Tarde da noite da segunda-feira, ela chega de repente, cuidadosamente maquiada, usando uma minissaia de seda preta. Pede emprestada a câmera de vídeo de Serioja e filma cada um dos artistas. Como quase não há luz, ela pede que aproximem isqueiros acesos ao rosto de quem ela está filmando. "Há dois anos", diz ela, "perguntei a cada uma dessas pessoas se achava que a Glasnost ia dar errado, e perguntei o que fariam se isso acontecesse. Esta noite, só quero registrar que elas estão aqui e a expressão que têm no rosto. Seria o final perfeito para meu filme — se, claro, as novas autoridades não o destruírem."

Por volta das duas da madrugada, estamos enregelados, cansados e entediados, e achamos que parte do grupo deveria ir para casa para poder voltar recuperado na manhã seguinte. "Não podemos ficar todos nós aqui durante os próximos seis meses", diz Larisa. Andando em direção à barricada onde tínhamos parado quatro horas antes, fomos abordados por uma mulher chamativa, de cabelos louros e casaco cinza-claro. Ela diz que está ajudando a inflar um balão de hélio que deve voar sobre o Parlamento e que pretende amarrar ao encordoamento os galhardetes da resistência. "Vocês têm a maior bandeira russa que eu já vi", diz ela. "Se me derem essa bandeira, toda a Rússia poderá vê-la e com isso ter alguma esperança."

Andrei sorri. "Claro, pode ficar com ela." Entrega-lhe a bandeira. "Viva a Rússia."

O que era uma ironia entre Andrei e Kostya, depois uma meia ironia como símbolo da vanguarda — "E agora como vamos nos identificar amanhã?", pergunta Larisa. "Teremos de nos reunir debaixo de um guarda-chuva verde, como os turistas japoneses?" —, nesse momento de crise tornou-se uma não ironia absoluta.

Terça-feira, 20 de agosto: no início da tarde, Viktoria, a fotógrafa, me liga para dizer que tinha ido para a Alemanha na noite anterior, usando um visto válido para uma única saída do país, e que levara consigo os filmes feitos sobre a segunda-feira. "Queria ter certeza de que as imagens chegariam lá. E agora voltei para defender meu país. Quem sabe quando vou conseguir sair outra vez?"

Kostya passou pelo hotel em que eu estava hospedado e ficou meia hora vendo as notícias pela CNN. "É minha bandeira", diz ele, quando o prédio do Parlamento aparece na tela, balão e bandeira pairando sobre ele. Chegamos lá, um pouco mais tarde, a tempo de ouvir Yéltsin falando de união debaixo da bandeira russa. Kostya e Andrei se entreolharam. "É nossa bandeira", disseram.

Naquela noite, jantei com Kostya, Larisa, Serioja e a mãe de Kostya, sobrevivente dos campos de trabalhos forçados no gulag. Fizemos uma porção de brindes: à mãe de Kostya, a Kostya e Larisa, a mim, à liberdade, a Gorbatchóv, a Yéltsin. Kostya não queria que a mãe soubesse que ele estava indo ao Parlamento. Conversamos aos cochichos e combinamos um jeito.

Eu me sentia cada vez mais apreensivo. Tinha sido imposto o toque de recolher. Na volta ao hotel, as ruas estavam quase desertas. O saguão estava cheio de homens da polícia militar.

Por volta da uma da manhã, recebo um telefonema da musicista Tanya Didenko. O apartamento dela, de frente para o Parlamento, tinha se tornado uma espécie de base de operações para muitos membros da intelectualidade, e durante toda a noite tive contato com amigos que haviam ido até lá para se aquecer, tomar chá ou usar o telefone. "Quem diria!", diz Tanya. "Minha casa virou o banheiro público da vanguarda." Ela estava organizando a linha das mulheres, que ficariam atrás dos homens na barricada humana, e também fazendo os contatos com o mundo circundante. "Por favor, mantenha-me informada sobre o que você souber pela CNN", diz ela. Segundo a CNN, a informação veiculada ainda não tinha sido transmitida à multidão reunida em torno do Parlamento russo, mas, à medida que comunico isso a Tanya, ela manda emissários para contar tudo à massa. Ouvi que tinha havido uma morte; ela ouvira que os mortos eram sete. Na maior parte das vezes, é difícil saber quem tem a informação mais próxima da verdade.

Enfrentamos alguns obstáculos. Os telefones estavam estranhos: funcionavam e paravam, cortavam e restabeleciam as ligações. Ouve-se um chiado permanente. Certa vez, Tanya entrou em contato comigo para perguntar o que a CNN estava dizendo exatamente. Respondi que parecia que a rede de notícias tivera seu interesse desviado do golpe em Moscou para o furacão que assolava a Nova Inglaterra. Expliquei que o furacão Bob estava devastando a Costa Leste dos Estados Unidos. Meia hora depois, em volta do Parlamento, começa a circular o boato de que o furacão Bob está vindo da Sibéria, destruindo tudo o que encontra pelo caminho, e em breve chegará a Moscou.

Às duas e meia, Kostya liga para dizer que ele, Larisa e Serioja procuraram gasolina para comprar e não acharam. O metrô parou, não há táxis. Todos eles foram para casa. Sem muito empenho, tentei chegar ao Parlamento, mas fui impedido pela polícia militar. Então perambulei diante do hotel por algum tempo, violando simbolicamente o toque de recolher, e fui para a cama.

Às quatro, como fiquei sabendo mais tarde, o crítico Josif Bahkstein acordou de um pesadelo, entrou em seu carro e dirigiu-se para o Parlamento, unindo-se à multidão que estava diante do edifício. "Conheci muitas moças bonitas", disse depois, "e vou me encontrar com uma delas nos próximos dias."

Quarta-feira, 21 de agosto: o dia começa frio e úmido. Kostya, Larisa e eu vamos ao Parlamento, onde encontramos uma versão encharcada do comício da véspera. Queríamos ver onde tinham sido mortos os manifestantes na noite anterior — as três baixas, aparentemente as únicas até aquele momento, ocorreram à uma da madrugada, num túnel, onde eles tentaram bloquear a abertura de observação de um carro de combate — e por volta do meio-dia estávamos nos dirigindo para Smolenskaya. Havia flores espalhadas no local por onde os corpos foram arrastados depois dos disparos; talvez umas cem pessoas estivessem reunidas para falar da tragédia. Um rapaz que se parecia com um dos antigos bolcheviques, ou um estudante de uma peça de Tchékhov — barbado, óculos de armação metálica, um chapéu amassado na mão branca e tensa —, chegou correndo da barricada. Anuncia por um megafone que os tanques estão chegando e convoca voluntários para detê-los. Sem discussão, fomos atrás dele até o limite externo do sistema defensivo de muitas camadas que havíamos erguido e nos dispusemos ao longo dele. Estávamos preparados para qualquer coisa, mas os boatos sobre a chegada de tanques já tinham sido tantos que na verdade não esperávamos ver nenhum.

Eles chegaram minutos depois. Fiquei paralisado. Enfrentar tanques não fazia parte de minhas atribuições. Mas também estava emocionado com a extrema determinação que nos movia. Eu nunca tinha me visto defendendo meus ideais daquela forma, e, embora fosse assustador, aquilo era igualmente um privilégio. Existe alguma coisa estranhamente romântica no encontro com a violência. O soldado que vinha no primeiro tanque explicou que eles iriam pôr abaixo a barricada e ordenou que nos afastássemos, dizendo que teriam de passar por cima de nós se não abríssemos caminho. O homem do megafone respondeu que insistíamos em ficar não como agressão, e sim para defender os direitos do povo. "Somos poucos, mas há dezenas de milhares no Parlamento e em todo o país", diz ele. Fala de democracia e recorda aos jovens dos tanques os horrores do passado. Outros se unem a ele. Kostya e Larisa arengam para os condutores dos tanques. Lembramos que ninguém pode forçá-los a cumprir ordens. "Se vocês fizerem isso é porque querem", diz o homem do megafone.

Os soldados se entreolham e olham para nós. Estávamos tão molhados, enregelados e impotentes em tudo, afora a coragem de nossas convicções — acreditando tão absolutamente que falávamos em nome da justiça, mas tão evidentemente carentes de defesas concretas — que os soldados podiam muito bem começar a rir. No entanto, depois de nos fitar com intensidade durante um minuto, o condutor do tanque da frente deu de ombros, como se o que estivesse fazendo se resumisse a abrir caminho ao curso inexorável do destino. "Devemos nos curvar ante a vontade do povo", diz ele e manda que nos movamos para o lado de modo que os tanques possam fazer o retorno. Leva muito tempo e ocupa muito espaço fazer isso com um tanque.

"Por que você acha que eles estão indo embora?", perguntei a Kostya.

"Por nossa causa", responde ele. "Porque estamos aqui e por causa do que dissemos."

Todos nós — amigos e estranhos — nos abraçamos, então nos levantamos e demos vivas até ficarmos roucos. Só depois que aquilo acabou pudemos sentir a mistura fascinante do medo em dissolução e de nosso encontro com o heroísmo. Concluímos que já tínhamos tido bastante coragem explícita, reunimos os amigos, a quem contamos entusiasticamente nossa aventura, e voltamos para o hotel para um almoço bom, em que o orgulho era latente. Meu visto expirava naquele dia, e tive de ir para o aeroporto logo em seguida. Os demais foram para casa dormir, se recuperar e dar telefonemas para preparar a vigília da noite.

Mas a vigília não ocorreu. Na hora em que eu fazia o check-in para meu voo, o golpe já tinha sido derrotado, em parte por dissensões internas e em parte pelos soldados que cederam diante das barricadas humanas.

Para os artistas, essa foi outra espécie de libertação. A liberdade sempre tinha sido a obsessão deles. Naqueles três dias, puderam dar-se ao luxo de defendê-la fisicamente. "Ganhamos a guerra", dizia Kostya quando falei com ele pelo telefone. "Você, eu, todos os nossos amigos." Fez uma pausa. "Mas a bandeira era minha."

RÚSSIA

A obstinada decadência da jovem Rússia

New York Times Magazine, 18 de julho de 1993

Quando voltei à Rússia, dois anos depois do colapso da União Soviética, o país estava mudando radicalmente com a repentina explosão de liberdade individual e de uma nova riqueza. Então com vinte e tantos anos, achei meus contemporâneos muito interessantes porque foram capazes de se acomodar à nova ordem. Antigas suscetibilidades soviéticas foram corrigidas no sistema tóxico em que eles tinham se formado; aqueles jovens pareciam — ainda mais que a maior parte dos demais jovens — estar definindo o que estava por vir. Depois, Vladimir Putin conduziria a Rússia por outro caminho. Leio hoje com tristeza a afirmação de observadores sobre a inevitabilidade da ampliação dos direitos dos gays, uma posição otimista que foi rotundamente desmentida. Mas esses esboços de personagens remetem aos anos de Yéltsin, quando o cinismo e a autonomia andavam de mãos dadas.

Viajando na Rússia recentemente como escritor, em pouco tempo comecei a me sentir um espião — não um agente americano, mas um espião de cada categoria social emergente em relação às outras. Membros da máfia russa — o círculo do crime organizado — adoram ouvir que os intelectuais acreditam que a classe criminosa tem influência social. A intelectualidade é obcecada pela ganância dos novos empresários ricos, a quem culpa pelo fim do idealismo. A volta da Igreja ortodoxa preocupou os homossexuais com a possibilidade de um neoconservadorismo repressor. Donos de casas noturnas se perguntam se artistas que floresceram na clandestinidade sobreviverão à recente abertura. Os políticos se perguntam se o poder vai degenerar em elementos caóticos. Em todos esses estratos, as mudanças são mais evidentes entre os membros da geração mais jovem.

Acima de tudo, o panorama é indiscutivelmente desconfortável. Segundo um artigo que saiu em abril no jornal de linha conservadora *Argumenty i Fakty*, "jovens russos descontentes pensam em suicídio a cada segundo". Um terço deles quer sair do país. A partir de 1989, a taxa de nascimentos caiu 30%, já que os jovens desalentados preferiam não ter filhos.

Mesmo assim, parte dos jovens russos que escaparam dessas tristes estatísticas estão se atirando com um entusiasmo um tanto decadente em busca de liberdade, fortuna e poder, desafiando tanto a hesitação como o idealismo dos mais velhos. Eles se dividiram em centenas de *tusovki*, palavra da linguagem coloquial que mistura as ideias de "panelinha", "cenário" e "círculo social". Nesse mundo, a mentalidade ocidental selvagem dos Estados Unidos do século XIX se mistura a uma reminiscência decadente da Berlim do entreguerras. Só uma pessoa de fora consegue transitar facilmente entre os grupos, relatando a um deles o que está acontecendo com o outro. É lamentável que os russos não consigam fazer isso com mais facilidade, porque as verdades essenciais sobre a nova Rússia não repousam no comportamento ou nas convicções de um dos grupos, mas na diversidade de visões, opiniões e objetivos que emergem das ruínas do comunismo.

RAVES, FESTAS E BOATES

Estamos indo para uma rave, a Kristall II, no enorme rinque de patinação no gelo de São Petersburgo. Antes disso, visitamos Viktor Frolov, sofisticado homem da noite que tem uma ligação distante com os organizadores da festa. Entre os presentes estão um cantor pop, alguns artistas, modelos, uma atriz de cinema e outras pessoas sem ocupação definida. Todas as mulheres são bonitas e usam roupas e maquiagem em estilo ocidental retrô chique. Os homens vestem jaquetas de couro. Frolov é um excelente anfitrião. Todos devem ter tomado vários drinques e usado alguma outra coisa antes de chegarmos: o haxixe, que agora se pode comprar — ainda que só em moeda forte —, é caro; antes difícil de encontrar, atualmente está ao alcance de qualquer pessoa que tenha dinheiro. Alguns consomem cogumelos alucinógenos, encontrados com facilidade nos bosques em torno de Petersburgo. Outros ainda usam cocaína como preparação para a noitada. No começo do ano, fiscais da alfândega apreenderam um carregamento da droga levada a São Petersburgo disfarçada de sabão em pó. Os noticiários mostraram os fiscais confiscando a carga, e três dias depois qualquer traficante dispunha de mercadoria em quantidade.

Por volta das duas da manhã, fomos de carro para o rinque. Havia cerca de 2500 pessoas presentes e música ao vivo, tocada por uma banda holandesa, incessante música techno gravada e um elaborado show de laser. A metade do rinque tinha sido cercada para formar uma pista de dança. Na outra metade, as pessoas patinam. Nas arquibancadas, há gente fumando haxixe ou "viajando". No bar, compram-se grandes canecas de vodca. Estamos do outro lado do rio Neva e, como à noite as pontes ficam suspensas, só poderemos voltar para casa depois das seis da manhã, quando elas tornam a baixar. Todos acham que as raves já passaram de moda — nenhuma moda pode durar mais de um ano —, entretanto, mesmo assim, os integrantes de todas as *tusovka* estilosas estão presentes. "Essa onda já era", explica o pintor Georgi Guryanov. "Mas não há mais nada para fazer."

Entre 10% e 20% da multidão corresponde ao contingente da máfia. Todos sabem quem é o pessoal da máfia. Eles ficam com uma parte dos lucros da festa. Todos os bares e todas as festas da Rússia pagam à máfia entre 20% e 60% de sua receita. "Em seu país, vocês pagam impostos", explica alguém. "Aqui temos esse sistema."

A moda das raves começou na Rússia com a festa Primeira Gagárin, em 14 de dezembro de 1991, organizada por Yevgeny Birman e Aleksei Haas. Celebrada no Pavilhão Cosmos do VDNKh, o derradeiro templo stalinista erigido ao Estado socialista, atraiu mais de 4 mil pessoas. "A Primeira Gagárin foi surpreendente porque todos estavam ansiosos por ela", explica Birman, que depois organizou outras grandes festas. "Estamos tentando misturar os sistemas de representação neste mundo pós-moderno e juntar os diversos *tusovki*. Trata-se de autoerotismo e de um padrão absoluto de beleza, inédito no período soviético."

Birman é um garotão, exuberante e divertido; Haas é de um profissionalismo cosmopolita, muito seguro de si. Conversei com ele em seu apartamento em Moscou perto da praça Vermelha, enquanto sua mulher, uma americana, preparava o jantar. "O orçamento da Primeira Gagárin chegou a 12 mil dólares", explica. "Tivemos de pagar seguranças, música, DJs, aluguel, bombeiros. Demos 20% para a máfia" — uma porcentagem baixa, a que se chegou depois de muita negociação — "e não tivemos lucro. Mas provei a mim mesmo que existem essas pessoas em Moscou. Nas semanas que antecederam a festa, eu saía de carro e, ao avistar o tipo certo de gente, lhes dava convites. Convidei mil amigos a entrar de graça. Pusemos anúncios na TV no dia da festa — em inglês, para selecionar o público." Nunca se tinha visto em Moscou algo como a Primeira Gagárin: raios laser ricocheteando na bela arquitetura e DJs ocidentais tocando as músicas mais recentes.

Haas pretende abrir uma boate no outono. "Você chega a Moscou, vindo de uma província", diz ele, "é ambicioso, é jovem. E o que vê? O sucesso está nas mãos dos grandes mafiosos, que dirigem seus carrões cercados de garotas bonitas. É energia negativa, ruim. Quero abrir uma boate de energia luminosa, um lugar para gente limpa, corpos saudáveis e mentes claras. É impossível conquistar as pessoas para a energia luminosa sendo hippie: quero uma boate para gente ambiciosa, que tenha o sucesso inscrito em si. Não vou querer álcool na minha boate, pois ele faz as pessoas caírem no nevoeiro, e nossa vida já é bastante enevoada. Vou ter o melhor sistema de som, a melhor música e excelentes DJs. E o preço vai ser baixo. Isso é democracia: é para todos, para a nova Rússia."

Quis ver as boates de Moscou. Citei cinco nomes para Vladik Mamyshev--Monroe, que personifica Marilyn Monroe e é um herói da TV pirata russa. "Máfia, prostitutas, alguns empresários", diz ele. Pergunto sobre a Diskoteka Lise, a maior de Moscou. "Oh, não", diz ele. "Nos Estados Unidos vocês devem ter desses lugares, cheios de mulheres da Geórgia pesadonas e de meia-idade, cabelos descoloridos, sombra azul nos olhos e top de lurex, num balanço desencontrado ao som das músicas antigas de Debbie Harry."

Depois de tentar alguns lugares tenebrosos — num deles, três bananas e três drinques custaram 95 dólares —, entro em desespero.

No entanto, em meados de abril, fui à nova boate despojada da pintora Sveta Vickers, no Hermitage Theater, onde encontrei membros do *tusovka* artístico--boêmio, gente de televisão, atores, pintores, conceitualistas e intelectuais. Na frente havia um grande salão com mesas e cadeiras, onde as pessoas podem beber e conversar. A pista de dança fica no próprio teatro. Topei com mais de cem pessoas que conhecia durante a meia hora em que estive no bar de Sveta. Lá não havia estrangeiros. "Gostaria de vir todas as noites", diz Tanya Didenko, musicista e apresentadora do badalado programa televisivo *Silêncio Número Nove*, de música e bate-papo, que vai ao ar tarde da noite. Arisha Grantseva, artista plástica, é o centro das atenções numa mesa de canto. Os pintores vêm dizer olá, e MC Pavlov, um rapper, batuca no encosto de sua cadeira. Conheci um performático búlgaro--suíço e um arquiteto grego. Cheguei a ver até Aleksei Haas no outro extremo do salão. A boate não havia sido anunciada, ficou conhecida pelo boca a boca.

Sveta, no centro disso tudo, ri. "Sabe como é", diz ela, "tenho duas grandes vantagens sobre toda essa gente que dirige boates. Primeiro, nenhum deles é judeu! Segundo, nenhum deles é mãe!"

A graça da boate de Sveta está numa coisa bem russa que nunca encontrei em boates ocidentais. É um amor visionário, exuberante, que se percebe no lugar todo, tangível como a decoração ou a música. "Sabemos nos divertir", me diz um jovem pintor. "Fomos criados com a imagem de nossos pais sofrendo juntos. A herança desse sofrimento comunitário do mundo boêmio é forte para nós e faz de nossa alegria algo palpável."

Fui com alguns amigos visitar Petlyura pela primeira vez. Perto de Púchkinskaya, no bulevar Petrovsky, chegamos a algo que parecia uma obra em construção. Uma pessoa do grupo empurrou com o ombro uma porta escondida e adentramos um grande pátio, dominado por uma cópia de dez metros de altura do Monumento à Terceira Internacional, do construtivista Vladimir Tatlin. "Aí está", alguém murmura ao meu ouvido. Esse edifício, antiga residência de um aristocrata, mais tarde dividido em apartamentos comunitários, era a ocupação de Petlyura. É um bom exemplo da arquitetura russa do século XIX, um edifício neoclássico amarelo-claro, tristemente decrépito.

Entramos por uma passagem e percorremos um saguão pintado de preto com grafites prateados. Batemos à porta. Ela se abriu de repente, e de dentro vieram sons de monges tibetanos cantando e um cheiro forte, doce e ácido, de podre, vodca e espíritos etílicos. Vimos seis pessoas sentadas em volta de uma mesa, bebendo. "Viemos ver Petlyura", dissemos.

Um dos homens do grupo, o artista performático Garik Vinogradov, prontificou-se a mostrar o caminho. Atravessamos um grande salão de baile, então vazio, e chegamos ao bar. As paredes eram cobertas com uma colagem gigante em que se viam modelos soviéticas, Barbara Bush, homens de capa fumando estranhas marcas de cigarros, Audrey Hepburn e a Madona Sistina. Num dos extremos, um quadro-negro exibe os preços. Ao longo das paredes, em vez de banquetas, veem-se televisores quebrados e mesinhas. Apoiado num dos televisores está um homem de um 1,5 metro de altura, com um cavanhaque à moda de Lênin, calças vermelhas e uma grande jaqueta carmesim desengonçada. Reunidos em torno dele, uma mixórdia de rapazes e moças.

"Venham, sentem-se", diz Petlyura.

A casa de Petlyura tornou-se o paraíso das almas perdidas. Gente que saiu de casa, teve problemas com drogas ou perambula sem direção pelo novo mundo pós-Glasnost procura a casa de Petlyura e encontra uma comunidade e um modo de vida. "Todos reclamam da Glasnost", diz Petlyura com desdém. "Antes éramos escravos dos comunistas e da KGB. E agora dos democratas e capitalistas. Ainda é uma falsificação. Minha casa é uma fuga de tudo isso."

Na época, moravam 34 pessoas na casa de Petlyura. Ele tinha sido criado num orfanato, e essa formação lhe caiu muito bem: todos na casa tinham tarefas rotativas. Os moradores tinham de fazer sua parte na faxina, na cozinha e na copa. "É como no Exército", dizem os críticos de Moscou. "Mais como um kibutz", retruca Petlyura. Ele decide quem pode ficar e por quanto tempo. "Sou eu que faço as regras", diz, "e quem não gostar é livre para ir embora." Sua fiel escudeira é uma anã de etnia polonesa de cerca de 65 anos chamada Pani Bronya, que sempre está à vista; seu marido, que acredita ser Lênin, monta guarda do lado de fora.

Na segunda vez que fui à casa de Petlyura, Lênin estava de uniforme perambulando pelo pátio. No interior havia gente reunida, mais ou menos uma dúzia bebendo no bar. Uma sala ao lado tinha sido transformada em butique, com estantes de antigas roupas soviéticas à venda por preços baixos. As pessoas que entram na loja vestem roupas elegantes de brechó e têm um ar levemente blasé.

Fui para a parte da casa ocupada por Vinogradov, onde se ouvia música "experimental" com muita cantilena e havia alguma luz negra e incenso. Depois fui ver uma exposição de obras de uma das moradoras da ocupação, uma série de pinturas intitulada *Contos de fadas não contados*, com zebras e girafas flutuando em icebergs numa paisagem ártica. "Eu nunca tinha pensado em arte até chegar aqui, há dois meses", diz ela.

A ocupação de Petlyura é a melhor e mais interessante dentre as várias com *tusovki*, bares e salões de baile — mas há muitas delas na cidade. Toda quarta-feira, a ocupação Terceiro Caminho, do outro lado do rio, tem dança. Tentei ir lá uma noite dessas, mas me disseram que permaneceria fechada durante algumas semanas porque a "violência tinha fugido do controle". Violência? "Valentões da máfia", diz o homem que está na porta. Olho em volta e vejo a destruição. "Não há nada aqui para roubar", diz ele. "Não temos nada." E fecha a porta.

A VIDA DA MENTE

Na Rússia, parece que todo mundo está lançando uma revista. Entre as milhares de revistas novas, a maior parte delas feitas em fotocopiadoras (às quais o acesso era restrito no regime comunista), algumas são comerciais, outras não. São sobre assuntos determinados — microbiologia, negócios, moda, arte. A tiragem de maior parte delas gira entre cinquenta e quinhentos exemplares.

A revista mais marcante do momento talvez seja *Kabinet*, criada por um grupo de intelectuais de Petersburgo. Cada edição trimestral contém centenas de páginas de densos textos filosóficos, traduções de crítica ocidental, ensaios satíricos e comentários culturais mordazes. O projeto visual de cada número é criado por um artista local diferente.

Compareci a uma reunião editorial da revista, realizada no salão árabe de um palácio do século XVIII, onde o artista plástico Timur Novikov faz uma mostra de peças têxteis. As luzes estão baixas e se ouve música ocidental de fundo. Os editores da *Kabinet* — Viktor Mazin e Olesya Turkina — leem em voz alta um diálogo brilhante e provocante "ao estilo de Platão" sobre o trabalho de Timur. O grupo de 25 integrantes tem entre eles o próprio Timur; Irina Kuksinaite, artista plástica, atriz e modelo da *Vogue*, que acaba de inaugurar uma exposição num palácio próximo; Georgi Guryanov, pintor; Yevgeny Birman, promotor de raves; e outros nomes das modernas tendências sociointelectuais.

Depois da leitura, o grupo fuma haxixe e bebe xerez da Crimeia, enquanto discute a tradução feita por Mazin do texto de Paul de Man sobre o sublime em Hegel. Mazin me explica que traduziu recentemente diversos livros de crítica literária, sem pensar em publicá-los, para mostrar aos amigos. Irina Kuksinaite fala sobre as diferenças semânticas entre o conceito germânico de pátria e o conceito russo de terra-mãe. Outros me perguntam sobre o revisionismo lacaniano nos Estados Unidos e discutem a validade da apologia stalinista de Maurice Merleau-Ponty, que eles estão traduzindo para a edição seguinte. Então entramos no assunto da rave daquela noite, quem vai, o que vestir, que música será tocada.

Em Moscou, ao fim de cada jantar, um jovem filólogo recita poemas gregos futuristas da década de 1930. Outro convidado responde com Maiakóvski. Digo que, pelos moldes americanos, é um comportamento incomum para um jantar. "Mas como vocês fazem para manter a tradição poética oral?", pergunta um arquiteto, com candura.

ROCK, POP E RAP

Durante toda a década de 1970 e começo da seguinte, as letras das músicas de Akvarium, Kino e Boris Grebenshchikov informavam sobre um modo de vida melhor para o povo soviético. A música de rock era heroica; seus intérpretes, íntimos da intelectualidade. Os músicos pop representavam a cultura oficial; sua música era sempre ouvida no rádio, mas sua popularidade era suspeita e geralmente artificial.

Vejo Boris Grebenshchikov, que está prestes a lançar um novo álbum. Suas gravações já foram vendidas aos milhões, porém sua expectativa agora é de vender entre 15 mil e 20 mil cópias. "É a hora do pop russo", diz Irina Kuksinaite, "porque tudo o que querem são dólares e músculos."

Em Moscou, passo uma noite com Artyom Troitsky, diretor de programação musical da Televisão Nacional Russa. "Quando eu era mais jovem", diz ele (tem 38 anos), "a situação era inacreditavelmente simples. Eles eram pretos e nós éramos brancos. Defendíamos a vitalidade e a bondade numa sociedade flácida e perversa. Os jovens escolhiam o que era mais simples. Para nós, a coisa mais simples era ser moral; hoje, é viver bem. Em minha época, éramos marginais porque o sistema não dava opções e expressávamos a política por meio do rock. Agora, se você quiser fazer política, ninguém vai impedir. Não é proibido, só é asqueroso. Mas não se pode cantar direito sobre isso."

Seus comentários me ajudaram a explicar a insipidez do novo pop russo. Estes são alguns versos de uma das músicas mais populares do ano: "Você é uma comissária chamada Janna. Você é adorável e desejável. Você é minha comissária favorita".[1] Bogdan Titomir — símbolo sexual masculino da Rússia, ídolo das tietes adolescentes — tem um vídeo que mostra uma ala de rapazes russos usando uniformes e capacetes de futebol americano tentando dançar como Michael Jackson. A indústria fonográfica russa foi destruída pelo liberalismo econômico; só uns poucos afortunados podem arcar com os custos das gravações, e as receitas dos cantores como Titomir provêm dos shows que fazem parte de turnês intermináveis.

Os empresários dos grandes astros do pop são todos ligados à máfia. "Querem me empurrar propinas o tempo todo", diz Troitsky. "Oferecem centenas de dólares para exibir um vídeo uma única vez. O homem que desempenhava a mesma função que eu num dos canais comerciais foi assassinado há algumas semanas. Não aceito propina — faz parte da minha mentalidade heroica e ultrapassada —, e por isso só uma vez aconteceu de eu ter minha vida em perigo. Os empresários morrem como moscas."

Jantei com o rapper MC Pavlov, de quem me lembrava dos tempos da banda de rock Zvuki Mu. Pavlov se mantém fora da cena pop séria, porém sua nova banda está gravando vídeos, suas gravações se esgotam, seus shows são cada vez mais populares e até mesmo Titomir admitiu que Pavlov é o único rapper autêntico do país. "Não me importa ficar nacionalmente famoso", diz ele, "mas não quero ir para o crime. Um patrocínio corporativo seria muito bom." Pavlov interessa à elite cultural, aos que estão em evidência no momento. Tocou na festa Primeira Gagárin.

"O rock heroico russo", diz Pavlov, "não era feito para dançar. Queríamos trazer algum divertimento para este país. Fazemos um pouco de rap, um pouco de *house music*, um pouco de R&B e um pouco de jazz." MC Pavlov faz uma música russa amalgamada com base em ideias ocidentais, embora nem um pouco parecida com nada que se possa ouvir no Ocidente. É alto, tem olhos azuis e cabeça raspada, usa um pequeno barrete, roupas folgadas, anéis e cordões étnicos no pescoço. "Não viemos de um gueto. Sabemos disso. Não estamos interessados em música política, como o rap americano ou o rock russo; não queremos falar da escassez de frios nos mercados. Cantamos principalmente em inglês porque em russo soa idiota. Eu criei uma espécie de língua, palavras inglesas e gramática russa."

A música de Pavlov é dançante, com ritmos fortes e boas mixagens. Ele tem uma espécie de primitivismo plausível que não é frequente na Rússia. "Acho que, se temos algumas preocupações a enfrentar, elas são mais espirituais que políticas. Somos vegetarianos, contrários à violência, às drogas e ao álcool, queremos ser almas puras. Seguimos os ensinamentos de Buda. As pessoas no Ocidente se preocupam com a política russa, mas não se trata disso. Primeiro ensine às pessoas serem humanas, depois talvez possamos começar a falar de política."

Na noite seguinte, jantei com o pintor Serguei Volkov, de Moscou. "Ver esses jovens tentando imitar rappers americanos", diz ele, "para mim é tão inacreditável quanto para você seria ir ao Harlem um dia e encontrar todo mundo com roupas de dançarino ucraniano dedilhando balalaicas."

OS ALEGRES ANOS 1990

A vida dos gays na Rússia está um pouco melhor que antes. Embora não existam leis antissodomia, "só aqueles ativistas repulsivos falam sobre sua sexualidade em toda parte", diz um amigo gay. "E só fazem isso para chamar a atenção do Ocidente; o ativismo existe aqui porque os ocidentais deram a ideia aos russos."

Essa parece ser a opinião geral. Mesmo celebridades obviamente gays não admitem publicamente essa condição. O artista plástico Timur Novikov, de São Petersburgo, trabalhou em temas gays durante anos. Privadamente, ele diz que uma parte do prazer da homossexualidade vem de sua clandestinidade; entrevistado na televisão, ele nega qualquer insinuação de que seja gay. Serguei Penkin, cantor pop também chamado de Boy George russo, apresentou-se muitas vezes na única boate gay de Moscou; mas ele também, na televisão, se diz hétero.

"Não quero fazer parte de uma subcultura", diz Valera Katsuba, artista plástico e fotógrafo de São Petersburgo. "Sei que essa é a moda no Ocidente, mas o fato de eu preferir dormir com homens gays não quer dizer que queira socializar principalmente com eles."

Este ano foi publicado na Rússia o livro *Giovanni's Room* [O quarto de Giovanni], de James Baldwin. O filme *Meu querido companheiro* foi exibido na televisão, custeado por um patrocinador particular. "Eu estava visitando minha família na cidadezinha da Bielorrússia em que fui criado", diz Katsuba. "Estávamos vendo televisão e de repente começa a passar esse filme. 'Veja', disse minha mãe, 'é sobre homossexuais.' Fiquei surpreso até pelo fato de ela conhecer a palavra. Perguntei o que pensava sobre o assunto, e ela disse: 'Se estão felizes, por mim está tudo bem'. Há dez anos ninguém teria dito isso."

A maior parte das pessoas nesse país, na opinião tanto de amigos gays como dos héteros, tem coisas mais importantes em que pensar. "Eles se perguntam se a Federação Russa vai se separar", sugere um. "Ou se a máfia vai controlar o país inteiro", diz outro. "Eles têm medo de não poder comprar comida no mês seguinte", diz um homem hétero. "Se outros homens estão dormindo com homens... realmente, ninguém poderia se preocupar menos com isso."

Passei uma tarde com Kevin Gardner, que organiza campanhas sobre a aids em Moscou. "Existem muitos grupos gays", diz ele, "um grupo especial de deficientes auditivos gays, muitas agências de encontros para gays, jornais e mais jornais gays. Veem-se anúncios pessoais de gays mesmo nos jornais convencionais.

Existe um grupo de teatro gay, e uma coisa chamada Fundação Arco-Íris de Reabilitação Social de Gays e Lésbicas-Pamyat" — um grupo neofascista — "ainda é muito contrária a eles, porém a tendência é a liberalização, pelo menos nas grandes cidades. E os gays chegam a Moscou em grandes quantidades. Mas ainda existe baixa autoestima, depressão e suicídio."

Um amigo diz: "Exercito meu senso de comunidade em outro lugar. Os russos são muito românticos, mas não muito sexuais. A intolerância leva pessoas ao suicídio, contudo a tolerância não vai nos levar para a fantasia ocidental de uma subcultura e um estilo de vida gays".

MANTENDO A FÉ

Em São Petersburgo, estive na igreja, a catedral Izmailovsky ou da Trindade, que foi usada como silo pelo governo soviético. Limpa e restaurada, ela voltou a celebrar serviços religiosos. A congregação inclui um pequeno grupo de jovens. "Venho por motivos estéticos", diz um deles. "Acho a religião ortodoxa muito bonita, mas é claro que não acredito nela."

Outros acreditam. Em Moscou, passei uma tarde com Masha Ovchinnikova, artista plástica de vinte e poucos anos cuja obra tem um significado religioso profundo. "A Igreja é minha vida", diz ela. "É a única coisa importante. Antes da Glasnost, você sofria por pertencer à Igreja. Só verdadeiros fiéis vinham. Agora as pessoas estão aderindo em grande número. Algumas são realmente inspiradas pela fé, porém muitas vêm porque confundem a filosofia da Igreja com ideologia. Quando crianças, esperavam encontrar ideologia, que aprenderam com os pais. Mas vêm sem entender, esperando afirmações absolutas. Essa é a tragédia de nossa Igreja. Essas pessoas misturam doutrina com autoritarismo." Elas foram também as primeiras conquistadas pela maré de missionários americanos que vêm assolando a Rússia, fazendo anúncios enormes e vulgares, prometendo respostas às perguntas de uma sociedade doente.

A Igreja ortodoxa excluiu-se da vida e da política na Rússia durante o período comunista. "Fui batizada aos dezenove anos", conta Ovchinnikova. "Sempre me vi como uma estranha em minha sociedade, era uma espécie de autismo. As pessoas da Igreja nunca se adaptaram à interação social. Os recém-chegados são principalmente aqueles que não encontram satisfação econômica ou prazer na vida privada. Vêm porque a Igreja não dá valor a essas coisas, sem entender a que ela dá valor."

Alguns membros da Igreja fazem de sua religião a pedra angular do nacionalismo de direita. "A Igreja não deve se envolver em assuntos mundanos", diz Ovchinnikova. "Não é uma organização política." A Igreja incentiva o hábito russo da passividade. "Uma vida justa é uma dádiva de Deus", diz a artista. "É insensato buscar isso por si só." A Igreja alimenta também a intolerância e o preconceito. "Você não será salvo", diz Ovchinnikova, penalizada, "porque não pertence a nossa Igreja."

OS JOVENS EMPRESÁRIOS

Os novos capitalistas, jovens empresários, banqueiros e corretores de valores, são vistos por toda parte. Usam terno e gravata, cabelos curtos, têm aparência respeitável, mas não burocrática. São uma novidade em Moscou. Alguns desses yuppies trabalham na produção, ainda controlada pelo Estado e presa num emaranhado de burocracia. "Só fazemos comércio e investimentos", diz Yaroslav Pachugin, 25 anos, especialista em consultoria financeira da Fundação para a Privatização da Indústria Estatal pelo Investimento Internacional, organização privada com fins lucrativos, "mudando de mãos o que já existe."

E acrescenta: "Ganho muito mais que meus pais. Isso me constrange. Eles são bons profissionais. Mas pessoas da geração deles não consegue aprender o que é necessário para funcionar hoje em termos capitalistas. As estruturas básicas do capitalismo não são problema para nós. Todos já entendemos isso". Faz uma pausa. "O que ainda não entendemos, obviamente, é a democracia." Conversei com Igor Gerasimov, que, aos 24 anos, é diretor-geral do Inkomtrust, uma divisão do enorme Inkombank. Ele é responsável pelo investimento de fundos privados, que aplica em imóveis e moeda estrangeira. "Normalmente, tomo dinheiro para investir por um prazo de um a três meses", diz ele. "Ninguém confia na economia a ponto de emprestar seu dinheiro por mais tempo. Assim, o investimento na indústria e na incorporação mobiliária é impossível. Além disso, nossa inflação é paralisante.

"O que estou fazendo é importante. Tenho a obrigação moral de continuar sendo um homem de negócios, para ajudar a Rússia a crescer. Eu não poderia escolher outra coisa. Claro que faço isso também por mim, gostaria de ter um bom apartamento, uma dacha, um carro, talvez um Lincoln Town. Mas, quanto mais eu conseguir para mim, mais estarei ajudando a Rússia."

OS RICOS DA RÚSSIA SÃO DIFERENTES

Enquanto esses homens de negócios constituem uma classe de yuppies, outros formam uma aristocracia financeira, a dos milionários em dólar, os novos-ricos. Num dos extremos de um continuum, fica o negócio puro e simples; no meio, os negócios dominados pela máfia; mais adiante, a atividade da máfia baseada em negócios; no extremo oposto, a atividade mafiosa pura e simples. Grande parte dos muito ricos está no extremo mafioso do espectro, mas não todos. No entanto, para ter sucesso no extremo honesto do espectro é preciso habilidade para lidar com as ameaças da máfia, já que elas não podem ser evitadas.

Estive com Yuri Begalov, dono, com dois sócios, da Kvant International, uma empresa que no ano passado, segundo me disseram, movimentou 1 bilhão de dólares. Tem trinta anos. Ouvi dizer que é honesto e requintado. Em seu escritório na Profsoyuznaya, uma localização bem modesta, ele usava um blazer de caxemira, calças de flanela, gravata Hermès e um relógio Patek Philippe. Seu Porsche estava estacionado ali na frente. De início, nós nos sentamos para conversar numa sala apertada em estilo soviético, mas depois passamos por um corredor até a sala de conferências, onde nos sentamos à volta de uma grande mesa coberta com uma toalha de linho, posta com porcelana chinesa e talheres de prata maciça. Os empregados serviram um almoço de cinco pratos, de uma requintada culinária georgiana, acompanhados de diversos vinhos. Begalov é armênio, mas foi criado na Geórgia. Importou uma cozinha georgiana completa, instalada no prédio do escritório.

"Para abrir um negócio neste país, você precisa de contatos mais do que de qualquer outra coisa", diz ele. "Como meus dois sócios são físicos, abrimos uma firma especializada em usos comerciais para a pesquisa científica. Fomos para onde nossos contatos nos levaram; qualquer trabalho estaria bem se fosse rentável." Quando a Bolsa de Valores de Moscou foi aberta, Begalov viu que essa seria a próxima onda de oportunidades, fez um empréstimo bancário (os empréstimos eram então muito recentes) e comprou um título patrimonial. A Bolsa de Valores de Moscou trabalha com métodos antiquados e bizarros. "O risco era altíssimo", diz ele, "e minha única vantagem era que eu tinha dedicado tempo para entender as práticas de negócios e as leis russas, o que quase ninguém se deu ao trabalho de fazer."

Um sociólogo russo que conheço diz: "As oportunidades neste país foram completamente desperdiçadas com os russos". Eu ouviria ecos desse sentimento uma e outra vez. Begalov acompanhou o movimento de privatização na Sibéria e comprou um título patrimonial da Bolsa de Mercadorias de Tyumen assim que soube que seria aberta. Controlada pelo Estado, a indústria do petróleo era altamente ineficiente: o setor extrativo controlado pelo Estado passava o óleo para refinarias controladas pelo Estado, que o vendia a fábricas controladas pelo Estado. Begalov procurou o diretor de uma fábrica de Moscou e conseguiu uma permissão para comprar petróleo, depois foi ao primeiro dia de funcionamento da Bolsa de Mercadorias e comprou o petróleo oferecido. O staff da Bolsa telefonou para toda a cidade à procura de mais petróleo, e Begalov comprou esse também, conquistando o controle do mercado.

Begalov tornou-se uma força dominante no petróleo siberiano e o ajudou a entrar no mercado mundial. De início, seus negócios não estavam sujeitos ao pagamento de impostos, e sua atividade permanecia completamente desregulamentada. O direito comercial russo é tão recente, tão emaranhado e tão mal elaborado que qualquer pessoa inteligente pode contorná-lo com facilidade. "Não me importo se o que estou fazendo é útil para a sociedade", diz Begalov. "É relativamente fácil para mim ter sucesso nesse contexto. A concorrência é extraordinariamente pequena."

Aydan Salakhova é dona e diretora da Aydan Gallery. De certa forma, ela é o melhor que a nova Rússia tem a oferecer: inteligente, bonita, sofisticada, culta, com bons contatos no Oriente e no Ocidente. Ela mesma é uma pintora de talento, e sua galeria tem uma elegância e um requinte pouco comuns em Moscou. Promove mostras dos melhores artistas da cidade e vende suas obras a colecionadores russos e estrangeiros bem informados. "Entendo que estou ajudando a educar esta população", diz ela. "Eles têm dinheiro, mas muitas vezes não sabem o que fazer com ele. Compram carros. Compram apartamentos. Dão festas com show de música cigana. Depois de tudo isso, precisam de alguém para lhes mostrar o que é belo, como viver bem. É como em seu país, só que mais rápido. Primeiro você ganha dinheiro, depois quer poder, depois vai atrás do bom gosto.

Alguém tem de aproximar nossas riquezas culturais dessa gente que acaba de ficar rica e poderosa. É uma responsabilidade social."

Fui a uma exposição da coleção corporativa Rinaco na Casa Central dos Artistas de Moscou. Jovens banqueiros e artistas passam e fazem acenos. "Essas pessoas precisam umas das outras", diz a curadora Olga Sviblova. "Todo mundo obtinha dinheiro e cultura do Estado soviético, numa espécie de dieta cultural obrigatória, porém atualmente a cultura é cara e desejável, e as pessoas precisam interagir com outras para conseguir essas coisas."

"Sim", diz Serguei Volkov. "O homem de negócios 'sofisticado' agora seduz os artistas da mesma forma como os não sofisticados seduzem dançarinas de boate."

UMA VIDA NO CRIME

Não é possível escapar da máfia na Rússia. Nada acontece sem seu conhecimento e seu envolvimento. Ela está intimamente vinculada ao governo, aos negócios, às Forças Armadas, até mesmo às artes. Seus membros são tão discerníveis quanto os burocratas no sistema soviético: têm carros ocidentais de luxo, sem placa. Muitos têm um aspecto elegante ainda que vulgar, caracaterístico deles. Os homens têm ombros largos e costumam ficar de pé com as pernas separadas e o pescoço para a frente, numa posição que os russos chamam de "boi". Suas mulheres em geral são bonitas, usam roupas caras e estão sempre caladas. A máfia russa cresce em proporções inacreditáveis, e um número cada vez maior de pessoas prefere aderir a ela. "Em Leningrado, era moda ter um namorado artista, cantor de rock ou jornalista", diz Irina Kuksinaite. "Hoje, as meninas atraentes querem rapazes da máfia."

Um de meus contatos na máfia, um moscovita de 32 anos, disse: "Você sabe que em nosso país o governo não oferece estrutura nem controle. Sem isso, o país desmorona. É a máfia que mantém este país unido. Proporcionamos estrutura e, quando assumimos um negócio, esse negócio funciona. É um trabalho nobre. Um jovem ambicioso que deseje ter alguma influência nesta sociedade tem de ser um idiota se achar que o modo de conseguir isso é entrar para o Parlamento. Se for esperto, entra para a máfia".

Meu contato é extremamente agradável e prestativo. Explica quais as máfias étnicas que dominam esta ou aquela área (há sete máfias principais) e me fornece uma espécie de estrutura ideológica para entender toda a atividade mafiosa. Ele, pessoalmente, "assume" empresas, investe dinheiro e põe "gente boa" no controle delas. "Claro que todos nós começamos como pequenos delinquentes", diz ele. "Mas, com o tempo, pode-se ir além disso. A máfia conta com grande parte das pessoas mais inteligentes do país." Ele tornou-se um patrono da cultura. "Às vezes é difícil saber como gastar todo o dinheiro que tenho. E tenho prazer em transitar em diferentes círculos. Muita gente da máfia se entedia na companhia de congêneres mafiosos e procura outros *tusovki* — é nosso ideal." O pessoal da arte acha ótimo esse patrocínio.

"Nós nos divertimos muito no *tusovka* da máfia", diz, "e rimos muito. Quando tenho um problema, a família ajuda. Estive preso na Finlândia, e eles me tiraram de lá. Mas tem também o lado ruim." Fiquei sabendo depois que o sócio dele havia sido brutalmente assassinado semanas antes por desentendimentos com outra máfia étnica, iniciados quando a mulher do sócio, embriagada, fez comentários ofensivos num restaurante.

Outro contato meu na máfia esteve ligado ao tráfico internacional de drogas. Tem 25 anos, boa aparência, é tremendamente articulado e divertido. Especialista em gastar dinheiro, organiza festas, compra obras de arte para mafiosos, põe pessoas em contato umas com as outras. Fala um inglês excelente e já leu uma quantidade incrível de livros. "Os figurões da máfia gostam de mim por isso", diz. "Há alguns anos, quando o crime organizado ainda estava começando a funcionar de verdade, eles eram um bando de grosseirões. Mas depois viram todos aqueles filmes de Hollywood sobre a máfia italiana, *O poderoso chefão* e outros do tipo. E concluíram que tinham gostado da ideia de ser hiper-refinados e corteses. Embora, é claro, ainda exista aquele elemento comum, principalmente os que fazem o trabalho sujo."

"Matar gente?", pergunto.

"Você também andou vendo muitos filmes. Claro que há pistoleiros por aí, mas isso está muito fora de moda nos círculos sofisticados. Os mesmos caras que se matavam entre si há alguns anos hoje estão envolvidos em manipulações financeiras de colarinho-branco, o que é muito mais agradável e lucrativo. A parte matadora do jogo — essa gente é realmente pouco atraente."

Saí diversas vezes com outro contato que integra a máfia azerbaijana. Na primeira noite, fomos a um restaurante caro pertencente a uma conhecida rede ocidental e, com alguns capangas dele, ocupamos a melhor mesa. Um deles pegou uma bola de haxixe do tamanho de uma bola de beisebol e começou a enrolar cigarros. Fiquei um tanto perplexo. "Você acha uma boa ideia fumar haxixe no meio de um restaurante?", perguntei. "Sabe como é, este é um hotel ocidental."

Ele riu. "Meu amigo quer saber se você se importa que fumemos aqui", diz ele ao gerente, indicando displicentemente a bola de haxixe.

"Por favor", diz o gerente, que mais parecia invejá-los. "Fumem à vontade. Vocês fazem o que quiserem." E sorriu servilmente para nós.

Numa festa, poucos dias depois, um dos jovens mafiosos se oferece para me apresentar a seu chefe, um homem roliço de cabelos louros e barba desalinhada. Tivemos uma boa conversa sobre carros. Ele fez votos de que eu estivesse conhecendo coisas interessantes. "Nossa máfia é a melhor", diz.

"E o que você faz, na verdade?", perguntei claramente.

Ele apertou os olhos. "Sabe, você parece um cara muito legal, e sei o que pretende fazer aqui. Se alguns caras quiserem falar com você, isso é com eles. Mas acho que deve ter cuidado. Eu detestaria que lhe acontecesse alguma coisa desagradável." E sorriu significativamente.

Recentemente, ouvi falar de um jornalista letão que estava investigando um caso da máfia e desapareceu. Foi encontrado morto num beco com sete balas no corpo. Essa imagem não foi animadora.

"Agora tenho uma pergunta a lhe fazer. E espero que tenha a resposta certa." O chefe abaixa a voz e diz, em tom conspiratório: "Tenho um problema que alguém do Ocidente poderia me ajudar a resolver". Fiquei apavorado. É assim que uma pessoa é atraída para o crime. "Tenho um terrível problema de caspa", diz, "e queria saber se o xampu americano Head and Shoulders funciona de verdade, ou se você pode me mandar alguma outra coisa de seu país."

Pouco antes de ir embora de Moscou, jantamos juntos. Ele concluíra que eu era um cara legal, depois das dicas sobre xampu. Falamos de política, restaurantes, moda. "Teve uma boa estada aqui?", perguntou. Sim, eu tinha tido. "Teve algum problema com pessoas de Moscou?"

"Nada digno de nota."

"Sabe como é", diz ele com um grande sorriso, "um pistoleiro em nosso país custa apenas vinte dólares. Posso conseguir um para você, se quiser."

Eu disse que tinha certeza de não precisar desse serviço.

"Bem", ele me deu seu cartão, "aqui estão meus telefones. Se tiver algum problema nos Estados Unidos, também pode me ligar. Um pistoleiro para Nova York custa vinte dólares, mais a tarifa aérea, mais uma diária de hotel."

POLÍTICA DE MUDANÇA?

A rigidez hierárquica do sistema comunista fazia com que cargos políticos importantes fossem ocupados somente por pessoas idosas. Políticos mais jovens, quaisquer que fossem suas ambições, atuavam em posições subalternas na burocracia, evitando cometer transgressões, exercendo o pouco poder que tinham, nos termos ditados por seus superiores.

A ideia de que pessoas da geração mais jovem podem ocupar cargos de importância na política russa ainda é recente. "Mesmo os mais convictos democratas, que dizem querer mudanças", conta Romuald Krylov, trinta anos, chefe do Departamento de Arte e Cultura do distrito central de Moscou, "sentem algum desconforto ao me ver num cargo burocrático importante. Eles prefeririam um homem de sessenta anos sem nenhum interesse pela arte e pela cultura. Estão acostumados a isso."

Essa convenção é cem vezes mais arraigada no governo central. Durante o breve período em que ocupou o cargo de primeiro-ministro, Yegor Gaidar mostrou ao povo russo que as novas políticas podem ser implementadas por pessoas jovens. As medidas tomadas por Gaidar foram deliberadamente impactantes. A geração mais jovem na política russa exibe enorme variedade em seu léxico e em suas políticas, mas parece cansada da ideia de utopia. No Ocidente, os políticos mais jovens falam de radicalismo enquanto os mais velhos são conciliadores; na Rússia acontece o contrário. O que é ao mesmo tempo engraçado e perturbador é que essa inclinação para a moderação não parece advir de um espírito de colaboração, e sim de um entendimento geral de que a retórica da conciliação será o melhor caminho para o poder.

É impossível saber quem estará no poder dentro de três anos, no entanto é possível ver o caráter dessa geração como um todo para tentar entender que tipo de jovem escolheu entrar para a arena política, como e por quê. Talvez 25 homens com menos de quarenta anos estejam colaborando para definir a voz mais jovem na política russa, e centenas de outros sigam seus passos. É possível que a amplitude de seus sentimentos e capacidades seja deduzida a partir de um olhar mais próximo a três deles: Andrei L. Golovin, comissário do povo e presidente da Facção Smena — Nova Política; Aleksandr A. Kiselev, presidente do comitê executivo do Movimento Russo pela Reforma Democrática, e Serguei B. Stankevich, conselheiro do presidente da Rússia para assuntos políticos.

Andrei Golovin se define como alguém ligado a uma linha centrista. A política russa tende a funcionar em termos extremos, por isso fiquei intrigado com a ideia de um partido centrista. "Os que se dizem democratas", diz ele, "são radicais, radicais de esquerda. O governo americano os apoia porque acha que, se não o fizer, a direita toma o poder. Mas, na verdade, estamos mais próximos de vocês e de seus interesses do que os radicais. Quando Clinton foi eleito, achei que ele fosse ver e entender isso; foi muito decepcionante para nós o fato de ele ter dado continuidade à mesma política externa paranoica do presidente Bush. Será que ele não vê que os interesses russos, americanos e internacionais estão todos com o centro, com alguma coisa mediada e controlada? O perigo não vem do vermelho ou do azul, mas da luta de extremos."

Golovin, na casa dos trinta anos, é de uma arrogância que às vezes beira a prepotência, mas seus argumentos são convincentes. Há cinco anos, ele trabalhava num instituto de pesquisas físicas. Com a Perestroika, foi para o serviço público. Ele descreve de modo geral a política econômica, militar e civil. Seu centrismo me lembra mais o socialismo sueco do que qualquer outra coisa. "Em seu país, fala-se de um governo estável que represente a classe média", diz ele. "Nós do Smena somos o governo da classe média."

"Mas existe mesmo uma classe média russa?", pergunto. "As pessoas deste país querem o entendimento? Quem integra essa classe?"

"Se estivéssemos no poder, haveria uma classe média e ela ia querer o entendimento. Se chegarmos ao poder, teremos apoio em toda parte. E vamos nos livrar da maior parte das desastrosas reformas econômicas para permitir o ressurgimento de uma classe média."

Lembro que nos sistemas democráticos essa não é a sequência normal de acontecimentos, já que é preciso ter apoio para se eleger.

"Bem", diz ele, "não há liberdade de imprensa neste país. A imprensa de esquerda é apoiada pelo governo, assim como a de direita, por medo de que a direita desvie o apoio à esquerda. O centro não tem esse tipo de tratamento. É difícil fazer uma propaganda convincente em prol de uma posição centrista; não é atraente. Os radicais, comunistas e fascistas costumavam estar no mesmo partido, e todos têm uma mentalidade bolchevique. Nós estamos de mãos limpas. Nunca integramos a burocracia soviética. Tenho medo de que se instaure aqui um movimento em favor de uma situação similar à do contexto sul-americano, em que o poder vem das massas e o governo é refém de interesses ilícitos."

Nessa altura, a expressão dele se torna mais suave. "Esta é uma grande civilização", diz, com um gesto para a janela. "Podemos interagir de modo civilizado. Por que as pessoas votariam em nós? Porque somos inteligentes e honrados. Imprima minha foto e minha biografia junto da foto e da biografia de Yéltsin e se pergunte quem leva uma vida correta, comprometido com o serviço público, e quem é o velho comunista, ancorado numa ideologia distorcida e na corrupção. Queremos implantar leis razoáveis. Em quinze anos, quando eu for presidente, o bolchevismo, o extremismo, estará morto."

Golovin é eloquente e convincente, mas mostra um desprezo curioso pela realidade de seu país. Parece não compreender que não se impõe civilização a toda uma sociedade. Ele fala muito em pragmatismo como substituto da ideologia, contudo erra ao não reconhecer a base ideológica essencial de seu pragmatismo, que foi pensado para criar uma sociedade pragmática onde ela não existe agora. "Vai levar muito tempo para desideologizar esta sociedade", diz ele, aparentemente sem perceber que um programa de desideologização de uma sociedade acaba por se tornar profundamente ideológico.

Com a distinção de Golovin entre "radicais" e "bolcheviques" ecoando em meus ouvidos, fui visitar Aleksandr A. Kiselev, cuja fé ardente na democracia permanece intacta. Mas, se estivesse na ativa há trinta anos, sem dúvida teria defendido a causa do comunismo com a mesma convicção. Com efeito, na adolescência, ele foi figura de destaque no Komsomol (a facção jovem do Partido Comunista) de Volgogrado, e o Partido Comunista ainda era o Partido Comunista. Quando nos encontramos, Kiselev usava um terno azul-claro que, onze tamanhos maior, poderia ter pertencido a Brejnev. Tem um aspecto de "burocrata típico". Está sempre respondendo a perguntas específicas com frases do tipo "Precisamos de democracia para que o povo seja forte" ou "Devemos consultar o povo sobre que tipo de Estado ele quer para viver e construí-lo dessa forma".

O Movimento pela Reforma Democrática, liderado por ele, é o que sobrou da máquina política que empurrou Yéltsin para o poder, e se parece tanto com um partido político quanto qualquer outra coisa que funcione hoje na Rússia. As respostas de Kiselev a minhas perguntas, principalmente depois da clareza apaixonada de Golovin, soaram falsas e banais. Ele me empurra estatísticas. Pergunto se a maior parte do povo russo afinal quer mesmo a democracia, de qualquer tipo, e ele, embatucado, mergulha nos detalhes do debate parlamentar da última semana. Kiselev não tem inclinação para o pensamento abstrato nem para questionamentos prolongados.

Kiselev é um dos defensores de uma nova Constituição; na verdade, a nova Constituição é a razão de ser de seu movimento. "Vamos impor essa Constituição democrática ao Parlamento e ao povo", diz ele. "E Yéltsin vai explicá-la ao povo, que, ao ouvi-lo, vai compreender que isso é bom." Lembro que essa agenda não está de acordo com as leis vigentes. "Bem", diz Kiselev, "critique Yéltsin por violar as leis, se quiser, mas na verdade todo mundo as viola. A Constituição atual é tão ruim que a maior parte das pessoas não se importa com ela."

Passei a tarde com Serguei B. Stankevich, assessor de Yéltsin para assuntos políticos. A política russa é imprevisível, mas caráter é um diferencial. Desses três homens, ele é o único capaz de governar um país. Está num momento de baixa popularidade, pois cortou laços com vários movimentos que poderiam ajudá-lo a ter mais sucesso, porém na Rússia o impopular pode se tornar popular em questão de horas, e Stankevich já teve momentos de grande popularidade. Afastou-se de Yéltsin há pouco, mas manteve seu gabinete no Kremlin e seu cargo oficial. No passado, quando Yéltsin agiu de modo estranho e imprevisível, coube a Stankevich dar as explicações.

Stankevich não tem o idealismo pragmático de Golovin nem seu currículo, e não está livre da retórica ao estilo comunista. Foi acusado reiteradamente de práticas ilícitas e esteve no centro de um pequeno escândalo no ano passado, quando grande quantia de dinheiro público foi destinada a um festival de música praticamente inexistente. Diz-se que usou sua influência para conseguir apartamentos para parentes e outros favores especiais. "Você está se encontrando com Stankevich?", perguntou um amigo do velho submundo. "Não deixe de tomar um banho depois." Mas Stankevich tem uma qualidade: uma competência imensa. Uma pessoa sentada em seu amplo gabinete no Kremlin sente-se embalada pela ideia de que a política avança em linha reta. Ele segue suas convicções políticas perfeitamente consciente de que a democracia que deseja vai beneficiar não só a Rússia, mas também a si próprio.

"As reformas neste país vêm em ondas", diz ele. "A primeira foi a onda Gorbatchóv, que começou em 1985, culminou com a Perestroika e começou a descer a ladeira com a eleição de Boris Yéltsin para presidente da Federação Russa. Os objetivos dessa primeira onda eram implantar eleições controladas e liberdade de expressão controlada, preservando o sistema e mantendo o controle do Partido Comunista. Esses objetivos foram atingidos. Mas os líderes da primeira onda não conseguiram instaurar um novo paradigma político ou intelectual e por isso caíram.

"A segunda onda, que veio com Yéltsin e homens como Andrei Sakharov, tinha como objetivo extinguir a predominância da ideologia comunista e instituir liberdades básicas: liberdade de expressão, imprensa livre e um sistema parlamentarista, objetivos que foram atingidos. Essa onda chegou ao ponto máximo em 1991. No ano seguinte, ela se desvaneceu quando a economia se libertou em boa medida do controle do Estado. A segunda onda fracassou na tentativa de inventar uma nova Rússia, equilibrar a mistura racial, étnica e religiosa e atingir o duplo objetivo de ser voltada para o mercado mas também ser socialmente responsável. A segunda onda desceu a ladeira durante um ano e meio.

"Esta é a hora da terceira onda, cuja base já está lançada. Vai começar de fato com eleições e com uma reforma constitucional. O principal objetivo da terceira onda é estabelecer uma Constituição e um sistema de governo que favoreçam a cooperação em vez da concorrência entre os setores do governo. Criaremos um governo representativo para que a república, que atualmente funciona de modo semiautônomo, sinta que seus representantes estão comprometidos com a implantação de leis nacionais e, portanto, se submetem a elas. Vamos permanecer socialmente responsáveis, mas daremos passos significativos em direção à reforma econômica. Acho que vamos conseguir atingir esse objetivo com um comportamento moderado e conciliador e assim criar uma Rússia unida e forte. Foi-se o tempo em que se governava este país de cima de um tanque."

É uma posição surpreendente para alguém que ainda atua como assessor presidencial — Yéltsin é a pessoa que está em cima do tanque —, e pressiono Stankevich a esse respeito. Ele deixa subentendido que Yéltsin não é confiável, é um herói popular, mas não um profissional. "É admissível que Yéltsin pudesse estar na crista da terceira onda se aceitasse suas condições", diz Stankevich. "Mas a terceira onda deve caber, em grande parte, à minha geração." A nova política russa é uma política mais jovem. Mas, ao contrário de muitos políticos jovens, Stankevich construiu sua carreira aos poucos. Um dos grandes favoritos de Gorbatchóv, mais tarde chefiou a equipe estratégica para as campanhas políticas de

Yéltsin. Quando o golpe foi declarado, ele voltou de uma viagem no meio de um feriado, foi à Casa Branca russa e ficou com Yéltsin durante três dias inteiros.

Atualmente, Stankevich está se aproximando da ala direitista do movimento patriótico russo, o que talvez seja uma bobagem. Ele tem um sobrenome não russo e um discurso extremamente intelectualizado, o que não vai cair bem por lá. "Ele sempre foi um azarão", disse-me a seu respeito um colunista político de Moscou. "É impossível saber exatamente quanto poder ele manipula por trás das cortinas." Stankevich diz: "Não existe neste momento uma única coisa democrática na Rússia. Nem pode haver, até que chegue a terceira onda e se implante a reforma constitucional". O que leva um assessor de alto nível de um presidente "democrata" a falar dessa maneira? "É hora da renovação da classe política", ele prossegue. Os radicais que contribuíram para derrubar o comunismo já não são necessários. "Estamos presos num terrível ardil 22 — é engraçado ouvir essa frase num gabinete do Kremlin —, "e o país só vai poder funcionar quando tivermos uma nova Constituição que mude a definição de Parlamento e seu papel; e essa Constituição só pode ser aprovada por esse mesmo Parlamento que ela destruirá." E agora? "Talvez seja necessário agir à margem das leis vigentes. Os líderes da Revolução Americana poderiam ter vencido se tivessem se mantido adscritos às leis coloniais?"

Se Golovin detém a retórica entusiástica do que é certo, Stankevich tem o discurso do que é necessário. Finalmente, pergunto: "Até que ponto é possível mudar o curso dos acontecimentos na Rússia e até que ponto eles tomaram um impulso próprio que nenhum governante indicado ou eleito pode controlar?".

"Governo, neste país", diz Stankevich, "agora e num futuro próximo, não é poder. Tudo o que temos é influência. Nosso objetivo pode ser reconhecer isso, parar de fingir que temos poder absoluto e usar sensatamente nossa influência. E nosso objetivo deve ser recuperar o poder. Vamos atingir esse objetivo."

No meio de nossa conversa, toca o telefone. Na mesa que fica num canto extremo do gabinete de Stankevich há uma coleção de telefones com uma dúzia de aparelhos de cores diversas, cada um deles ligado a uma linha diferente. Ele atravessa a sala para atender e fala no mesmo tom de autoridade serena durante cerca de cinco minutos. Passo a passo, explica a alguém — acho que um parente — o que deve fazer para consertar o carro. Mais uma vez, ele tem na voz aquele tom de ninar. Tente isto. Se não der certo, tente aquilo. Estamos na véspera de um plebiscito nacional sobre a presidência de Yéltsin, e Stankevich, ao contrário de outras pessoas no Kremlin, não está histérico. Seus modos dizem claramente que o que vai acontecer nas urnas dezesseis horas depois não pode prejudicá-lo.

A mais importante das novas qualidades desses jovens, tanto homens como mulheres, é a adaptabilidade: eles descobrem como obter o que querem mais rápido e melhor que qualquer outra pessoa. O que eles não têm é um contexto onde se situar e situar seus êxitos; nem têm uma ideia clara das responsabilidades que seus êxitos podem acarretar. A União Soviética foi dominada pela retórica da ideologia, até que a ideologia acabou perdendo sentido. Quando se discute democracia com algum dos poderosos membros da geração mais jovem, tem-se a impressão de que eles entendem democracia como um eufemismo para capitalismo e entendem capitalismo como um sistema em que cada um obtém por si o que pode lhe ser mais útil. Há quinze anos, muitas dessas pessoas deviam estar lutando contra uma situação que consideravam ruim. "Os dias heroicos ficaram para trás", disse-me Artyom Troitsky, com alguma amargura. "Eu não estaria vivendo heroicamente se fizesse parte da geração jovem atual."

Passei minha última tarde em Moscou com Vasily N. Istratsov, diretor de relações parlamentares do Ministério do Exterior. Homem sensato, em seus trinta e poucos anos, foi catapultado para esse alto cargo de sua cadeira de professor da Universidade de Moscou. Irônico, espirituoso, sedutor, tinha modos mais compatíveis com os diplomatas mundanos de Tolstói do que com os homens e mulheres dados à autopromoção que conheci. Conversamos sobre os políticos que eu tinha entrevistado, muitos dos quais ele conhecia. "Sabe como é", diz ele, "a estrutura tradicional da política russa é como um jogo de futebol. Todos se encaixam em um de dois times, interessados em ganhar atacando o outro. A única coisa diferente é o motivo da disputa. Nesta semana, os pró-Yéltsin estarão enfrentando os anti-Yéltsin, mas na semana passada o motivo foi outro, e na semana que vem será outro. Sou um servidor público, vejo o jogo de perto. Vejo os dois lados se alinhando e se realinhando, vejo como os times se recompõem, a maneira como há anos eles vêm se recompondo neste país. Os membros da geração mais jovem, as pessoas com quem você conversou — não são espectadores. Estão em campo, jogando. Mas não usam uniformes. Você perguntará: 'Estão com os de preto ou com os de branco?'. E logo vai entender que eles não estão jogando do lado dos que estão de preto nem do lado dos que estão de branco, mas do lado da bola."

A fonte real do caos na nova Rússia não é a debilidade da polícia, o domínio da máfia, as dificuldades para implantar uma reforma constitucional, as desconfianças em relação a Yéltsin, a espiral inflacionária, as políticas ingênuas dos governos ocidentais na distribuição de ajuda, a escassez de alimentos ou a ineficiência das fábricas geridas pelo Estado. Numa sociedade em que outrora as pessoas eram chamadas a trabalhar pelo bem comum, o problema é a ascensão de um sistema de valores no qual cada um só visa ao próprio progresso. Isso traz a impossibilidade de coerência num país hoje governado ao sabor de alinhamentos e desalinhamentos fortuitos de centenas de milhares de projetos diferentes, singulares, individuais.

Timur Novikov morreu de aids aos 43 anos, em 2002; Georgi Guryanov morreu aos 52, em julho de 2013, de falência hepática decorrente também da aids. No mesmo ano, Vladik Mamyshev-Monroe, de 43 anos, afogou-se numa piscina rasa em Bali — talvez por estar bêbado demais para conseguir se levantar depois de cair, ou talvez, como se comentou, vítima de assassinato, já que era crítico de Vladimir Putin.[2]

A tentativa de construir uma "academia livre" empreendida por Petlyura desmoronou por causa da desorganização, mas ele conquistou reputação internacional e apareceu nos Estados Unidos sob os auspícios de Robert Wilson, artista de teatro de vanguarda. Em 2000, Petlyura montou uma exposição retrospectiva sobre o fim do sonho socialista na nova Rússia. Pani Bronya, enquanto isso, ganhava o título de Miss Mundo Alternativa, em 1998, e Garik Vinogradov tornou-se alvo do poderoso prefeito de Moscou, Yuri Lujkov, em 2009, depois de fazer um anagrama com o nome dele usando a expressão "ladrão competente". Valera Katsuba conquistou admiradores no Ocidente com uma série de retratos de pais e filhos. Olga Sviblova tornou-se uma celebridade internacional. Recentemente, um artista me falou dela como uma "personalidade que é como uma turbina — sempre impulsionando".

Boris Grebenshchikov[3] foi citado pela *Newsweek* como o "Bob Dylan soviético". Depois de uma tentativa frustrada de se tornar uma sensação pop nos Estados Unidos, voltou a seu país, onde é chamado de "avô do rock russo". MC

Pavlov está chorando a perda de popularidade para uma nova geração de rappers ao estilo ocidental.[4] Artyom Troitsky protestou contra Putin, citando o artigo 20 da Constituição russa, que proíbe a censura.[5] Putin escarneceu dele, comparando o símbolo do protesto, um laço branco, a uma camisinha. Em 2011, Troitsky fantasiou-se de camisinha para uma marcha de protesto, zombando de Putin.

Yuri Begalov tornou-se sócio de uma grande empresa mineradora e petrolífera e se casou com uma famosa apresentadora de televisão, de quem já se divorciou.[6]

Em 2009, Aleksandr Kiselev foi nomeado diretor dos serviços postais. Em 2013, renunciou ao cargo e recebeu uma indenização de mais de 3 milhões de rublos.[7] Serguei Stankevich foi acusado de enriquecimento ilícito em 1996, fugiu para a Polônia, voltou à Rússia e hoje é consultor da Fundação Anatoly Sobchak.[8]

A Rússia não tem escassez de decadência obstinada. O *Pravda*,[9] que continua a ser um órgão do governo, veicula publicidade de boates: "Segundo a *Forbes*, Moscou tem mais bilionários que qualquer outra cidade do mundo. Você é capaz de imaginar a opulência que poderá experimentar pessoalmente em algumas de suas boates. Isso faz delas excelentes lugares para uma escapada, ou o cenário perfeito para as mais épicas festas só para homens". O desprezo pelas normas sociais só aumenta quando essas normas se tornam mais rígidas. Aos 24 anos, Avdotja Alexandrova[10] criou uma agência de modelos chamada Lumpen que mostra modelos com o rosto arranhado, cabelos desgrenhados e olhos inchados, com o pretexto de mostrar que "um rosto emocionalmente inexpressivo, por mais regulares ou simétricas que sejam suas feições, não pode ser belo". Serguei Kostromin,[11] que fundou uma revista chamada *Utopia*, diz: "Todos estão à procura de sua utopia particular: emoções satisfatórias que podem ser simuladas com a ajuda da sociedade de consumo". Outra publicação, *Rússia sem Nós*, foi fundada por Andrey Urodov[12] para ser "uma revista para adolescentes que têm saudades dos tempos que nunca tiveram a oportunidade de viver". É um fragmento nostálgico da era Yéltsin. Um crítico de gastronomia, a quem se pediu que caracterizasse o cenário, disse: "Todo restaurante de Moscou é temático. O tema é 'Você não está em Moscou'".

A música pop continua censurada. Andrei Makarevich, chamado de "Paul

McCartney da Rússia", teve seus shows suspensos depois que se apresentou para crianças na Ucrânia oriental. O rapper mais conhecido de Moscou, MC Noize, aceitou uma bandeira oferecida por um fã num show apresentado na Ucrânia. "Cantei em ucraniano, por isso alguém me deu uma bandeira da Ucrânia", conta Noize. "E na Ucrânia isso estava perfeitamente bem." Semanas depois, os shows dele começaram a ser cancelados. Às vezes, apareciam nos locais equipes de bombeiros alegando perigos fictícios. Quase todas as suas apresentações durante uma turnê pela Sibéria foram obstruídas; as autoridades iam aos hotéis em que ele se hospedava e o impediam fisicamente de tocar em locais alternativos.[13]

A lei que proíbe propaganda gay resultou em inúmeros ataques a homossexuais praticados por milicianos. Esses grupos atraíam homens e adolescentes gays dizendo-se interessados num encontro, depois espancavam suas vítimas e as obrigavam a praticar atos humilhantes, como beber a urina de seus agressores. Esses episódios foram gravados e postados. Centenas deles apareceram na internet em 2015. Muitas vítimas sofreram fraturas ósseas e ferimentos no rosto. Alguns tiveram ansiedade e depressão; outros ficaram tão assustados que se trancaram em casa. Os gays são atacados na rua, no metrô, nas boates ou durante entrevistas de emprego.[14] O governo russo se recusa a punir esses atos como crimes de ódio.

Yelena Klimova[15] foi obrigada a pagar multas astronômicas por ter tentado criar um site de relacionamento para adolescentes gays. No segundo trimestre de 2015, ela publicou um álbum chamado *Gente bonita e o que ela me disse*, no qual mostra fotos de perfil das pessoas que a ameaçaram pelas mídias sociais. Uma mulher sorridente, com um buquê de flores nas mãos, escreveu: "Vá e se mate antes que eles peguem você". Um homem, cuja simpática foto de perfil o mostra ao lado de um cabritinho, escreveu: "Derrubá-la com um tiro, sua vadia, é só o começo do que você merece". O ativista gay e poeta Dmitry Kuzmin escreveu: "A Rússia não tem o conceito de respeito pelo outro simplesmente pelo fato de ser outra pessoa, alguém singular e independente. Aqui é inútil dizer: 'Sou gay e tenho meus direitos'".[16] Kuzmin diz que a escalada de homofobia radicaliza os gays à revelia deles. "Como a imagem do inimigo está sendo deliberadamente confundida com a dos gays, preciso fazer todas as minhas declarações públicas exclusivamente como homem gay no campo de batalha desta guerra que me foi imposta contra a minha vontade."

A condição contracultural em que se encontrava a Igreja ortodoxa[17] no período soviético (embora mesmo então a Igreja fosse cúmplice da KGB) desapareceu completamente, com o apoio aberto à agenda de Putin. Em 1991, somente um terço dos russos se reconhecia como membros da Igreja. Em 2015, essa proporção passou para mais de três quartos. Ao mesmo tempo, quase um quarto da população acredita que a religião faz mais mal do que bem, e um terço dos membros da Igreja diz não acreditar em Deus. Poucos comparecem aos ofícios religiosos. O líder da Igreja, o patriarca Cirilo I, afirma que a liderança de Putin é "um milagre" e, sobre a oposição, que "o liberalismo levará ao colapso legal e ao apocalipse". Diz-se que Cirilo I tem uma fortuna pessoal de 4 milhões de dólares, ostenta um relógio de 30 mil dólares e tem uma cobertura em Moscou. Aluga a catedral do Cristo Redentor para fins comerciais.

Putin deixou-se fotografar muitas vezes com os Lobos da Noite, uma gangue de motoqueiros ortodoxos.[18] Ivan Ostrakovsky, líder do grupo, diz: "Os inimigos da Santa Rússia estão por toda parte. Devemos proteger os lugares santos dos liberais e de sua ideologia satânica. A polícia não dá conta dos ataques. Quando voltei da Guerra da Thetchênia, encontrei meu país cheio de sujeira. Prostituição, drogas, satanistas. Mas agora a religião está por cima". Outra gangue ortodoxa de skinheads feriu gravemente um manifestante que protestava contra a dura sentença imposta à banda radical Pussy Riot, cujas integrantes foram presas por encenar uma oração anti-Putin na catedral de Moscou. "Ele insultou nossas coisas sagradas", disseram os agressores.

Georgi Mitrofanov, o único religioso russo que pediu que a Igreja reconheça suas relações históricas com as autoridades soviéticas, disse: "Perdemos tanta gente honrada no século XX que criamos uma sociedade em que a imitação e o fingimento se tornaram a norma. Antes ouvíamos gente apregoando que estava construindo o comunismo, mas na verdade estava só usando slogans que lhe davam oportunidades. Agora um novo grupo, e com certeza alguns do velho grupo, apregoa a 'Santa Rússia'. As palavras não significam nada".

As organizações criminosas da Rússia praticam extorsão, tráfico de pessoas, tráfico de drogas, exploração da prostituição, contrabando de armas, sequestros e crimes cibernéticos. Tanto o promotor inglês que comanda o inquérito sobre a morte do informante Alexander Litvinenko, ex-oficial da FSB (a agência de segurança russa) em Londres, como policiais espanhóis que investigam lavagem de dinheiro concluíram que grande parte do crime organizado da Rússia é coordenado de dentro do Kremlin. De acordo com o inquérito espanhol, Alexander Bastrykin, presidente do Comitê de Investigação, que se ocupa dos principais processos criminais, e Viktor Ivanov, diretor do Serviço Federal de Entorpecentes, estão ligados aos criminosos. Telegramas revelados pelo WikiLeaks identificam a Rússia como o "Estado da máfia virtual" que sustenta um conjunto de organizações criminosas: algumas muito grandes, como a Solntsevskaya Bratva (receita anual estimada em 8,5 bilhões de dólares), a Bratskii Krug, a Tambovskaya Prestupnaya Grupirovka e a máfia tchetchena, assim como inúmeras outras de menor porte. Muitas delas são dirigidas por pessoas com formação superior que fazem o jogo do sistema no nível mais sofisticado.

A corrupção custa à economia russa nada menos do que 500 bilhões de dólares por ano. A Freedom House[19] deu ao país nota 6,75 numa escala de corrupção em que 7 é a nota máxima. Putin convidou criminosos que têm bens fora do país a retornar. Em 2015, ele sancionou uma lei de anistia para essas pessoas, que estarão protegidas contra processos criminais, fiscais ou civis. Mesmo assim, cerca de 150 bilhões de dólares saíram do país naquele ano. "Todos nós sabemos que esses bens foram ganhos ou comprados de diversas maneiras", disse Andrey Makarov,[20] presidente da comissão de orçamento da Duma Federal. "No entanto, acredito que acabaremos virando a página do offshore na história da economia do nosso país. É muito importante e necessário fazer isso."

Encenam-se espetáculos simbólicos de retidão legal para a população. Moscou proibiu a importação de queijos europeus[21] e outros alimentos em retaliação às sanções impostas. Esse boicote tem muito menos efeito em seus alvos estrangeiros do que sobre o povo russo. Para mostrar que a Rússia continua no combate, a televisão estatal mostrou máquinas pesadas destruindo seiscentas toneladas de alimentos contrabandeados. Esse teatro é patriótico, talvez, mas, em um país em que pessoas morrem de fome, muitos russos acharam escandalosamente cruel.

A economia tornou-se uma das mais desiguais do mundo, com mais de um terço da riqueza do país nas mãos de apenas 110 pessoas.[22] O índice de pobreza aumentou em um terço entre 2011 e 2015. No mesmo período, meio milhão de pessoas saíram do país em busca de melhores oportunidades. A economia russa sofre pela falta de diversificação, dependência do mercado de petróleo, sanções internacionais, baixa produtividade, corrupção e falta de incentivo para as mudanças. Moscou patrocinou grandes empresas sob controle do governo, mas não fez o mesmo em relação a empresas independentes de pequeno e médio porte. Na União Europeia, essas empresas produzem 40% do PIB; na Rússia, apenas 15%. Esse afastamento da iniciativa privada não é economicamente promissor. Petróleo e gás respondem por mais de dois terços das exportações, o que quer dizer que, a cada vez que os preços internacionais do petróleo caem um dólar por barril, a Rússia perde 2 bilhões de dólares. As sanções vigentes reduziram a economia do país em cerca de 10%. Os trabalhadores russos continuam especialmente ineficientes. Na *Time*, Ian Bremmer informou que, enquanto um trabalhador americano produz 67,40 dólares por hora trabalhada, o russo produz apenas 25,90. No entanto, a educação financeira começa cedo. Na VDNKh, uma "escola de jovens investidores", ensina-se o abecê das finanças a crianças de oito anos.[23] Embora mais de dois terços dos russos revelem preocupação com os percalços econômicos, igual proporção da população aprova a política econômica de Putin.[24] A maior parte dos russos se informa pelos meios de comunicação oficiais, que retratam a invasão da Ucrânia e outros atos do governo como parte de um embate entre Rússia e Ocidente. "Putin sabe o que o povo quer ouvir", diz Bremmer. "Só não está claro se ele saberá consertar a economia instável."

A política tornou-se cada vez mais cínica. Em 2014, Max Katz,[25] ex-campeão de pôquer de 27 anos, foi eleito para o Conselho Distrital de Moscou. O slogan de sua campanha foi "O Conselho Distrital de Moscou é completamente inútil. Não tem poder algum". Ele diz que venceu porque "preferiu ser honesto". Aos 24 anos, Isabelle Magkoeva é campeã de boxe e abertamente comunista — um aspecto da nova esquerda russa que declara publicamente que Lênin foi um "grande revolucionário". Aos 29 anos, Roman Dobrokhotov, que se apresenta no Twitter como "A revolução sou eu", foi preso mais de cem vezes. Mandou uma carta a Edward Snowden explicando que, como todo mundo sabe que cada conversa que se tem na Rússia é monitorada, ele não encontraria nada para revelar em seu novo domicílio.

Opositores de Putin protestaram depois das eleições de 2011 e 2012, liderados por Garry Kasparov, campeão de xadrez; Ilya Yashin, ativista; Serguei Udaltsov, líder da Frente de Esquerda; Alexei Navalny, ativista anticorrupção; e

Boris Nemtsov, membro de um dos parlamentos regionais. Em 2015, Navalny e Udaltsov foram condenados a prisão domiciliar. Nemtsov foi fuzilado pelas costas ao atravessar uma ponte em Moscou, horas depois de ter postado uma mensagem no Twitter convidando seus seguidores a protestar contra a ação de Putin na Ucrânia.[26]

Georgy Tchijov, do Centro de Tecnologias Políticas de Moscou, disse: "Os russos agora se dividem entre 'nós' e os 'traidores da pátria'. Os liberais não podem protestar; estariam se lançando contra a maior parte da sociedade". Nikita Denisov, 33 anos, já foi participante ativo de protestos. Ele disse: "Entendemos que ir a essas passeatas era inútil, até mesmo ultrapassado". Yelena Bobrova, 29 anos, disse: "Ocupamos as ruas achando que podemos fazer alguma diferença, mas só deparamos com indiferença, não só dos que estão no poder como de nossos amigos e parentes". Assim, a apatia tornou-se um esporte nacional.

CHINA

Ironia, humor (e arte)
podem salvar a China

New York Times Magazine, 19 de dezembro de 1993

Pode ser difícil lembrar a suposição comum na década de 1990 de que nenhuma arte significativa estava sendo feita fora do Ocidente. Depois que escrevi sobre a nova geração artística da Rússia, meus editores do *New York Times* perguntaram-me o que eu gostaria de fazer, e sugeri artistas da China sem saber sequer se existia algum. Achei que, se tanta coisa estava acontecendo em Moscou e em São Petersburgo, algo paralelo devia ocorrer em Beijing e Xangai. Se as obras da União Soviética eram incompreensíveis para os ocidentais, as da China eram inacessíveis. Como a única arte disponível para ser vista internacionalmente devia ser sancionada pelo Estado, a maior parte dos críticos supunha que todos trabalhavam por decreto do Partido. Depois de fechar a encomenda, entrei em pânico, mas pouco a pouco consegui ser apresentado a artistas importantes, de início por intermédio de um conceitualista alemão que eu tinha conhecido em Moscou. Hoje, metade das obras de arte modernas parece ser originárias da República Popular, e as exposições de Cai Guo-Qiang e Ai Weiwei no Ocidente estiveram entre as mais visitadas do mundo.

Restabeleci algum material excluído da versão originalmente publicada deste texto.

A abertura da mostra Plano de Vida Campestre estava programada para 21 de agosto de 1993 na Meishugan (Galeria Nacional de Arte), em Beijing. Embora as pinturas fossem triviais e ao olho comum não dessem sinal de significado político, as autoridades decidiram que muitas delas não mostravam o lado positivo da vida na República Popular e, portanto, eram inaceitáveis: só cerca de 20% delas foram aprovadas para exibição. O mais importante nome por trás do Plano de Vida Campestre, o artista Song Shuangsong, ficou furioso porque a mostra seria editada. Ele disse a amigos que em 25 de agosto iria à galeria e cortaria seus longos cabelos, um símbolo de seu modo de vida individualista.

Ao meio-dia de 25 de agosto, Song, seus amigos, um barbeiro vestido com um impecável guarda-pó branco, um repórter da TV Shanxi e eu nos reunimos na sala da exposição. Solenemente, Song espalhou jornais no piso da galeria e pôs uma cadeira no meio da sala. Visitantes ocasionais pararam para olhar. Todos víamos, fascinados e em silêncio, seus cabelos caindo no chão, mecha a mecha. Song olhou primeiro para uma direção, depois para outra, primeiro com expressão séria, depois dando um sorriso amarelo e fazendo pose. Depois de uns vinte minutos, levou embora a cadeira e deitou-se no piso, como se fosse um cadáver. O barbeiro ensaboou-lhe o rosto e começou a fazer-lhe a barba com uma navalha. Já sem a barba, Song sentou-se para o ataque final a seu cabelo. Mas, assim que o barbeiro recomeçou o corte, chegou o chefe de segurança da galeria e viu a aglomeração e as câmeras. "Quem é a autoridade responsável por este comportamento?", perguntou, o rosto crispado de raiva.

"É minha exposição", disse Song, "e assumo toda a responsabilidade."

Depois de uma breve troca de hostilidades, o chefe de segurança desapareceu para voltar logo depois acompanhado de uns capangas de aspecto assustador. Ao ver a cena, alguém poderia pensar que Song Shuangsong tinha sido apanhado com uma bomba em vez de simplesmente ter se submetido a um corte de cabelo e barba. Todos foram expulsos da sala, e as portas, trancadas com pesadas correntes e cadeados. A exposição estava fechada, de imediato e em caráter permanente. Song foi levado com rudeza para fora, entre dois guardas.

Um ocidental que observava a performance virou-se para mim com um dar de ombros e comentou como era triste que essas tentativas de lutar abertamente pela democracia na China sempre fracassassem. Ele tinha chegado a uma conclusão comum entre ocidentais: um artista que se volta contra o Estado deve estar lutando direta ou indiretamente por eleições livres e uma Constituição. Essa lógica se baseia numa leitura equivocada da China e dos chineses. O fracasso não se aplicava ao caso: o corte de cabelo tinha sido um grande sucesso. A intelectualidade chinesa — nela incluídos artistas underground de vanguarda, muitos dos quais são ou foram ativos manifestantes pró-democracia — é unânime na crença de que a democracia ocidental na China seria, além de um erro, algo impossível. Os chineses gostam da China. Embora queiram dinheiro, informação e poder como no Ocidente, não desejam soluções ocidentais para problemas chineses e, quando protestam pela democracia, o fazem como uma maneira encoberta de lutar por soluções chinesas. No Oriente, como me disse mais de um artista, é hábito perguntar o que não se quer em vez do que se quer.

A simples decisão de agir individualmente é radical na China. Isso vai contra os 5 mil anos da história que os chineses têm muito presente e da qual se orgulham imensamente. Ainda que com frequência a revisem (às vezes com violência), nunca a abandonam. Cada um dos integrantes da vanguarda artística chinesa é um ser individual, mas o individualismo levado muito longe é absurdo em termos chineses; a arte não repousa sobre aquilo que os chineses considerariam interesse vulgar à moda ocidental, e sim no equilíbrio. O que a nós parece um repúdio à tradição chinesa da uniformidade é, na verdade, um meio de sair dela para fazer com que evolua. A China, apesar de seus problemas e suas crueldades, é altamente funcional, e isso é muito mais importante para os chineses, mesmo para a intelectualidade chinesa, que qualquer ideia ocidental de democracia. Mesmo artistas iconoclastas, por mais horrorizados que estejam com o governo de Deng Xiaoping, estão em boa medida satisfeitos com o funcionamento do sistema. Os atos de provocação da vanguarda chinesa funcionam legitimamente dentro de seu sistema; não foram pensados para ser interpretados dentro do nosso.

O que parece radical muitas vezes é radical, porém não sempre da maneira que se possa pensar. No dialeto de Nanjing, os sons de "I love you" correspondem a "Você aceitaria um pouco de azeite perfumado?". "O que o Ocidente faz, ao deparar com nossa arte", diz o artista Ni Haifeng, "é pensar que estamos dizendo que amamos vocês, quando estamos apenas tendo uma conversa particular sobre culinária."

A ALMA DA VANGUARDA

A sociedade chinesa é sempre hierárquica; até mesmo o grupo mais informal tem uma estrutura piramidal. O "líder" da vanguarda chinesa é Li Xianting, chamado Lao Li (Velho Li, uma expressão de deferência, respeito e carinho). "Às vezes é mais fácil dizer 'Lao Li' do que 'vanguarda chinesa'", comenta o pintor Pan Dehai. "Significam a mesma coisa." Lao Li, de 46 anos, é um homem relativamente pequeno, usa uma barba excêntrica e, com sua gentileza inteligente e uma consideração bondosa, às vezes chega a ser radiante. É um acadêmico, leu muito, conhece a história da arte chinesa e é bem informado sobre a arte ocidental. Vive numa pequena casa de pátio interno, típica da velha Beijing, que é o centro da cultura de vanguarda. As manhãs estão fora de cogitação porque ele dorme até a hora do almoço, mas à tarde ou à noite sempre é possível encontrar artistas reunidos ali, não raro dois ou três, com frequência vinte ou trinta. Todos tomam chá, mas à noite, ocasionalmente, bebe-se aguardente chinesa. A conversa pode ser grandiloquente e idealista, mas em geral é simples e até permeada de fofocas: que boas exposições houve, se alguém vai se separar da mulher, uma fieira de piadas novas.

A casa de Lao Li, de apenas três ambientes, como muitas casas de pátio, não tem banheiro interno nem água quente. Mas, uma vez que você chega a esse lugar aconchegante e confortável e se instala numa das banquetas, pode ficar ali durante horas. Se a conversa se prolongar, pode ficar para dormir. Certa vez, nesse verão, um grupo do qual eu fazia parte ficou conversando até quase cinco da manhã; milagrosamente, havia espaço para os oito que ali estávamos, tão cansados que dormimos profundamente. Se fôssemos vinte, haveria espaço também. A casa de Lao Li é assim.

Não é fácil explicar o que Lao Li faz exatamente. Embora seja bom escritor e curador, seu papel principal é orientar artistas, com delicadeza, para uma linguagem com a qual eles possam experimentar e discutir a própria obra. Na China, aonde quer que se vá, fala-se de Lao Li: seus últimos ensaios, se é justo que um só homem tenha tanto poder, se se acha mais importante que os artistas que ele descobre e documenta, de que tipo de mulher ele gosta, se ele mudou depois de ter viajado ao Ocidente no ano passado. "Os artistas levam suas pinturas novas para ele como crianças levam o dever de casa para o professor", diz um membro do círculo artístico de Beijing. "Ele elogia ou critica o trabalho e manda que se dediquem ao próximo projeto." Artistas de todas as províncias da China mandam a Lao Li fotos de seus trabalhos, pedindo ajuda. Ele viaja para vê-los, levando livros e informação. "É uma espécie de agricultura", diz ele, "levar esses materiais às províncias para fertilizar a lavoura." Faz slides de toda parte a que vai, e seus arquivos documentam toda iniciativa artística relevante da China moderna. Quando encontra artistas interessantes, convida-os para ir a Beijing. Por intermédio de Lao Li, o mundo da arte se mantém sempre revigorado pelo sangue novo.

Apesar de todas as suas realizações acadêmicas, Lao Li não mantém um distanciamento crítico objetivo, e seus detratores culpam-no por isso. Sua resposta é sempre tão tolerante quanto crítica, e o prazer que ele encontra no trabalho provém em boa medida de sua noção moral de ideal. Lao Li se dedica a incentivar modos de pensar capazes de dar força a sua sociedade. Sua missão é, portanto, mais elevada e diversa da missão interpretativa de um crítico de arte.

Os artistas de seu círculo se definem como membros da vanguarda. Um deles me deu um cartão de visita em que se viam impressos seu nome e, logo abaixo, a expressão ARTISTA DE VANGUARDA. De início, achei a definição desconcertante: muitos daqueles artistas não eram exatamente vanguardistas — para os padrões ocidentais. À medida que conversava com Lao Li, entendi que o radicalismo de seu trabalho era a originalidade, pois uma pessoa que chegasse a uma maneira própria de ver as coisas e escolhesse se dedicar a articular suas ideias estaria na linha de frente da sociedade chinesa. Lao Li é o maior dos defensores da individualidade. A característica de seu humanismo singular é abrir caminho para a liberdade de espírito e de expressão numa sociedade que, com suas restrições oficiais e seus mecanismos sociais internos, não autoriza o pensamento original.

"Idealismo?", pergunta Lao Li em certo momento. "Espero que uma nova arte possa aparecer na China e que eu possa contribuir para isso. Até 1989, achávamos que com essa nova arte poderíamos mudar a sociedade e libertá-la. Agora, acho que ela só liberta os artistas. Mas não é pouca coisa tornar livre uma pessoa."

ALGUMA HISTÓRIA

"A arte chinesa se apoia sobre três pernas, como uma trempe da cozinha antiga", explica Lao Li. "Uma delas é a pintura tradicional com pincel e nanquim. Outra é o realismo, conceito importado do Ocidente no início do século xx. Outra é a linguagem internacional da arte ocidental contemporânea."

O período que vai de 1919 a 1942 trouxe uma desilusão generalizada com a tradicional pintura acadêmica a nanquim. Quando Mao Tsé-tung chegou ao poder, o estilo heroico baseado no modelo soviético tornou-se a linguagem oficial da revolução. O grupo Estrelas só iniciou o movimento de vanguarda em 1979. Fez parte do movimento Muro da Democracia, que reuniu anseios sociais, culturais e políticos de mudança. "Todo artista é uma estrela", diz Ma Desheng, um dos fundadores do grupo Estrela. "Demos esse nome ao grupo para enfatizar nossa individualidade. Voltava-se contra a uniformidade sem cor da Revolução

Cultural." Os membros do grupo Estrela, que nunca estudaram em academias oficiais de arte, não podiam exibir seus trabalhos, por isso, em 1979, penduraram suas pinturas na cerca da Galeria Nacional de Arte. A polícia fechou essa exposição ao ar livre e eles fizeram uma manifestação pelos direitos individuais.

Em 1977, as academias de arte, que tinham sido fechadas durante a Revolução Cultural, foram reabertas. Jovens artistas começaram a passar pelo extenuante processo de seleção, prestando exames várias vezes na disputa pelos poucos lugares oferecidos pela Academia Zhejiang, em Hangzhou, e pela Academia Central, em Beijing. Entre 1979 e 1989, com a liberalização do regime chinês, a Galeria Nacional de Arte exibiu mostras de arte ocidental, e os estudantes passavam dias ali. Na China, mesmo os que marchavam contra a corrente queriam receber a instrução acadêmica formal que, no seu entender, lhes daria condições de falar e pensar. O grupo Estrelas trouxe à luz o radicalismo de conteúdo; agora, o 85 New Wave introduz o radicalismo da forma. Em 1985, cinco críticos, entre eles Lao Li, fundaram a revista *Belas-Artes na China*, que funcionou como porta-voz dos novos movimentos artísticos até seu fechamento, em 1989. Depois disso, os outros críticos, tão importantes quanto Lao Li, emigraram ou se recolheram a um relativo silêncio.

Muitos artistas dessa época manifestavam seu desprezo pelas normas sociais deixando de cortar o cabelo (um radicalismo ao qual a performance do corte de cabelo de Song aludia). Dando de ombros para a repressão ao erotismo da sociedade chinesa, falavam livremente de mulheres, não escondiam os detalhes de sua vida pessoal, contavam piadas sujas. Reuniam-se à noite para discutir filósofos, artistas plásticos e poetas ocidentais. De repente, foi publicado um grande número de obras literárias antes impossíveis de encontrar, e eles as leram vorazmente. Apesar de sua permissividade geral, muitos tinham empregos e eram dedicados executores de seus deveres. Faziam arte para si mesmos, exibiam-na com grandes dificuldades e a vendiam ocasionalmente a "amigos internacionais" (a expressão, apreciada pelos artistas, era o eufemismo usado por Mao para simpatizantes estrangeiros).

Insurgidos contra os valores de sua sociedade ao longo da década de 1980, esses artistas eram propensos a usar a linguagem visual ocidental. Alguns críticos do Ocidente menosprezaram essa arte, que julgavam pouco original. Mas, na China, essa linguagem ocidental era poderosa simplesmente porque tinha sido proibida; seu uso era premeditado e fazia sentido. Os artistas chineses de vanguarda copiaram os estilos ocidentais da mesma forma que Roy Lichtenstein copiou histórias em quadrinhos ou que Michelangelo copiou a escultura clássica. A forma se assemelha, a linguagem é imitativa, porém o significado é outro.

O último suspiro do exuberante movimento artístico chinês ocorreu meses antes do massacre de 4 de junho na praça da Paz Celestial. Em fevereiro de 1989, foi inaugurada a mostra China/Vanguarda, na Galeria Nacional de Arte, num clima de êxtase ingênuo, usando como símbolo o sinal de trânsito chinês equivalente ao de "retorno proibido". Dez anos antes, o grupo Estrelas tinha lutado para pendurar sua obra fora da galeria, mas naquele momento os críticos da Belas-Artes na China se uniram a outros para montar uma monumental exposição das obras mais radicais de todos os artistas da vanguarda chinesa. Muitos artistas acharam que essa mostra traria para sua obra a anuência das autoridades, necessária para alcançar um público maior. Na inauguração, dois artistas dispararam armas de fogo em sua instalação. Policiais em choque fecharam a mostra de imediato, reduzindo a frangalhos os sonhos da vanguarda. Hoje, alguns artistas relatam ter visto memorandos "confidenciais" em arquivos do governo segundo os quais nenhuma medida seria considerada extrema para evitar outro evento como a mostra de 1989.

O fechamento da exposição paralisou os artistas chineses. Eles discutiam o próximo passo quando ocorreu o massacre de 4 de junho. Artistas e idealistas entenderam que não tinham influência alguma no futuro de seu país. A crítica Liao Wen, namorada de Lao Li, escreveu: "Hoje, cercado pelas ruínas do idealismo falido, o povo chegou finalmente a uma conclusão inevitável: a resistência extrema mostra apenas como o oponente é poderoso e com que facilidade alguém pode sair machucado. Humor e ironia, por outro lado, podem ser agentes corrosivos mais eficazes. A partir de 1989, o idealismo deu lugar a uma frivolidade irônica. Não é um clima favorável à discussão séria sobre arte, cultura e condição humana. No presente, as pessoas acham tudo isso irrelevante".

Alguns artistas emigraram antes de 1989; muitos outros, logo depois. A maior parte dos grandes nomes da antiga vanguarda saiu do país. Um único membro do Estrelas ainda está em Beijing. Contudo, a ideia de "retorno proibido" persiste. Dezenas de pessoas vão todas as noites, impreterivelmente, à casa de Lao Li.

UM SEM PROPÓSITO PROPOSITAL

Lao Li definiu seis categorias para nelas classificar a arte chinesa contemporânea, algumas das quais amplamente aceitas, outras nem tanto. Os artistas reclamam que essas categorias são artificiais, mas o impulso de ordenar as coisas próprio dos chineses continua forte, e é difícil saber como abordar a tão variada arte chinesa sem alguma categorização. O gosto dele é mais voltado para a pintura do que para a performance, a arte conceitual e as instalações. Das categorias de pintura que inventou, as duas mais discutidas, combatidas e finalmente aceitas são a do realismo cínico e a do pop político.

O realismo cínico é em boa medida um estilo pós-1989. Seus expoentes, Fang Lijun e Liu Wei, e outros pintores, entre eles Wang Jinsong e Zhao Bandi (que não gosta de ser chamado de realista cínico), têm sólida formação acadêmica e são excelentes pintores figurativos. Sua obra, muito colorida e detalhada, mostra pessoas estranhamente alienadas umas em relação às outras. Fang Lijun pinta homens sem cabelo em situações de proximidade que excluem o contato: um deles está no meio de um enorme gramado; outro sorri para o nada; nadadores em preto e branco flutuam num mar vazio. Os personagens estão sempre inativos, sentados, nadando ou caminhando sem objetivo. Usando uma composição sofisticada e uma técnica requintada, Fang exibe uma ausência de atividade que aparentemente não merece ser mostrada. O resultado é uma representação muitas vezes engraçada, lírica, triste e pungente daquilo que ele chama de "acontecimentos absurdos, banais e sem sentido da vida cotidiana".

Liu Wei e Fang Lijun estão sempre juntos, na arte e na sociedade. Frequentaram a mesma academia de arte e são amigos há anos. Ambos têm um ar desafiador: em Fang Lijun, isso passa por autoridade, mas Liu Wei pode ser visto como um autêntico encrenqueiro. Filho de um destacado general do Exército Vermelho, Liu Wei costuma pintar seus pais. Aos olhos de muitos chineses, os oficiais do Exército de alta patente vivem bem e são felizes; Liu Wei retrata "o desamparo e a esquisitice da minha família e de todo o povo chinês" em pinturas engraçadas e grotescas. "Em 1989 eu era estudante", diz, "e aderi ao movimento pela democracia, como todo mundo, mas não desempenhei um papel importante nele. Depois do 4 de junho, entrei em desespero. Agora aceitei que não consigo mudar a sociedade, só retratar nossa situação. Como não posso expor na China, minha obra não será uma inspiração aqui, mas a pintura ajuda a superar minha sensação de impotência e desconforto."

Wang Jinsong transmite sua mensagem crítica com uma suavidade quase plástica. A obra de Zhao Bandi é sutil, levemente distorcida, uma série de imagens monumentais detalhadas e muito coloridas de pessoas encarceradas e sozinhas. O realismo cínico não é totamente cínico; o idealismo desses artistas repousa no fato de retratarem o cinismo que sua sociedade nega. Essas obras são como gritos de socorro, mas, sendo também divertidas e maliciosas, apresentam o humor e o insight como defesas fortalecedoras. "Quero que minha pintura seja como uma tempestade", diz Fang Lijun, "para causar em quem a vê uma impressão tão forte que leve a pensar depois sobre como e por quê."

O pop político é apreciado pelos ocidentais. Seu principal representante, Wang Guangyi, gosta de dinheiro e de fama: suas obras chegaram a mais de 20 mil dólares. Recentemente, ele alugou um quarto de hotel por duzentos dólares a diária só para "sentir como é viver como um superstar da arte". Wang usa óculos escuros mesmo quando está dentro de casa, um longo rabo de cavalo, e é sempre citado por outros artistas como um representante dos valores ocidentais na China. Está trabalhando numa série chamada *A grande crítica*, na qual brinca com o paralelo entre a publicidade que Mao contratou para suas políticas revolucionárias e as campanhas publicitárias dos prósperos interesses ocidentais. Os nomes Band-Aid, Marlboro e Benetton aparecem contra a imagem de jovens soldados idealizados e agricultores usando boinas Mao. "Depois de 1989, com as pessoas tão vulneráveis", disse ele, "temi que aquele comércio prejudicasse suas ideias e a capacidade de ter ideias, assim como a aids pode destruir relacionamentos amorosos e a capacidade de ter relacionamentos amorosos. É claro que gosto do meu dinheiro e da minha fama. Critico a Coca-Cola, mas a tomo todos os dias. Essas contradições não constituem problema para o povo chinês."

Yu Youhan, de Xangai, pinta Mao continuamente, em geral enfeitado com uma extravagante decoração de flores tomada de empréstimo à "arte campestre" que o presidente adorava. Mao aparece misturado a pessoas comuns ou sentado à vontade numa cadeira dobrável. Às vezes, pode-se ver seu rosto claramente; outras, uma flor tapa-lhe um olho ou o nariz. Uma das pinturas recentes de Yu é um retrato duplo muito pop: à esquerda está o presidente Mao, aplaudindo um dos próprios princípios; à direita, Whitney Houston aplaude a própria música. Ambos são cópias de fotos reais, e a similaridade é perturbadora.

INDIVIDUALISMO EM NÚMEROS

Os pintores tradicionais chineses foram ensinados a copiar os mestres. A originalidade estava reservada aos velhos, numa idade em que se podem fazer mudanças tão sutis que são quase imperceptíveis. A história da arte tradicional chinesa é rica, mas lenta. A vanguarda segue num ritmo alucinante.

Os artistas plenamente comprometidos com a questão da individualidade talvez sejam os mais interessantes da China de hoje. Paradoxalmente, o Grupo dos Novos Analistas, de Beijing, ao qual pertencem Wang Luyan, Gu Dexin e Chen Shaoping, decidiu, como experimentação, suprimir da arte o elemento individual. Após a mostra de vanguarda de 1989, os membros do grupo adotaram a resolução comum de não assinar suas obras. Pouco depois, estabeleceram regras de funcionamento. O conjunto dos artistas elabora essas regras, aprovadas por voto majoritário, e se compromete a obedecer a elas. "Diante das regras, somos todos iguais", explica Wang Luyan. "Como consideramos as regras mais importantes que os artistas, nós nos expressamos numa linguagem regulamentar. Símbolos e números representam melhor nossas ideias."

Assim, o Grupo dos Novos Analistas criou fórmulas complexas para expressar suas relações internas. Com elas, os membros do grupo produzem gráficos e tabelas. Uma das peças recentes começa assim: "A1, A2 e A3 são pessoas antes de encontrar a quantidade determinada e defendem a ordem de ação depois de encontrar a quantidade determinada. A1, A2 e A3 determinaram arbitrariamente o respectivo gráfico de medida, ou seja, os gráficos A1, A2 e A3. A1, A2 e A3 partilham uma mesma quantidade determinada, por exemplo, tabela A". Esse tipo de absolutismo deliberadamente enigmático tornou-se uma crítica humorística do princípio chinês da conformidade, sempre mostrado da maneira mais séria possível. A obra, por mais regulada que possa ser, encontra-se entre algumas das mais originais que vi na China. "A originalidade é um subproduto de nossa cooperação segundo regras combinadas por nós", diz Wang Luyan.

Eles formam um estranho triunvirato. Chen Shaoping foi mandado para as minas durante a Revolução Cultural e passou doze anos na extração de carvão. Atualmente é editor de arte do jornal *Carvão da China*. Wang Luyan foi submetido a reeducação no trabalho agrícola durante a Revolução Cultural e hoje é programador visual do jornal *Transporte na China*. Gu Dexin é mais jovem que os outros dois. Trabalhou na indústria química até que decidiu tornar-se artista em tempo integral.

Mencionei a performance do corte de cabelo de Song Shuangsong, e esses artistas balançaram a cabeça. "Imagine deixar o cabelo crescer", diz Gu Dexin, rindo, "para que as pessoas no mercado ou no ponto de ônibus saibam que você é artista!" Sua individualidade é muito mais poderosa por ser camuflada. Quando se encerrou uma exposição ocidental recente que mostrou obras de Gu Dexin, os empacotadores confundiram a obra desse artista com o próprio material de empacotamento e a peça foi descartada por engano. "Gosto que minha obra seja jogada fora", disse ele. "Há no mundo tanta arte para conservar e estudar, e eu não quero atravancar ainda mais a história da arte." Os outros dois assentem: aqui a não individualidade é quase um impulso inconsciente, o oposto do que os artistas chineses veem como a abominável presunção e o egocentrismo dos artistas ocidentais.

Zhang Peili e Geng Jianyi, radicados em Hangzhou, também lidam com essas questões. Hangzhou é uma bela cidade, antiga capital da China, situada à beira do famoso lago Ocidental. Seus artistas levam uma vida mais descontraída do que os de Beijing ou Xangai: são interrompidos com menor frequência por amigos estrangeiros e por dramas locais. Muitos artistas de Hangzhou são formados pela Academia Zhejiang e, como os alunos da Ivy League que permanecem em Cambridge ou New Haven, mantêm uma relação ambígua mas afetuosa com seus velhos fantasmas de estudantes. Quando estão no modo "estudante", conservam uma ligação empática com princípios abstratos, mas trazem uma sagacidade madura a essas abstrações. Eles pensam mais que os artistas de outros lugares — e talvez produzam menos. Quando estive em Hangzhou, fiquei hospedado na academia, cercado de estudantes e de seu trabalho. Quando queria silêncio para conversar com Zhang e Geng, alugávamos um bote por uma tarde e dávamos uma volta no lago Ocidental, comendo bolinhos lunares, bebendo cerveja e contemplando a vista das montanhas ao longe. À noite, comíamos frutos do mar e empadas em mesas ao ar livre dispostas nas ruazinhas do mercado. Uma ou duas vezes reuniram-se a nós antigos professores da Academia. Hangzhou tem um clima de deleite artístico mais leve, bem diferente de Beijing e Xangai.

Antes da exposição de 1989, Geng Jianyi enviou um questionário a uma longa lista de artistas de vanguarda, postado num envelope com aspecto de correspondência oficial, tendo como endereço de resposta o da Galeria Nacional. A ideia era que se assemelhasse a um dos muitos documentos burocráticos que fazem parte incontornável da vida chinesa cotidiana. As primeiras perguntas eram convencionais — nome, data de nascimento etc. —, mas depois vinham "Quais foram suas exposições anteriores?", talvez seguida de "De que tipo de comida você gosta?" ou "De que tipo de pessoa você gosta?". Alguns dos destinatários logo entenderam que se tratava de um projeto artístico e deram respostas criativas com ilustrações engraçadas, mas outros, eternamente assombrados pela burocracia, levaram o questionário a sério e responderam a cada pergunta. Na exposição de 1989, Geng mostrou esses questionários.

A identidade de Zhang e Geng se transformou depois do 4 de junho. "Antes do massacre, a agitação era grande", contou Zhang, "um protesto ensurdescedor. Aí vieram os tanques, e todos ficaram em silêncio. O silêncio dava mais medo que os tanques." Zhang e Geng fizeram uma enorme pintura de uma vítima do massacre e a penduraram de noite numa ponte de pedestres. "Se você vê alguém sendo morto do outro lado da estrada", diz Zhang, "você atravessa correndo para deter os assassinos, sem pensar. Foi assim." Depois disso, assustados, eles se refugiaram no campo, sempre à espera de que seriam presos.

Zhang ficou particularmente enojado pelo modo indiferente como a principal locutora de notícias da China descreveu o massacre. Ele concluiu que quem quer que determinasse o que essa mulher devia dizer decidia o destino do povo chinês. "As notícias eram tão inevitáveis e essa mulher tão onipresente que fiquei obcecado por ela, pelo fato de todo mundo na China entender o governo por intermédio dela. Consegui contatá-la por meio de um amigo de um amigo de um amigo. Perguntei-lhe se estaria de acordo em ler em voz alta, em troca de pagamento, um texto extraído de uma enciclopédia. Eu precisava encontrar um texto totalmente neutro, que não estivesse do lado dela nem do meu. Ela fez uma porção de perguntas por meio dos intermediários, mas eu a enganei. Disse que ia usar o texto da enciclopédia lido por ela na água, para uma exposição sobre a água, com arranjos de flores. Foi assim que essa mulher, que era praticamente nosso governo, concordou em ler o texto que eu tinha escolhido. Para mim foi uma experiência de imenso poder. Eu, um artista informal que havia corrido o risco de ser preso, poder manipular dessa forma um símbolo oficial. E isso explicou bastante o prestígio do dinheiro em nossa sociedade. Eu não podia crer que tinha sido tão fácil: nunca me ocorreu que seria capaz de fazer aquilo com tanta rapidez."

Fiel à sua palavra, Zhang montou a exposição de que tinha falado. Para um observador desavisado, tratava-se de água e flores. Mas, para quem estivesse inteirado, era uma exposição sobre comércio, integridade e o modo como o poderoso pode ser capturado por aquele que não detém poder. "Humor e ironia precisam ser cuidadosamente dosados, assim tornam-se parte da forma de uma obra sem tornar-se seu conteúdo", diz Zhang. "Nunca perdi a independência: sempre mantive certa distância dos acontecimentos na China. Um artista não opta pela alienação, no entanto, uma vez que acontece, acontece. Não se pode resistir."

"Não se trata apenas de nossa sociedade não incentivar ou apoiar a individualidade", diz Geng. "Não permitimos a individualidade onde ela claramente existe." Ele ensina pintura e design no Instituto de Tecnologia da Seda. No ano passado, sugeriu que, em lugar de ensinar técnicas, o corpo docente deveria ensinar as razões que estão por trás da técnica. Foi autorizado a expor suas propostas ao corpo docente, que, depois de manifestar interesse por inovações, rejeitou-as, alegando que eram incompatíveis com os padrões estabelecidos pela escola.

Geng tem maneiras suaves e delicadas. Zhang Peili é muito mais durão, muito mais rude. Embora seu trabalho seja quase sempre humorístico, tem um viés de violência. "Sempre houve raiva em meu trabalho", diz ele. "Preciso fazer o trabalho, mas isso não alivia minha raiva. Não é como ir ao banheiro." Zhang trabalhou em vídeo, performance e pintura. Antes da mostra de 1989, recortou luvas cirúrgicas de borracha e mandou os pedaços a vários artistas. Alguns desses pedaços estavam cobertos de tinta vermelha e marrom. Os artistas que receberam pedaços das luvas aparentemente ensanguentadas ficaram horrorizados e perplexos. Um número cada vez maior desses estranhos pacotes chegava a suas casas. Um dia, todos os que estavam na lista de Zhang receberam uma carta formal explicando que as luvas tinham sido mandadas aleatoriamente, se disseminaram como uma epidemia de hepatite e que o assunto estava encerrado. Nenhuma outra luva foi enviada.

Durante a Campanha de Higiene de 1991, quando toda a China recebia instruções de limpeza e uma linguagem burocrática absurda e paternalista interferia nos aspectos mais íntimos da vida das pessoas, Zhang Peili fez seu clássico vídeo *O procedimento correto para lavar uma galinha*. O vídeo tem duas horas e meia de duração. É horroroso e fascinante assistir ao sofrimento da pobre galinha que Zhang, repetidamente, cobre de sabão, enxágua e deposita numa superfície. No fim, a galinha se liberta, mas é impossível não pensar que ela nunca mais será a mesma. A exposição inexpressiva de Zhang disfarça uma empatia profunda; a retórica ética dessas campanhas do governo se revela por meio dessa obra em sua hipocrisia, mediocridade e crueldade.

Ni Haifeng, que produz instalações, vive (em princípio) numa ilha distante do Sul da China, porém está entre as figuras mais sociáveis da cena de vanguarda e vai seguidamente a Beijing, Hangzhou e Xangai. Ni é informal e bem-humorado, com uma inteligência de amplo alcance, ainda que às vezes desorientada. Em certo sentido, ele é o mais livre daqueles espíritos, fazendo arte quando e como tem vontade, um rei cigano na vanguarda. Recebe salário de professor da Escola Normal de Zhoushan, mas foi dispensado das responsabilidades docentes por ser "muito esquisito". Em 1987, começou a pintar em casas, ruas, pedras e árvores. Cobriu sua ilha de estranhas marcas a giz, tinta a óleo e corante. Disse que queria reduzir a escrita ao "nível zero", onde ela não tem significado. "Quando a cultura invade a vida privada em grande escala", diz ele "a pessoa não escapa de ser estuprada. Desse ponto de vista, minha escrita no nível zero pode ser tomada como protesto contra o estupro. Quero também prevenir as pessoas dos perigos inerentes ao estupro cultural."

UMA CIDADE DE ARTISTAS

Na China, a moradia de uma pessoa normalmente é fornecida por sua unidade de trabalho. Quem se aventurar por conta própria abre mão de muitos serviços de proteção e precisa encontrar uma casa, o que é caro e difícil. Oficialmente, ninguém pode se mudar sem autorização do governo. Por isso, muitos artistas de vanguarda trabalham pelo menos em tempo parcial em empregos oficiais. Outros se adaptam à vida nos limites da legalidade.

Um dos lugares em que eles moram é a cidadezinha normalmente chamada de Yuanmingyuan, a 45 minutos do centro de Beijing. Erguida por agricultores locais no fim da década de 1980, tem ruas poeirentas e aspecto tradicional: filas de casas de um só andar, cada uma delas com um pequeno pátio e cobertura de telhas. Há um banheiro externo e um telefone para cada casa. Em algumas delas há parreiras, e suas portas de tela estão sempre batendo. Nas redondezas há fazendas e um parque. Para um lado se estendem os vastos campos da Universidade de Beijing e para o outro o próprio Palácio de Verão. Os primeiros artistas que se instalaram no lugar o achavam próximo do centro de Beijing, mas bastante afastado para que pudessem viver em relativa paz. Em pouco tempo muitos outros vieram.

A cidade é a Meca de turistas e jornalistas. Artigos publicados em dezenas de países falam dela como o centro da cena artística chinesa porque sua mistura de liberdade e facilidade de acesso faz com que pareça um centro aos olhos ocidentais. O povo chinês não é receptivo de imediato. Muitos artistas da vanguarda são misteriosos, elípticos até quase a obscuridade e emocionalmente inacessíveis. Em contraste, os artistas da cidadezinha são descontraídos e apresentam seu trabalho com um profissionalismo informal. Pode-se andar por ali batendo nas portas, e várias pessoas do lugar se oferecerão como guias. O trânsito se tornou tão intenso que alguns artistas dizem que já não têm tempo de trabalhar.

Com poucas e notáveis exceções — sobretudo Fang Lijun e Yue Minjun —, os artistas da cidade não são particularmente originais. Muitos deles se imitam reciprocamente, combinando sem muita imaginação o realismo cínico ao pop político. A maioria desses artistas está apenas meio passo à frente dos lapidadores de jade e outros que praticam uma indústria caseira de artesanato para consumo de estrangeiros. Com certeza é o fluxo firme de dinheiro e interesse ocidentais que permite a esses artistas viverem dessa forma. Acima de tudo, falta ao trabalho deles a sofisticação necessária para que tenha um significado político; contudo, se eles não podem sempre falar persuasivamente em liberdade, podem ter uma vida pessoal livre de coerções.

"Somos parte do fenômeno pós-1989", disse-me o pintor Yue Minjun. "Antes desse ano, havia esperança: esperança política, esperança econômica, tudo muito eletrizante." Yang Shaobin, outro pintor, seguiu o fio da meada: "Agora não há esperança. Nós nos transformamos em artistas para termos o que fazer". Falando com eles, percebe-se que essa retórica também vende bem. O cinismo é a moda na cidade, porém é um cinismo suavizado, mais uma informalidade de estudante que desespero.

SAUDADES DE MAO

Normalmente pensamos na Revolução Cultural como tempos terríveis para os intelectuais. Muitos foram mortos, outros foram obrigados a executar trabalho pesado nas minas, nas fábricas ou na lavoura. Entretanto, não se ouve na China o tom de horror com que os russos falam de Stálin ou os romenos evocam quando alguém menciona Ceauşescu. Nos círculos artísticos de vanguarda, o amor pelo presidente Mao é ambíguo mas incontroverso. "Mesmo os opositores eram seus seguidores, pelo menos em parte", disse Lao Li uma noite ao tomarmos chá. Rotulado como contrarrevolucionário no começo da Revolução, Lao Li ficou preso durante a maior parte do tempo que ela durou. "Mao era um homem muito convincente, e nós intelectuais nos sentíamos como tristes figuras. Na Revolução Cultural, as pessoas só pensavam em construir uma sociedade pura e perfeita. Eu discordava daquela forma particular de idealismo e lutei contra ela, e voltaria a lutar, porém posso dizer sem hesitação que não há nada em nossa sociedade mercantilista de hoje que se equipare àquilo. Um idealismo desviante é melhor que idealismo nenhum."

Zhou Tiehai e Yang Xu, radicados em Xangai, chamam a si mesmos de Novos Revolucionários e fazem enormes pinturas no estilo e no espírito da Revolução Cultural. Uma delas, recentemente qualificada de decadente pela imprensa oficial, mede quatro metros por dois, é pintada sobre jornal e representa uma estranha justaposição de propaganda e imagens comerciais; ao meio vê-se um retrato de Maria Antonieta de bustiê. A obra é coberta de slogans, como "Concentrar os fenômenos do dia a dia e personificar a contradição e lutar entre eles".

"Mamei o leite de duas mães", disse Zhou Tiehai. "Uma delas foi a mulher que me carregou no ventre. A outra foi o presidente Mao."

Zhou Tiehai e Yang Xu usam elegantes ternos de jaquetão combinando com gravatas coloridas. Explicam que esse costume conservador mantém em segredo seu extremismo político. Os dois são bem-apessoados e espantosamente jovens para sentir nostalgia de Mao. Sua posição extrema pode ser irônica e decerto beira (intencionalmente) o ridículo, mas eles a sustentam de maneira inabalável, falando com a pesada retórica tão cara aos Guardas Vermelhos. "Mao nos ensinou a diferença entre o bem e o mal", disseram eles, falando alternadamente como se fossem as duas vozes de uma única mente. "Mas o que aconteceu? Depreciamos dançarinas e prostitutas, porém agora só as mulheres mais bonitas podem exercer essas profissões. Precisamos de pensamento revolucionário, usar a lança socialista para ferir o emblema capitalista. No passado, as pessoas eram pobres, no entanto sabiam por que estavam vivendo; hoje elas são ricas e infelizes. Gostamos dos anos 1960, quando no café, no almoço e no jantar, e até quando dormíamos, estávamos lendo o livro de Mao. Essas ideias são obscuras para os ocidentais, embora muito acessíveis para o povo chinês."

Fui visitar o pintor Yu Youhan no apartamento de sua mãe em Xangai, que consistia em uns poucos ambientes na parte superior da casa que um dia pertenceu à sua família. Seu pai, um banqueiro, foi morto durante a Revolução Cultural, e ele passou pelo processo de reeducação depois de ser denunciado na escola. Mas, quando procurei ressentimento, ele balançou a cabeça e disse: "Ao rejeitar o presidente Mao, rejeitamos uma parte de nós mesmos". O marchand Johnson Chang, de Hong Kong, que representa quase todos os artistas da vanguarda atual, diz: "É como uma infância infeliz. Você não pode repisar isso o tempo todo e impor o assunto aos outros, contudo, se a repudiar completamente, vai ser uma pessoa artificial ou incompleta".

Fang Lijun em geral não gosta de falar de política, mas certa vez, tarde da noite, entramos no tema Mao. A família de Fang era de latifundiários, e eles ficaram em maus lençóis durante a Revolução Cultural. Fang disse certa vez que tinha se tornado artista porque pintar o mantinha ocupado em casa; ele não podia sair porque todos se achavam no direito de atacá-lo. "Nunca vou esquecer o dia da morte de Mao", disse. "Eu estava na escola quando ela foi anunciada, e todo mundo ficou arrasado e imediatamente começou a chorar. E, embora toda a minha família detestasse Mao, eu chorei mais alto e por mais tempo que todos." Perguntei por que tinha chorado, e ele disse: "Estava no programa, e vivíamos segundo o programa". E, quando perguntei se ele tinha ficado triste, Fang sorriu e respondeu: "Isso também estava no programa".

A vocação chinesa para o conformismo vai longe, e ouvi repetidamente que a Revolução Cultural teve uma grande qualidade para muitos chineses que não precisavam decidir o que fazer, o que dizer e mesmo o que sentir. Certamente, disse a Fang, você deve lembrar aquele período com horror. "Com algum horror, sim", afirmou ele. "Mas acho bom que tenha passado por isso. Os mais jovens me invejam. Artistas jovens estão tentando fazer parte de uma história que nunca os incluiu. Sabia que estive na praça da Paz Celestial com um amigo no 4 de junho? Vimos os tanques chegando, ouvimos os tiros e corremos, mas estive na praça. Não para ser herói, e sim porque fui atraído para lá e tinha de ver o que estava acontecendo. Sempre penso que meu amigo deve se arrepender profundamente de ter corrido. Não se pode correr da Revolução Cultural também. Talvez seja um modo de pensar muito chinês, porém acredito que você só pode ter um presente feliz se tiver um passado infeliz."

Ni Haifeng disse: "Claro, muita gente foi morta na Revolução Cultural. Mas em todas as épocas morre muita gente. Aquelas pessoas foram tomadas de uma febre e não conseguiam ver que o que estavam fazendo era errado. Elas desistiram de muitas coisas para se unir à revolução e matar os que achavam que tinham de ser mortos, e isso foi corajoso. Admiro essa coragem". Depois falamos da praça da Paz Celestial. "Todos nós saímos em manifestação", disse ele. "E o que aconteceu foi horrível. Mas, se não tivesse acontecido, talvez houvesse uma guerra civil, com centenas de milhares de mortos. Talvez o país tivesse se dividido, como a Rússia. Não se pode afirmar com absoluta certeza que o que aconteceu estava errado."

O performático Liu Anping, tido como o líder das manifestações pela democracia em Hangzhou, ficou preso durante um ano. "Na praça da Paz Celestial ninguém entendia o princípio das eleições livres nem estava interessado nele", revela. "O que queremos realmente é ser livres para escolher como e onde viver, o que fazemos. Gostaríamos de acabar com a corrupção e poder fazer a arte que queremos. Mas a China é grande demais e difícil demais de administrar para podermos ter eleições livres. Pertencemos a uma cultura xenófoba. Temos nostalgia da Revolução Cultural pelo fato de ter sido tão chinesa. Nunca aceitaríamos a democracia ao estilo ocidental — simplesmente por ser ocidental. Temos de chegar a uma solução chinesa, e a solução chinesa nunca será tão livre quanto eleições livres. Nem queremos que seja."

Zhang Peili, que correu o risco de ser preso por ter pendurado sua pintura de uma vítima da praça da Paz Celestial em Hangzhou, confirmou essa opinião: "Idealismo nas mãos de um artista é uma coisa esplêndida, por isso o conservamos, é nosso direito como artistas. Mas idealismo nas mãos de um líder é horrível". A retórica da democracia é forte em alguns círculos na China, porém não em termos literais. "Não se pode governar um país com base em 1 bilhão de opiniões", diz Zhang. "Seria desastroso, e morreria muito mais gente do que morre hoje."

Aos 26 anos, Feng Mengbo é um dos mais jovens do círculo de Lao Li e tem um entendimento extraordinariamente lúcido da relação entre a dinâmica do Oriente e a do Ocidente. Meninos chineses jogam joguinhos eletrônicos ocidentais em que desempenham o papel de meninos bons tentando derrotar o mal. Na opinião de Feng, isso não está muito distante do comportamento dos jovens na Revolução Cultural, os quais, da mesma forma que assumiram o lado do bem, destruíram os que, segundo eles, estavam do lado do mal e ganharam pontos por isso. Feng fez pinturas estáticas para uma série de videogames que ele gostaria de produzir, baseadas no modelo da ópera revolucionária de Mao. Outra série mostra um videogame retratando Mao em sua pose habitual, com a mão direita estendida num gesto de bendição. Feng Mengbo deu ao joguinho o nome de "'Táxi, táxi', diz Mao Zedong", brincando com a pose de Mao e com o hábito chinês de citar cada palavra de Mao como se contivesse o suprassumo da verdade. No jogo, Mao está à beira da pista com a mão erguida, enquanto os táxis passam a toda velocidade. Mao perde sempre porque nenhum dos táxis para. Aos olhos de muitos chineses, a Revolução Cultural foi como um jogo, e a interação atual com o Ocidente é outra versão do mesmo jogo, talvez menos interessante.

A maior parte dos artistas da vanguarda chinesa tem menos de quarenta anos, por isso sua relação com os acontecimentos de fins dos anos 1960 e início dos 1970 é passiva. Eles sabiam o que estava acontecendo, mas, mesmo que tivessem participado, faziam isso sem entender os acontecimentos. Entre os membros da geração mais velha, o movimento de vanguarda era menor e mais perigoso; quase todos os artistas emigraram. Yang Yiping, o único membro do grupo Estrelas que permaneceu na China, era filho de um bem situado membro do Partido. Quando veio a Revolução Cultural, ele arrumou um posto no Exército, o lugar mais seguro. Ficou em Beijing, fazendo pinturas de propaganda para as Forças Armadas e discutindo ideologia com amigos até que reconheceu o lado desastroso da Revolução Cultural e aderiu ao movimento Muro da Democracia, em 1978.

Suas pinturas atuais são imagens enormes de jovens, em preto e branco, o rosto transbordante de idealismo, saindo da tela em direção ao observador. Estão na praça da Paz Celestial, e o retrato de Mao no portão da Cidade Proibida figura sempre no centro do quadro. Essas pinturas dolorosamente tristes, nas cores e no clima de fotografias desbotadas, dão testemunho de uma clareza juvenil de objetivos que, em retrospecto, parece quase impensável. Fiquei no ateliê de Yang durante um longo tempo, olhando aqueles rostos brilhantes, quase implausíveis, emergindo da gola Mao de seu uniforme; depois, ao me virar, vi uma pequena foto em preto e branco — um jovem Yang Yiping, elegantíssimo em seu uniforme militar. Vi em seus olhos também a segurança inimaginável de um jovem disposto a salvar o mundo. "Eu acreditava ardentemente em tudo aquilo", diz ele. "Aí vieram o

Muro da Democracia e o grupo Estrelas." Ficamos olhando para seus quadros. "Foi minha juventude. Eu não sabia o que estava fazendo. Agora lamento ter feito isso — mas era muito feliz na época! Eu não poderia voltar atrás, nem ia querer."

Jiang Wen, trinta anos, principal ator jovem da China, está por trás das câmeras pela primeira vez. Ele escolheu filmar uma adaptação de *Animais ferozes*, um dos romances mais vendidos na China no ano anterior, ambientado na época da Revolução Cultural. Conversei com ele enquanto filmava numa escola, onde misturou atores profissionais com estudantes. Para dar aos estudantes uma percepção da época, ele os levou para "programas de doutrinamento" no campo. Era fantástico passar de uma sala de aula do lado direito do corredor, adaptada para as filmagens, onde todos usavam calças e alpargatas combinadas e o retrato de Mao reinava no alto, para a sala do lado esquerdo, onde as aulas normais tinham sequência, os meninos usavam conjuntos de moletom e falavam fora de hora. Refletindo um sentimento que ouvi muitas vezes, Jiang disse: "No Ocidente, as pessoas esquecem que aquela foi uma época muito divertida. A vida era muito fácil. Ninguém trabalhava; ninguém estudava. Se você fosse membro da Guarda Vermelha, chegava às aldeias e todos saíam para recebê-lo e cantar juntos canções revolucionárias. A Revolução Cultural foi como um grande show de rock 'n' roll, em que Mao era o maior roqueiro e todos os demais chineses eram seus fãs. Quero pintar uma paixão que se perdeu". Ele não estava cego para as vidas que foram sacrificadas naquela época, mas tampouco achava que tudo se resumisse a elas, da mesma forma como a poesia bélica romântica e os filmes de guerra do Ocidente não apagam o sangue derramado em outras lutas.

Jantei no apartamento de Wu Wenguang, cineasta que havia finalizado um documentário chamado *Minha vida como guarda vermelho*. Ele descobriu cinco homens que pertenceram à Guarda Vermelha, entrevistou-os demoradamente e editou a filmagem para mostrar a curiosa mistura de nostalgia, vergonha, orgulho e ódio que eles sentiam pela própria história. Foi um bom jantar, com uma combinação interessante de convidados: entre eles estavam o pintor realista cínico Zhao Bandi, um diretor que acabava de fazer as primeiras produções de Sam Shepard em Beijing e logo lançaria sua adaptação de *Ardil-22*, Ni Haifeng e vários outros. Perguntei a Wu Wenguang se sentira desprezo ou horror pelo papel que aqueles guardas vermelhos desempenharam na criminosa história de sua época. "Olhe em volta desta mesa", disse ele. "Estamos todos na crista da onda da nova mentalidade na China. Somos a vanguarda, os que empurram para a frente, para a próxima onda. Acreditamos na democracia, ajudamos a transformar a China num país melhor." Assenti. "Como poderíamos sentir desprezo ou horror? Tivéssemos nascido vinte anos antes, seríamos guardas vermelhos, todos nós."

A VELHA GUARDA

Em Xangai, estive com o respeitado intelectual Zhu Qizhan, que, aos 102 anos, é visto em toda a China como o expoente da pintura tradicionalista a nanquim. "Quando eu era jovem", disse ele, "estudei também pintura a óleo, e isso influenciou meu trabalho, principalmente quanto às cores vivas. Sobre o Ocidente, eu diria que os artistas chineses podem usá-lo, mas para fins chineses. Um chinês pode ignorar a arte ocidental, contudo não pode ignorar a arte chinesa. E, se ele se puser a mesclar as duas formas e os dois significados, provavelmente não será uma coisa nem outra."

A tradição pictórica chinesa se baseia no princípio do escapismo, traçada para elevar a alma do observador a novas altitudes. Talvez a grande diferença entre a pintura chinesa tradicional — chamada *guohua* — e a da vanguarda seja que a primeira afasta o observador de seus problemas, enquanto a segunda faz com que ele os encare. As pinturas notáveis e eloquentes de Zhu Qizhan suscitam o respeito dos artistas mais jovens, mas mostram também a profundidade da ruptura, tanto na forma como no sentido, que o trabalho da vanguarda representa.

A moda do realismo começou na China em 1919 e resiste até hoje. A obra do mais destacado entre os realistas, Chen Yifei, é, pelos padrões ocidentais, demasiado banal até mesmo para cartões de congratulação. Chen emigrou para os Estados Unidos, no entanto o artesanato detalhista de suas pinturas, com meninas vestindo suéteres de gola rulê tocando flauta, ainda exerce grande fascínio, sobretudo para os asiáticos. Em Hong Kong, uma obra sua pode custar 250 mil dólares.

Visitei Yang Feiyun, retratista da escola de Chen. Suas mulheres, sem flautas, têm a nitidez fotográfica e a maciez plástica às quais aspira a formação acadêmica chinesa. "Fui influenciado principalmente por Botticelli, Dürer e Leonardo", diz Yang. "Talvez no Ocidente o realismo tenha sido bom demais durante tempo demais, e os artistas se cansaram dele. Não consigo aceitar o modo ocidental de rejeitar o passado, ou mesmo rejeitar o próprio passado, começando tudo de novo o tempo todo. A busca da perfeição é mais importante que a escolha de muitos caminhos. As pessoas dizem que a arte não tem limites, mas isso só é verdade quando ela permanece no próprio hemisfério. Quando Ocidente e Oriente se encontram, a arte tem limites."

POR QUE GILBERT & GEORGE?

Nos últimos anos, a China vem se abrindo cada vez mais a exposições do Ocidente, que são aceitas desde que o Ocidente pague por elas. Podem-se alugar por cerca de 25 mil dólares as salas superiores da Galeria Nacional de Arte por um mês e pendurar o que se quiser ali, desde que previamente aprovado. Desde que Robert Rauschenberg quebrou o gelo, em 1985, diversas mostras individuais foram enviadas com patrocínio de seus governos, com uns poucos projetos estudantis internacionais e uma grande mostra de Rodin, inaugurada em junho.

Gilbert & George, artistas britânicos de vanguarda, fazem questão de exibir internacionalmente suas fotomontagens enormes, coloridas e muito politizadas. Sua mostra de 1990 em Moscou ainda é comentada em círculos artísticos da Rússia. Aquela exposição foi organizada por um inglês perspicaz e empreendedor chamado James Birch. Quando ele perguntou a Gilbert & George "Qual é o próximo?", eles responderam "China!".

Na época da exposição em Moscou, a Rússia estava às voltas com a Glasnost, e a decisão de exibir uma arte que até mesmo no Ocidente suscitava comentários hostis por seu radicalismo cultural, político e sexual — com algumas peças francamente homoeróticas — encaixou-se perfeitamente no propósito de "nada é extremo demais para nós". Na China, muitas coisas são consideradas extremas demais, e a decisão do governo chinês de aceitar uma mostra de Gilbert & George é, à primeira vista, surpreendente. A última grande exposição desses artistas chamava-se Novas Imagens Democráticas, e, embora esse título não tenha sido usado na China, o significado da obra era bastante claro para qualquer pessoa minimamente familizarizada com a linguagem da arte ocidental contemporânea.

Apesar de as autoridades chinesas terem sido conquistadas em parte pelo entusiasmo de Birch, a motivação econômica foi definitiva. Gilbert & George e seu representante em Londres, Anthony d'Offay, não só alugaram a galeria como prometeram levar ocidentais para a inauguração, patrocinar banquetes e apresentações na televisão e injetar dinheiro na economia local. Segundo um dos participantes da montagem da mostra, a conta chegou a 1 milhão de libras. Além do mais, o governo foi ingênuo em relação àquelas imagens. "Você não vai pensar que as autoridades entendem sobre o que é essa obra", disse Lao Li, divertido. "É famosa no Ocidente, e isso é tudo o que eles sabem." Na época, os chineses precisavam dar sinais de abertura para ter chances de serem escolhidos para sediar os Jogos Olímpicos. Além disso, com a mentalidade de "o que o Ocidente diz não nos afeta", os chineses sabiam que, controlando o que acontecesse na inauguração, controlariam a imagem de Gilbert & George na mídia.

A exposição foi inaugurada com pompa em 3 de setembro, com a presença do embaixador britânico e do ministro da Cultura da China. Tinham vindo do Ocidente cerca de 150 pessoas, e as autoridades chinesas estiveram presentes em bando. Gilbert & George, achando que as flores encomendadas para a inauguração eram insuficientes, saíram pessoalmente para comprar magníficos arranjos com que ornamentaram toda a sala de exposição, para imensa hilaridade dos chineses, que, ao contrário de Gilbert & George, reconheceram neles coroas funerárias. Os dois artistas fizeram questão não só de abrir a exposição como também de falar na inauguração e ainda nos sete ou oito banquetes a ela associados. Deram entrevistas à imprensa e à televisão. Observe-se que muito pouco do que eles declararam à imprensa foi publicado; que a mostra teve, dentro da China, relativamente pouca publicidade; e que os discursos que eles fizeram foram substancialmente alterados e suavizados mesmo nas traduções simultâneas.

Os britânicos entraram em contato com Lao Li, que tinha recebido convites para distribuir entre os artistas, mas a vanguarda chinesa achou detestável, imperialista e autopromocional todo aquele glamour de jet set da inauguração. Lamentaram o entusiasmo tolerante com que Gilbert & George se deliciaram com a atenção das autoridades. No banquete inaugural, alguém olhou para eles na mesa de honra e comentou que pareciam "um par de babacas no meio de ovos podres". Aos olhos dos chineses, a inauguração praticamente suplantou o significado da obra. Teve a mesma aura de hipocrisia que se perceberia caso Madre Teresa chegasse aos Estados Unidos em missão de boa vontade e passasse o tempo todo da visita com Donald Trump e Leona Helmsley.* As autoridades chinesas

---

* Leona Helmsley (1920-2007) foi uma mulher de negócios americana, dos ramos imobiliário e hoteleiro, conhecida como rainha do mal em razão de seu comportamento despótico. (N. E.)

sabiam que, programando a inauguração daquela forma, castrariam a obra aos olhos dos elementos radicais em sua própria sociedade.

Muitos dos artistas chineses conheciam a arte ocidental contemporânea principalmente pelos livros. No ateliê do pintor Ding Yi, passei os olhos por um livro chamado *Arte moderna ocidental*, que incluía uma das monumentais fotomontagens coloridas de Gilbert & George, normalmente de seis metros de altura ou comprimento, reproduzida como uma tosca placa em preto e branco de doze centímetros quadrados. Durante sua turnê, Gilbert & George repetidas vezes disseram: "Nossa arte luta pelo amor pela tolerância e pelo aperfeiçoamento universal das pessoas. Cada uma de nossas imagens é uma carta de amor visual que dirigimos ao observador". Que mensagem mais sublime poderia transmitir a arte ocidental à China? "Acho", diz Lao Li, "que o importante dessa obra vai chegar às pessoas interessadas em compreendê-la." A inauguração foi apenas barulho.

O ORIENTE DESCOBRE O OCIDENTE

"O Ocidente tende a igualar civilização, modernização e ocidentalização", diz Zhang Peili. "Mas o Ocidente chegou a coisas novas antes da China somente no período moderno. No passado, nossa civilização era mais avançada." Os chineses odeiam o hábito ocidental de se atribuir o crédito pela industrialização. "Você olha para uma fábrica e diz que isso é Ocidente", afirma Bo Xiaobo, jornalista de Xangai. "No entanto, aqui temos fábricas há cem anos. Os ocidentais começaram a usar a pólvora logo depois que a encontraram em nosso país, mas ninguém diz que a Revolução Americana ou a Primeira Guerra Mundial foram chinesas. Se alguém pega um carro para dirigir ou vai a uma fábrica para trabalhar, não é porque isso seja vida ocidental. É apenas vida moderna."

Do mesmo modo, o Ocidente gosta igualmente de se atribuir o crédito por toda arte que não seja a pintura a pincel. Hoje em dia, os chineses empregam a linguagem visual desenvolvida no Ocidente. Mas o papel veio da Ásia, e as obras em papel não são consideradas asiáticas. Por que toda pintura a óleo deveria ser considerada ocidental? Por que o Ocidente acha que o conceitualismo, as instalações, o modernismo e o abstracionismo são seus? A marchande Alice King, de Hong Kong, que mostra obras em versões modernas dos estilos *guohua*, pergunta: "O que é pintura chinesa? É qualquer pintura feita por alguém da China? Toda pintura feita por alguém de etnia chinesa? Ou é uma questão de estilo? Um ocidental pode fazer pintura chinesa usando papel de arroz e pincel?". Os ocidentais muitas vezes qualificam a obra chinesa como pouco original. "Como artistas, precisamos resolver os problemas da China, mesmo que eles sejam tediosos para o Ocidente", diz o pintor Wang Yin, um dos artistas de Yuanmingyuan.

Li Xianting observa que, antes da chegada da literatura ocidental à China, na dinastia Qing, havia um abismo entre a língua chinesa escrita e a falada: "O chinês clássico é muito vago, sem limites, no qual grande parte do conteúdo é determinada pelo leitor. Só quando leram livros estrangeiros é que os intelectuais chineses foram capazes de imaginar que podia haver uma correlação direta entre a palavra escrita e a falada. Depois disso, nossa língua escrita assumiu essa exatidão ocidental. Porém, continuou sendo chinês; os temas ainda eram chineses. Se eu lhe der um romance chinês recente, você não dirá 'Mas isto está em inglês!'. Outro tanto acontece com nossa arte". Pode-se afirmar o mesmo a respeito das reformas econômicas e sociais, sobre as quais, frequentemente, para grande irritação dos chineses, o Ocidente reivindica responsabilidade. "Agora estamos numa situação de mão única", dizem os Novos Revolucionários de Xangai, "com coisas e ideias ocidentais na China, e nada e nenhuma ideia da China no Ocidente. É preciso equilibrar isso."

A amplitude da liberdade ocidental — corolário natural da democracia — é tema de discussões constantes entre os chineses. Gu Wenda, que atualmente vive em Nova York, e, com Ai Weiwei e Xu Bing, lidera a arte chinesa no exterior, contou-me que, enquanto suas exposições na China tinham sido fechadas por "significado político inadequado, algo como segredos políticos em código", em Nova York, quando ele exibiu obras feitas com remédios tradicionais chineses, inclusive um pó feito de placenta humana, as autoridades mais uma vez proibiram sua obra, alegando qualquer coisa sobre abortamento. Para ele, como artista, não havia muita diferença.

Ano passado, Ni Haifeng ganhou um prêmio alemão e passou três meses em Bonn, onde foi bem recebido por artistas locais. Um deles convidou-o para um jantar em que cada convidado levava um prato e lhe disse esperar que ele fizesse um prato chinês. Ni Haifeng fez uma sopa da qual gostava muito. "Servi a todos", disse ele, "e todos disseram que estava muito boa. Provei por último, e na mesma hora vi que havia feito alguma coisa errada. A sopa estava horrível. De início, achei que eles estavam tentando ser amáveis, mas, depois que os vi tomando várias tigelas, percebi que tinham gostado mesmo. Sentindo-me culpado por ter servido aquela péssima sopa, semanas depois convidei-os todos para vir a minha casa e fiz a sopa de novo. Dessa vez saiu perfeita. 'Bem', eles disseram, 'está boa, mas não chega aos pés daquela que você fez da outra vez.' E tomaram muito pouca sopa."

Os chineses acham graça na incapacidade dos ocidentais de compreender seus padrões culturais. Uma noite, em Hangzhou, com Zhang Peili, Geng Jianyi e outros amigos, começamos a falar de duas mulheres da escola deles que eram "como artigos que ninguém quer comprar de uma velha loja de departamentos". Ambas estavam felizes com seus namorados ocidentais. Zhang e Geng narraram um jantar com a família de um dos namorados, cuja mãe passou a noite toda dizendo que nunca tinha visto uma moça "tão bonita". "Nosso próximo produto de exportação serão as mulheres mais feias da China", disseram. Todas elas podem se casar com americanos ricos." Depois me submeteram a uma espécie de teste. "Olhe ali", disseram. "Uma dessas mulheres é bonita e a outra, feia. Qual é qual?"

Apesar do apetite insaciável dos consumidores chineses por artigos ocidentais, o Ocidente, aos olhos dos chineses, na verdade não conta. Certa noite jantei com a mulher de um dos artistas. Ela disse: "Sabe como é, meu marido ficaria furioso se eu saísse para jantar com um chinês".

"Mas jantar comigo não tem importância?", perguntei.

"Não", ela respondeu. "Claro que não."

Fiquei igualmente surpreso com o fácil acesso ao jornal *International Herald Tribune*, com o fato de muita gente ter acesso ao BBC World Service, pela tolerância para com Gilbert & George. De início, achei que isso representasse um afrouxamento das barreiras ideológicas; só mais tarde entendi que as ideias importadas do Ocidente na verdade não afetam ninguém, ao passo que qualquer coisa muito mais leve no âmbito chinês — um corte de cabelo, por exemplo — pode desencadear uma revolução.

A China encerrou oficialmente sua política isolacionista em 1978, mas a mentalidade isolacionista persiste. "Estivemos tão separados durante tanto tempo", diz Zhang Peili, "que é como se você estivesse num quarto escuro e de repente se abrissem as cortinas. Você não consegue ver nada porque seus olhos estão se acomodando à luz." O crítico e pintor Xu Hong, de Xangai, diz: "As pessoas falam o tempo todo em misturar influências ocidentais e orientais, como se fosse tão fácil quanto misturar tinta vermelha e azul para obter roxo. Elas não pensam no que significa entender essas culturas e tentar incorporar seus diferentes modos de pensar". Todos os artistas que conheci me explicaram que sua pintura não era na verdade como o Ocidente a via. "E como minha pintura poderia ser ocidental?", perguntou Zhang Wei, professor universitário que mora em Yuanmingyuan. "Claro, ficamos adultos na época da chamada política de portas abertas, entretanto todos nós sabemos que ela é no máximo uma política de portas encostadas. Essas portas nunca serão abertas de verdade, nunca as pessoas poderão entrar e sair à vontade."

É difícil para os artistas se libertar completamente da tradição chinesa. O pintor abstracionista Ding Yi vive discretamente em Xangai, onde produziu grandes telas muito coloridas em que sinais visuais simples se repetem e se superpõem em camadas de diferentes cores e rotações. Recentemente, ele passou a produzir sua pintura abstrata em leques de bambu e papel. "Eu precisava me vincular à tradição chinesa", diz ele. "E ao mesmo tempo queria tornar esse princípio ocidental menos assustador para o povo chinês."

Outros artistas trabalham com materiais chineses e formas ocidentais. Lu Shengzhong estudou arte popular na Academia Central de Beijing, e sua especialidade é o recorte de papel. Tradicionalmente, uma chinesa do meio rural devia saber cozinhar, costurar e recortar papel. Lu Shengzhong fala de mulheres muito velhas que, tendo perdido todas as demais faculdades, só conseguem recortar papel e se expressam com recortes muito elaborados. Ele é um recortador magistral e autor de diversos livros sobre o assunto. Em seu trabalho recente, limita-se à forma simples do "homem universal" e o recorta repetidamente em diferentes tamanhos, sempre em papel vermelho, para criar instalações enormes e místicas. Lao Li faz pouco desse trabalho. Muitos chineses acham quase imoral a mistura de tradição rural e modernismo. Ficam indignados com o entusiasmo ocidental por um material que parece tão chinês, mas que na verdade é muito ligado ao pensamento ocidental. É como se Lu Shengzhong tivesse prostituído a si mesmo e a cultura, dando ao Ocidente algo que ele não tinha, vendendo um produto a preço vil.

Uma voz nacionalista se ergue na forte e persistente rejeição ao Ocidente. Os chineses, sempre competitivos, tirarão do Ocidente tudo aquilo que puderem pôr a seu serviço. "A cultura ocidental impera", diz Lao Li. "No passado, a cultura chinesa era superior. Hoje, o Ocidente está em declínio e a China em ascensão.

Em breve seus caminhos vão se cruzar." Gu Wenda diz simplesmente: "Se a China tivesse sido a mais forte depois da Segunda Guerra Mundial, os artistas do Ocidente estariam usando a minha linguagem, e não eu a deles".

A questão da China no governo do mundo é discutida no país como se já estivesse resolvida. O único tema de debate é quando vai acontecer. Alguns acham que vai levar apenas vinte anos; outros, mais de um século. Os artistas esperam que sua posição internacional seja de suma importância quando a China estiver acima de todas as outras nações. "Sou a sentinela de Deus e a voz de Deus", diz o pintor Ding Fang, autor de aterrorizantes paisagens da mitologia wagneriana. "Crio um renascimento do espírito e uma elevação espiritual. Minha obra vai durar para sempre, e isso é tão certo quanto dizer que o sol vai continuar nascendo. Só os cegos não poderão ver. Com essa obra, a China devolverá o espírito aos seres humanos do mundo."

UMA IDEIA PERIGOSA

Na cidade dos artistas de Yuanmingyuan, todo mundo chama Yan Zhengxue de prefeito. Aos 49 anos, ele é o mais velho e o que está na cidade há mais tempo. Yan não tem muito jeito de artista. Usa cabelo curto e roupas comuns. Suas grandes pinturas a nanquim são decorativas e tradicionais; seus modos, discretos.

Em 2 de julho, Yan pegou o ônibus 332 que ia do centro de Beijing a Yuanmingyuan. Tentou saltar bem quando o motorista fechou a porta, e armou-se uma breve discussão. O motorista foi agressivo, e Yan se aborreceu. Na parada seguinte, o motorista fechou a porta de propósito bem quando Yan tentava descer, e assim ele foi levado até a última parada, onde o motorista o acusou de ter tirado alguma coisa de sua bolsa e chamou a polícia. A área está sob a mesma jurisdição que a cidade, de modo que os três policiais que chegaram reconheceram o prefeito Yan Zhengxue. Ele, por sua vez, reconheceu os policiais como os mesmos que tinham fechado uma exposição que os artistas da cidade tentavam montar. Yan disse que não tinha tocado na carteira do motorista, mas a polícia o tirou do ônibus, o espancou e o jogou no chão. Alguns moradores da área viram tudo, porém tiveram medo de interferir.

Então, a polícia arrastou-o até a estação e o agrediu com cassetetes elétricos. "Não reagi", disse Yan, "só continuei perguntando: 'Por que vocês estão me batendo?'. Mas eles não paravam." Estávamos conversando na pequena casa de pátio interno de Yan na cidade, e ele mostrou fotos de si mesmo com queimaduras, coberto de sangue e bolhas purulentas. "Eles me bateram muitas vezes na virilha." E mostrou uma foto particularmente grotesca. "Os cassetetes elétricos queimam muito. Meus dentes ficaram frouxos, e eles queimaram meu peito, as costas, o traseiro e a cabeça. Mandaram que me ajoelhasse, e, como me recusei, bateram mais forte. Disseram: 'Se você vomitar, vai limpar o chão com a língua. Sabemos quem você é. Artista, quem fez de você o prefeito da cidade? Você não tem autoridade nenhuma'." Mandaram então que ele assinasse uma confissão dizendo que tinha roubado o motorista do ônibus. Como ele se recusasse, espancaram-no até a inconsciência e, à meia-noite, o jogaram na rua, fora da estação. Às quatro da manhã, um morador enrolou-o numa manta e levou-o a um hospital, onde foi tratado das lesões corporais e da perda de audição.

Poucos dias depois, um dos artistas da cidade contou essa história a Wang Jiaqi, advogado que normalmente trabalha numa imobiliária de Beijing. Imediatamente, Wang fez contato com Yan: "Disse a ele que aquilo tinha sido uma violação da lei. Nosso governo central não gosta dessa violência policial. Sugeri que ele abrisse um processo".

Yan pediu a outros artistas que aderissem a um abaixo-assinado contra o tratamento dispensado a ele. Fang Lijun esteve entre os primeiros artistas de Yuanmingyuan a assinar; Lao Li levou uma página do documento para casa e pedia aos que o visitavam que também assinassem. Alguns jornalistas chineses concordaram em escrever sobre o processo aberto por Yan. À medida que a notícia se espalhava, Yan passou a receber centenas de cartas de vítimas de violência similar. "Algumas perguntavam como fazer para abrir um processo, outras avisavam que eu poderia sofrer um 'acidente repentino' se não tivesse cuidado."

No tribunal, Wang exibiu provas como fotos, prontuário do hospital, declarações de Yan e cópia do abaixo-assinado. "Eles concordaram em acatar nossa ação", contou-me Wang. "Não queremos dinheiro, e a polícia não será punida, mas, se conseguirmos fazer com que admitam que cometeram um crime, já será alguma coisa. Evito falar em público sobre direitos humanos e democracia. É muito perigoso. Trabalho em casos individuais em termos legais. Nem passa pela cabeça do povo chinês usar a lei para se proteger; eles imaginam que a lei só existe para reprimi-los. Queremos combater isso."

Enquanto eu repassava as fotos que tinha diante de mim, mostrando em detalhes terríveis os ferimentos de Yan Zhengxue, comentei: "É curioso que eu esteja na China para escrever sobre arte e artistas e me encontre agora às voltas com um caso de direitos civis e liberdades pessoais. Quase tem a ver com outro projeto".

"Este é um caso sobre arte e artistas", disse Yan. "A polícia me odeia porque sou artista, desobediente e livre no que faço. Eles se ressentem por não terem controle sobre esta cidade, sobre estas pessoas que não são registradas e vivem aqui sem unidades de trabalho, sem cronogramas, com ocidentais andando de um lado para o outro. Eu era um alvo natural. Neste país, você pode querer ganhar dinheiro, ter mulheres, beber; desde que esteja registrado numa unidade, tudo isso está certo. Mas ser artista" — ele mostrou seus grandes rolos de pintura a nanquim —, "isso é um problema."

Wang assentiu. "O sr. Yan entrou com uma ação. Ele continua desobedecendo às convenções ao recorrer à lei. Como é uma pessoa forte, foi agredido com força, e como pessoa não está simplesmente aceitando isso. Ganhando ou perdendo, espero que possamos passar ao povo essa ideia, a de que podem protestar, de que podem achar um jeito de defender aquilo em que acreditam, que podem viver como seres humanos."

Pensei mais uma vez no corte de cabelo de Song Shuangsong e compreendi então por que aquilo tinha gerado tanta animosidade e em que termos tinha sido um sucesso. Percebi a razão pela qual mesmo o mais trivial acontecimento era, de certa forma, mais perigoso que uma bomba. Enquanto puder afirmar o perigo que representa, a arte terá sucesso. Porque esse conceito integral de individualidade, esse humanismo do qual Lao Li é o epítome, é algo quase desconhecido na República Popular. E se a ideia se disseminar entre a vasta população do país, ele pode dar uma virada rumo à autodeterminação. Isso seria o fim do governo central, do controle, do comunismo — seria o fim da China. Com sorte, essa luta entre humanistas e absolutistas nunca vai acabar: seria trágico que qualquer dos lados vencesse. A injustiça é terrível, mas ninguém quer o fim da China, nem Deng Xiaoping nem Lao Li e seu círculo.

A aceitação da arte chinesa contemporânea no mundo artístico do Ocidente foi mais fácil que a aceitação das obras soviéticas/russas. Coincidiu com uma reconsideração da história cultural ocidental, na qual aquilo que a cultura europeia e a americana exportaram para a Ásia é comparável ao que nós aprendemos com a Ásia. Só na superfície a influência chinesa é inerente ao gosto pela laqueadura e pela porcelana; ela reside mais profundamente na filosofia. Minimalismo e formalismo são ideias asiáticas. O movimento Fluxus teria sido possível sem a tradição asiática de celebrar a temporalidade? Deixando de qualificar a arte asiática contemporânea como plágio do modernismo, devemos agora aceitar a ideia de que o modernismo de certa forma foi um plágio da Ásia. Embora os artistas ocidentais tenham aprendido um pouco da técnica caligráfica a pincel, o que eles mais tomaram de empréstimo às línguas expressas em caracteres foi a riqueza metafórica que consiste em apagar a linha que separa a linguagem e a representação visual. Só tardiamente reconhecemos essa dívida.

A arte contemporânea da China, tão marginal para a consciência ocidental quando tomei contato com ela, tornou-se, desde então, essencial para qualquer conversa sobre arte contemporânea, e as obras de artistas chineses atingiram preços astronômicos. Em 2007, o realista cínico Yue Minjun bateu o recorde para obras chinesas contemporâneas com a venda de sua pintura *Execução* por 5,3 milhões de dólares. Em pouco tempo, essa marca foi batida por um quadro de Zhang Xiaogang, cujas obras eram vendidas em 2004 por cerca de 45 mil dólares, negociado por 6,1 milhões. No mesmo ano, *Série de máscaras 1996 nº 6*, de Zeng Fanzhi, chegou a 9,7 milhões, e, em 2013, seu quadro *A última ceia* foi vendido por 23,3 milhões de dólares.[1]

Lao Li chama grande parte dessa obra de *arte extravagante*, termo cunhado por ele para designar a superfície lustrosa e o apelo superficial de obras que demonstram "a impotência da arte para sacudir a onipresença do consumismo".[2] Li se refere a ela como "uma resposta irônica ao vazio espiritual e à insensatez da China moderna". O cinismo apolítico prolifera. Cao Fei, destacado artista de Guangzhou, diz: "A estética da nova geração é criticar a sociedade Quando comecei a fazer arte, não queria fazer nada de político. Tratava-se de me expressar". O pintor Huang Rui disse, sobre a nova geração: "Eles foram criados durante um período econômico. Acham que a economia influencia a vida deles. Não entendem que a política pode influenciar sua vida ainda mais".[3]

A cidade dos artistas de Yuanmingyuan foi fechada pelas autoridades em 1993. Lao Li, Fang Lijun e Yue Minjun estiveram entre os primeiros a migrar para Songzhuang, uma aldeia rural a vinte quilômetros do centro de Beijing.

Muitos outros foram depois. A administração municipal ficou satisfeita com os impostos gerados por esse fluxo, mas em pouco tempo os artistas se envolveram em disputas pela terra com residentes locais. Outros artistas se estabeleceram na 798, uma montadora de produtos eletrônicos abandonada, situada na parte nordeste de Beijing. Esse lugar tornou-se ponto de visita obrigatória para turistas interessados em arte, e os cafés e butiques que no mundo inteiro acompanham o florescimento artístico em breve se multiplicaram. Li Wenzi, marchand de Beijing, diz: "A cidade dos artistas de Yuanmingyuan foi um paraíso para os idealistas, para almas atormentadas em busca de liberdade e paz. As outras cidades, desde o início, giraram em torno do dinheiro". O governo estava ansioso para explorar o turismo cultural, mas a publicidade em torno dessas áreas fez com que os aluguéis subissem e muitos artistas tiveram de se mudar da 798. O problema foi menos grave em áreas mais remotas. Atualmente, mais de 4 mil artistas trabalham em Songzhuang, uma das mais de cem comunidades de artistas situadas nos arredores de Beijing.[4]

Lao Li é diretor do Museu de Arte de Songzhuang e do Fundo de Cinema Li Xianting, que durante dez anos organizou o Festival de Cinema Independente de Beijing. Numa entrevista de 2010, Fang Lijun declarou que "Lao Li era como o sol no céu, brilhando acima de todos nós".[5] Em agosto de 2014, as autoridades proibiram o festival na véspera de sua abertura. Mais de uma dezena de policiais confiscaram documentos do escritório do festival, prenderam Lao Li e dois de seus colaboradores e cortaram a luz nas dependências do festival. Depois disso, bloquearam um espaço usado durante muitos anos pelo Fundo de Cinema Li Xianting para dar oficinas a futuros cineastas, que se transferiu para um local secreto no campo.[6] Os organizadores ficaram perplexos. "Nosso principal objetivo é abrir a cabeça de nossos alunos — ensinar-lhes novos caminhos para pensar a vida e o cinema", diz Fan Rong, diretor executivo do festival. "Nada do que pretendemos fazer é contra o partido ou o governo."

Depois da ação que moveu contra a polícia por abuso, em 1993, Yan Zhengxue, o "prefeito" de Yuanmingyuan,[7] foi mandado a um campo de trabalho para reeducação por dois anos. Lá ele produziu centenas de pinturas de paisagens escuras esvaindo-se em sangue sob sóis pretos, todas elas divididas ao meio por uma linha vertical — resultado da tentativa de conciliar os verdadeiros temas de suas imagens pintando só uma metade de cada vez. Para fazê-

-las sair do campo, ele as envolvia em sacolas plásticas, que escondia na roupa de baixo, e depois as lançava nos tanques de excremento que serviam como banheiro. Eram recuperadas por seus filhos e amigos. Ele foi posto sob custódia policial mais de dez vezes depois de sua libertação. Em 2007, foi preso por "subversão do poder do Estado". Não produziu nenhuma obra durante a sentença de dois anos. "Estava cansado de lutar", disse. Ele tentou se enforcar.

O performático transgênero Ma Liuming foi preso em 1994,[8] acusado de pornografia. Todas as performances artísticas foram postas na ilegalidade depois que Zhu Yu mostrou em vídeo uma cena em que comia algo que seria supostamente um feto, no espetáculo *Faça porra nenhuma*, organizado por Ai Weiwei e Feng Boyi e apresentado em Xangai, em 2000.[9] Wang Peng, que foi criado numa aldeia rural mas trabalha em Beijing, nunca tinha ouvido falar no massacre da praça da Paz Celestial até 2002, quando teve acesso a um programa de computador que rompeu o firewall da internet chinesa. Ele abandonou a pintura abstrata para trabalhar com luvas cirúrgicas ensanguentadas obtidas em clínicas onde se provocavam abortos. Disse que saber do massacre "me fez querer escancarar o lado mais feio e chocante da sociedade. Aquilo me fez entender que o importante não é a beleza, e sim a realidade".[10] Chen Guang era um dos soldados da Paz Celestial, e a lembrança daquele horror dá forma a suas imagens empapadas de sangue. Depois de uma mostra privada em sua casa, em 2014, ele foi levado pela polícia, que chegou a seu humilde apartamento com quatro veículos militares.[11] Em 2015, Dai Jianyong, artista de Xangai, foi preso por "causar distúrbios" depois de mandar a amigos uma imagem do presidente Xi Jinping com um bigode e olhos apertados obtidos com Photoshop. Está cumprindo pena de cinco anos.[12]

Em 2012, obras de Zhao Zhao encaixotadas para embarque foram confiscadas pelas autoridades. Disseram-lhe que ele tinha de pagar uma multa de 48 mil dólares, embora não estivesse sendo acusado de nenhum crime. De qualquer forma, ele não receberia suas obras de volta, mas, depois de paga a multa, seria autorizado a vê-las antes que fossem destruídas. Ele não tinha como levantar essa quantia. Perguntado se estava com medo depois desse incidente, ele disse: "Não quero me tornar cauteloso".[13]

Wu Yuren[14] foi preso em 2010 por protestar na praça da Paz Celestial contra o confisco de seu ateliê e os de outros artistas. Muitos artistas importantes estiveram em seu julgamento, entre eles Ai Weiwei. Wu foi posto em liberdade em 2012. Pouco antes do Ano-Novo chinês de 2014, ele recebeu um documento oficial que vazou. Era uma notificação oficial do Departamento de Segurança Interna de Beijing que instruía seus oficiais a agir contra "a população perigosa e suspeita em toda a cidade". Eles deveriam manter essa gente longe das áreas centrais. O memorando terminava com a seguinte orientação: "Detenham a influência perniciosa causada pelos ajuntamentos de pessoas". O remetente anônimo acrescentou uma nota dirigida a Wu Yuren, quase um desafio: "Se você postar isto, o governo vai te pegar". Wu Yuren postou o documento em seu canal WeChat, e quatro horas depois, quando a postagem já tinha sido compartilhada por muita gente, ele recebeu um convite da polícia para "uma xícara de chá". Era tarde da noite, porém ele saiu. A caminho da casa de chá, Wu deparou com quatro oficiais da polícia e mais alguns capangas. Na delegacia, um dos oficiais lhe disse: "O Ano-Novo está chegando, e você vai ficar aqui. Não vamos deixá-lo ir para casa". Wu respondeu calmamente: "Na verdade, estou tranquilo quanto a isso. Não preparei nada para a celebração do Ano-Novo. Estou realmente em falta. Esta é uma boa desculpa". Dessa vez, a insolência deu certo. Meia hora depois, ele foi solto. "É claro que meus pais queriam que eu saísse do país ou parasse de criticar o governo", disse ele. "É o que todos os pais querem. Não pretendo que meus próprios filhos vivam na China, principalmente nas atuais circunstâncias. Todas as pessoas desta geração dizem que não há nada que se possa fazer individualmente, então pare de tentar, não vale a pena."

Em 2014, a polícia deteve treze moradores de Songzhuang por "criar problemas" depois que Wang Zang postou no Twitter uma imagem dele mesmo segurando um guarda-chuva, que tinha se tornado símbolo dos manifestantes pró-democracia de Hong Kong. A polícia confiscou o guarda-chuva de Wang Zang e o manteve sob custódia. Dois meses mais tarde, ainda na prisão, ele teve um ataque cardíaco por ter sido submetido a tortura de privação de sono.[15] "Apesar de todos esses problemas, acho que meu marido fez a coisa certa", disse a mulher dele. Sua prisão foi seguida de um grande aumento no policiamento de Songzhuang. Artistas que antes ofereciam suas obras a qualquer pessoa que tivesse dinheiro passaram a enxotar potenciais clientes. O pintor Tang Jianying, que também estava sob vigilância cada vez maior, acha que o erro de Wang foi usar a internet. "Entre amigos, podemos falar livremente", disse. "Mas se alguém falar livremente pela internet, vai preso."

Na primavera de 2015, o presidente Xi Jinping disse: "As belas-artes deviam ser como a luz do sol no céu azul e a brisa da primavera, que inspiram as mentes, acolhem os corações, cultivam o gosto e expulsam estilos indesejáveis".[16] Essas palavras, mais adequadas a uma definição do ar primaveril, foram seguidas de declarações da Administração-Geral Estatal da Imprensa, Publicações, Rádio, Cinema e TV, que manifestou seu propósito de realocar os artistas em áreas rurais para que eles pudessem "formar uma visão correta da arte", encontrando nos cafundós oportunidades de "desbravar novos temas" e "criar mais obras-primas". A mensagem não poderia ser mais clara. Como ocorreu durante a Revolução Cultural, os artistas que se recusaram à autocensura foram mandados para o exílio.

Quando escrevi minha matéria para a *Times* em 1993, três dos maiores artistas da China — Xu Bing, Gu Wenda e Ai Weiwei[17] — estavam vivendo nos Estados Unidos. Os artistas que conheci na China falavam deles, e fui vê-los quando voltei. Ai — pintor, poeta, arquiteto, ativista — é de longe o mais explicitamente político. Filho de um poeta que se exilou durante a Revolução Cultural, ele ganhou fama ao projetar o Ninho de Pássaro, estádio usado nos Jogos Olímpicos de 2008, mas irritou as autoridades ao dizer que os Jogos eram um "sorriso falso" do governo chinês. Os problemas aumentaram rapidamente quando ele deu início a uma "investigação cidadã" sobre a morte de milhares de crianças no terremoto de Sichuan em 2008, muitas delas em escolas que não cumpriam as normas de edificação. Ele listou os nomes das crianças e reuniu suas pequenas mochilas, que pôs em exibição, constrangendo profundamente o governo. Quando compareceu ao julgamento de outro ativista envolvido com o terremoto, em 2009, foi atacado por policiais e espancado a ponto de ter uma hemorragia cerebral. Ele postou uma foto de si mesmo com uma cânula no crânio para aliviar o hematoma e uma bolsa com o sangue drenado na mão. Desiludido com a arte extravagante, ele escreveu, em 2012: "A arte chinesa não passa de um produto. Seu único objetivo é encantar os observadores com sua ambiguidade. O mundo da arte chinesa não existe. Numa sociedade que restringe as liberdades individuais e viola os direitos humanos, qualquer coisa que se diga criativa ou independente é uma falsificação. Para mim, essas obras são um insulto à inteligência humana e uma ridicularização do conceito de cultura — veículos de propaganda que ostentam técnicas sem nenhuma substância e uma maestria sem significado".

Ai Weiwei tem muitos detratores na China. "É tudo jogo para a plateia, pura mistificação", diz um curador de Beijing. "Não é muito diferente da propaganda do governo, mas de um tipo voltado para tocar o coração dos estrangeiros." Sobre esses críticos e artistas, Ai afirma: "Eles sempre ficam do lado do poder. Não os culpo. Aperto-lhes as mãos, sorrio, escrevo cartas de recomendação para eles, porém... decepção total".

O ódio é corolário da esperança, no entanto a tristeza é resultado do desespero. Os inúmeros autorretratos de Yue Minjun, em todos os quais ele aparece rindo desenfreadamente, talvez sejam as imagens mais conhecidas que saíram da China nas duas últimas décadas. Ele não consegue atender à demanda dos colecionadores, e em todos os mercados das pulgas de Beijing são encontradas falsificações de suas obras. Yue Minjun é classificado entre os realistas cínicos. Mas um curador já disse que, com o tempo, suas obras passaram a transpirar "um sentimento de melancolia mais do que de cinismo". O poeta Ouyang Jianghe escreveu, sobre a obra dele: "Toda a tristeza imemorial está nesse riso".[18]

ÁFRICA DO SUL

Os artistas da África do Sul: Separados e iguais

New York Times Magazine, 27 de março de 1994

Estive na África do Sul pela primeira vez em 1992 e voltei em 1993. Mesmo nesse curto espaço de tempo, as mudanças ocasionadas pelo declínio do apartheid eram irrefutáveis, embora aquele medonho sistema só tivesse sido plenamente abolido quando se realizaram as primeiras eleições livres, em 1994. A África do Sul é a narrativa redentora. A arte do protesto mudou um pouco, já que diminuíram os motivos de manifestações. Para alguns artistas, isso foi um alívio; para outros, extremamente difícil.

Como eu já tinha escrito sobre o ambiente artístico na Rússia e na China, imaginei que fazer o mesmo na África do Sul exigiria os procedimentos similares. No entanto, a Rússia soviética e a China pós-maoista dividiam-se, em essência, em dois campos: o círculo "oficial", que se beneficiava da estrutura de poder vigente e o punha nas nuvens, e o movimento contrarrevolucionário clandestino, cujos membros tentavam recuperar a própria identidade, desumanizada. Na África do Sul, porém, as autoridades não limitaram a atuação dos artistas à produção de propaganda cultural, de modo que nenhum conjunto de imagens reforçava o status quo do apartheid. Todos os artistas com quem falei, pretos ou brancos, aspiravam a uma sociedade justa, mesmo que não concordassem plenamente quanto à forma que ela teria.

Meu próprio papel era embaraçoso. Em Moscou, ninguém havia imaginado que eu fosse um membro do Partido, e em Beijing nunca fui confundido com um guarda vermelho, no entanto em Joanesburgo eu era branco e, portanto, estava incriminado. Como tinha permissão de ir a lugares de modo geral vedados a negros, não podia alegar inocência. Pelo menos eu era um espectador privilegiado num país em que os direitos civis eram negados descaradamente à maior parte da população.

Minha matéria sofreu bastante no processo editorial, de maneira que voltei às versões iniciais e às anotações, refazendo substancialmente o texto. Eu me sentia um traidor ao deixar de lado os artistas que tinham mergulhado na obscuridade, ou ao dar demasiada atenção aos que chegaram ao megaestrelato. Por isso, fiz o possível para não mudar a perspectiva em relação a minhas primeiras impressões. Usei materiais que havia eliminado e reduzi outros trechos a fim de que refletissem minhas intenções originais.

Na primeira reunião de artistas a que compareci em Joanesburgo, no verão de 1993, só se falava do voo de Barbara Masekela da Cidade do Cabo para Joanesburgo. Barbara é a assistente pessoal de Nelson Mandela, e é por intermédio dela que uma pessoa chega ao grande homem. É uma das mulheres mais poderosas que integram o Congresso Nacional Africano (CNA): uma pessoa brilhante, durona e talentosa que se destaca em qualquer contexto pela força de sua personalidade. No entanto, quando a comissária de bordo se dirigiu à cabine da primeira classe com o carrinho de refeições, serviu em primeiro lugar o branco que estava à direita de Masekela, depois a mulher à esquerda dela e por fim as pessoas da fileira de trás. Diante do protesto de Masekela, a comissária mostrou-se autenticamente surpresa e pediu mil desculpas, explicando que "simplesmente não a tinha visto sentada ali". Literalmente, não tinha se dado conta da presença de Masekela, como se o tecido da poltrona tivesse camuflado seu rosto negro. Os artistas brancos com quem estive afirmaram que, embora não conseguissem, com seu trabalho, fazer com que os brancos gostassem dos pretos ou vice-versa, era preciso corrigir essa invisibilidade.

Duas semanas depois, encontrei os mesmos artistas e alguns amigos deles numa praia perto da Cidade do Cabo. Brisa quente, sol abrasador, água gelada e uma paisagem espetacular. Estávamos estendidos na areia, e um velho *colored* (esse era o termo genérico com que o apartheid designava os mestiços) se aproximou com uma caixa de sorvete, tão pesada que mal conseguia carregá-la. Usava um terno com mangas e calças muito compridas e suava profusamente sob o sol. "Meu Deus, sorvete", disse alguém no grupo. "Quem vai querer sorvete?" "É claro que todo mundo queria sorvete. "Eu pago", disse alguém. Escolhemos o sabor desejado, pegamos os sorvetes e começamos a tomá-los. "Oito rands", disse o homem, e o rapaz que se dispusera a pagar os sorvetes pôs-se a procurar o dinheiro no bolso da camisa. "Droga!", exclamou. "Só tenho cinco rands." Ninguém mais tinha levado dinheiro para a praia. "Eu tenho algum dinheiro no carro", disse alguém no grupo. "Se eu vir você depois, dou-lhe o resto." Ninguém sugeriu que ele fosse buscar o dinheiro. Ninguém ficou embaraçado. Ninguém pediu desculpas. Sem uma palavra de queixa, o velho levantou sua caixa e seguiu seu caminho pela praia debaixo do calor opressivo.

A velha África do Sul continua a ser o que sempre foi, mesmo entre aqueles que dizem lamentar isso.

Mas a nova África do Sul também pode ser inquietante. Fui ao almoço da Iniciativa Nacional das Artes (INA), que se propunha criar uma nova era de liberdade artística no país. Mike van Graan, membro do CNA e secretário-geral da INA, um *colored*, apesar do nome africânder, tinha preparado um programa com artistas, escritores e músicos de renome. Propôs que as apresentações fossem feitas em inglês, já que todos ali falavam inglês, entretanto vários participantes exigiram que as apresentações fossem feitas também em suas línguas nativas. Nervosos e submissos, os brancos presentes se dispuseram a ouvir os longos monólogos em zulu e xhosa, enquanto dirigiam olhares atentos e polidos aos oradores. Os autores da exigência entenderam os discursos enquanto eram feitos e puseram-se a conversar alegremente durante sua tradução, evidentemente satisfeitos porque conseguiram fazer valer seus direitos. Enquanto as traduções se estendiam, alguns delegados, já aborrecidos, simplesmente se levantaram e foram embora. A absurda perda de tempo, de dinheiro e de energia era inacreditável.

IMAGENS, CONCEITOS E MIÇANGAS

Quando visitei a África do Sul, as prioridades conflitantes e as insensibilidades mútuas do mundo artístico sul-africano estavam sendo encenadas em microcosmo na Galeria Nacional. Cinco anos antes, essa galeria não tinha a menor importância: quadros de Henk Pierneef, o "grande" pintor africânder, mostrando bôeres conquistadores em paisagens exuberantes, pendiam, soturnos, ao lado de trabalhos de terceira de pintores americanos e europeus de segunda. Marilyn Martin, a nova e dinâmica diretora da casa, agiu com toda disposição e mudou tudo isso. A galeria hoje abriga uma coleção permanente de obras dos melhores artistas que atuam na África do Sul, ao lado de material histórico de artistas brancos liberais e negros radicais dos últimos quarenta anos.

146

Foi um notável progresso, sobretudo quando se considera que na Namíbia "livre", por exemplo, o museu nacional exibe peças antigas de cerâmica ao lado de modelos de rinocerontes em coito e dioramas em que aparecem manequins negros em "trajes nativos". A confusão no tocante ao que seja arte e a sua finalidade pode fazer até a designação "museu de arte" parecer suspeita. Na Galeria Nacional, vi uma grande instalação de Malcolm Payne, conceitualista branco de meia-idade, montada com carrinhos de supermercado, cerâmicas antigas e novas, projeções luminosas e um texto cheio de palavras como "apropriação" e "desconstruir". A mostra não fazia concessões à possibilidade de que alguns visitantes não fossem versados no discurso internacional da arte contemporânea. Na sala ao lado, havia uma exposição intitulada Ezakwantu: Trabalhos com Miçangas do Cabo Oriental. Num canto da sala, duas mulheres da etnia xhosa, Virginia e Lucy, passavam o dia fazendo peças com miçangas, sem dizer uma palavra, a menos que alguém lhes fizesse alguma pergunta por intermédio de um tradutor.

É corrente na África do Sul chamar artesanato de "arte", sobretudo se for artesanato de alta qualidade. Artesanato de alta qualidade é artesanato de alta qualidade. Não é inferior à arte, mas é de outra natureza. "Nós nos livramos dos grilhões dessas definições eurocêntricas", declarou Marilyn Martin, num tom rude e politicamente correto, embora acate o princípio eurocêntrico do museu. Entretanto, as peças xhosa de miçangas na lojinha do museu, onde comprei alguns latões de leite, não são imitações dos trabalhos expostos no museu. Elas *são* esse trabalho. Em contraste, o cartão-postal de Pierneef que comprei na mesma ocasião não é um Pierneef, e sim a representação de um Pierneef. Existem arte boa e arte ruim, assim como existem artesanato bom e artesanato ruim, e certos trabalhos se enquadram num ponto intermediário entre essas duas categorias. Isso não significa que as categorias sejam irrelevantes.

A presença de Virginia e Lucy no museu também aponta para essa distinção não reconhecida. Marilyn Martin afirma que elas estavam ali a fim de demonstrar que a tradição histórica continua, o que em outros lugares se faz simplesmente com a inclusão de material contemporâneo. É claro que Marilyn não tinha pedido a um expressionista alemão que passasse o dia pintando na galeria, mostrando o expressionismo alemão, nem Malcolm Payne tinha sido convidado a sentar-se junto de sua instalação e conceitualizar. Colocar as mulheres in situ pretendia valorizar seu artesanato, contudo passava uma sensação de condescendência.

Malcolm Payne comparou aquilo ao entusiasmo com que europeus do século XIX exibiam hotentotes ao público.

A BAG FACTORY E OUTROS ARTISTAS

Um mecenas londrino abriu a antiga Speedy Bag Factory a artistas de Joanesburgo em meados de 1991. A fábrica conta hoje com dezenove estúdios, ocupados por artistas negros e brancos. Às sextas-feiras, eles almoçam juntos. Para muita gente, o lugar parece uma utopia em miniatura, onde as barreiras raciais foram eliminadas, porém um exame mais atento revela fossos lamentavelmente vívidos.

Vários luminares do mundo da arte negra trabalham na Bag Factory: David Koloane, Durant Sihlali e Ezrom Legae, bem como artistas mais jovens, como Sam Nhlengethwa e Pat Mautloa. Os estilos característicos e poéticos de artistas como Koloane e Sihlali refletem uma coragem e uma autodeterminação que não são relevantes no trabalho dos artistas brancos. Isso não faz com que o trabalho dos negros seja melhor (com frequência ele é sincero), no entanto o torna diferente. "É politicamente correto", disse Sam Nhlengethwa, "não explicitar a raça das vítimas de homicídio nos jornais. Mas sempre se pode adivinhar — pelos nomes, pelo local onde se deu o crime, pelo espaço que ele ocupou no jornal. Pode parecer educado não mencionar a raça do artista, porém sempre se pode perceber a diferença." Vale dizer: embora seja aconselhável tratar a arte como *igual*, não se deve vê-la como *equivalente*.

Eu estava conversando com Nhlengethwa na Bag Factory quando um dos artistas brancos irrompeu pela porta. "Faz três horas que estou à sua espera", ele me disse, zangado, embora eu tivesse dito apenas que estaria no prédio do meio-dia em diante e que gostaria de ver algumas pessoas. "Se você não vier agora, vou para casa." Não houve nenhum pedido de desculpas a Nhlengethwa, que estava tão invisível quanto Barbara Masekela no avião. Fiquei um tanto sem graça com essa desfeita, contudo Nhlengethwa disse: "Vá lá. Não tenho pressa". Quando voltei ao estúdio de Nhlengethwa, desculpei-me pela confusão. "Deixe pra lá", disse. "Ele faz o possível. É um bom sujeito. É que ainda é um sul-africano branco."

Os artistas brancos da Bag Factory são jovens, a gente mais estilosa da África do Sul, condição que se manifesta nas roupas, nos maneirismos, nas coisas que leem e nas atitudes raciais (Malcolm Payne se referiu a eles como "aquela vanguarda pingando testosterona"). Joachim Schönfeldt apresenta seus trabalhos sob a bandeira de "Obras de arte curiosas e autênticas", jogando com definições eurocêntricas da produção africana "nativa". Em talhas sutis, engraçadas e de uma beleza desconcertante, sempre feitas com a madeira de eucalipto (a árvore mais politizada da África, levada para lá por colonizadores a fim de construir escoras para os túneis das minas), Schönfeldt combina o conceito africânder de kitsch com uma atitude cínica em relação a questões de arte contraposta a artesanato que a Galeria Nacional prefere contornar. Alan Alborough trabalha com fronteiras, cruzáveis e invioláveis, e produziu uma série particularmente poderosa em que brincadeiras infantis se tornam metáforas para definições e exclusão social. A produção formalista de Belinda Blignaut faz questão de não se imiscuir em política. A arte de Kendell Geers inclui frequentemente os materiais de violência — cacos de vidro, arame farpado, "colares" (pneus incendiados que milicianos usam em execuções) — e incorpora conceitos pós-estruturalistas e modernistas. O efeito é, com frequência, impactante e até pretensioso. De vez em quando, o trabalho desses artistas mais jovens é demasiado sofisticado; eles se esquecem de que nada é mais provinciano do que esconder o próprio provincianismo. O trabalho deles pode se mostrar confuso (quando tenta se fundir com o do mundo artístico internacional, mas sem compreendê-lo) ou derivativo (quando o entende mais corretamente, porém nada lhe acrescenta).

Para uma pessoa que milita na política, Geers pode chamar a atenção pela insensibilidade. "Eu tive uma vida tão difícil quanto qualquer pessoa neste país", queixou-se, quando falei da opressão. "É muito difícil ser um sul-africano branco, principalmente se tiver sido criado sem muito dinheiro e privilégios." Para os brancos sul-africanos pode ser desagradável ser lembrado continuamente do sofrimento alheio, ter negado um direito a qualquer tristeza que não seja acompanhada de empatia, mas a vida de Geers não foi tão difícil quanto a de milhões de outras pessoas na África do Sul. Esse tipo de gratificação do ego causa profunda irritação.

É fácil perceber a tensão competitiva entre os artistas negros e brancos na Bag Factory, por mais que os residentes a neguem. Os críticos e curadores estrangeiros tendem a concentrar a atenção nos artistas negros, embora de modo geral tenham acesso ao trabalho dos artistas brancos e, no mais das vezes, o sentido da produção dos artistas negros dependa bastante do contexto local. "Ser branco aqui não está com nada", disse Geers. Wayne Barker, que gosta de bancar o *enfant terrible*, mescla preocupações pessoais, formais e sociais num trabalho de alta carga teatral e, com frequência, raivoso. Num concurso de desenho em 1990, a que ele concorreu com o pseudônimo de Andrew Moletsi, de conotações negras, um trabalho de sua autoria ficou muito conhecido. Barker propôs então que todos os artistas brancos procedessem assim, para derrubar as barreiras existentes.

Entre os artistas mais jovens da Cidade do Cabo que trabalham de forma análoga à do grupo da Bag Factory, Beezy Bailey levou ao pé da letra a proposta de Barker. Sua obra cor-de-rosa e laranja, muito cativante, hiperexpressiva, levemente conceitual e das mais imaginativas, tinha alcançado certo sucesso, mas sem nunca chegar ao escalão supremo das galerias da África do Sul. Em 1991, ele enviou obras suas à prestigiada Trienal da Cidade do Cabo. Uma das peças foi apresentada com seu próprio nome e três outras como se fossem de uma empregada doméstica, Joyce Ntobe. Ninguém prestou muita atenção no trabalho de Bailey, mas a Galeria Nacional adquiriu as obras de Ntobe. Só meses depois ele revelou o estratagema. Bailey e vários outros artistas brancos creem que no longo prazo a aquisição de obras de negros só porque são de negros servirá mais para demolir a autoestima dos negros do que para aumentá-la. Mais tarde, Bailey montou uma exposição "colaborativa" de trabalhos seus e de Ntobe. E continua a promover seu trabalho com o de seu alter ego negro; sua alegação é de que só tentando viver com uma visão negra e outra branca é que poderá ser um artista da Nova África do Sul. A comunidade liberal branca sentiu-se afrontada com o ardil de Bailey, porém muitos artistas negros aplaudiram sua coragem.

Perguntei a David Koloane, que é negro, e a Beezy Bailey, que é branco, como se tornaram pintores. "Sempre gostei de desenhar", respondeu Koloane, "mas não sabia que poderia fazer disso uma profissão. Quando eu tinha dezesseis anos, Louis Maqhubela mudou-se para uma casa que ficava bem defronte à minha e disse que havia pessoas, chamadas artistas plásticos, cujo trabalho consistia só em desenhar e pintar. E nós resolvemos que queríamos fazer aquilo." Koloane, aos dezesseis anos, nunca tinha ouvido falar em arte. Já Bailey disse: "Quando eu tinha dezesseis anos, estava sentado ao lado de Andy Warhol num almoço, e ele sugeriu que eu me matriculasse em escolas de arte de Londres". Almoçar todos juntos nas sextas-feiras é bom, mas não aplaina essas diferenças.

OS ARTISTAS LIBERAIS BRANCOS

A geração mais velha de artistas liberais brancos foi incansável na luta contra o apartheid, procurando sempre construir uma sociedade mais igualitária. Equivaliam aos escritores que conquistaram vasta aprovação internacional: Nadine Gordimer, Athol Fugard, J. M. Coetzee. No entanto, não foram indicados para o prêmio Nobel ou seus equivalentes. Na verdade, penaram em relativa obscuridade além das fronteiras de seu país. O heroísmo deles continua a ser debatido, e o mesmo acontece com a qualidade de suas obras. A arte visual é sempre mais oblíqua do que a palavra escrita, e, embora isso pudesse deixar os artistas mais à vontade, podia também anuviar suas declarações de idealismo. O apartheid chegou ao fim basicamente por motivos econômicos, mas coube aos artistas liberais brancos abrandar um país brutal com sua benevolência persistente e sua justeza moral. No entanto, hoje eles são muitas vezes considerados hipócritas por desprezarem um sistema do qual auferiram benefícios e, depois, comercializarem seu desdém. Muitos sul-africanos brancos se sentem quase tão embaraçados pelo rótulo de *liberais* quanto pelo rótulo de *racistas*. O liberalismo dos brancos pode encerrar uma noção de dívida que é a antítese da arte.

Na década de 1980, o boicote cultural, solicitado pelo CNA no exílio e imposto pelas Nações Unidas, contribuiu para minar a pretensão de legitimidade do governo do apartheid. Segundo os termos do boicote, pedia-se a artistas, atletas e acadêmicos estrangeiros que não viajassem à África do Sul, e aos sul-africanos que não fizessem exposições ou participassem de competições no exterior. Esse boicote cultural ajudou a acelerar o fim do apartheid, e o isolamento resultante, embora acarretando consequências devastadoras para negros e brancos, teve alguns pontos positivos. Mesmo sem o boicote, os artistas negros sul-africanos estariam distantes de influências europeias, entretanto os artistas brancos trabalhariam em outros países, uma possibilidade que se tornou impossível pelo boicote, a não ser para alguns poucos que pudessem viajar por conta própria. "O boicote cultural contribuiu para cortar o cordão umbilical com os Estados Unidos e a Europa", disse-me Marilyn Martin, argumentando que a independência e a vitalidade do ambiente artístico foram a consequência imediata desse isolamento. "É claro que o boicote cultural nos prejudicou bastante num certo nível", disse Sue Williamson, uma das principais artistas da geração mais velha. "Mas teve um efeito positivo inesperado, o de aumentar a percepção de nossa sul-africanidade."

Sue produz obras sofisticadas, nas quais aborda a história problemática das cidades sul-africanas. Para um trabalho recente, ela recolheu escombros do Distrito 6 (uma área mestiça rica e diversificada cujos habitantes foram removidos porque ficava perto demais de uma área branca e tinha uma vista bela demais para *coloreds*), encerrou-os em acrílico e usou esses tijolos para construir uma casinha, um testemunho do que se perdera. As pinturas hipnóticas e as obras de colagem/assemblage de Penny Siopsis falam da história e das experiências das mulheres, assim como da integridade do corpo feminino. São peças estranhamente atulhadas de gente, cheias de rostos e corpos muito juntos. A força desse trabalho está tanto em sua empatia oculta como na realização técnica e na sofisticada base intelectual. Penny é a um só tempo uma pensadora rigorosa e uma artista plástica compassiva.

O trabalho de William Kentridge é poético, lúcido e eloquente, plenamente envolvido na situação da África do Sul, mas felizmente isento do constrangimento político que limita as obras de muitos desses artistas. Kentridge está produzindo uma série de desenhos que formam filmes (ou filmes que requerem desenhos). Faz grandes esboços a carvão, redesenha, apaga e produz um fotograma por vez para obter belas parábolas simbolistas, sequências narrativas frouxas ligadas tanto ao horror do país como às associações fugidias que definem a consciência humana. São, ao mesmo tempo, duras e românticas. Kentridge monta o fundo musical dos filmes, exibe-os como curtas-metragens e vende as versões finais dos desenhos. Ao contrário dos artistas da Bag Factory, não tenta exagerar a importância da África do Sul em relação ao resto do mundo. "Em Veneza, nós parecíamos, na melhor das hipóteses, esquisitos", disse, referindo-se à Biennale. "Temos de descobrir como apreciar e explorar as margens dentro das quais vivemos. Joanesburgo não será a próxima Nova York ou Paris." Em seu filme mais recente, um diálogo complexo entre um branco e uma negra ocorre em termos simbólicos enquanto assistem, de suas diferentes perspectivas, à criação da paisagem do East Rand, uma área a leste de Joanesburgo que foi palco de extrema violência. Aparecem vultos que são baleados ou mortos e cobertos de jornais e em seguida se transformam em morros ou lagoas e na matéria de que é feita a paisagem, de modo que esse terreno descampado, tão familiar a todos os sul-africanos, vem a ser, além de um fenômeno geológico, a manifestação física de um acúmulo de mortes.

"Meu trabalho causa muitas polêmicas e não tem nenhuma mensagem. Não é feito para inspirar as pessoas a salvar o país", disse Kentridge. Ele é uma pessoa com um forte sentido de ética, mas evita fechar-se em posições. O perigo inerente à certeza de alguma coisa é a única certeza de seu trabalho. Confiante em seus métodos, mostra-se ardoroso em suas convicções, contudo é o santo padroeiro da ambiguidade. Sua arte, marcada por apreensões, retorna constantemente a uma crítica do dogmatismo, contendo o impulso tentador mas necessariamente infrutífero da descoberta. O fato de os fenômenos serem indecifráveis não significa que sejam desastrosos. Kentridge presume que a injustiça é uma característica inelutável do mundo. É preciso confrontá-la, mesmo que derrotá-la continue a ser impossível. Ele nunca recorre à afirmação existencialista de que tudo é inútil; apenas desenvolve a ideia de que raramente sabemos ou nem sequer podemos adivinhar o sentido de alguma coisa. Mas em sua obra a beleza não é fortuita, nem o humor deixa de ser sério, e vale a pena fazer perguntas, ainda que não haja respostas. "Uma das tarefas de nosso tempo é encontrar estratégias para manter a clareza à distância", disse. Tanto a melancolia quanto a exuberância de seu trabalho baseiam-se na impossibilidade de resolver a maior parte dos problemas humanos.

Malcolm Payne, David J. Brown, Pippa Skotnes e o competente escultor Gavin Younge são os mais respeitados artistas da velha guarda na Cidade do Cabo. Entre os mais jovens, as paisagens um tanto kitsch de Kate Gottgens, carregadas de romance e temor, tiram partido da obsessão sul-africana pelo medo. As esculturas e as instalações de Barend de Wet também são fortes. Andries Botha é o principal artista de Durban, e suas construções escultóricas costumam expressar ideias europeias com técnicas africanas. Liberais brancos o acusaram de explorar os trabalhadores que construíram suas esculturas. Ele não é hábil na retórica do liberalismo (uma invenção mais inglesa que africana), mas dois assistentes negros o defenderam junto a mim; disseram que, ensinando nos bairros negros, ele os havia ajudado a fazer arte e a vendê-la.

Em gesso e em grande escala, Jane Alexander faz representações de negros sem moradia, vestidos com andrajos. São peças sombrias, deprimentes e convincentemente humanas. "Na Nova África do Sul não vai mais haver lugar para meu trabalho", ela comentou, com melancolia, mas sem tristeza. "Todo mundo quer pretinhos alegres, saltitantes e com ar utópico. Os artistas negros pintam seus líderes do mesmo jeito que os russos antigamente pintavam Lênin. Os artistas brancos terão de passar para o segundo plano como parte da ação afirmativa.

Durante algum tempo, eu ensinei numa escola mestiça, até certo ponto porque queria me aproximar daquela população. Mas tive de desistir das aulas quando um professor mestiço as quis para si. Dentro de dez anos, meu trabalho estará escondido nos depósitos, mesmo que para você ele pareça simpático à luta." Conversei com ela sobre a situação política, o espírito de entendimento, os esforços que outros brancos estavam fazendo, os programas de mudança. Ela apenas sorriu e respondeu: "Grande parte da população branca está tentando corrigir as desigualdades o mais depressa possível, porque quer deixar tudo isso para trás".

OS BAIRROS NEGROS E A ARTE

As fronteiras entre o sinistro controle social e as tentativas admiráveis de melhorias sociais se confundem na sociedade sul-africana. Nos bairros negros, os centros culturais, na maioria implantados durante o apartheid, proporcionavam um espaço para que os moradores produzissem obras de arte, tivessem aulas de música, dança, teatro etc. Os centros culturais mantinham as pessoas fora das ruas, ensinavam-lhes uma profissão que pudessem exercer em suas casas e permitiam que descobrissem seus talentos. Durante todo o apartheid, esses centros cumpriram também uma segunda função. Como era ilegal organizar comícios ou reuniões políticas nos bairros negros, mas não promover saraus culturais, organizações proibidas, inclusive o CNA, realizavam eventos artísticos que disfarçavam suas atividades.

O apoio aos centros culturais constituiu uma prioridade internacional até a libertação de Mandela em 1990. Até meados da década de 1970, as atividades de arte negra só tinham espaço no Centro da Rua Polly, de Cecil Skotnes; numa escola de arte para estudantes negros em Rorke's Drift, mantida por missionários suecos; e na Fundação de Arte de Joanesburgo. Esta última foi criada pelo pintor branco Bill Ainslie como instituição de ensino onde artistas negros e brancos pudessem trabalhar juntos. Ainslie, um expressionista abstrato, era mais propenso a ensinar abstração, um estilo seguro no período do apartheid por ser explicitamente apolítico. Mais tarde, ele fundou, com o artista negro David Koloane, as Oficinas Tupelo, que visavam incentivar o diálogo entre as raças.

Entretanto, o diálogo ali promovido voltava-se mais para a reconciliação social do que para a criação de boa arte. Na Cidade do Cabo, visitei uma dessas oficinas, que me lembrou uma colônias de férias de verão. Todos conversavam, riam e se divertiam; o cheiro de tinta era forte, e o clima, empolgante. O mesmo resultado poderia ser obtido por um curso de culinária. Entretanto, quando a África do Sul saiu do topo de todas as listas de "grupos oprimidos", após a libertação de Mandela, o dinheiro destinado a centros culturais com intenções sociais evaporou. Alguns estão abandonados. Outros foram transformados em operações comerciais. Por exemplo, o Alex Art Center, no limite do bairro negro de Alexandra, em Joanesburgo, foi fundado por idealistas residentes no exterior, mas praticamente deixou de existir. As rodas de oleiros continuam lá, entretanto não há mais argila. Por outro lado, o Centro de Arte Katlehong, localizado num bairro negro particularmente perigoso, onde sujeitos grandalhões, com revólveres enormes, satisfazem suas pacíficas aspirações interiores, tecendo, gravando, entalhando e desenhando, vende trabalhos a sul-africanos brancos, o que o torna um dos empreendimentos mais lucrativos do lugar.

Estudantes negros e brancos frequentam a Michaelis, uma grande escola de arte na Cidade do Cabo. Alguns negros também estudam nos departamentos de arte na Universidade de Witwatersrand, conhecida como Wits, em Joanesburgo, e na Natal Technikon, em Durban. As duas escolas de arte independentes para negros são a Fuba, em Joanesburgo, e a Funda, no Soweto. Mesmo nesses contextos, porém, as questões da arte pela arte e da arte como instrumento de promoção social se confundem. "Recebemos cartas", disse-me Sydney Selepe, que dirige a Funda, "de mães que dizem 'Meu filho foi reprovado na escola. Por isso, por favor, façam dele um artista'." O artista gráfico Charles Nkosi falou da tentativa de avaliar candidatos que nunca tinham desenhado nada, a não ser nas aulas de ciências na escola. Alguns estudantes têm conhecimentos de arte, mas outros chegam sem jamais ter entrado numa galeria ou num museu. "Pedimos a eles que falem de seus sonhos", explicou Selepe. "Com isso, avançamos." Às vezes, nesses lugares improváveis, um verdadeiro artista descobre uma vocação profunda.

O papel dos brancos nesses contextos é espinhoso. Stephen Seck, diretor branco da Fundação de Arte de Joanesburgo, disse: "É um processo em duas fases: os colonos destroem e depois os patrocinadores ajudam a reconstruir. Ficou muito em moda tentar recuperar uma identidade negra 'verdadeira', como se o trabalho deles de alguma forma fosse mais autêntico antes que os brancos chegassem. Há pouco tempo, estudantes negros me pediram que desse uma aula de teoria da cor: queriam fazer quadros a óleo sérios. Por acaso, em vez disso, ensiná-

-los a fazer trabalhos com miçangas restaura essa identidade? Ou será um gesto final do apartheid, pôr cada um no seu lugar?". Os brancos tendem, simultaneamente, a ser condescendentes com o trabalho dos artistas negros e a exaltá-lo; no primeiro caso, o diminuem; no segundo, o sentimentalizam. A maior parte dos artistas, negros e brancos, detesta a expressão "arte de bairro negro", depreciativa mas bem-sucedida do ponto de vista comercial, por causa de seus ecos de arte nascida num contexto separado e primitivo. Detesta mais ainda a expressão "arte de transição", que aparece na imprensa e implica uma progressão lógica na qual as tradições negras são suplantadas pelas brancas.

"Eu sei exatamente de onde vim e o que sou", disse-me o pintor Alson Ntshangase. Tinha vindo se encontrar comigo depois de seu turno de trabalho como faz-tudo num hotel de Durban, dirigido por brancos, e ainda estava de macacão branco. "Fui criado na Zululândia e sou zulu." Ele me mostrou que, por baixo do uniforme imaculado, vestia roupas ocidentais comuns, sob as quais havia uma tanga zulu tradicional. "Eu não a uso o tempo todo, só quando me dou conta de que estou me esquecendo." No entanto, percebem-se em seu trabalho sinais de certo afastamento dos valores zulus. "Mostre uma cesta a alguém de meu povo, e essa pessoa saberá imediatamente se as fibras foram bem tingidas. Mas, se você lhe mostrar um quadro" — e nesse ponto ele passou os olhos pelo apartamento —, "por exemplo, aquela bolsa de plástico de supermercado ali, com a ave, ela não vai conseguir entender por que uma imagem é melhor ou mais valiosa do que outra." Num quadro dele, *Os médicos da aids*, aparecem um médico, um sacerdote e um *sangoma* (curandeiro), postados de modo surreal em torno de um paciente deitado. Como dar sentido à ciência, ao espírito e às concepções de negros e brancos a respeito da vida e da morte?

O desconforto experimentado pelos brancos ao visitarem os bairros negros pode distorcer a compreensão da arte produzida nessas áreas, seja ela "arte de bairro negro" ou não. Embora o governo exagerasse a insegurança nos bairros negros durante o apartheid e muitos brancos ainda sintam um medo despropositado deles, a violência nesses lugares é imprevisível, e realmente ocorrem mortes ali. É complexo o ritual que cerca a visita de um branco. Ele é aconselhado a se fazer acompanhar de uma pessoa conhecida no lugar; em geral, é melhor o branco se encontrar com o guia em terreno neutro e deixar que ele dirija o carro. Você nunca sabe com certeza se vai ao bairro negro no dia em que queria ir, pois é comum que o guia o avise de que aquele é um "dia ruim". Seu guia assume a responsabilidade por sua segurança, e você passa a depender do conhecimento, das ligações e do radar dele. Às vezes, durante uma visita à casa ou ao estúdio de alguém, o telefone toca, e seu anfitrião, sem nenhuma explicação convincente, diz que você tem de ir embora.

Todas as pessoas com quem estive nos bairros negros compreendiam o esforço que aquela visita implicava e manifestavam grata admiração, talvez exagerada, por minha coragem. Só por ter ido ali, diziam, eu já estava fazendo alguma coisa por elas. Sabiam que alguém tinha julgado que o trabalho de me levar ali valia a pena. Aquela decisão contrastava com sua própria experiência de segregação. "Eu fui excluído de vários lugares durante o apartheid, e ainda continuo excluído de muitos", disse-me o pintor Durant Sihlali em sua casa, no Soweto. "E não estou muito animado a trazer para cá todos os brancos que dizem, com o jeito descontraído e informal deles, que querem vir. Este é o meu território, e não trago para cá alguém de quem não gosto. Para mim, é um esforço ir a Joanesburgo e pegar uma pessoa, pensar na segurança dela o tempo todo, recebê-la bem e depois levá-la de volta. Não vou dedicar a vida a isso."

Sihlali foi criado durante o apartheid, mas é uma pessoa educada, segura de si e até tímida. Fala um inglês excelente. Ainda jovem, nos anos 1960, certa vez deu com estudantes de arte brancos que tinham ido ao bairro negro, com o professor, para pintar. Ficou a observá-los durante muito tempo, antes de se dirigir a um deles e lhe estender a mão em silêncio. O estudante de arte entregou um pincel a Sihlali, que terminou o quadro. O professor ficou pasmo com sua habilidade. Sihlali não podia matricular-se na escola, mas o professor o convidou a posar para eles. "Assim, embora eu nunca pegasse num pincel durante as aulas, consegui aprender tudo, só observando e vendo o professor criticar os alunos."

Durante anos, Sihlali ganhou a vida pintando quadros e letreiros comerciais, além de confeccionar e vender lembranças feitas com conchas. Nas horas de folga, criou uma série de aquarelas em que mostrava cenas locais. Essas aquarelas figurativas tratam de poucas questões sobre a natureza da representação de que se ocupam os atuais pintores ocidentais. Entretanto, o trabalho dos artistas negros sul-africanos, que com frequência se concentra na família, na história e em sonhos, deve ser visto em termos próprios. As aquarelas de Sihlali documentam uma vida que o governo do apartheid queria esconder. "Eu não estava interessado em coisas bonitas, mas sim em registrar a nossa história", explicou ele. "Essas aquarelas não são uma expressão de raiva. Quando a gente diz a verdade, não fica zangado. Eu sentia que tinha de fazer isso. Muitas vezes era uma corrida contra o tempo. Eu fazia quadros contra os tratores como uma forma de protesto, e, quando acabava de pintar uma casa antes que a demolissem, tinha uma sensação de vitória."

A casa de Sihlali ficava no Jabulani — ou, como ele dizia, nas "profundezas do Soweto". Todas as casas no bairro tinham grades de metal nas janelas, e Sihlali tinha feito arte até nas grades de sua casa, pintando-as com cenas narrativas, uma das quais mostrava uma mãe com o filho. Saímos daquela área e fomos ver Charles Nkosi e o escultor Vincent Baloyi na parte do Soweto chamada Chiawelo Extension. Ali chegando, pedimos a umas crianças que fossem comprar cerveja para nós e nos sentamos na sala para conversar. Em geral não se fecham as portas de entrada das casas nos bairros negros, a não ser no caso de surgir algum perigo. Não importa que os vizinhos estejam bêbados, sejam chatos ou você simplesmente não goste deles. A casa está aberta para todo mundo, e todos param para conversar. "Com que, então, o senhor veio ao Soweto!", diziam as pessoas ao me verem. "E agora, está com medo?" E todos riam. "Diga a eles que não é tão ruim, não é tão ruim, não é tão ruim", recomendavam. Muita gente queria saber por que eu estava interessado em arte. A arte é a base de um diálogo orgulhoso e quase independente, raro e precioso nos bairros negros, que excede em seus significados qualquer coisa que se pudesse depreender do aspecto da obra. "Toda essa história de igualdade e de trabalhar ao lado de pintores brancos", disse Charles Nkosi. "Isso vai levar muito tempo. É como ter um chapéu novo. No começo, é realmente uma chateação. A gente não para de esquecer o chapéu em toda parte, nunca sabe onde ele está e, quando está na cabeça, sente o peso dele o tempo todo. Mesmo para quem está acostumado ao frio, não é fácil começar a usar um chapéu novo."

O pintor Sam Nhlengethwa disse: "As pessoas olham para meu trabalho e me perguntam: 'Como é que você consegue tirar tantas coisas bonitas do bairro?'. Nesses bairros não existe só guerra. Nós temos música, casamentos, festas, mesmo quando há gente morrendo na outra rua. Quando há violência, quem está de fora só vê isso. Está errado. Eu procuro pôr em minha arte uma proporção que reflita a realidade: 30% de imagens de violência, 70% de reuniões alegres e festivas. Outro dia acordei, passei pela porta e quase tropecei num cadáver. Mas fui, de qualquer jeito, aonde pretendia ir. É assim que minha vida se equilibra".

Em Durban, fui ao bairro negro de Umlazi com Alois Cele, pintor comercial que nos últimos cinco anos criou uma empresa para vender camisetas, letreiros e cartazes de propaganda. Agora está expandindo seus negócios, curiosamente, para a área de sucos. Posso descrevê-lo como um zulu bem-sucedido. Dá oficinas de arte voluntárias em seu bairro e tem sido procurado por pessoas de outros bairros que gostariam que ele expandisse seu programa. Seu sucesso e seu orgulho lhe deram um ar de autoridade. É procurado por pessoas de diversos partidos políticos interessadas em camisetas ou outros artigos e marca o dia em que devem voltar. "Digo aos caras do PAC, do CNA e do Inkhata, a todos eles, que vou ter as camisetas na quarta-feira, por volta das quatro da tarde", diz ele, "porém dou um jeito de fazê-los esperar para que conversem uns com os outros. Ficam ali esperando, furiosos, mas também se veem como pessoas. A gente pode fazer tudo por meio do negócio da arte." As ambições de Cele vão muito além do mundo da arte: "Vou ensinar às pessoas a pensar por si mesmas. Os zulus são uma gente perigosa porque são analfabetos e acreditam na primeira coisa que lhes dizem. Não querem pensar com a própria cabeça. Os zulus sempre trabalham juntos. Quando criam confusão, também fazem isso juntos. Quero ensiná-los a ser independentes! Essa é a única maneira".

O apartheid dividia a população em quatro categorias: brancos, negros, indianos e mestiços (coloreds). Na Cidade do Cabo, fui ao bairro mestiço de Mitchells Plain, com Willie Bester, que talvez seja o mais respeitado artista urbano e não branco da África do Sul. A mãe de Bester era mestiça; o pai, negro. Ele era classificado como mestiço, e não como negro, graças a declarações de sua escola, segundo as quais seu comportamento era de alto nível — portanto, não era mesmo negro. Bester foi trabalhar na polícia quando jovem, "para combater o crime — e para que ninguém roubasse minha bicicleta". Na qualidade de policial mestiço, cabia-lhe reprimir o CNA, mas, ao ler materiais desse grupo, ficou emocionado. "Aquelas não eram pessoas que eu iria atacar. Aquela era a *minha* gente. Se eles eram os inimigos comunistas, então eu também era o inimigo comunista." Trabalhando no setor de repressão a perturbações da ordem pública, um dia, ao chegar ao distrito, encontrou uma pilha do chão ao teto de jovens negros assassinados. "Um oficial mandou que eu desse fim ao sangue que escorria por todo o distrito, e, enquanto fiquei ali olhando, chocado, alguém pegou um extintor de incêndio e começou a lavar o sangue, porque acharam que aquilo não ia pegar bem se o pessoal da imprensa aparecesse. Os policiais davam parabéns uns aos outros pelo número de pessoas que tinham matado. Voltei para casa aquela noite tão nauseado que não consegui me mexer durante dias."

Hoje, a população mestiça não goza dos privilégios dos brancos nem da realização pessoal de muitos africanos negros. Parte dela se agarra aos poucos privilégios de que desfrutava durante o apartheid. Têm vantagens demais para serem decididamente destrutivos (como muitos africanos negros) e de menos para viver bem (como a maioria dos brancos). Trata-se de uma população temerosa em duas direções, e não numa só. As colagens e assemblages impactantes de Bester utilizam materiais achados no bairro negro justapostos a imagens pintadas. Um de seus trabalhos tem pedaços de arame farpado; uma cópia do manual do governo que categoriza as várias raças; uma fotografia de um ataque racista que, de acordo com documentos oficiais, nunca ocorreu; e um cinto de munição de um oficial da polícia. "Quando eu era mais jovem", disse Willie Bester, "fazia coisas bonitas que os brancos compravam e penduravam em suas casas para não tomar conhecimento do que acontecia lá fora. Agora estou livre. Agora produzo obras sobre a vida real e os problemas dos bairros negros. Agora estou trabalhando para mim mesmo."

ARTE NEGRA, SIM; ARTISTAS NEGROS, NÃO

A declaração de Bester não é totalmente verdadeira. Ele pode estar trabalhando para si mesmo, mas quase todos os compradores de suas peças são brancos. Os liberais adquirem suas obras por dois motivos: porque são de boa qualidade e porque adquiri-los alivia sua sensação de responsabilidade. No clima atual, o que os colecionadores brancos desejam são obras de artistas não brancos que expressem seu sofrimento; não é mais possível agradá-los com belas paisagens do Cabo. Isso é um progresso, no entanto dificilmente pode ser chamado de liberdade. Alguns não brancos manifestam interesse pela arte de não brancos, mas poucos a adquirem. Na realidade, poucos levam em conta a ideia de arte como um empreendimento comercial. Alguns vizinhos de Willie Bester possuem obras dele e as apreciam, porém, quando foram à inauguração de sua grande exposição na Cidade do Cabo, não puderam acreditar nos preços e ficaram espantados com o fato de tantos brancos quererem entrevistá-lo, conhecê-lo e festejá-lo. Os quadros de David Koloane são adquiridos por alguns médicos negros, e um deles está pendurado na casa de Nelson Mandela; todavia, esse é um público pequeno e rarefeito. Koloane diz que "a área onde fica a Galeria de Arte de Joanesburgo era um parque só para brancos. Agora, contudo, é, principalmente, um parque para negros. Os negros gostam de tirar fotos uns dos outros nas portas da galeria. Mas nenhum sequer pensa em entrar".

Existem na África do Sul apenas três galerias comerciais importantes, todas de propriedade de brancos e com uma clientela quase exclusivamente branca: a Goodman Gallery (a mais antiga, a capitânia), a Everard Read Contemporary (a mais criativa, mais nova e mais estilosa); e a Newtown Gallery (um tanto sem foco). Como pode uma população não branca enfrentar esse monopólio do controle? Não se trata simplesmente de uma questão de quem tem capital, e sim de quem tem coragem de se envolver nesse comércio. Há dezoito meses, o dramaturgo Matsemela Manaka anunciou que sua casa no Soweto seria uma galeria. Quando estive lá, encontrei seus assistentes explicando pacientemente aos visitantes o que era arte. Essas pessoas, embora curiosas, estavam mais interessadas em observar a estranheza do ambiente do que em entender as mensagens das obras. Linos Siwedi começou a atuar como marchand, mas, se antes trabalhava no Soweto, passou para Joanesburgo, pois os negros não compram obras de arte e os brancos não vão a um lugar que ainda consideram perigoso. Siwedi é um homem de meia-idade que acompanha o que acontece nos bairros negros, faz com que as obras de arte cheguem ao conhecimento público e monta exposições em espaços alugados. Chega a organizar tours de arte privados no bairro para visitantes endinheirados. Eis o que ele disse sobre os liberais brancos que deram aulas nos bairros negros: "Eles ensinaram às pessoas a fazer coisas, mas não as ensinaram a vendê-las". Seu esforço, conquanto admirável, não pode competir com as galerias comerciais, maiores e de propriedade de brancos.

Há quem julgue que até os artistas radicais do movimento de consciência negra foram cooptados por esse sistema. Ao permitirem que seus trabalhos sejam vendidos por brancos a brancos, eles se tornaram cúmplices da estrutura de poder existente. Fikile Magadlela foi, por muito tempo, considerado o modelo supremo do radicalismo negro, mas esteve entre os primeiros artistas captados por marchands brancos. "Se seu trabalho está numa galeria de arte, ele está servindo ao Estado", disse Malcolm Payne. "Fikile também queria vender." Fikile fez uma exposição na Goodman Gallery muito antes do fim do apartheid. Os trabalhos de Durant Sihlali venderam bem nas galerias de Joanesburgo na era da segregação.

"Eu não conseguia acreditar", disse ele. "Os perpetradores da injustiça compravam minhas obras, que penduravam em suas paredes brancas, sem jamais notar que elas contavam a história da crueldade deles."

Esses artistas ganharam prêmios em competições de arte. A África do Sul tem mais competições e em mais áreas de atividade do que qualquer outro país, e, de acordo com Payne, elas "tornaram-se o mais poderoso instrumento de opressão". Embora Fikile tenha falado de sangue e sofrimento quando nos conhecemos, também falou bastante sobre os compradores brancos de suas obras. Aliás, seus trabalhos mais recentes pareciam estudados e um tanto artificiais. Mais de um crítico advertiu para o perigo de um artista "seguir o mesmo caminho de Helen" — uma referência à pintora Helen Sebidi, cujas belas obras se tornaram repetitivas depois da quantidade de prêmios que ela ganhou de júris brancos, deixando de renovar sua inspiração. Na medida em que a arte de luta desses pintores se tornava uma mercadoria, resolvia sua luta pessoal pela sobrevivência. Atualmente, os artistas dos bairros negros vêm sendo acusados de reduzir suas obras a banalidades para o mercado branco, de misturar estilos ou ainda de trabalhar numa linha "europeia".

Eu sabia que Trevor Makoba, artista negro de Durban, tinha integrado o grupo sul-africano na mais recente Biennale de Veneza e, quando o visitei, lhe perguntei sobre o quadro alegórico que ele tinha apresentado: um pedaço de queijo com a forma do mapa da África do Sul, sendo roído de um lado por um rato preto e do outro por um rato branco. Por sua vez, ele me fez muitas perguntas sobre a Biennale. Era mesmo uma exposição importante? Muita gente teria visto seu trabalho? Quando acabei de falar sobre a mostra, ele disse, com certa tristeza: "Fico feliz por ter participado dessa exposição. Mas gostaria que tivessem me consultado antes. Teria sido bom conversar com eles a respeito".

Fiquei atônito. "Ninguém lhe perguntou se você queria ir a Veneza, representando a África do Sul?"

"Não. Só tomei conhecimento dessa história na semana de abertura."

O convite à África do Sul para participar da Biennale, depois de décadas de exclusão, permaneceu nas mãos das autoridades um tempo enorme até que decidissem fazer às pressas uma seleção "democrática" dos artistas, cujos trabalhos foram despachados para a Itália em questão de dias. O governo arcou com as despesas de viagem de burocratas, mas não ofereceu passagens aos artistas. Vários artistas brancos pagaram pelas próprias passagens, e, quando as autoridades se deram conta, embaraçadas, de que haveria em Veneza muitos artistas brancos, porém nenhum negro, correram a fornecer passagens a artistas negros. Na maioria dos casos, eram pessoas que nunca tinham viajado dentro do país, quanto mais para o exterior. O escultor Jackson Hlungwani enviou uma mensagem em que dizia: "O rádio é bom, mas a mensagem, ruim", dando a entender que teria gostado de viajar, no entanto não daquela forma, e preferiu permanecer em sua casa no bantustão de Gazankulu. Makoba fez o que pôde, mas, mesmo com a ajuda de amigos brancos, não conseguiu embarcar a tempo. Ninguém sabia dizer como seria o esquema em Veneza, o que seria pago, como os artistas se alimentariam. "A implicação óbvia", comentou Sue Williamson, artista branca da Cidade do Cabo, "era a seguinte: você não tem importância; o que importa é só o fruto de seu trabalho. É isso que os brancos têm dito aos negros desde o surgimento do apartheid."

ARTE DE CIMA PARA BAIXO

Na fase final do apartheid, liberais brancos instituíram em Gazankulu um programa destinado a fazer com que os negros explorassem seu patrimônio cultural aprendendo a tecer cestos. Como não existiam ali as fibras apropriadas, e ninguém no lugar conhecia a arte da cestaria, os organizadores do programa tiveram de importar materiais e professores. Ninguém lembrou que a área era rica em argila e que aquelas pessoas tinham uma tradição de trabalhar o barro. Fabricar cestos era um absurdo. Não que os artífices em Gazankulu tivessem de usar apenas os meios locais, mas não tomar conhecimento da argila e importar fibras representava um enorme desperdício de recursos, como também de qualificação. Trata-se da representação da visão monolítica da população negra, um dos piores legados do apartheid. Arte produzida de acordo com um projeto político ditado de cima para baixo raramente é frutífera.

Não existe na África do Sul uma tradição de frequentar galerias de arte, tanto por parte da comunidade negra como da branca. Do mesmo modo que, nos Estados Unidos, as novidades no campo da ictiologia interessam basicamente aos ictiólogos americanos, na África do Sul a arte interessa basicamente aos artistas sul-africanos. Embora o interesse pela arte se limite aos que a produzem, como ocorria na Moscou soviética, o número desses produtores não é pequeno, pois na Nova África do Sul todo mundo está sendo incentivado a fazer arte, inclusive aqueles que, por si mesmos, jamais teriam pensado nessa possibilidade. Programas de "extensão rural", importantes na agenda liberal, procuram persuadir pessoas distantes dos centros urbanos a produzir arte. Com esse objetivo em vista, pessoas dinâmicas vão de uma comunidade a outra levando grandes blocos de papel e sacos de creions ou sacolas de miçangas e linha. Os trabalhos gerados por meio desses programas são tidos como bastante "autênticos".

A criação dessas obras pode ajudar o "artista" a se sentir melhor; contemplá--las pode ajudar seu público a se sentir melhor. "O resultado final é menos importante que o processo", explicou Sue Williamson, porém mesmo o processo que ela louva pode ser dúbio. Há uma diferença entre dar a todos liberdade de expressão, o que é a pedra angular da democracia, e tentar fazer com que todo mundo fale "livremente", quer as pessoas estejam inclinadas a isso ou não. Sue Williamson declarou enfaticamente que "é claro que todos os sul-africanos estão muito felizes consigo mesmos por terem saído de uma situação ruim, o que o mundo considerava impossível, quando ninguém mais esperava que isso acontecesse. Mas nossa raça tratou a outra como se ela não existisse, por isso cada uma daquelas pessoas é *importante*; tudo o que elas têm a dizer vale a pena, e temos de ouvir *tudo* o que disserem". Não existe uma resposta adequada ao apartheid, e a ânsia de penitência por parte dos brancos é admirável. No entanto, no fim das contas, imaginar que todo mundo seja artista, que todas as vozes têm de ser ouvidas, é negar a individualidade, e não comemorar a diversidade.

Afirmar que todos têm a mesma importância, do ponto de vista legal e moral, é uma coisa; dizer que todos têm algo a dizer, da mesma importância, é cacofonia. Não se podem escutar mil vozes ao mesmo tempo e entender cada uma. Temos de fazer escolhas. Estive com Helen Suzman, ativista pela causa dos direitos humanos e duas vezes indicada ao Nobel, na semana que se seguiu à decisão de que a Nova África do Sul teria onze línguas oficiais. "Nem quero imaginar o que se vai perder nas traduções", disse-me ela. A urgência de reconhecer a diversidade não deveria fazer sombra ao imperativo de unidade de alguma espécie num governo nacional.

A POLÍTICA ARTÍSTICA

O Departamento de Artes e Cultura do CNA considera que a arte deve servir ao Estado, que a luta não terminou e que os artistas devem ajudar a criar um novo paraíso na África do Sul. Na China, Mao Tsé-tung promoveu a mesma política ao lançar a Revolução Cultural. Para a INA, não ligada ao partido e criada por artistas plásticos e escritores, a arte deve ser financiada pelo governo e os artistas devem ter a liberdade de fazer algo fiel à sua experiência pessoal. O presidente John F. Kennedy promoveu a mesma política ao criar o Fundo Nacional para as Artes. O escritor Mtutuzeli Matshoba comentou, um tanto consternado: "Enquanto a INA pretende representar os interesses da 'arte e dos agentes culturais', o principal objetivo do CNA é a libertação cultural da população sem direitos civis da África do Sul. O CNA vê a libertação cultural não como um fim em si, mas como um aspecto da libertação nacional". São muitos os que objetam a essa visão mecanicista e propagandística da arte, que não deixa lugar à liberdade de expressão. Mike van Graan, diretor da INA, lamentou: "Aqueles dentre nós que lutaram ao lado do CNA contra o apartheid julgavam que agora teriam, enfim, paz para criar, cantar, rir e criticar, e também para se comprazer com suas ideias sem empecilhos. Estávamos enganados". Mais tarde, ele me confessou: "Fomos literalmente instruídos a produzir obras sobre o CNA, mas essas instruções não faziam referência alguma à corrupção do partido, pois isso daria munição aos nacionalistas".

Aonde quer que se vá, na África do Sul, alguém está criando um novo comitê. Seja qual for, seu nome é um acrônimo. Por ocasião do lançamento da INA, a que compareci em Durban, tinha sido concedido direito de voto às entidades AWA, AEA, ADDSA, Apsa, ICA, NSA, Pawe, Sames e Samro, ao passo que outras, como ATKV, Cosaw, Fawo e Peap só tinham obtido direitos de voto provisórios. Você estará em maus lençóis se for a um evento artístico na África do Sul e não souber o que significam essas siglas. Os intermináveis discursos num jantar do CNA do qual participei num hotel em Joanesburgo eram incompreensíveis, ainda que pronunciados em inglês, porque incluíam uma penca tediosa e atordoante dessa sopa de letrinhas. A fúria por comitês é uma herança infeliz do CNA. Num jantar com Penny Siopis e Colin Richards, liberais brancos militantes, referi-me a esse problema. Richards levou as mãos à cabeça, dizendo: "Esses comitês! Enquanto durou o apartheid, íamos a reuniões desses comitês... Eram reuniões enlouquecedoras, infindáveis, milhares e milhares de reuniões, durante horas, horas e horas.

No entanto, eram a única forma pela qual podíamos mostrar nosso apoio. Elas eram uma parte importante do que podíamos fazer contra o apartheid, mas, Deus do céu, quando penso na quantidade de horas enfadonhas que gastamos nelas, tenho vontade de chorar".

Na África do Sul, as pessoas me diziam sempre, num sussurro, como se o ar estivesse grampeado: "É ridículo, eu sei". Ouvi essa frase de gente do campo, de negros e brancos, no Transvaal do Norte; ouvi-a nas residências da burguesia branca; ouvi-a de liberais militantes; ouvi-a de moderados nos bairros negros, em grandes propriedades, em fazendas, nas tabernas de bairros negros chamadas *shebeens*. Ninguém na África do Sul reconhecerá publicamente o absurdo de qualquer coisa que não seja o apartheid, porque o apartheid era muito pior do que qualquer coisa de errado que exista no país hoje. Mas todo mundo tem consciência de dedicar tempo demais a um teatro absurdo de respeito simbólico.

À complexidade gratuita dessa burocracia correspondia, com surpreendente frequência, uma atitude simplista em relação a questões complexas. Na África do Sul estão muito em voga perguntas solenes: O que é arte? O que é democracia? O que é liberdade? O mais impressionante é que abundam respostas cheias de certeza. Na reunião da INA, pontos que poderiam ser decididos em cinco minutos consumiam duas horas, mas questões que certamente perturbaram filósofos ao longo dos séculos eram resolvidas a tempo de sair para o almoço na hora marcada. À medida que as reuniões se estendiam cada vez mais, pois cada discurso tinha de ser traduzido em várias línguas, a chefe do Comitê de Credenciais, Nise Malange, levantou-se e disse que, por causa do surgimento de novos problemas, "o happy hour terá de se tornar alguma outra coisa". Eu estava sentado ao lado do crítico de arte Ivor Powell, que disse que o título de seu relatório sobre a reunião seria exatamente naquela linha: nada de contexto, nada de explicações.

Diversos artistas sul-africanos brancos com quem estive se referiam ao Congresso Pan-Africano da Azânia (PAC) como "racistas negros"; a divisa do PAC foi, no passado, "um colonizador, uma bala". Esse grupo político situa-se bastante à esquerda do CNA. Mas Fitzroy Ngcukana, secretário de Esportes e Cultura do PAC, com quem estive às onze da noite num bar de jazz no centro de Joanesburgo, foi bem mais cooperativo do que qualquer membro do CNA com quem eu tivesse falado. Suas posições eram moderadas; seu comportamento, efusivo. Conversamos bastante naquela noite. "Os artistas são espíritos livres e têm direito a qualquer posição", disse ele. "Devem poder fazer o que quiserem, sem controle político. Os artistas negros e brancos deveriam ser amigos, aprender uns com os outros, fazer uma polinização cruzada. Nas artes, não deveria haver sectarismo."

O INTERIOR DO PAÍS

Em certo sentido, toda a arte na África do Sul parece maculada. O trabalho dos artistas negros foi poluído por sua dependência do mercado branco; o trabalho dos artistas brancos contaminou-se com a inevitável cumplicidade deles com um sistema espoliador. A opressão envenena tanto os opressores quanto os oprimidos, que anseiam, todos, por uma inocência imaginada, altamente romantizada, uma situação intacta e genuína, uma correção anterior à queda. Em parte alguma essa fantasia parecia mais palpável do que em Venda, um dos bantustões quase autônomos onde negros viviam em ostensiva independência e com direitos de autogoverno limitados — ainda que sem meios econômicos de sustento além dos donativos feitos pelo governo sul-africano.

À proporção que se viaja para o norte, partindo de Joanesburgo, a paisagem da África do Sul cresce em escala e esplendor, o que começa a dar ao viajante a sensação de que está indiscutivelmente na África: a vaga influência europeizante que é tão forte na Cidade do Cabo e menos intensa em Joanesburgo parece desaparecer. Se essa área é uma estufa de brutal conservadorismo africânder, deve ser porque fica tão patente ali que não se pode fechar a África com uma cerca alta ou um jardim bem cultivado de ervas e flores estrangeiras. Quanto mais perto se chega do Zimbábue, mais feias se tornam as cidades brancas e mais gratuita parece essa feiura. Nunca conheci outros lugares tão desprovidos de encanto quanto Pietersburg ou Louis Trichardt. A estrada que vai de Louis Trichardt a Venda sobe lentamente para as colinas suaves e sonolentas ao sul do rio Limpopo. Ainda é a N1, a maior rodovia da África do Sul, mas suas muitas pistas reduziram-se a uma fita de alcatrão com faixas de terra que se ramificam para a direita e para a esquerda. O tráfego é pequeno: uns poucos caminhões que levam mercadorias a Zim, alguns micro-ônibus, uma ou outra máquina agrícola. Quando o viajante chega a Venda, silencia. Um clima de mistério, alegria e diálogo de espíritos paira sobre esse lugar, do mesmo modo que uma atmosfera de agitação, tumulto e deterioração urbana domina Nova York.

Quando estive na África do Sul pela primeira vez, há dois anos, marchands de Joanesburgo tinham me falado de Venda como a terra dos inocentes, onde ainda vigorava uma cultura negra autêntica, e fiquei imaginando que o lugar poderia ser o elo desaparecido que daria sentido ao que eu viria a conhecer da arte urbana negra e branca no país. Faz muito tempo que o povo de Venda vem produzindo talhas — tigelas, animais, estatuetas —, e a nova arte da área, que nos últimos cinco anos entrou em moda de repente, está ligada a essa tradição. Algumas peças não passam de bijuterias vistosas; outras são objetos pararreligiosos; e há aqueles que refletem uma ideia ocidental de arte. A forma como se deu a integração desses objetos no mercado de arte sul-africano é uma parábola interessante sobre a interação cultural, confusa, mas tocante, que será a base da Nova África do Sul.

Não existem mapas rodoviários de Venda, um território de aproximadamente 7800 quilômetros quadrados. Não é fácil localizar os artistas. A maior parte não dispõe de eletricidade nem de água encanada, muito menos de telefone. Quem quer falar com eles simplesmente os procura; em geral estão em casa e ficam felizes com a visita. Todos os artistas são religiosos, mas é difícil explicar em que consiste sua religião: é uma mescla de cristianismo e uma dúzia de outras mitologias, com visitas habituais dos espíritos do passado, uma porção da *sangomas* e uma sacerdotisa que governa o lago próximo onde os ancestrais se transformam em peixes. Quem chega a Venda pode obter informações gerais com Elias, o velho que dirige o bricabraque na rua principal. Depois é preciso complementar essas instruções gerais com outras, mais precisas, à medida que se chega cada vez mais perto do lugar que se procura.

Fui a Venda com Beezy Bailey, artista da Cidade do Cabo, e a primeira pessoa que procuramos foi Noria Mabasa, a única mulher entre os artistas de Venda. Viramos na estrada principal ao chegar a um campo de cânhamo e passamos por uma aldeia de choupanas de barro com tetos pontudos de palha. Quando nosso carro foi avistado, todo mundo parou o que estava fazendo para olhar. Muitas mulheres usavam trajes tradicionais, com os peitos nus; cobriam-se com um pano brilhante, de desenhos geométricos, e nos pulsos e tornozelos reluziam centenas de braceletes de prata.

Encontramos Mabasa sentada do lado de fora, com amigos e parentes, descalça, vestindo uma capa azul e um gorro multicor de tricô. "A maior parte de minhas coisas está em Joanesburgo, numa galeria de arte", disse ela. "Longe demais." Mas ainda havia algumas peças espalhadas do lado de fora da casa. Ela entalha troncos ocos; faz grupos de pessoas voltadas umas para as outras, ou dançando, com o rosto virado para o alto. São peças de uma complexidade estranha. Ao lado de sua choupana, Mabasa construiu uma casa nova de concreto. "É com minha arte que estou construindo isso", disse, orgulhosa.

"Não foi por escolha minha que comecei a fazer essas coisas", ela contou. "Eu estava doente. Muito doente, terrivelmente doente." Estremeceu e dobrou o corpo, representando a doença. "E eu tive um sonho no qual me apareceu uma velha terrível. Fiquei com muito medo." Mabasa levantou-se para imitar a velha, apontando com um braço rígido. "Ela disse que eu devia fazer umas estatuetas de barro, para ficar boa. Por isso, depois desse sonho terrível, eu comecei a fazer imagens e fiquei boa." Mabasa abre um sorriso largo. "Ah, fiquei muito boa de novo, por fazer essas coisas. E isso durou, ah, alguns anos." O riso dela lembrou uma explosão. "Aí eu fiquei doente de novo. E outra vez essa mulher terrível me apareceu em sonho e disse que eu tinha de parar de cortar o cabelo. Por isso ele começou a crescer e fui ficando mais forte, cada vez mais forte com esse cabelo e resolvi nunca mais cortar." Mabasa tirou o gorro para que víssemos uma topiaria fibrosa de cabelo que não era cortado nem penteado. "Então a velha apareceu pela terceira vez e me disse que fizesse talhas, e que aquela seria a última vez. Se eu fizesse talhas, ela nunca mais apareceria para me incomodar. Quando ela se foi, passei a entalhar meus sonhos, para que ela ficasse longe. E ela nunca mais me incomodou. Agora, quando tenho um sonho forte, começo a fazer as minhas talhas." Caminhávamos juntos para trás da casa. Mabasa pegou umas mangas, que comemos. "Essas pessoas vêm de Joanesburgo, levam minhas talhas e vendem. Eu fui a Joanesburgo também. Gente demais! Lugar terrível." Ela levou as mãos à cabeça.

Os trabalhos de Mabasa estavam para ser exibidos em Amsterdam, e ela seria levada para ver a exposição. Seria sua segunda viagem para fora de Venda. Ela era a única pessoa de sua aldeia que já tinha saído de lá. Nós a avisamos de que faz muito frio em Amsterdam no inverno e de que ela precisaria de roupas quentes.

"É mesmo? É mesmo?" Ela pôs no nariz uma pitada de rapé.

"Outra coisa: não vai ser fácil achar rapé em Amsterdam", dissemos.

"Não? Vou levar uma sacola cheia. Afastou bem as mãos para mostrar o tamanho da sacola e sacudiu a cabeça, admirada. "Eles têm cigarros? E mangas?"

Queríamos estar com os irmãos Ndou, Goldwin e Owen. Mabasa disse que era difícil demais explicar onde eles moravam, mas, depois de um pouco de adulação, ela concordou em ir conosco. Da mesma forma que Mabasa, Goldwin ganhara algum dinheiro, e também ele tinha uma "luxuosa" casa de concreto, com um televisor a bateria. Quando chegamos, a mãe dos irmãos Ndou encontrava-se de pé diante da casa. Alta, empertigada e séria, estava de peitos nus e trajes tradicionais. Ao ver os brancos chegando de carro, ela sumiu em sua choupana, ao lado da casa de Goldwin, e logo saiu usando uma bata de empregada doméstica.

Durante catorze anos, Goldwin tinha trabalhado na estrada de ferro e morou num albergue de um bairro negro. Foi então que um dia, em Venda, ele derrubou um pé de mopane e viu a madeira dura e escura em seu centro. "Eu disse a meu irmão menor, Owen: 'Em Joanesburgo estão vendendo por muito dinheiro coisas feitas com essa madeira'." Cada um deles fez uma talha, que levaram à rua para vender, e Goldwin nunca mais voltou à estrada de ferro. Ele fala devagar, mas Owen é de um refinamento estranho. Quando o vi pela primeira vez, ele estava usando um paletó de seda; na segunda vez, estava com calças de tartã e mocassins de tipo italiano. Três mil anos de história pareciam se interpor entre ele e a mãe. Ao contrário de outros artistas de Venda, Owen acompanhava de perto a vida política sul-africana, mas sem apoiar ninguém. "Isso é o que Venda tem de bom", disse ele. "Pouca política, e ninguém brigando por causa de política. Nenhuma violência." Em sua casa, vi uma talha de madeira pintada representando um anjo, com um traje que Jean Paul Gaultier jamais teria imaginado, seios enormes se projetando de pregas verdes dobradas, como as de uma sanfona. Outra peça recente dele, intitulada *Esporte para um cavalheiro*, é um coelho de 1,80 metro de altura vestindo calças de golfista e segurando um taco de golfe. Owen nunca viu um golfista ou alguém vestindo calças de golfista. E por que um coelho?

Na casa de Goldwin, bebemos cerveja até o sol se pôr e escutamos o noticiário internacional que saía da boca de um macaco de quase dois metros, esculpido por ele para funcionar como suporte do rádio. Embora os trabalhos dos irmãos Ndou, muitas vezes inspirados por seus sonhos, frequentemente pareçam ritualísticos em sua estranheza, eles os fazem para vender e não lamentam quando um marchand aparece e os leva. Eles determinam preços, sabem negociar e até já assinaram contratos.

No dia seguinte, saímos para visitar Freddy Ramabulana. Naquela comunidade rural, Ramabulana é um estranho no ninho. Vive em extrema pobreza e sofre de uma doença de pele desfiguradora. Ninguém quis nos acompanhar à casa dele. O proprietário de uma galeria em Joanesburgo nos disse que não tocássemos nas crianças na casa para não pegar vermes. Suas talhas são toscas, primitivas, assustadoras, e suas esculturas têm bolas de gude no lugar de olhos, além de cabelo e barbas colados. Ele esculpe genitálias detalhadas e depois veste suas peças com roupas de crianças, pijamas rasgados e camisas compridas e desbotadas. Ao chegarmos, Ramabulana estava ajoelhado na terra, colando a barba na imagem de um homem com as mãos estendidas diante do corpo, segurando uma grande pedra. Quando o cumprimentamos, fez um gesto de cabeça, mas não se mexeu. Ficamos vinte minutos sob o sol quente enquanto ele rematava seu trabalho. Depois, entrou em sua choça para buscar a escultura de um homem ajoelhado, com sangue pintado escorrendo do rosto e do corpo. Pôs a escultura no chão e a peça nova sobre ela, batendo com a pedra na cabeça do homem ajoelhado. Assassino e vítima fitavam o vazio sem expressão. Outra escultura — um pênis enorme, entalhado de forma grosseira — jazia no chão, enrolado num cobertor. Quando a destapamos, as crianças começaram a dar risadinhas nervosas, saltando à nossa volta.

O inglês de Ramabulana era quase incompreensível, assim como provavelmente seu venda, mastigado e esquisito. Bailey tinha trazido alguns convites para sua próxima exposição na Cidade do Cabo e entregou um deles a Ramabulana, que o examinou detidamente durante bem uns quatro minutos. A imagem representava dois homens que dançavam cujos corpos eram bules de chá. "Eu posso esculpir isso", disse ele. Tivemos dificuldade para explicar que se tratava apenas de uma imagem de uma das peças da exposição de Bailey e que não estávamos encomendando uma obra.

Mais tarde, no mesmo dia, nos dispusemos a achar Albert Mbudzeni Munyai, que, segundo se dizia, estava louco. Na última vez em que seu marchand de Joanesburgo tinha vindo vê-lo, Munyai o expulsara de sua propriedade brandindo uma *panga*, espécie de facão semelhante a um machete. Ele mora na parte norte de Venda, e rodamos uma hora para chegar ao lugar. "Munyai? É preciso descer o morro e passar pelo Supermercado Zimbábue", disse a mulher a quem pedimos informações. "Atravessem o rio e, então, depois da terceira árvore grande à direita, vão vê-lo, sentado no meio do pomar, cantando." Encontramos Munyai sentado debaixo de um toldo de metal no fundo do pomar, absorto num trabalho de talha. Quando nos aproximamos, ele deu um salto e nos recebeu com se fôssemos seus amigos de infância, abraçando Bailey e, em seguida, a mim. Vestia apenas calções. Era um homem de boa aparência, musculoso, com o cabelo em trancinhas e olhos brilhantes. "Você é americano?", ele me perguntou, balançando a cabeça, maravilhado. "Veio para cá voando?"

Respondi que sim.

"Vejam só!" Ele jogou o tronco para trás. "Como uma borboleta!"

Munyai foi incentivado a fazer arte pelo escultor africânder David Rossouw, o primeiro artista branco a se aproximar de seus pares em Venda. Munyai era jardineiro de um amigo de Rossouw. No começo, fumavam haxixe juntos e depois passaram a fazer arte juntos. Pode-se ver cada um deles na obra do outro. Enquanto conversávamos, a mulher de Munyai sentou-se ao lado dele, lixando uma colher grande como essas que se viam em lojinhas do lugar. Munyai estava entalhando escamas num peixe de madeira. Nossa conversa tinha cinco participantes, pois Munyai dirigia ao menos tantos comentários ao peixe quanto à mulher e a nós. "Eu tenho de esculpir", ele disse, "para que a madeira não seja queimada. A madeira é tão bonita! Meu Deus! Estou salvando do fogo esses pedaços de madeira!"

Perguntei o que ele sentia ao vender seus trabalhos.

"Ah, meu querido. Fico tão triste por você me fazer essa pergunta. Meu querido, toda vez que isso acontece fico de coração partido. Mas eu preciso de ferramentas para trabalhar. As crianças fazem mais brincadeiras com três pedrinhas do que com duas. Mas, meu querido, esses homens vêm aqui para comprar: essa conversa de dinheiro é conversa feia." Mais tarde, enquanto víamos seus trabalhos, que misturam madeira e metal, ele disse: "Não posso viver junto de tudo o que faço. Dou graças a Deus por essas pessoas virem aqui e tirar de mim o que eu faço! É tudo forte demais para mim, pesado demais. Se tudo ficar sempre junto de mim, vou ficar fraco". Queríamos ver suas esculturas com mais clareza, porém ele hesitou em levá-las para a luz do sol. "Vocês não sabem o que elas podem fazer."

Munyai mandou que a mulher fosse buscar um maço de papéis. "Podem me explicar, por favor, o que dizem esses papéis?" Munyai tinha recebido uma menção honrosa numa competição pan-africana de arte nativa. Os juízes declaravam que, mesclando influências pós-modernas com um espírito africano tradicional, o artista havia logrado uma bem-sucedida síntese de escolas de arte separadas e se tornado, por conseguinte, a voz de uma África em ascensão, a um só tempo guardião da tradição e modernista confesso. A obra de Munyai levou a melhor sobre a de centenas de outros artistas. "Foi mesmo?", ele perguntou. "Meu Deus, querido, isso é maravilhoso!" Ele olhou para mim, virando a cabeça. "Você vai escrever sobre meu trabalho para as pessoas nos Estados Unidos?" Fiz que sim com a cabeça. Ele caiu numa risada longa e contagiante. "Todo mundo precisa ver o que eu faço!", disse. E, em seguida, sério: "Eles precisam entender o que eu faço. É um trabalho mágico". Ele caminhou conosco de volta ao carro, examinando-o detidamente. "Então, vá, e vá voando sobre o chão."

Em nosso último dia na região, viajamos no sentido sul, em direção à área vizinha de Gazankulu, a fim de vermos Jackson Hlungwani, tido frequentemente como o maior artista negro da África do Sul. Até dois anos atrás, Hlungwani morava num povoado da Idade do Ferro no alto de um morro, em meio aos grandes círculos de pedra que assinalam a localização de uma antiga fortaleza. Deus se manifestou a ele e lhe ordenou que morasse ali e fizesse belas esculturas para Sua glória. Hlungwani criou, então, uma área sagrada cheia de monumentos gigantes, alguns do porte de uma árvore, que cercavam um crucifixo de seis metros de altura. Ficou famoso em Venda e em Gazankulu por sua pregação e por sua vida na "Nova Jerusalém", bem como por sua iconografia pessoal. Seus estranhos rostos com quatro olhos, sinistros e assustadores como as cabeçorras na ilha de Páscoa, parecem vivos, como se Hlungwani tivesse libertado algo de orgânico das árvores.

Há cinco anos, Ricky Burnett, da Newtown Gallery, em Joanesburgo, foi a Gazankulu e disse a Hlungwani que poderia torná-lo famoso e vender seus trabalhos em todo o mundo. O artista se empolgou e disse a Burnett que levasse tudo, e foi isso que Burnett fez. No fim da retrospectiva, extasiado com a bajulação de que fora alvo, Hlungwani deu permissão a Burnett para que vendesse tudo. O trabalho de Hlungwani se espalhou por todo o mundo e ele se tornou o mais famoso artista negro do Sul da África. Contudo, uma vez vendidos os grandes monumentos da Nova Jerusalém, Hlungwani sentiu que toda a energia se esvaía dele. Derrotado e perdido, desceu de seu morro e abandonou a fortificação de pedra. Hlungwani diz que foi traído e amaldiçoa Burnett; Burnett diz que cuidou bem de Hlungwani e que, se ele não queria se desfazer de suas obras, não devia tê-las oferecido. Em 1985, Burnett organizou uma exposição intitulada Tributaries, que desmentia a opinião corrente de que não existia na África do Sul uma atividade artística fora dos círculos brancos. Expondo obras de artistas de Venda e de outros lugares, a mostra começou a quebrar a sólida muralha que separava a experiência artística de negros e brancos. "Tributaries foi o nosso Armory Show",* disse William Kentridge. Entretanto, pode ser difícil localizar a linha divisória entre a divulgação e a exploração desses artistas "autênticos".

Encontramos Hlungwani sentado na sombra, entre as pernas de uma gigantesca imagem devocional, esculpindo uma série de anjos. Ele começou a nos falar de sua visão: "Estou reconstruindo o Jardim do Éden". Manifestamos interesse, e ele disse, apontando para a frente: "Subam naquele morro até encontrarem Deus; depois vocês encontram o Éden do outro lado, no meio das árvores". No alto do morro, achamos Deus. Numa árvore caída, Hlungwani havia esculpido um rosto complexo, com muitos elementos (dezenas de olhos, vários narizes). Mais adiante, vimos mais esculturas. Ele disse que eu devia olhar nos olhos da serpente. Mandou que eu chegasse à beira do morro, onde havia um pedaço de madeira branca de três metros apoiado em vários suportes pequenos de madeira. Olhei a parte posterior da madeira e voltei. "É a serpente", Hlungwani me confidenciou, "e estava dentro do chão e sobre o chão. É de lá que vem o mal!", disse, quase num rugido. "Eu a desenterrei e agora ela está fora do chão, e então haverá paz. Paz na Nova África do Sul e no mundo."

Trouxe duas esculturas de dentro da casa. "Tenho uma coisa para você, para o seu espírito. Esta aqui está pronta." Ele pegou a outra. "Esta aqui, não. Vou lhe dar esta para que você possa acabá-la com seu próprio espírito." Examinei de perto os dois anjos. "Use seu cérebro! Dê a ele um rosto, você mesmo! Este anjo está cheio de amor! Conte às pessoas nos Estados Unidos tudo sobre ele!"

Em Venda, ainda se fala de Nelson Mukhuba. As esculturas de sua autoria que ainda existem são assombrosas: graciosas e vivas, como se o espírito da madeira tivesse sido libertado de seu interior. Quando a arte de Venda entrou em moda, a Market Gallery, de Joanesburgo, propôs a Mukhuba uma exposição individual. Todo o pessoal da arte na cidade viu a mostra, que contou com a presença do próprio Mukhuba. Ele entrou na sala dançando, rodopiando em meio às taças de vinho branco dos convidados. Usava uma touca em ponta, caminhava sobre pernas de pau, e do alto até o chão havia 3,5 metros. Trouxera percussionistas de Venda, que tocaram durante toda a vernissage enquanto ele dançava,

---

* O Armory Show foi uma mostra pioneira de arte moderna, realizada em Nova York em 1913. Essa exposição internacional reuniu obras de representantes de diversas vertentes artísticas. (N. E.)

incrivelmente ágil com suas estacas. E, para incrementar ainda mais o espetáculo, lançou fogo pela boca. A exposição fez enorme sucesso.

Um mês depois, em Venda, num dia ensolarado, Mukhuba pegou uma *panga*, cortou as árvores em torno da casa, matou a mulher e os filhos, tocou fogo na casa, em todos os seus trabalhos e se enforcou. Algumas pessoas dizem que ele simplesmente enlouqueceu. Outros acham que um espírito se apossou dele. Muitos creem que tenha sido uma morte *muti*, que alguém o amaldiçoara. Talvez tenha sido o chefe, que, para alguns, não estava nada satisfeito por ver a dinheirama e a atenção que Mukhuba vinha recebendo. Talvez tenha sido outro artista. Ou, quem sabe, foi a violação de um estilo de vida que ocorre quando um mercado rapinante e um artista ingênuo entram em contato. Todo mundo em Venda ainda falava de Mukhuba, mas ninguém se referia às circunstâncias de sua morte. Em Venda, os *sangomas* ou xamãs continuam a ser temidos. Alguns são amados, mas os que usam mal seus poderes são mortos por apedrejamento. "Eu não paro de pensar em Mukhuba", disse-me Mabasa, e seu sorriso largo sumiu por um minuto. Foi trocado por uma expressão sombria, e de repente tive medo.

VER E SER VISTO

Os artistas negros são influenciados pela cultura branca, da mesma forma que a cultura negra influencia os artistas brancos. "Para falar a verdade", disse-me David Koloane, "minha primeira influência foi o cinema, e não a tradição africana." Toni Nkotsi é tido como um pintor notável segundo qualquer critério. "Mas a arte que ele faz bem poderia ser branca", resmungou um ideólogo que conheci. Para Ivor Powell, a "inocência" que muitos sul-africanos associam a Venda não poderá persistir para sempre, pois, à medida que os marchands continuarem a viajar para lá, os artistas locais hão de procurar agradar ao mercado, e com isso a magia se perderá. Não dará certo, porém, se um sistema branco paternalista tentar "preservar" a tradição. Se ela puder sobreviver, sobreviverá; se não puder, aqueles que a conheceram se julgarão felizes para sempre.

"Perguntar o que um artista está fazendo em seu estúdio não é o mesmo que perguntar o que está acontecendo no país, contudo muitas vezes a pergunta é uma só", disse-me William Kentridge. "As preocupações pessoais têm de ser interessantes como pensamentos no mundo externo, e o que eu vejo no mundo tem de ter ressonância no estúdio: tem de haver alguma coisa a ser feita ou desenhada. Eu trabalho por meio de inversões e transformações." Essas são as inversões e transformações centrais no trabalho de artistas negros e brancos na África do Sul. A política não deixa espaço para mais nada na mente da maioria dos sul-africanos neste período de novas liberdades e novas ansiedades, porém uma arte que trate unicamente da situação política acaba se mostrando fastidiosa. Às vezes, recusar a política pode ser uma posição nobre, mas ocorre comumente de a arte baseada nos processos internos dos artistas se tornar cansativa. Dentre todos os artistas sul-africanos cujo trabalho é, ao mesmo tempo, otimista e pessimista em relação à arte e ao progresso social, Kentridge é o mais coerente. Sua obra é sempre intensamente pessoal e legivelmente política.

Numa noite fria, já perto do fim de minha estada, vi-me numa casinha em Joanesburgo com um artista negro chamado Paul Sekete. Perguntei a ele sobre exposições, eventos, internacionalismo. "Entendo que a arte deve fazer as pessoas felizes, e não apenas mostrar a elas o que é ser feliz", disse ele. "Eu quero tornar as pessoas felizes. É isso que precisamos que a arte nos dê." A hora já ia avançada, e estávamos ambos cansados. "Você é capaz de tornar as pessoas felizes?", perguntei. Sekete estendeu a mão e pôs-se a fazer cócegas em mim, e comecei a rir. "Viu como é fácil?", ele perguntou. Tínhamos conversado sobre um conceitualista branco que conhecíamos. "Aquilo... Tudo bem, mas não é arte", disse ele. "Que perda de tempo! Por que não param com essas coisas?"

Dias depois, vi o artista branco — e seus excelentes trabalhos — e contei-lhe de minha visita a Sekete. Cheguei a dizer que Sekete tinha feito cócegas em mim, e ele me interrompeu. "Mas isso não é arte", disse, irritado. "Achei que você estivesse aqui para escrever sobre a droga do ambiente artístico, e não para fazer matérias politicamente corretas, quase políticas. Se um sujeito fizesse cócegas em você em Nova York, você contaria isso numa revista de arte?"

Devo dizer que cada um deles me deu um convite para uma exposição conjunta do trabalho de ambos e usaram esse convite para demonstrar uma questão cara aos dois — que o mundo da arte não tinha divergências raciais, que partilhavam um ideal no qual eram iguais. Mas o fato de exporem juntos não significava que desejassem as mesmas coisas da arte, assim como tampouco a contagem conjunta de negros e brancos nas estatísticas demográficas do novo governo da

África do Sul indica que votarão nos mesmos candidatos ou que estão motivados pela reconciliação. É vagaroso e frustrante o progresso que vai da tolerância artística à paridade estética. Entretanto, ao me lembrar de como os artistas com quem eu estivera em minha chegada tinham deplorado o fato de a comissária de bordo não enxergar Barbara Masekela, impressionou-me a dureza com que esses dois artistas se viam mutuamente, não obstante nenhum dos dois estivesse plenamente convicto do que via.

Riason Naidoo, diretor da National Gallery, afirmou em 2013: "O mercado hoje é totalmente diferente do que era há dez anos. Tornou-se mais profissional; há mais competição com um número bem maior de galerias comerciais, e são muitos os museus internacionais e os colecionadores interessados em adquirir arte sul-africana moderna e contemporânea, o que só pode ser bom para os artistas. As galerias comerciais sul-africanas atualmente estão mais visíveis em feiras internacionais de arte, de Miami a Berlim".[1] O que Naidoo diz se torna ainda mais relevante quando se compara o passado recente com tudo o que testemunhei duas décadas antes.

Tal como na Rússia e na China, persiste o problema da censura. Em 2012, o CNA tentou censurar um quadro do pintor Brett Murray, que representava o presidente polígamo Jacob Zuma como Lênin, com o pênis exposto. Tratava-se de uma crítica à corrupção no governo sul-africano. Numa nota oficial do CNA, Jackson Mthembu declarou: "Instruímos nossos advogados esta manhã a ajuizar uma ação em nossas cortes para obrigar Brett Murray e a Goodman Gallery a retirar o retrato da exposição, assim como do site da galeria na internet e destruir todo o material promocional. [...] Entendemos e estamos convictos de que a imagem e a dignidade de nosso presidente, como presidente do CNA, presidente da República e como ser humano, foi ferida por essa pretensa obra de arte de Brett Murray na Goodman Gallery. Consideramos também que essa lamentável representação do presidente violou seu direito individual à dignidade, tal como previsto na Constituição de nosso país".[2] Não demorou para que partidários de Zuma entrassem na galeria e jogassem tinta no quadro, destruindo-o. O líder da Igreja Shembe, que conta com milhões de fiéis, determinou que Murray fosse morto por apedrejamento. Steven Friedman, diretor branco do Centro de Estudo da Democracia, com sede em Joanesburgo, e colunista do jornal *Business Day*, escreveu que muitos negros viam o quadro de Murray "como mais um exemplo do desprezo com que acreditam que os brancos os veem". Já Aubrey Masango, colunista negro do *Daily Maverick*, mostrou-se preocupado com a possibilidade de que as autoridades sul-africanas "sequestrem ideias desinformadas de identidade cultural e manipulem o real desconforto econômico das massas a fim de gerar simpatia". Jonathan Jansen, vice-chanceler negro da Universidade do Estado Livre, escreveu: "Não consigo imaginar um diálogo mais necessário do que o que tem de ocorrer entre essas duas posições inarredáveis, mas, como estamos na África do Sul, o calor sobrepuja a luz. Tomados de rígido farisaísmo, os dois lados saltaram de seus cantos e engalfinharam-se numa luta de morte". A decisão por parte da Junta de Filmes e Publicações de "enquadrar" a pintura como insultante e potencialmente prejudicial às crianças acabou revogada.

Em 2013, irrompeu uma controvérsia em relação à conveniência de retirar da Feira de Arte de Joburg um quadro de Ayand Mabulu que mostrava o presidente Jacob Zuma numa atitude que, segundo os curadores, poderia ofender os patrocinadores do evento.[3] Explicando sua posição, o organizador da mostra admitiu que a decisão fora tomada devido ao temor de que, no futuro, a feira não conseguisse atrair apoio financeiro: "Creio que a feira de arte tem uma parcela de responsabilidade para com a economia criativa e que o quadro poderia ser prejudicial nesse sentido". O quadro voltou a ser exposto depois que o fotógrafo David Goldblatt, o artista homenageado naquele ano, ameaçou retirar seus trabalhos em protesto. Mabulu disse: "Não é a primeira vez que sou vítima de censura. Considero doloroso testemunhar hoje o mesmo fenômeno que ocorria na era do apartheid. Isso dificulta compreender em que direção estamos indo como sul-africanos e como artistas, se vamos permitir que a minoria, duas pessoas, decidam o que é palatável para vocês".

Posteriormente surgiu outra polêmica, dessa vez devido à nomeação de dois curadores brancos para o Pavilhão Sul-Africano na Bienal de Veneza de 2015[4] e também por causa da presença, entre treze artistas selecionados, de somente três mulheres, das quais só uma era negra. Stefanie Jason, do *Mail &*

Guardian, de Joanesburgo, escreveu: "Pode um país cuja reputação como exterminador de estrangeiros está correndo mundo dar-se ao luxo de criar mais embaraço, o do pavilhão em crise?".

ESTADOS UNIDOS

As conquistas de Vlady

New Republic, junho de 1994

Vladimir Jirinóvski, fundador e líder do Partido Liberal Democrata da Rússia, atuou como vice-presidente da Duma, a câmara baixa do Parlamento, até 2011. A BBC definiu-o como "um *showman* da política russa, que combina uma retórica populista e nacionalista, além de invectivas antiocidentais, com um estilo impetuoso e brigão".[1] Escrevendo no *Guardian*, Howard Amos classificou-o como um "incendiário nacionalista". Bufão exuberante, belicoso, rude, indisciplinado, briguento, racista, sexista, homofóbico e autoritário, ele não se tornou mais cativante nas duas décadas transcorridas desde que escrevi este texto.

Numa festa recente em Nova York, com vários membros da intelligentsia moscovita, o assunto da conversa foi, naturalmente, Vladimir Jirinóvski. Fiquei surpreso ao perceber que os integrantes daquele círculo liberal, que antes haviam defendido Gorbatchóv, referiam-se a Jirinóvski com a simpatia bem-humorada que tantos americanos pareciam nutrir por Ollie North em seu apogeu. "Você sabe como é", disse um, "ele não passa de um cínico. Todo mundo em Moscou é cínico. Todo mundo em Nova York é cínico. Não é um problema tão interessante."

Por acharem engraçada minha curiosidade a respeito desse nacionalista, os russos propuseram que eu voltasse a me encontrar com eles na noite seguinte, para conhecer amigos e assessores de Jirinóvski em Nova York. Às dez da noite, no Samovar, um restaurante russo kitsch na rua 52 West, fui apresentado a um bando de homens corpulentos, de ar ursino e barba, todos vestidos com camisa de gola rulê e paletó azul-escuro. Minhas tentativas de falar sobre o antissemitismo de Jirinóvski foram obstadas pela Inesquecível Eugênia, uma mulher de 72 anos que usava um vestido de noite enfeitado com lantejoulas, óculos de plástico enormes, e cantava canções folclóricas judaicas. "No mês passado estive muito com ele", disse um homem de nosso grupo, mostrando fotos para provar o que dizia. "Sabe, é uma vergonha... Ele está ficando muito arrogante mesmo, e nem de longe é engraçado como já foi. As pessoas famosas sempre têm esse problema com o senso de humor."

Fiquei imaginando como teria sido seu extinto senso de humor e disse que ele não dava nenhuma impressão de ser engraçado. "Você andou lendo demais os jornais de Nova York", disse um homem. "O que acontece é que Vladimir gosta do poder e de atenção. Todo mundo o odiava na escola. Ele era o palhaço da classe, e tão provinciano! Por isso, hoje ele diz qualquer coisa que chame atenção, embora não acredite em nada do que diz. Ele não é um Rutskoi, um Hitler ou um Stálin. É tudo brincadeira, e das grandes." Achei que isso era levar o cinismo longe demais, mas não disse nada porque a Inesquecível Eugênia deu início a seu pot-pourri de *Um violinista no telhado*.

"Vamos a um lugar onde possamos conversar", propuseram os amigos de Jirinóvski e me levaram a um subsolo na esquina da rua 57 com a 11ª Avenida, onde deparei com o que parecia ser uma reprodução do bar do saguão do Intourist Hotel, por volta de 1986. Uma banda cujos músicos usavam jaqueta azul-marinho com debruns amarelos cantava músicas dos Beatles em russo. Uma bola de espelhos girava no teto, e em todas as mesas havia pratinhos com aqueles tomates e pepinos revoltantemente granulados que eu pensava que só podiam ser cultivados nos solos esgotados das estepes.

Perguntei se Jirinóvski era gay, boato que ouvira de amigos em Moscou. "Ele nunca se mostra muito interessado em mulheres", comentou alguém. "E está sempre cercado por aqueles guardas jovens e bonitões." Outro sujeito conhecia um poeta que afirmava ter tido uma longa ligação com Jirinóvski. A vodca rolava solta, de modo que todos estavam ansiosos para ajudar quanto a essa questão. "Se quiser ir para a cama com ele, é provável que possamos conseguir isso para você", disse outro. Um quarto homem deu de ombros e disse: "Talvez fosse interessante escrever a respeito depois", porém acrescentou a meia-voz: "Mas eu sei, acredite em mim. Eu pensaria duas vezes se fosse você".

Minha atenção foi desviada para um grupo de mulheres que se juntaram a nós, todas com enorme quantidade de sombra turquesa nos olhos, e uma delas com um vestido de cetim preto que ia até o chão e luvas do mesmo tecido, com botões negros, que chegavam aos ombros. Sentindo-me como um peixe fora d'água quando a conversa enveredou para política, levantei-me e dancei sob a bola espelhada ao som de "All You Need is Love" e "Let It Be", fazendo bom uso da sequência de passos lentos que tinha empregado pela última vez no ensino médio. Quando me sentei, comentei que, ainda que Jirinóvski fosse mesmo um ator e não acreditasse na própria retórica, ele poderia cair numa armadilha criada por ele mesmo. "Não se preocupe", disse alguém. "Ele não vai conseguir poder suficiente para cair numa armadilha. Ele só vai ganhar influência. Os russos são cínicos demais para eleger um cínico desses." Eu me revelei aliviado. "Um cínico como ele", disse alguém do grupo, "poderia, com muito mais facilidade, ser eleito prefeito de Nova York, ou até presidente dos Estados Unidos." Ele bateu a palma da mão na beira da mesa. "É por isso que moramos aqui", disse, caindo na risada.

TAIWAN

"Não mexam com o nosso patrimônio cultural!"
New York Times Magazine, 17 de março de 1996

Em 1995, o Metropolitan Museum de Nova York estava planejando uma exposição sensacional de obras pertencentes ao Museu Nacional do Palácio, em Taipé, e sua direção vinha procurando obter uma boa cobertura da imprensa. Previam artigos favoráveis e elogiosos sobre os empréstimos de obras de primeira linha, que já estavam chegando e redundariam num evento espetacular. A primeira versão de meu artigo consistia basicamente num estudo semiacadêmico da pintura chinesa da dinastia Song, que eu havia estudado na faculdade. Quando os planos da exposição começaram a ser divulgados, meu ensaio teve de ser reescrito do começo ao fim. Acabou se transformando em reportagem de capa, ilustrada com uma paisagem de um dos mestres da dinastia Song, Fan Kuan, atrás de uma corda, com a legenda "A obra-prima chinesa que você não verá no Met". Embora o curador tivesse ficado incomodado com aquela capa, a exposição foi uma das mais visitadas na história do museu. Como eu já tinha aprendido em Moscou e Beijing, a controvérsia pode ser uma grande aliada da arte. Se a exposição era importante o bastante para provocar protestos nacionais em Taiwan, devia valer a pena vê-la.

Em 20 de janeiro, julgando equivocadamente que eu fosse um representante do Metropolitan Museum of Art de Nova York, uma pessoa desferiu um murro em meu queixo. Era minha última noite em Taipé, e eu tinha saído com amigos do mundo das artes para tomar uma saideira num bar agradável perto do hotel. De um lado do nosso grupo, alguns rapazes magricelas com as gravatas afrouxadas falavam ao celular. Do outro, duas moças, com óculos japoneses chiques, riam. Perto de nós, um sujeito de calças jeans e jaqueta de couro pontuava suas frases em chinês com frases em inglês no estilo californiano. Era sábado, por volta da meia-noite, e estávamos bebendo cerveja com ameixas secas, como se faz em Taipé. Eu estava relatando tranquilamente meu jantar daquela noite com Chang Lin-Sheng, vice-diretor do Museu Nacional do Palácio em Taipé, e outras pessoas, entre as quais Maxwell Hearn, curador de arte asiática do Met, e Shih Shou-chien, diretor do Departamento de História da Arte da Universidade de Taiwan.

O sujeito da jaqueta de couro, que me escutara, levantou-se e veio devagar em nossa direção. "Não mexam com o nosso patrimônio cultural!", disse, num tom que nos Estados Unidos ninguém associa normalmente à expressão "patrimônio cultural". "Nós já conhecemos os truques de vocês." O homem falava muito alto, e várias pessoas formaram uma rodinha junto de nós. Não me pareciam gente afeita a museus.

"Vocês nunca vão levar o Fan Kuan", escarneceu uma delas. "Vocês nunca vão levar nenhuma das 27 peças. Vão ter sorte se conseguirem uns vasos Qing." Os rapazes dos celulares, farejando o perigo, mudaram para o outro lado do bar. As moças dos óculos logo fizeram o mesmo.

"As regras de conservação de obras de arte são abominavelmente especializadas", disse eu. A observação parecia bastante inofensiva, mas eu não poderia ter elevado mais a tensão se tivesse defendido a submissão de Taiwan ao governo continental.

"Vocês, americanos, não sabem de nada", cuspinhou um homem de rosto redondo, rilhando os dentes.

Outro disse: "O que você é, um espião do Metropolitan?". Ato contínuo, deu um soco em meu rosto.

Um amigo segurou meu braço. "Vamos, alguém acabou de dizer que você trabalha para o museu… A coisa vai ficar feia." Apressou-se a me levar para a rua, na chuva.

A conversa ao jantar versara sobre a exposição de arte chinesa do Museu do Palácio, a ser inaugurada no Met a menos de dois meses. A mostra era a culminação de mais de cinco anos de zelosas negociações e constituía um exemplo de cooperação econômica, social e cultural do mais alto nível. Muitos eventos museológicos requerem uma delicada diplomacia internacional, mas esse estava invulgarmente cercado de significado político. Num momento em que os Estados Unidos ora adulavam a China, ora a censuravam com brandura em decorrência da violação de direitos humanos, e em que a China ameaçava forçar a reunificação com Taiwan, que ela considerava uma província renegada, a exposição faria o público americano recordar a existência de Taiwan e seu crescente desejo de autodeterminação. A inauguração da exposição do Met, marcada para 19 de março, uma terça-feira, ocorreria apenas quatro dias antes da primeira eleição presidencial livre de Taiwan, uma demonstração de liberdade que já levara o governo de Beijing a aumentar suas provocações a um nível ensurdecedor. Além disso, a exposição seria a maior vitrine de arte chinesa já montada no Ocidente, organizada de modo a narrar toda a história da tradição — uma história que cabe a Taiwan contar, não à China. Isso porque Chiang Kai-shek levou para Taiwan todos os monumentos, pinturas, manuscritos, cerâmicas, jades e bronzes de importância quando fugiu para lá, em 1949. Os chineses consideram que a coleção foi roubada e deveria ser restituída a Beijing.

Por isso, em 3 de janeiro, duas semanas antes que as obras fossem embaladas para o transporte, teve início o movimento de protesto. A exportação desse "patrimônio cultural" — não importa se pertencente à China ou a Taiwan — enraivecera muita gente na ilha. Em meados do mês, a situação ganhara contornos de crise. A polêmica sobre se as obras deveriam ou não viajar dominava os noticiários da TV e a primeira página dos jornais de Taiwan. Tornou-se motivo de manifestações nas universidades. Legisladores e ministros, poetas e pintores viram-se irmanados numa improvável aliança contra o Museu do Palácio, numa bizarra mas reveladora exibição de uma crise de identidade profunda por parte de Taiwan. Ninguém era capaz de dizer se a exposição — o ponto alto da temporada do Met — seria cancelada. Tampouco se podia estar certo sobre o que os protestos prenunciavam para o futuro de Taiwan.

Wen C. Fong, hoje com 65 anos, veio de Xangai para estudar em Princeton em 1948 e continuou nos Estados Unidos depois que a Revolução Chinesa começou, no ano seguinte. Atualmente, é professor de arte e arqueologia em Princeton e diretor do Departamento de Arte Asiática no Metropolitan. Fong, homem cordial e de presença imponente, é também membro, em Taiwan, da Academia Sínica, a mais avançada instituição de estudos acadêmicos na ilha, e tem acesso a pessoas do mais alto nível, o bem mais cobiçado nas sociedades chinesas. O mundo da arte em Taiwan está cheio de ex-alunos seus, e contar com seu apoio em Taipé é como viajar por Oz com o beijo da fada Glinda, a

Bondosa cintilando na testa. O saber de Fong é legítimo; suas opiniões, rígidas; sua paixão, arrebatadora. Quando, durante uma das primeiras reuniões sobre a exposição do Met, alguns funcionários do Museu do Palácio procuraram excluir algumas pinturas do grupo que seria enviado a Nova York, Fong propôs que nesse caso seria melhor fazer somente uma exposição de cerâmicas. As pinturas voltaram para a lista.

Fong fez com que a coleção chinesa do Met fosse da mais alta qualidade, e seu excelente livro *Beyond Representation* [Além da representação] conta a história da arte chinesa através dessa coleção. Ele sempre sonhara expor as obras conservadas em Taiwan, de modo que, quando o Museu do Palácio emprestou algumas peças para a exposição Circa 1492, em 1991, ele disse a Philippe de Montebello, o diretor do Met: "Esse é o nosso momento de atacar". Fong foi à inauguração na National Gallery, em Washington, para promover seus planos junto a Chin Hsiao-yi, diretor do Museu do Palácio em Taipé. Chin, que fora secretário de Chiang Kai-shek, está atualmente na casa dos setenta anos e tem o porte digno de uma pequena divindade. Ele e Fong têm uma amizade tão bem cuidada quanto uma aliança militar, dentro da qual os termos da exposição do Met foram negociados. Os contratos foram finalmente assinados em 1994.

A política de Taiwan criou problemas desde o início. Embora a exposição, orçada em 6,2 milhões de dólares, só pudesse ser um sucesso estrondoso, a Mobil voltou atrás em sua decisão de ser um dos patrocinadores, por temer que qualquer apoio a Taiwan fosse ofensivo ao governo chinês. Em agosto de 1995, por pressão de Beijing, o Citibank também retirou seu apoio. A Acer America, subsidiária da empresa taiwanesa de computadores do mesmo nome, retirou seu apoio quando começaram os protestos.

O protecionismo não é incomum no mundo das artes. Houve protestos públicos no México, contra a grande exposição de arte mexicana no Met; na Itália, contra a exposição do Vaticano; na Grécia, contra a exposição Arte Grega das Ilhas Egeias. Além disso, algumas exposições têm objetivos diplomáticos: a mostra no Met sobre o faraó Tutancâmon, em 1978, melhorou a imagem do Egito numa época em que o país saía da guerra com Israel. Para sociedades cuja história transcende sua realidade moderna, os artefatos dessa história são tão potentes quanto armamentos ou riqueza.

Nesse caso, estavam em jogo outros fatores além da política interna taiwanesa: as delicadas relações entre a China, Taiwan e os Estados Unidos. Se Taiwan pode manter a ordem interna, uma economia pujante e democracia, como parece estar fazendo, ela se torna um modelo para a democracia na China. O apoio americano às democracias asiáticas promove nossas metas de relações exteriores na China melhor do que boicotes econômicos ou declarações sobre direitos humanos. Embora a política agressiva da China em relação a Taiwan tenha muitas causas, uma das principais é o ódio ao modelo democrático. Ser o país anfitrião dessa exposição seria o perfeito complemento cultural ao apoio econômico que damos a Taiwan, de modo que a incipiente crise por causa da exposição era também uma crise nossa.

É impossível separar a história da coleção do Palácio da história da China. A maior parte das obras tinha fundamentos políticos ao serem produzidas, há muito séculos, e continuam a exercer influência política ainda hoje, como se fossem amuletos. Entendendo a exposição do Met como uma questão diplomática, o Yuan Legislativo (Parlamento) de Taiwan destinou 3,1 milhões de dólares para ajudar a custeá-la. "Como a condição atual de Taiwan proíbe seu governo de dar declarações sobre política a seu principal aliado, os Estados Unidos, o país tem de se comunicar por meio da economia e da cultura", disse Fong. "A comunicação cultural está perto de ascender ao mesmo nível da comunicação econômica."

Compareci, em outubro passado, à comemoração do septuagésimo aniversário do Museu do Palácio. A dinastia Song (960 a 1279) representa para a China o que o Renascimento representou para o Ocidente, e na exposição comemorativa o museu exibiu suas maiores obras-primas, trabalhos de Guo Xi e Fan Kuan. As questões de representação que o Ocidente enfrentou depois da invenção da fotografia — aquelas complexas teias de abstração e incerteza iniciadas por Cézanne e assumidas por Picasso e Duchamp — podem ser vistas nessas obras chinesas de mil anos atrás. As mesmas pinturas podem ser interpretadas através do prisma histórico e contextual. Os artistas daquela era inseriram em suas obras sinais políticos secretos, usando a arte para falar do que era proibido. Essa pintura está também carregada de um vocabulário nativo: cada árvore tem um significado, e às vezes significados múltiplos. As ameixeiras, por exemplo, podem se referir à potência sexual de anciãos ou a alguém que sobrevive a um inverno cruel. Uma ameixeira que cresça num pátio dos fundos de um palácio pode significar uma dama esquecida, de fanada beleza; ou, por extensão, um cortesão que, favorecido no passado, não é mais apreciado pelo imperador. Os pinheiros são vistos como cavalheiros ilibados por se manterem verdes durante todo o inverno, ao passo que outras árvores mudam de cor. Cada estação, cada espécie de rocha, cada onda de névoa tem um significado.

Essa arte reflete e exige um estado de espírito específico, meditativo, exaltado. Há quase mil anos, Guo Xi — cuja pintura *Começo de primavera* revela uma sensação dinâmica de movimento e excitação, semifantástica e semirrealista — escreveu: "Já houve quem dissesse que há pinturas de paisagens pelas quais se pode caminhar, paisagens que podem ser contempladas, paisagens nas quais uma pessoa pode se perder, paisagens em que se pode morar [...]. Se olharmos com sentimento a floresta e os regatos, eles serão sublimes. Mas, se nos aproximarmos deles com um olhar arrogante, eles nos parecerão diminuídos".

Guo Xi trabalhou na corte do imperador Zhenzong, que chegou ao poder em 1067, cinco anos antes que o *Começo de primavera* fosse pintado, trazendo planos ousados — a Política Nova — para mudar a China. O começo da primavera é a época de renovação e mudança na natureza, e a pintura é uma alegoria da reconstrução política e do reordenamento da sociedade: veem-se camponeses e pescadores na base da imagem; monges ligeiramente acima deles; um oficial a cavalo um pouco mais no alto. Temos aí, revelada em camadas, toda uma hierarquia pacífica, mas em mutação. Neblinas obscurecem a certeza, porém no alto da pintura reina uma clareza perfeita, pois, no timão da sociedade, estava a convicção refinada de Zhenzong. A despeito da lisonja, a pintura é também honesta; carece de estabilidade de composição, como convém ao começo do reinado de um novo imperador. Ao lado de *Viajantes em meio a regatos e montanhas*, obra mais mundana e material, de Fan Kuan, datada de aproximadamente cinquenta anos antes, *Começo de primavera* lembra uma explosão de excentricidade e tensão.

Em nenhum outro lugar podem-se ver tais obras lado a lado e, assim, compreender muito do éthos e da estética da China dinástica. O museu que abriga a Coleção Imperial foi inaugurado em Taipé em 1965, embora o Museu do Palácio tenha sido criado oficialmente em 1925, em Beijing. O septuagésimo aniversário foi comemorado em Taipé (onde a coleção é conservada) e em Beijing (onde a designação Museu do Palácio é atribuída à Cidade Proibida); em Taipé, tinha-se a sensação de estar no jantar de aniversário do papa em Avignon. Eu estava com uma delegação de Nova York que incluía Philippe de Montebello e Wen Fong. Fomos conduzidos a um auditório, onde houve discursos, e depois a uma festa.

Ali estavam o presidente Lee Teng-hui, o primeiro-ministro e os mais importantes legisladores do Kuomintang (KMT), o partido no poder, no entanto não havia praticamente ninguém do mundo das artes. Montebello classificou a comemoração como "o mais peculiar evento museológico de que já participei". As autoridades procuravam dar atenção a Fong de todas as formas, e dificilmente eu poderia imaginar a fúria de que ele se tornaria vítima três meses depois.

Se existisse um imperador em Taiwan, é provável que optasse por residir no Museu do Palácio. Situado numa montanha verdejante na área norte de Taipé, o prédio, hiperchinês, domina e abraça a cidade a seus pés. Quem se debruçar sobre a balaustrada esculpida que ladeia a escadaria de 130 degraus de mármore poderá admirar os jardins lá embaixo: os tanques de carpas, felizes como imaginaria o escritor taoista Chuang-Tzu; os pinheiros, símbolos da virtude confuciana da constância; os pavilhões de chá, lotados de colegiais em excursões campestres; e as belas rochas, junto das quais todos os dias jovens noivas tiram fotos de casamento.

O interior do prédio, no entanto, é lastimável: tetos opressivamente baixos ou suntuosamente elevados, iluminação horrenda, vitrines projetadas com vistas à segurança e não à comodidade de observação, cartazetes informativos assombrosamente ineficientes. O visitante não pode, porém, deter-se nessas imperfeições, uma vez que diante dele se esparrama a fina flor da arte chinesa: jades neolíticos, taças Zhou, porcelanas Song, relicários Qing e, principalmente, uma quantidade impressionante de pinturas e caligrafias Tang e Song. Essas peças, acumuladas por imperadores no decurso de mais de onze séculos de poder dinástico, ainda são chamadas de Coleção Imperial. Nenhum museu no Ocidente possui tal concentração de tesouros artísticos, mas, por outro lado, nenhum país ocidental tem uma história relativamente ininterrupta e permanentemente centralizada como a da China.

A Coleção Imperial permaneceu nas mãos do último imperador até que ele foi expulso da Cidade Proibida, em 1924. No ano seguinte, criou-se o Museu do Palácio em Beijing, e a coleção, nunca vista pelo público em mil anos, foi finalmente aberta à visitação. Entretanto, com a invasão da Manchúria pelos japoneses em 1931, ela foi enviada em 20 mil caixotes de madeira para Xangai, onde ficaria a salvo. Mais tarde, esses caixotes foram transferidos para um armazém em Nanjing, e quando o Exército japonês estava prestes a ocupar a capital do sul, em 1937, eles subiram o Yangtzé de barco, cruzaram os montes Qinling de trem e foram de caminhão para Hanzhong. Cada um dos objetos que compunham a Coleção Imperial encontrou um depósito seguro, malgrado o grande número de embarcações afundadas e de prédios que voaram pelos ares, numa sequência digna de um filme de James Bond. Finda a Segunda Guerra Mundial, a coleção retornou a Nanjing, ainda encaixotada, e quando os comunistas se aproximaram da cidade, em 1947, Chiang Kai-shek simplesmente levou consigo para Taiwan o que de melhor havia nela, guardando-a em túneis escavados na encosta de uma montanha.

Ali a coleção permaneceu, exceto durante um ano, a partir do segundo trimestre de 1961, quando cerca de duzentas pinturas e objetos — entre elas *Viajantes em meio a regatos e montanhas*, de Fan Kuan, e *Começo de primavera*, de Guo Xi — formaram a exposição Tesouros da Arte Chinesa, que percorreu várias cidades dos Estados Unidos. Nas palavras de Fong, essa mostra "por si só criou os modernos estudos ocidentais nesse campo". Depois de ver aquela exposição, J. Robert Oppenheimer, o pai da bomba atômica, declarou a Wen Fong: "Se tudo fosse destruído na Terra, com exceção do que pudéssemos meter numa única nave espacial, algumas dessas pinturas teriam de estar a bordo". Quatro anos depois, Chiang Kai-shek abriu as portas do novo Museu do Palácio, em Taipé. Apesar de ter perdido as grandes cidades da China e a maior parte de sua população e de seu território, ele conservou um grande tesouro: a Coleção Imperial.

As pessoas que trabalham no Museu do Palácio, em Taipé, não saem dali. Entram jovens, com seus bem-feitos doutorados apenas suficientes para que obtenham um emprego de nível básico, como guias de visitas. E envelhecerão naquele lugar, que será o foco da vida social e profissional de cada um. Os que tiverem a sorte de se tornar curadores terão seus livros editados pelo Palácio, e, direta ou indiretamente, esses livros serão sobre o Palácio. Farão cursos sobre a complicada história da coleção e terão acesso aos famosos depósitos do acervo, onde 99% das obras são conservadas em elegantes escrínios de seda, em caixas esculpidas de madeira ou em grandes baús de metal. Jogarão na equipe de badminton do Museu do Palácio. "É o vestígio do sistema feudal da China", disse um dos curadores.

A coleção não viaja nem mesmo por Taiwan, motivo pelo qual a decisão de enviar suas peças mais valiosas — 475 das mais importantes obras da arte chinesa — aos Estados Unidos provocou tamanha celeuma. Entre as peças que seriam levadas ao Met estavam 27 integrantes da "lista restrita" do Museu do Palácio, particularmente reverenciadas, que em geral só são exibidas durante quarenta dias de três em três anos. Enquanto os americanos veem um museu basicamente como uma instituição educacional que organiza exposições públicas, os chineses o veem como um depósito que protege tesouros culturais. Os amantes da arte na China apreciam ver pinturas, mas a beleza é tida como incidental ao valor histórico. Por isso, enviar a pintura de Fan Kuan ao exterior equivale, mais ou menos, aos Estados Unidos emprestarem a outro país o original da Declaração de Independência ou da Constituição.

As obras de arte no Museu do Palácio são exibidas com atribuições de autoria feitas no século XVIII, embora estudos recentes levem a crer que muitas delas estejam incorretas. "Se eles [os especialistas do Palácio] começassem a fazer reatribuições das pinturas, seriam acusados de desvalorizar a coleção!", disse-me um acadêmico em Taiwan. "Imagine a histeria que tomaria conta do Yuan Legislativo se dissessem que certa obra na verdade não é de Fu Kuan!" Por isso, os especialistas fazem reatribuições de obras por meios secretos. Na tradição chinesa, as pinturas importantes são exibidas no outono; se alguém vê um Fan Kuan exposto na primavera, já sabe que as autoridades do Palácio acreditam que ela não é de Fan Kuan. Num cartazete, a frase "Esta obra não é característica do estilo do artista" também indica reatribuição. Um dos maiores triunfos das negociações conduzidas por Wen Fong foi a permissão para que o Met exibisse obras com atribuições próprias.

Em 2 de janeiro, o Palácio inaugurou uma prévia das obras que seriam enviadas a Nova York. "Decidimos que deveríamos expor essas peças para que o público pudesse vê-las. Depois as exibiríamos de novo ao voltarem, para que constatassem que eram as mesmas e que estavam em boas condições", disse Chang Lin-sheng, o cauteloso vice-diretor do museu e pessoa de amplo trânsito junto a Chin Hsiao-yi, o diretor. A mostra prévia incluía tudo o que iria a Nova York, excetuados os 27 itens da lista restrita. Um cartazete na parede explicava que, como essas obras tinham sido expostas havia pouco tempo, na mostra do septuagésimo aniversário do museu, não havia necessidade de expô-las de novo. Fosse essa declaração vazada em termos mais diplomáticos, cumpre observar, talvez os protestos não tivessem ocorrido.

A lista restrita pouco tinha a ver com fragilidade. A intervalos de séculos, é preciso remontar os rolos, mas afora isso eles são estáveis. Contudo, desenrolá-los e enrolá-los novamente exige certo cuidado. No Palácio, essa tarefa é realizada

191

sobretudo por velhos soldados que foram para Taiwan com Chiang Kai-shek e se reformaram como "técnicos". Um técnico veterano, em particular, tende a criar marcas de tensão. ("Ele gosta de dar uma torção final e ouvir os rolos fazer *iiiiic*", disse um especialista tomado de horror.) A lista restrita inclui obras antigas que em certa época estavam sendo desenroladas cinco ou seis vezes por semana para exame. Em meados da década de 1980, Chin preparou a lista restrita a fim de ter uma desculpa oficial para se recusar a receber visitas de especialistas. No entanto, a suposição generalizada é de que as peças poderiam se vaporizar se alguém exalasse nelas o ar da respiração, e um letreiro na parede durante a exposição prévia reforçou essa paranoia.

Em 3 de janeiro, Chin acompanhava a vice-diretora do Yuan Legislativo numa visita à exposição. Uma moça chamada Tang Hsiao-li, que falou de si própria como uma "raivosa amante das artes" e tinha nos olhos aquele brilho sinistro de obsessão que se vê em filmes antigos dos guardas vermelhos, pôs-se a falar de fragilidade aos berros. "Se o diretor Chin tivesse tratado a srta. Tang com polidez, em vez de ignorá-la, talvez isso não tivesse acontecido", disse mais tarde uma pessoa que assistiu à cena. "Mas o diretor Chin é o diretor Chin." Tang, que considerava que uma obra de arte frágil demais para ficar exposta no Museu do Palácio não deveria sair do país, fez uma campanha pela cidade, e na sexta-feira, 5 de janeiro, o *China Times* citou a convocação feita por ela: "Por favor, venham, a partir das dez da manhã de sábado, vestidos de preto, sentar-se pacificamente no Museu do Palácio para protestar contra o envio de pinturas frágeis ao exterior".

O sábado 6 de janeiro foi um dia claro e ensolarado, e multidões atenderam ao convite. ("Se chovesse", disse um curador, "talvez isso não tivesse acontecido.") Tang havia reunido a maioria das pessoas que se tornariam protagonistas do conflito, entre elas vários ex-empregados do Museu do Palácio, que o tinham deixado "sob uma nuvem", como se diz lá; algumas pessoas com ressentimentos pessoais contra Fong, Chin ou ambos; e alguns cidadãos genuinamente preocupados. Chu Ko, artista que tinha trabalhado no Palácio, escreveu no *China Times*: "Estou simplesmente abismado com a decisão de permitir o empréstimo dessas pinturas, notavelmente frágeis". Sua ligação com o Palácio conferiu enorme credibilidade a essas palavras. O pintor Shia Yan, que deixara de confiar nos Estados Unidos quando uma galeria de Nova York o tratou de forma desleal, também publicou um artigo inflamado. As estimativas quanto ao número de manifestantes variaram de sessenta a quatrocentos. No dia seguinte, os jornais de Taiwan publicaram fotografias impactantes do acontecimento na primeira página. "O empréstimo dessas obras de arte representa uma traição a nossos ancestrais", disse o poeta Kuan Kuan, fotografado depois na base de uma coluna, onde se preparava para uma greve de fome.

Na segunda-feira, 8 de janeiro, alguns políticos tinham assumido papel de destaque no caso. Chou Chuan, a líder do Partido Novo, de oposição, procurou Chin, levando a reboque uma dúzia de repórteres. Levou também Chu Hui-liang, que na época ainda trabalhava no Palácio (e era a estrela de sua equipe de badminton), acabara de completar seu doutorado em Princeton (orientada por Fong) e fora eleita havia pouco para o Yuan Legislativo. Chu propôs a Chin substituir os originais por reproduções de alta qualidade. "Como pode você, uma pessoa com formação museológica, fazer uma proposta dessa natureza?", perguntou Chin, mas a imprensa rejeitou sumariamente sua reação. No mesmo dia, manifestantes reuniram-se do lado de fora do Yuan de Controle, que fiscaliza os órgãos do governo. Àquela altura, o Ministério da Educação havia sido indicado para cuidar do problema. No Yuan Legislativo, os líderes da oposição proibiram que as 27 peças da lista restrita saíssem do país e convocaram uma audiência pública para a quarta-feira, 10 de janeiro, a fim de resolver a questão.

James C. Y. Watt é um intelectual chinês nascido em Hong Kong que trabalha com Fong. Avesso a confrontos, tinha viajado a Taiwan para supervisionar a preparação dos relatórios sobre o estado das obras e o acondicionamento de cada uma delas. Porém, viu-se no meio de um escândalo. Na audiência pública no Yuan Legislativo, foi o primeiro a falar. Ao subir à tribuna, os refletores da televisão o ofuscaram, e os manifestantes, que lotavam o prédio, passaram a gritar xingamentos quando ele começou a falar. "Sem-vergonha! Sem-vergonha! Sem-vergonha! Você é doido!", vociferavam. Watt discorreu tranquilamente sobre a política de intercâmbio cultural do Met. Ninguém o ouvia. Quando parou de falar e pôs-se a caminhar no corredor do salão, um repórter colidiu com um manifestante, e ambos acabaram numa luta corporal da qual Watt escapou por um triz. "Eu tive a sensação de estar empacado numa peça de Ionesco", disse ele depois.

Àquela altura, disse Montebello, o museu mantinha "um centro de comando em Nova York". Ele, Fong e Emily K. Rafferty, vice-presidente de desenvolvimento do Met, ficavam acordados de noite, presos ao telefone, buscando notícias do que ocorria em Taiwan. Judith Smith, assistente especial de Fong, consolidava as informações e preparava relatórios diários detalhados. A equipe redigia cartas a autoridades do governo e a manifestantes — algumas ansiosas, outras conciliatórias. Algumas eram enviadas, outras não. A cada dia, Fong planejava e cancelava uma viagem a Taiwan. Por fim, chegou-se à conclusão de que sua presença no país só serviria para inflamar ainda mais os manifestantes. Montebello falou com Chou Chuan, a líder do Partido Novo, "mas ela não tinha simpatia alguma por nossa causa", disse. "Para ela, aquilo tinha se tornado uma questão política, um quiproquó a ser exagerado para fins políticos, como o caso do [ex-senador] Jesse Helms em relação a Robert Mapplethorpe,* uma postura populista que desviava a atenção dos eleitores dos problemas reais do país."

No sábado, 13 de janeiro, houve uma manifestação no Memorial Chiang Kai-shek, em Taipé. Seus participantes traziam faixas com palavras de ordem na testa e carregavam enormes bandeiras. Entre os políticos presentes havia um candidato independente à presidência da república, que declarou que os líderes do KMT, o partido no poder, estavam usando seu controle da coleção do Palácio para aparecer. Alguns jovens, para os quais a liberdade democrática era novidade, pareciam inebriados com o poder do protesto. Havia também um número surpreendente de rapazes e moças, tomados de nacionalismo chinês. "Não vamos rastejar diante do Ocidente", disse um deles. "Temos direito às obras durante quarenta dias a cada três anos, e vocês as querem durante um ano? E ainda pagamos metade do custo da exposição?"

Consciente da fúria crescente, Fong declarou numa carta aberta ao Ministério da Educação que abriria mão de duas das três obras principais da exposição, pedindo apenas *Começo de primavera*, de Guo Xi, porque estava na capa do catálogo (já impresso). Para Fong e para o diretor Chin, toda a confusão armada não passava de sentimentalismo politizado. "Minha avó e minha tia solteirona também diriam que expor essas obras é destruí-las", admitiria Fong mais tarde. "Porém o tempo dessa choradeira sentimentaloide já passou." Para a imprensa taiwanesa, cada vez mais hostil, ele teria dito, "com muita arrogância", que cancelaria a exposição se mais obras fossem retiradas. "Na verdade, eu não cancelaria a exposição", disse Fong, "mas não existiria exposição alguma com os cortes que eles propunham."

---

* O senador republicano Jesse Helms (1921-2008) denunciou o fotógrafo Robert Mapplethorpe (1946-89) ao National Endowment for the Arts por considerar pornográficas as fotos de nu masculino produzidas pelo artista. (N. E.)

No centro de comando de guerra no Met, Montebello e os demais "preparavam listas de peças imprescindíveis", como ele disse. "Estávamos dispostos a aceitar uma exposição quantitativamente reduzida, mas não uma exposição reduzida do ponto de vista tipológico. Não poderia faltar nenhuma categoria importante de objetos. Era necessário que a mostra cumprisse sua meta de apresentar uma história transversal da arte chinesa, que não fôssemos obrigados a eliminar as dinastias Tang, Song ou Yuan de nossa apresentação, que a visão curatorial permanecesse intacta. No entanto, uma atitude demasiado moralista nessa questão não seria benéfica ao interesse público. Era importante que, por causa de nosso desapontamento, não cancelássemos uma exposição extraordinária. Um dia eu achava que nossas chances eram de 60%. No outro, esse cálculo baixava para 30%."

A seção de imprensa do Met, que vinha organizando dispendiosas viagens de pré-estreia a Taiwan e imprimindo folhetos em cores, ficou histérica. Proibiram-se as entrevistas, e as informações passaram a ser manipuladas a tal ponto que se tornaram implausíveis. As tentativas de controlar os jornalistas dificilmente podem ter sido mais rigorosas durante a Revolução Cultural do que em janeiro e fevereiro no Met.

Em outro protesto em Taipé, em 17 de janeiro, os boatos correram à solta: o Metropolitan trancafiaria os tesouros chineses em seu porão e devolveria cópias muito bem-feitas; o presidente Clinton restituiria as obras de arte à China continental; as garantias dadas pelo Congresso americano à proteção de tesouros culturais estrangeiros não eram mais dignas de crédito do que as relações diplomáticas dos Estados Unidos com Taiwan, encerradas em 1978. "Nem no Metropolitan nem em outras instituições do Ocidente há quem saiba trabalhar direito com papel ou seda", disse um manifestante. Quando um chinês, amigo meu, discordou, dizendo que o estúdio do Met incumbido da conservação de obras de arte asiáticas opera com padrões de exigência muito superiores aos do Palácio, foi coberto de insultos. "Essas obras são demasiado sofisticadas para vocês", disse outro manifestante. "As pessoas em seu país não podem entendê-las ou apreciá-las. Exibi-las lá é puro desperdício."

O Ministério da Educação nomeou uma comissão encarregada de investigar a balbúrdia. Num comício-monstro em 18 de janeiro, uma quinta-feira, os manifestantes se cobriram com uma petição, com 20 mil assinaturas, reunidas num único dia na Universidade Kaohsiung. Uma cólera especial era despejada sobre os membros da comissão ligados a Fong — embora fosse difícil formar uma comissão qualificada sem pessoas ligadas a ele. O diretor do Departamento de Arte Asiática no Metropolitan ainda estava sendo aconselhado a permanecer em Nova York. "Você não pode fazer outra coisa senão esperar", disse-lhe um amigo que integrava a comissão. "Espero que na próxima semana ainda haja uma exposição em vista."

Eu estava no meio da multidão do lado de fora da primeira reunião da comissão quando, de repente, uma câmera de televisão foi apontada para mim. "Disseram-me que o senhor esteve com Wen Fong", disse um jornalista. "Ele é mesmo como pensamos: cobiçoso, arrogante, egoísta e ignóbil?"

Em 20 de janeiro, quando estive com Chu Hui-liang, a recém-eleita legisladora do Partido Novo, ela expressou pesar com o debate. "Eu me preocupei com o envio de *Viajantes em meio a regatos e montanhas*... Achei que estavam sendo irresponsáveis. As pessoas precisam saber o que realmente significa 'lista restrita'. Mas nunca pretendi que a exposição fosse totalmente cancelada." No interior das muralhas do Palácio reinavam tristeza e frustração. "O que está havendo com essa gente?", indagou Chang Lin-sheng, do Museu do Palácio, que vinha cuidando do trauma cotidiano dos protestos. Como ela estivesse fugindo de entrevistas, precisei entrar em sua sala sorrateiramente. Ela parecia cansada. "Essa gente não trabalha? Não tem nada para fazer o dia inteiro, a não ser desfilar de um lado para o outro com palavras de ordem falsas?" O telefone tocou. Ela conversou durante 45 minutos, falando depressa, num tom ora conciliador, ora irritado. "Wen Fong", disse, ao desligar. "Eu disse a ele que não posso fazer nada mais além do que estou fazendo para ajudá-lo." Pegou uma revista popular cuja capa era *Viajantes em meio a regatos e montanhas*. "Tenho para mim que o bom é que agora todo mundo neste país já ouviu falar de Fan Kuan, quando recentemente essa mesma população não se interessou em ver nossa exposição dos setenta anos. A verdade é que todos estávamos preocupados com o envio do Fan Kuan. Talvez seja melhor que um ou dois outros permaneçam aqui, tal como a *Mona Lisa* fica no Louvre. Mas quanto ao restante... as pessoas devem ver essas obras. Como é que podem suspeitar tanto de nós? Será que não fazem ideia do quanto amamos essa pintura? Todos somos frágeis. E por isso nunca mais sairemos de casa?" Fong empregou outra analogia: "A gente não deixa de comer porque pode se engasgar".

A comissão investigadora e suas subcomissões resolveram reconsiderar cada uma das peças, e não apenas as que constavam da lista restrita, e os manifestantes ameaçaram entrar na justiça contra o Museu do Palácio. As medidas sub-reptícias e a "diplomacia de corredor" de Montebello não pareciam eficazes. Nem ele nem o diretor do Instituto Americano de Taiwan, nosso embaixador de facto naquele país, conseguiram chegar ao ministro da Educação. Para as autoridades em Taiwan, os desejos intensos do Metropolitan Museum pouco interessavam, e o Met, percebendo que a dissimulação não protegeria a exposição, adotou relativo silêncio. Fong, porém, permaneceu confiante: "O governo precisa ser visto como sensível aos reclamos do povo. Por isso, algumas peças seriam excluídas. No entanto, se toda a exposição for cancelada, o governo parecerá dependente do desejo de um grupo de histéricos, e essa demonstração de fraqueza iria de encontro a seus interesses".

Mas a situação do Met começava a causar preocupação. O acondicionamento das peças já enfrentava uma semana de atraso, e as vitrines de exibição que o museu tinha encomendado não podiam ser construídas, pois ninguém sabia o que entraria nelas. O espaço de carga reservado em aviões tinha sido suspenso. A Acer retirara seu apoio, no valor de 1,5 milhão de dólares, e os manifestantes tentavam bloquear a parcela de financiamento que cabia a Taiwan. Nos círculos artísticos de Taipé, surgira uma nova saudação: "Que notícias você tem de Wen hoje?". Todavia, já estava claro que não havia nada que Wen Fong ou qualquer outra pessoa nos Estados Unidos pudesse fazer.

Quase no fim de janeiro, notícias de novas ameaças chinesas a Taiwan tiraram a controvérsia artística das primeiras páginas dos jornais. Em 23 de janeiro, a comissão anunciou uma contemporização que frustrou os dois lados: 23 itens, entre os quais várias peças de máxima importância, seriam excluídos, enquanto dezenove outras obras valiosas só poderiam ser exibidas durante quarenta dias. A seguir, o Met decidiu, corajosamente, começar o acondicionamento sem garantias financeiras para uma das exposições mais importantes de sua história (ainda que os custos de seguros e transportes tivessem caído um pouco, devido à exclusão de obras de valor inestimável). "Dissemos ao Conselho de Administração que arcaríamos com o buraco de 1,5 milhão de dólares deixado pela retirada de patrocinadores empresariais", disse Rafferty. "Avisamos também que havia a possibilidade de que o custeio pelo governo de Taiwan, no valor de 3,1 milhões de dólares, não se concretizasse. Era uma cartada arriscada: a utilização de 4,6 milhões de dólares de nosso orçamento operacional não levaria o museu a fechar as portas, mas seus efeitos seriam devastadores." Montebello quis saber, irônico:

"Quem ficaria angustiado se as obras viessem e o dinheiro não?". Por fim, o Ministério do Exterior de Taiwan interveio.

Assim, a exposição Esplendores da China Imperial será, afinal, inaugurada no Met, mas sem 36 de seus esplendores maiores. Mais triste ainda que a ausência de *Começo de primavera* e *Viajantes em meio a regatos e montanhas* é o prejuízo substancial sofrido pela elegante coerência narrativa e pelo equilíbrio da mostra, tal como tinha sido planejada. Ainda assim, ela é, em muitos sentidos, a maior exposição de arte chinesa já realizada no Ocidente, e as obras estarão exibidas e iluminadas mil vezes melhor do que jamais foram no Palácio. Talvez ela seja também a última exposição de seu gênero: em vista das irascíveis emoções protecionistas que afloraram durante o rebuliço de janeiro, é provável que grande parte dessas obras nunca mais volte a deixar Taiwan.

A agitação em Taiwan foi estranha por duas razões. Em primeiro lugar, porque a ilha não é, de modo algum, antiamericana. Um número enorme de taiwaneses viaja aos Estados Unidos ou estuda no país. Grande parte da população fala inglês, e, não obstante uma ou outra briga de bar por causa de Fan Kuan, normalmente um americano se sente mais à vontade em Taiwan do que praticamente em qualquer outro país do Extremo Oriente. Dos dezessete membros do gabinete, sete doutoraram-se em universidades americanas. Taiwan ocupa o terceiro lugar mundial na lista dos maiores compradores de armamentos americanos e é nosso oitavo parceiro comercial. "Aqui, a população educada é mais americana do que qualquer outra coisa", disse-me um artista jovem.

A segunda razão pela qual os protestos foram tão surpreendentes é mais sutil e mais importante. Taiwan tem vivido num clima de agitação durante muito tempo, sobretudo nos últimos cinco anos, em virtude da questão relativa ao pertencimento ou não à China. A ideia de "uma única China" é a mais premente questão política: será Taiwan, em algum momento, reanexada ao território continental — pela força ou não — ou um dia se declarará independente? Segundo a posição oficial dos comunistas continentais e do KMT de Taiwan, a ilha é uma província chinesa; tanto Taipé como Beijing alegam ser legítimos governantes da China. Para o observador ocidental de passagem, a situação parece ridícula. Taiwan tem uma economia independente, sistema político próprio e um sistema educacional separado; os cidadãos viajam com passaporte taiwanês. Mas o nacionalismo chinês tem raízes profundas. Alguns taiwaneses gostam de se sentir parte de uma grande nação, e não, como escreveu um ensaísta, "cidadãos de outro pequeno e desconhecido país provinciano e insignificante do Sudeste Asiático". Para os taiwaneses com laços estreitos com o continente, e são muitos, declarar a independência seria como amputar os próprios braços.

Não que Beijing vá admitir a independência. Desde que o presidente taiwanês Lee Teng-hui visitou os Estados Unidos, em junho, para fazer um discurso em Cornell, a China tem realizado "manobras militares convencionais", cada vez mais amplas, no litoral defronte a Taiwan e ao largo da costa norte da ilha. Por isso, em face das ameaças constantes de Beijing, Taiwan se vê obrigada a adular tanto os chineses do outro lado do estreito como o Ocidente. A retirada do embaixador dos Estados Unidos em 1978 ainda provoca fúria. Eis Taiwan — uma democracia pacífica que os Estados Unidos não reconhecem porque reconhecem outro país com um péssimo histórico de direitos humanos, com o qual temos um comércio que representa menos da metade do comércio com Taiwan e que nos afronta com sua política exterior e interna.

A luta de Taiwan pela identidade alimentou os protestos quanto à exposição. Durante as comemorações do septuagésimo aniversário, nos círculos artísticos de Taipé, estive com mais pessoas que queriam desautorizar o Palácio do que com outras que o elogiavam. Embora o Palácio sempre tenha atraído turistas, a maioria dos taiwaneses o evitava — por causa de sua atmosfera intimidante, porque Taiwan há muito se mostra indiferente às artes e porque o museu é, segundo muitos intelectuais taiwaneses, "de uma chinesice alienante".

Existe hoje em Taiwan uma forte tensão étnica entre os "continentais" (também chamados de"pessoal de 1949"), aqueles que vieram com Chiang Kai-shek e seus descendentes, que formam cerca de 20% da população, e os "taiwaneses", cujos ancestrais tinham se instalado ali anteriormente. Essa tensão étnica causa perplexidade, na medida em que os dois grupos são formados por chineses han, todos com raízes no continente; a população aborígine nativa é minúscula. Entretanto, as forças de Chiang chegaram ali com ar de conquistadores, e de 1949 até o fim da brutal "dinastia Chiang", em 1987, os continentais do KMT governaram, e os taiwaneses já instalados ali eram tratados como inferiores, apesar de controlarem grande parte das terras e da riqueza nacional.

O governo de Chiang Kai-shek era corrupto, afirmava o direito de governar toda a China e enchia o Legislativo de representantes de todos os distritos do continente. Contudo, no decorrer dos últimos nove anos, o país se transformou, com notável fluidez, numa democracia funcional, com uma população educadíssima (a taxa de alfabetização é superior a 90%, o que, para uma sociedade de escrita ideográfica, é espantoso), imensa riqueza nacional (inclusive uma das maiores reservas monetárias per capita do mundo) e eleições livres. O Legislativo já não pretende representar toda a China.

"O Museu do Palácio é um belo lugar, mas demasiado chinês e pouco taiwanês", disse Chen Shih-meng, vice-prefeito de Taipé, que já foi secretário-geral do Partido Democrata Progressista (DPP, na sigla em inglês). O DPP, um dos dois principais partidos de oposição, defende ostensivamente a independência. "Se Chiang Kai-shek trouxe aqueles tesouros, com direito a eles ou não, ignoro, mas precisamos de um lugar taiwanês para complementar o Museu do Palácio. Merecemos nos entender como taiwaneses. Ensinaram-me que eu fazia parte de uma cultura chinesa, a que, na verdade, nunca pertenci. Devemos elevar a consciência de nossa próxima geração. Precisamos ajudá-la a se libertar culturalmente do continente." Em seguida, como normalmente acontece, em vista da tensa política de Taiwan, Chen fundiu o tema sobre o qual discorria com a questão mais essencial da independência: "Nossos líderes aqui dizem que, para evitar irritar o continente, devemos falar com uma vagueza criativa. Essa vagueza, destinada a confundir Beijing, confunde mais o povo de Taiwan do que o inimigo. Se a China usar força militar, vamos contra-atacar. Poderíamos destruir as zonas econômicas deles com incrível rapidez. Não vamos vencer lançando ameaças contra os peritos militares chineses, mas, se utilizarmos nossa capacidade militar para semear medo entre os economistas, podemos dividir aquela liderança e triunfar. Devemos deixar nossos planos claros para o continente. Criar uma consciência cultural nativa faz parte dessa política. O Museu do Palácio não possibilita tais objetivos".

Chang Lin-sheng, do Museu do Palácio, assim se expressou a respeito daqueles que advogam uma arte taiwanesa autônoma: "Essas pessoas não têm raízes. O senhor sabia que as tribos aborígines, que os localistas tanto amam, não possuem na língua deles uma palavra para arte?". Ela fez uma pausa dramática. "Democracia não é bom para a arte." Chang torceu as mãos e riu. "O comunismo é pior. O capitalismo é uma boa aproximação de um sistema imperial e é ótimo para a arte. Não existe uma cultura taiwanesa. Não é como o problema racial nos Estados Unidos — todos nós somos han, e nossa cultura chegou a seu auge em cortes imperiais." O Museu do Palácio, ela insistiu, era a melhor solução para a busca de dignidade pelos taiwaneses.

As melhores paisagens da dinastia Song não serão vistas na mostra Esplendores da China Imperial, que terá, porém, obras-primas de caligrafia e de pinturas posteriores. Está na moda destacar que o Ocidente separa mente e corpo e buscar curas holísticas no Oriente. O divórcio ocidental entre palavra e imagem, entre a história da literatura e a história das artes visuais, não é uma dissociação menos perturbadora. Isso não existe na China, onde o caractere é, a um só tempo, representação verbal e linguagem visual, e os componentes de uma pintura são quase tão icônicos quanto o vocabulário literário. De todas as artes chinesas, a caligrafia ainda é, para a maioria dos ocidentais, a de mais difícil apreensão: a linguagem não é metáfora, mas objeto, e o que é significado é, em certa medida, o processo de significação. É mais difícil desunir a escrita e o conteúdo que separar o dançarino da dança. A caligrafia pode ser epistolar e espontânea, com traços de tinta inteiramente expressivos, ou pode ser formal e ritualística.

Quem for ao Met verá o *Ensaio autobiográfico*, de Huaisu, ébria celebração autocongratulatória em formas cursivas, datada do ano 777, em que o autor explica que escreve melhor quando embriagado. À medida que se inebria, o texto torna-se menos literário, no entanto a qualidade da caligrafia aumenta. Com a investida do pincel, os caracteres escorrem de um para o outro, produzindo desenhos — ritmados, pulsantes, quase eróticos. Escrevendo no século XIII, Zhao Mengjian disse que Huaisu "é enérgico ao agarrar a pena, como uma cobra timorata, a utiliza com vigor, porém é estranhamente contido". O próprio Huaisu escreveu: "A boa caligrafia assemelha-se a um bando de aves ao deixar as árvores, cobras assustadas correndo pela grama ou rachaduras se abrindo numa parede despedaçada".

Todo aluno de arte na China estuda os *Poemas escritos em Hangzhou durante o Festival de Pratos Frios*, de Su Shi, de 1082, como a apoteose da caligrafia, e a parte mais estupenda do magnífico catálogo de Wen Fong para a exposição do Met é sua análise minuciosa dessa obra. Ensaísta admirado pelo imperador Shenzong (a cujos primeiros triunfos *Começo de primavera* faz alusão), Su Shi tornou-se comentarista político na corte, analisando problemas correntes por meio de analogias históricas. Nomeado para vários cargos nas províncias, passou a preocupar-se cada vez mais com a vida do povo e insistia constantemente junto à corte em favor da redução de impostos. Isso enfureceu o conselheiro-mor do imperador, e em 1079 Su Shi foi condenado por insulto ao soberano e banido para Hangzhou. Passou a escrever poemas, tornou-se budista e escreveu grandes clássicos da literatura chinesa, entre os quais *Ode ao penhasco vermelho*, a que artistas posteriores com frequência aludiam quando queriam fazer críticas indiretas ao governo. Amigos poderosos disseminaram seus poemas por toda a China, e, exilado, ele se tornou um herói para a intelligentsia e para a elite cultural, até ser finalmente convidado, em 1084, a voltar para a corte — apenas para ser desterrado, mais uma vez, anos depois.

Durante seu exílio, Su Shi escreveu *Poemas escritos em Hangzhou durante o Festival de Pratos Frios*, uma ideia de primavera quase oposta à de Guo Xi:

> *Desde que vim para Hangzhou,*
> *Houve e passaram três Festivais de Pratos Frios.*
> *A cada ano desejo prolongar a primavera,*
> *Mas ela se despede sem demorar-se.*

> [...]

> *Em segredo a primavera é roubada e dissipada,*
> *Descarregando vingança no meio da noite.*
> *Em que ela se distingue de um moço doente*
> *Que deixa o leito com o cabelo já branco?*

> [...]

> *Cinzas mortas e sopradas não ganham vida.*

A caligrafia é um estudo de equilíbrio e linha, com cada caractere moldado e inclinado, e o pincel usado com segurança e constância. Não temos aqui a escrita de louca exuberância de Huaisu; sua estrutura é graciosa e complexa como a galharia de uma árvore. Su escreveu: "Meu texto brota como 10 mil galões de água no poço, irrompendo pelo solo, derramando-se no vale plano e correndo, à solta, por milhares de *li* num dia".

Su Shi dispensava o realismo — a obsessão dos artistas ocidentais nos oitocentos anos seguintes —, por considerá-lo "a visão de uma criança". Também rejeitava uma arte que servisse ao Estado. A arte ocidental da Idade Média foi intensamente formal, porém a caligrafia de Su Shi revela um mundo pessoal quase expressionista. *Poemas escritos em Hangzhou durante o Festival de Pratos Frios* é uma obra triste, mas também redentora, pois o que mostra é a luta pelo autoconhecimento. Novecentos e catorze anos depois, suas cinzas, sopradas, ainda ganham vida.

Esplendores inclui diversas pinturas importantes da dinastia Yuan. Para uma plateia ocidental, é mais difícil compreender a pintura Yuan do que a Song. Os pintores da dinastia Yuan buscavam total simplicidade de estilo e tema, e a imaginação ganhava rédea solta dentro de limites estreitos. Ao rejeitar a teatralidade dos estilos Song, o pintor Wu Zhen fala de "sabor dentro da suavidade".

Entre 1347 e 1350, Huang Gongwang criou o rolo *Habitação nas montanhas Fuchun*. Os artistas Song haviam ascendido ao apogeu da representação naturalista, escondendo a pincelada mediante o uso de aguadas. Queriam apagar de suas obras as marcas de si mesmos. As pinceladas de Huang, como seus sentimentos, estão visíveis em toda parte, como se ele estivesse escrevendo as cartas de seu próprio coração.

Também para a exposição do Met virá *Dois poemas*, do imperador Huizong, um belo exemplo de sua caligrafia "ouro fino". Essa obra, composta mais de três séculos depois do trabalho de Huaisu, contrasta fortemente com este. Segundo James Cahill, "cada caractere, ocupando seu lugar pertinente, exibe ordem e estase, como se estivesse gravado na pedra". Huizong era um imperador incompetente, ansioso por construir grandes jardins públicos e vago em relação à administração do país, mas era excelente consumidor e praticante das artes. "Só por meio da criatividade", escreveu, "o mérito de uma pessoa fica em segundo plano."

A exposição *Esplendores* reflete e exibe o mérito dos imperadores chineses, que às vezes aparece de modo mais tangível em pinturas e na caligrafia que em realizações políticas ou conquistas militares. O catálogo de Wen Fong, que recebeu o expressivo título de *Apossando-se do passado*, é, sob certos aspectos, embaraçoso para o Met. Sua capa mostra *Começo de primavera*, de Guo Xi, que não está na mostra. A página de créditos agradece à Acer pelo patrocínio, que foi retirado.

E o texto trata, com certa extensão, de obras que provavelmente nunca serão vistas nos Estados Unidos, e com ilustrações em cores. ("Bem, pelo menos você terá o seu livro", disse Montebello a Fong, quando se teve a impressão de que a exposição acabaria sendo cancelada.) O livro emprega vocabulário e conhecimentos especializados para narrar a evolução, ao longo de mil anos, dos conceitos de pintura e de caligrafia, equilibrando doses semelhantes de história social da arte e de sua história formal. Esclarece a força que valeu a essas obras-primas chinesas sua posição sancionada e a força que essa posição lhes conferiu.

Apossando-se do passado parece também narrar repetidamente o que sucedeu em Taiwan no mês de janeiro, uma vez que o choque entre uma população em pé de guerra e uma elite autocrática tem sido recorrente em muitas dinastias chinesas. "Quanta alta cultura chinesa existe na China?", perguntou-me Fong numa noite deste inverno. "Ela é toda ocidental. Muita coisa se perdeu e foi esquecida pelo povo chinês nos últimos 150 anos. O que eles ainda têm é precioso, mas orgulhar-se de seu patrimônio e esforçar-se por compreendê-lo são coisas diferentes."

Alguns manifestantes falaram em janeiro da necessidade de uma exposição de arte europeia em Taiwan, tão grandiosa quanto Esplendores, que incluísse tudo, da *Vênus de Milo* a *Guernica*. Talvez quisessem dar a essa mostra o título de Fugindo do Passado, porquanto a arte tradicional do Ocidente se afigura mais voltada para o futuro (apesar do neoclassicismo e do pós-modernismo), enquanto a arte chinesa tradicional tende a olhar para o passado. A ênfase no futuro é um ponto de discórdia na política de Taiwan, e o Museu do Palácio simboliza os argumentos contra a inovação. Em geral, as exposições no país não propõem ideias novas; elas mostram sobretudo ideias velhas.

Com efeito, o ascendente Partido Novo, que liderou os protestos, defende uma reunificação eventual, uma forma radical de apossar-se do passado. A batalha pela coleção do Museu do Palácio leva a crer que a próxima luta possa dar-se em torno das condições da unificação, e não da espécie de independência embasbacada que varreu o Leste europeu. Como a maioria das exposições históricas de arte, Esplendores da China Imperial fala do passado. Mais que a maioria das outras, pode também falar do futuro.

A partir de 2002, o Museu Nacional do Palácio passou por extensas renovações, que o tornaram mais propício aos visitantes e mais resistente a terremotos.

Reabriu em dezembro de 2006 com uma exposição que incluiu uma paisagem da dinastia Song, emprestada pelo Metropolitan. As renovações atraíram um público novo: mais de 5 milhões de pessoas visitaram o Museu Nacional do Palácio em 2014, e uma nova filial sul foi aberta no condado de Chiayi em 2015.[1]

Em 2009, a China emprestou relíquias da dinastia Qing para exibição em Taipé. Numa expressão de boa vontade recíproca, o diretor do Museu Nacional do Palácio, Chou Kung-shin, posteriormente recusou-se a exibir duas esculturas que teriam sido saqueadas do Palácio de Verão,[2] nos arredores de Beijing, no fim da Segunda Guerra do Ópio. Apesar disso, o Museu do Palácio vem rejeitando todos os pedidos de empréstimo feitos por museus na República Popular da China, por temer que Beijing se recuse a devolver obras de arte emprestadas. Em todo o mundo, os empréstimos só são concedidos onde a lei nacional proíba a apreensão de propriedades disputadas.

Os protestos públicos continuam a ocorrer em Taiwan. Em 2013, o Exército da Camisa Branca fez suas primeiras aparições. Esse movimento da juventude taiwanesa recusou-se a assumir posição a respeito da reunificação com a China. "Não apoiamos nenhum lado e nenhum líder",[3] disse Liulin Wei, de trinta anos, que deu início ao movimento ao postar uma nota em que acusava o governo de desrespeitar seus cidadãos. "Somos a favor dos direitos civis, dos valores comuns, da democracia. E é muito simples juntar-se a nós. Basta vestir uma camisa branca." Semanas depois, 250 mil jovens de camisa branca desfilaram em Taipé. "As pessoas de nossa idade são ocupadas demais e desligadas demais da política", disse Liulin. "Mas elas se interessam. Só temos de facilitar a adesão." Embora o movimento tenha esmorecido, em março de 2014 centenas de jovens ativistas, apelidados de Movimento Girassol,[4] por causa das flores que carregavam, ocuparam o prédio do Parlamento de Taiwan, num protesto sem precedentes contra um acordo comercial que visava estreitar laços com Beijing. A questão da unificação ou independência continua a se desenrolar confusamente, num contexto de calculada vagueza.

TAIWAN

Em cada paleta, uma escolha de cores políticas

New York Times, 4 de agosto de 1996

Acabei me envolvendo profundamente na complexa política de Taiwan e logo descobri o vívido ambiente artístico contemporâneo do país. Eu havia presumido que a nova arte taiwanesa seria uma versão reduzida da nova arte chinesa, mas o que encontrei foi algo muito mais interessante que isso. Os artistas que conheci na China sobreviviam à sociedade opressiva por meio de fantasias sobre liberdade; em Taiwan, os artistas viviam numa sociedade mais livre e sob constante ameaça de opressão. Infelizmente, como descobri depois, enquanto todo mundo em Nova York desejava saber o que estava acontecendo na China, poucas pessoas queriam saber o que acontecia em Taiwan. Os artistas do continente adquiriram um imenso público internacional, ao passo que os de Taiwan, muitos deles igualmente interessantes, ocupam um lugar bem menor no exterior.

Em 1985, havia em Taipé quinze galerias; hoje elas são mais de duzentas. Na maioria, vendem pinturas a óleo decorativas num estilo impressionista meio kitsch para os burgueses decorarem suas residências, porém várias delas, mais sérias, expõem obras contemporâneas em vários estilos, ditos ocidental, chinês e taiwanês nativo. No tempo da ditadura, Taiwan sabia o que era: o governo nacionalista da China no exílio. Na democracia, Taiwan não consegue decidir em que medida é chinês, independente ou ocidentalizado. A reeleição do presidente Lee Teng-hui confirma a adesão ao que o Departamento de Estado americano chama de "ambiguidade criativa". Essa crise de identidade reflete-se na arte cada vez mais conflituosa do país — e, como duas altas autoridades do governo me disseram, em parte foi causada por esse conflito.

Pode-se quase dizer que praticar a tradicional pintura chinesa a pincel equi-

206

vale a apoiar o Partido Novo, direitista, que defende a reunificação com o continente; fazer arte conceitual é aliar-se ao Partido Democrata Progressista (DPP, na sigla em inglês), que defende a independência; e pintar a óleo (quase todos os quadros são horrorosos, segundo os padrões ocidentais) é ligar-se ao Partido Nacionalista ou Kuomintang (KMT), centrista, no poder.

O Museu de Belas-Artes de Taipé, o enorme museu de arte contemporânea de Taiwan, é uma instituição municipal, por isso seu novo diretor foi nomeado pelo prefeito de Taipé, do DPP, que há pouco anunciou planos para a construção de outros dois museus dedicados à arte taiwanesa. Num banquete oferecido pelo diretor do museu, sentei-me ao lado da diretora de exposições, Lee Yulin, moça de graça singular que transita com facilidade entre os círculos oficiais e o dos artistas contemporâneos. Pedi-lhe que me ajudasse, apresentando-me a alguns artistas. "Sou do DPP", disse ela. "Eu o ajudarei se você promover em seu artigo a causa da independência de Taiwan." Uma semana depois, num banquete, eu estava sentado ao lado de Chou Hai-sheng, redator-chefe da principal casa editorial de arte de Taiwan. "Vou apresentá-lo a nossos grandes artistas chineses", disse ele. "Eu estava presente no dia em que o Partido Novo foi fundado", explicou.

Em Taiwan, atualmente, a expressão *ben sheng ren*, "pessoas desta província", designa os taiwaneses nativos; *wai sheng ren*, "pessoas de fora", indica os chineses do continente que foram para a ilha no final da Segunda Guerra e seus descendentes; e a expressão, atualmente em moda, *Taiwan ren*, "gente de Taiwan", é o termo politicamente correto que pode resolver uma situação difícil. Grande parte da arte da Taiwan trata desses três modos de autodefinição.

O centro da arte de vanguarda em Taiwan é uma galeria dirigida por artistas, a IT Park, fundada em 1988 por cinco amigos que sentiam falta de um espaço alternativo. São três salas, um pequeno terraço ensolarado, um escritório e um barzinho. Cerca de quarenta artistas estão ligados à IT Park, e dois deles administram o dia a dia da galeria. Artistas entram ali para ver trabalhos uns dos outros ou para ver os demais artistas. A conversa é fácil, informal. A maioria dos artistas da IT Park estudou no Ocidente — na Cooper Union, em Nova York, na École des Beaux-Arts, em Paris, e em instituições congêneres. Quando estive ali, Dean I-mei, um jovem conceitualista, estava exibindo uma mitene feita com um dedo médio elevado. Aquela peça desafiadora, disse, tinha sido tricotada por sua mãe, segundo suas especificações. Durante o almoço, ele me mostrou uma tela na qual haviam sido pregados dois relógios quase idênticos, ambos comprados no bairro chinês de Nova York. Um deles tem como mostrador a bandeira da China continental; o outro, a bandeira de Taiwan. O título é *Made in Hong Kong*. "Culturalmente sou chinês, mas politicamente não", declarou o ex-crítico de arte J. J. Shih certa noite, enquanto bebíamos no bar da IT Park. Outro artista, que adotou o nome de Tchenogramme, assim se expressou: "Sou um cidadão internacional e um provinciano de Taiwan". O caráter taiwanês ou não da arte desses artistas e o porquê disso dominam as conversas entre eles.

Na década de 1970, grande parte da arte se baseava na cultura camponesa de Taiwan e representava os aspectos característicos da paisagem: "Na década de 1970, a política usava a arte; no fim dos anos 1980, a arte começou a usar a política", explicou outro artista jovem, Tsu Ming. "Na década de 1970, nosso provincianismo refletia nossa insegurança numa época em que fomos excluídos das Nações Unidas; hoje, nosso taiwanismo reflete nossa autoconfiança à medida que avançamos para uma liberdade completa e muita prosperidade." Como explicou Lynn Pascoe, até recentemente diretor do Instituto Americano em Taiwan e, por isso, "embaixador" americano no país: "Em 1964, Taiwan dispensou a ajuda externa; a partir daí, rapidamente deixou de ser uma economia rural para se tornar uma economia artesanal e, logo, uma economia técnica. Durante um breve período, o lado rural-artesanal da sociedade foi a sua base, e hoje esse lado está relegado a recordações sentimentais".

Artistas como o grupo da IT Park, educados no Ocidente, têm mais sofisticação do que aquela que sabem administrar. "Alguns de nós estão rompendo com a cultura chinesa; alguns estão rompendo com a cultura ocidental; e outros estão rompendo com todo o seu passado", afirmou J. J. Shih. "Há uma xenofobia clandestina contra o Ocidente e uma xenofobia ostensiva contra a China. Mas bairrismo não é nacionalismo de verdade." Tsong Pu, um dos fundadores da IT Park, declarou: "Os artistas fazem obras sobre a política de Taiwan, mas a definição que dão de arte política e a ideia que fazem dessa arte foram aprendidas em escolas de arte americanas".

Como a maioria das vanguardas, essa está cheia de frustrações. As dificuldades de "tornar-se internacional" muitas vezes parecem insuperáveis. "Os artistas estão lutando por uma visão taiwanesa, no entanto a luta nunca é o tema de suas obras", opinou Dean I-mei. "É por isso que essas obras não interessam ao resto do mundo." Chen Hui-chiao, artista que faz instalações formalistas e minimalistas com agulhas, aço e água, disse: "Não olhe meu trabalho e pense em Taiwan. Só olhe. É apenas arte".

O mercado de arte contemporânea em Taiwan está fraco no momento, e cerca de 90% das galerias operam com prejuízo. "O problema", expôs Lily Lee, diretora da Associação das Galerias e proprietária da Galeria Portão do Dragão, "foi que os preços subiram muito no começo da era dos museus, quando foi criado o Museu de Belas-Artes de Taipé e todo mundo começou a fazer estardalhaço em relação à arte taiwanesa. E então se percebeu que o mercado secundário era imprevisível e que nossa arte não tinha mesmo se tornado internacional. Os chineses não apreciam esse tipo de investimento instável." Assim, enquanto o desenvolvimento de um ambiente de arte contemporânea é vital para a luta taiwanesa pela conquista de identidade cultural, a falta de lucratividade marginaliza cada vez mais a produção de obras de arte.

A cinco minutos de táxi da IT Park fica o New Paradise, outro espaço dirigido por artistas. É um empreendimento não lucrativo, sem janelas, num subsolo, sem um café chique ou um terraço onde filósofos possam tomar sol. O público ali é ainda menor e mais autocentrado, e os trabalhos, mais sofisticados e isolados. Num dos cômodos, todos os relógios marcam 2h28, para que ninguém esqueça os eventos ditos dois-dois-oito (os massacres em Taiwan no dia 28 de fevereiro de 1948), marcos heroicos do nacionalismo taiwanês.

Saí com Lee Yulin, do Museu de Belas-Artes, para visitar esses artistas ousados, e conversamos sobre o delicado pragmatismo de uma Taiwan independente que surgiria da visão deles. "A ortodoxia taiwanesa rejeita o passado chinês, mas, na verdade, nossa nova identidade será meio descoberta e meio criada", disse ela. "Não podemos jogar no lixo o Museu do Palácio e nosso patrimônio chinês, pois eles são parte importante da Taiwan moderna. O problema está em incluir o passado chinês e, ao mesmo tempo, nos distinguirmos dele. A cultura é uma coisa que se acumula, e não se pode simplesmente começar uma nova cultura de uma hora para a outra. Ela tem de se basear no passado."

No estúdio de Wu Tien-chang, falamos do que ele chama de "a mentalidade de passageiros do KMT"; que o governo nacionalista só se instalou em Taiwan para fazer uma pausa antes de reconquistar o continente. "Todo mundo vem para cá esperando ir embora", ele disse. "Não temos super-rodovias porque o KMT achou que não valia a pena construí-las, pois esperava ir embora o mais depressa possível. Esta ilha está cheia de edifícios bacanas feitos de madeira compensada.

Nada tem uma base real, raízes reais. Estamos de tal forma acostumados a esses simulacros que os aceitamos como reais. Temos de mudar isso." Wu fez um gesto em direção a um trabalho seu, *Autorretrato como marinheiro*, obra de cores estranhas, iluminação artificial e um cenário kitsch hilariante. "Tudo em meu trabalho é falso, porque isso reflete a realidade social desta ilha."

No mesmo dia, à noite, sentamo-nos num jardim — estávamos fora do centro congestionado de Taipé, e a casa de um pavimento parecia ter saído de uma pintura em rolo — com Huang Chih-yang e sua mulher, vendo a lua subir sobre a cidade, tomando chá e comendo sementes de abóbora. O trabalho de Huang é de uma beleza pungente, e ele emprega as técnicas de pincel da pintura chinesa para fazer instalações conceituais. "Quando eu estava começando na escola de arte", explicou, "decidi estudar a pintura chinesa porque para mim, em meus anos iniciais, toda a arte ocidental parecia a mesma. Eu sabia que queria fazer uma coisa nova e achava que não havia nada de novo a ser feito na linguagem ocidental." Uma de suas obras mais espetaculares, *Quarto de maternidade*, tem mais de uma dúzia de folhas de papel de arroz, em forma de banners, com imagens em tamanho real de figuras esqueléticas pintadas a nanquim, com os órgãos sexuais exagerados, semi-humanas e semimonstruosas. "Qual a razão de acharem que ser moderno e ser chinês são ideias artisticamente antípodas? Estou perseguindo a verdade dessa sociedade louca, misturada", disse ele.

Acompanhado por Chou Hai-sheng, visitei o pintor Shia Yan, um dos grandes nomes da velha guarda da arte em Taiwan. A olhos ocidentais, seus quadros a óleo carecem de originalidade e são banais, mas sua retrospectiva, no Museu de Belas-Artes de Taipé, no ano passado, foi um sucesso retumbante. "Um artista que aprende a arte ocidental está planejando melhorar a arte chinesa com métodos ocidentais", disse Shia Yan. "Essa filosofia só prejudica a tradição, e não a reconstrói, de modo algum. Talvez, na melhor das hipóteses, se possam reunir o sentimento chinês e a forma ocidental."

Num outro dia, fomos ver Hsia I-fu, que pinta paisagens nas quais somente o olho chinês treinado é capaz de ver vestígios corruptores de perspectiva ocidental e alguns contrastes não tradicionais entre pinceladas úmidas e secas. "A pessoa procura a pintura ocidental quando está sossegada, e isso a deixa agitada", disse ele. "Se a pessoa está agitada e procura a pintura a nanquim, ela se acalma. A pintura a nanquim está mais próxima da experiência religiosa: como uma meditação, ela purifica a mente. Meu trabalho em si não é chinês, e sim taiwanês, mas vem do coração. Isso porque aqui, em nosso coração, o que a maioria quer é se acalmar. E o que vocês, do Ocidente, querem, tal como esses artistas jovens, de vanguarda, e também o pessoal do DPP, eu acho, é agitar." Ele fez uma pausa e olhou em torno da sala. "Eleições, ataques com bombas... Será que precisamos também que a arte nos agite?"

Em 1998, dois anos depois que escrevi este artigo, o Aeroporto Doméstico de Taiwan foi fechado temporariamente porque um cidadão da República Popular da China, que havia chegado a Taipé dois dias antes, soltou foguetes. As estimativas variam, mas o governo informa oficialmente que o incidente envolveu duzentos foguetes. De acordo com uma reportagem da imprensa, os moradores da zona norte de Taipé ficaram surpresos, porém não "indevidamente alarmados", com os clarões e as explosões. Não houve informações sobre feridos. O fechamento do aeroporto tinha sido negociado de antemão pelo Museu de Belas-Artes de Taipé, e os foguetes foram disparados por Cai Guo-Qiang, artista na época residente em Nova York, como uma performance por ocasião da inauguração da Bienal de Taiwan. Seu projeto, *Foguete dourado*,[1] era apenas uma entre muitas obras radicais num ambiente artístico cada vez mais politizado em Taiwan.

TURQUIA

Um cruzeiro para Bizâncio

Travel + Leisure, julho de 1997

Em 1996 passei por uma grave depressão que me deixou quase incapacitado para viajar. Entretanto, eu tinha aceitado a encomenda de um artigo — o primeiro que faria para a revista *Travel + Leisure* —, de modo que me arrastei para a costa leste do Mediterrâneo. Ali fiz uma descoberta valiosa: embora exercícios, medicação e psicoterapia sejam os tratamentos mais eficazes para a depressão, férias verdadeiramente sensacionais também ajudam. O litoral turco era lindíssimo; meus companheiros de viagem, encantadores; o tempo, irretocável; e eu melhorei. Falei dessa experiência em meu livro *O demônio do meio-dia.*

O objetivo ostensivo da viagem era fazer um curso de pintura. No primeiro dia, eu disse a Susannah que não sabia pintar. "Bobagem", ela respondeu. "Todo mundo sabe pintar. Você nunca teve aulas adequadas, mas vou mudar tudo isso." Ao final do nosso primeiro dia, ela comentou: "Você tem razão. Não sabe pintar. Talvez deva tentar a fotografia".

Onze pintores amadores aderiram à aventura náutica na qual teríamos aulas de pintura. Todas as manhãs, saíamos do berço minutos depois de acordar, sem nunca parar de balançar de um lado para outro na ondulação suave do Mediterrâneo oriental, o mesmo mar avinhado que foi chamado de "avinhado", pela primeira vez, quando homens mais nobres habitavam a terra e entoavam cantos guerreiros. No convés, esperavam-nos pão e manteiga fresca, queijo feta e azeitonas, além de xícaras do bom e forte café turco. O mais jovem membro da tripulação servia nossas refeições. Seu nome era Ibrahim, chamava-nos de "senhor" ou "senhora", e estava sempre por perto no momento em que queríamos mel, iogurte ou cerejas em conserva da Anatólia. Em geral, o sol já ia bem alto e quente, tornando a manhã muito luminosa. Algumas pessoas queixavam-se de não ter dormido bem ou de ter tomado um número excessivo dos coquetéis especiais do capitão, mas a sensação dominante era de alegria por começarmos mais um dia no *Arif Kaptan B*. Nenhum de nós se importava em levantar cedo, o que seria praticamente inacreditável para quem nos conhecesse bem. Até para nós era incrível.

Depois de nos saciarmos, o motor era ligado ou as velas içadas, e avançávamos pelos contornos da costa, seguindo-os como se pertencessem ao corpo de uma pessoa amada, de quem queríamos conhecer todas as curvas. Tom Johnson, diretor executivo da Westminster Classic Tours, contava-nos quais anciãos nos cais eram proprietários de cafés, concorrentes uns dos outros, ou nos informava sobre as casas novas, em estilos tradicionais, que tinham sido erguidas "bem ali" (ele apontava), sobre alicerces do século IV a.C. Já Andrew Hobson, classicista da Universidade de Oxford, dedicado à preservação do conhecimento das grandes civilizações num mundo desinteressado de suas origens, contava o que estava acontecendo quando os alicerces tinham sido lançados. Aquelas costas pareciam tão carregadas de história antiga que quase não conseguiam viver o presente. Olhando-as, víamos o passado. Conversávamos sobre isso, fumando cigarros turcos e terminando o café, reclinados em almofadas, passando protetor solar nas costas e começando a ganhar a cor náutica de nosso capitão e de sua tripulação.

Depois disso vinha a aula matinal de pintura. Éramos amadores, mas ávidos por aprender, e as lições eram apropriadas. Susannah Fiennes é toda sensibilidade e bom senso e vê o mundo com um olhar preciso, mas apaixonado. Sua exposição individual na National Portrait Gallery, em Londres, foi elogiada pela acuidade expressiva e pela pungência contida. Com seu ar de modelo de Gainsborough — a perfeita pele rosada inglesa, as roupas adejando ao vento, segurando o chapelão de palha com uma gasta fita de cetim branco —, ela nos ensinava o vocabulário das cores primárias e seus opostos, das tonalidades concentradas e diluídas, das aguadas ricas e do espaço negativo. "A cor saturada é a libertação do cinza", dizia, enquanto nos entregava paletas e papel de aquarela. Sua voz crescia ao chamar nossa atenção para todas as formas e tons que se ocultam ao longo do litoral da Lícia (uma antiga região no sudoeste da Turquia) e em seus monumentos. E ela sabia ser incisiva.

"Charles lhe pediu conselhos quando vocês pintaram juntos?", perguntou uma pessoa de nosso grupo a Susannah, que, a convite da casa real britânica, acompanhava o príncipe de Gales em suas visitas oficiais.

"Não, mas de qualquer forma eu dei alguns", ela respondeu.

Às vezes ela lia para nós trechos de um livro sobre teoria da cor ou de cartas de Cézanne. Dava instruções: "A pintura deve analisar o mundo natural, mas ainda assim ser subjetiva". Todos nós, sob sua orientação, reaprendemos a olhar o mundo. "Vejam a beleza daquela forma", dizia, por exemplo, "o pedaço de céu entre aqueles dois picos." Certa vez, exclamou: "Vejam bem aquilo! Não é um nariz de verdade. É um notável triângulo de luz, e um triângulo quebrado!". Isso deixou alarmado o tímido cozinheiro, que até então tivera certeza de que era um nariz: seu próprio nariz, até gracioso.

Depois da aula, íamos a terra para visitar um local histórico ou fundeávamos numa enseada para nadar em águas tão transparentes que se tornavam quase invisíveis (mas eram um pouco alizarinas, explicava Susannah). Respirávamos fundo ao mergulhar do convés, pois sempre nos sentíamos impressionados, num primeiro momento, pela profundidade daquele mar, porém de repente descobríamos que não havia nada de tão impressionante, e nadávamos livremente ou boiávamos de mãos dadas, explorando uma praiazinha deserta, um penedo ou fingindo ser monstros marinhos. Uma das moças tinha um biquíni cor-de-rosa que comprara em Saint-Tropez, e, embora ninguém mais tivesse nada parecido com isso, todos nos sentíamos iguais naquele mar límpido, salgado e aberto. Podíamos nadar um pouquinho em torno do barco, como podíamos também nadar mais de um quilômetro até um rochedo convidativo. Era uma delícia: tão agradável e tão frio.

Normalmente estávamos meio molhados ao nos sentar para almoçar. Falávamos dos contrastes cromáticos da salada e bebíamos o vinho local; às vezes, as mulheres prendiam flores no cabelo e contávamos uns aos outros nossas melhores histórias, com uma intimidade rápida e autêntica. Talvez isso só possa acontecer se você estiver na Lícia e fizer bom tempo, se a pessoa mais jovem do grupo tiver 24 anos e a mais velha já tiver passado dos oitenta, se cada uma das cabines forradas de mogno contar com banheiro próprio e chuveiro, se o barco tiver 26 metros de comprimento e velas com protetores azuis e se houver uma bandeira turca vermelha, do tamanho de um tapete, tremulando na popa. É mais provável que isso aconteça se o custo do pacote não tiver sido extorsivo e se dois classicistas e uma pintora estiverem a seu lado o tempo todo. Isso acontece quando todos os embarcados deixam o relógio na mala para voltar a usá-lo somente daí a oito dias. Isso acontece quando quase todos leram muita coisa de Evelyn Waugh, já refletiram sobre mas nunca entenderam bem Ésquilo e Matisse, e quando podem identificar prontamente a maioria dos episódios da série de TV *Absolutely Fabulous*.

"Escutem! O que é isso? Acho que deve ser aquela ave rara sobre a qual estávamos falando ontem, a águia anatoliana", disse alguém.

Todos ficamos calados por um momento.

"Isso é o despertador de Venetia", disse outra pessoa.

E era mesmo, dessa vez, mas aves voavam e gritavam no céu, como se também elas achassem que a simples realidade daquele dia e daquela luz justificasse uma comemoração.

Depois do almoço, exaustos com as atividades da manhã, nos estendíamos ao sol sobre colchonetes azuis na proa do iate, e em geral a navegação nos conduzia a outra maravilha. Mais tarde, fazíamos um lanche de chá com biscoitos e halvah e descíamos a terra para visitar algum local interessante. Um dia foi um teatro grego construído numa encosta, em outro foi uma necrópole sombria onde os licianos ricos foram sepultados em tumbas rochosas que durariam para sempre. Examinamos as inscrições na língua esquecida da antiga Lícia, e Andrew Hobson nos falou dos esforços em curso para desvendar o código. Tom Johnson decifrou os epitáfios gregos e os traduziu para nós, enquanto subíamos a colina a seu lado, ouvindo as histórias que levaram à construção de uma pólis aqui, uma acrópole ali. Perto de Demre, Tom nos mostrou o local onde um certo Gelásio, vendedor de nozes, tinha gravado seu nome na parede de um teatro, a fim de garantir um excelente lugar no alto da escada na entrada principal. Tom nos levou ao altar em Aricanda, onde, no século V a.C., os antigos cultuavam Hélio, e sentou-se conosco ao lado da sepultura de Arquidemo, filho de Ermápio, em Üçağız.

Nada era vedado à visitação. Uma ou duas vezes tivemos de pagar uma taxa de entrada num local famoso, mas em geral as ruínas que visitamos estavam vazias, com tomilho silvestre e trevo brotando entre as pedras. Caminhando por ali a esmo, tínhamos a sensação de ser os primeiros visitantes naqueles áureos domínios virgens. Aquele era o mundo antigo tal como descoberto pelos românticos, e não a museologia à la Disneylândia de Pompeia ou a bem escovada presunção de um centro turístico como Delfos. Como sir Charles Fellows e o capitão Spratt, vitorianos, demos com o esplêndido teatro romano de Mira, vimos a igreja de São Nicolau e a integridade espetacular de Aricanda, que Alexandre, o Grande, tinha conquistado e onde Adriano vadiava. No estádio do lugar, um pastor caminhava aos tropeções com seu rebanho; duas velhas com faixas na cabeça desciam para os campos cultivados; e, afora eles, éramos os únicos seres humanos. Cada lugar que víamos era deslumbrante em sua degradação, e percebíamos como os poderosos deviam ter contemplado aquilo um dia e se angustiado. Víamos tudo com mais humildade, ainda fazendo nossas aquarelas, mas sem deixar outras marcas em tão rico palimpsesto.

Os morros que pintávamos cobriam-se de flores, e buganvílias pesavam sobre os telhados vermelhos das casas nas aldeias. Jamais alguém estivera mais livre do cinzento do que nós, sentados aqui e ali, registrando as impressões que nos causavam as rochas recortadas, enquanto Susannah observava o que fazíamos. "Quero ver o que a forma daquele frontão faz você sentir", dizia ela. "Parta dos limites da imagem em direção ao centro." Nosso trabalho era rápido, esquemático, expressivo.

Depois partíamos, talvez para ver outro sepulcro do qual se descortinava uma bela paisagem. Ou, talvez, se estivéssemos num povoado, sentar num bar e beber áraque perfumado com anis. Podíamos comprar tapetes *kilim*, cartões-postais e antigos cintos armênios de prata, ou nos encontrar com um homem do lugar, amigo de Tom ou de um membro da tripulação, e subir com ele para ruas escondidas onde mulheres com dentes de ouro lavavam roupa e cozinhavam, e homens gordos fumavam e jogavam gamão. "Um homem sem barriga", disse-nos Hasan, nosso capitão, " é como uma casa sem balcão." Vez por outra, os homens do grupo procuravam o barbeiro da aldeia, que nos barbeava com uma navalha convencional, massageava-nos o rosto e os ombros e nos penteava, aplicando óleo no cabelo. De volta ao iate, consumindo delícias turcas, fazíamos o possível para engordar como os sultões, antes de ir nadar no longo crepúsculo, com nossas pinturas espalhadas pelo convés.

Mais ou menos às nove, sentávamos de novo do lado de fora. O sol finalmente se punha, e Ibrahim nos trazia da cozinha mais maravilhas, como assados, frango condimentado e berinjelas recheadas. Surgida a lua, decifrávamos enigmas, contávamos histórias, bebíamos mais áraque, falávamos de arte ou trocávamos epigramas e aforismos, num clima de alegria intensificada pelo prazer. Na noite de lua cheia, apagamos todas as luzes. A tripulação acendeu velas, envoltas em cascas de laranja para perfumar o ar. Andrew Hobson pegou a *Ilíada* e leu para nós a narrativa da sedução de Hera por Zeus. À meia-noite, fomos nadar, jogando água luminescente uns nos outros. Até a tripulação juntou-se à pândega, e o capitão fez uma dança do ventre que nos humilhou a todos.

"Ouçam", disse alguém, já depois da meia-noite. "Dá para ouvir os guizos das cabras. Elas também estão acordadas."

Silenciamos por um instante.

"É o gelo tilintando no copo de Jasper", disse outra pessoa.

Era mesmo, dessa vez. Mas à luz da lua, vimos as cabras, cabras-selvagens sem guizos, subindo e descendo os morros. Naquela noite, quase todos dormimos estendidos no convés de proa, despertando de repente, quando os dedinhos cor-de-rosa da aurora nos tocaram e coloriram as pedras a nosso redor com uma tonalidade rósea desmaiada. Voltamos a dormir e acordar, dormir e acordar, até que Ibrahim nos trouxesse o café.

E havia a dança, sempre. Parecia que estávamos dançando perpetuamente, tanto os jovens como os idosos. Havia noites em que íamos a barzinhos dos povoados portuários e dançávamos com os homens do lugar, muito fanfarrões, ao som de uma música antiga como os morros, com os ombros atirados para trás e os braços erguidos quando fazíamos um círculo. Tom era um exímio dançarino da *efe* de Bodrum e ensinou aos homens de nosso grupo os passos tradicionais dessa dança local ("Você tem de parecer entupido de testosterona", ele explicou, para incentivá-los). Em Kaş, alguns de nós nos aventuramos numa discoteca provinciana, onde surfistas e mergulhadores turcos dançavam rock ao som de Rod Stewart, enquanto suas mulheres rodopiavam como Salomés modernas ao som de Olivia Newton-John.

Mas, sobretudo, havia muita dança a bordo. Depois do café da manhã e novamente depois do almoço, alguns de nós tirávamos uma soneca, enquanto outros, ouvindo música num toca-fitas ou a imaginando nos sons provocados pelo vento nos rochedos, volteavam no convés principal. Com um de seus vestidos longos, Susannah ria quando alguém lhe dava um trambolhão na proa, fazendo sua cabeleira estender-se na direção do mar, enquanto a tripulação assistia a tudo no salão principal. Naquele mundo de madeira de teca e pano de velas, nós nos imaginávamos bacantes.

Num dia quente, durante um repentino temporal, corremos todos para o convés, deixamos a chuva correr pelo rosto, meio dançando, meio nadando, escorregando, enquanto, numa das fitas de Tom, um turco cantava, num tom gutural, as penas de um amor ardentíssimo. Era como se, embora imbuídos de altas doses daquele respeito pela ironia que é a essência do humor inglês, tivéssemos deixado em terra a distância irônica de nossa situação no momento. Essa foi a primeira e única odisseia, e tudo o que fazíamos naquele barco parecia mais real do que nossa vida real, pelo menos no momento. E mesmo ao pensar na longa viagem de volta, já não nos arrependíamos por não ter ficado em casa e por ter contemplado a Lícia como fez Alexandre, o Grande, quando chegou àquelas costas ainda intocadas em 333 a.C.

ZÂMBIA

Zâmbia, uma terra encantadora

Travel + Leisure, fevereiro de 1998

Viajei à Zâmbia pela primeira vez em 1992 e lá voltei em 1997. Desde então, o país tornou-se um concorrido destino turístico, mas era muito pouco procurado na década de 1990. E, embora esse safári fosse bastante penoso, permitiu ao fotógrafo, a dois amigos meus e a mim enxergar a beleza brutal que pode ser inerente à natureza selvagem.

Há alguns anos, passei um mês viajando de carro, com um amigo, pelo Sul da África. Nossos planos eram vagos, e nossos conhecimentos, escassos, até uma noite em que, em Botsuana, ouvimos o que dizia um homem de barba dono de um ar da mais excelsa competência em matéria de safáris, a quem pedimos conselhos, em razão dos quais refizemos nosso itinerário. No entanto, tivemos pouca oportunidade de aplicar nossas novas sabenças. Dois dias depois, o carro virou numa estrada ruim do Zimbábue, o que pôs um ponto-final abrupto e ignominioso na nossa excursão. Durante cinco anos fantasiei uma volta ao Sul da África, e em julho passado finalmente parti para explorar a Zâmbia com dois bons amigos, um fotógrafo e o homem de barba, Gavin Blair.

Queríamos um país que fosse instigante, obscuro e novo; interessante, belo e sem perigos. Queríamos um lugar com boas paisagens de áreas de caça e também com acesso à cultura local. Na Zâmbia, a antiga Rodésia do Norte, Gavin disse que seríamos tomados pela sensação de descoberta de uma África ainda desconhecida das massas que já tinham tomado de assalto os parques do Quênia, do Norte da Tanzânia e da África do Sul. Durante duas semanas lá (afora três dias em que trafegamos no que passa por ser uma rodovia), avistamos um total de onze veículos.

Branco e cidadão de Zimbábue, Gavin Blair tem licença para trabalhar como guia em três países e está familiarizado com estradas secundárias e espécies raras em vários outros. Conhece o nome científico da maioria das plantas que um visitante pode ver, as épocas de acasalamento de insetos e o rastro de todos os animais. É capaz de consertar um carro, binóculos, a asa quebrada de uma ave e os sentimentos feridos de pessoas que discutem em torno da fogueira.

Gavin nos apanhou no Aeroporto Mfuwe, um pequeno campo de pouso com bom acesso aos parques da região Centro-Norte da Zâmbia, e nos levou ao Parque Nacional de Luangwa do Sul. Marjorie, sua bela esposa, nos esperava. Cozinheira de mão-cheia, sabe arrumar uma cama rapidamente, tem bom olho para caça e é uma excelente trompista (passa três meses por ano na Grã-Bretanha, tocando com a Ópera Itinerante Glyndebourne). É evidente que prefere os animais a todas as pessoas, exceto Gavin.

No dia seguinte, partimos bem cedo, quando os animais aproveitam ao máximo a fresca; almoçamos sob um gigantesco baobá, e demoramos a voltar, para ver a saída dos predadores, que caçam ao crepúsculo. Estávamos, os quatro, naquele estágio ingênuo em que todo animal parece espetacular e parávamos para ver até *pukus*, antílopes avermelhados que são tão comuns na Zâmbia como moscas sobre cães sarnentos. Vimos crocodilos e avistamos hipopótamos descendo por um escorregador feito por eles mesmos para se refrescarem, felizes, em águas rasas. Vimos uma hiena à espreita de um bando de zebras. O melhor de tudo foram os elefantes, que, como imensas bailarinas, andam na ponta dos pés na lama, só pisando direito quando se acham em terreno plano. Uma longa história de caça furtiva faz com que os animais dali tratem o homem com cautela. Ainda assim, um jovem macho se deteve assustadoramente perto de nós, e o observamos durante meia hora enquanto ele usava a tromba como um telescópio, procurando estrelas na lama.

No segundo dia, vimos nossa primeira leoa. Reluzente e cuidadosa, ela espreitava um *puku* jovem, imobilizado pelo terror. Nenhuma dança dos sete véus foi algum dia mais calculada em sua dinâmica, mais hipnótica e irresistível. Naquele dia vimos também gnus, que lembravam velhos irados numa expedição, um *kudu* alto e lindo e centenas de impalas esgalgados. Vimos girafas que se preparavam para o acasalamento: o macho gargareja com a urina da fêmea para verificar se ela está no cio. Maravilhamo-nos com seus pescoços longos e fantásticos e aqueles olhos colossais, inventados no dia em que Deus estava no auge do bom humor.

Depois de explorarmos a área fluvial de Luangwa do Sul, onde a caça é mais abundante, dirigimo-nos para a escarpa que rodeia o vale do Luangwa. As condições eram difíceis: tínhamos de vadear rios, e de vez em quando a estrada quase desaparecia. Passávamos a maior parte do tempo sentados na capota do veículo, sacolejando, evitando galhos baixos, levando sol demais, avistando um ou outro animal e muitas plantas novas. Um desses solavancos fez com que minha carteira saltasse do bolso traseiro da calça. Duvidando que pudéssemos encontrá-la, seguimos em frente. Cruzamos planícies infestadas de moscas tsé-tsé, o que foi desagradável, mas também colhemos e comemos nozes de marula em vales férteis e dissolvemos na língua o conteúdo pulverulento de vagens de baobá.

A tarde já tinha caído ao chegarmos à escarpa. Começamos a subir uma estrada tão íngreme que temíamos que o veículo despencasse pela face da rocha. Ao darmos com um buraco realmente fundo, paramos para enchê-lo de pedras e assim poder avançar. Continuamos a subir em meio a um matagal a um só tempo luxuriante e desolado, e de repente, quando achávamos que não suportaríamos mais aquilo, vimo-nos no alto, e a região em que estivéramos desde nossa chegada se espalhava lá embaixo como um mapa, ampla como o horizonte. Tudo era claro, ordenado e miniaturizado, como se enxergássemos com a memória, e não com os olhos.

Gavin tinha avisado que seria um trajeto longo, que duraria o dia inteiro. A estrada ao norte da escarpa era tão esburacada que era preciso costurar em torno de suas lesões. "Os únicos que dirigem em linha reta são os motoristas bêbados", comentou Gavin. Estávamos irritados e famintos ao chegarmos a uma simpática casinha Tudor, rodeada de roseiras, um jardim formal e uma cerca de mourões, que anunciou nossa chegada ao Kapishya Hot Springs Lodge. Um branco esquisito, vestindo um sarongue de algodão, chamado *kikoi*, veio em nossa direção. "Bem, bem, bem", disse, "eu já não esperava mais vocês, não esperava mesmo. Mas entrem, entrem." Era o proprietário, Mark Harvey. Atrás dele havia um grupo de aldeões, segurando lampiões a óleo. "Ernest, leve a bagagem deles para dentro e sirva-lhes o jantar", disse Mark a um empregado. Virando-se para nós, propôs: "Temos tempo ainda para uns goles antes do jantar".

Fomos conduzidos aos chalezinhos dos hóspedes, bastante simples. Depois, Ernest nos levou a uma piscina natural, a algumas centenas de metros dali. O fundo era coberto de areia branca, e degraus talhados na rocha viva levavam à água. Nuvens de vapor subiam da superfície e, no meio delas, uma palmeira isolada se destacava, em silhueta contra a lua quase cheia. Tiramos a roupa e nos metemos na água, e nunca antes eu tivera tal sensação, revigorante, de perceber o dia que chegava ao fim. A água, muito quente, subia em borbulhas pelo fundo de areia, e a luz prateada, penetrando no vapor, limpava nossos olhos das paisagens tórridas e fulgurantes do Luangwa. Depois nos sentamos junto de uma fogueira, tomando gim-tônica, comendo um empadão inglês e ouvindo a história, contada por Harvey, da casa chamada Shiwa Ngandu, construída por seu avô. Fomos visitar a casa de manhã. Não é característica da África colonial, e nada tem de africana; é uma imponente mansão vitoriana no meio de imensos jardins ingleses. Caminhar pelos jardins, semiconservados ainda por empregados leais, mas, em essência, bastante degradados, era encontrar um sonho de Inglaterra sendo consumido pelo apetite voraz e selvático da África. Por baixo de lianas em flor que se enrolavam em árvores esgalhadas, contemplávamos as montanhas e o esplendor de um lago distante, os movimentos sutis de animais no mato.

Refeitos e reanimados, logo retomamos nossa viagem para oeste, em direção aos pântanos de Bangweulu. Uma estradinha passava por dezenas de povoações de choças de taipa e teto de sapê. Soubemos que por ali costuma passar um único veículo ao longo de semanas. As pessoas, em geral vestidas com panos africanos, paravam o que estivessem fazendo e vinham acenar para nós. Crianças dançavam e cantavam, e algumas encenavam breves números burlescos à nossa passagem. Como comentou uma pessoa do grupo, assim devia ser o cotidiano da rainha da Inglaterra.

Na hora do almoço, paramos numa aldeia, e, como o inglês é a língua nacional da Zâmbia (as línguas tribais chegam a 35), a comunicação era fácil. Um rapaz de vinte anos, Willie Momba, convidou-me à sua casa de um cômodo, levou-me para ver suas lavouras (uma goiabeira, seis pés de cebolinha, quatro fileiras de batata-doce e duas fileiras de tomate) e me apresentou à sua mulher. Era dono de um tesouro, uma máquina fotográfica, mas, como nunca conseguia filmes, dei-lhe dois rolos.

À tarde, os lugarejos tornaram-se menores, mais pobres e mais próximos à estrada. Quando se aproximava o pôr do sol, Gavin virou (ao acaso, pareceu-me) para uma vasta planície. Vinte minutos depois, alcançamos uma estrada pavimentada e, meia hora mais tarde, chegamos a um acampamento. À nossa volta, estendiam-se por quilômetros e quilômetros, em todas as direções, paludes nunca mapeados, brumosos e informes na noite, cheios de sons estranhos e gritos de animais. Eu nunca estivera em algum lugar que, como aquele, me levasse a pensar no fim do mundo. Fomos dormir cedo e tivemos sonhos estranhos.

Ao alvorecer, partimos com quatro guias locais, homens sorridentes, descalços mas de chapéu, que tinham um senso místico de direção. Procuramos a cegonha-bico-de-sapato, a ave mais esquiva da África. Caminhávamos por trechinhos de matagal e, ao chegarmos à água, seguíamos em botes, usando varejões ou remos. À medida que avançávamos, o solo se tornava mais esponjoso, e o lamaçal, mais úmido. Alcançamos então a terra flutuante. Nesse lugar, o mais estranho de todos, gramíneas espessas reuniram suas raízes e prenderam torrões de solo com força, mas, abaixo disso, o que se via eram trechos de água suja. Embora parecesse um campo comum, cedia e deslizava sob nossos pés. A pessoa afundava um pouco a cada passo. Era como caminhar sobre uma tigela cheia de sopa e tapada com filme plástico ou passear num colchão d'água coberto por uma colcha de pelúcia.

Ansiosos por ver a cegonha-bico-de-sapato, fomos em frente e acabamos em um ponto em que a terra flutuante já não suportava nosso peso. Afundávamos nela até os joelhos, às vezes até a cintura. Por fim, achamos o que procurávamos: uma criatura saída de um texto de James Thurber, uma ave pré-histórica que apareceu no mundo não muito depois que o pterodáctilo o deixou, com um bico semelhante a um enorme tamanco preso absurdamente à frente da cabeça. Vimos três cegonhas-bico-de-sapato. Depois, enlameados e contentes, fizemos o caminho de volta e tomamos uma longa chuveirada. Passamos a tarde olhando camaleões que corriam pelo acampamento, com a sensação de sermos as únicas pessoas em todo o universo.

Ao anoitecer, seguimos pela estrada pavimentada, que tinha função de dique, passamos por choupanas de pescadores, feitas de juncos, que poderiam ser derrubadas com um sopro, e penetramos na planície aluvial situada ao lado do pântano. Bandos de grous carunculados realizavam ali danças nupciais; mais adiante, havia antílopes vermelhos, uma manada de 5 mil animais. Gavin ajustou o acelerador para que o veículo rodasse a mais ou menos quinze quilômetros por hora e juntou-se a nós na capota. Como avançávamos devagar, os animais não nos temiam. Seguíamos avante como se fôssemos um carrinho de bagagem num aeroporto movimentado. De volta ao acampamento, Marjorie preparou o jantar. Como sobremesa, tinha feito bananas flambadas, e os empregados caíram na gargalhada. Com lágrimas rolando pelo rosto, vieram nos dizer que madame tinha queimado nosso jantar.

Deixar os pântanos de Bangweulu foi como passar de novo pelo espelho de Alice. Na estrada pela qual tínhamos chegado dois dias antes, mais uma vez acenamos para crianças que dançavam. Numa aldeia, Willie Momba, na beira da estrada, pediu que parássemos. Exibiu uma caixa fechada com barbante. "Eu estava esperando que vocês voltassem. Queria lhes dar essas batatas-doces." A quantidade de batatas na caixa devia representar um terço de sua colheita. "Fiquei muito feliz por conhecê-los." Apesar de nossos protestos, aceitamos o presente. Willie continuou onde estava e acenou para nós até sumirmos de vista. Sentimo-nos privilegiados por ter visitado aquele mundo. A generosidade tocante das pessoas, o grande interesse que mostravam por nós e seu bom humor inabalável foram tão fundamentais para o sucesso de nossa visita quanto o tempo impecável.

Longe dos pântanos, as casas eram maiores e mais afastadas da estrada, e as pessoas pareciam mais prósperas. Talvez vissem um número maior de estrangeiros, pois acenavam com mais tranquilidade e de mais longe. No meio da tarde, encontramos um letreiro, com letras azuis sobre fundo branco: VIRAR À DIREITA PARA O PALÁCIO DO CHEFE CHITAMBO. Cem metros adiante, outro letreiro indicava: CAMINHO DO PALÁCIO DO CHEFE CHITAMBO. Passamos por uma escola e por um campo de terra onde vimos crianças brincando de bola. Um terceiro letreiro, o maior até então, anunciava: VOCÊ ESTÁ SE APROXIMANDO DO PALÁCIO DO CHEFE CHITAMBO. POR FAVOR, TIRE O CHAPÉU E DESÇA DA BICICLETA. Depois dos portões baixos, via-se uma pracinha com um gramado do tipo inglês bem conservado e um mastro alto. No fim do campo havia três prédios brancos, baixos e idênticos, além de galpões dispersos.

Debaixo de uma árvore, dava para ver as pernas de uma espreguiçadeira, a maior parte da qual coberta por um jornal enorme. O jornal foi abaixado e vimos um homem ágil e de bermudas. "Sejam bem-vindos ao meu palácio", disse o chefe, em excelente inglês. Levou-nos a seu escritório, onde nos contou a história da tribo Chitambe. Disse-nos que militava no movimento de conservação da natureza, e todos os anos saía de bicicleta a fim de visitar cada um de seus 90 mil súditos. Tomando a coca-cola que nos fora oferecida, dissemos a ele que tínhamos achado a Zâmbia um país lindo, que fomos muito bem tratados pelas pessoas e falamos um pouco dos Estados Unidos. O chefe pediu-nos que assinássemos o livro de visitantes. Lá fora, mostrou-nos a propriedade. Nos três prédios baixos moravam suas três mulheres. Ele passava uma semana com a primeira, outra semana com a segunda e mais uma semana com a terceira. Quando lhe falamos de nosso costume de termos uma só mulher e vivermos sempre com ela, ele perguntou: "Vocês não acabam discutindo demais, não?".

O chefe deixou-se fotografar com cada um de nós debaixo da bandeira. Quando saíamos, ele explicou, a meia-voz, que era habitual as pessoas deixarem um pequeno donativo após cada visita. Demos-lhe alguns dólares para seu fundo educacional. Uma mulher do grupo ofereceu um boné que pretendia dar a uma criança, um tipo de boné de squash, de tecido axadrezado e colorido, com imagens de Ênio e Beto, da série *Vila Sésamo*, costuradas na pala. O chefe Chitambo pôs o boné e ajustou-o na cabeça. Feito isso, tiramos uma foto de grupo. Voltamos para o veículo, e o chefe, tal como Willie Momba, postou-se na estrada e acenou até que fizemos uma curva e sumimos de vista.

Quando chegamos ao pequeno Parque Nacional Kasanka, a lua estava cheia e o vale recendia a flores. Gavin nos acordou na manhã seguinte antes do alvorecer, e subimos por uma escada periclitante até as grimpas de uma árvore. Quando a luz e o calor do sol afastaram a névoa, avistamos manadas do raro antílope sitatunga. Como Gavin tinha trazido uma garrafa térmica, tomamos chá, comemos biscoitos e ouvimos os primeiros cantos de aves. Como um de nós tinha de pegar um avião naquele dia, fomos para Lusaka. Foi um dia triste, e também longo.

Lusaka é uma cidade feia — suja, abarrotada de gente e fedida. Hospedamo-nos fora dela, num hotel de primeira linha. Nossos apartamentos tinham luminárias modernas, sempre saía água quente das torneiras e havia até uma piscina — tudo isso muito bem-vindo depois dos pântanos. Após o jantar, quando me dirigia para minha choupana, vi-me cercado por zebras, que pastavam no gramado verdejante. À medida que eu me aproximava, devagar, elas se afastavam para o lado, não mais que um metro. Parei à porta e olhei para uma delas, que retribuiu meu olhar. Para quem tinha passado uma semana fazendo observações com binóculos e virando a cabeça para ver animais direito, essa intimidade é inebriante. A zebra e eu nos fitamos com curiosidade, como estranhos num trem. Em seguida, como se ela tivesse descoberto tudo o que desejava, virou-se e se afastou.

No dia seguinte, o sol já se punha ao nos aproximarmos do Parque Nacional Kafue, no norte. Juntamos lenha num desfiladeiro baixo e chegamos ao acampamento quando a noite caía. Gavin nos pediu gentilmente que não ajudássemos na montagem da barraca, uma vez que só iríamos atrapalhar, de modo que descemos com uma garrafa de vinho para o rio e ficamos vendo as estrelas aparecerem. Se eu tivesse de escolher meu parque predileto na Zâmbia, seria o Kafue. Os animais ali, como também as árvores, não eram tão diferentes dos que se viam em outros locais, porém tudo tinha uma elegância especial, como se a natureza tivesse passado por um impulso paisagístico ao juntar todos os elementos naturais. Vimos ali nosso primeiro leopardo, sensual, manchado e desconfiado, como o previsto. Avistamos guepardos. Durante mais três dias rodamos pelas colinas de Kafue e dedicamos longas tardes a caminhar, ler e escrever cartões-postais. Depois seguimos para o sul; percorremos metade da extensão de Kafue e chegamos ao lago Iteshi-Teshi. Subimos nos matacões, nos quais híraces, ou ratos-das-pedras, pequenos mamíferos parecidos com roedores, também se aqueciam ao sol. O lago Iteshi-Teshi nos fazia pensar na Era Paleozoica, no dia da inauguração do mundo, com hipopótamos, zebras e um barquinho: uma canoa que cruzava a paisagem, como um detalhe acrescentado por um pintor sentimental.

No dia seguinte, seguimos para a parte sul de Kafue, quase abandonada. Os animais — quinhentos búfalos, um número ainda maior de impalas, gnus em profusão — mostraram-se surpresos ao nos ver. Numa acácia empoleiravam-se cem pelicanos, cujos dejetos pintavam de branco as folhas da árvore. Acompanhamos o voo turquesa de um rolieiro-de-peito-lilás. Por fim, chegamos a uma clareira intensamente iluminada pelo sol, um lugar encantado. Gavin e Marjorie armaram a barraca sob um mopane bem copado. Vimos a lua subir e conversamos animadamente enquanto a fogueira se reduzia a brasas sopradas pelo vento.

De manhã continuamos a viagem, passando por outras áreas silvestres. Paramos em Livingstone para fazer compras e entramos no Zimbábue, nas cataratas de Victoria. Ali, em nosso hotel, reencontrei-me com minha carteira, que me esperava. Depois de achá-la, um trabalhador em Luangwa conseguira entrar em contato com o American Express, que descobriu meu itinerário e providenciou a entrega. Todo o meu dinheiro estava nela.

Naquela noite, vestimos as roupas amarrotadas mas ainda apresentáveis que achamos no fundo das malas e fomos jantar no Victoria Falls Hotel. Uma orquestra tocava; pares dançavam; olhamos o cardápio, pedimos os pratos e brindamos com champanhe à natureza selvagem. De manhã, aos nos despedirmos de Gavin e Marjorie, sentimos aquela pontada causada pelo fim de uma emoção intensa, a mesma sensação que tomara conta de mim quando deixei a faculdade — a percepção de que as coisas poderiam ser diferentes e ótimas, mas nunca mais se repetiriam.

Um dos riscos de escrever sobre lugares fora do circuito turístico mais concorrido está em que, ao assim proceder, o comentarista ajuda a criar novos destinos populares. O turismo na Zâmbia alcançou níveis sem precedentes no século XXI.[1] No entanto, isso parece ser um benefício social: a única defesa contra caçadores ilegais, desmatamento e tudo o que destrói a fauna é uma infraestrutura capaz de contribuir para a proteção dos animais, e o turismo é, com frequência, o criador dessas salvaguardas. Desde minha visita, a queda do preço do cobre fez com que a Zâmbia passasse a depender mais do turismo; e a eliminação da febre amarela fez com que os visitantes passassem a ser mais atraídos pelo país. É fácil romantizar lugares menosprezados, mas esse menosprezo com frequência é fatal para as pessoas que vivem ali.

CAMBOJA

Os três passos de Phaly Nuon

O demônio do meio-dia, 2001

Não viajei ao Camboja para estudar doenças mentais, mas a arquitetura de Angkor Wat. Em minha primeira noite em Phnom Penh, sentei-me ao lado de um homem a quem falei de minha pesquisa sobre depressão, e ele mencionou Phaly Nuon. Eu disse que gostaria muito de entrevistá-la, mesmo que para isso tivesse de perder um dia de minha turnê pelo norte. Durante a entrevista que essa pessoa ajudou a marcar, percebi que não podia escrever sobre depressão sem a perspectiva transcultural que mais tarde se tornou um dos temas definidores de meu livro. O trecho que se segue de *O demônio do meio-dia* foi ligeiramente ampliado para servir a seu propósito neste livro.

Ao viajar ao Camboja, em janeiro de 1999, eu desejava ver suas maravilhas arquitetônicas, mas esperava também compreender como as pessoas viviam num país que estava saindo de uma tragédia inconcebível. Eu me perguntava o que acontece às emoções de uma pessoa que viu um quarto de seus compatriotas ser assassinado, que viveu, ela própria, sob as dificuldades e o temor provocados por um regime brutal,[1] que luta, contra todas as expectativas, para reconstruir uma nação devastada. Eu queria ver o que acontece aos cidadãos de um país quando todos eles passaram por um estresse traumático quase impensável, que estão mergulhados na pobreza extrema e têm poucas chances de educação e de emprego. Em tempo de guerra, a psicologia do desespero em geral é frenética, enquanto o desespero que se segue à devastação, mais entorpecedor e generalizado, assemelha-se mais à síndrome de depressão que aflige o Ocidente. O Camboja não é um país em que facções lutaram brutalmente contra outras facções; é um país em que todos os mecanismos da sociedade foram completamente aniquilados. Era como visitar aquela parte da camada de gelo da Antártica sobre a qual não existe mais ozônio algum.

228

Durante a década de 1970, Pol Pot e seus revolucionários instauraram no Camboja uma ditadura maoista em nome do que ele chamou de Khmer Vermelho. Seguiram-se anos de uma sangrenta guerra civil, durante a qual um quinto da população foi assassinada. A elite educada foi obliterada; os camponeses passaram a ser removidos de um lugar para outro, e muitos foram metidos em prisões, onde eram objeto de escárnio e torturas. Todo o país vivia num medo perpétuo.

Os cambojanos são, em geral, tranquilos, afáveis e simpáticos. É difícil acreditar que as atrocidades de Pol Pot tenham ocorrido nesse país tão encantador. Todas as pessoas com quem conversei tinham uma explicação diferente para o fato de o Khmer Vermelho ter tomado o poder ali, mas nenhuma dessas explicações fazia sentido, da mesma forma que não faz sentido nenhuma das explicações para a Revolução Cultural, o stalinismo e o nazismo. Em retrospecto, pode-se entender por que uma nação foi especialmente vulnerável a tais regimes, porém a forma como esses comportamentos se originam na imaginação humana é incompreensível. Um mal dessa natureza é, ao mesmo tempo, análogo ao mal comum, presente em todas as sociedades humanas, mas tão extremado que chega a gerar suas próprias leis. O tecido social é sempre mais frágil do que nos dispomos a admitir, no entanto não é possível saber como chega a ser inteiramente destruído. O embaixador americano no Camboja disse-me que o grande problema do povo khmer é que a sociedade cambojana tradicional não dispõe de nenhum mecanismo pacífico para resolver conflitos. "Se surgem divergências entre eles", disse, "precisam negá-las e suprimi-las totalmente, ou então puxar a faca e lutar." Uma autoridade do atual governo do Camboja declarou que o povo foi excessivamente subserviente a um monarca absoluto durante tempo demais e não pensou em enfrentar a autoridade até que fosse muito tarde.

As pessoas choram com facilidade no Camboja. As palavras do embaixador americano soavam em meus ouvidos toda vez que eu via um cambojano sorridente pôr-se a chorar de repente, sem nenhuma preparação ou transição aparentes. Por ocasião de muitas conversas com pessoas que tinham sofrido atrocidades nas mãos do Khmer Vermelho, percebi que a maioria preferia falar sobre o futuro. Entretanto, sempre que eu pressionava um pouco, em busca de histórias pessoais, elas como que desmoronavam diante de meus olhos, adotando um lamentoso discurso no pretérito. Todos os adultos com quem conversei no Camboja tinham sofrido traumas tão terríveis que teriam levado muita gente à loucura. O sofrimento mental por que haviam passado se enquadrava em outro plano de horror. Quando resolvi fazer entrevistas no Camboja, sabia que iria escutar histórias de martírio, mas o que ouvi superou toda a mortificação que eu fosse capaz de imaginar.

Phaly Nuon, ganhadora do prêmio Figaro por Serviços Humanitários, cujo nome chegou a ser cogitado para o Nobel da Paz, criou um orfanato e um centro para mulheres deprimidas em Phnom Penh. O seu sucesso havia sido tão grande que a equipe de seu orfanato é quase inteiramente formada por mulheres que ela já ajudou e que criaram uma comunidade de generosidade em torno de Phaly Nuon. Se você salva as mulheres, dizem, elas por sua vez salvarão outras mulheres, que salvarão as crianças. E assim, traçando uma cadeia de influências, pode-se salvar o país.

Por sugestão de Phaly Nuon, nós nos encontramos numa pequena sala num velho edifício de escritórios próximo do centro de Phnom Penh. Ela se sentou numa cadeira, e eu num pequeno sofá do lado oposto. Como a maioria dos cambojanos, ela é relativamente pequena para os padrões ocidentais. Seus cabelos um pouco grisalhos estavam puxados para trás, dando um ar de dureza aos contornos de seu rosto. Ela pode ser agressiva defendendo um ponto de vista, mas é também tímida, sorridente e olha para baixo sempre que não está falando.

Começamos com sua própria história. No início dos anos 1970, Phaly Nuon trabalhava para o Departamento Cambojano do Tesouro e Câmara do Comércio como secretária, datilógrafa e estenógrafa. Em 1975, quando Phnom Penh caiu em poder do Pol Pot e do Khmer Vermelho, ela foi tirada de sua casa com o marido e os filhos. Seu marido foi enviado para um local desconhecido, e Phaly Nuon não tinha ideia se fora executado ou continuava vivo. Ela foi colocada para trabalhar no campo com sua filha de doze anos, o filho de três e um bebê recém-nascido. As condições eram terríveis e a comida, escassa, mas ela trabalhava ao lado de seus companheiros, "jamais dizendo a eles coisa alguma e nunca sorrindo; nenhum de nós sorria porque sabíamos que a qualquer momento poderíamos ser mandados para a morte". Após alguns meses, foi despachada para outra localidade junto com sua família. Durante a transferência, um grupo de soldados amarrou-a a uma árvore e a obrigou a assistir à sua filha ser violentada pelo bando e depois assassinada. Alguns dias depois, Phaly Nuon foi levada com alguns trabalhadores para um campo fora da cidade. Amarraram suas mãos atrás das costas e ataram suas pernas unidas. Depois forçaram-na a se ajoelhar e amarraram-na a uma vara de bambu, fazendo com que se inclinasse para a frente num campo lamacento, de modo que suas pernas tivessem de ficar esticadas ou ela perderia o equilíbrio. A ideia era que, quando finalmente caísse de exaustão, ela afundaria na lama e, incapaz de se mover, se afogaria. Seu filho de três anos gritava e chorava a seu lado. A criança fora amarrada a ela para se afogar na lama quando a mãe caísse: Phaly Nuon mataria seu próprio filho.

Ela então contou uma mentira. Disse que, antes da guerra, trabalhara para um dos membros da cúpula do Khmer Vermelho, que fora sua secretária e, depois, sua amante, e que ele ficaria zangado se ela fosse morta. Poucas pessoas escaparam dos campos de morte, mas um capitão, que talvez tenha acreditado na história de Phaly Nuon, disse que não suportava o som de seus filhos gritando e que as balas que os matariam rapidamente eram caras demais para serem desperdiçadas. Então, ele desamarrou Phaly Nuon e lhe disse para correr. Com o bebê num dos braços e o filho de três anos no outro, ela disparou, adentrando profundamente a selva do Nordeste cambojano. Ficou na selva por três anos, quatro meses e dezoito dias. Nunca dormia duas vezes no mesmo lugar. Enquanto perambulava, colhia folhas e desenterrava raízes para alimentar a si e sua família, mas a comida era difícil de encontrar, e outros ceifadores, mais fortes que ela, haviam deixado a terra nua. Gravemente desnutrida, começou a definhar. O leite de seus seios logo secou, e o bebê que ela não pôde alimentar morreu em seus braços. Ela e o filho remancescente se agarraram à vida com todas as forças e atravessaram o período da guerra.

A essa altura da narrativa de Phaly Nuon, nós dois já tínhamos trocado nossos assentos pelo chão, e ela chorava, balançando-se para a frente e para trás, enquanto eu me sentava com os joelhos sob o queixo e uma das mãos no ombro dela, um abraço que seu estado de transe permitia. Ela continuou quase sussurrando. Depois que a guerra acabou, ela encontrou seu marido, que, gravemente espancado na cabeça e no pescoço, sofreu uma perda significativa da capacidade mental. Ela, o marido e o filho foram colocados num campo de fronteira próximo à Tailândia, onde milhares de pessoas viviam em abrigos temporários feitos de lona. Sofreram abusos físicos e sexuais por alguns dos funcionários do campo e foram ajudados por outros. Phaly Nuon era uma das únicas pessoas instruídas ali e, conhecendo línguas, podia falar com os funcionários encarregados da assistência. Foi dada a ela e sua família uma cabana de madeira que era considerada luxuosa em comparação com o resto. "O tempo todo que andei por ali vi mulheres em péssimo estado, muitas delas paralisadas, não se moviam, não falavam, não se alimentavam e não davam a mínima para os próprios filhos. Vi que, embora tivessem sobrevivido à guerra, iam agora morrer de depressão." Phaly Nuon fez um pedido especial aos funcionários encarregados da assistência e criou em sua cabana uma espécie de centro de psicoterapia.

Ela usava a medicina tradicional khmer (feita com proporções variáveis de mais de cem ervas e folhas) como o primeiro passo. Se aquilo não funcionava ou se não funcionava suficientemente bem, ela aplicava medicina ocidental quando disponível, como às vezes ocorria. "Eu escondia estoques de quaisquer antidepressivos que os funcionários da assistência conseguissem trazer", disse, "e tentava ter o suficiente para os casos piores." Ela levava as pacientes para meditar, mantendo em sua casa um altar budista enfeitado com flores. Conquistava a confiança das mulheres para que se abrissem. Primeiro, levava três horas para que cada mulher lhe contasse sua história. Depois, fazia visitas de acompanhamento regulares para obter mais detalhes, até que finalmente obtivesse a total confiança das mulheres deprimidas. "Eu precisava conhecer a história que essas mulheres tinham para contar", explicou, "porque queria entender bem especificamente o que cada uma tinha que superar."

Uma vez que a iniciação fosse concluída, Phaly Nuon prosseguia num sistema formulado por ela mesma. "Eu o aplico em três etapas", disse. "Primeiro, ensino-as a esquecer. Temos exercícios que fazemos a cada dia para que a cada dia elas possam esquecer um pouco mais as coisas que jamais esquecerão inteiramente. Durante esse tempo, tento distraí-las com música, bordados, tecelagem ou recitais de música, com uma hora ocasional de televisão, com qualquer coisa que pareça funcionar, com qualquer coisa que elas me digam que gostam. A depressão está sob a pele, toda a superfície do corpo tem a depressão logo abaixo de si, não podemos tirá-la fora; mas podemos sim tentar esquecer a depressão, mesmo que esteja bem ali.

"Quando suas mentes estão limpas do que esqueceram, quando aprenderam bem o esquecimento, eu as ensino a trabalhar. Seja qual for o tipo de trabalho que queiram fazer, descubro um modo de ensiná-lo a elas. Algumas treinam apenas limpar casas ou cuidar de crianças. Outras aprendem habilidades que possam usar com os órfãos, e algumas voltam-se para uma verdadeira profissão. Elas precisam aprender a fazer tais coisas e se orgulhar delas.

"E, então, quando finalmente já dominaram o trabalho, eu as ensino a amar."

Fiz um comentário em voz alta sobre como é possível fazer isso. "Bem, na verdade eu ensino isso com o trabalho de manicures e pedicures. No campo, construí uma espécie de anexo e fiz ali um banho a vapor. Agora tenho um similar, só que mais bem construído, em Phnom Penh. Então, levo-as lá para que todas fiquem limpas e as ensino a fazer as mãos e os pés umas das outras, e como cuidar das unhas, porque elas se sentem bonitas com isso, e elas querem muito se sentir bonitas. Isso também as coloca em contato com os corpos de outras pessoas e faz com que se distraiam de seus corpos para cuidar de outros. É muito difícil para uma mulher que foi maltratada com tanta violência entregar a mão ou o pé, confiar numa pessoa quase estranha que usa um instrumento capaz de ferir. Quando aprendem a ter essa confiança, isso as resgata do isolamento físico, que é uma aflição habitual entre elas, e conduz à quebra do isolamento emocional. Enquanto estão juntas, lavando-se e pintando as unhas, começam a conversar, pouco a pouco aprendem a confiar umas nas outras e, no final de tudo, aprendem a fazer amizades, de modo que jamais terão de ser tão solitárias novamente. Suas histórias — que não contaram para ninguém, a não ser para mim —, elas começam a contá-las umas para as outras."

Phaly Nuon me mostrou depois os instrumentos de sua profissão de psicóloga: os pequenos frascos de esmalte colorido, a sala de vapor, as varetas para empurrar as cutículas, as lixas de unha, as toalhas. A limpeza e o cuidado consigo e com os outros são formas primordiais de socialização entre os primatas, e essa volta aos cuidados básicos como uma força socializante entre os seres humanos me pareceu curiosamente orgânica. Quando comentei isso com Phaly Nuon, ela riu e falou sobre os macacos que tinha visto na selva. Talvez eles também estivessem aprendendo a amar, comentou. Eu disse a ela que achava difícil ensinar a esquecer, a trabalhar, a amar e ser amado, mas ela disse que não era tão complicado se você mesmo puder fazer essas três coisas. Contou como as mulheres que ela tem tratado formaram uma comunidade e como se dão bem com os órfãos de quem tomam conta.

"Há um último passo", ela me disse depois de uma longa pausa. "No final, eu lhes ensino o mais importante: que essas três habilidades — esquecer, trabalhar e amar — não são isoladas, e sim parte de um enorme todo. É a prática dessas três coisas juntas, cada qual como parte das outras, que faz a diferença. É o mais difícil de transmitir", ela ri, "mas todas passam a entender isso e, quando o fazem, estão prontas para entrar novamente no mundo."

Phaly Nuon morreu em 27 de novembro de 2012 devido a ferimentos sofridos num acidente de carro.[2] As cerimônias fúnebres duraram sete dias e foram assistidas por milhares de pessoas, muitas delas criadas em seu Orfanato da Luz Futura. Centenas de crianças que ali viviam a prantearam como mãe.

A situação dos doentes mentais no Camboja, ainda bastante ruim, é agravada pelas remoções forçadas e pelo tráfico de pessoas.[3] O transtorno de estresse pós-traumático está em toda parte. O índice de suicídios é quase três vezes superior à média mundial.[4] No entanto, apesar dos graves problemas de saúde mental, a assistência médica é péssima, e cerca de um terço desses deficientes mentais vive enjaulado ou acorrentado. A maioria dos cambojanos portadores de doenças mentais não recebe tratamento algum. Apenas 0,02% do orçamento da saúde é aplicado na saúde mental.[5] Uma única instituição, o Hospital da Amizade Khmer-Soviética, oferece internação, e o país dispõe somente de 35 psiquiatras para atender a uma população de 15 milhões de habitantes.[6] No primeiro semestre de 2015, uma província cambojana propôs que os doentes mentais fossem reunidos, mandados para os pagodes e cuidados pelos monges, a fim de recuperar a "beleza e a ordem".[7]

MONGÓLIA

Os espaços abertos da Mongólia

Travel + Leisure, julho de 1999

Quando queria indicar que determinado lugar era um fim de mundo — uma cidade onde residisse um tio que ela não queria mesmo visitar, ou onde houvesse uma faculdade que ela não queria que eu cursasse —, minha mãe costumava dizer: "Isso bem poderia ficar na Mongólia Exterior". Talvez seja por isso que a Mongólia se tornou para mim um símbolo de lugar remoto. Muitas vezes já imaginei que um lugar fosse bastante exótico só para chegar lá e ver, com desapontamento, que era bem familiar. Entretanto, a Mongólia era, sem sombra de dúvida, outra coisa e parecia ter permanecido no passado. O deslumbramento com esse país é uma sensação intermitente que permanece com o viajante enquanto ele o percorre.

Tive uma terrível intoxicação alimentar no deserto de Gobi. Estava viajando com um colega que decidiu, na metade da viagem, que já bastava para ele e voltou para casa. Por acaso, encontrei uma conhecida da faculdade que estava morando em Ulan Bator. Depois de uma breve conversa, convidei-a para juntar-se à minha excursão, e ela aceitou prontamente a ideia. Falava o mongol à perfeição, e eu sabia o suficiente para contribuir com um fluxo contínuo de informações, mas não tanto que me enfastiasse com o que víamos.

Escolhemos a viagem de trem de 36 horas (e não o voo de duas horas) de Beijing a Ulan Bator. No trajeto, meus companheiros de viagem e eu vimos uma boa porção da Grande Muralha e áreas das províncias de Hebei e Shanxi, no centro-norte da China. Em seguida, percorremos a planície monótona da Mongólia Interior, uma região autônoma da China. No compartimento ao lado viajava um monge budista mongol de vinte anos (que havia entrado para o mosteiro aos oito); ele estivera estudando na Índia e voltava para casa pela primeira vez em cinco anos. Dividia sua acomodação com um consultor de administração

235

alemão, e, no compartimento ao lado do deles, seguiam um pós-graduado de 21 anos, estudante de russo, de Dakota do Norte, e um professor de inglês aposentado, de Cleveland. Um romancista polonês, que usava cinco relógios no braço, ocupava o compartimento número 5. No vagão seguinte viajavam um casal de uma beleza absurda, que não conversava com ninguém, e um grupo de Hare Krishnas da Eslovênia, que tentou, sem êxito, converter todos nós. Passados dois dias, chegamos a Ulan Bator, capital da Mongólia (também conhecida como Mongólia Exterior).

A Mongólia tem um sexto do tamanho dos Estados Unidos e 2,5 milhões de habitantes. A maior parte dessa população é formada por nômades, que moram em tendas de feltro com estrutura de madeira e criam carneiros, cabras, iaques, camelos, bois e cavalos. Não há estradas pavimentadas. De modo geral, não existem eletricidade nem veículos automotores. O povo pratica o budismo tibetano, e na verdade foi o governante mongol Altan Khan quem criou o título dalai-lama, há mais de quatrocentos anos. Apesar de setenta anos de comunismo, muitos templos e mosteiros prosperam.

A Mongólia tem um índice de alfabetização de quase 90% e uma população admiravelmente bem informada, mas fora das cidades o estilo de vida assemelha-se muito ao que vigorava na virada do primeiro milênio. Embora o país tenha importantes jazidas de cobre e ouro, e seja o principal produtor mundial de caxemira, permanece em larga medida imune à modernização e à industrialização. Depois de quase oitenta anos exercendo a função de Estado-tampão "independente" entre a Rússia e a China, a Mongólia recentemente adotou a democracia, e na última eleição, malgrado o número limitado de seções eleitorais e das vastas distâncias entre elas, mais de 90% da população apta a votar compareceu às urnas.

A partir de Ulan Bator, os guias e eu percorremos de carro três quartos da distância até Kharkhorin, antes de montar o acampamento para nossa primeira noite no vasto campo perto de um *ger*, uma das habitações tradicionais dos mongóis, baixas e semelhantes a tendas. De manhã, acordamos com passos de cavalos. Sentei-me, afastei a aba de minha barraca e vi um homem alto que usava um longo casaco de veludo azul, abotoado do lado, preso na cintura com uma faixa de seda amarela. Despertei inteiramente meio aos tropeções, semivestido, e o acompanhei até o *ger*, onde ele me serviu queijo, manteiga e uma fatia de pão fresco. Essa hospitalidade é automática nesse país nômade, além de muitíssimo bem-vinda para um visitante ocidental. Experimentei montar em seus cavalos, provocando risos nos menininhos e menininhas, que aos quatro anos já sabem montar e aos seis se movimentam com mais segurança em suas montarias do que eu consigo andar a pé. Um adolescente, de seus dezesseis anos, veio examinar nosso carro e fez um gesto em direção a seu interior, com o ar intrigado de um super-herói numa nave espacial alienígena. Mostrei-lhe que, se a pessoa empurra a tranca para baixo, ninguém consegue abrir a porta pelo lado de fora. (Ele achou isso engraçadíssimo.)

Chegamos a Kharkhorin no primeiro dia da comemoração do Naadam, um festival esportivo que acontece todo ano, de 11 a 13 de julho. O número de cavaleiros que vimos nas áreas rurais sem estradas e suas roupas multicores nos mostraram, antes mesmo de avistarmos o primeiro dos pavilhões distantes, o caminho a seguir. Ao nos aproximarmos mais, fomos contagiados pela empolgação da multidão. Os cavaleiros tinham partido antes do alvorecer, e mais de duzentos cavalos galoparam na corrida daquela manhã. Ao menos seiscentos outros esperavam em fileiras, e os espectadores escarranchavam-se em suas montarias tal como o público de rodeios do Oeste americano nas arquibancadas. Todos esperavam, ansiosos, o primeiro vislumbre, no horizonte, do animal vencedor. Homens e mulheres em geral usavam um longo manto, o *del*, de veludo ou brocado, preso no quadril com faixas brilhantes de seda amarela, escarlate ou verde. As selas tinham ornamentos de prata, e vários cavaleiros ostentavam pingalins e porta-chaves de prata. Gorros coloridos, alguns debruados com pele, tinham pontas como pináculos. Alguns adolescentes exibicionistas, que haviam consumido *airag* em excesso (uma especialidade mongol: leite de égua fermentado, aquilo que se poderia chamar de gosto adquirido), galopavam de verdade, e de vez em quando a multidão tinha de abrir espaço para que passassem. Crianças e idosos eram empurrados para a frente, enquanto nós, que estávamos a pé, fazíamos força para enxergar por cima da cabeça deles. Havia um zum-zum-zum de especulações, saudações, discussões de família e planos.

Por fim, passou o primeiro cavalo — e irromperam os vivas. Abrimos caminho para a fila interminável de cavalos derrotados, todos montados por cavaleiros de quatro a sete anos. Desfilaram em meio à multidão, com fitas presas aos bridões, e só diminuíram a velocidade bem longe dali. O vencedor foi levado a um campo próximo, onde um lama, de manto esvoaçante e um gorro amarelo com pregas, o abençoou em nome de Buda. Todos riam, algumas pessoas começaram a cantar, e a alegria irmanava amigos antigos e novos. Recebemos convites, traduzidos por nosso guia, de todos os mongóis que conhecemos: venham à nossa tenda, tomem um copinho de nosso *airag*, comam um pedaço de bolo frito, um pouco de queijo. Esforçavam-se por se comunicar a despeito da barreira linguística, juravam que a partir de então seriam nossos irmãos, davam-nos seus gorros para que os experimentássemos, ensinavam-nos sonoras palavras mongóis.

Na manhã seguinte, mais perto da cidade, assistimos às lutas. Armaram-se tendas de seda num amplo círculo sobre o gramado. Cavalarianos mantinham a multidão mais ou menos disciplinada, ainda que, de vez em quando, espectadores corressem para o local das lutas e se ouvissem trocas de frases ameaçadoras. Os juízes sentavam-se sob um toldo azul adornado com símbolos sacros brancos. Havia uma música em altíssimo volume; as pessoas se acotovelavam, à procura de um lugar melhor ou de áreas de sombra. Um a um, surgiram os lutadores, cada qual usando um *del* longo de couro; eles desfilaram diante da multidão alvoroçada e tiraram os mantos, mostrando seus uniformes, bordados à mão. Cada um deles executou uma solene dança da águia em torno de um juiz, estapeando a frente e as costas das coxas (*plac! plac!* e *plac! plac!*). Em seguida, as duplas de competidores puseram-se a treinar um com o outro, de acordo com regras antigas, tentando não tocar o chão, a não ser com os pés e as palmas das mãos, enquanto forçavam os adversários, com uma impressionante mistura de peso e precisão, a cair.

Perto dali se realizava a competição entre os arqueiros, que disparavam flechas finas numa longa campina. Os homens atiravam a partir de uma linha mais recuada; as mulheres, vestidas de seda branca, colocavam-se mais perto dos alvos. Em outro campo, travava-se uma "pelada" de polo. Pequenos quiosques vendiam bolos, tapetes e rádios. A encosta que servia de fundo para as competições era uma festa de cor: as pessoas tinham armado uma aldeola ali. O cheiro da carne assada em braseiros abertos misturava-se aos aromas do *airag* coalhado e do tomilho silvestre que os lutadores pisoteavam. Eu poderia ter vivido cinco anos com a hospitalidade oferecida pelos mongóis. Fotografei um homem que parecia particularmente nobre em sua sela, e ele me puxou para cima do cavalo. Daquela altura, assisti aos esportes, enquanto seus amigos me faziam perguntas e me ofereciam uma bebida feita de leite de vaca.

Deixamos o Naadam, e, à medida que nos aprofundávamos mais na província de Övörkhangai (Kharkhorin fica em seu limite norte), as estradas pavimentadas acabavam. Imagine a pior estrada de terra em que você já dirigiu; agora, visualize o pior trecho daquela estrada; agora, o pior trecho na chuva, logo depois de um terremoto. Você está vendo, mentalmente, uma das melhores estradas da Mongólia. Cruzamos lamaçais onde era impossível distinguir a estrada e vadeamos rios quando nosso motorista julgava que as pontes pareciam instáveis. Foi uma viagem complicada, e mais de uma vez tivemos que descer do carro para empurrá-lo — ou para ajudar outras pessoas cujos veículos tinham refugado o percurso.

Contudo, apesar dos solavancos sem fim, jamais hei de esquecer a grandiosidade daquela aventura. As grandes colinas eram quase montanhas. Entretanto, não havia árvores, e os animais de pasto tinham consumido de tal modo as gramíneas luxuriantes que a paisagem era lisa como um campo de golfe. Um arroio corria pelo fundo do vale, e flores amarelas desabrochavam por toda parte. Colunas delgadas de fumaça subiam de um *ger* aqui e ali. Os rebanhos se banqueteavam na vegetação: vacas, carneiros e cabras, e até um transviado camelo ocasional, vindo do Gobi, além de quantidades estonteantes de cavalos à solta. Não havia predadores, nem esconderijos. A sensação era a de uma paz sublime.

De vez em quando surgia um pastor, fumando um cachimbo e vigiando seu rebanho; crianças brincavam e riam à beira d'água. Uma ou outra mulher saía de seu *ger*, alegre, olhava em torno e arrumava bandejas de queijo no teto para que secassem. Águias voavam em círculos constantes, enquanto aves menores voavam mais baixo. Marmotas saíam em disparada de suas tocas e sumiam de vista. Aquelas áreas meio virgens do planeta não tinham sido muito exploradas nem preservadas artificialmente. Nunca vi outro espaço que fosse, ao mesmo tempo, tão majestoso e menos ameaçador; não havia ali nenhum sinal da força monstruosa da natureza, mas somente o rútilo, o claro, o perfeito.

Dentre todos os animais da Mongólia, foi dos iaques que mais gostei. Grandes e desajeitados, vaidosos e com uma pelagem gratuita que lhes esconde as pernas, como a saia de um sofá vitoriano, eles se deslocavam com a segurança ranzinza de velhas senhoras cuidadosamente vestidas com versões surradas de modas antigas. Algumas criaturas ágeis agitavam no ar as absurdas caudas felpudas como sombrinhas, ou se atreviam a atravessar correndo a estrada, como tias-avós tomadas de uma súbita euforia. A maior parte deles apenas observava, desconfiados, sem nenhum sinal de ameaça, mas mantendo um ar de certa desaprovação. Gostavam de ser fotografados, ocasião em que fitavam a câmera e piscavam, coquetes.

As terras da Mongólia, com poucas exceções, não pertencem a ninguém, nem nunca pertenceram. Uma pessoa pode dirigir por onde quiser ou montar uma tenda onde lhe aprouver. No deserto de Gobi, um pastor me disse: "Quando mudo meu *ger* de lugar, sinto a satisfação das possibilidades e da liberdade. Posso ir para qualquer lugar, instalar minha casa em qualquer lugar, levar meu rebanho para qualquer lugar, a não ser, às vezes, para algum lugarzinho onde se construiu uma cidade". Ele se calou por um momento para me servir chá com leite de camela. "Os Estados Unidos também são um país livre?" Pela primeira vez, em minha vida de patriota, achei difícil dar uma boa resposta a essa pergunta. Um terço dos mongóis vive abaixo da linha de pobreza, contudo, quando lhe falei a respeito do sonho americano, o pastor perguntou: "Por que um filho haveria de querer uma vida diferente da vida de seu pai?". Fiz-lhe perguntas sobre seus filhos pequenos, que brincavam junto de nós. "Vou mandá-los para a escola", disse ele, "e, se quiserem ser políticos ou homens de negócios, eles que decidam. Eu fui para a escola e resolvi ser pastor. Espero que eles façam a mesma escolha, porque não consigo imaginar uma vida melhor." Está na moda achar que o capitalismo triunfou sobre o comunismo, porém eu deixei a Mongólia convencido de que os dois sistemas nunca foram antagônicos, pois o verdadeiro oposto de ambos é o nomadismo, um estilo de vida que pode ser a opção mais próxima à prazerosa anarquia possível à humanidade.

Paramos várias vezes em postos de gasolina enquanto seguíamos para o sul, em direção ao deserto de Gobi. O deserto surge devagar: pouco a pouco, as plantas tornam-se esparsas, e logo a seguir o terreno se aplaina. A pastagem luxuriante chega ao fim. Dirigimos horas e horas pela província de Dundgovi (Gobi Central), fosca e desolada. Chegamos então a Ömnögovi (Gobi do Sul), onde a areia era plana e amarela, e quase não havia vegetação. Uma ou duas horas mais tarde alcançamos uma das "florestas" do Gobi, cheia de plantas de caules grossos e folhas finas, lembrando velhos pedaços de madeira atirados na praia pelas ondas, enfeitados com rúcula. Depois disso, começava o deserto real: plano, sem nenhum tipo de ornamento, e vasto, vasto, vasto.

Passamos a noite em Bayanzag — uma região mais conhecida como Escarpas Flamejantes —, onde enormes formações pouco firmes de calcários, de tons vermelho vivo e dourado, emolduram continuamente o deserto ao redor. O deserto trovejava à nossa passagem, por causa de túneis cavados nas escarpas. Podíamos ver, à distância, montanhas cobertas de neve. Por toda parte havia fósseis,

240

como se os dinossauros não tivessem se dado ao trabalho de limpar o terreno ao partirem para um novo local.

Os guias, o fotógrafo e eu decidimos passar a noite, sem lua, com pastores de camelos; simplesmente paramos diante do *ger* em que moravam e nos apresentamos. Os camelos da Mongólia não cospem nas pessoas, como fazem os camelos árabes. São animais curiosos, que se voltam para seguir os passantes. Suas duas corcovas têm tufos compridos de pelo. Quando lhes falta água, essas corcovas caem como mamas idosas. À noite, eles uivam — um som lúgubre, como os gritos dos espíritos do purgatório.

Gostei dos pastores de imediato. Eram um rapaz, sua irmã e os cônjuges de ambos, nenhum com mais de 25 anos. Seus pais, que tinham viajado recentemente para fazer uma longa visita, estavam acampados a um dia dali. Os casais respondiam prontamente a nossas perguntas. Por isso, fui informado de que é mais fácil cuidar dos camelos que de carneiros, pois o rebanho de uma pessoa não se mistura com o de outra. O pastor deixa os camelos adultos vagueando por onde quiserem de dia, mas fica com os bebês e os animais pequenos, e conduz os demais para casa de noite. As mães voltam com os filhotes, e os machos as seguem, de forma que o rebanho se mantém junto. Os camelos produzem boa lã e vivem sem refeições frequentes. Mais ou menos cinco vezes por ano, os pastores arrumam seus *gers* nos camelos e procuram locais melhores de pastagem.

Àquela altura, já tínhamos aprendido o básico da etiqueta dos *gers* e sabíamos que os homens se sentam do lado oeste e as mulheres do lado leste, e que é grosseria não experimentar o que lhe oferecem para comer. Em geral, os mongóis servem chá com leite, preparado com sal, açúcar e o leite que estiver disponível (dessa vez, de camela), e o *airag*. Os pastores prepararam para nós sopa de carne--seca de carneiro, a que acrescentamos cebolas e batatas que tínhamos trazido de Ulan Bator. Esses vegetais eram novos para eles. Gostaram das cebolas, mas acharam a batata "nojenta", queixando-se de que "tinha textura de terra". À noite, um *ger* é iluminado normalmente por uma única vela, e à sua luz vacilante conversamos até ficar tarde e as crianças começarem a se deitar no chão. Como não queríamos ocupar as únicas camas no *ger*, voltamos para nossas barracas do lado de fora.

No dia seguinte começou a chuva. Pareceu-nos injusto que houvesse chuva forte na província de Gobi do Sul, onde a precipitação anual é de aproximadamente 127 milímetros. Pareceu-nos particularmente injusto que ela durasse três dias, tornando a estrada, ao voltarmos para Ulan Bator, praticamente invisível e difícil de seguir. E pareceu-nos cruelmente injusto que eu adoecesse por causa de alguma coisa que tinha comido no Naadam e que agora, por vingança, fazia minhas entranhas revirarem. Eu me sentia como uma peça de roupa que deve ser lavada a seco metida numa máquina de lavar giratória. Atolamos duas vezes. Levantamos o veículo, verificamos os pneus, arrancamos alguns galhos de plantas próximas para pôr debaixo dos pneus e facilitar a tração. Eu tinha acabado de ler os originais do romance de um amigo, e suas páginas serviram para fazer os pneus cumprirem seu papel. O mundo parecia feito de mingau.

Na primeira metade de nossa viagem, tínhamos gostado de acampar, dirigir e passar cada noite em um lugar diferente. Agora, porém, como estávamos cansados daquilo, um amigo e eu pegamos um avião para o norte, a fim de passar o resto da viagem na província de Khövsgöl. É difícil escrever sobre Khövsgöl num tom devidamente elogioso depois de descrever a beleza muito diferente de Övörkhangai. Fizemos um passeio de quatro horas, num jipe, aos sacolejos, ao Parque Nacional de Khövsgöl. Falar de um parque nacional no centro da Mongólia é como falar de uma área residencial urbana no meio de Manhattan, mas em princípio isso significa que ali a caça é proibida, o que explica por que a fauna é tão abundante. O lago Khövsgöl — enorme, lindo, escuro e profundo — contém três quartos da água doce da Mongólia. Em suas margens estendem-se campos de flores silvestres tão brilhantes que alguém pode imaginar estar vendo um contorno de borboletas. O lago é todo cercado de montanhas escarpadas. Em parte alguma há construções com alicerces. A cada manhã decidíamos entre fazer um passeio de barco e montar cavalos ou iaques (montaria que ninguém jamais escolheria se dispusesse de um cavalo, a não ser pela novidade).

Eu tinha ouvido falar dos *tsaatan*, criadores de renas, xamanistas, e fazia muito tempo que desejava conhecê-los. Os quinhentos e poucos membros desse grupo vivem bem longe das rotas turísticas. Antropólogos e viajantes inveterados têm de viajar três ou quatro dias pelas florestas a noroeste do parque para encontrá-los. No entanto, tivemos sorte: uma criança desse grupo tinha passado a noite perto de onde estávamos e concordou em nos indicar o caminho da casa de seus primos. Soubemos que seria uma hora de carro, seguida de uma caminhada de cinco quilômetros. Não tínhamos entendido direito que seria uma caminhada vertical de cinco quilômetros, mas nos pusemos valentemente a subir com nosso guia de sete anos e alguns parentes que ele tinha reunido no vale — assimilacionistas que tinham optado pela criação de cabras. Seguimos uma corrente de montanha que deságua no lago. À medida que subíamos, o panorama se desdobrava às nossas costas. De vez em quando, o menino apontava a caverna de um urso, uma águia ou uma rena.

Depois de três horas de subida, vimo-nos acima da linha de vegetação, e na crista da montanha conseguimos divisar um *ortz* (a tenda cônica típica dos *tsataan*) e um rebanho de animais. Logo estávamos no acampamento da gente das renas. Fomos recebidos com a gentileza habitual: chá com leite de rena, um queijo detestável e biscoitos fritos. ("Feitos com gordura de rena?", perguntei à mulher mais velha. Ela meteu a mão no fundo de um armário. "Hoje em dia preferimos óleo de girassol", respondeu, mostrando-me o vidro.) Na parede da tenda havia vários ganchos, feitos de galhadas de renas, e algumas sacolas de pele de rena. Perguntamos o que era uma trouxinha, pendurada do lado oposto à porta, com penas, fitas, flores secas, um pé de pato e parte de uma galhada. Disseram que era um objeto mágico, deixando claro que não queriam mais perguntas sobre aquilo. O menino que nos servira de guia disse que sua mãe era uma xamã.

Saímos então para ver os animais: três renas branquíssimas e 27 de pelagem castanha. Eu sempre tinha imaginado as renas como animais que vivessem num eterno dezembro. Aquelas tinham perdido a pesada cobertura de inverno e pareciam contentes ao sol da tarde. Vieram esfregar em nós o focinho e a cabeça. As galhadas eram peludas e sensíveis, e logo descobrimos que os animais adoravam que fossem coçadas. O pai do menino selou uma das renas e fez com que eu a montasse. As renas balançam de um lado para outro ao trotar, e o impulso natural do principiante é agarrar-se ao que está diante dele — a galhada. Ao assim proceder, para meu constrangimento e imensa diversão da família *tsaatan*, fiz com que a rena jogasse a cabeça para trás e disparasse a correr. As renas são muito mais rápidas do que se pode imaginar.

Fiquei feliz por voltar para Ulan Bator, uma cidade engraçada e heterogênea, com imponentes edifícios russos neoclássicos, mosteiros budistas e conjuntos habitacionais feiosos da era comunista. Em toda a cidade, a população demonstra uma visão mordaz e irônica do governo da Guerra Fria, cujos monumentos se espalham por toda parte. Num museu, foi aberto um restaurante sob um mosaico de Lênin de 24 metros de altura. Ao entrar, vi dois letreiros: em um deles, na parede, lia-se: TRABALHADORES DE TODO O MUNDO, UNI-VOS!; e o outro, num cavalete, informava: DUAS BEBIDAS PELO PREÇO DE UMA ANTES DAS 6 HORAS!

Em 1931, um terço da população masculina da Mongólia vivia em mosteiros, e a riqueza do país se concentrava nos santuários budistas. Os brutamontes de Stálin destruíram quase todos, mas restaram alguns. O maior e mais impressionante é o mosteiro de Gandan, em Ulan Bator, em cujo centro se vê um Buda de trinta metros de altura, encerrado num pagode. Dezenas de monges, com longos mantos, oram no interior e no exterior do mosteiro, e a atmosfera de paz é intensa, apesar dos bandos de turistas barulhentos. Encontrei ali meu amigo, o monge do trem de Beijing, que me saudou com sorrisos calorosos e falou animadamente sobre a família.

Visitei também o grande mosteiro de Kharkhorin, chamado Erdene Zuu, que parecia mais antigo, menos turístico e mais religioso. Seus monges, de seis a noventa anos de idade, caminhavam pelos pátios malcuidados com longos mantos vermelhos; no interior dos templos, outros entoavam preces, batiam tambores e acendiam velas diante de Budas dourados esculpidos por Zanabazar, o grande rei e escultor mongol do século XVII. Fiéis faziam oferendas, apertavam a testa contra imagens e faziam girar a roda de oração. Por dois dólares, os monges realizavam preces especiais pelo fiel e por seu rebanho.

A essência da Mongólia supera suas atrações turísticas. Em qualquer parte do país, fora de Ulan Bator, pode-se ver o que deve ser visto — uma paisagem inocente e uma cultura imutável. Depois, se você desejar muito explorar o Gobi ou Khövsgöl e ver alguns iaques, não hesite: vá. Na China, as pessoas cultivam um curioso orgulho nacionalista de que nenhum estrangeiro chegará a captar a complexidade de sua sociedade. Os russos acreditam que o desespero deles é um estado que nenhum ocidental é capaz de alcançar ou simular. Já os mongóis parecem perceber com gloriosa clareza seu lugar no mundo e se sentem encantados se você quiser visitá-los. Tem-se na Mongólia uma sensação não simplesmente de história, mas de eternidade.

O nomadismo dos mongóis está diminuindo.[1] Migrações recentes e numerosas fizeram com que metade da população viva hoje em Ulan Bator, onde vastas favelas rodeiam a cidade.[2] Embora o país continue democrático, há pouco tempo houve distúrbios decorrentes de fraudes eleitorais, e o ex-presidente Nambar Enkhbaya foi condenado por corrupção e preso.[3] A situação ambiental está se agravando. Operações de mineração e o pastoreio predatório,[4] além do aquecimento global, estão levando a uma ampla desertificação e a uma perda substancial de diversidade da flora. Muitos animais, caçados por suas peles ou como fonte de matérias-primas da medicina chinesa, estão reduzidos a seu mais baixo número histórico.[5]

Entretanto, também ocorrem progressos importantes. A modernidade sobrevém de forma intermitente.[6] O Programa Nacional de Eletrificação Solar do Ger procura fornecer aos nômades fontes portáteis e renováveis de eletricidade. Em 2011, a Comissão do Patrimônio Histórico da Unesco classificou o Naadam como Patrimônio Cultural Imaterial da Humanidade.[7] Entre as muitas mudanças que refletem o afastamento do passado comunista, achei particularmente simpático o fato de o Museu Lênin ter sido transformado em um museu de dinossauros.[8]

GROENLÂNDIA

Inventando a conversa

O demônio do meio-dia, 2001

A Groenlândia não fica tão longe assim dos Estados Unidos e da Europa, mas poucos americanos e europeus vão até lá. Nesse lugar de beleza transcendente, o estilo de vida tradicional e a tecnologia moderna se equilibram precariamente. Se seu país tivesse de ser colonizado, é provável que você escolhesse colonizadores dinamarqueses, que investiram pesadamente em infraestrutura, assistência médica e escolarização. Entretanto, a população da nação de menor densidade demográfica do mundo fala o groenlandês, um idioma do tronco linguístico esquimó-aleúte, como sua primeira língua, e o dinamarquês como segunda — o que não os favorece muito na economia global.

Para investigar ainda mais a questão da diferença cultural da depressão, examinei a vida dos inuítes (esquimós) da Groenlândia — em parte porque a taxa de depressão é elevada naquela cultura, em parte porque as atitudes dessa cultura em relação à depressão são particularmente distintas. A depressão chega a afetar 80% dessa população.[1] Como é possível organizar uma sociedade em que a depressão desempenha um papel tão central? A Groenlândia está integrando os costumes de uma sociedade antiga às realidades do mundo moderno, e as sociedades em transição — comunidades tribais africanas que estão sendo desdobradas em países maiores, culturas nômades que estão sendo urbanizadas, lavradores de subsistência que vêm sendo incorporados ao desenvolvimento agrícolas de larga escala — quase sempre têm altos níveis de depressão. Contudo, mesmo no contexto tradicional, a depressão sempre tem uma taxa elevada entre os inuítes, e a taxa de suicídio também tem sido alta (embora tenha caído em quase 50% com o advento da televisão). Em algumas áreas, uma pessoa em cada grupo de trezentas se suicida anualmente. Alguns poderiam dizer que isso é o modo de Deus indicar às pessoas que não deviam viver em locais impossíveis — e mesmo assim, o povo inuíte não abandonou sua vida glacial voltada para o gelo para imigrar para o Sul. Eles aprenderam a tolerar as dificuldades da vida acima do Círculo Polar Ártico. Eu presumira, antes de ir lá, que a questão na Groenlândia era principalmente TAS, a depressão como resultado de um período de três meses em que o sol nunca nasce. Eu imaginara que todos pioravam no final do outono e começavam a melhorar em fevereiro. O caso não é esse. O mês de maior índice de suicídios na Groenlândia é maio, e, embora estrangeiros que se mudam para a parte norte da Groenlândia fiquem tremendamente deprimidos durante os longos períodos de escuridão, os inuítes se adaptaram ao longo dos anos às mudanças sazonais de luz. A primavera provoca suicídio em muitas sociedades. "Quanto mais rica, amena e agradável a natureza se torna", escreveu o ensaísta A. Alvarez, "mais intenso parece esse inverno interior, e mais profundo e intolerável o abismo que separa o mundo interno do externo." Na Groenlândia, onde a transição para a primavera é duas vezes mais dramática do que em zonas mais temperadas, esses são os meses mais cruéis.

A vida é dura na Groenlândia, portanto o governo dinamarquês instituiu programas de apoio social fantásticos. Há assistência médica, educação e até mesmo auxílio aos desempregados. Os hospitais são imaculados, e a prisão na capital parece mais uma pousada do que uma instituição de punição. Mas o clima e as forças da natureza na Groenlândia são incrivelmente severos. Um dos inuítes que conheci, um homem que viajara à Europa, disse: "Nós nunca desenvolvemos uma grande arte ou construímos grandes edifícios, como as outras civilizações. Mas sobrevivemos aqui por mil anos". Isso me pareceu muito provavelmente o maior dos feitos. Os caçadores e pescadores pegam o suficiente para alimentar a si e a seus cães e vendem as peles das focas que comem para pagar as despesas menores de sua vida e consertar os trenós e os barcos. Durante o período de escuridão, caçadores com calças de pele de urso-polar e casacos de pele de foca precisam correr ao lado de seus cães nos trenós para evitar o congelamento. Muitos sobrevivem ao inverno à base de *kiviak*, feito de *auks* (aves migratórias) fermentados e sepultados durante dezoito meses envoltos numa pele de foca gordurosa e consumido cru. Amigos groenlandeses me garantiram que não é mais repugnante que o queijo azul. Há quarenta anos, essas pessoas ainda moravam em iglus. Quem nunca esteve no interior de um iglu não faz ideia de como são pequenos. As únicas fontes de calor são uma lâmpada de óleo de foca e a temperatura corporal dos ocupantes. Enfiados em roupas para passar o inverno, os moradores de um iglu deitavam-se mais ou menos uns sobre os outros. Hoje moram em casas pré-fabricadas, em estilo dinamarquês, com apenas dois ou três aposentos, porque o custo do aquecimento numa terra sem uma fonte imediata de combustível — não existem árvores na Groenlândia — é proibitivo.

As famílias inuítes são grandes. Por meses a fio, famílias de talvez doze pessoas permanecem dentro de casa o tempo todo, geralmente reunidas num único aposento. É gelado demais e escuro demais para qualquer um sair, exceto o pai, que vai caçar ou pescar no gelo uma ou duas vezes por mês para complementar o estoque de peixe seco do verão. Nessas circunstâncias de intimidade forçada, não há lugar para queixas ou para falar sobre problemas, raivas e acusações. No tempo dos iglus, era impossível brigar com uma pessoa com quem você teria de viver em contato físico próximo durante semanas a fio. Mesmo hoje, as pessoas têm de dividir espaço e refeições durante meses. Se você sair, enfrenta um ambiente no qual certamente morrerá. Como disse alguém, referindo-se aos velhos tempos: "Quando você se aborrecia ou se zangava, bastava virar a cabeça e olhar as paredes derretendo". A extrema intimidade física da sociedade impõe a reserva emocional. Algumas pessoas que ainda guardam os costumes antigos são contadores de histórias e falam sobre expedições de caça e ocasiões em que escaparam da morte por um triz. Em geral são tolerantes. Muitos riem com facilidade. Outros são silenciosos e ruminam seus pensamentos. Os traços característicos da depressão na Groenlândia não são resultado direto da temperatura e da luz; são as consequências do tabu de falar sobre si mesmo.

Poul Bisgaard, um homem grande e gentil, com um ar de paciência confusa, é o primeiro nativo da Groenlândia a se tornar psiquiatra. "É claro que, se alguém está deprimido dentro de uma família, podemos ver os sintomas", diz ele. "Mas tradicionalmente não nos metemos em sua vida. Seria uma afronta ao orgulho de alguém dizer que você acha que ele está deprimido. O homem deprimido não acredita que tem valor e, já que não tem valor, não há motivo para aborrecer outras pessoas. Os que estão em torno dele não pensam em interferir." Kirsten Peilman, psicólogo dinamarquês que morou na Groenlândia por mais de uma década, afirma: "Ninguém diz a ninguém como se comportar. Você simplesmente tolera seja lá o que as pessoas apresentem e deixa que elas aguentem a si mesmas".

Fui para lá na estação da luz. Nada poderia ter me preparado para a beleza da Groenlândia em junho, com o sol bem lá no alto a noite inteira. Tomamos um pequeno barco a motor de um pescador da cidade de Ilulissat, de 5 mil pessoas, aonde eu tinha chegado em um pequeno avião, e rumamos para o Sul, para um dos povoados que eu escolhera em consulta com o diretor de saúde pública da Groenlândia. O povoado é chamado de Illiminaq, um lugar de caçadores e pescadores, com uma população adulta de cerca de 85 pessoas. Não há estradas que levem a Illiminaq nem estradas no próprio povoado. No inverno, os aldeões viajam através do terreno gelado em trenós puxados por cães; no verão, o acesso é apenas por barco. Na primavera e no outono, as pessoas ficam em casa. Na época do ano em que fui, icebergs fantásticos — alguns tão grandes quanto prédios comerciais — desciam a costa, agrupando-se perto do fiorde de gelo Kangerlussuaq. Meu guia e eu atravessamos a boca do fiorde, navegando entre as formas macias e oblongas de gelo mais antigo que haviam virado de cabeça para baixo e nacos de geleiras quebrados, corrugados com a idade e curiosamente azuis — nosso barco humilde diante de tanta majestade natural. Enquanto avançávamos, gentilmente deslocávamos os icebergs menores, alguns do tamanho de geladeiras; outros eram como pratos flutuantes e apinhavam a água clara de modo que, se a nossa visão seguisse a remota linha do horizonte, pensaríamos estar viajando por contínuos lençóis de gelo. A luz era tão clara que parecia não haver nenhuma profundidade no campo de visão, e eu não sabia dizer o que estava próximo e o que estava distante. Ficamos perto da praia, mas eu não conseguia diferenciar a terra do mar, e na maior parte do tempo permanecíamos como num desfiladeiro de montanhas de gelo. A água era tão fria que, quando um pedaço de gelo se quebrava da borda de um iceberg e caía, apresentava uma depressão, como um creme, tornando a se fechar maciamente apenas alguns segundos depois. De vez em quando, víamos ou escutávamos uma foca atirando-se na água gelada. Fora isso, estávamos sozinhos com a luz e o gelo.

Illiminaq é construída em torno de um pequeno porto natural. Há umas trinta casas, uma escola, uma igreja minúscula e uma loja, que é abastecida cerca de uma vez por semana. Cada casa tem um grupo de cães, muito mais numerosos que os humanos residentes no local. As casas são pintadas nas cores vivas e claras que os habitantes locais adoram — azul brilhante, amarelo vivo, rosa-claro —, mas dificilmente fazem alguma diferença em meio às vastas rochas que se erguem por trás delas ou ante o mar branco que se estende à sua frente. É difícil imaginar um lugar mais isolado que Illiminaq. Contudo, a aldeia tem uma linha telefônica, e o governo dinamarquês paga helicópteros para transportar os habitantes locais com problemas de saúde se o tempo permitir o pouso. Ninguém tem água corrente ou toaletes com descarga, mas há um gerador, e algumas casas e a escola têm eletricidade. Várias casas também têm televisão. Cada casa tem uma vista inconcebivelmente linda. À meia-noite, quando o sol estava alto e os habitantes adormecidos, eu andava por entre as casas silenciosas e os cães dormindo como se vagasse num sonho.

Uma semana antes de minha chegada, havia sido colocado na loja um anúncio, chamando voluntários para discutir seu estado de espírito comigo. Minha intérprete — uma ativista inuíte, viva e instruída, que contava com a confiança dos habitantes do povoado — concordara, apesar de sua descrenças, em me ajudar a persuadir aqueles reservados habitantes a falar sobre seus sentimentos. Fomos abordados, um tanto timidamente, no dia seguinte à nossa chegada. Sim, eles tinham algumas histórias para contar. Sim, haviam decidido contá-las a mim. Sim, era mais fácil falar sobre essas coisas com um estrangeiro. Sim, eu precisava conversar com as três mulheres sábias — as quais tinham começado todo esse negócio de falar sobre as emoções. Em minha experiência, os inuítes são um povo amável e eles queriam ajudar, mesmo quando essa ajuda envolvia uma loquacidade um tanto estranha a seu jeito habitual. Devido às recomendações que haviam sido enviadas antes da minha viagem ao pescador que me trouxera em seu barco e à minha intérprete, eles me acolheram como parte de sua comunidade íntima, enquanto me garantiam as cortesias devidas a um hóspede.

"Não faça perguntas diretas" foi o conselho do médico dinamarquês encarregado do distrito que incluía Illiminaq. "Se você lhes perguntar como se sentem, eles não conseguirão dizer nada." Entretanto, os aldeões sabiam o que eu queria saber. Geralmente não davam respostas de mais de algumas palavras, e a pergunta tinha de ser tão concreta quanto possível, mas mesmo que as emoções não estivessem disponíveis a eles linguisticamente, mostravam-se nitidamente presentes do ponto de vista conceitual. O trauma é uma parte regular da vida dos habitantes da Groenlândia; a ansiedade pós-traumática não era incomum; tampouco a descida aos sentimentos sombrios e às dúvidas sobre a própria identidade. Velhos pescadores nas docas me contaram histórias de seus trenós afundando (uma equipe de cães bem treinados puxa você para fora se o gelo não se quebrar mais ainda, se você não se afogar primeiro, se as rédeas não se romperem) e de ter de continuar por quilômetros em temperaturas abaixo de zero e roupas molhadas. Falaram sobre caçadas em cima de gelo que se movia, o barulho de trovoada que isso provocava, tornando impossível a comunicação entre os caçadores. Eles sentiam que estavam sendo erguidos à medida que um naco de geleira mudava de posição, sem saber se esse naco ia em seguida virar e mergulhá-los no mar. E falaram como, depois de tais experiências, tinha sido difícil continuar, extrair a comida do dia seguinte do gelo e da escuridão.

Fomos ver as três mulheres idosas. Amalia Joelson, a parteira, era o que havia de mais parecido com um médico na cidade. Um filho seu nascera morto; no outro ano, ela teve um filho que morreu na noite seguinte a seu nascimento. Seu marido, louco de dor, acusou-a de matar a criança. Ela própria mal suportou a ideia de que conseguia realizar partos nas vizinhas, mas não conseguia ter um filho. Karen Johansen, a esposa de um pescador, deixara sua cidadezinha natal para vir para Illiminaq. Pouco depois, em rápida sequência, sua mãe, seu avô e sua irmã mais velha morreram. Então a mulher de seu irmão ficou grávida de gêmeos. O primeiro deles morreu prematuramente no quinto mês de gestação. O segundo nasceu saudável, mas morreu de uma súbita síndrome infantil aos três meses. A seu irmão sobrou apenas um filho, uma menina de seis anos, e, quando esta se afogou, ele se enforcou. Amelia Lange era a ministra da igreja. Casara-se com um caçador alto e jovem e lhe dera oito filhos em rápida sucessão. Ele sofreu um acidente de caça; uma bala ricocheteou em uma rocha e seu braço direito foi partido pela metade entre o cotovelo e o pulso. O osso nunca se regenerou e o ponto em que quebrara se curvava como uma articulação extra se você apertasse a sua mão. Ele perdeu o uso do braço direito. Anos depois, ele estava do lado de fora da casa durante uma tempestade quando foi derrubado por um vento forte. Sem o braço para amortecer a queda, ele quebrou o pescoço e ficou paralisado da cabeça para baixo. Sua mulher tem de cuidar dele, empurrar sua cadeira de rodas pela casa, criar os filhos e caçar para comer. "Eu fazia meu trabalho ao ar livre e chorava o tempo todo enquanto trabalhava", lembra ela. Quando perguntei se outros não tinham vindo ajudá-la ao vê-la chorando enquanto trabalhava, ela disse: "Eles não interfeririam enquanto eu conseguisse fazer o trabalho". Seu marido sentiu que era um fardo grande demais para ela e parou de comer, esperando morrer de fome. Mas ela notou o que ele fazia e isso quebrou seu silêncio: ela implorou ao marido que vivesse.

"Sim, é verdade", disse Karen Johansen. "Nós da Groenlândia estamos próximos demais para sermos íntimos. E todos aqui carregamos tantos fardos que ninguém quer acrescentar, aos nossos, os fardos dos outros." Exploradores dinamarqueses do início e meados do século xx encontraram três formas principais de doenças mentais entre os inuítes, descritas pelos próprios inuítes como um período fora de si. Em grande parte, tais doenças já desapareceram, exceto em localidades muito remotas. A "histeria polar" foi descrita por um homem que a sofrera como "um aumento da seiva, do sangue jovem alimentado pelo sangue de morsas, focas e baleias — tristeza que se apodera de você. No início fica-se agitado. Deve ser enjoo da vida". Uma forma modificada dela existe atualmente no que poderíamos chamar de depressão ativada ou um estado misto; ela está ligada à ideia malaia de "frenesi violento" [*running amok*]. A "síndrome do homem que vaga pelas montanhas" afetava os que viravam as costas à comunidade e partiam. Em tempos anteriores, não lhes era permitido voltar jamais e eles tinham que se arranjar sozinhos em absoluta solidão, até morrerem. "A ansiedade de caiaque" — a crença, contrariando a realidade, de que há água no seu barco e você vai afundar e morrer — era a forma de paranoia mais comum.[2] Embora tais termos sejam usados primordialmente de modo histórico, eles ainda evocam alguns dos conflitos da vida dos inuítes. Em Umanaaq, segundo René Birger Christiansen, que administrava a saúde pública da Groenlândia, houve recentemente uma enxurrada de queixas de pessoas que acreditavam ter água sob a pele. O explorador francês Jean Malaurie escreveu nos anos 1950:

> Há contradição frequentemente dramáticas entre o temperamento basicamente individualista dos esquimós e sua crença consciente de que a solidão é sinônimo de infelicidade. Abandonado por seus conterrâneos, ele é dominado pela depressão que está sempre à espreita. A vida comunal seria algo excessivo para suportar? Uma rede de obrigações vincula as pessoas, fazendo do esquimó um prisioneiro voluntário.[3]

As mulheres sábias de Illiminaq vêm suportando a dor em silêncio por muito tempo. Segundo Karen Johansen: "No início, tentei dizer às outras mulheres como me sentia, mas elas simplesmente me ignoraram. Não queriam falar sobre coisas ruins. E não sabiam como ter uma conversa dessas; nunca tinham ouvido ninguém falar sobre seus problemas. Até meu irmão morrer, também tinha orgulho de não ser uma nuvem no céu para outras pessoas. Mas depois do choque de seu suicídio, tive que falar. As pessoas não gostaram disso. Do nosso ponto de vista, é rude dizer para alguém, mesmo para um amigo: 'Sinto muito por seus problemas'". Ela descreve o marido como um "homem de silêncio", com quem ela negociou um modo de chorar enquanto ele ouvia, sem que nenhum deles tivesse de usar palavras, que soariam bem estranhas para ele.

Essas três mulheres foram atraídas pelas dificuldades mútuas e, após muitos anos, conversavam entre si sobre a profundidade de sua angústia, sobre sua solidão, sobre todos os sentimentos que havia nelas. Amalia Joelson fora para o hospital de Ilulissat para seu treinamento como parteira e lá entrou em contato com a psicoterapia. Ela se sentiu acolhida na sua conversa com as duas outras mulheres e lhes fez uma proposta. Era uma ideia nova para aquela sociedade. Na igreja, num domingo, Amelia Lange anunciou que formara um grupo e que queria convidar todos que quisessem falar sobre seus problemas, individualmente ou juntos. Propôs que usassem a sala de consultas da casa de Amalia Joelson. Lange prometeu que tais reuniões permaneceriam inteiramente confidenciais. "Nenhum de nós precisa ficar sozinho", disse ela.

No ano seguinte, todas as mulheres da aldeia, uma de cada vez, sem saber quantas outras haviam aceitado o convite, foram até lá. Mulheres que jamais haviam dito aos maridos e filhos o que se passava em seu coração tinham ido e chorado na sala de parto. E assim essa nova tradição de abertura começou. Alguns homens foram, embora a ideia de dureza dos homens os mantivesse longe, pelo menos no início. Passei longas horas nas casas dessas três mulheres. Amelia Lange disse que fora um grande insight ver como as pessoas se sentiam "liberadas" após conversarem com ela. Karen Johansen me convidou para conhecer sua família e me deu uma tigela de sopa de baleia fresca, que disse ser geralmente a melhor resposta para os problemas de alguém, acrescentando que encontrara a verdadeira cura para a tristeza, que era ouvir as tristezas dos outros. "Não estou fazendo isso só pelas pessoas que falam comigo", disse, "mas também por mim mesma." Em suas casas e em sua intimidade, as pessoas de Illiminaq não conversam umas sobre as outras. Mas procuram as três anciãs, que lhes infundem coragem. "Sei que tenho impedido muitos suicídios", disse Karen Johansen.

A questão da confidencialidade foi de máxima importância: num pequeno povoado há muitas hierarquias, que não podem ser perturbadas sem causar problemas bem maiores que os do silêncio. "Vejo lá fora as pessoas que me contaram seus problemas, e nunca os trago à tona ou pergunto de um modo diferente sobre a saúde de alguém", disse Amalia Joelson. "Só que, quando pergunto educadamente: 'Como vai você?', eles começam a chorar, então eu os trago de volta comigo para casa."

A depressão é uma doença da solidão, e qualquer um que a tenha sofrido agudamente sabe que ela impõe um medonho isolamento, mesmo para pessoas rodeadas de amor — no caso, um isolamento causado por excesso. As três mulheres idosas de Illiminaq descobriram a maravilha de descarregar seus problemas e ajudar os outros a fazer o mesmo. Culturas diferentes expressam dor de modos diversos, e membros de culturas diferentes sentem diferentes espécies de dor, mas a solidão é uma característica infinitamente plástica.

Aquelas três mulheres sábias também me perguntaram sobre minha depressão, e, sentado em suas casas comendo bacalhau seco envolvido em gordura de foca, eu as senti ouvindo minha experiência através das suas. Quando fomos embora da cidadezinha, minha intérprete disse que aquela fora a experiência mais exaustiva de sua vida, mas disse isso com um orgulho fulgurante. "Nós, os inuítes, somos pessoas fortes", acrescentou. "Se não resolvêssemos nossos problemas, morreríamos aqui. Portanto, encontramos um modo de resolver também esse problema, a depressão." Sara Lynge, uma groenlandesa que instituiu uma linha telefônica para ajudar suicidas numa cidade grande, disse: "Primeiro, as pessoas precisam ver como é fácil falar com alguém; depois, como isso faz bem. Elas não sabem disso. Descobrimos que precisamos nos esforçar ao máximo para espalhar a notícia".

Confrontados com mundos em que a adversidade é a norma, vemos limites descontínuos entre a aceitação realista das dificuldades da vida e o estado de depressão. As famílias que visitei em Illimanaq abriram seu caminho através das tribulações observando um pacto de silêncio. Era um sistema eficaz que servia a seus propósitos e manteve muita gente através de muitos e longos invernos. Nossa crença ocidental moderna é de que os problemas são mais bem resolvidos quando retirados da escuridão, e a história do que aconteceu em Illimanaq sustenta essa teoria; mas a articulação é limitada em escopo e localização. Temos que lembrar que nenhum dos deprimidos da aldeia falava sobre seus problemas com os objetos desses problemas e que não discutiam suas dificuldades regularmente mesmo com as três mulheres mais velhas. Diz-se com frequência que a depressão é algo que acomete apenas uma classe privilegiada numa sociedade desenvolvida; na verdade, é uma coisa que certa classe tem o luxo de articular e comunicar. Para os inuítes, a depressão é tão sem importância na escala das coisas e tão claramente uma parte da vida de todo mundo que, a não ser em casos graves de doença vegetativa, eles simplesmente a ignoram. Entre seu silêncio e nossa autoconsciência intensamente verbalizada, há uma multidão de modos de expressar a dor psíquica, de conhecimento dessa dor.

O problema da depressão na Groenlândia continua grave, e o suicídio é a principal causa de mortalidade, respondendo por nada menos que 10% de todos os óbitos. O índice geral mantém-se inalterado desde 1980, apesar dos programas criados para reduzi-lo. Entre a população mais jovem, esse índice vem crescendo, muitas vezes ligado ao alcoolismo e a maus-tratos domésticos. Em 2014, o índice de suicídio era de 78 por 100 mil habitantes. Em 2015, Astrid Olsen,[4] que procura reduzir o suicídio em Illulissat, declarou que ela e seus colegas tinham deixado de usar a palavra "imminorneq", que pode ser traduzida, aproximadamente, como "tirar a própria vida", e passado a usar, em seu lugar, imminuit toqunneq", que significa "matar-se". Esse novo termo evoca com mais força o trauma emocional que o suicídio pode infligir a uma comunidade. "Era como se um cobertor, enorme e pesado, cobrisse toda uma cidade", disse ela. "Tínhamos de tirar esse cobertor."

Em 2009, a Groenlândia aprovou a autonomia, que lhe foi concedida.[5] Deixou de ser uma colônia da Dinamarca, como era quando lá estive. Grandes progressos foram feitos com a geração de energia hidrelétrica, permitindo a uma maior parcela da população viver confortavelmente em núcleos urbanos.[6] Apesar desse avanço animador, a principal notícia que chega da Groenlândia é que ela está derretendo: em 2015, a geleira Jakobshavn perdeu um pedaço de gelo do tamanho de Manhattan, fato de tão grandes proporções que pôde ser observado do espaço. Áreas que eram de gelo sólido quando viajei para lá hoje são fazendas.[7] Comparando fotos que tirei em 1999 com outras que me foram mandadas desde então, fico com o coração partido. A perda dessa paisagem de gelo é uma catástrofe não só ambiental, como também cultural.

SENEGAL

Nu, coberto de sangue de carneiro, tomando uma coca-cola e me sentindo muito bem

Esquire, fevereiro de 2014

Lembro-me de ter pensado, mesmo enquanto ainda vivia a experiência, que eu contaria essa história pelo resto da vida. Uma versão detalhada saiu em *O demônio do meio-dia*, mas, quando precisei contar o caso de novo para o site de histórias The Moth, tive de condensá-la para lhe dar mais força. Uma transcrição da versão ao vivo foi incluída na primeira antologia do grupo, intitulada *The Moth*, e depois republicada pela *Esquire*. O original tem mais dados, porém a essência e o contexto do caso estão aqui. Limpei um pouco o fraseado da versão oral. Embora a *Esquire* só tenha publicado a história em 2014, ela aparece neste ponto do livro porque estive no Senegal em 2000.

Agora não sofro mais de depressão, mas já sofri, e durante muito tempo. Vivia numa depressão atordoante, e havia longos períodos em que tudo parecia inútil e sem esperança, quando retornar telefonemas de amigos parecia algo além das minhas forças, quando levantar-me e sair para o mundo era doloroso, quando eu estava completamente incapacitado pela ansiedade.

Quando enfim melhorei e comecei a escrever sobre a recuperação, interessei-me por todos os diversos tratamentos da depressão. Tendo começado como uma espécie de conservador em assuntos médicos, julgando que somente poucas coisas funcionavam — medicação, terapia eletroconvulsiva e algumas terapias da palavra —, aos poucos mudei de opinião. Compreendi que, se uma pessoa tem câncer e acha que ficar de cabeça para baixo e gargarejar durante meia hora a faz sentir-se melhor, isso pode fazê-la sentir-se melhor, mas com toda probabilidade ela continuará tendo câncer e, na ausência de outros tratamentos, vai morrer.

Contudo, se ela tiver depressão e achar que ficar de cabeça para baixo, gargarejando durante meia hora, a faz se sentir melhor, ela estará curada — porque a depressão é uma doença de como você se sente, e se você se sentir maravilhosamente bem, não estará mais deprimido.

Por isso, comecei a me abrir para outros tratamentos. Pesquisei tudo, de cirurgias experimentais do cérebro a regimes hipnóticos. Eu recebia muitas cartas, pois tinha publicado artigos sobre o assunto. Uma mulher escreveu dizendo que tinha tentado medicação, terapia, tratamentos com eletrochoques e vários outros métodos e descobriu finalmente o que dava certo para ela. Queria que eu falasse ao mundo sobre essa solução. Tratava-se de "fazer coisinhas com agulha e linha", e ela me mandou numerosos exemplos, assim como uma fotografia sua num cômodo com 2 mil ursinhos idênticos. Transtorno obsessivo-compulsivo e depressão não são a mesma coisa, mas, um momento! Ela tinha se sentido desesperada antes e agora estava bastante feliz.

Enquanto eu estava ocupado nesse trabalho, interessei-me também pela ideia de que a depressão é um problema não só do Ocidente, moderno e industrializado, como em geral se acreditava, mas também de outras culturas e de outras épocas. Por isso, quando um de meus mais queridos amigos, David Hecht, que estava passando uma temporada no Senegal, me perguntou: "Você conhece os rituais tribais usados aqui para tratar a depressão?", respondi: "Não conheço... Mas gostaria de conhecer". E ele disse: "Bem, se você vier me visitar, podemos ajudá-lo a fazer umas pesquisas".[1]

Por isso, embarquei para o Senegal, onde conheci Hélène, então namorada e hoje ex-mulher de David. Ela tinha um primo cuja mãe era amiga de alguém que tinha sido colega de escola de uma pessoa que praticava o *n'deup*, o ritual mencionado por David, e mexeu os pauzinhos para que eu entrevistasse essa mulher. Viajei a uma cidadezinha situada a cerca de duas horas de Dakar e fui apresentado a uma sacerdotisa corpulenta, idosa e extraordinária, envolta em quilômetros de um pano africano estampado com imagens de olhos. Chamava-se Madame Diouf. Conversamos durante cerca de uma hora, e ela me falou tudo sobre o *n'deup*. Ao fim da entrevista, tomado de certa ousadia, perguntei: "Ouça, não sei se isso é uma coisa que a senhora levaria a sério, mas seria possível eu assistir a um *n'deup*?".

Ela respondeu: "Bem, nunca um *toubab*" — o termo local para "estrangeiro" — "esteve presente num desses rituais, mas o senhor veio por intermédio de amigos. Perfeitamente, da próxima vez que eu realizar um *n'deup*, o senhor poderá estar presente".

"Isso é maravilhoso", eu disse. "Quando é que a senhora fará o próximo *n'deup*?"

"Ah, em algum dia nos próximos seis meses."

"Seis meses é muito tempo para que eu fique aqui nesta cidade, esperando que a senhora faça um *n'deup*", comentei. "Talvez pudéssemos apressar um ritual para alguém, adiantar a data... Posso ajudar."

"Não, na verdade as coisas não são assim", disse ela, num tom de leve desculpa.

"Bem, acho que então não vou poder ver um *n'deup*, mas ainda assim essa conversa foi muito interessante e bastante útil para mim. Fico um pouco triste por sair daqui sem conseguir vê-lo, mas muito obrigado."

"Bem, fico feliz com a sua visita. Estou contente por ter sido útil... Mas há outra coisa. Espero que o senhor não se importe por eu dizer isso."

"Não, de modo algum. O que é?"

"O senhor mesmo não parece muito bem. Está sofrendo de depressão?"

Hesitei. "Bem, estou. Depressão. É, eu sofro de depressão. É muito intensa. Está um pouco melhor agora, mas na verdade ainda estou mergulhado na depressão."

"Bem, é claro que nunca fiz um *n'deup* para um *toubab*, mas poderia fazer para o senhor."

"Ah, que excelente ideia", eu disse. "Bem, hum, é, claro. Isso, sem dúvida, vamos fazer isso. Vou fazer um *n'deup*."

"Ótimo. Creio que vai ajudá-lo."

A mulher me deu algumas instruções elementares, e saí.

Minha tradutora, Hélène, a já mencionada namorada e atual ex-mulher de meu amigo David, virou-se para mim e disse: "Você é completamente doido? Você não faz ideia de onde está se metendo. Você é doido. Inteiramente maluco. Mas, se quiser, vou ajudá-lo".

Primeiro, eu tinha uma lista de compras. Tinha de comprar sete metros de pano africano. Tinha de arranjar uma cabaça, uma tigela grande feita com a casca do cabaceiro-amargoso. Tinha de conseguir três quilos de painço. Tinha de comprar açúcar e sementes de cola. E depois tinha de conseguir dois galos e um carneiro vivos. Hélène e eu fomos ao mercado com David. Achamos a maior parte das coisas, e eu perguntei: "Mas, e o carneiro?".

"Não podemos comprar o carneiro hoje. Onde vamos pô-lo esta noite?" Percebi que fazia sentido.

No dia seguinte, quando entramos num táxi para a viagem de duas horas ao local do *n'deup*, perguntei: "E o carneiro?".

"Ah, vamos ver um carneiro no caminho", respondeu Hélène. Por isso, fomos seguindo e de repente apareceu um pastor senegalês com seu rebanho à beira da estrada. Paramos o táxi, negociamos um pouco e compramos um carneiro por sete dólares. A seguir, tivemos alguma dificuldade para enfiar o carneiro vivo no porta-malas do táxi. Mas o taxista não parecia se incomodar com coisa alguma, mesmo quando o animal passou a se aliviar sem parar no porta-malas.

Ao chegar, eu disse a Madame Diouf: "Bem, aqui estou, pronto para meu *n'deup*".

Ora, o *n'deup* varia enormemente, dependendo dos sinais e símbolos que vêm do alto. Por isso, tivemos de passar por todo um processo xamanista para saber como seria o meu *n'deup*. Primeiro, tive de tirar os jeans e a camiseta que usava e vestir uma tanga. Depois, sentei-me e meu peito e os braços foram esfregados com painço. Alguém disse: "Ah, precisamos de música para isso".

Concordei: "Isso mesmo!". E pensei: isso, tambores, para criar um clima, alguma coisa maravilhosamente africana.

Madame Diouf apresentou seu tesouro, um toca-fitas a pilha, para o qual só dispunha de uma fita: *Carruagens de fogo*. Ouvimos *Carruagens de fogo*. Deram-me vários objetos xamanísticos para segurar com as mãos e soltar. A seguir, tive de segurá-los com os pés e soltá-los. Os cinco assistentes de Madame Diouf estavam reunidos ao meu redor. "Ah, isso é bom presságio." "Isso é mau presságio." Passamos a manhã nisso. Tínhamos começado mais ou menos às oito horas, e perto das onze, onze e meia, disseram: "Bem, agora chegou a hora da parte central do ritual".

"Está certo", eu disse, e começaram a soar os tambores, os tambores pelos quais eu tinha esperado. A batida dos tambores durou bastante tempo, e era emocionante. Fomos para a praça central do povoado, e tive de entrar com o carneiro num pequeno leito nupcial improvisado. Tinham me dito que se o carneiro fugisse, seria prognóstico de má sorte, péssima sorte, que eu tinha de me agarrar a ele, e que o motivo de estarmos naquele leito nupcial era o fato de minha depressão e todos os meus problemas serem causados por meus espíritos. No Senegal, você está cheio de espíritos, assim como no mundo desenvolvido está cheio de micróbios. Alguns são benéficos. Outros, maléficos. Meus espíritos maléficos, disseram-me, tinham extremo ciúme de meus parceiros sexuais na vida real, e era preciso aplacar a cólera deles. Por isso eu tinha de deitar-me naquele leito nupcial com o carneiro. É claro que a primeira coisa que ele fez foi se aliviar em minha perna.

Todo o povoado havia tirado o dia de folga do trabalho nos campos, e as pessoas dançavam em torno de mim e do carneiro em círculos concêntricos. Enquanto dançavam, atiravam cobertores e panos sobre nós, de modo que aos poucos estávamos sendo sepultados sob aquelas coisas. Fazia um calor inacreditável, e eu sufocava. Assim como o som dos pés que martelavam o chão, o som dos tambores foi ficando cada vez mais alto e mais arrebatador. No exato momento em que imaginei que ia desmaiar, todos os panos foram subitamente retirados. Os aldeões me arrancaram a tanga, que era tudo o que eu vestia. Cortaram a garganta do pobre carneiro, como também a dos dois galos. Madame Diouf e seus assistentes mergulharam as mãos no sangue do carneiro e no dos galos recém-abatidos e esfregaram com ele todo o meu corpo. O sangue tinha de cobrir cada pedacinho de meu corpo. Foi esfregado em meu cabelo e em meu rosto, em minha genitália e nas solas dos pés. O sangue estava quente, e, quando friccionaram em mim as partes semicoaguladas, a sensação foi bastante agradável.

Ali estava eu, nu, totalmente coberto de sangue, e disseram: "Muito bem, esta parte acabou. Agora vem a seguinte".

"Está bem", respondi, e voltamos para onde tínhamos feito os preparativos pela manhã.

Um dos assistentes disse: "Ouçam, está na hora do almoço. Por que não paramos um pouco? O senhor quer tomar uma coca-cola?". Não sou de tomar coca-cola com frequência, mas naquele momento isso me pareceu uma boa ideia, ótima mesmo, e respondi que sim. Assim, fiquei sentado ali, nu e coberto de sangue de um animal, o que atraía moscas, como acontece quando você está nu e coberto de sangue de um animal. E tomei a coca-cola.

Quando terminei, eles disseram: "Muito bem, agora temos a parte final do ritual. Primeiro, o senhor tem de ficar de pé, bem teso e com os braços colados ao corpo". Em seguida, amarraram-me com os intestinos do carneiro. O corpo do animal pendia de uma árvore próxima, onde alguém o carneava. Retiraram alguns órgãos e reservaram a cabeça. Com uma faca comprida, outro homem tinha cavado no chão, devagar, três buracos perfeitamente circulares, cada qual com cerca de 45 centímetros de diâmetro. Fiquei onde estava, tentando afastar as moscas dos olhos e dos ouvidos.

Em seguida, tive de me mexer, arrastando os pés, todo amarrado com intestinos, o que provavelmente a maior parte dos leitores nunca precisou fazer e é difícil. Tinham dividido a cabeça do carneiro em três partes, e eu devia pôr uma parte em cada buraco. Somos capazes de deixar cair coisas em buracos mesmo quando estamos amarrados. Enchemos de terra os buracos, e tive de bater com o pé direito três vezes em cada um, o que foi um pouco mais complicado. E era preciso que eu dissesse uma coisa. O que tive de dizer foi inacreditável e estranhamente tocante no meio daquela experiência bizarra. Foi o seguinte: "Espíritos, me deixem em paz para eu completar a história de minha vida. Saibam que nunca hei de esquecê-los". E pensei: "Que coisa gentil para dizer aos espíritos maléficos que você está exorcizando: 'Nunca hei de esquecê-los'". E não os esqueci.

Seguiram-se várias outras obrigações complementares. Deram-me um pedaço de papel em que tinham juntado todo o painço da manhã. Disseram que eu deveria dormir com aquilo debaixo do travesseiro e, de manhã, levantar-me e dá-lo a um mendigo que tivesse boa audição e nenhuma deformidade. O ato de lhe dar o painço marcaria o fim de meus problemas. Depois disso, todas as mulheres encheram a boca de água e começaram a cuspir em todo o meu corpo — uma chuveirada —, limpando o sangue. Aos poucos, ele saiu e, quando fiquei limpo, deram-me de volta os jeans. Todo mundo dançou, fizeram um churrasco de carneiro e jantamos.

Eu me sentia animado. Muito animado! Havia sido uma experiência absolutamente espantosa. Ainda que eu não acreditasse nos princípios animistas que estavam por trás do ritual, todas aquelas pessoas tinham sido reunidas, torcendo por mim, e minha sensação era de euforia.

Tive uma experiência estranha cinco anos depois, quando estava em Ruanda, trabalhando em meu livro seguinte. Conversando com um homem que eu havia conhecido, descrevi a experiência pela qual passara no Senegal, e ele me disse: "Ah, nós temos aqui uma coisa meio parecida com isso. Lá é África Ocidental. Aqui é África Oriental. São áreas muito diferentes, mas existem aqui rituais bem parecidos com esse". Ele fez uma pausa. "Enfrentamos muitos problemas com ocidentais da área de saúde mental que vieram para cá logo depois do genocídio e tivemos de pedir a alguns que fossem embora."

"Qual foi o problema?", perguntei.

"O tratamento deles não consistia em ficar ao sol, ao ar livre, como o senhor contou, que é, afinal, onde a pessoa começa a se sentir melhor. Não havia música ou tambores batendo para fazer o sangue do deprimido voltar a correr, e, quando alguém está infeliz, precisa que o sangue corra. Não havia nada dessa constatação de que todo mundo tinha deixado de ir trabalhar naquele dia, para que toda a comunidade pudesse se reunir a fim de reanimá-lo e lhe devolver a alegria. Ninguém se dava conta de que a depressão é um estado externo e invasivo, que pode realmente ser tirado de dentro da pessoa." Ele parou de novo, de forma significativa. "Em vez disso, levavam as pessoas, uma de cada vez, para umas salinhas sombrias, onde ficavam durante mais ou menos uma hora, falando sobre as coisas ruins que tinham acontecido a elas." O homem balançou a cabeça. "Tivemos de pedir a eles que deixassem o país."

O Senegal tem menos de cinquenta psiquiatras para cuidar de uma população de 14 milhões de habitantes, e entre os outros médicos poucos tiveram formação em psiquiatria. Serviços de saúde mental ao estilo ocidental só existem em Dakar, mas não em áreas rurais. Contudo, a atitude em relação aos pacientes acometidos de doenças mentais está mudando no país, e membros da família participam da assistência aos pacientes e atuam em comunidades, ajudando, por exemplo, a alimentar doentes mentais incapazes de cuidar de si mesmos. Embora em geral os psiquiatras qualificados se mantivessem longe dos curandeiros tradicionais, essas divisões estão se desfazendo, e a colaboração vem se tornando comum. Em hospitais psiquiátricos de Dakar, alguns elementos do *n'deup* estão sendo incorporados à terapia de grupo, feita com o tradicional círculo de pessoas. Curandeiros animistas costumam ser chamados para ajudar em casos especialmente difíceis.[2]

À medida que cresce o número de imigrantes senegaleses nos Estados Unidos, surgem pedidos de tratamentos de saúde mental que se coadunem com o modo como essas pessoas compreendem o mundo espiritual. Nenhuma doença psiquiátrica pode ser resolvida sem um profundo respeito cultural. O pressuposto genérico de que a medicina moderna está certa e o ritual antigo não passa de superstição vem sendo visto, cada vez mais, como um modelo equivocado para o tratamento da doença mental. De acordo com William Louis Conwill, pioneiro do estudo acadêmico do *n'deup*, "sem abertura para as crenças e a cultura do grupo étnico lebou, fica fácil rejeitar a possessão por espíritos do *n'deup* como mera sugestionabilidade e o abate ritual de animais como superstição primitiva. Os rituais de *n'deup* abrem a porta que separa o mundo físico de causa e efeito, promovido tipicamente pelos profissionais de saúde ocidentais, e o mundo dos espíritos que protegem os lebou da doença e da catástrofe. Se o mundo do verdadeiro crente e o poder da sacerdotisa do *n'deup* não forem levados em conta, o conselheiro que trabalhar com imigrantes senegaleses nos Estados Unidos talvez veja o *n'deup* como pura tapeação, e com isso seus esforços serão inúteis".[3]

AFEGANISTÃO

Um despertar depois do Talibã

New York Times, 10 de março de 2002

Eu estava em Nova York em 11 de setembro de 2001. Embora muitas vezes tenha me precipitado em direção ao perigo, dei comigo me escondendo em casa durante uma semana e, depois, pegando o primeiro avião que decolou da cidade. Eu tinha sido criado em Nova York, e um ataque físico à cidade não figurava entre os medos que cultivei ao me tornar adulto. Quando o ataque aconteceu, senti-me como Sansão depois de ter o cabelo cortado. Mais tarde, envergonhei-me de meu distanciamento e de minha paralisia. Era tarde demais para me apresentar como voluntário no baixo Manhattan, mas não tarde demais para ajudar a compreender a guerra em que tínhamos nos enredado.

O mais bem-sucedido exemplo da diplomacia moderna foi o Plano Marshall, e acredito que, se tivéssemos investido na reconstrução do Afeganistão o dinheiro desperdiçado numa invasão sem sentido do Iraque, teríamos hoje um firme aliado na Ásia Central. Lembremo-nos de que, na década de 1960, o Afeganistão era um centro de liberalismo, onde as mulheres usavam minissaias. Entre as muitas breves irrupções de vitalidade sobre as quais escrevi, nenhuma me pareceu tão louvada nem tão rápida e brutalmente arruinada.

Este artigo, ainda que baseado na matéria para o *Times* que me foi encomendada, inclui alguns detalhes tirados de um texto que escrevi para a *Food & Wine* sobre nosso jantar final.

A reabertura da Galeria Nacional, em Cabul, em fevereiro de 2002, deu-se no escuro. Mais uma vez faltara eletricidade, uma baixa de guerra, e ninguém conseguia fazer funcionar o gerador da galeria. Um clima de cólera pairava no ar. Mais impressionante do que grande parte das obras de arte expostas era uma exibição especial dos desenhos rasgados e das molduras quebradas deixadas pelo Talibã, para que ninguém esquecesse. No entanto, o estado de espírito era de esperança, de vitória, até mesmo alegre. Presidindo a cerimônia, Hanid Karzai, líder do governo interino do Afeganistão, referiu-se à galeria, emocionado, como o centro de "muita esperança e esplendor", onde a cultura afegã poderia deixar de se esconder. "Isso representa mais, muito mais, do que a reabertura de um museu", declarou, brindando ao momento com uma taça de chá. A seguir, com grande satisfação, ele viu o dr. Yousof Asefi fazer sua demonstração de um doce triunfo.

Asefi é um artista que, correndo alto risco pessoal, tinha escondido as imagens de pessoas em oitenta óleos expostos na galeria, aplicando sobre elas uma camada de tintas de aquarela. Com isso, salvara os quadros da destruição provocada pelo Talibã, que proibira a representação da forma humana, tida como sacrilégio. Agora, diante de um grupo de ministros, jornalistas, artistas e intelectuais, Asefi, enfarpelado num terno novo e engomado, aproximou-se de um quadro, mergulhou um pano em água e começou a retirar a camada de aquarela, revelando as figuras originais embaixo dela, ainda intactas. Seguiu-se uma salva de palmas.

Eu tinha viajado ao Afeganistão a fim de ver o que sobrara da cultura nacional depois das depredações do Talibã e da devastação da guerra. Fiquei estupefato ao ver, em meio às ruínas de Cabul causadas pelos bombardeios, uma comunidade artística não apenas otimista, mas exuberante. Todos com quem conversei contavam histórias extraordinárias da era do Talibã, porém os membros da comunidade artística sobreviveram muito bem a esse período e vinham retomando a vida praticamente no ponto em que tinham parado. A julgar pelos noticiários ocidentais, Cabul era povoada apenas por camponeses desesperados, muitos deles belicosos, além de burocratas e militares. Na verdade, Cabul tem também uma população de afegãos cultos, *soignés*, alguns dos quais ficaram na cidade durante todos os anos do Talibã, enquanto muitos outros procuravam o interior do país, num exílio voluntário.

No entanto, o começo de um renascimento não está ocorrendo apenas entre uma pequena elite. A União dos Artistas, fechada pelo Talibã, foi reaberta sem alarde há alguns meses e já atraiu mais de 3 mil artistas de todo o país, entre eles duzentas mulheres. "Nosso futuro depende dessas pessoas", disse-me Karzai. "Precisamos salvar nossa cultura e fazer com que ela avance, dar uma nova cultura ao Afeganistão. Isso está no alto de nossa lista de prioridades."

As mulheres afegãs não têm pressa de abandonar a burca, considerada pelos ocidentais o mais forte símbolo da opressão do Talibã. Durante uma visita de duas semanas a Cabul, em meados de fevereiro, não vi mais de uma dezena de mulheres exibindo o rosto nas ruas, e nenhuma delas mostrava os cabelos, apesar da suspensão da proibição. O fato de se apegarem a esse traje remete a uma base cultural profunda que determina a ocultação do rosto. Contudo, enquanto o reaparecimento das mulheres tem sido lento e ambíguo, a recente proliferação da arte — seja ela culta ou popular, tradicional ou nova, ocidental ou oriental — mostra a rapidez com que os afegãos urbanos se libertaram.

Ao contrário do que dizia a propaganda do Talibã, as proibições da arte nunca se basearam no Islã. "A simples ideia é ridícula", declarou o ministro da Informação e Cultura, Said Makhtoum Rahim. "Não existe justificativa religiosa para essas leis." Nancy Hatch Dupree, destacada especialista ocidental em cultura afegã, chama as restrições de "besteirada total, inteiramente política". Abdul Mansour, diretor da televisão afegã e ex-presidente do Ministério da Cultura, afirmou: "Diziam que isso era religião, mas era apenas uma combinação de violência, locupletação pessoal e cumprimento da agenda do ISI". Mansour se referia ao serviço de inteligência do Paquistão, que na época financiava o Talibã. O ISI, disse, "queria um Afeganistão o mais fraco possível". Continuou: "E o Paquistão é um país ciumento. O Paquistão é um país novo, um país de mentira, sem história. Enquanto nós... Nós temos uma história magnífica".

Rahim também falou sobre o Afeganistão. "A cultura afegã já foi destruída várias vezes", disse. "Por Alexandre, o Grande. Pelo Exército britânico. No século XIII, Gêngis Khan atacou Herat e matou toda a sua população. Dezesseis pessoas estavam fora da cidade por razões diversas e, ao voltar, descobriram que sua cidade não existia mais. Primeiro, choraram. Mas depois decidiram reconstruí-la, e, embora fossem apenas dezesseis, Herat renasceu das cinzas. Vamos fazer isso de novo. Queremos mandar para todo o planeta uma mensagem de amor e cooperação, e mostrar nossa grande arte, de forma que as pessoas percebam que este não é somente um país de chefes militares e de batalhas."

Curiosamente, em seus primeiros dias, o Talibã apoiou a arte e envolveu-se em programas de preservação cultural. Somente mais tarde, quando o grupo terrorista al-Qaeda e agentes estrangeiros começaram a exercer a maior parte do poder, as políticas contrárias à arte entraram em vigor, e muitos dos mais belos objetos existentes no país, cerca de 2 mil preciosidades nacionais, foram injustificadamente destruídos. O objetivo do Talibã era apagar a identidade afegã para que a resistência nacionalista ao novo regime fosse débil. À diferença dos soviéticos e dos maoistas chineses, que interferiam nas artes num esforço de eliminar qualquer vestígio de história que não pudesse ser usada para produzir propaganda patriótica, o Talibã trabalhava para promover sua aniquilação. Toda ideia de afeganidade deveria ser erradicada. Esse programa exigia interferência não só na atividade dos intelectuais e artistas, como também na de cidadãos comuns e em seus prazeres habituais. "Eles conseguiram destruir cerca de 80% de nossa identidade cultural", diz Rahim. "Os soviéticos já tinham feito sua lambança. Queriam transformar mil anos de história em marxismo do século XIX. Mas o Talibã queria destruir tudo."

REUNIÕES EM TORNO DA TV

A televisão, ilegal no tempo do Talibã mas renascida no começo de 2002, é o meio mais popular de disseminar novas ideias e valores, embora o equipamento da única emissora do país esteja deteriorado e muitos programas tenham de ser feitos várias vezes, em razão das fitas de vídeo de má qualidade e das câmeras defeituosas. Mansour reuniu professores para a produção de programas sobre a história do Afeganistão a partir do ano 1000 a.C. Há também programas de música e artes plásticas, exibições de velhos filmes afegãos e declamação da nova poesia afegã. A população está ávida por esse material. Depois de cinco anos sem TV, grupos de telespectadores de Cabul se reúnem em torno dos televisores que, quando falta luz — como acontece quase toda noite —, funcionam ligados a baterias de automóvel.

GUARDIÃES DA ARTE

Muitos dos bons artistas do Afeganistão trabalham com meios expressivos tradicionais, como miniaturas pintadas, que tiveram origem no país e têm papel vital na história artística nacional. O principal miniaturista, Hafiz Meherzad, produz cenas figurativas em espaços delimitados por requintadas bordas de folhas de ouro e pigmentos obtidos com a moagem de rochas. Meherzad declarou que estava "cansado demais para emigrar", depois que os *mujahidin* assumiram o mando no vácuo de poder deixado pelos soviéticos, e julgou que poderia continuar a produzir sossegadamente durante o reinado do Talibã, desde que não mostrasse seus trabalhos em público. Mas quando os vizinhos anunciaram que o Talibã estava fazendo buscas em todas as casas, ele entrou em pânico e enterrou todas as suas obras, que acabaram destruídas pela umidade da terra. O sentido de responsabilidade cultural de Meherzad é vigoroso. "Não acredito em inovação nesse campo", disse. "Se você introduz mudanças em seu trabalho, vai destruir até o passado. Vocês, na América, podem inovar porque o passado está seguro. Aqui no Afeganistão, precisamos proteger nosso passado antes de começarmos a criar o futuro."

Para o Talibã, foi difícil atacar os calígrafos, cujo trabalho era sagrado. Contudo, manteve-os sob rígida vigilância, e homens como Ismail Sediqi comportavam-se com enorme discrição. Ele parou de fazer belas imagens de seus próprios poemas, com versos como "Sou um tesouro numa ruína", e tornou-se "um simples escriba", que escrevia versículos tirados do Corão. Mesmo nessa área, porém, ele encontrou espaço para a subversão: copiava com frequência o versículo inicial do livro sagrado, que proclama — ao contrário das práticas restritivas do Talibã — que Deus é o Deus de todos os homens. "Inovação?", perguntou. "Bem, às vezes ponho uma maquiagem moderna no belo rosto das formas clássicas."

Asefi, que se tornou um símbolo poderoso do renascimento cultural em Cabul, não pôde deixar o Afeganistão durante o período do Talibã, iniciado em 1996, por causa de obrigações familiares, e dedicou-se a fazer paisagens, isentas de figuras humanas ou animais, que "não representavam absolutamente a vida no Afeganistão". A pressão e o medo provocaram em Asefi problemas psiquiátricos que continuam a lhe causar dificuldades. Agora ele está retornando a esses trabalhos e acrescentando as figuras que sempre imaginou. "Se o Talibã tivesse durado mais cinco anos, poderia ter destruído nossa cultura", disse. Asefi é grato pela intervenção militar americana. "Ao nos libertar, salvaram nossa história e também nossa vida."

POETAS UNDERGROUND

O Afeganistão é um país de poetas. No período do Talibã, Shir Mohammed Khara liderou um movimento de poesia underground. Encontrava-se com outros poetas que tinham memorizado seus poemas, de modo que podiam debatê-los sem correr o risco de serem encontrados com os textos. Sempre que se reuniam, levavam consigo o Corão, para alegar aos agentes do Talibã que estavam numa reunião de oração. Vários poetas aliaram-se ao jornal *Arman* [Esperança].

"Não podíamos refletir nossa sociedade da era do Talibã", disse o poeta Mohammed Yasin Niazi. Um colega seu, Abdul Raqib Jahid, acrescentou: "Por causa do Talibã, eu tentava simplesmente escrever versos que aliviassem as pessoas da tensão em que viviam". A nova poesia deles é de um nacionalismo entusiástico.

Niazi escreveu:

Vimos o resultado da obra dos ignorantes.
Agora devemos ser racionais.
É o tempo das janelas abertas
Através das quais o sol brilha.

E Jahid:

O comunismo e o terrorismo quiseram engolir o Afeganistão,
Mas a faca da liberdade cortou sua garganta...
Só quero contar a todos a história da liberdade
Com toda polidez possível.

Já outros poetas, como Achmed Shekib Santyar, expressam profunda amargura:

Epitáfio

No penhasco mais avultado,
No pico mais impetuoso,
E com letras grandes,
Gravem isso,
A mensagem de uma geração sem futuro:
Na infância, em vez do carinho das mães, ouvimos o grito rude de soldados;
Na juventude, em vez de penas, puseram armas em nossas mãos;

E na velhice, em vez de repousar, saímos a mendigar.

Não nos culpem.

Nada pudemos fazer por vocês.

CINEASTAS SALVOS POR UM TRIZ

Em 1968, com o apoio de Hollywood, foi criada a Afghan Films. A empresa fazia cerca de doze filmes por ano, entre documentários e longas-metragens, até a invasão soviética e os *mujahidin*, quando a atividade diminuiu. Com o Talibã, cessaram definitivamente. O Talibã queimou mais de mil rolos de filme quando ocupou Cabul. "Começaram a fazer isso aqui no escritório", disse Timur Hakimian, diretor da companhia, agitando a mão diante do rosto. "Você não pode imaginar o cheiro. Como eles estavam se asfixiando, e nós também, foram para o estádio e transformaram a fogueira num espetáculo público." Por sorte, os censores do Talibã não sabiam a diferença entre cópias e negativos. Quase tudo o que queimaram podia ser substituído, e os negativos, escondidos, escaparam. "Lamentavelmente, foi impossível para nós não só usar nosso equipamento durante esses anos, como também limpá-los ou conservá-los", disse Hakimian. "Muita coisa acabou sendo destruída não por violência, mas por abandono. Se pudéssemos usar os equipamentos, voltaríamos a filmar."

Esclarecido e de humor sarcástico, Hakimian tem participado de festivais de cinema no mundo inteiro. Durante muitos anos, ele presidiu a União dos Artistas, cargo que retomou. Como tinha feito um filme cujo narrador acusava o Talibã de ser contra a cultura e o Islã, foi obrigado a se esconder quando o Talibã dominou o país. "Havia bons motivos para ter medo!", ele me disse. "Se essa gente conseguiu derrubar o World Trade Center de vocês, é claro que podiam acabar comigo! Acho que foi uma sorte eu escapar vivo!" Como um amigo dele trabalhava como zelador no Departamento de Segurança do Talibã, Hakimian lhe pediu que sumisse com seu arquivo e o queimasse. Ele atribui a isso sua sobrevivência.

Dezenas de atores e três atrizes o procuraram para falar de novos filmes. A grande atriz dos filmes do período pré-Talibã era Zamzama Shakila, conhecida apenas como Zamzama, uma mulher exuberante cuja presença física era particularmente alarmante para o Talibã. Ela desejava permanecer no país, apesar do Talibã. Parou de trabalhar, e o marido, também ator, passou a vender roupas na rua. Entretanto, agentes do Talibã caçavam o casal. Num atentado praticado por fundamentalistas, ela levou cinco tiros, e ele, sete — uma das balas ainda está encravada em seu crânio. Sobreviveram e fugiram para o Paquistão. Durante anos, ela ganhou a vida cantando em casamentos em Peshawar. No dia em que Cabul caiu, eles voltaram. "Eu estava com sede de meu país", disse ela.

Na viagem de volta ao Afeganistão, ela usou a burca. Ao chegar a Cabul, tirou-a e queimou-a na rua. É uma das poucas mulheres que não a usam atualmente. "Ouço mulheres conversando entre si quando passam por mim, dizendo que admiram o fato de eu não usar a burca", disse ela. "Eu as confronto e digo: 'Tirem a de vocês. Nada de terrível vai acontecer'. Às vezes, elas se livram da burca ali mesmo e saímos juntas pela rua. Alguém tem de começar essa tendência." Zamzama se queixa de que, enquanto os homens afegãos a encaram, os soldados americanos das Forças Especiais são os que mostram uma agressividade insolente. "Eu digo a eles: 'Vocês são piores que os terroristas. Estão tornando a vida das afegãs impossível. Parem com isso'."

Nos escritórios em ruínas da Afghan Films, Zamzama explicou: "A turma está se juntando de novo. É claro que os atores são pessoas mais liberais, e é aqui neste escritório que nós nos encontramos e apertamos as mãos". Zamzama se emocionou e segurou meu braço. "Nem em nossos sonhos mais loucos podíamos imaginar isso." Como a Afghan Films não dispõe de equipamentos, Zamzama mantém a família atuando em dois programas semanais da televisão. "Estou disposta a fazer comédias agora", disse. "Comédias românticas."

Hakimian está mais cético. "As jornalistas da TV ainda usam lenços na cabeça. O país mal aceita que elas mostrem o rosto. Se não se pode mostrar o cabelo de uma mulher, como mostrá-la nos braços de um homem?" Zamzama, porém, contestou: "Nada de filmes de luta. Já vimos armas demais na vida real. As pessoas devem apreciar os novos filmes afegãos". E faz gestos espalhafatosos. "É hora de alegria, alegria, alegria, alegria."

A MÚSICA ROMPE O SILÊNCIO

O ressurgimento cultural é intenso em todas as artes no Afeganistão, mas chama mais atenção na música. Um país que durante muito tempo esteve silencioso, onde mulheres podiam ser presas por cantarolar para seus bebês, onde era ilegal até mesmo bater palmas, tornou-se de uma hora para a outra cheio de música em toda parte.

Fui a um casamento em que a banda tocava música em "estilo ocidental" que nada tinha de ocidental — aquilo que para o Afeganistão teria sido "As 40 Mais", se alguém estivesse contando. Um parente do noivo tinha morrido havia pouco tempo, e a tradição determinava que por isso não houvesse música. No entanto, a noiva protestou, dizendo que tinham suportado anos de silêncio, o suficiente para compensar mil mortes de parentes. A banda compunha-se de uma guitarra elétrica, uma bateria eletrônica e um sintetizador da era soviética. A irregularidade do fornecimento de eletricidade fazia com que todos os instrumentos emitissem sons intermitentes, mas as pessoas estavam mais do que felizes com a música. Quase não se falava de outra coisa. A música de que mais gostei tinha a seguinte letra:

> Querida, ponha maquiagem e perfume.
> Fique bem bonita.
> Seus olhos são como uma rena,
> Seus lábios, como a flor da romã,
> E você é alta como uma árvore.
> Ah, estou indo ver minha namorada
> E ainda não sei se vou
> Num Datsun, numa minivan ou num Land Rover.

Os pais do moderníssimo pop afegão são um pouco mais refinados. Baktash Kamran é o ser mais próximo de um pop star que alguém encontrará no Afeganistão — bonito, 23 anos, corpo malhado, recriador de música dos anos 1970 e criador de material novo. Nas várias ocasiões em que estive com ele, usava uma jaqueta de couro com uma bandeira americana nas costas. No tempo do Talibã, construiu uma sala secreta subterrânea, tão funda que ninguém poderia ouvi-lo, e lá estudava música e ensaiava. Era um *provocateur* adolescente que foi preso quatro vezes: numa ocasião por usar a barba muito bem recortada; noutra, por ter um piano elétrico. Ele afirma que estava cantando quando fugiu.

Primeiro cantor a ter o próprio programa na televisão afegã depois que ela voltou a operar, Kamran mostrou-me o objeto que ele considera seu orgulho e sua alegria: um sintetizador high-tech Yamaha que contrabandeou do Paquistão para o Afeganistão quando o Talibã ainda controlava o Sul do país. Ele me contou: "Como eu não podia entrar com isso pelos postos de controle legais, amarrei o sintetizador no jumento, e ele e eu subimos juntos as montanhas entre o Afeganistão e o Paquistão. Depois embrulhei o instrumento num xale e o levei para Cabul de táxi".

Perguntado sobre as relações entre os sexos, o tema de suas músicas, ele disse que estavam se tornando mais fáceis, mas acrescentou que nunca se sentira excluído pela burca. "É fácil apaixonar-se por um par de sapatos", disse. "Ou pela maneira como o pano da roupa de uma pessoa se movimenta." Ele já fez músicas sobre isso.

Enquanto essa situação amadurece, a música está entrando novamente na vida de pessoas para quem ela é uma atividade mais séria. Toda quinta-feira, véspera do dia de descanso, a confraria sufista Chishti do Afeganistão, formada por místicos muçulmanos, se reúne para o ritual proibido durante tanto tempo pelo Talibã. Fui a um recém-criado *khanqah*, templo sufista sagrado, em Cabul. A cerimônia ocorreu na parte mais pobre da cidade, em meio a uma longa fileira de construções bombardeadas. Subi por uma escadinha de tijolos de barro para um andar superior oculto, onde cerca de oitenta homens estavam sentados em tapetes surrados espalhados pelo chão. Havia frases do Corão rabiscadas nas paredes, e a luz vinha de velas e de uma lâmpada elétrica, que acendia e apagava a seu bel-prazer.

O rosto dos homens tinha um aspecto atemporal: eram enrugados e barbados, embora alguns deles fossem bastante jovens e estivessem arrebatados com a cerimônia. Usavam o traje afegão tradicional, pesados xales de lã que os envolvia completamente. Sobre um estrado, cerca de meia dúzia de músicos tocavam uma melodia de estranho lirismo, repetitiva e hipnótica. De vez em quando, um deles se levantava e alguém logo tomava o seu lugar. Os homens no salão se moviam e balançavam o corpo, acompanhando a música, e alguns juntavam sua voz à dos cantores, num tom anasalado. Um rapaz, que carregava um bule, trançava entre os homens, servindo chá, sempre nas mesmas oito xícaras. A cerimônia durou toda a noite. Era atordoante, e ali o tempo perdia o significado. Às vezes alguém se levantava e dançava ou se balançava, em êxtase. As vozes se avolumavam e adensavam no ar. O andamento da música se acelerava, os ritmos se tornavam mais vivazes, até que silenciavam e uma nova melodia começava lentamente. O ritual parecia sagrado e antigo como os setecentos anos durante os quais vinha sendo praticado pelos sufistas no Afeganistão.

Tive a sorte de conhecer os mais eminentes músicos clássicos do Afeganistão, reunidos pelo dinâmico diretor musical da televisão afegã, Aziz Ghaznavi, ele próprio um conhecido cantor do período pré-*mujahidin* que já havia estado em turnê nos Estados Unidos. "É claro que só a prática leva à perfeição", disse Ghaznavi, "e durante o período Talibã nenhum de nós podia praticar. Perdemos muita coisa. Depois de cinco anos sem cantar uma nota, fiquei com medo de ouvir minha própria voz, e o momento em que cantei de novo pela primeira vez foi muito assustador."

Para um ouvido não treinado, a música clássica afegã é um pouco parecida com a indiana, mas utiliza instrumentos próprios do Afeganistão — a sarinda, o *rabab* e o *richak* —, assim como a tabla, o sitar e o harmônio. Como o Talibã fazia questão de que os instrumentos musicais fossem destruídos, só sobreviveram aqueles cujos donos conseguiram escondê-los. Um homem que conheci manteve sua sarinda durante todo o período do Talibã no meio da pilha de lenha, onde o instrumento passava por recipiente de combustível, mesmo sabendo que qualquer vizinho que o visse poderia denunciá-lo, se assim desejasse. "Nos últimos meses, começamos a tocar de novo, usando esses instrumentos tortos e defeituosos", explicou Ghaznavi. "No Afeganistão há um único fabricante de instrumentos, que agora está consertando todos os que estão quebrados. Ainda não teve tempo para fazer peças novas."

Por motivos familiares, Ghaznavi não teve como deixar o Afeganistão durante o domínio do Talibã. A existência se tornou inacreditavelmente difícil para qualquer pessoa que vivesse de música, e ele entrou em depressão como consequência de anseios insatisfeitos. Procurou um médico, a quem disse que enlouqueceria sem a música. O médico sugeriu que ele ouvisse o único tipo de música que o Talibã não poderia proibir. Por isso ele comprou seus primeiros pássaros e se apaixonou por eles. Atualmente há mais de cinquenta pombos num pombal atrás de sua casa. Na tarde em que o visitei, fui levado à sua sala, pintada de roxo--claro, onde me sentei no chão, de pernas cruzadas, comendo um doce enquanto Ghaznavi e um amigo experimentavam os harmônios que tinham acabado de comprar. O som dos múltiplos harmônios naquela sala cor de lavanda em que muitos pombos voavam era surreal, e a sensação de estranheza não era em nada mitigada pela presença do filho de Ghaznavi, campeão nacional de levantamento de peso. Também sentado ali com o *shalwar kameez*, traje tradicional formado por uma túnica e calças, ele flexionava os bíceps prodigiosos quando não estava enchendo nossas taças de chá.

As salas de ensaios da emissora de televisão estão sempre cheias, embora não tenham aquecimento nem disponham de comodidades. Quando estive ali pela primeira vez, Ghaznavi apresentou-me a alguns músicos particularmente talentosos. Alguns haviam voltado recentemente do Paquistão e do Irã, mas outros passaram todo o período do Talibã em Cabul. Abdul Rashin Mashinee, por exemplo, flagrado pelo Talibã com uma sarinda, foi ameaçado de ter as mãos cortadas se voltassem a vê-lo tocando. Passou os anos de chumbo trabalhando como açougueiro, porém afirma: "Toquei meu instrumento continuamente, toda noite, em meus sonhos".

O grupo não parava de se interromper para me pedir desculpas pelo frio e pelo fato de nem todos os membros do conjunto estarem presentes. "Deveriam estar aqui onze músicos, e não só nós seis", disseram. Comentaram que, como eu parecia apreciar a música, procurariam seus amigos e se reuniriam para que eu ouvisse todos juntos. Respondi que isso seria ótimo e os convidei a ir ao local em que estava hospedado, no dia seguinte, às cinco da tarde.

MEU JANTAR EM CABUL

Na época eu estava alojado numa velha casa da al-Qaeda alugada por alguns amigos na elegante área de Wazir Akbar Khan, onde dispúnhamos de tradutores e motoristas em tempo integral. Tinha ouvido que teríamos um cozinheiro, mas minha primeira noite em Cabul foi uma belíssima surpresa: pequeninas almôndegas picantes num molho suntuoso, um maravilhoso prato de arroz, croquetes de batata fritos e crocantes, além de pão afegão fresco. Diante de meu assombro, um amigo explicou que tínhamos nos apoderado do melhor chef de Cabul e que todos os que vinham jantar em nossa casa tentavam roubá-lo. Qudratullah chegava todos os dias às sete da manhã para preparar o café, fazia o almoço para nós ao meio-dia e um jantar a cada noite.

Uma maravilha do inverno de Cabul são os mercados. Naquela cidade arruinada, as bancas, cercadas de grafite da época do Talibã em paredes com marcas de balas, exibiam uma profusão de alimentos locais: romãs e laranjas, toda sorte de frutos secos, carne fresca (às vezes, incompreensivelmente fresca), especiarias e grãos em sacos, muitas couves-flores, as maiores e mais coloridas cenouras que já vi (algumas quase roxas), berinjelas, cebolas, batatas e diferentes tipos de doces. Embora o maior sortimento pudesse ser encontrado na loja de alimentos perto do rio, vi a mesma fartura até nos bairros mais pobres. As pessoas não tinham eletricidade, encanamento, aquecimento e, às vezes, nem mesmo um teto, mas não faltava comida. Por isso, me pareceu natural, quando convidei os músicos a nossa casa, que lhes servisse um jantar, não só com pratos magníficos, como também com aquilo que era ainda mais raro em Cabul — aquecimento. Nesse caso, proporcionado por um fogão a lenha.

Eu havia passado pela Unesco nesse dia, onde estive com o especialista em cultura. Ele vinha planejando um festival de música, mas tinha ainda de conhecer músicos, de modo que o chamei para nosso concerto. Falei com Marla Ruzicka, a loura liberal que estava hospedada na casa da Agence France-Presse, e a convidei também, assim como seu tradutor, que me fizera um favor na véspera. Convidei todas as pessoas que trabalhavam em nossa casa, como tradutores, guardas etc. Scott Johnson, da *Newsweek*, disse que achava que Antonia Rados, da TV alemã, gostaria de estar presente, e fiquei encantado com isso. Como algumas pessoas do *Washington Post* deram uma passada por lá, julgamos que seria um erro não incluí-las. Chamei ainda um cineasta que eu tinha entrevistado na véspera. Com esse e mais outros nomes, a lista começou a se estender.

Ao dizer a Qudratullah que teríamos convidados extras, ele comentou que precisaria de mais dinheiro para comprar víveres, além de mais algum para adquirir travessas e pratos e para pagar um ajudante de cozinha. Eu lhe disse que seríamos cerca de trinta pessoas, e ele me pediu duzentos dólares.

Minha estimativa acabou se revelando muito distante da realidade. Entre os músicos, o pessoal da casa e algumas outras pessoas que eu tinha chamado, havia bem uns vinte afegãos, e todos os estrangeiros chegaram com amigos. Na hora em que foi servido o jantar, por volta das sete e meia, havia na casa de cinquenta a sessenta pessoas. Qudratullah, louvado seja, tinha preparado comida suficiente para todos. Nosso jantar teve *qabili pilau*, o prato nacional do Afeganistão, um *pilaf* de arroz-doce; perna de carneiro assada, cozida até soltar do osso; frango assado; *borani*, um prato de berinjela condimentado, feito com iogurte e alho; *sabzi qorma*, um prato iraniano feito de carne cozida com espinafre; salada e *firni*, um pudim afegão preparado com goma de milho. Havia também, é claro, pão afegão sem fermento.

Minha intenção era ouvir os músicos durante uma hora, mais ou menos, mas eles estavam tão felizes pela oportunidade de tocar diante de uma plateia que continuaram, sem interrupção. Todos dançamos ao som daquele música exótica. Comemos. Depois dançamos. E comemos. Ghaznavi cantou para nós. No Afeganistão, homens e mulheres não ficam juntos. Mesmo num casamento, homens e mulheres festejam em salões separados. Nossos convidados afegãos, todos homens, nos mostraram como dançam em círculos. Os ocidentais juntaram-se a eles e depois mostraram como homens e mulheres dançam juntos no Ocidente. A música tornava-se cada vez mais exuberante.

"Meu Jesus!", exclamou o representante da Unesco. "Então, existe mesmo música no Afeganistão! Vou organizar um festival, ora essa!"

"Por que não comemos mais? Ainda sobrou comida!", disse meu tradutor, Farouq Samin. "Vamos comer até todas as travessas ficarem vazias!"

"Você não acha que isso está ficando fora de controle?", perguntou Scott Johnson, a quem cabia oficialmente a responsabilidade pela casa. Tive de admitir que sim.

Às nove horas, alguém apareceu com uma garrafa de uísque, o que num país muçulmano, cujas leis proíbem o consumo de álcool, equivalia a levar maconha a uma festa nos Estados Unidos. Houve muitos risos nervosos, e alguns afegãos logo mostraram sinais de embriaguez. Na manhã seguinte, precisei explicar a Farouq o significado da palavra "ressaca".

Vigora em Cabul um toque de recolher às dez da noite, e com isso os convidados começaram a sair às nove e meia, mas os músicos moravam longe demais para chegar em casa antes desse horário, então ficaram para dormir. Continuaram a tocar, e às duas da manhã ainda estávamos todos juntos, ouvindo as melodias suaves e líricas oferecidas pelo sitar e pela tabla. A audição breve que havíamos planejado durou mais de dez horas.

Ao longo do domínio do Talibã, ou durante a primeira fase da invasão liderada pelos Estados Unidos, teria sido impensável dar uma festa em Cabul. A situação era grave e triste. Entretanto, embora a cidade mostre as cicatrizes terríveis de sua história recente, está cheia de pessoas que esperam, finalmente, um pouquinho de prazer. A hospitalidade dos afegãos é proverbial, e era doloroso para muitos deles, no desenrolar da guerra, não ter nenhuma oportunidade de estendê-la aos estrangeiros. Viajei ao Afeganistão sabendo que encontraria muitos problemas, e, de fato, vi coisas horríveis. No entanto, percebi, além disso, uma simpatia e um senso de orgulho que decorriam não só da mudança do governo, como também da volta de pequenas satisfações, durante tanto tempo negadas, e agora partilhadas com gosto, franqueza e generosidade. Existe um tipo de alegria que só pode ser vivida por pessoas que tenham sofrido demais. A felicidade não é apenas um estado em si, é igualmente um efeito de contraste. Os afegãos ficavam felizes por gostarmos de suas comidas e de sua música; era como se estivéssemos tendo êxito no cumprimento de uma missão diplomática simplesmente por aceitar comer *pilau* e *borani*, por dançarmos com eles ao som da sarinda, do *rabab* e do *richak*. Nosso sarau foi, a seu modo, tão extático quanto a cerimônia sufista. Cada nota saía carregada de anseios atendidos. Eu nunca ouvi nada que se assemelhasse àquilo.

Um sem-número de afegãos e cerca de 2500 americanos perderam a vida na Guerra do Afeganistão, que consumiu bilhões de dólares. Enquanto escrevo, quase 10 mil soldados americanos permanecem em solo afegão.[1] Dominic Tierney escreveu na *Atlantic*, em 2015: "Antes se falava em salvar os afegãos. Hoje o objetivo é levar para casa os soldados americanos; os afegãos sumiram do noticiário".[2] Esse abandono dói cruelmente em Cabul. Quando, há pouco tempo, estive com Farouq, conversamos sobre o que vivemos juntos em 2002, e ele disse: "Sim, o senhor esteve lá naqueles belos dias — no tempo da esperança. Agora, tudo isso desapareceu".

Zakia Zaki e Sanga Amach, jornalistas, e Shaima Rezayee, apresentadora de um programa de música em vídeo, foram assassinadas por aparecerem na televisão, com a esperança de liberalizar as atitudes em relação às mulheres.[3] Quando a atriz performática Kubra Khademi desfilou pelas ruas de Cabul com uma armadura metálica que exagerava seus seios e suas nádegas, foi ameaçada de morte e teve de se esconder.[4] Algumas artistas deixaram o país. Muitas outras, porém, sentiram-se encorajadas. Em 2006, várias artistas fundaram o Centro de Arte Contemporânea Afeganistão.[5] Munera Yousefzada, que fundou em Cabul a Galeria de Artes Contemporâneas Shamama, declarou: "Antes de abrir a galeria, eu me sentia presa no fundo de um poço, sem que ninguém escutasse meus gritos. Agora as pessoas me ouvem e podem ouvir também as outras mulheres cujos quadros pendem das paredes".[6]

A Montanha Turquesa foi criada para reviver o artesanato tradicional: obras de marcenaria, caligrafia, pintura de miniaturas, cerâmica, joalheria e lapidação.[7] Em 2009, concorrentes ao primeiro prêmio de Arte Contemporânea Afegã fundaram a Berang Arts para ajudar a manter artistas contemporâneos em Cabul e transformaram um apartamento da cidade em um centro de artes contemporâneas.[8] O professor Alam Farhad, diretor do Departamento de Belas-Artes na Universidade de Cabul, declarou em 2001 que seu setor tinha oito estudantes; atualmente há mais de setecentos, e ele se vê forçado a rejeitar matrículas.[9] Os artistas enfrentam questões de identidade complexas. Um deles, Ali Akhlaqi, disse: "Em minha opinião, Cabul é uma cidade da noite amaldiçoada, quando não oferece consolos, e de dia ela não goza de luz. Não existe nada real aqui".[10] Mas Shamsia Hassani, grafiteiro que muitas vezes trabalha em prédios semidestruídos em bairros infestados de minas, descreveu o Afeganistão como um "bebê recém-nascido" e disse: "Quero cobrir de cores as lembranças ruins da guerra nas paredes e apagar a guerra da mente das pessoas".[11] Azim Fakhri disse apenas: "Minha vontade é aceitar o que não se pode mudar, mas mudar o que não se pode aceitar".[12] Kabir Mokamel criou o projeto *"artlords"* (um jogo de palavras com *"warlords"* [chefes guerreiros]) e pinta nas barricadas diante de prédios do governo em Cabul.[13] Em 2015, pôs dois olhos gigantescos no muro que rodeia a Diretoria Nacional de Segurança, a fim de lembrar aos agentes do governo que também eles estão sendo vigiados.

Marla Ruzicka, que realizou um corajoso trabalho em favor dos direitos civis e era minha amiga, fundou a Campanha pelas Vítimas Inocentes de Conflitos (Civic). Ela morreu na explosão de um carro-bomba perto do aeroporto de Bagdá, em 2005.[14]

JAPÃO

Um museu sem paredes

Travel + Leisure, junho de 2002

Quando viajei à ilha Benesse, já tinha escrito sobre a infiltração da arte asiática na consciência ocidental. Se americanos e europeus começaram a apreciar a arte chinesa contemporânea, como as pessoas no Extremo Oriente poderiam compreender a arte que estava sendo produzida no Ocidente? Elas haviam reconhecido nossa influência mais cedo do que reconhecemos a deles, mas com certeza haveria problemas de tradução nos dois sentidos.

A arte moderna tem seus peregrinos. Assim que pude, fui a Bilbao para conhecer o Guggenheim de Frank Gehry. Já cruzei o deserto, dirigindo, para visitar a Fundação Chinati, instalada por Donald Judd em Marfa, no Texas, e inclusive me arrastei até Târgu Jiu, no Sul da Romênia, para conhecer a *Coluna infinita*, de Brâncuși. Espero poder ver a cratera Roden, no Arizona, onde o artista James Turrell, que trabalha com luz e espaço, passou mais de vinte anos transformando um vulcão natural. Minha mais recente viagem dessa natureza foi à Casa Benesse, na ilha Naoshima, um espetacular complexo de arte no Sul do Japão que parece convidar intelectuais em lua de mel, almas zen em busca de inspiração tranquila e idealistas entusiasmados preparados para um momento de sossego.

Para chegar lá, partindo de qualquer cidade do Sul do Japão, pega-se um trem para o mar Interior, e de lá o ferry que serve um arquipélago conhecido como as "mil ilhas". Essa é uma das áreas menos desenvolvidas do Japão. Os pescadores vivem da mesma maneira que viviam centenas de anos atrás — fazendo-se ao mar a remo, a cada manhã, para tentar a sorte, praticando sua religião em santuários sem importância, mas encantadores (os quais eu podia avistar do convés do ferry), e pendurando as redes em armações para que sequem.

Depois de mais ou menos uma hora, chegamos à ilha de Naoshima e ao povoado de Honmura, onde fomos recebidos por um motorista da Casa Benesse.

280

Ao seguirmos pela ilha, coberta por uma vegetação raquítica, não havia como deixar de notar, aqui e ali, coisas estranhas e anômalas: uma gigantesca abóbora de fibra de vidro na ponta de um cais, uma floresta de rochas escavadas circundando uma *jacuzzi* ou uma espécie de travessa de salada, enorme, sobre uma base de tijolos junto do mar. Subimos uma ladeira íngreme e encontramos um edifício tão habilmente integrado à paisagem que uma pessoa poderia passar por ali sem vê-lo. É a Casa Benesse, o centro do complexo da ilha Benesse e de uma das grandes coleções privadas de arte do mundo.

Tetsuhiko Fukutake, diretor da Benesse Corporation, uma grande editora, tinha a ideia de construir um museu onde pudesse partilhar sua coleção com pessoas que desejassem realmente apreciá-la. No entanto, ele não gostava de multidões nem de ostentação. Por isso, ocorreu-lhe a ideia implausível de construir seu museu numa ilha do mar Interior. Depois de sua morte, em 1986, seu filho montou uma área de acampamento, com várias tendas orientais redondas, chamadas *yurts*, que continuam a ser utilizadas, e contratou um dos mais famosos arquitetos japoneses, Tadao Ando, para projetar um museu que incluísse dez apartamentos para hóspedes. Ando visitou a área na chuva, apaixonou-se pelo local e pôs-se a trabalhar, meio esculpindo, meio inserindo o edifício na ilha. Em 1992, as portas da Casa Benesse se abriram e, em 1995, completou-se o Anexo, com seis apartamentos adicionais.

A ilha Benesse não é apenas um museu. Com certeza não é apenas um hotel. É uma síntese das duas coisas. Lembra mosteiros budistas nos quais, por uma pequena quantia, uma pessoa pode ficar com os monges para ver o mundo como eles o veem, comendo a comida deles e vivendo em deleitável solidão, sem ser monge nem turista. As acomodações na ilha Benesse não são luxuosas, porém são confortáveis e elegantes, decoradas com boas obras de arte; meu apartamento tinha trabalhos em papel de Keith Harting, assinados. Cada quarto tem uma parede de vidro, de modo que nada parece se interpor entre o hóspede e o mar. As refeições são servidas numa sala de jantar que faz parte do museu, e também ali o visitante é cercado de obras de arte, sempre com alguns belos arranjos de flores, além de uma vista mais que assombrosa. Os pratos são excelentes e complexos: refeições com muitos componentes, cuidadosamente preparadas, delicadas e saborosas, todas servidas em pratos de cerâmica de igual bom gosto.

O edifício do museu de Tadao Ando é um estudo em formas geométricas simples compatíveis entre si. A estrutura básica é uma espiral em concreto (o que parece ser uma homenagem muda ao construtivista russo Vladimir Tatlin), com uma ala retilínea em pedra bruta, onde ficam as acomodações dos hóspedes. Tudo isso está incorporado à encosta. Para ter acesso ao Anexo, no alto da colina, o visitante utiliza um monotrilho funicular que o leva a uma maravilha de fontes, uma ampla piscina central e aos apartamentos dispostos em círculo. Abaixo do museu propriamente dito há espaços de exibição de grandes obras de arte. Parte do encanto do lugar está no fato de ser difícil dizer onde termina o museu e onde começa a paisagem natural. Gramíneas silvestres se estendem, sem interrupção, sobre o teto do edifício, e obras de arte são expostas no museu, em espaços ligados ao museu, e na praia. Em Benesse não existem limites.

O museu exibe obras de pouco mais de duas dezenas de artistas, entre os quais Jasper Johns (*Alfabetos brancos*, de 1968), Bruce Nauman (o gigantesco neon *100 vivem e morrem*) e Cy Twombly (uma linda escrita feita como que a giz). Há também obras encomendadas a diversos artistas, entre os quais Kan Yasuda (discos gigantescos chamados *O segredo do céu*), Jannis Kounellis (um trabalho em chumbo laminado, madeiras achadas na praia e cerâmica, encostado numa janela como se fosse uma obstrução industrial da vista), David Tremlett (pinturas murais) e Richard Long (um círculo de pedra no chão refletindo um círculo pintado na parede). De modo geral, há uma obra de cada artista; no conjunto, constituem uma pequena amostra da arte do fim do século xx. Minha obra favorita é uma série de fotografias de Hiroshi Sugimoto, que à primeira vista parecem ser cópias múltiplas de uma única vista do oceano, mas são, na verdade, imagens de diferentes oceanos. Estão expostas no terraço do museu, de modo que, se o observador estiver sentado numa das cadeiras ali localizadas, os horizontes das fotos alinham-se com o horizonte real, e o mar que ele vê se alinha com o mar das fotos. O efeito é de uma magia inefável.

Em torno do museu, distribuídas por vários pontos, há obras e instalações de Yayoi Kusama (a abóbora gigante), Alexander Calder (um fulcro vertical móvel que se movimenta com o vento), Dan Graham (*Cilindro bissectado por plano*) e outros artistas. Pode-se examinar o catálogo e sair para uma caça ao tesouro, porém é mais prazeroso simplesmente caminhar ao léu, tentando adivinhar quem fez as várias peças e o que elas significam, e depois consultar o catálogo para ver o que se acertou e o que não se percebeu. Gostei demais dos imensos globos reflexivos de Walter De Maria, nos quais podemos ver a nós mesmos e o conjunto da paisagem. E há ainda o *Banho de fusão cultural*, de Cai Guo-Qiang: no fim da tarde, a pessoa pode deitar-se numa *jacuzzi* cheia de ervas medicinais e vivenciar a harmonia cósmica enquanto observa o pôr do sol através das formas filigranadas de gigantescas rochas de letrados (as pedras que os literatos chineses usavam no passado para não se esquecerem do esplendor selvático da paisagem).

O visitante tem de encontrar as instalações externas sozinho, mas dispõe de um guia para as que se encontram na cidade de Honmura, onde algumas casas antigas, quase iguais a todas as outras pelo lado de fora, foram restauradas com o máximo cuidado. No interior de cada uma delas, o visitante não encontrará panelas velhas nem futons enrolados durante o dia, mas instalações do tamanho de um cômodo — os Projetos Casa de Arte. A casa James Turrell, restaurada em colaboração com Ando, mistura elementos tradicionais, zen e modernistas. O visitante se vê no escuro, tateia o caminho até um banco e fica sentado durante pelo menos dez minutos antes que seus olhos sejam capazes de discernir, luzindo no vazio, cinco retângulos de luz azul, com uma intensidade de tonalidade cobalto que quebra o negrume e pulsa, afastando-se e aproximando-se do observador. É pura meditação. A casa Tetsuo Miyajima está inundada, e, sob a água, números vermelhos e verdes, numa série de LEDS, mudam constantemente, criando um efeito misterioso e inquietante, além de incrivelmente belo — ao mesmo tempo primitivo e futurista. Os visitantes caminham num passadiço estreito em torno da instalação. Vários outros Projetos Casa de Arte estão em construção.

O visitante que caminha pelo povoado para ver essas instalações, e, talvez, visitar os dois santuários do lugar, é recebido com acenos e sorrisos pelos moradores. Eles gostam da arte exibida onde moram. Além disso, parecem gostar dos visitantes de Tóquio e de Nova York, que já lhes são familiares. À diferença de muitas experiências de arte contemporânea, essa é calorosa. Ali, o intelecto, os sentidos e o coração encontram satisfação.

Desde que lá estive, o Centro de Artes Benesse cresceu bastante.[1] O complexo de museus compreende atualmente duas ilhas próximas, Teshima e Inujima, e inclui três novos museus em Naoshima, todos projetados por Tadao Ando. O Museu Chichu abriga cinco telas da série *Ninfeias*, de Monet, bem como obras de James Turrell e Walter De Maria; o Museu Lee Ufan é dedicado à obra desse minimalista coreano; e o Museu Ando homenageia o arquiteto. O Centro de Artes Benesse continua a encomendar a artistas o projeto de suas acomodações para visitantes. Janet Cardiff e George Bures Miller estão trabalhando atualmente numa suíte dupla. O Museu de Arte de Teshima, uma colaboração artística entre o artista Rei Naito e o arquiteto Ryue Nishizawa, foi inaugurado em 2010 como parte da expansão do Benesse. A ilha de Teshima abriga também o projeto Les Archives du Coeur, de Christian Boltanski, e a casa Teshima Yokoo, residência transformada em galeria e espaço de exposições. A ilha Inujima, a terceira do grupo, conta atualmente com museu próprio, localizado numa antiga refinaria de cobre; com a Galeria Seaside Inujima, que apresenta o trabalho de Fiona Tan; e com o Projeto Casa de Arte Inujima, cinco espaços de galerias criados basicamente com materiais reciclados. Entrevistado por Lee Yulin sobre o projeto Benesse em geral, seu fundador declarou que tinha procurado criar "uma ilha de sonhos para crianças".

ILHAS SALOMÃO

Cântico de Salomões

Travel + Leisure, agosto de 2003

Admito que parte de minha atração pelas ilhas Salomão provinha do nome do lugar. Ao fazer as reservas de viagem, disse, brincando, que estava inaugurando uma moda de viagens epônimas. Mas fui tentado também pela sensação de que o lugar, em sua obscuridade, preservava certo tipo de autenticidade, seja lá o que for autenticidade. Em meu segundo dia ali, fui ao aeroporto para pegar um voo local, mas descobri que tinha sido cancelado e que eu só poderia viajar no dia seguinte. Perguntei o que tinha acontecido e o funcionário explicou que naquela manhã o piloto se convertera à Igreja Adventista do Sétimo Dia e não podia mais voar no sábado.

Entre as fantasias que sempre cultivei, uma diz respeito aos mares do sul. Algumas pessoas que sonham com esse canto do mundo desejam hotéis de luxo no Taiti, mas eu pensava apenas em ilhas desertas, livres da devastação da modernidade, e em mares azuis de anil, cuja superfície só é quebrada por uma canoa ocasional ou um grupo de golfinhos. Queria encontrar homens e mulheres ansiosos pelas notícias que eu lhes daria e generosos com as deles. Eu sonhava ser um personagem entre o capitão Cook e Robinson Crusoé. Era muito jovem quando ouvi falar das ilhas daquela região que tinham meu nome e me emocionei ao saber que as ilhas Salomão estavam entre os lugares mais remotos do planeta. Quis conhecê-las; não me lembro de não querer ir lá. Em *Moby Dick*, Herman Melville disse que essas ilhas, embora mapeadas, exploradas e visitadas, continuavam a ser *terra incognita*.

As ilhas Salomão, um pouco a leste de Papua-Nova Guiné, são um arquipélago de quase mil ilhas, muitas minúsculas, algumas bastante grandes. Cerca de um terço delas são habitadas. O país cobre uma área marítima de mais de 1,3 milhão de quilômetros quadrados e recebe cerca de 4 mil turistas por ano. São pelo menos cem as línguas e dialetos locais; a língua franca é o *pidgin*, mas muita gente fala inglês, pois as ilhas foram um protetorado britânico. A vida e as cerimônias tradicionais são chamadas de *custom*: danças *custom*, preços de noivas *custom*, cavernas de crânios *custom* etc. Missionários cristianizaram as ilhas na virada do século XIX, e, embora quase todo mundo frequente as igrejas, o cristianismo não suplantou as crenças e rituais locais. Durante muito tempo, as ilhas Salomão tiveram a triste fama de ser um lugar de caçadores de cabeças e de canibais; em meu primeiro dia na capital, Honiara, parei numa loja para perguntar sobre alguns objetos que tinham me interessado e soube que eram ossos nasais — para serem usados através de um septo furado.

As ilhas talvez sejam mais conhecidas no Ocidente como palco de um dos mais sangrentos episódios da Segunda Guerra Mundial, a batalha de Guadalcanal, em que a população nativa ajudou os americanos a derrotar os japoneses, que tentavam construir ali uma base aérea. O país, um dos mais pobres do mundo, não tem uma classe hegemônica, e a população vive em regime de subsistência. As estruturas econômicas e políticas são dominadas pela população da ilha Malaita, e entre ela e as demais há um litígio que nunca afetou os visitantes.

Nós quatro — uma colega do ensino médio, Jessica; seu marido, Chuck; meu namorado, John; e eu — chegamos a Honiara de avião e fomos recebidos por nosso leal agente, Wilson Maelaua, que haveria de resolver para nós qualquer dificuldade que pudéssemos encontrar naquelas ilhas remotas. Eu tinha escolhido começar a viagem pela ilha de Makira, porque Chuck me apresentara a Roger James, que coordenava ali a operação da Conservação Internacional (CI). De todo o país, Makira é a que concentra o maior número de espécies de aves endêmicas de uma única ilha, e a CI procura proteger suas florestas tropicais. Sob orientação da CI e outras organizações não governamentais, os proprietários de terras formularam um plano de silvicultura que mostra aos aldeões como a proteção da terra é benéfica aos interesses deles e aos da humanidade. Roger casou-se com uma bosquímana de Makira e leva uma vida mais nativa que a dos nativos. "Se o que você deseja é imersão total", ele me prometeu, "vou lhe proporcionar imersão total."

Logo depois do pouso em Makira, partimos para a zona montanhosa, acompanhados por Roger, um grupo de guias locais, carregadores de bagagens e John Waihuru, o *bigman* (em *pidgin*, "homem poderoso"), o líder da expedição. Serpenteamos pelo vale ao longo de alguns quilômetros até chegar à primeira das dezesseis vadeações de rios. Caminhamos contra a corrente com água pela cintura, enquanto os carregadores equilibravam na cabeça nossas malas, bem grandinhas. Dali começamos a subida pela floresta tropical. Avançando com dificuldade por um caminho invisível a olhos não treinados, cada um de nós era ajudado pelo próprio guia: amável, seguro e, surpreendentemente, descalço.

Há uma coisa que é preciso saber sobre as florestas tropicais: chove demais. Durante algum tempo, seguimos sob céus favoráveis, mas de repente começaram os temporais — cascatas, avalanches de água que nos ensoparam em segundos. O caminho ficou lamacento e escorregadio, e cada um de nós se apoiou em seu guia. Poucas vezes caímos, porque estávamos em boas mãos, no entanto estávamos sempre prestes a cair, e a água nos vergastava o rosto. Num momento particularmente inoportuno, carregou uma de minhas lentes de contato. Sentíamos dores em todo o corpo por causa da subida, dos deslizamentos, da sensação caótica de não saber onde estávamos ou para onde íamos; também por causa das vadeações de rios, quando a corrente chegava a nossos ombros; e ainda devido ao peso de nossas roupas molhadas. No meio do dia, debaixo de um aguaceiro indescritível, John Waihuru fez o mais implausível dos anúncios: íamos parar para o almoço. Isso nos pareceu absurdo, contudo, diante de nossos olhos, ele e os demais salomonianos começaram a trazer paus da floresta, baixaram enormes frondes e montaram um abrigo com piso de folhas de bananeira. Folhas de palmáceas foram rapidamente transformadas em pratos, e cinco minutos depois estávamos sentados nos troncos, nos secando, comendo e nos recuperando da subida da manhã.

Chegamos a um ponto de parada onde passaríamos a noite: uma meia-água de folhas secas que dava a impressão de ser incrivelmente luxuosa depois de nosso longo dia. Outro dia de caminhada nos levou, quase ao cair da noite, a Hauta. Os aldeões que não tinham participado de nosso grupo, cerca de 25 pessoas, fizeram fila para nos cumprimentar. Com exceção de Roger, éramos os primeiros estrangeiros que viam em mais de dois anos.

Hauta situa-se no alto das montanhas, ao lado de um ribeirão, e tem uma vista imponente. As casas eram feitas de folhas, e, defronte à cabana do *bigman*, onde ficaríamos, havia outra cabana, quase do mesmo tamanho, para o porco da aldeia. Fomos ao ribeirão, nos lavamos para remover a lama de vários dias e depois visitamos as hortas, onde os aldeões plantam cará, mandioca e batata-doce, alimentos básicos da população. Jantamos na cabana da cozinha comum, à luz do poente e de uma fogueira que ardia num círculo de pedras. Os aldeões possuíam facas com lâmina de metal, mas, afora isso, a vida na floresta não é muito diferente do que deve ter sido há mil anos, com uma exceção: o lámen. O lámen parece ter tomado de assalto as ilhas Salomão. Durante quase um mês nos serviram de tudo com lámen: verduras com lámen, repolho com lámen, cará com lámen, batata-doce com lámen, mamão verde com coco e lámen, e até arroz com lámen. Tendo sobrevivido à viagem, prefiro comer terra a encontrar outro pacote de macarrão instantâneo. Naquela primeira noite, porém, eu ainda não tinha aprendido a detestá-lo, e, embora a comida não fosse boa, pelo menos tinha a vantagem de ser inusitada.

Depois do jantar, sentamo-nos numa ampla cabana comunitária, com uma pequena lanterna no chão, e aprendemos, para imenso divertimento dos nativos, a mascar noz-de-areca, coisa que espero nunca mais fazer. A areca é um tóxico fraco, apreciado pela maior parte da população das ilhas Salomão. A pessoa masca a noz até que amoleça e então mergulha em cal uma folha de pimenta enrolada, a fim de potencializar a polpa. A noz provoca salivação, fazendo a pessoa cuspir sem parar. Faz também com que a boca adquira uma coloração avermelhada. O hábito de mascar areca provoca a perda dos dentes, por retração das gengivas. Se a pessoa não está habituada, pode ter uma dor de estômago horrenda, além de tontura. A cal pode causar queimaduras no céu da boca. Já eram oito horas quando paramos de cuspir, nos enroscamos no chão da cabana e mergulhamos num sono profundo.

Na manhã seguinte, atravessamos o ribeirão. Do outro lado, selvagens de tanga brandindo lanças saltaram do meio do mato, vociferando ameaças, e quase morremos de susto. Aquilo, soubemos depois, fazia parte da cerimônia tradicional com que até mesmo um hóspede local era recebido. Um pouco além dos silvícolas, um grupo de aldeões nos esperava, e em fila dupla nos conduziram à aldeia, tocando flautas de bambu, curvando-se e gingando. O som que produziam ficava a meio caminho entre o de um tambor de aço e o de um fagote; a dança, uma versão primal do estilo Martha Graham. Levaram-nos, por uma área de pteridófitas, até a parte mais alta da aldeia, onde as mulheres puseram em cada um de nós um colar de sementes e uma guirlanda de flores, convidando-nos a sentar numa espécie de varanda ligada à cabana maior. A música tornou-se mais sonora e mais animada. Na clareira central, grandes tubos de som, alguns com mais de dois metros de altura, estavam encostados em suportes de madeira, e os aldeões os faziam soar, como se formassem um gigantesco vibrafone, usando as solas de sandálias de borracha como baquetas.

Os aldeões perguntaram o que queríamos ver. Queríamos saber como construíam uma cabana, e eles juntaram folhas de sagu e nos ensinaram como dobrá-las sobre hastes de madeira da noz-de-areca silvestre, cosê-las com ratã e ordená-las para formar um teto ou uma parede. Demostraram como friccionar gravetos de *gahuto* para fazer fogo, como fazer armadilhas com raízes de *aohe* e como preparar uma espécie de embutido: eles maceram num pilão nozes defumadas de *ngali*, misturadas com cará, metem essa massa na parte central de uma haste de bambu e assam a bola numa fogueira. Por fim, nos mostraram como produziam as toscas mas elegantes tigelas de madeira onde serviam nossa comida. Passamos a tarde aprendendo todas essas técnicas e tentando imitar o que seria, em nosso entendimento, a etiqueta local. Se o que desejávamos, ao ir ali, era achar outro mundo, isso tinha acontecido.

Em nossa cabana, havia galinhas tentando botar ovos em nossos colchonetes, e, depois de cuidarmos desse problema, comemos enguias pescadas naquele dia (com lámen). Após o jantar, já nos preparávamos para dormir quando voltamos a ouvir música. É difícil dizer que qualquer coisa do que tínhamos visto fosse artificial. As cerimônias de boas-vindas são tão raras que em parte têm de ser reinventadas a cada ocasião, e fazia muito, muito tempo que um estrangeiro não pisava em Hauta. Mas aquela repentina execução de música à noite era absolutamente espontânea. Alguém tinha sentido vontade de tocar, e essa disposição se espalhou. Os flautistas vieram a nossa cabana com seus instrumentos e tocaram sob a lua cheia, com as mulheres fazendo um fundo vocal, e é possível que tenhamos escutado aquela súbita irrupção de beleza, tão festiva e estranha, durante uma hora. Os aldeões perguntaram se havia música em nossa cultura e, como respondêssemos que sim, quiseram ouvi-la. De repente, éramos nós os exóticos. Depois de uma consulta apressada, nós quatro decidimos cantar "Oklahoma!", "Jamaica Farewell" e "America the Beautiful". Perguntaram se havia outras manifestações em nossa cultura — quem sabe, danças? Por isso Jessica eu nos demos as mãos e, ao som estranho de flautas de bambu, numa clareira na floresta tropical sob uma lua de primavera e no chão desigual no alto de uma montanha, dançamos o swing. E, ao fazermos uma mesura no fim, fomos brindados com vaias e apupos. A música aumentou de volume, mas o clima de alegria festiva perdurou, miraculoso como o episódio bíblico dos pães e dos peixes.

Levamos dois dias para voltar. Para que nossos pertences não se molhassem, os carregadores usaram o mesmo caminho íngreme pelo qual tínhamos subido, mas nós descemos por uma trilha mais suave que, no entanto, exigia mais travessias de rios. Num certo trecho, foi preciso até cruzar, a nado, corredeiras profundas (de roupa, e não havia meio de manter nada seco). Àquela altura, tínhamos nos tornado íntimos de nossos guias e conversávamos com eles sobre qualquer coisa. Tentávamos dar respostas a todas as perguntas deles e explicávamos nossa vida: como eram as cidades grandes, por que passamos tanto tempo estudando, as regras do futebol americano e por que não sabíamos nada sobre plantar e colher. Um dos homens tinha trazido suas flautas de Pã e começou a tocar durante a descida, enquanto os pássaros se chamavam mutuamente em meio à chuva.

Chegando à praia, saímos para um passeio sem nossos guias, caminhamos pela areia e oferecemos doces às crianças. "Hi!", dizíamos, em inglês mesmo, ao oferecer os doces, mas as crianças saíam correndo assim que falávamos com elas. Mais tarde ficamos sabendo que o nosso *hi* significa "copular" na língua local (na qual, aliás, o termo para "pai" é "mama"). Logo depois houve outra cena de comédia: naquelas ilhas tropicais, não passa pela cabeça de ninguém bronzear-se ao sol, e, quando um dos homens de nosso grupo se estendeu na praia, os aldeões imaginaram que ele devia estar combatendo os tremores da malária e ofereceram remédios.

Terminada nossa estada em Makira, alugamos o único iate das ilhas Salomão, um catamarã de 35 pés, o *Lalae*, para irmos de ilha em ilha. Depois de uma semana de subida na selva, de lama e da companhia de galinhas ao dormir, o branco imaculado do barco, o bolo caseiro de chocolate, o serviço atencioso e a cesta de frutas frescas sempre cheia foram uma revelação. O *Lalae* foi construído para pesca, e na primeira vez em que joguei uma linha na água peguei uma barracuda. Nosso animado capitão, Steve Goodhew, veterano da Real Marinha Australiana, pegou um marlim de 2,40 metros e uma porção de peixes menores.

Nossa primeira parada foi num hotel de turismo, desses em que os hóspedes nadam com golfinhos, que estava sendo construído na ilha Gavutu sob os auspícios de um canadense, estudioso do comportamento dos animais. Fomos saudados com a dança *custom* do hotel. Os dançarinos usavam tangas — o termo local é "kabilato" —, enquanto as mulheres vestiam saias de folhas e bustiês de conchas, e todos traziam nos braços faixas nas quais se prendiam plantas (John se referia a eles como os Dançarinos da Cebolinha). Aqui deparo com o problema constante do aspirante a aventureiro: de modo geral, aquilo que você descobre já foi descoberto antes, e até mesmo as pessoas que estão fazendo o que seus ancestrais faziam há mil anos na verdade não estão fazendo a mesma coisa, se um verniz de inibição tiver sido acrescentado à atividade. Aqueles dançarinos estavam orgulhosos de seu desempenho, que em nada desmentia a tradição, porém, depois daquela noite espontânea nas montanhas, estávamos mal-acostumados, e a exibição ensaiada do grupo inclinava-se demasiado para o espetáculo havaiano de boate. Na capital, tínhamos assistido ao desfile para escolha da miss ilhas Salomão, que apresentava moças dançando com saias feitas de sacos plásticos cor-de-rosa retalhados e bustiês de cocos e fios — o que era cômico, no entanto não deixava de ter um lado enternecedor: havia um elemento de absurdo, mas também era um pouco triste. Isto, agora, era igualmente um pouco triste: a encenação da tradição no lugar da própria tradição.

Por isso, nos sentimos ainda mais felizes ao chegarmos a Loisolin, em Pavuvu, onde, no mês anterior, Steve fizera reservas em nosso nome. Os ilhéus ficaram animados com a perspectiva de nos receber. Embora fossem dançarinos conhecidos no lugar e, como vivessem na costa, já tivessem conhecido alguns estrangeiros, turista algum jamais fora à aldeia deles com o objetivo expresso de vê-los. Quando chegamos, toda a população nos esperava na praia. Algumas pessoas lançaram canoas ao mar e rodearam nosso barco; em seguida, guerreiros armados de lanças correram para a arrebentação, gritando como loucos, e fizeram a gesticulação habitual, amistosa e ameaçadora. Ao alcançarmos a praia, menininhas saídas de um quadro de Gauguin nos encheram de colares de jasmim-manga. Em seguida, fomos saudados pelo chefe, que usava na testa uma chamativa faixa de dentes, muito compactados, de um marsupial arborícola. Uma banda de instrumentos de bambu tocava músicas de harmonia mais sofisticada que as que tínhamos ouvido na floresta. Cada um de nós recebeu um coco, para beber sua água, e uma cesta, feita de folhas, contendo uma lagosta inteira, uma fatia de cará, pudim de coco, doce, peixe fresco, outros dois tipos de cará com uma espécie local de repolho e ovos cozidos. Enquanto comíamos, as moças nos abanavam com folhas largas para que as moscas não nos importunassem.

Enquanto isso, cerca de quarenta ilhéus, muitos deles com o corpo pintado, mostraram uma série de danças complexas que variavam do hipnótico ao passional, do engraçado ao fúnebre. Era como se o George Balanchine do Pacífico Sul tivesse passado uma temporada em Pavuvu. As mulheres, vestidas com plantas e conchas, executaram uma poética dança de boas-vindas, em que imitavam o movimento das ondas; os homens saltavam de um lado para outro como cabritos. Os ritmos eram complicados, quase sincopados, mas logo se tornavam líricos e doces. Por fim, pediram que mostrássemos alguma coisa de nossa cultura; Jessica e eu repetimos nosso número de swing, que eles aplaudiram muito, não nos deixando parar até ficarmos à beira da exaustão.

Na longa tarde, quando ainda estava claro, mas nem eles nem nós aguentávamos mais dançar, içamos velas e passamos por grandes cardumes de peixes voadores que faziam voos de 150 metros; por um grupo de mais ou menos duzentos golfinhos que brincavam à nossa volta, em tal quantidade que pareciam ser ondas, impregnando o ar de exuberância; por andorinhas-do-mar, fragatas e mergulhões; e por ilhotas perfeitas, como as dos livros infantis, em forma de cúpula, do tamanho de uma sala doméstica, desabitadas e adornadas com cinco coqueiros perfeitos. De vez em quando víamos pescadores em canoas de troncos escavados, à espera de um peixe que pudessem fisgar. Estávamos inseridos num cartão-postal sem fim, uma arcádia do Pacífico, e cantávamos e bebíamos a cerveja do lugar no convés de proa.

Muitas ilhas menores do país são atóis de coral, que se concentram em torno da Marovo, a maior lagoa do mundo situada numa ilha, que em breve poderá estar protegida pela Unesco. Marovo, classificada por James Michener como a oitava maravilha do mundo, era o objetivo de nossa excursão de barco. Durante quatro dias, paramos para mergulhar em vários pontos isolados da lagoa, inclusive em Uepi, onde as espécies superam em variedade e em densidade as da Grande Barreira de Corais. Avistei enormes cardumes de ciclídeos, tubarões de recifes, tubarões-baleias cinzentos, inúmeras espécies de peixes-papagaio, vários labrídeos, inclusive o ameaçado labrídeo maori, acarás-bandeiras, talhões, peixes-palhaços, tartarugas-bico-de-gavião, enguias, peixes-manteigas, uma raia manta, garoupas de cara fechada, imensos mariscos de boca fluorescente cor-de-rosa e roxa, que se fechava quando nos aproximávamos, peixes beiçudos e manchados, cobras marinhas pretas e azuis, estrelas-do-mar azuis. Era um safári submarino.

Para mim, no entanto, os peixes eram praticamente secundários, porque os corais do recife vivo davam a impressão de que Buckminster Fuller, Max Ernst e o Dr. Seuss tinham colaborado em sua criação. Havia longos aspargos, rosados e de ponta azul, uma renda fina rosa-damasco que uma dama espanhola poderia usar na igreja, grandes áreas de escovas rígidas e verde-oliva, leques gorgôneos, ereções listradas violentas, cúpulas malva, hortênsias amarelas voluptuosas, tranças rastafári laranja e campos de gorgorões violeta estampados. Coisas estranhas giravam como lâmpadas de lava num prato de toca-discos, e as mimosas marinhas pareciam recuar à nossa chegada. Quando enfim saímos dali, estávamos tontos de tantas cores e tamanha variedade. Navegávamos todos os dias; mergulhávamos todos os dias; e todos os dias víamos coisas inimagináveis.

Depois de nossa imersão na cultura melanésia dominante nas ilhas Salomão, quisemos ver um pouco de sua parte polinésia. Deixamos nosso adorado *Lalae* em Honiara e fomos de avião para Rennell, a maior das ilhas polinésias do país. Nosso guia, Joseph Puia, deu um jeito de enfiar todos nós em seu carro e nos dirigimos para o Tegano, o maior lago de água doce do Pacífico Sul e um dos locais considerados Patrimônio Mundial pela Unesco. Parávamos de vez em quando para que Joseph usasse seu facão, com rapidez e segurança incríveis, para retirar árvores caídas na estrada.

O lago é pontilhado de ilhotas com manguezais e vacuás, além de abrigar uma multidão de espécies endêmicas da fauna e da flora, inclusive aves e orquídeas. No lago estão submersos nove aviões americanos derrubados durante a Segunda Guerra Mundial (dois dos quais pudemos ver ao mergulhar). Como havia uma base militar dos Estados Unidos junto do lago durante o conflito, os nativos recebem bem os americanos. Apesar dos incansáveis esforços de missionários importunos, a população ainda acredita que os espíritos dos mortos viajam, como estrelas cadentes, para encontrar Deus além da margem oriental do lago.

Navegando em nossa grande canoa motorizada, presenciamos as famosas auroras da região, visitamos a caverna onde se dizia que vivera o lendário polvo do lago e vimos outra caverna, descrita por Joseph como um "antigo alojamento residencial" — não faz muito tempo que existem povoados em Rennell. Encontramos bandos de andorinhões reluzentes, fragatas, andorinhas-do-mar, cormorões e íbis. Quando nos aproximávamos de suas colônias, disparavam para o céu às centenas, girando como uma bela recriação de Hitchcock. Visitamos a ilha da Circuncisão, habitada pela única tribo do Pacífico Sul que adota essa prática. Estávamos com sede, e nosso barqueiro escalou um coqueiro, jogou cocos frescos no chão e trouxe para nós limas de casca verde e polpa alaranjada, um modismo da década de 1960 no reino das frutas. Vimos os morcegos frugívoros chamados de raposas-voadoras, tanto no ar quanto pendurados nas árvores como enfeites de Natal demoníacos. Vimos e comemos o caranguejo-dos-coqueiros, uma espécie local que leva 35 anos para chegar à idade adulta.

Infelizmente, não deixamos a ilha como tínhamos planejado. Nosso voo foi cancelado durante cinco dias em virtude das condições meteorológicas, e passamos aquelas tardes chuvosas no deprimente quarto de hóspedes do centro missionário da ilha. Resistimos ao chamado da versão local do cristianismo evangélico — John, lendo *Moby Dick*; eu, escrevendo este artigo sobre a fantástica e doce nova realidade que começamos a amar.

Nossa visita foi seguida de um período de intranquilidade civil, mas toda a agitação política parece ter se acalmado. Uma década depois de sua indicação, a lagoa Marovo ainda está sob consideração para ser declarada Patrimônio Mundial pela Unesco.[1] Enquanto essa questão era obstruída por empecilhos burocráticos infindáveis, as ilhas Salomão foram devastadas por terremotos e tsunamis em 2007, 2013, 2014 e 2015.[2] Do mesmo modo que a Groenlândia, essa área vem sentindo os efeitos do aquecimento global: a erosão da costa, as inundações e a intrusão de água salgada só fazem aumentar. Uma província mudou a localização de sua capital, Choiseul, devido à elevação das marés — a primeira cidade do Pacífico a tomar essa medida. A nova capital foi construída em fases, antes que os residentes se mudassem para lá.[3] O Banco Mundial forneceu 9,1 milhões de dólares ao Projeto de Resiliência Comunitária à Mudança Climática e ao Risco de Desastres nas Ilhas Salomão (Crisp) como parte de um pacote de solução de problemas induzidos pelo aquecimento.[4] Pesquisas recentes indicam que essas áreas poderão enfrentar um desafio adicional: alterações nas placas tectônicas podem estar empurrando as ilhas para baixo, ao mesmo tempo que o oceano em elevação invade cada vez mais suas praias.[5]

RUANDA

As crianças das más lembranças

Longe da árvore, 2012

No décimo aniversário do genocídio de Ruanda, visitei o novo memorial em Kigali, construído pela organização não governamental britânica Aegis Trust, que erege monumentos em memória de genocídios. Ao contrário da maioria dos outros prédios em Ruanda, esse tinha ar-condicionado; as peças eram exibidas com certo espalhafato, dando a impressão de terem sido dispostas por uma pessoa antes dedicada à arrumação e decoração de vitrines. Os textos nas paredes eram comoventes, e as fotos, horripilantes, mas a estética de loja comercial refletia a ânsia nacional de esquecer os acontecimentos de um passado muito recente. As informações dadas sobre o número de vítimas estavam de acordo com as estimativas tutsicêntricas do presidente Paul Kagame e diferiam bastante dos cálculos de observadores internacionais.

O objetivo de minha viagem era conversar com mulheres que tinham sido estupradas no genocídio. O memorial tratava os fatos de 1994 de forma fria e histórica, porém essas mulheres ainda os reviviam dez anos depois. Era como se o tempo não tivesse passado.[1]

O genocídio em Ruanda teve como pano de fundo uma longa história de conflitos étnicos. Os tutsis chegaram a Ruanda em data incerta, aparentemente depois dos hutus, e se instalaram como senhores feudais. Os colonizadores belgas favoreceram os pastores tutsis, altos e esguios, em detrimento dos agricultores hutus, baixos, escuros e platirrinos, e declararam que os tutsis, que constituíam apenas 15% da população, formavam a aristocracia natural, concedendo-lhes privilégios negados aos hutus. Tais políticas geraram ódios violentos. Perto do fim do período colonial, os belgas se desentenderam com o monarca tutsi e transferiram o poder para os hutus. Depois da independência, em 1962, os hutus passaram a governar, atacando periodicamente os tutsis. Ao longo dos 25 anos seguintes, confrontos étnicos levaram muitos tutsis ao exílio em Uganda e no Congo. Depois disso, pediram para voltar.

Como o governo hutu não lhes permitisse retornar, os tutsis formaram um exército — a Frente Patriótica Ruandesa (FPR), liderada por Paul Kagame — que travou combates de fronteira com os hutus. Em 1993, a ONU intermediou um acordo entre o governo hutu e os rebeldes tutsis, embora a linha-dura hutu não aceitasse bem a ideia de dividir o poder. No fim de 1993 e começo de 1994, os visionários do movimento Poder Hutu começaram a organizar os mecanismos do genocídio. Reuniram multidões de jovens pobres e insatisfeitos — criando uma força, a dos *interahamwe*, termo que significa "aqueles que lutam juntos"—, aos quais ensinaram que os tutsis eram um inimigo inumano — "baratas", como diziam. Montaram a primeira emissora de rádio privada de Ruanda, a Rádio Mille Collines, que pregava mensagens de ódio.[2] Juntaram um arsenal: algumas armas de fogo, mas principalmente machetes e facas. E passaram a alijar sistematicamente do governo os moderados.

O genocídio em Ruanda começou em 6 de abril de 1994, depois que o avião do presidente Juvénal Habyarimana foi abatido. Nos cem dias que se seguiram, 800 mil membros da minoria tutsi foram mortos. A carnificina em Ruanda foi diferente do que aconteceu no Holocausto nazista, em que as mortes foram higiências, sistemáticas e distantes. A matança foi perpetrada pelas *interahamwe* e por agricultores, que usaram sobretudo implementos agrícolas. No entanto, a violência daqueles dias não se limitou, de modo algum, a essa chacina.

Segundo um dito ruandês, "uma mulher que ainda não foi espancada não é mulher de verdade".[3] A misoginia que permeia a cultura foi facilmente inflamada pela propaganda étnica, e o estupro foi uma arma explícita dos *génocidaires*. Anúncios na Rádio Mille Collines propalavam que as mulheres tutsis queriam seduzir os homens hutus e afastá-los de seu grupo étnico, com o propósito de extingui-lo.[4] Muitos hutus achavam que as mulheres tutsis — em geral altas, magras e altivas — eram arrogantes e por isso decidiram dar-lhes uma lição. Estupraram não apenas para humilhar e envergonhar suas vítimas, mas também como meio de exterminá-las: muitos desses homens são soropositivos e incentivados por seus líderes a contaminar o maior número possível de mulheres tutsis. Eles estupravam para satisfazer a própria curiosidade; estupravam para traumatizar essas mulheres e também porque era uma forma mais lenta e mais dolorosa de matar. Estupravam levados pelo ódio e pelo desejo. De acordo com um slogan de propaganda,

296

queriam que essas mulheres "morressem de tristeza".[5] Uma mulher disse que um membro das brigadas de jovens assassinos encostou-a numa parede, enfiou uma faca em sua vagina, cortou todo o seu revestimento interno e pendurou o tubo de carne sangrenta num pau diante da casa dela, dizendo: "Todo mundo que passar por aqui vai ver como é uma tutsi".

Ao fim de cem dias, os rebeldes tutsis da FPR recuperaram o controle de Kigali, a capital, e o genocídio cessou. A maior parte dos membros da *interahamwe* fugiu para o Congo, onde continuaram a praticar o terror em campos de refugiados. Kagame tomou posse como presidente com um discurso sobre construir pontes. Em vez disso, instaurou uma estrutura de poder basicamente tutsi — exatamente o que temia o movimento Poder Hutu — com o apoio tácito do resto do mundo. Periodicamente, Kagame ordena ataques aos campos no Congo, e cerca de 20 mil pessoas já foram mortas em represálias desde o fim da guerra. Na atualidade, os hutus estão vivendo de novo sob um regime tutsi e se sentem escravizados pela minoria odiada, embora os tutsis detestem os hutus que assassinaram seus parentes. Os ruandeses são definidos pelos traumas que testemunharam, sofreram ou infligiram. Em entrevistas oficiais, eles dizem *"Plus jamais"* (Nunca mais), mas em particular a maior parte das pessoas que conheci afirmou que outro levante é apenas uma questão de tempo.

Nada menos do que meio milhão de mulheres foram estupradas durante o genocídio.[6] Cerca de metade das tutsi sobreviventes foi vítima de estupro. Quase todas eram soropositivas e deram à luz aproximadamente 5 mil crianças concebidas como decorrência de estupros. Essas crianças são chamadas *les enfants de mauvais souvenir*, ou crianças das más lembranças;[7] um escritor chamou-as de "herança viva de um tempo de morte".[8] Num estudo, 90% das mulheres participantes declararam que não podiam amar o filho de uma pessoa que tinha matado sua família. Uma mulher que, grávida, havia tentado afogar-se e foi salva por um pescador disse: "Eu não consegui nem morrer com esse bebê dentro de mim. Era uma maldição que insistia em me perseguir".[9] Uma mulher que foi forçada a se casar com um estuprador disse: "Ser tomada como esposa é uma forma de morte. E não existe morte pior do que essa".[10] A sociedade ruandesa culpa as mulheres, e por isso essas gestações foram "rejeitadas e dissimuladas, muitas vezes negadas, e descobertas tardiamente", segundo a dra. Catherine Bonnet, que estudou o problema do estupro em Ruanda.[11] A assistente social Godeliève Mukasaraki explicou: "As mulheres que tiveram filhos depois de estupradas são as mais marginalizadas. As pessoas dizem que essas crianças são filhos de *interahamwes*".[12]

O acesso ao aborto é praticamente impossível em Ruanda, mas no caos do pós-guerra algumas mulheres induziram o próprio aborto. Outras — ninguém sabe quantas — cometeram infanticídio. Algumas deixavam os bebês do estupro nas escadarias das igrejas; o país é semeado de orfanatos. Não consegui identificar mulheres que tivessem abandonado ou matado os filhos; as que conheci tinham ficado com eles. As crianças pelas quais estavam se sacrificando eram lembretes de seu trauma. Amar uma criança que resultou de um estupro exige um desprendimento quase divino, principalmente porque, para a maioria dessas mulheres, o estupro era apenas um num conjunto de traumas: perda da família; perda de status social; perda das estruturas societárias que um dia pareceram seguras; perda de qualquer sensação de estabilidade ou permanência; perda da saúde para o HIV. Quando estive com essas mulheres e seus filhos, no primeiro semestre de 2004, as crianças já estavam com nove anos e, portanto, com idade suficiente para se parecerem com seus pais hutus. Meu intento era ver como uma pessoa aprendia a amar essas crianças ou aceitava a ideia de cuidar delas sem amor.

A sociedade ruandesa é hostil com essas mulheres e crianças. Muitas foram escorraçadas pela família e pela comunidade, e até alguns hospitais se recusam a atendê-las. Por serem considerados mestiços, os *enfants de mauvais souvenir* não são aceitos pelos hutus nem pelos tutsis. "Algumas mulheres foram forçadas pela família a abrir mão do filho", disse Espérance Mukamana, que conheci em Kigali, onde ela trabalha na Avega, a associação de viúvas de Ruanda.[13] "No começo, foi difícil para essas mulheres até ver os filhos como seres humanos, pois são considerados crianças do mal. A maior parte dessas mulheres abandonadas nunca sentiu amor verdadeiro pelos filhos. Elas gostam deles o suficiente para mantê--los vivos, nada além disso. Nós temos que motivá-las, repetindo sem parar que as crianças não têm culpa. É difícil para elas ver que a criança é inocente; é impossível para elas ver a si mesmas como inocentes." Todas enfrentavam dificuldades financeiras; como ninguém se disporia a casar-se com elas, quase todas lutavam para alimentar a si mesmas e aos filhos.

Jean Damascène Ndayambaje, chefe do Departamento de Psicologia da Universidade Nacional de Ruanda, em Butare, explicou que era considerado vergonhoso para uma mulher ter permitido o estupro para evitar a morte.[14] "Alguém pode dizer que uma dessas alternativas é melhor que a outra?", perguntou. "Nossa sociedade não diz isso. Toda a vergonha recai sobre a mulher. Ndayambaje contou que uma mulher teve de ser fisicamente contida para que os médicos lhe fizessem uma cesariana, porque ela contraía com força os músculos da vagina numa última tentativa desesperada de impedir o nascimento. Quando os médicos lhe apresentaram o bebê, ela se pôs a dizer coisas desconexas e foi internada num hospital psiquiátrico. "Alguns pavilhões de psiquiatria estão cheios dessas mulheres", disse Ndayambaje. O professor Jean-Pierre Gatsinzi, diretor da Escola de Jornalismo e Comunicação da Universidade Nacional, destacou uma séria mudança cultural, que faz com que já não se presuma mais um vínculo forte entre mãe e filho. "Estamos vivendo numa nova sociedade, com regras diferentes", disse ele. "Temos de reconhecer que tanto o estupro como a guerra são traumas, e que essas mulheres vivenciaram os dois traumas ao mesmo tempo. O estupro na guerra é um crime contra a humanidade. É bem pior do que o estupro comum." Embora qualquer estupro possa ser profundamente traumático para sua vítima imediata, o estupro em tempos de guerra é um ataque contra as normas sociais e traumatiza mais profundamente a sociedade em que ocorre.

Segundo Espérance Mukamana, "as mães traumatizadas são ásperas e frias, até agressivas, com os filhos. As crianças sabem que as mães não as querem, mas não sabem por quê. Elas falam e as mães não as ouvem; choram e as mães não as consolam. Por isso desenvolvem comportamentos estranhos. Elas mesmas são frias e irrequietas. Como recebem pouco amor em casa, saem para a rua e acompanham estranhos". Algumas mães deram aos filhos nomes como Guerra, Filho do Ódio e Pequeno Assassino.[15] Alphonsine Nyirahabimana, que trabalha na Avega com vítimas dos estupros de guerra e com seus filhos, disse: "Sempre me perguntei como algumas dessas mães conseguem amar os filhos. Em alguns casos, o cristianismo desempenhou um papel importante, e elas superaram seus problemas por meio da oração. Outras veem o lado positivo da situação. Uma delas, por exemplo, disse: 'Fui estuprada, minha família foi assassinada e eu tenho esse filho que nasceu do horror, mas pelo menos não tenho o HIV'. No entanto, a grande maioria delas não tem família, está sem rumo e sem esperança. Elas vão à Avega e conversam umas com as outras. Ninguém pode esquecer o que aconteceu com elas, de modo que elas também devem lembrar em conjunto".

Algumas mulheres criam associações e lutam por seus direitos. Algumas ganharam força nesses grupos de identidade para compensar a perda de sua antiga posição social. Segundo o professor Célestin Kalimba, chefe do Departamento de História da Universidade Nacional, entre os efeitos colaterais do genocídio surgiu em Ruanda um novo feminismo. "Grande parte da população masculina foi morta ou está na prisão", disse, "e as mulheres tiveram de assumir papéis de importância. Depois do genocídio, elas puderam herdar propriedades, o que antes não era possível. Antes, os homens tinham várias mulheres. Agora assinam, na igreja em que se casam, um contrato jurando que se manterão monógamos. A situação das mulheres em Ruanda está melhor do que nunca." As mães que sobreviveram à gravidez forçada tiveram de lutar por uma nova sociedade — se não por elas mesmas, pelos filhos já tão castigados.

A maioria só encontra negação dos direitos de cidadão. Uma mulher me contou que um homem matou sua família, inclusive o marido e os três filhos; obrigou-a a ser sua escrava sexual, manteve-a consigo durante três meses e fugiu quando as forças da FPR chegaram. Ela deu à luz um filho, depois descobriu estar com aids, o filho permaneceu saudável. Em Ruanda são poucas as redes sociais fora da família, e é preciso ter parentes para sobreviver. Sabendo que ia morrer, ela se preocupava com o destino da criança. Procurou o pai do menino na prisão e decidiu estabelecer um relacionamento com ele, para que o filho tivesse alguém depois da morte dela. Quando nos encontramos, ela estava preparando as refeições diárias desse homem e depois as levaria à prisão. Ele a tinha estuprado e assassinado seus filhos. Ela não conseguia falar sobre o que estava fazendo sem olhar fixo para o chão. Sua vida não foi tocada por nenhum novo feminismo ruandês.

Em Kigali, conheci Beatrice Mukansanga, cujo rosto lembrava uma máscara de Picasso, e Marie Rose Matamura, jovem e simpática. Beatrice não tinha uma lembrança clara do que lhe aconteceu em 1994; lembrava-se de ter sido estuprada várias vezes e de ter acordado grávida num hospital, semanas depois, mas não tinha ideia de como tinha vivido durante a guerra. Em algum momento, durante o genocídio, uma de suas pernas foi amputada. O marido e dois filhos desapareceram, "perdidos, sumidos", disse ela. No fim das atrocidades, estava grávida e soropositiva, e não sabia quem eram os estupradores. "O bebê morreu dentro de mim e foi tirado", disse. Não ficou claro se foi ela mesma que induziu o aborto. Ao regressar à sua cidade, Nyanza, ela descobriu que todas as pessoas que conhecia tinham sido mortas, por isso foi para Kigali. "Essa época do ano, por volta do aniversário do genocídio, no começo da estação das chuvas, é terrível para mim", disse. "Tenho pesadelos horríveis. Vivo sempre com a sensação de que vou morrer a qualquer momento." Estava furiosa com o fato de que os programas de saúde do governo só eram acessíveis a quem tivesse boas ligações sociais. Àquela altura não havia dúvida de que estava com aids, contudo, quando tentava obter medicamentos, os funcionários do governo riam dela. "Eles só ajudam quem está bem e pode cuidar de si", disse ela. "O resto, deixam morrer."

Aos 34 anos, Marie Rose Matamura narrou os acontecimentos de sua vida num tom monótono, com ar de completa resignação. Quando o genocídio começou, ela correu para a igreja, mas as milícias logo chegaram e, com consentimento do padre, mataram a maior parte das pessoas ali reunidas. Ela escapou, mas foi sequestrada por um hutu, que tomou a ela e à irmã como esposas. Muitos dos milicianos forçavam mulheres a serem escravas sexuais, usando cinicamente a palavra "esposa" como eufemismo para inúmeros pecados. Não havia casamentos, como também não havia nenhuma garantia de proteção. Tudo o que o termo indicava era que essas mulheres haviam sido tomadas como objeto de repetidos ataques sexuais e moravam na casa de um homem. A submissão de Marie Rose não a impediu de odiar seu captor. "Ele simplesmente vai circulando pelo bairro estuprando as moças", ela disse. "A qualquer momento, esse homem podia me obrigar a aceitar seus amigos; eu era estuprada por muitos outros. Ele disse que tinha me contaminado com o HIV, de forma que não precisava perder tempo em me matar."

O sequestrador de Marie Rose fugiu quando as forças tutsis se aproximaram. Debilitadas e desesperadas, ela e a irmã, ambas grávidas, continuaram na casa dele. A irmã morreu no Natal de 2001. Marie Rose trouxe o filho da irmã para criá-lo junto de sua própria filha. Marie Rose começou a apresentar lesões na pele e teve medo de que os vizinhos reconhecessem os sintomas da aids. Tinha medo de submeter as crianças a exames de sangue para detectar a doença. "Não sei quem vai cuidar das crianças quando eu me for", disse ela. "Bato de porta em porta, perguntando às pessoas se têm roupa para lavar, e tranço o cabelo de mulheres hutus ricas que têm marido. Estou muito triste por saber que vou morrer — não por mim, mas pelas crianças. Com minha doença incurável, sou a única pessoa que elas têm."

Marie Rose me falou de suas tentativas de proteger as crianças. "Para mim, o mundo é um lugar cheio de ódio, e estou sempre com medo. Tudo o que eu quero é me trancar em casa e não ver ninguém. Mas procuro fazer com que as crianças não se preocupem. Não quero que fiquem me perguntando por que sou tão triste, tão solitária. O menino tem gênio ruim, mas faço um esforço especial com ele, porque ele precisa sentir que agora a mãe dele sou eu. Vejo a imagem de milicianos hutus no rosto deles, porém não consigo odiar minha filha ou o filho de minha irmã, embora nunca possa esquecer de onde eles saíram. As crianças às vezes me perguntam: 'Quem é meu pai?', e digo que eles não têm pai, nunca tiveram. Algum dia, terei de lhes dizer a verdade. Fico o tempo todo pensando em como fazer isso e preparo o discurso. Vou lhes dizer como devem se comportar e o que fazer se alguém tentar estuprá-los. Tenho medo do que eles podem vir a ser ficando comigo; tenho medo do que podem vir a ser deles sem mim."

Marianne Mukamana tinha uma vida boa antes do genocídio. Amava o marido, um trabalhador da construção civil, e a filha, de cinco anos. Logo no começo, os *génocidaires* foram à sua casa, em busca do marido. Disseram: "Vamos matá-lo e depois vamos voltar para pegar você". Ela nunca mais o viu nem soube dele. Tentou fugir com a filha, mas não tinha onde se esconder, e os vizinhos, temendo ser mortos, se recusaram a abrigá-la. Na esperança de salvar a vida, ela foi, desesperada, à base da milícia e disse: "Estou aqui para que vocês façam comigo o que quiserem", e, como era uma mulher bonita, eles a tomaram como escrava sexual. Nas semanas que se seguiram, foi mantida na base e estuprada constantemente por muitos homens diferentes. Disseram-lhe que ela seria morta. Quando a FPR chegou a Kigali, seus sequestradores a levaram numa longa marcha forçada até Gisenyi; e, quando a FPR por fim capturou Gisenyi, ela foi posta em liberdade e voltou para Kigali com a filha de cinco anos.

Toda a sua família tinha desaparecido, com exceção de dois irmãos. Quando se deu conta de que estava grávida, pensou em meios de se livrar do bebê. "Eu queria jogá-la longe", recordou. Marianne era soropositiva, e sua segunda filha também. Nos anos seguintes, ela foi muitas vezes tomada por uma onda de ódio quando olhava para essa filha, que era um lembrete constante do que queria desesperadamente esquecer. Ela não podia amá-la como amava a primeira. Fantasiava que encontrava o pai da criança e lhe entregava a menina, no entanto fora estuprada com tanta frequência que nem mesmo sabia quem era o pai, e, de qualquer forma, os candidatos tinham desaparecido com o restante do *interahamwe* e, provavelmente, estavam mortos ou morando no Congo. "Graças a Deus, não tive um menino", disse ela, "porque aquele amor teria sido mais difícil ainda. Os rapazes herdam as propriedades aos 21 anos. Como as moças não têm direitos, trazem menos problemas." Ela decidiu que aprenderia a amar as duas meninas da mesma forma. "Outro coração surgiu em mim", ela explicou. "Ela era minha filha, a semente do meu ventre, era minha também, e achei que teria de tomar conta dela durante algum tempo." Quando conheci Marianne, ela me disse que sentia exatamente o mesmo pelas duas filhas, mas acrescentou que ainda gostaria de dar a mais nova para adoção.

As duas meninas muitas vezes se viram diante de problemas. A mais velha é tutsi pura e aparenta sê-lo. A mais nova tem a cor escura e os traços de uma hutu. Os vizinhos comentam que elas não podem ser irmãs de pai e mãe, mas Marianne não revela a verdade. "Enquanto isso, procuro manter a harmonia entre essas duas crianças, para torná-las o mais parecidas que eu puder", explicou. "Digo a minha filha mais nova que ela é uma tutsi e que não dê ouvidos às pessoas que lhe dizem que é hutu. Tento dizer sempre essas coisas a elas, para que se sintam amadas." A filha mais velha ainda fala do pai. "Eu me lembro do dia em que aqueles homens vieram aqui em casa e ele foi com eles", disse. "E ele nunca mais voltou. Eu vi meu pai saindo, mas nunca voltando. Para onde ele pode ter ido?" A menina mais nova sempre pede: "Fale sobre meu pai" e "Por que você está sozinha, e não com meu pai?", porém Marianne se cala. E a filha disse: "Um dia, vou encontrar meu pai". Essas frases levam a crer que as meninas sabiam que tinham pais diferentes, sem que entendessem que para a mãe esse era um assunto proibido.

As duas competem pelo amor da mãe. Manda a tradição ruandesa que o filho caçula seja o mais querido, e para Marianne foi bem difícil cumprir essa expectativa. "Vou morrer de aids, e minha filha mais velha ficará sozinha", disse. "A razão disso foi o estupro que gerou minha segunda filha. Como saber disso e não sentir raiva? Mas as duas meninas são minhas filhas. E, à medida que minha filha mais nova cresce, quase sempre posso olhar para ela sem rancor. Com o passar dos anos, vai ficando mais fácil. Tento não pensar no passado, porque tenho medo dele, e não penso também no futuro, porque agora sei que o melhor é não ter sonhos."

* * *

Pequena, olhos arregalados, tímida e triste, Marcelline Niyonsenga conserva a postura de uma criança importuna, erguendo o olhar ansioso como se esperasse permissão para continuar vivendo. Quando a guerra começou, tinha dezenove anos e estava visitando parentes em Kigali no momento em que a casa foi atacada. O tio e um irmão foram mortos, e ela ficou com o filho do tio. No dia seguinte, os milicianos voltaram e a tiraram da casa. Ela fugiu e encontrou outra família com quem se esconder. O chefe da família expulsou sua mulher e transformou Marcelline em escrava sexual. Ela ficava escondida o dia todo e à noite se esgueirava para fora da casa para procurar água, sempre com medo de ser morta. Depois de dois meses e meio, o homem anunciou que tinha se cansado dela. Ela foi estuprada várias vezes e, mesmo relutante, encontrou refúgio com um empresário que a levou consigo para o Congo. Quando ela soube que a guerra tinha acabado, pediu para voltar, mas estava grávida e o marido decidiu ficar com ela e a criança, dizendo: "Mulher tutsi, se eu deixá-la ir embora, você vai contar que a tomei para mim, e eu e minha família seremos mortos". Durante meses ela esperou que ele um dia viajasse a trabalho. Pegou 3 mil francos congoleses (cerca de cinco dólares) e convenceu um motorista de táxi a levá-la a Ruanda, onde o Alto-Comissariado das Nações Unidas para Refugiados a acolheu. Depois do nascimento da filha, a quem ela deu o nome de Clémence Tuyisenge, seu útero lesionado teve de ser extirpado.

Desde o fim da guerra, Marcelline cuida da casa do irmão viúvo. Ela gostaria de criar juntos o filho do irmão e Clémence, mas ele se recusou a receber a menina, que tem aids, em sua casa. A menina fica com a mãe de Marcelline, que a visita uma vez por semana. Marcelline prefere se sacrificar, e não viver com a filha, a fim de cuidar do irmão e do filho dele. São homens e precisam de alguém que atenda às suas necessidades. Pelo menos o irmão não a abandonou, contou Marcelline. Às vezes, até lhe dava dinheiro. Sempre que Clémence ficava doente — e com frequência ela era acometida de infecções oportunistas —, Marcelline se lembrava da origem da filha. E, quando a própria Marcelline adoecia, pensava no homem que a infectou. O corpo de Clémence já apresentou erupções, que a mãe chama de "espinhas". Quando Clémence tem febre, a avó a entrega para Marcelline, que a leva ao hospital. Se ambas estão bem, riem juntas. Quando Marcelline fica doente, a menina se enrosca nela. Marcelline achava que seria preferível que a filha morresse antes dela, porém também apreciava bastante sua companhia. "As pessoas têm dó de mim porque tenho esta *enfant de mauvais souvenir*, mas ela é a luz de minha vida", disse. "Morrer aos poucos sem ter ao menos o consolo de um filho teria sido mil vezes pior. Estou morrendo, mas não estou só."

O imobilismo que afligia muitas das mulheres que entrevistei não tocara Alphonsine Mukamakuza; ela era capaz de rir agora e de soluçar daqui a minutos — uma mulher dominada por fortes emoções. Morava numa choupana de barro na periferia de Kigali, mobiliada com uma poltrona de avião e duas cadeiras de madeira quebradas. A única iluminação vinha de uma rachadura entre a parede e o teto. Apesar da pobreza, estava impecável num vestido longo de algodão estampado e um turbante que combinava com ele. Não queria que os vizinhos tivessem certeza do que ela achava que supunham, ou seja, que seu filho era resultado de estupro. Por isso, enquanto conversávamos, seu sobrinho montava guarda do lado de fora, espantando bisbilhoteiros.

Alphonsine tinha vinte anos quando o genocídio começou. Ela achava que a barbárie eclodira apenas em sua aldeia, por isso fugiu para a casa de parentes numa aldeia vizinha. A matança estava em curso lá também, então ela e seus parentes decidiram atravessar a fronteira e buscar refúgio no Burundi. Estavam perto do destino quando começou o tiroteio. Alphonsine continuou correndo, enquanto o resto de sua família era abatida a tiros. Ela se refugiou na casa de uma senhora, que lhe disse: "Você vai estar em segurança aqui. Eu vou escondê-la". Naquela noite, o filho da dona da casa esteve lá. Quando viu aquela mulher elegante, anunciou que faria dela "sua esposa". Durante três semanas estuprou-a sistematicamente, dizendo-lhe que sua morte estava próxima. Ela fez tudo o que pôde para que o homem gostasse dela, pois ele era, ao mesmo tempo, seu algoz e aquele sem cujas atenções ela fatalmente seria trucidada. Ele levou para sua casa outros *interahamwe*, que às vezes também a estupravam enquanto ele assistia.

Um mês depois do fim do genocídio, Alphonsine percebeu que estava grávida. Após o nascimento do filho, Jean-de-Dieu Ngabonziza, ela tentou dá-lo para o irmão, que não quis saber dele. Alphonsine levou Jean-de-Dieu consigo para um novo casamento, mas deixava claro para o filho que ele era um peso, espancando-o sem piedade e às vezes pondo-o para fora de casa. Se estavam em público, ela lhe dizia: "Me chame de tia. Nunca me chame de mãe". Enquanto isso, seu companheiro a espancava dia e noite. Ele lhe disse: "Se você quiser ficar comigo, livre-se desse menino. Não quero nem vê-lo". Por fim, ela reuniu coragem para deixá-lo e se instalou na favela em que a encontrei. "E então", lembrou Alphonsine, "vi que meu menino era tudo o que eu tinha. Às vezes, apesar de tudo, ele ria e, como ele ria, comecei a gostar dele. Mas ele não se parece comigo, e, quando apronta alguma, me faz lembrar dos estupros. Ele vai à escola, e espero que lá fique sabendo de tudo sobre a guerra. Um dia vou ter de falar sobre sua origem, e isso só vai trazer mais tragédia para nós."

O porte ereto e digno de Christine Uwamahoro não era comum entre as mulheres violentadas em Ruanda. Ela tinha dezoito anos e morava em Kigali quando a matança começou. "Às escondidas ou às claras, não importa como, os milicianos entravam nas casas, e enquanto um roubava, o outro estuprava, e depois trocavam. Eles nos davam toda espécie de ordem imaginável: levantem as mãos, ajoelhem-se, fiquem onde estão. Um deles me apontou uma arma e disse: 'Tire a roupa e deite-se, senão mato você e sua família'. Mas não matou. Ele voltou muitas vezes e, depois de cada estupro, meu pai lhe dava dinheiro para que ele fosse embora. Fui salva pela graça de Deus."

A família fugiu, mas em pouco tempo chegou a uma ponte onde havia uma barreira. Ficaram ao lado da estrada durante duas horas, vendo outras pessoas sendo massacradas. Quando caía a noite, um dos *interahamwe* aproximou-se com um olhar assassino e eles correram, mas a mãe de Christine hesitou. Seu irmão tentou ajudar a mãe. Por cima do ombro, Christine viu os dois sendo esquartejados com machetes. A própria Christine acabou com um corte no braço, e a cicatriz ainda é visível. Como suas lembranças do episódio não são claras, ela não sabe ao certo se o ferimento foi causado por uma facada ou se foi resultado de uma queda. Christine e o pai caminharam cem quilômetros até a cidade de Gisenyi, escondendo-se durante o dia e avançando furtivamente pela estrada durante a noite. Quando chegaram, a matança já estava lá. Caminharam mais alguns quilômetros e chegaram ao Congo.

Na parte final da viagem, deram com outro grupo de *interahamwe*. "Olhem!", gritou um deles. "São tutsis! Eles têm de morrer!" Pai e filha se esconderam num capoeirão com outras duas famílias. Temiam que o choro de um bebê atraísse a atenção dos milicianos, mas a criança tinha tuberculose e morreu enquanto estavam ocultos ali. O ferimento de Christine tinha infeccionado, e seu braço estava inchado. Por fim, chegaram a Goma, no Congo, onde esperaram o fim da guerra. Christine receava ter sido contaminada com o HIV, mas não tinha coragem de investigar, e ainda não sabe. Estava adiantada nos estudos, contudo nunca mais voltou a estudar. Odiou descobrir que estava grávida, odiou o bebê e entregou a filha ao avô, para não ter de vê-la. Mesmo dez anos depois, a existência da criança entristecia Christine e a lembrava de que sua vida estava arruinada. Ela visitava a única irmã sobrevivente todos os dias, mas via a filha no máximo uma vez por mês. A menina é geniosa e agressiva. Tudo o que ela quer tem de ser atendido imediatamente, e, se não consegue o que quer, fica furiosa e se recusa a falar durante dois dias.

Ao contrário da maior parte das mães de *enfants de mauvais souvenir*, Christine se casou. Seu novo marido é um congolês polígamo que tem outra esposa. "Eu não poderia me casar com um ruandês depois do que aconteceu, nem mesmo com um tutsi", ela explicou. "Eu não suportaria ser tocada por um ruandês. No início, quis esconder minha história de meu marido, mas acabei contando tudo e ele foi muito bom. Quando fico triste, ele me leva para um passeio. Quando tenho lembranças repetinas e pesadelos, o que sempre acontece, ele me faz lembrar que eu podia ter sido morta e me consola. Desde que conheci esse homem, eu amo mais a minha filha e me tornei uma cristã melhor." Ele chegou a propor que a criança concebida em estupro morasse com eles, mas Christine não quis. "Tenho uma filhinha de oito meses desse casamento", ela me disse. "É uma luta não gostar mais de uma do que da outra. Eu sei que minha filha maior gostaria de morar comigo, e meu pai diz que ela precisa dos cuidados de uma mãe. É importante eu me lembrar constantemente de que a criança é inocente. Rezo muito, pedindo amor. Pouco a pouco, vou gostando dela: é minha filha, passou nove meses dentro de mim. Mas é muito difícil."

Às vezes pergunto a minhas entrevistadas, sobretudo às que me parecem mais destituídas de direitos, se querem me fazer alguma pergunta. O convite à inversão de papéis ajuda as pessoas a se sentirem menos cobaias. Em Ruanda, as questões dessas mães costumavam ser as mesmas: quanto tempo você vai passar no país? Quantas pessoas você vai entrevistar? Quando vai publicar o resultado da pesquisa? Quem lerá essas histórias? No fim de minha entrevista com Christine, perguntei se ela queria fazer alguma pergunta. "Bem", disse ela, hesitando um pouco, "você escreve sobre essa área da psicologia?" Assenti. Ela inspirou profundamente. "Você seria capaz de dizer como faço para gostar mais de minha filha? Gostaria de amá-la muito, e tentei de tudo, mas quando olho para ela revejo o que me aconteceu e isso interfere." Uma lágrima correu-lhe pela face, mas sua voz tinha quase um tom de desafio quando ela repetiu a pergunta: "Você pode me dizer como faço para gostar mais de minha filha?".

Só depois, já tarde demais para eu dizer a Christine, fiquei surpreso pelo fato de ela não perceber quanto amor havia na pergunta que fez.

Desde que Paul Kagame assumiu o governo, em 1994, o clima político de Ruanda se estabilizou, e a taxa anual de crescimento do PIB alcançou 8%.[16] O índice de pobreza caiu quase 25%. A mortalidade infantil foi reduzida em dois terços, e a matrícula nas escolas primárias é quase universal. O Banco Mundial classificou Ruanda como um dos países em que é mais fácil começar um negócio.

Entretanto, o regime de Kagame é acusado de assassinar líderes da oposição e jornalistas, de provocar a chacina em massa de civis, no país e no exterior, de invadir e explorar recursos naturais num país vizinho, a República Democrática do Congo, e de reprimir as manifestações políticas do povo de Ruanda.[17] Só o Sudão e a Síria têm níveis de exclusão política maiores que o de Ruanda. O governo fechou jornais independentes e impediu que partidos de oposição concorressem a eleições. Um formador de opinião qualificou Ruanda, no *New York Times*, como um "país de confinamento".[18] Em 2015, Kagame convenceu o Supremo Tribunal e o Legislativo de Ruanda a relaxar os limites dos mandatos presidenciais, supostamente por "exigência popular", o que abriu caminho para uma presidência permanente. Os Estados Unidos, assim como outros países, pediram que ele desse um exemplo para a região, afastando-se do cargo em 2017, depois de dois mandatos de sete anos. Kagame manifestou insatisfação com essa interferência estrangeira, mas planejou um referendo sobre sua permanência, com a certeza de que será aprovada.[19] Em vista de um histórico de assassinatos de pessoas que se insurgiram abertamente contra ele, a oposição declarou que não pôde encontrar no país um só advogado disposto a abrir processo contra o presidente.[20]

Minha amiga Jacqueline Novogratz, que trabalhou em Ruanda, desde a década de 1980, com sua fundação, a Acumen, contou que uma vez conversou com um amigo ruandês, que disse: "Nossa cultura se baseia na mentira. Todos nós mentimos, o tempo todo, para todo mundo. É o único meio de sobreviver aqui". Jacqueline perguntou: "Você mente para mim?". Seu amigo respondeu: "Não sei. Nós mentimos tanto que nem sei mais quando estou mentindo. Não sei quando estou mentindo para você. Não sei nem quando estou mentindo para mim mesmo".

LÍBIA

Círculo de fogo: Uma carta da Líbia

New Yorker, 8 de maio de 2006

A política externa terrorista de Kadhafi era deplorada em todo o mundo, mas, como seu regime primava pelo sigilo, as absurdas humilhações do dia a dia não chamavam muito a atenção no exterior. Um mês na Líbia parecia uma década. Muitos países em que trabalhei requeriam cumplicidade com a burocracia kafkiana, porém em nenhum outro um volume tão grande de energia pública e pessoal era dedicada a essas atividades sem sentido.

Esta é uma história que se conta na Líbia: três homens estão disputando uma corrida de quinhentos metros carregando um saco de ratos. O primeiro parte em boa velocidade, entretanto, depois de cem metros, os ratos já roeram o saco e se espalharam pela pista. O segundo chega a 150 metros, e acontece a mesma coisa. O terceiro sacode o saco com tanta violência ao correr que os ratos dão cambalhotas constantes e não conseguem roer nada. O terceiro concorrente é o líder da Líbia, o coronel Muammar Kadhafi, o revolucionário permanente.

Aproximadamente do tamanho de Alemanha, França, Itália e Espanha juntos, sua população, um pouco inferior a 6 milhões de habitantes, é mais ou menos igual à da Dinamarca. A receita advinda do petróleo faz da Líbia um dos países de maior riqueza per capita da África; no entanto, a desnutrição e a anemia são alguns de seus problemas de saúde mais prementes. A Líbia é um país islâmico, em que o álcool é ilegal e a maior parte das mulheres casadas usa o *hijab*; é também um país secular no qual as mulheres têm permissão legal para usar biquíni, e Kadhafi é protegido por uma falange de guarda-costas do sexo feminino. A versão do socialismo promulgada em meados da década de 1970 pelo *Livro Verde*, o manifesto político de Kadhafi, é reverenciada, mas o país está à beira de uma reforma capitalista. De acordo com o diretor da Liga das Editoras Líbias, os livros mais procurados em sua loja são o Alcorão e *Minha vida*, de Bill Clinton.

310

É claro que existe a linha oficial, segundo a qual o país é governado por seus cidadãos, por intermédio dos Congressos Populares Básicos, mas na realidade quem manda é Kadhafi. As autoridades líbias devem superar em muito a Rainha Vermelha em seu hábito de acreditar em seis coisas impossíveis antes do café da manhã.

Para os americanos, há uma contradição ainda mais digna de nota. O regime comandado por um homem que o presidente Reagan chamou de "cachorro louco do Oriente Médio" — o regime que durante a década de 1980 patrocinou grupos como o IRA, a organização Abu Nidal e a ETA basca e foi acusado da explosão que, em 1988, derrubou o voo 103, da Pan American, sobre Lockerbie, na Escócia — é hoje um aliado reconhecido na guerra dos Estados Unidos contra o terror. Os círculos oficiais da Líbia enfrentam a luta interna entre os que apoiam essa aliança e torcem por laços mais estreitos com o Ocidente, de um lado, e os que encaram o Ocidente com desconfiança truculenta, de outro.

Kadhafi subiu ao poder em 1969, aos 27 anos, quando, na qualidade de oficial militar de baixa patente, participou de um golpe incruento contra o rei Idris, pró-Ocidente, conduzido ao poder pelos Aliados depois da Segunda Guerra Mundial. Hoje Kadhafi afirma que o rei não tinha nenhum papel formal na Líbia e não passava de alguém que dava bons conselhos quando lhe pediam. Não obstante, os líbios têm medo de pronunciar o nome de seu governante, salvo em contextos oficiais, nos quais ele é recebido com aplausos previsíveis. O eufemismo geral é "o Líder". Informalmente, as pessoas se referem a Kadhafi como O Homem ou o Cara, ou simplesmente mostram o dedo indicador virado para o céu. Falar "Kadhafi" em voz alta é procurar confusão. Pode-se dizer o mesmo sobre questionar suas propostas políticas, às vezes absurdas. Em certa ocasião, ele insistiu em que as famílias usassem apenas um sabonete por semana. Em outra, propôs que a moeda fosse eliminada em favor do escambo. "Ele acredita na cultura do deserto, muito embora o deserto não tenha cultura nenhuma", disse um residente cosmopolita da capital, Trípoli. "Ele está tentando fazer a vida voltar à infância."

O nome do segundo filho de Kadhafi, seu possível sucessor, Saif al-Islam al-Kadhafi, também é raramente pronunciado. O círculo mais próximo a Kadhafi se refere a Saif, um de seus oito filhos, como o Principal, mas ele é igualmente chamado de o Filho, o Jovem Valente, Nosso Jovem Amigo e o Engenheiro. A relação entre pai e filho é tema de constante especulação. O Principal não carrega título algum e, respeitando o decreto do pai, afirma que a posição de Líder não é hereditária. No entanto, situa-se confortavelmente próximo ao poder. Apesar de toda a sua oposição à realeza, o Líder se comporta de forma muito semelhante à de um rei, e o Principal é seu príncipe herdeiro.

O papel de Saif consiste em ser o rosto da reforma, "dar polimento à imagem de seu pai", como insinuou um destacado escritor líbio em conversa comigo. Consta que seus trabalhos acadêmicos na London School of Economics, onde ele está fazendo doutorado em filosofia política, mostram sólido domínio de Hobbes e Locke. Saif criou a Fundação Internacional Kadhafi de Associações Beneficentes, que combate a tortura na Líbia e promove, no exterior, o respeito aos direitos humanos. Parece defender altos princípios, ainda que uma mudança democrática real talvez o afastasse do cenário político. Um de seus assessores me disse que ele preferiria ser o primeiro chefe eleito do Estado líbio a se tornar o segundo líder não eleito da revolução, mas que poderia vir a se tornar uma coisa ou outra.

"Kadhafi diz que não é o Líder e Saif alega que faz oposição, e ambos são mentirosos", disse Maître Saad Djebbar, advogado argelino que trabalha em questões líbias há muitos anos. Outros veem um projeto pessoal. "O Líder é um beduíno do deserto e simplesmente deseja poder e controle... Ele se satisfaz em governar um país arruinado", disse-me o poeta expatriado Khaled Mattawa. "Mas seus filhos são urbanos: viajaram, estudaram no exterior, aprenderam a ser sofisticados. Fazem falcoaria nos países do Golfo com príncipes reais. Desejam dirigir BMWS e governar um país que seja aceito no concerto das nações."

O escritório de Saif fica no edifício mais alto e elegante de Trípoli — uma torre de vidro coroada por uma geringonça circular colossal concebida para ser um restaurante giratório, mas que não gira nem serve refeições. O conjunto da sede da fundação é modesto e mobiliado com comedimento, mas seus funcionários parecem ser as pessoas mais ocupadas da Líbia, curvados sobre computadores, falando simultaneamente em vários telefones, cercados de papéis. As paredes são cobertas por cartazes referentes às causas de Saif: um deles mostra um homem com o rosto embrulhado em arame farpado, com a legenda "Campanha Internacional Contra a Tortura — Área do Oriente Médio: Líbia, a Primeira Estação".

Saif, porém, normalmente está fora. Estive com ele, no outono passado, em Montreal, onde inaugurava uma exposição das próprias pinturas, realizadas com entusiasmo expressionista em vários estilos conhecidos, nas quais se veem imagens de cavalos, céus do deserto, o rosto do Líder ou um de seus tigres-de-bengala. Saif já exibiu seus quadros em centros urbanos de Paris a Tóquio, onde eles têm sido recebidos como curiosidades documentais, como os pertences pessoais da última tsarina. A função primordial dessas mostras é política, social ou artística? Essa é uma questão que nunca é levantada.

Encontramo-nos no Sofitel, que havia destinado o último andar a Saif e sua entourage. Vários assistentes e assessores estavam reunidos numa suíte ampla e simples. Quando ele chegou, todos se puseram mais eretos em seus assentos. Embora Saif procure se mostrar amistoso e informal, sua presença e mesmo seu nome fazem com que as pessoas assumam um ar mais solene. Usava um terno bem cortado e caminhava com elegância. Aos 33 anos, é um homem de boa aparência e atualizado, com a cabeça rapada a navalha. Expressa-se com inteligência, ainda que com aquela vagueza a respeito de si e da realidade que caracteriza os membros das casas reais e as estrelas infantis — uma vagueza que decorre do fato de nunca se terem visto refletidos com exatidão nos olhos dos outros. Ele tem algo além de vestígios do carisma do pai, que ainda não se cristalizaram no talento, na incoerência ou na combinação das duas coisas — a marca registrada de Kadhafi.

Quando perguntei por que a Líbia não estava avançando mais depressa rumo a uma reforma democrática, Saif respondeu: "Nos últimos cinquenta anos, deixamos de ser uma sociedade tribal para ser uma colônia, mais tarde um reino e, por fim, uma república revolucionária. Tenha paciência". (Depois de séculos de domínio otomano, a Líbia foi ocupada pela Itália entre 1912 e 1943.) No entanto, tal como o pai, Saif aprecia pronunciamentos extravagantes e logo propôs que a Líbia renunciasse a todas as suas forças militares.

"Toda a fé e toda a estratégia mudaram", disse ele, olhando para seus cortesãos, à espera de gestos de concordância. "Por que precisamos de um exército? Se os egípcios invadirem a Líbia, os americanos vão pô-los para fora." Durante o governo Reagan, disse, a Líbia "estava à espera de que os Estados Unidos atacassem a qualquer momento — toda a nossa estratégia de defesa era voltada a como lidar com os americanos. Usávamos terrorismo e violência porque essas são as armas dos fracos contra os fortes. Se eu não tenho mísseis com que atacar suas cidades, mando uma pessoa atacar seus interesses. Agora que estamos em paz com os Estados Unidos, não há mais necessidade de terrorismo, nem de bombas nucleares". Saif descarta qualquer comparação entre o terrorismo financiado pela Líbia no passado e o tipo de terrorismo associado à al-Qaeda. "Nós usávamos o terrorismo como tática, como meio de obter pequenas vantagens", ele disse.

"Bin Laden a usa como estratégia. Ele queria mais margem de manobra. Quer matar pessoas. O fundamentalismo na Líbia... está sempre presente, embora não seja mais tão forte como na década de 1990." Saif não fez nenhum comentário sobre o fato de que, na década de 1990, as forças de segurança de seu pai encarceravam rotineiramente os fundamentalistas.

Extremistas religiosos "criaram numerosos problemas na Líbia", disse Saif. "Tentaram desestabilizar toda a sociedade. Mas isso acabou. Eles estão fracos agora. Porém a ameaça existe, o potencial sempre existe." Saif comentou que, no ano anterior, três líbios se envolveram em atentados suicidas no Iraque. "Eles estão sendo recrutados por Zarqawi", disse, referindo-se ao líder da al-Qaeda no Iraque, nascido na Jordânia. "Ele quer criar células e atacar interesses americanos na Líbia — companhias de petróleo, escolas americanas etc. É um desastre para nós, porque queremos a presença americana. Esses extremistas não são muitos, algumas dezenas, mas mesmo esse número, num país como a Líbia, representa uma grande dor de cabeça." Com relação aos interesses de segurança americanos, ele disse: "Nós já estamos do lado de vocês, ajudando a guerra dos Estados Unidos contra o terror. Isso está acontecendo e vai continuar a acontecer".

A retórica de Saif pode iludir seus admiradores no Ocidente, entretanto, para a linha-dura no governo líbio, continua a ser vista com horror. Saif, de sua parte, recusava-se a reconhecer a substancial oposição líbia à reforma: "Talvez haja três ou quatro cidadãos assim. Não mais que isso".

Essa foi a mais bizarra de suas declarações. Um assistente legislativo americano que já trabalhou com Saif o descreveu com acuidade. Ele seria "80% sofisticado". Suas perspectivas dependem não de seu perfil no exterior, e sim de sua capacidade de orquestrar apoio na Líbia. Apesar de sua presença política no país, não será fácil assumir o legado do pai; há um grande número de concorrentes para a próxima geração no poder. Saif, contudo, é astuto. "O Principal sabe que um dos segredos da liderança consiste em perceber para onde vai o desfile", disse-me um de seus assessores, "e correr na frente para chegar lá antes."

Em 2004, depois que a Líbia aceitou pagar indenização às famílias de Lockerbie e renunciou à posse de armas de destruição em massa, duas décadas de sanções americanas chegaram ao fim. Saif, que dedicou muita energia à reabilitação da imagem da Líbia no mundo, envolveu-se nas negociações das duas questões. Desde então, faz-se em Trípoli uma importante pergunta: até que ponto a reforma transformará um país que durante décadas esteve praticamente isolado? Dentro do governo, a luta é violenta. A Companhia Nacional de Petróleo (reformista) e o Departamento de Energia (linha-dura) vivem em conflito constante, da mesma forma como o Ministério da Economia (reformista) e o Banco Central Líbio (linha-dura). Como Kadhafi toma as decisões ideológicas finais, o espetáculo lembra os piores aspectos da democracia multipartidária, ainda que sem partidos e sem democracia.

Segundo Ali Abdullatif Ahmida, expatriado líbio que dirige o Departamento de Ciência Política da Universidade da Nova Inglaterra, no estado americano do Maine, Kadhafi "joga o filho biológico, Saif al-Islam, contra seu filho ideológico, Ahmed Ibrahim". Ibrahim é o vice-presidente do Congresso Geral do Povo e o mais conhecido de um influente triunvirato conservador, que inclui Musa Kusa, chefe do serviço de informações líbio, e Abdallah Senoussi, que supervisiona a segurança interna. Ibrahim afirmou que, seguindo ordens do presidente Bush, o governo dos Estados Unidos vem "falsificando o Corão e distribuindo aos americanos os exemplares forjados, a fim de denegrir a imagem dos muçulmanos e do Islã".

A luta interna ajuda Kadhafi a moderar o ritmo das mudanças. "Ele é da opinião de que a reforma deve vir 'como um ladrão no meio da noite', sem ser muito notada", disse um amigo da família. Em algumas áreas, notadamente no tocante às liberdades civis e à reestruturação econômica, a mudança é lentíssima. "Para que pressa?", perguntou A. M. Zlitni, o principal planejador econômico do país, com a brandura cuidadosa de que as autoridades líbias se valem para não mostrar apoio a um dos lados. "Não estamos desesperados." Já em outros setores, a mudança se deu com espantosa rapidez. Embora ainda seja atormentado pelos legados de suas duas potências coloniais — a corrupção bizantina e a burocracia italiana —, o país se abriu para o comércio internacional com diligência: as lojas expõem produtos estrangeiros, ainda que poucos líbios possam comprá-los. Podem-se adquirir tênis Adidas e sapatos italianos, além de imitações locais, como um creme dental Crust. Em livrarias onde antes não se viam títulos em inglês, podem ser encontradas edições de *Billy Budd*, *Invisible Man* e obras de Congreve. O setor privado está de volta com toda força. Centenas de canais podem ser sintonizados na TV por satélite, e os cibercafés vivem lotados. Uma alta autoridade comentou: "Há um ano, era pecado mencionar a Organização Mundial do Comércio. Agora queremos fazer parte dela". O redator-chefe do *Al Shams* (O Sol), um importante jornal oficial, disse que houve uma mudança de política nas redações: "Antes se enaltecia a luta contra o Ocidente, atualmente se defende a cooperação com países estrangeiros".

"Kadhafi entende a estrutura tribal e sabe muito bem como jogar uma pessoa contra outra, um grupo contra outro", disse uma autoridade líbia. "É um gênio da estratégia. Está fazendo com os reformadores e os linhas-duras o que fez com as tribos, jogando os elementos pró-Ocidente contra os elementos anti--Ocidente."

Para um estrangeiro, não existe melhor ilustração do estilo "puxa e empurra" da nova Líbia do que o processo de entrar no país. O pedido de um visto de jornalista que fiz no ano passado não deu em nada, embora durante cinco meses o representante líbio nos Estados Unidos me garantisse de pés juntos que estava quase pronto. (Quando estive com Saif em Montreal, ele se dispôs a cuidar desse problema, sem resultados palpáveis.) Em seguida, juntei-me a um grupo internacional de arqueólogos aos quais tinham prometido autorização de entrada, mas, quando esperávamos para embarcar num voo da Lybian Arab Airlines, em Roma, nos negaram acesso ao avião. Uma fonte do governo líbio nos informou que o Ministério das Informações havia mudado de endereço recentemente e que nossa papelada se extraviara. Outro afirmou que o chefe da seção de vistos tinha sabotado os vistos por ocasião da mudança. Um terceiro informou que a história da mudança fora usada como álibi; o Líder resolvera não permitir mais a entrada de americanos. Com efeito, em outubro, um grupo do Metropolitan Museum chegou a Trípoli de navio e não teve permissão de atracar; no mês seguinte, cinco outros navios tiveram a mesma sorte.

Como tenho dupla nacionalidade, solicitei o visto usando meu passaporte britânico, ainda como membro da delegação de arqueólogos, e, como tinham me aconselhado, escrevi no formulário que era anglicano. Por fim, recebi um documento em que se lia "convite por sessenta dias", embora ninguém soubesse esclarecer se eram sessenta dias a contar da data da carta, sessenta dias a contar da data em que o visto fosse afixado em meu passaporte, ou sessenta dias a partir da data em que eu entrasse no país. Eu ligava para o consulado em Londres todo dia para ter notícias. De manhã, ninguém atendia; de tarde, alguém atendia e dizia que os serviços consulares só funcionavam de manhã. Peguei um avião para Londres, onde o agente consular explicou que eu poderia entrar na Líbia em qualquer data durante os 45 dias seguintes, para uma estada de até noventa dias. Cheguei ao aeroporto de Trípoli em meados de novembro. Por intermédio de uma agência de viagens líbia, eu tinha reservado um carro no aeroporto e, assim que entrei numa fila, que quase não se mexia, para passar pela imigração, um homem da agência passou com meu nome num cartazete e me tirou dali. O funcionário da imigração nem sequer olhou para mim, tampouco conferiu meu passaporte. "Seu visto expirou... Era para o senhor ter entrado no prazo de trinta dias", disse o homem da agência. "Por sorte, como o funcionário da imigração é nosso amigo, não houve problema."

Esse foi um bom exemplo de como se desenrolam as coisas em um país onde a lei está sempre aberta a interpretações e onde as ligações pessoais são a moeda de maior valor. Eu tinha entrado na Líbia como arqueólogo cristão e britânico, e não como jornalista judeu americano — mas tinha entrado. Dirigi-me imediatamente ao International Press Office, onde declarei meus propósitos jornalísticos, e o encarregado me deu uma aula de trinta minutos sobre três pontos: os motivos pelos quais a democracia líbia era melhor que a americana; as horrendas inverdades que os jornalistas americanos espalharam sobre a Líbia; e as tendências imperialistas americanas. Em seguida, declarou que as pessoas com quem eu desejava falar estavam ocupadas demais para me atender e que eu não devia ter vindo.

Esse era o procedimento-padrão. Em abril passado, após meses de planejamento, o Conselho de Relações Exteriores, em Nova York, enviou à Líbia uma delegação de alto nível — que incluía David Rockefeller, Peter G. Peterson, Alan Patricof e Leonard Lauder — que se encontraria com Muammar e com Saif Kadhafi. Quando lá chegaram, foram informados de que o Líder não poderia recebê-los e de que o Principal havia se enganado quanto às datas e estava a caminho do Japão.

As autoridades líbias raramente dizem não e raramente dizem sim. Os líbios usam um termo popular árabe, IBM, que significa *Inshallah, bokra, moumken*, ou seja, "com a vontade de Deus, amanhã, talvez". Todos os planos são provisórios, mesmo nas mais altas esferas de governo. Uma pessoa pode ser nomeada presidente da Companhia Nacional de Petróleo, para tomar posse dali uma hora; pode também passar meses se preparando para uma reunião que nunca acontece.

Antes de embarcar para a Líbia, solicitei uma reunião com o primeiro-ministro Shukri Ghanem e durante as três semanas em que estive em Trípoli reiterei o pedido diariamente. Em meu último dia, estava no meio de uma reunião quando o celular tocou. "O primeiro-ministro vai recebê-lo", disse alguém.

Respondi que eu esperava que ele pudesse me receber antes de minha viagem.

"O primeiro-ministro vai recebê-lo agora."

"Ah, está certo, vou pegar meu gravador..."

"Ele vai recebê-lo neste momento", interrompeu a voz. "Onde o senhor está?"

Dei o endereço.

"Um carro o pegará em três minutos."

O trajeto até o gabinete do primeiro-ministro foi assustador, como quase todo percurso na Líbia. Os tripolitanos parecem pensar que os sinais de trânsito são enfeites festivos de vidro colorido espalhados ao léu pelas ruas e se rebelam contra a vida diária, regulamentada em minúcias, ignorando todas as regras de trânsito; eles avançam despreocupadamente rumo ao tráfego contrário numa rua de mão dupla ou, de repente, decidem atravessar cinco pistas de carros. "Com certeza, aqui não há falta de órgãos para transplante!", comentou um líbio, conhecido meu, durante uma excursão. O motorista me deixou no edifício errado. Foram necessárias duas horas de telefonemas e de confusões para que eu chegasse ao meu destino.

O dr. Shukri, como ele é chamado pelas pessoas que lhe são próximas ou por quem faz de conta que é (ele se doutorou em relações internacionais por Tufts), é um homem de aspecto nobre e distinto. Com o bigode bem aparado e um terno bem-feito, exibia um cosmopolitismo natural que parecia mais apropriado a facilitar a reentrada da Líbia no mundo do que a conquistar a linha-dura no plano nacional. Quando cheguei, estava sentado num sofá dourado, numa sala com versões árabes de móveis Luís XVI, diante de muitas travessas de massinhas e copos do inevitável chá de hortelã. No império líbio da ambiguidade, sua clareza era um bálsamo, e sua ironia zombeteira parecia reconhecer o absurdo do duplo sentido da linguagem no país.

Comentei que muitos colegas dele não viam necessidade de apressar o ritmo das reformas. Evidentemente, não era assim que ele via as coisas. "Às vezes você tem de ser duro com quem ama", disse. "A gente acorda o filho que está dormindo para que ele vá à escola. Ser um pouco exigente, não buscar uma popularidade exagerada, é o melhor caminho." Ele falou da necessidade de medidas favoráveis aos negócios, que reduzissem os empecilhos burocráticos e a corrupção desenfreada. "A corrupção está ligada à escassez, à ineficiência e ao desemprego", disse o primeiro-ministro. "Há resistência à redução da burocracia. Parte dessa resistência é movida por boa-fé, e parte por má-fé." Ele tampouco se dispunha a acatar a retórica igualitária do regime. "Aqueles que forem capazes de sobressair devem ganhar mais — a existência de alguns ricos pode construir todo um país." O *Livro Verde*, de Kadhafi, decreta que as pessoas devem ser "parceiras, e não trabalhadores assalariados", mas não é fácil transformar todos em parceiros, observou o primeiro-ministro. "As pessoas não querem arranjar emprego. Querem que o governo arranje emprego para elas. Isso não é viável."

O serviço público, que emprega aproximadamente 20% dos líbios, está artificialmente inchado. Os 40 mil funcionários da Companhia Nacional de Petróleo talvez correspondam ao dobro do necessário. Embora os salários tenham um teto, há quem receba por múltiplos cargos, e, se estes estão nas mãos de uma tribo, o absenteísmo de seus membros no trabalho nunca é questionado. Por outro lado, como os alimentos são fortemente subsidiados, as pessoas conseguem viver com pouco dinheiro, o que lhes permite recusar empregos que considerem abaixo de sua capacidade. O trabalho pesado é realizado por africanos subsaarianos, e as tarefas um pouco mais especializadas, por egípcios.

A taxa oficial de desemprego é de quase 30%. Mas Ghanem disse: "Temos uma economia paradoxal, na qual há muitos líbios desempregados e 2 milhões de estrangeiros trabalhando. Essa assimetria é catastrófica. A combinação de uma força de trabalho importada e altas taxas de desemprego de cidadãos nacionais é típica dos países ricos em petróleo, mas o problema é especialmente premente na Líbia, pois sua população está crescendo depressa. Não é raro encontrar casais com catorze filhos. Aproximadamente metade da população tem menos de quinze anos".

As opiniões do primeiro-ministro sobre os militantes islâmicos eram parecidas com as expostas pelo Líder e pelo Principal: "O fundamentalismo radical é como o câncer: pode atacar em qualquer lugar, a qualquer hora, e, como é impossível prevê-lo, geralmente já se espalhou demais para ser contido quando é descoberto. Se existe esse tipo de fundamentalismo aqui? Francamente, creio que não. Entretanto, talvez ele esteja se desenvolvendo em silêncio, sem que ninguém veja". A escola de jurisprudência religiosa predominante na Líbia é o maliquismo (*mālikī*), uma das quatro em que se divide o islamismo sunita — um credo relativamente complacente, que nada tem a ver com os fundamentalismos defendidos pelos jihadistas. Alguns líbios, porém, já observaram que as condições que parecem ter gerado o terrorismo em outros lugares — prosperidade sem emprego e uma grande população de jovens sem nenhum objetivo — estão presentes no país.

O primeiro-ministro mostrou-se mais circunspecto em relação às perspectivas da diplomacia entre os Estados Unidos e a Líbia. "Gostaríamos de ter um relacionamento, é verdade, mas não queremos ir para a cama com um elefante", disse ele, rindo e abrindo muito as mãos num gesto de inocência. "Ele poderia rolar de noite e nos esmagar."

Referi-me a pronunciamentos públicos que ele tinha feito a respeito de não poder promover reformas por ter de trabalhar com um gabinete montado por Kadhafi e perguntei sobre as restrições a sua autoridade. Ghanem assumiu a atitude de quem confidencia uma importante verdade pessoal: "Meus ministros são como meus irmãos", disse, cobrindo um joelho com as mãos. "Eu não os escolhi." Depois de uma pausa, acrescentou, com um sorriso: "Foi meu pai quem os escolheu".

A praça Verde fica no centro de Trípoli. Usada hoje em dia sobretudo como área de estacionamento, é um daqueles espaços vastos e anônimos que os regimes militares tanto apreciam. A leste da praça ficam os prédios coloniais italianos que ainda restam. A oeste situa-se a cidade velha, um emaranhado de ruelas e lojas encimado pelo Castelo Vermelho, no qual se localiza um rico museu arqueológico. Diante da praça corre um calçadão, paralelo à praia. A cidade moderna estende-se em todas as direções, com alguns bairros de mansões particulares e muitos outros de conjuntos habitacionais no estilo soviético. Ela reflete tanto o otimismo quanto a falsidade da história recente da Líbia.

Fui convidado para a inauguração de uma exposição especial sobre trabalho voluntário, numa tenda na praça Verde. Dirigindo-se a um grupo de mais ou menos cem pessoas, um funcionário público declarou que cabia prestar uma homenagem ao maior voluntário de todos: o coronel Muammar Kadhafi, que, ao contrário do presidente americano, não recebe salário, mas consente bondosamente em governar por "amor e honestidade". "Só existe um Deus, e Maomé é seu profeta e Kadhafi é sua encarnação moderna!", gritou alguém no meio do público. Essas jaculatórias públicas são da mesma espécie dos cartazes monumentais que se veem em toda a Líbia mostrando um Kaddhfi sorridente, tão triunfante e assolado pelo vento como Clark Gable. Esses cartazes são a primeira coisa que um visitante nota; a segunda é a presença de lixo por toda parte. Aonde quer que se vá — inclusive nas ruínas espetaculares de cidades romanas e helenísticas de Cirene, Sabrata e Leptis Magna —, há garrafas de plástico, sacolas, papel, ossos de frango e latas, formando uma camada que cobre a paisagem. "É assim que o povo líbio urina no sistema", disse-me um acadêmico líbio. "Na verdade, o Líder não se interessa por este país. Por que haveríamos de mantê-lo lindo para ele?" Esse é o mais impressionante dos muitos paradoxos que se veem aqui: os líbios que odeiam o regime mas amam o país não sabem onde termina um e começa o outro. Pode-se ver isso como um tributo inverso à ideologia do Estado.

No começo da década de 1970, desapontado com a falta de fervor revolucionário de seu povo, o Líder retirou-se para o deserto determinado a escrever o *Livro Verde*, em que expôs sua Terceira Teoria Universal, considerada por ele superior ao comunismo e ao capitalismo. As pessoas seriam donas da casa em que moravam; todas as outras terras seriam de propriedade comum. Em 1977, ele emitiu a Declaração da Criação da Autoridade Popular, lançando a *Jamahiriya*, ou "Estado das massas", bem como o sistema líbio de "democracia direta", dentro da qual o país é "regido" pelos congressos populares, aquilo que o *Livro Verde* chama de "supervisão do governo pelo povo". Nascia assim a Grande *Jamahiriya* Árabe Popular Socialista da Líbia, designação abreviada para "Grande Japsl". O *Livro Verde* propõe que, para evitar litígios internos, cada nação teria uma única religião, mas não faz nenhuma menção ao Islã. Kadhafi alegava que seu manifesto consagrava os princípios básicos do Corão (equiparando livremente, por exemplo, a ideia corânica de distribuição de esmolas com suas políticas redistributivas de bem-estar social) e que, por conseguinte, o *Livro* tinha o mesmo status da *charia*. A relação de Kadhafi com o Islã encerra dois aspectos: ele recorre à religião a fim de fortalecer sua autoridade, porém é hostil aos islâmicos porque não aceita rivais que contestem essa autoridade.

As duas décadas radicais que se seguiram — marcadas por execuções públicas televisionadas, queima de livros e instrumentos musicais ocidentais, a súbita proibição de empresas privadas, o intenso antissionismo, a solidariedade oficial com grupos terroristas e de guerrilhas — foram recebidas com forte desaprovação internacional. A condição da Líbia como país malvisto permitiu a Kadhafi consolidar seu poder e fazer-se passar por protetor de sua população acuada, papel que desempenha à perfeição.

Um líbio de meia-idade, que até o Onze de Setembro morara nos Estados Unidos e sentia saudades de lá, falou sobre o que havia de errado na Líbia de Kadhafi e acrescentou: "Eu não estaria onde estou se não fosse a revolução. Eles pagaram minha educação, me mandaram para os Estados Unidos e me deram uma vida com que eu não sonharia".

Em parte, isso reflete a extrema pobreza da Líbia pré-revolucionária. A *Jamahiriya* foi beneficiada pela disparada dos preços do petróleo, iniciada na década de 1970, e pelos acordos mais agressivos de divisão de receita que a Líbia impôs às petroleiras estrangeiras, de forma que os ganhos com o petróleo em meados daquela década eram cerca de dez vezes maiores do que em meados da anterior. O dinheiro do petróleo possibilitou importantes investimentos em educação e infraestrutura. A taxa de alfabetização passou de aproximadamente 20%, antes da ascensão de Kadhafi ao poder, para 82%. A expectativa média de vida passou de 44 para 74 anos. Construíram-se mais de 80 mil quilômetros de estradas. A eletrificação tornou-se quase universal.

Kadhafi se tornou, para a maioria dos líbios, uma realidade da vida. Não menos que 75% da atual população líbia nasceu desde que ele assumiu o poder. Nesse período, o culto da personalidade brilhou e se apagou de uma maneira que mostra certa congruência com as fases da liderança soviética: um momento inebriante da revolução no estilo leninista, quando muita gente acreditou nos ideais; um período stalinista de repressão cruel e violência deliberada; um longo período khrucheviano de lento degelo; e um período, ao estilo Brejnev, de corrupção, faccionalismo e caos. Muitos admiradores de Saif Kadhafi alimentam esperanças de que ele venha a ser o Gorbatchóv reformista da história.

O fato de podermos dizer que uma sociedade essencialmente repressora está passando por uma reforma só reflete como a situação estava sinistra. Em Trípoli, ouvi histórias sobre a vida nas prisões da boca de muitas pessoas cujo único delito contra a *Jamahiriya* foi criticá-la. Em 2002, um ex-integrante do governo que pediu publicamente eleições livres e uma imprensa sem mordaça acabou encarcerado; foi libertado no começo de 2004, mas mandado de volta à prisão duas semanas depois por criticar o regime numa entrevista a repórteres estrangeiros. Não existe imprensa de oposição; um jornalista que publica textos na internet e assinou matérias de críticas ao governo passou vários meses na cadeia com base em acusações forjadas. As instalações de "reabilitação social" — na verdade, centros de detenção — destinam-se, supostamente, a proteger mulheres que violaram a lei contra o adultério e a fornicação; algumas delas, na verdade, são vítimas de estupro rejeitadas pela família. Uma mulher internada num desses centros só pode deixá-lo se um parente do sexo masculino ou um noivo tomá-la sob sua custódia.

Em 1999, o caso de cinco enfermeiras búlgaras acusadas de infectar com HIV 426 crianças num hospital de Benghazi recebeu uma cobertura bem mais ampla. As enfermeiras foram torturadas até confessarem e condenadas à morte em maio de 2004. Fora da Líbia, as acusações parecem absurdas e fraudulentas; a maior parte dos líbios aceitou sem discutir que as crianças foram infectadas deliberadamente e que as búlgaras eram as culpadas mais prováveis. (Enquanto investigadores ocidentais atribuíram as infecções a saneamento de baixa qualidade, um médico líbio próximo ao caso insiste em que só se infectaram as crianças do pavilhão em que as enfermeiras condenadas trabalhavam e que as infecções cessaram depois que as búlgaras deixaram o hospital, ainda que as condições sanitárias em todo o pavilhão permanecessem longe do ideal.) Saif declarou que as condenações foram injustas, uma postura corajosa, dada a importância de não parecer estar capitulando à pressão ocidental. "Claro, o Homem deixou Saif dizer que as enfermeiras eram inocentes... Para ver no que ia dar", explicou uma autoridade de nível inferior. "E não deu em coisa boa." Meses depois, Kadhafi reafirmou a linha-dura, declarando que as infecções tinham sido causadas por "uma organização que tencionava destruir a Líbia". As negociações com as búlgaras ainda prosseguem, e a Corte Suprema líbia concedeu às rés um novo julgamento, que deverá começar em maio. (As enfermeiras foram extraditadas, por fim, em 2007 para a Bulgária, onde foram perdoadas.)

Kadhafi não é um Saddam Hussein ou um Idi Amin. Já se mostrou brutal e caprichoso, mas não matou grande parte da própria população. É ilegal difamar o Líder, e a Lei 71 considera qualquer atividade de oposição à revolução um delito capital, no entanto ultimamente essa regra tem sido aplicada com menos rigor. A Líbia assinou a Convenção das Nações Unidas contra a Tortura, e o ministro da Justiça afirmou que fará o direito líbio alinhar-se com os padrões internacionais no que diz respeito aos direitos humanos. Em parte, isso é jogo de cena. "Eles fecharam as prisões populares, onde estavam todos os nossos presos políticos", disse-me um advogado de Trípoli. "E o que aconteceu? Os presos políticos foram postos em outras prisões." O ministro do Exterior, Abdurrahman Shalgham, disse-me, com orgulho, que quatrocentos policiais tinham sido presos por cometerem abusos contra os direitos humanos. Entretanto, admitiu que nenhum deles fora considerado culpado.

No ano passado, Omar Alkikli, respeitadíssimo ficcionista que esteve preso por motivos políticos durante dez anos na década de 1970 e começo da seguinte, ajuizou uma ação contra o governo líbio por excluir ex-prisioneiros da Liga Líbia de Escritores. "Eu perdi e sabia que perderia", disse. "Mas defendi minha posição." Hasan Agili, estudante de medicina na Universidade Al-Fateh, em Trípoli, disse-me: "Certo, eles resolveram, digamos, 4% de nossos problemas, mas acho que já é alguma coisa". Uma autoridade em Benghazi declarou: "As leis que eram feitas de pedra hoje são feitas de madeira".

Poucos líbios se dispõem a pôr à prova as liberdades civis de que desfrutam. Giumma Attiga, advogado de direitos humanos e um dos fundadores da Fundação Kadhafi, de Saif, assim opinou: "O medo é muito forte, está profundamente inculcado. Mesmo que a mais alta autoridade diga a um grupo de pessoas que elas podem falar como quiserem e abertamente, dando todas as garantias de que nada lhes acontecerá, as palavras não sairão de sua garganta". Na verdade, discutir a política nacional com um estrangeiro é um crime doloso, punido com três anos de prisão, e, embora as acusações por esses delitos tenham se tornado menos frequentes nos últimos anos, os líbios geralmente ficam nervosos ao falar desses assuntos. O clima é o mesmo do fim da era soviética: sigiloso, reticente, reservado, ainda que, de modo geral, não seja letal. Pediram-me que não mencionasse nomes ao telefone ou em e-mails. Várias pessoas me pediram que não anotasse seus números de telefone, para que minha caderneta não se "perdesse". "Estou pedindo de coração", disse-me uma mulher que falava sem rodeios. "Guarde o número de cabeça."

A vigilância está em toda parte. Disseram-me que o taxista que vinha me servindo na cidade prestava informações aos serviços de segurança, e me dei conta de que minhas conversas ao celular não deviam ser consideradas privadas. Ao mesmo tempo, fiquei surpreso quando um funcionário ligado aos serviços de imprensa me interrogou com relação a detalhes de um e-mail pessoal que eu havia mandado para casa dias antes. Um dia, uma pessoa do gabinete de Saif me ligou, indignada, dizendo: "No hotel, ouviram você dizer, injustamente, que não estava satisfeito com a ajuda que lhe demos".

Jantei certa noite com um burocrata que fez queixas em relação à política nacional. Disse-me que, pouco tempo antes, tinha sido interrogado longamente depois de conversar com um estrangeiro. "Nossos interrogadores tiveram aulas de brutalidade, crueldade e capciosidade, dadas pelos melhores professores, gente de Cuba, Alemanha Oriental, Síria, Líbano e Egito", explicou.

Terminado o jantar, o garçom retirou os pratos e, em seguida voltou para repor o açucareiro na mesa.

"Para que o açúcar?", perguntei ao burocrata.

Ele me dirigiu um olhar travesso e meio tristonho. "A fita magnética do outro acabou."

De modo geral, os líbios não pensam em eleições quando falam de democratização, e sim em mais privacidade pessoal, maiores oportunidades educacionais e ampliação da liberdade de expressão. "Aqui, a palavra 'democracia' significa que a Liderança considera, debate e às vezes aceita as ideias de outras pessoas", disse Zlitni, o principal planejador econômico. Kadhafi vê a democracia eleitoral como a tirania de 51%. Num texto, ele afirma que, nas democracias ao estilo ocidental, "os cidadãos caminham em silêncio para a urna, como as contas num rosário, para depositar seus votos da mesma forma como jogam detritos nas lixeiras." Recentemente, ele anunciou, e não pela primeira vez, que a democracia ocidental era "farsesca" e "falsa". Declarou: "Não existe, em todo o planeta, um só Estado com democracia, a não ser a Líbia. Países como os Estados Unidos, a Índia, a China e a Federação Russa necessitam urgentemente do sistema da *Jamahiriya*".

Para os líbios pragmáticos, a reforma política deve substituir os mecanismos de controle de Kadhafi, e não apenas afrouxá-los. Um ministro do governo me disse: "Na maioria dos países europeus, há muitos partidos. Nos Estados Unidos, somente dois. E aqui só existe um! Não é uma diferença tão grande". Mesmo os reformistas raramente manifestam muito entusiasmo pela democracia eleitoral. A maioria aspira a uma espécie de autocracia modernizante: o ideal deles está mais perto de Atatürk ou do xá do Irã do que de Václav Havel. "Não existem democracias no mundo árabe", disse Ahmed Swehli, jovem empresário que há pouco tempo voltou para a Líbia, vindo da Inglaterra, onde foi educado. "Não havemos de ser a primeira. Precisamos é de um ditador realmente bom, e creio que Saif al-Islam pode ser essa pessoa. E talvez ele possa ser isso, e também ser eleito, embora eu não saiba dizer por que ele se daria a esse trabalho." Outras pessoas se mostram menos cínicas com relação à democracia eleitoral como um ideal, mas não menos esperançosas de que ela se torne realidade.

Um dos motivos pelos quais muitos líbios fazem objeção a eleições é o medo de que, em sua sociedade tribal, as tribos maiores ganhem o controle e todas as demais fiquem sem voz ativa. Menos fechadas e específicas do que as famílias, as tribos constituem uma segunda camada de identidade, mais forte para algumas pessoas do que para outras. Principalmente para os menos educados, os grupos baseados em parentesco e descendência — as tribos e seus vários subconjuntos (subtribos, clãs) — proporcionam, ao mesmo tempo, uma malha social e uma rede de segurança: os membros de um grupo arrumam empregos para outro membro, ajudam seus integrantes no caso de problemas financeiros e os pranteiam quando morrem, mesmo que não gostassem muito deles em vida. "É melhor Kadhafi, um líder duro vindo de uma tribo menor, do que um homem que represente totalmente a própria tribo", comentou um intelectual líbio.

Os Congressos Básicos Populares proporcionam ao menos uma simulação de participação política. Qualquer líbio com mais de dezoito anos tem acesso a eles. Os congressos se reúnem durante uma ou duas semanas, quatro vezes por ano. Em princípio, permite-se a discussão sobre qualquer assunto, embora haja ordens do dia definidas por instâncias superiores. Quando em sessão, os 468 congressos populares reúnem-se diariamente. Depois, cada congresso envia um breve relatório a um comitê central. (A Líbia é o paraíso dos comitês. Existe até um Comitê Nacional de Comitês.) Um congresso típico conta com cerca de trezentos membros. A maior parte das pessoas com boa formação educacional que não está tentando subir na hierarquia política se abstém de participar deles. O formato lembra o dos *town hall meetings** americanos, com toques de reuniões de quacres e dos Alcoólicos Anônimos.

Os Congressos Básicos Populares estavam reunidos quando estive na Líbia, e

---

* *Town hall meetings* são encontros realizados em cidades do interior dos Estados Unidos, entre constituintes e seus representantes políticos, com o propósito de discutir assuntos de interesse de uma região. Acontecem em escolas, prédios municipais e igrejas. (N. E.)

em vão solicitei, repetidas vezes, autorização para assistir a uma das sessões. Um dia, por acaso, mencionei meu interesse durante uma entrevista com o diretor da Empresa Nacional de Abastecimento (Nasco, na sigla em inglês), que administra os subsídios, um dos sustentáculos da economia líbia. Ele disse que uma dessas reuniões seria realizada na sede de sua empresa ao meio-dia e me convidou a assistir.

A minha ideia era ficar sentado tranquilamente num canto. Mas fui conduzido à primeira fileira de assentos, e alguém se apressou a me servir chá. Uma mulher loquaz fez um discurso veemente, perguntando por que a Líbia importava extrato de tomate se havia no país água suficiente para o cultivo de tomates. Eu estava mais interessado na dinâmica da sessão do que em seu conteúdo, de forma que prestava pouca atenção no que era dito, até que meu tradutor deixou de pronunciar frases como "capitais negociados livremente" e "realocação de recursos subsidiados" e passou a dizer algo como "temos o prazer de contar com a presença de um importante jornalista americano". E, enquanto eu tomava conhecimento desse novo assunto, ele anunciou: "... que agora falará ao Congresso sobre o futuro das relações entre os Estados Unidos e a Líbia", entregando-me o microfone.

Enquanto cada uma de minhas frases estava sendo traduzida para o árabe, eu dispunha de um bem-vindo intervalo em que pensava na frase seguinte, de modo que pude fazer uma alocução simpática e sincera, dizendo que eu esperava que o futuro próximo trouxesse relações diplomáticas plenas entre nossos países, que tinha apreciado muitíssimo o contato com os líbios e esperava que eles se sentissem igualmente felizes nos Estados Unidos, e assim por diante. Minha fala recebeu uma longa ovação, e a partir daí cada orador prefaciava sua exposição com palavras amáveis a meu respeito. Eu já me acomodava à fruição prazerosa de minha celebridade quando o tradutor disse: "Temos de sair agora". Ele me levou para fora do salão, onde três jornalistas do *Al Shams* desejavam me entrevistar. Avançamos serenamente por searas bastante previsíveis até me perguntarem o que eu pensava sobre os esforços de Kadhafi para negociar a paz em Darfur. (Kadhafi encontrou-se publicamente com os líderes rebeldes e com o presidente do Sudão, Omar al-Bashir.) Eu disse que qualquer pessoa que fizesse o mesmo só podia merecer apoio. Disse também que a oposição de Kadhafi ao terrorismo granjearia a simpatia dos americanos.

No dia seguinte, o *Al-Shams* publicou uma matéria de quase uma página com três fotos minhas, grandes, no congresso, sob um título em duas linhas, que dizia:

"O mundo precisa de um homem como Muammar Kadhafi para alcançar a paz mundial", e um subtítulo: "O povo americano aprecia o papel de Muammar Kadhafi em atenuar a dor causada pelo Onze de Setembro". Na manhã em que a matéria saiu, recebi o tão aguardado convite para me encontrar com Kadhafi na sede do governo.

Um acompanhante do International Press Office me telefonou para dizer que eu teria "uma surpresa" e que ele me pegaria em meu hotel às quatro da tarde. No International Press Office, perto da praça Verde, juntei-me a vinte outros jornalistas "internacionais", todos de países árabes, e perguntei por que Kadhafi queria nos ver. Disseram-me, solenemente, que ninguém nunca sabe o que o Líder quer. "A pessoa vai quando é chamada." Finalmente, por volta das 18h45, apareceu um micro-ônibus. Rodamos durante vinte minutos e paramos junto do vasto muro de concreto que circunda o conjunto ocupado por Kadhafi. O veículo foi revistado, depois nós fomos revistados e, em seguida, levados por uma verdadeira pista de obstáculos de *slalom*; passamos por nova revista, num posto de segurança, antes de sermos levados a uma tenda imensa, onde estava sendo servido um opulento bufê. Durante a meia hora que se seguiu, mais ou menos quatrocentas pessoas entraram na tenda, muitas delas com mantos tradicionais.

Um de meus novos amigos jornalistas disse que "o evento" estava para começar. Subimos um outeiro que nos levou a uma estrutura poligonal com vigas expostas, um tanto semelhante a um ginásio coberto num acampamento de férias de verão. Pendiam das paredes, em letras garrafais, citações do Líder, em árabe e inglês ("Os Estados Unidos da África são o futuro da África" e "Uma única identidade africana"), ladeadas por enormes fotografias de Rosa Parks. Comemorava-se o cinquentenário de sua recusa a sentar-se no fundo de um ônibus, e era esse, entendemos por fim, o motivo da reunião. Na frente do salão, sobre um estrado, havia uma gigantesca poltrona de couro sintético, com três microfones a seu lado. Um homem, vestindo uma bata de centro cirúrgico, esfregou bem a poltrona e os microfones com um bolo de gaze, a fim de proteger o Líder contra alguma infecção.

Alguns afro-americanos estavam sentados na fileira diante da nossa. Apresentei-me a um deles, que me explicou, sisudo, que era o ministro Abdul Akbar

Muhammad, representante internacional do reverendo Louis Farrakhan,* que estivera em Trípoli antes, mas que tivera de voltar de repente aos Estados Unidos por questões de saúde. Kadhafi era, havia muito, um dos financiadores da Nação do Islã.

Começaram os discursos. Os oradores punham-se diante de uma tribuna lateral, deixando o estrado livre para Kadhafi. O primeiro deles foi um ex-vice--ministro das Relações Exteriores. "Nós, líbios, não podemos aceitar o preconceito dos americanos contra os africanos", começou, sob aplausos. "Aqueles que tinham sete ou oito anos quando Rosa Parks foi empurrada para o fundo do ônibus, têm hoje 57 ou 58 anos e são líderes dos Estados Unidos. Ainda conservam essa mentalidade. A nova geração herdou essa mentalidade, que persiste." Na sequência, entregou-se a paroxismos de retórica, como se as leis segregacionistas ainda vigorassem. "Devemos combater o ódio dos Estados Unidos à África."

Quando deixou a tribuna, foi substituído por Abdul Akbar Muhammad, que falou da injustiça racial americana e comentou que, no tempo da segregação, negros e brancos tinham de usar *hammams* ou banhos a vapor públicos separados (um detalhe de que eu não me dera conta). "Não podemos contar com a mídia americana, controlada pelos sionistas, para relatar nossa história", disse ele. "Os sionistas americanos não mostram que o líder da revolução al-Fateh é solidário conosco e nós com ele."

O Líder não apareceu; ao que tudo indica, em razão da ausência de Farrakhan; se este não estava presente, tampouco Kadhafi estaria. Contudo, o evento refletiu sua política de mostrar a Líbia mais como país africano do que árabe (muito embora a maior parte da população líbia despreze os negros, que se encarregam dos trabalhos braçais desdenhados pelos líbios e são acusados de todos os crimes). O antigo sonho de unidade pan-árabe cultivado por Kadhafi evaporou--se, e depois que outras nações árabes cumpriram as sanções impostas pelas Nações Unidas contra a Líbia, na década de 1990, enquanto muitos países africanos não o fizeram, ele se voltou para o sul. Para os padrões africanos, a Líbia parece um país rico e funcional; as nações árabes, e mesmo seus vizinhos da África do Norte, têm pouca afeição por Kadhafi. Ele já apoiou grupos que se opõem ao

---

* Louis Farrakhan (1933-) é o líder religioso do grupo afrocentrista Nação do Islã. Considerado defensor de ideias controversas, organizou em 1995 a chamada Marcha de 1 Milhão de Negros, que reuniu mais de 500 mil pessoas, com o propósito de chamar a atenção para a situação econômica dos afro-americanos. (N. E.)

regime saudita, e em 2003 agentes líbios foram implicados num complô para assassinar o príncipe herdeiro da Arábia Saudita. (Saif deu a entender que os líbios estavam contando com uma "mudança de regime", para usar sua frase evasiva, mas não sabiam necessariamente que seus parceiros sauditas pretendiam realizar ataques físicos contra membros da família real.)

Fiel a suas raízes beduínas, Kadhafi sempre dorme numa tenda. Recentemente, quando visitou a Argélia, um cartunista local desenhou uma tenda armada no Algiers Sheraton. Um homem diz: "Deixem-me entrar, quero ver o circo!". Outro responde: "Não há circo nenhum aqui". O primeiro retruca: "Mas ouvi dizer que há um palhaço naquela tenda".

Para reformadores modernizantes como Shukri Ghanem, os principais problemas da Líbia são gestão deficiente e isolamento, e as soluções, uma gestão efetiva e integração global. "O mundo mudou", expressou-se Ghanem, "e, como outros Estados socialistas, percebemos que tínhamos recursos limitados e necessidades ilimitadas." A internet e a televisão por satélite — as antenas são de tal modo onipresentes que pousar em Trípoli é como descer em direção a uma tempestade migratória de mariposas brancas — desencadearam maior pressão por reformas, ao tornar visível o mundo exterior. "A mudança se tornou inevitável desde que *Oprah* chegou a nossos televisores", disse-me um proeminente poeta líbio de ar tristonho. O que os líbios mais notam, porém, é o padrão de vida em outros países ricos em petróleo, como mostram a Al Jazira e outros canais do Oriente Médio. A Líbia parece empoeirada e pobre em comparação, e eles se perguntam o porquê disso.

A receita das exportações de petróleo responde por cerca de 80% do orçamento nacional. No auge da produção líbia de petróleo, o país extraía 3 milhões de barris por dia. Esse número caiu para 1,7 milhão, mas a Companhia Nacional de Petróleo almeja voltar aos números anteriores em 2010. O óleo líbio é de alta qualidade, com baixo teor de enxofre, e pode ser refinado com facilidade. A Líbia tem reservas comprovadas de 40 bilhões de barris, as maiores da África, e pode chegar a 100 bilhões. São várias as grandes empresas petrolíferas que já classificaram o país como a melhor oportunidade de exploração no mundo. Os líbios não têm recursos para realizar, eles mesmos, amplas explorações. Nos quinze anos transcorridos desde a saída das empresas estrangeiras, os recursos extrativos têm sido administrados com muita incompetência. "Se o dr. No estivesse tentando bagunçar a economia petroleira líbia", disse um britânico que presta consultoria ao governo de Kadhafi, "não existe nada que ele pudesse maquinar que ainda não tenha sido feito."

Ainda assim, o dinheiro do petróleo continua a custear os programas de subsídios do país — o socialismo na Grande *Jamahiriya* Árabe Líbia Socialista. A Nasco paga 26 dinares por uma saca de farinha de cinquenta quilogramas, que é repassada aos padeiros por dois dinares. Pode-se comprar um pão de fôrma por dois centavos de dólar. Arroz, açúcar, chá, massas alimentícias e gasolina também são vendidos por uma fração de seu custo. Uma reforma econômica terá de reduzir esses subsídios (que atualmente chegam a cerca de 600 milhões de dólares anuais) sem empobrecer as pessoas ou matá-las de fome — o que será difícil, ainda mais porque os salários estão congelados desde 1982. No entanto, existe pouco crédito na Líbia: nenhum cartão de crédito de emissão líbia pode ser usado no exterior; e nenhuma instituição financeira cumpre os padrões bancários internacionais.

"O petróleo absorve todos os erros, que foram muitos", disse-me uma autoridade líbia. "O dinheiro do petróleo faz com que haja estabilidade, e isso torna fácil dirigir o país. Estamos falando de um país pequeno com todo esse petróleo... É como se você decidisse abrir uma lanchonete e tivesse 1 bilhão de dólares para financiá-la." O petróleo é, ao mesmo tempo, uma maldição e uma bênção. O sistema Japsl produziu uma população que não é movida por uma ética de trabalho. Os líbios trabalham cinco manhãs por semana, e só — supondo-se que tenham emprego. "Se estivessem dispostos a aceitar empregos, digamos, na construção, decerto que haveria ocupação para eles", disse Zlitni, carrancudo. "Mas, como somos um país rico, os jovens não querem dar duro." As economias baseadas em recursos como o petróleo geram poucos empregos, a menos que se diversifiquem. Muitos universitários com que conversei mostraram-se convictos de que, apesar de todo o discurso de reforma, seus talentos continuariam inexplorados. "Quando eu terminar meu MBA, é provável que não consiga emprego", queixou-se um deles. "O país inteiro funciona com base no petróleo, e não no emprego. A riqueza não provém de nada que se possa conquistar trabalhando com perseverança, o que estou disposto a fazer, mas de que adianta?"

"Se não tivéssemos o petróleo, teríamos nos desenvolvido", disse-me o ministro das Finanças, Abdulgader Elkhair. "Francamente, eu preferiria ter água."

Para ele, assim como para os aspirantes ao incipiente setor privado líbio, os maiores problemas são a burocracia ministerial esclerosada e sua corrupção endêmica. A organização sem fins lucrativos Transparência Internacional atribui à Líbia um Índice de Percepções de Corrupção de 2,5, o que a situa abaixo do Zimbábue, do Vietnã e do Afeganistão. O Índice de Liberdade Econômica para 2006, da Heritage Foundation, classifica o país no 152º lugar entre 157 países avaliados. "São necessários vinte documentos para abrir uma empresa", disse-me Elkhair, "e, mesmo que se subornem todas as pessoas necessárias, o processo leva seis meses."

Um dia, fiquei preso num absurdo congestionamento na companhia de um ativista líbio pelos direitos humanos. Num dado momento, ele fez um gesto de desespero, mostrando as ruas, e disse: "Eles cavam buracos, fecham os buracos, depois cavam de novo, a um custo astronômico e sem nenhum objetivo. Essa corrupção faz com que eu me atrase para minhas reuniões. Aqui, as coisas necessárias não são feitas, enquanto as desnecessárias o são repetidamente". Conheci o diretor anterior do Instituto Nacional do Câncer, citado por outros médicos como o melhor cirurgião oncológico do país, e que fora afastado do cargo para dar lugar a um amigo do Líder. O médico exonerado está trabalhando numa pequena clínica, sem equipamentos essenciais. O administrador que trabalhava com ele vende peixes numa banca de rua.

"Kadhafi fica muito satisfeito com o fato de ter gente corrupta trabalhando para ele", disse-me uma pessoa bem informada, próxima ao Líder. "Ele prefere estar cercado de pessoas que querem dinheiro, evitando as que querem poder, de modo que faz vista grossa para as primeiras e ninguém ameaça o controle total que ele exerce sobre o país." (As lealdades tribais, que se cruzam com o simples compadrio, também desempenham seu papel: Kadhafi preenche muitas funções militares e postos de segurança de alto nível com membros de sua própria tribo beduína, a Qathathfa, além de membros de uma grande tribo com a qual a Qathathfa tem uma aliança antiga, a Warfalla.) Um advogado de Trípoli acrescentou: "A corrupção é um problema e às vezes uma solução".

Compareci à inauguração de uma feira comercial dos Emirados Árabes Unidos em Trípoli, realizada numa tenda cheia de produtos internacionais apresentados com um sorriso. Podiam-se obter amostras de tudo, desde medicamentos até utensílios de cozinha e equipamentos industriais, e uma multidão seleta de líbios saiu dali com sacolas de compras. Muitos cartões pessoais foram trocados.

"Veja só como este país é rico, tanto que nem dá para acreditar", disse-me Ahmed Swehli, o empresário educado na Inglaterra, olhando em torno. "Neste momento, é como se fôssemos os filhos do homem mais rico do mundo, mas estamos vestidos de trapos. A corrupção, o inchaço, empobrecem."

A escassez de competência operacional agrava o problema da corrupção. Assisti, em Trípoli, a uma sessão de um programa de treinamento em liderança organizado pela Cambridge Energy Research Associates e pelo Monitor Group, duas empresas americanas que prestam consultoria ao governo líbio. Os organizadores decidiram selecionar para o programa pessoas que, segundo eles, apresentavam um potencial maior de liderança, mas algumas autoridades locais preferiam escolher candidatos com base em ligações pessoais. O acordo a que chegaram não foi totalmente baseado no mérito nem inteiramente corrupto. Para algumas pessoas do grupo, o capitalismo ainda era uma novidade; outros estavam prontos para ocupar postos de direção nas maiores empresas americanas. Faziam encenação de papéis. Faziam discursos com sistemas de som com microfonia sob pôsteres gigantescos do Líder. Alguns falavam de sofisticados instrumentos financeiros e desenhavam fluxogramas; outros, de "aquisições alavancadas do controle de empresas", de "investidores institucionais" e de "um jogo de soma zero". Por outro lado, um dos participantes, usando um terno surrado e uma gravata espalhafatosa, ao ser interrogado sobre como financiaria um projeto de construção, respondeu vagamente: "Os bancos não fazem isso?". Outro ficou surpreso ao saber que os financiadores internacionais normalmente esperam o pagamento de juros ou uma parte dos lucros em troca de arriscar seu capital. As empresas líbias, é evidente, serão comandadas por pessoas de notável competência e por pessoas sem nenhuma competência.

No final da conferência, o prêmio pela melhor exposição coube a Abdulmonem M. Sbeta, que dirige uma empresa privada de serviços ligados a petróleo e construção marítima. É um homem polido e culto, de olhos vivos. "Não precisamos de líderes, e sim de opositores", disse-me ele depois, num restaurante italiano num subúrbio de Trípoli. "Todo mundo aqui tem um bom modelo de como liderar. Só que ninguém jamais viu como se faz oposição, e o segredo dos negócios bem-sucedidos é a oposição. As pessoas querem mais prosperidade do que liberdade, mas, seja como for, a reforma só pode ser alcançada com desenvolvimento econômico."

No entanto, por acaso Kadhafi quer ensinar seus súditos a fazer oposição a ele? Um empresário expatriado me disse: "Kadhafi tem medo de que o surgimento de uma classe rica possa inspirar uma Segunda Revolução, como se diz". Riqueza é um termo relativo. Pelos padrões mundiais, os ricos na Líbia são os Kadhafi, e, se alguém mais possui um patrimônio verdadeiramente substancial, é bastante inteligente para escondê-lo. Enquanto isso, os caprichos do Líder mantêm as elites líbias desnorteadas, às vezes de maneira quase absurda. Em 2000, Kadhafi revogou uma antiga proscrição de veículos utilitários (suvs), e líbios prósperos importaram Hummers e Range Rovers. Três meses depois, ele decidiu que cometera um erro e os proscreveu de novo, o que deixou muitos líbios com veículos cujo uso era ilegal. "Você sabe que chegou ao topo", disse-me um jovem líbio, "quando ouve muitas conversas sobre suvs enferrujando na garagem."

"Não diga *abertura*", disse o ministro do Exterior, Abdurrahman Shalgham, com um gesto de protesto, quando lhe perguntei sobre a nova Líbia. "Não diga *reintegrar*. A Líbia nunca esteve fechada para o mundo. Foi o mundo que se fechou para nós." Contudo, o custo da paranoia líbia foi um isolamento que alimenta essa paranoia e mantém os líbios no redil do Líder. A ideia de um mundo desejoso de se envolver com a Líbia é perigosa para a hegemonia de Kadhafi. "Ter os Estados Unidos como inimigo causaria problemas para ele", disse o cientista político Ali Abdullatif Ahmida. "Mas, por outro lado, ele também não quer os Estados Unidos como amigos."

As relações entre a Líbia e os Estados Unidos se mantêm prejudicadas pela história. O mais vigoroso oponente de Kadhafi foi o presidente Reagan, que em 1980 fechou a embaixada americana no país, suspendeu as importações de petróleo líbio e derrubou dois aviões sobre o golfo de Sidra, cuja soberania pela Líbia era contestada pelos Estados Unidos. Dez dias depois do atentado, com o envolvimento da Líbia, a uma boate de Berlim Ocidental frequentada por militares americanos, Reagan bombardeou Trípoli e Benghazi, atingindo inclusive o complexo residencial de Kadhafi, numa aparente tentativa de assassiná-lo. "Kadhafi estava perdendo o controle sobre o poder, mas aí ocorreu o bombardeio, que uniu os líbios a favor dele", disse-me uma autoridade líbia.

O isolamento total da Líbia começou em 1991, quando os Estados Unidos e a Grã-Bretanha indiciaram dois líbios suspeitos de envolvimento na derrubada do voo 103 da Pan Am em Lockerbie, e a França indiciou outros quatro suspeitos da explosão de um DC-10 francês, o voo UTA 772, sobre o deserto do Níger. A Líbia recusou-se a entregar qualquer um dos suspeitos, e nos anos seguintes as Nações Unidas aprovaram sanções econômicas contra o país. Somente em 1999, a Líbia permitiu que os suspeitos do episódio de Lockerbie fossem levados a julgamento, de acordo com a legislação escocesa, em Haia. (Um acordo financeiro também foi feito naquele ano com as autoridades francesas.) O tribunal escocês condenou um dos suspeitos e absolveu o outro. Durante muito tempo, a Líbia negou qualquer transgressão, mas por fim reconheceu que tinha de admiti-la, como questão pragmática, embora as autoridades locais vejam o caso como uma confissão forçada. Kadhafi nunca aceitou sua culpa pessoal.

A questão de Lockerbie, um livro fechado para a maioria dos americanos, veio à baila várias vezes enquanto estive na Líbia. Uma autoridade declarou: "Não posso acreditar que os líbios naquela época tenham levado a cabo uma coisa de tamanho porte. Uma coisa estúpida assim, considero perfeitamente crível. Mas não uma coisa daquela dimensão". Os investigadores ocidentais continuam a discutir se a Líbia se envolveu diretamente no caso. Segundo as primeiras averiguações, o atentado foi obra da Frente Popular para a Libertação da Palestina — Comando Geral, grupo liderado por sírios e financiado pelo Irã, e tanto um ex-chefe de polícia escocês como um ex-dirigente da CIA mais tarde alegaram que os indícios físicos que inculpavam a Líbia foram plantados. Em virtude desses problemas, Robert Black, QC (Queen's Counsel — um advogado de altíssimo nível) e professor de direito em Edimburgo que ajudou a preparar o julgamento, declarou à revista *Scotsman*, em novembro passado [2005], que o veredicto de Lockerbie fora "o mais vergonhoso erro judicial cometido na Escócia em cem anos" e que "prejudicaria gravemente" a reputação do sistema escocês de justiça criminal. O caso está sob a consideração da Comissão Escocesa de Revisão de Casos Criminais. Entretanto, como a Líbia financiava grupos terroristas estrangeiros, o regime poderia ter sido implicado mesmo que não fosse o principal autor do atentado.

Nos últimos anos, as relações diplomáticas dos Estados Unidos com a Líbia melhoraram um pouco. Em 1999, os Estados Unidos concordaram com a suspensão das sanções das Nações Unidas, mas não revogaram as suas, que foram renovadas em agosto de 2001. Então, no mês seguinte, aconteceu o Onze de Setembro. Kadhafi condenou os ataques, chamou o Talibã de "promotores ímpios do Islã político" e destacou que, seis anos antes, ele havia emitido uma ordem de prisão contra Osama bin Laden. Em agosto de 2003, o governo líbio comprometeu-se a depositar 2,7 bilhões de dólares no Banco de Compensações Internacionais, na Suíça, para indenizar as famílias dos mortos no atentado do voo 103 da Pan Am. Quatro meses mais tarde, depois de negociações secretas com uma equipe liderada por britânicos, a Líbia concordou em renunciar a seu programa de armas de destruição em massa, e as sanções americanas foram afrouxadas.

Kadhafi fez concessões semelhantes a George Bush pai e Bill Clinton, todas rejeitadas — em parte, segundo Martin Indyk, que foi subsecretário de Estado de Clinton para assuntos do Oriente Médio, porque o programa de armas da Líbia não era visto como ameaça iminente. Essa assertiva foi confirmada. Mohamed ElBaradei, diretor da Agência Internacional de Energia Atômica (Aiea), declarou que o programa nuclear da Líbia se encontrava "num nível inicial de desenvolvimento". Era evidente que muitas centrífugas nem tinham sido retiradas dos caixotes. Entretanto, John Wolf, que, como subsecretário de Estado de George Bush filho para não proliferação de armas nucleares, desempenhou um papel crucial no desmantelamento do programa nuclear da Líbia, assegura que algo de valor real foi obtido, mais a título de informação e evidência que pela eliminação de uma ameaça imediata. "Os líbios tinham o projeto de uma arma nuclear, vendido pela rede de A. Q. Khan", disse-me, referindo-se ao ex-diretor do Programa de Armas Nucleares do Paquistão. "A decisão da Líbia de entregar não só os equipamentos como também a documentação, as notas fiscais de embarque, os planos etc. proporcionou um tesouro que ajudou na criação de uma causa verossímil e mobilizou vários países contra pessoas e empresas implicadas no exterior. Sem aquela documentação, não teríamos como convencer muitos países da Aiea da natureza cancerosa da rede supurante de A. Q. Khan. A informação que nos possibilitou desmontar a rede foi fundamental."

Depois do acordo de 2003, o presidente Bush declarou que qualquer nação que renunciasse às armas de destruição em massa "encontraria caminho aberto para melhores relações" com os Estados Unidos e que "a Líbia deu início ao processo de retorno à comunidade das nações". No final de 2004, os Estados Unidos revogaram a proibição de viagens à Líbia, restabeleceram relações diplomáticas limitadas e suspenderam muitas restrições comerciais que ainda restavam. Ao que parece, aquilo que Saif chama de "coquetel de problemas e sanções" tinha sido solucionado. É claro que o governo Bush estava ansioso por ver empresas americanas competindo por direitos de exploração de petróleo na Líbia e facilitara a aproximação econômica. No entanto, questões como o complô antissaudita de 2003 e o caso das enfermeiras búlgaras interromperam o entendimento, e a Líbia continua na lista de países patrocinadores do terrorismo usada pelo Departamento de Estado. Até que o país seja tirado da lista, os Estados Unidos terão de votar contra empréstimos do FMI e do Banco Mundial a Trípoli, e sanções importantes seguem em vigor.

"A situação é quase a mesma dos tempos do embargo", disse o presidente da Companhia Nacional de Petróleo. A linha-dura líbia destaca que autoridades americanas reconhecem que há anos nenhum caso de terrorismo é ligado à Líbia e queixa-se de que, enquanto Tony Blair, Jacques Chirac, Gerhard Schröder e Silvio Berlusconi visitaram Trípoli, os Estados Unidos não mandaram para lá nenhuma autoridade de nível superior à de subsecretário. Os Estados Unidos não têm consulado oficial na Líbia. Os líbios que desejam visto de entrada para o país precisam solicitá-lo na Tunísia, porém eles não são concedidos com facilidade. Os reformadores líbios, convencidos de que a solução do caso Lockerbie e a renúncia às armas de destruição em massa teriam levado à retomada de relações normais, falam agora de "alvos retrocedentes".

David Mack, ex-diplomata americano de alto escalão que serviu na Líbia, declarou: "Tem sido útil, para nós, poder trocar informações com a Líbia. E é evidente que isso tem sido útil para eles". Mack destacou que os Estados Unidos aceitaram listar o Grupo Combatente Islâmico Líbio, dissidente, como organização terrorista, e conseguiram que ela fosse banida da Grã-Bretanha, onde alguns de seus membros estavam baseados. "Depois desse progresso todo", disse ele, "se deixarmos as pontas soltas, as recaídas serão inevitáveis." Por isso, enquanto o governo Bush aponta a Líbia como modelo para o desarmamento — "Se a Líbia pode fazer isso, o Irã também pode", disse John Bolton, embaixador dos Estados Unidos na ONU —, alguns analista políticos creem que o governo fez muito pouco para promover esse exemplo. Ronald Bruce St. John, especialista em Líbia, membro do projeto Política Externa em Foco do Instituto para Estudos de Política em Washington, D.C., observa que a prioridade dos Estados Unidos consiste em controlar as armas de destruição em massa e obter apoio para a guerra contra o terrorismo; já as prioridades da Líbia são a racionalização do comércio e as relações diplomáticas. As metas americanas foram alcançadas; as líbias não. Em Trípoli, a linha-dura reclama que a Líbia cedeu demais, ao passo que os reformadores se sentem traídos.

As iniciativas diplomáticas dos próprios reformadores tiveram pouco êxito. O deputado Tom Lantos, democrata da Califórnia, e o senador Richard Lugar, republicano de Indiana, visitaram a Líbia, onde se reuniram com Saif, Shukri Ghanem e o próprio Kadhafi. Voltaram otimistas. "Kadhafi claramente deu um giro de 180 graus", disse-me Lantos, "e estamos dando uma meia-volta no porta-aviões que é a política americana." Mas, quando Lantos procurou um copatrocinador para a Lei de Relações Estados Unidos-Líbia, que se destinava a fortalecer as relações bilaterais, ninguém se interessou. Mack disse: "Precisamos mostrar ao mundo, principalmente a governos como o do Irã e da Coreia do Norte, que existe um paradigma alternativo para negociar com os Estados Unidos e que há muito a ganhar com uma relação normal conosco". Ele observou que os interesses americanos seriam beneficiados por relações melhores com um líder árabe que se oponha ao fundamentalismo e tenha reservas importantes de petróleo.

"No fundo, os líbios acham que os Estados Unidos não ficarão satisfeitos com menos que uma mudança do regime", disse um dos assessores de Saif. "E, no fundo, os americanos acham que, se normalizarem as relações com a Líbia, Kadhafi vai aparecer com alguma coisa diferente e deixar todos com cara de bobo."

Em toda parte a que fui na Líbia, a oposição à política dos Estados Unidos era compensada por entusiasmo em relação aos americanos como pessoas. Entre a geração mais velha de líbios, os reformadores estavam ansiosos por notícias das cidades em que tinha estudado, no Kansas, Texas ou Colorado. (A maioria dos linhas-duras que conheci nunca tinha viajado aos Estados Unidos.) Uma vez que a experiência como párias havia sido solitária, muitos líbios sonhavam com uma melhoria das relações com o exterior. Passei uma manhã com a advogada de direitos humanos Azza Maghur, uma mulher impressionante, de cabelos longos e riso caloroso, que acabava de voltar de uma conferência humanitária no Marrocos. Seu pai era uma figura de destaque na política líbia pós-revolucionária, e isso lhe dava liberdade de movimentos. Ela parecia quase inconsciente das coerções que mantêm a maioria das mulheres líbias com a cabeça coberta e em casa. Perguntei-lhe como se sentia em relação aos Estados Unidos, e ela respondeu que sentia dificuldades em ser pró-americana diante das notícias sobre Abu Ghraib e Guantánamo. "Você não pode imaginar como cultuávamos a ideia dos Estados Unidos." Olhou para o chão, como se estivesse falando de um parente recém-falecido. "Não queríamos nada além de estar com vocês: essa democracia rica e justa. Mas agora perguntamos: 'Quem é que está nos dando essa aula de liberdade?'. Quero dizer, se você flagrasse seu sumo sacerdote na cama com uma prostituta, ainda contaria com ele para lhe indicar a porta do céu?" Azza Maghur ainda espera mostrar os Estados Unidos à filha pequena. Disse que pelo menos uma vez por semana a menina lhe pergunta como vão as coisas entre a Líbia e os Estados Unidos, e ela responde: "Estão indo, meu amor". E a garota pergunta: "Então já podemos ir à Disneylândia?". E ela tem de dizer: "Ainda não, querida, ainda não".

Para uma cultura política e socialmente subdesenvolvida, a Líbia conta com uma intelligentsia surpreendentemente ativa, que encara sua sociedade com ternura e ironia. Pessoas que conheci e de quem gostei me convidavam à sua casa com insistência e me apresentavam a amigos e à família. Fui a uma festa de aniversário na casa de um desses líbios. Sua mulher preparou um banquete, e ficamos acordados até o meio da noite com seus filhos, vendo filmes. Na véspera de minha partida, amigos me chamaram para um chá tardio e me fizeram vestir o traje tradicional líbio — um camisão, um colete bordado e um chapeuzinho preto — como presente de despedida.

A vida social dos líbios é essencialmente privada. Trípoli é uma cidade recortada por rodovias largas; a gasolina é subsidiada, e, como não existem bares ou clubes — e poucos cinemas e teatros —, o passatempo mais popular é dirigir. As pessoas passeiam durante horas. A privacidade dos carros acentua seu charme, mas as rodovias de Trípoli, cheias durante toda a noite, proporcionam sobretudo diversão para os ávidos de lazer ou novidades. Quando não estão dirigindo, a maioria dos tripolitanos se diverte em casa, mais do que em cafés, em parte por causa da ausência de mulheres e de álcool nos lugares públicos.

Tomei minha primeira bebida alcoólica na Líbia depois que um amigo ligou para um coronel do Exército e perguntou: "Você tem sementes de romã?". (É conveniente usar eufemismos em Estados policialescos.) Ele tinha, e nos dirigimos até os arredores de uma cidadezinha; paramos diante de uma grande casa branca, com uma longa varanda, ao lado de uma estrada de terra. À maneira líbia, a casa era feita de concreto e pintada de branco, mas começava a mostrar sinais de desgaste. Sentamo-nos num banco estofado comprido e colorido, numa sala enorme, iluminada por lâmpadas fluorescentes. A sala era decorada com lembranças da Ásia Central, onde nosso anfitrião tinha sido formado. Havia várias esculturas de ursos com varas de pescar. Ouvimos um pot-pourri de sucessos de Shirley Bassey executados numa cítara e nos revezávamos para fumar num narguilé de 1,5 metro de altura. O coronel, um líbio sorridente e extrovertido, de ancestrais subsaarianos, serviu a aguardente caseira local, com gradação alcoólica de 40% e forte o bastante para eliminar não só o esmalte de unhas, como, talvez, as próprias unhas, sobre uma toalha ricamente bordada e coberta de garrafas de Fanta e caixas de Pringles. A atmosfera lembrava uma festa de estudantes do ensino médio com maconha. Perguntei a meu amigo o que ele sentiria se seus filhos bebessem. Ele riu e respondeu: "É inevitável". Em seguida perguntei sobre suas filhas, e ele ficou sério. "Se minhas filhas bebessem, eu ficaria muito, muito chateado. Na verdade, ficaria furioso. Porque, se as pessoas viessem a saber que elas andaram bebendo, poderiam também achar que tivessem uma vida sexual ativa, e com isso suas perspectivas de casamento desapareceriam."

Conheci uma líbia que trabalhava para a Alitalia. Adorava o emprego, mas achava que nenhum marido líbio o toleraria. "Tenho de escolher entre um casamento e uma vida, e escolhi uma vida", disse. "Aqui, a maior parte das mulheres escolhe o casamento. É uma questão de gosto." As restrições não resultam de leis — no tocante a assuntos como igualdade de gêneros, as leis líbias são mais progressistas que na maior parte dos países árabes —, e sim de normas sociais.

Kadhafi aceita esses costumes, mas frequentemente fala da própria sociedade como "atrasada" (seu termo de desaprovação predileto). Um intelectual líbio queixou-se comigo: "Se você der ouvidos às palavras dele, haverá de concluir que ele odeia o povo líbio". Embora Kadhafi reprima as forças democratizantes de esquerda, é muito mais brutal com as forças islâmicas de direita. Na realidade, as vítimas políticas do regime nas últimas décadas eram, em sua maioria, membros de grupos islâmicos que ele proscreveu, inclusive a Irmandade Muçulmana. Os institutos islâmicos da Líbia, quase cinquenta, foram fechados em 1988. Quando os clérigos protestaram contra as interpretações "inovadoras" que Kadhafi fazia das passagens do Corão e contra sua rejeição de todos os comentários e tradições pós-corânicas, ele redarguiu que o Islã permitia a seus seguidores falarem diretamente a Alá e que os clérigos eram intermediários desnecessários. Um ano depois, comparou os militantes islâmicos a "um câncer, à peste negra e à aids". Como se tencionasse irritar o Hamas, no passado beneficiário de sua magnanimidade, ele chegou a afirmar, nos últimos anos, que os palestinos não tinham direito exclusivo sobre a terra de Israel e defendeu a criação de um Estado binacional — a que chamou *Isratina* — que garantisse a segurança de palestinos e judeus, os quais, longe de serem inimigos do povo árabe, eram seus parentes bíblicos. ("Talvez haja objeções ao nome", admitiu, "mas serão estéreis, inoportunas e superficiais.")

"Os senhores nos perguntam: 'Por que vocês oprimem a oposição no Oriente Médio?'", disse Kadhafi em março, falando, via satélite, a uma conferência na Universidade Columbia, vestido com mantos púrpura e sentado diante de um mapa de África. "Porque, no Oriente Médio, a oposição é bastante diferente da oposição nos países avançados. Em nossos países, a oposição assume a forma de explosões, assassinatos, morticínio. [...] Isso é uma manifestação de atraso social." Quanto a esse ponto, pelo menos, os linhas-duras e os reformadores tendem a concordar. O ministro das Relações Exteriores, Shalgham, afirmou: "Os fundamentalistas representam uma ameaça à nossa segurança. Representam uma ameaça ao nosso estilo de vida. São contra o futuro, contra a ciência, as artes, as mulheres e a liberdade. Certo, que leiam o Corão durante uma hora por dia, e isso basta. Se você também não estudar engenharia, medicina, administração e matemática, como poderá sobreviver? No entanto, muitas pessoas perceberam que, quanto mais severo for o Islã, mais fácil fica achar seguidores".

O medo do Islã radical ajuda a explicar por que as autoridades reagiram com tanta energia quando, em fevereiro, irromperam protestos em Benghazi contra os cartuns dinamarqueses sobre o profeta Maomé e a decisão de um ministro italiano de usar uma camiseta com essas imagens. Onze pessoas foram mortas pela polícia, e a violência estendeu-se a pelo menos duas outras cidades no Leste do país, onde o controle do poder por Kadhafi sempre foi relativamente fraco. A opinião internacional repercutiu nas palavras de Saif, que declarou: "O protesto foi um erro, e a intervenção da polícia contra os manifestantes, um erro maior ainda". O pai também repudiou o "atraso" da reação da polícia, mas fez questão de repisar que os distúrbios não tinham sido decorrência de fervor islâmico, e muito menos de descontentamento com seu regime. Em vez disso, foram incitados pela fúria provocada pela história do colonialismo italiano. (Estima-se que 250 mil líbios — talvez um quarto da população na época — tenham morrido como resultado da ocupação italiana, muitos deles em campos de concentração.) "Infelizmente, poderia haver outras Benghazis" ou até "ataques na Itália" se Roma não oferecesse reparações, advertiu Kadhafi, declarando que ficaria satisfeito se a Itália construísse uma rodovia de 3 bilhões de euros que atravessasse a Líbia. Gianfranco Fini, ministro das Relações Exteriores da Itália, disse que isso era "uma ameaça mal disfarçada" e acrescentou: "Já afirmamos que, em nossas relações com a Líbia, consideramos o passado colonial definitivamente morto e enterrado. Reiteramos essa posição com clareza e transparência. Esperamos do líder líbio uma posição igualmente coerente".

Li essa declaração para um conhecido líbio, e ele caiu na risada, dizendo: "Boa sorte, sr. Fini!". Líderes oposicionistas expatriados já declararam que Kadhafi provocou os distúrbios para arrancar concessões à Europa, mas que as manifestações cresceram e saíram de controle. Na Líbia, de modo geral, considerou-se que a questão tinha fundo econômico — uma população insatisfeita de jovens desempregados em busca de uma válvula de escape para sua fúria.

O resultado mais imediato dos distúrbios foi a demissão do primeiro-ministro Shukri Ghanem. (Ele ganhou um cargo na Companhia Nacional de Petróleo.) Eu já ouvira, em Trípoli, boatos de que Ghanem estava para perder o cargo numa reforma do gabinete; a franqueza com que ele se expressara quando nos encontramos não agradara ao Líder. "Ele cometeu três erros palmares", disse-me um assessor de Kadhafi. "Primeiro, associou a reforma a seu próprio nome e queixou-se publicamente da Liderança. Se uma pessoa quer fazer alguma coisa na Líbia, tem de tornar-se invisível e eliminar o ego. Em segundo lugar, ele acreditou que uma posição forte junto ao Ocidente garantiria seu poder e não compreendeu que o Ocidente conta muito pouco aqui. E, por fim, não conseguiu conquistar o povo líbio. Nunca deu mostras de se preocupar com o sofrimento da população […]. O que se vê nas ruas é alívio com sua saída… embora também não se veja simpatia pelo substituto." O sucessor de Ghanem foi um linha-dura taciturno, Baghdadi al-Mahmoudi. "Para a Liderança, será mais fácil fazer ajustes econômicos, agora que a reforma virá, clara e diretamente, da Liderança, e não será vista como uma admissão de que o Líder estava equivocado ou como concessão a algum tipo de concorrência."

A troca do primeiro-ministro foi uma reafirmação do poder de Kadhafi: mais cambalhotas nos ratos. Vários ministérios, inclusive o do Petróleo e Energia, foram remanejados, e algumas pessoas foram afastadas de cargos que ocupavam havia décadas. A decisão do Departamento de Estado americano, no fim de março de 2006, de manter a Líbia na lista de países terroristas tanto reflete o problema quanto contribui para aguçá-lo e revoltou muitos líbios, no poder e fora dele.

Como se considerava que o trunfo de Ghanem fosse seu bom trânsito entre as potências ocidentais, o fato de ele não ter conseguido retirar a Líbia da lista americana de países terroristas ajudou a assegurar sua substituição por um linha-dura. Descreveram-me Baghdadi al-Mahmoudi como financeiramente corrupto, mas ardiloso, calculista e extremamente esforçado. Ele é "um tecnocrata, saído dos Comitês Revolucionários, e faz todo o possível para glorificar as políticas do Líder", disse um acadêmico líbio-americano. "Se vai levar a reforma em banho-maria? Bem, Shukri Ghanem tinha um belo discurso sobre reformas, mas fez tão pouca coisa que não há como retroceder muito. Mahmoudi sabe que a reforma econômica tem de avançar e vai fazer isso para o Líder. Ele não tem interesse algum em promover uma reforma política ou social e deixará a cargo do Líder ter um relacionamento com o Ocidente." Já houve quem declarasse que, com a nomeação de um linha-dura, parte da luta interna haveria de diminuir.

"O poder de Ahmed Ibrahim também vai minguar", disse-me, esperançoso, um dos assessores de Saif, referindo-se ao vice-presidente do Congresso Popular Geral. Saif será independente em suas ações: "Ele já é bem crescido para cuidar disso".

"Damos ao ambiente próximo ao Líder o nome de 'Círculo de Fogo'", comentou um intelectual líbio. "Chegue perto, e você se aquece; chegue mais perto ainda, e morre queimado. O Círculo de Fogo inclui reformadores e linhas-duras. Kadhafi gosta do caos gerado por isso." O homem falava com desdém, quase com ironia, mas nem por isso deixava de se aquecer ao fogo. A classe de líbios educados, que compreende poetas, arqueólogos, professores, ministros, médicos, empresários e funcionários públicos, é minúscula. Como o tribalismo cruza com alianças de classe e identidades políticas, existem na Líbia relações sociais que numa sociedade maior provavelmente se manteriam separadas em oposição mútua. Jantei, em Trípoli, na casa do dr. Ashur Etwebi, poeta e médico, que discorreu, arrebatado, sobre as injustiças do regime de Kadhafi, tanto em seu absolutismo como em seu novo capitalismo. "Ele tem de sair", disse Etwebi. "Esse coronel devorou os melhores anos de minha vida, envenenou minha alma e minha existência, assassinou as pessoas que eu amava. Eu o odeio mais do que amo minha mulher. Ele, seu governo e qualquer pessoa que tenha alguma coisa a ver com ele têm de sair. Já basta. Não temos mais alma. Não se deixe enganar por essa conversa de reforma. Que tipo de reforma poderá haver enquanto esse homem estiver comandando o país? Não me cansarei de repetir isso. Ele tem de sair. Ele tem de sair. Ele tem de sair." Minutos depois, quando me referi a uma alta autoridade do regime que eu esperava poder entrevistar, Etwebi disse: "Ah, ele jantou aqui em casa no começo desta semana". E acrescentou, dando de ombros: "Não concordo com ele, mas gosto dele".

Surpreendia-me, continuamente, a cordialidade entre as autoridades e muitos daqueles que as criticavam. Em parte, era simples pragmatismo, mas não totalmente. Havia mais intimidade do que isso. A rede de lealdades e ligações de uma pessoa nunca era previsível. Tomei uma cerveja sem álcool, no planetário de Trípoli, com um professor que afirmara antes que o primeiro-ministro e Saif tinham se embriagado juntos e estuprado o país — e eles eram os bons sujeitos. Brincamos a respeito das ineficiências do governo, e ele disse, emburrado, que ninguém que não fosse líbio tinha um bom motivo para tolerar aquele caos. Ele perguntara antes como eu não enlouquecia quando estava lidando com repartições do governo.

Então ele sorriu. "Ei, deram-me um emprego no ministério." Ergueu a mão bem alto sobre a cabeça, num gesto de orgulho e triunfo.

Fiquei surpreso ao vê-lo feliz por servir a um regime que detestava.

"Bem", ele respondeu, "acontece também que essa é a única coisa interessante a se fazer nesta cidade."

Entre as muitas lições contra o otimismo que recebi, não houve nenhuma tão amarga quanto o mergulho da Líbia no caos depois do fim ignóbil de Kadhafi. O problema, ao que parece, não estava no apoio dado pelo Ocidente à derrubada de Kadhafi. O problema estava em não termos procurado verificar o que viria, ou dar forma ao que viria. A eliminação de um grande mal de pouco vale sem um bem coerente que preencha o vácuo. O assassinato do embaixador Christopher Stevens, do gestor de informações Sean Smith e de dois agentes da CIA em Benghazi, em 12 de setembro de 2012, mostrou até que ponto a Líbia tinha se tornado disfuncional.[1] Hillary Clinton, na época secretária de Estado, foi criticada por ter rejeitado os pedidos de aumento da segurança do pessoal americano em Benghazi, onde ela desejava manter uma presença discreta, aparentemente devido a uma demonstração equivocada de confiança na incipiente democracia líbia. Desde então, militantes do Isil (entidade também conhecida como Isis ou Daesh) capturaram Sirte, a cidade natal de Kadhafi, onde trucidaram cristãos.[2] Conflitos armados ocorreram em Benghazi, Derna, Trípoli, Warshafana, nas montanhas Nafusa e em outras áreas. No Sul, as etnias tuaregue e tebu estão empenhadas em chacinas recíprocas. Gente oriunda da África Subsaariana invade as fronteiras desguarnecidas no deserto, esperando cruzar o Mediterrâneo e se instalar ilegalmente na Europa, em geral levados por traficantes de pessoas.[3] A Anistia Internacional sustenta que, entre as centenas de pessoas assassinadas por grupos fundamentalistas islâmicos, há ateus, agentes de segurança, funcionários públicos, líderes religiosos, agnósticos, ativistas, jornalistas, juízes e promotores.[4] Não há nenhum sistema judicial em funcionamento. Até meu amigo mais chegado em Trípoli, Ashur Etwebi, que desejava ajudar a construir uma nova Líbia praticamente a qualquer preço, fugiu com a família para a Noruega. Hasan Agili ganhou a condição de refugiado da ONU no Líbano, mas sem visto de residência ou autorização para trabalhar. Aqueles que podiam deixar a Líbia, por mais que amassem o país, já saíram. Este é o legado trágico de Kadhafi: ele destruiu de tal forma sua sociedade que não restaram estruturas humanas capazes de sustentar um governo sem ele.

No Sul do país, uma área primitiva, a guerra tribal é desenfreada. No Norte anárquico, o sequestro de pessoas virou rotina. O governo eleito — a Câmara dos Deputados (CDD) —, que tem reconhecimento internacional, saiu de Trípoli e se instalou em Tobruk, na parte leste da Líbia. Um governo rival, formado basicamente de fundamentalistas islâmicos — o Congresso Nacional Geral (CNG) —, foi criado em Trípoli, o que significa que a Líbia tem, nas palavras do ministro das Relações Exteriores da França, "dois governos, dois parlamentos e uma completa confusão".[5] A influência do Estado Islâmico vem crescendo, e as tentativas da ONU de formar um "governo de unidade", com base na CNG ou no CDD, decerto fortalecerão os fundamentalistas, cuja predecessora, a Irmandade Islâmica Líbia, foi amplamente derrotada nas duas últimas eleições. O Ocidente apoiou a derrubada dos fundamentalistas eleitos no Egito; agora apoia um espaço para os fundamentalistas na Líbia, onde nunca foram eleitos. O general Khalifa Haftar, que comanda o exército da CDD, ameaçou formar um terceiro governo, por ele liderado, sob a bandeira da Karama (Dignidade), voltado basicamente para o combate aos fundamentalistas.

De dedo em riste, Saif Kadhafi advertiu, no começo da revolução contra seu pai, em 2011: "Haverá uma guerra civil na Líbia [...]. Nós nos mataremos uns aos outros nas ruas".[6] Atualmente, a carnificina está fora de controle. O próprio Saif, procurado pelo Tribunal Penal Internacional por crimes contra a humanidade, está preso em Zintan; seus captores lhe amputaram os dedos com os quais ele admoestava seus concidadãos.[7] Embora tenha sido condenado à morte em meados de 2015 por tribunais controlados pelo CNG, é improvável que seja executado em qualquer data próxima, pois é uma moeda de troca valiosa para os que o mantêm encarcerado.[8] Na realidade, a sentença soou como um gesto de desafio do CNG contra a comunidade internacional, que quer ver Said Kadhafi em Haia. Em agosto de 2015, pela primeira vez, manifestantes pró-Kadhafi saíram às ruas, gritando: "Zintan, Zintan, liberdade para Saif al-Islam".[9] Visto de longe, o velho horror começava a parecer atraente, sobretudo para os fundamentalistas em Benghazi, Sebha e Trípoli.

CHINA

Toda a comida da China

Travel + Leisure, outubro de 2005

O prazer tem um preço, e ganhei cinco quilos nessa viagem gastronômica de um mês. Ao fim de nossa estada sibarítica, durante uma escapada para a área da moda 798 de Beijing, onde ficam os ateliês de muitos de meus amigos artistas, meu companheiro John e eu demos com uma butique que tinha na vitrina uma elegante jaqueta mandarim. Perguntei à vendedora: "Você teria no meu tamanho?". Ela me olhou com expressão de respeito e disse, com toda a cortesia: "Não, desculpe. Aqui fazemos roupas para pessoas magras".

Antes de minha primeira viagem à China, em 1982, fui avisado de que a comida seria horrível, e ela correspondeu plenamente à expectativa: gordurosa, borrachuda, sem graça, preparada com a brutal indiferença que o comunismo parece celebrar, de aspecto feio e acinzentado. Hong Kong, Taiwan e Cingapura mantêm viva a tradição culinária chinesa, como três minúsculas velas se fazendo passar pela maior fogueira do mundo. Mas no começo dos anos 1990, a situação estava um pouco melhor, desde que você se limitasse a coisas simples ou comesse na casa das pessoas. Nos cinco últimos anos, a culinária chinesa renasceu das cinzas como uma fênix e agora se encontra uma comida divina em inúmeros restaurantes. É difícil entender como os chineses mantiveram algum resquício de sanidade num país tão profundamente transformado, porque a China de hoje é tão diferente da China que visitei pela primeira vez como Oz é diferente do Kansas. No lugar em que pessoas de aspecto miserável, uniformizadas e em farrapos aravam terras exaustas, enquanto trabalhadores celebravam o Estado comunista sem nenhuma convicção em insuportáveis apresentações nas fábricas, hoje se verifica um grau de eficiência e sofisticação que me faz sentir que Nova York é quase um fim de mundo provinciano. É claro que ainda há legiões de agricultores trabalhando na pobreza, contudo o progresso atingiu uma fatia da sociedade mais ampla do que na Rússia. A melhora da comida reflete uma transformação social profunda: o que antes era certamente desagradável se mostra, muitas vezes, impressionante. Essas mudanças são mais evidentes nos restaurantes elegantes de Beijing e Xangai, mas também podem ser vistas em pousadas campestres e nos quiosques de rua que vendem bolinhos.

Tive a sorte de fazer um tour gastronômico com a estilista Han Feng, pessoa receptiva, chique e transbordante de vida, que nos levou tanto aos restaurantes mais bacanas da China como à melhor comida de rua que se possa imaginar. "Você não vai acreditar", disse ela em nosso segundo dia em Xangai, quando nos aproximávamos do Jia-Jia Tang Bao, um quiosque sujinho no antigo distrito de Yu Yuan, onde uma farta refeição custa cerca de um dólar. Sentados na calçada em banquinhos de plástico, devoramos bolinhos recheados com caldo e carne de porco, camarões ou caranguejo-de-xangai (uma iguaria regional). Mergulha-se o bolinho em vinagre de arroz com gengibre e, ao morder, o caldo quente inunda a boca; logo depois, é possível sentir a fina crosta e o delicioso recheio de carne. Multidões acorrem ao lugar com tempo bom ou ruim, e as oito mulheres que trabalham ali ficam tão juntas que você se pergunta como é que conseguem mover os braços. Do lado de fora há um panelão a vapor, com pilhas de cestos de bambu, cuidados por uma mulher cujo rosto está sempre envolto em fumaça. Mas todos riem e acham graça. "Como pode ser tão gostoso?", pergunta Han Feng, cheia de orgulho.

Foi ela quem inventou nossa viagem — o que demandou considerável poder de invenção — e foi ela também quem se inventou, tão milagrosa e improvável quanto a China moderna em toda a sua glória. Han Feng saiu da República Popular em 1985 e foi morar em Nova York, mas recentemente conseguiu um apartamento em Xangai, transferiu a produção para lá e passou a dividir seu tempo entre os dois países.

Pouco depois que publiquei meu artigo sobre os artistas chineses, há doze anos, fui convidado para um jantar em Nova York no qual meu anfitrião me disse: "Um de meus amigos vai trazer a nova namorada esta noite. Ela é chinesa e quase não fala inglês. Vou acomodá-la perto de você, pois você esteve lá há pouco". Han Feng e eu começamos o jantar com tentativas reservadas de conversar numa língua em que nos entendíamos pela metade. Dei-lhe notícias de minha recente pesquisa. "Não conheço bem a arte chinesa contemporânea", disse ela. Numa débil tentativa de evitar que a conversa morresse, contei-lhe algumas das minhas aventuras, sem ter certeza de que ela me entendia, porém, em dado momento, quando mencionei o nome de Geng Jianyi, ela deu um salto na cadeira e perguntou: "Geng Jianyi de Hangzhou? Bem bonitão, mais ou menos da nossa idade?".

"Sim, ele mesmo!"

"Saí com ele quando estávamos no ensino médio e nunca soube que fim tinha levado!"

Ela vinha de um país de 1 bilhão de pessoas, e eu tinha estado lá. Como era possível que não conhecêssemos alguém em comum?

Desde então, fiquei sabendo que Han Feng conhece a maior parte das pessoas interessantes do mundo e tive a sorte de ser convidado para os jantares divinos que ela prepara em casa e para os que organiza em Chinatown, nos quais se encontram pessoas como Jessye Norman, Lou Reed, Susan Sarandon, Rupert Murdoch, Anthony Minghella ou, com a mesma probabilidade, com o vizinho dela do andar de cima metido a engraçadinho, ou o peleteiro que um dia lhe fez um elogio. Sua risada gostosa e tonitruante faz com que cada noite seja uma festa. Han Feng é essencialmente internacional. "Adoro qualquer lugar em que estiver e qualquer coisa que faça", disse-me uma vez. Ela chegou aos Estados Unidos "roceira como uma batata chinesa", revela. "Algumas pessoas galgam a escada do sucesso", disse ela a seu então marido. "Eu tomo o elevador expresso." Em pouco tempo, conheceu alguém que quis fazê-la voltar à atividade de estilista e lhe prometeu que ficaria rica e famosa. "Eu disse: 'Talvez pudéssemos esquecer isso de ficar famosa para nos concentrar em muito rica'." Desde então, ela criou uma grife própria, que foi vendida pelas lojas Bendel's, Takashimaya, Bergdorf's e Barneys; desenhou figurinos para a Ópera Nacional Inglesa e para o Metropolitan de Nova York; também criou uma linha de roupas para a Neue Galerie, em Nova York. É um ícone do estilismo internacional, já foi o rosto de Christian Dior na China e enfeitou capas de revistas americanas.

Depois do divórcio, teve um longo relacionamento que terminou quando o namorado comentou que queria morar com ela. "Não posso crer! E eu disse: 'Morar comigo? Morar comigo? Não tenho espaço no closet!'." A maior parte das pessoas se apaixonaria por Han Feng se tivesse o mínimo de chance. O rei do Marrocos encomendou-lhe muitas de suas roupas, e ela foi uma convidada habitual de seu palácio. "Fico ali olhando toda aquela pompa", confessou, "e penso em como sou feliz levando uma vida simples!" É a simplicidade mais poderosa

349

que já conheci. Seja qual for o tipo de batata que ela era ao deixar a China, o certo é que se tornou uma orquídea de primeira grandeza.

Começamos em Xangai, onde meu restaurante favorito era o YongFoo Élite, criação de um decorador de lá que alugou a antiga residência do cônsul britânico, gastou 5 milhões de dólares e três anos restaurando o espaço, guarnecendo-o de antiguidades e refazendo os jardins, dando à casa uma aura da velha Xangai: decadente, extravagante e sofisticada. Enquanto nos extasiávamos com os camarões adocicados, o peixe frito com pinhões e ovos de codorna assados com polvo e carne de porco, nossos amigos chineses ficavam impressionados com a salada de alface — um toque de exotismo naquele ambiente. A sobremesa não é o ponto alto da cozinha chinesa, mas os crepes de tâmara crocante com sementes de gergelim eram ao mesmo tempo picantes e doces, como se já tivessem saudades do resto da refeição. Depois do jantar, fomos a um clube de jazz que mais parecia um bar clandestino e nos encontramos com artistas amigos. Mais tarde, fomos ao Face Bar, sempre na moda, onde encontramos um médico chinês amigo de Han Feng que me tomou o pulso e me prescreveu uma dieta saudável enquanto nos espichávamos em divãs chineses bebendo ponche quente. No dia seguinte, me vi sendo carregado para o acupunturista.

Fazer o pedido nos restaurantes chineses é uma arte. Em Nova York, Han Feng passaria meia hora conversando com um garçom de Chinatown para explicar o que quer. Assim como os santos, representados com seus principais símbolos, Han Feng deveria ser pintada com um cardápio. Ela lê as páginas como se fossem poemas — poemas que precisam ser editados — e parece inspirar a cozinha com seu detalhismo e seu fervor. Pergunta sobre o frescor dos ingredientes e tenta equilibrar a refeição para que tenha pratos quentes, frios e mornos; temperos picantes e suaves; peixe, carne e legumes; sabores fortes e mais suaves. Cada refeição deve ser concebida como um todo. Os chineses gastam mais dinheiro com comida do que as pessoas de qualquer outra nacionalidade. Em seu ótimo livro *Comida na cultura chinesa*, K. C. Chang fala em "comida como linguagem social" e "linguística alimentar". Na China imperial, o anfitrião mostrava respeito pelo visitante cozinhando pessoalmente para ele, embora tivesse empregados; os ancestrais eram homenageados com oferendas de comida. Comida é sociedade.

A melhor comida da China não se encontra necessariamente nos lugares mais badalados. O Crystal Jade fica num shopping de Xangai e parece isso mesmo, entretanto seu *dim sum* cantonês é maravilhoso — bolinhos de batata fritos que derretem na boca, torresmo de leitão, pato e galinha; nabo em tiras com camarões secos envoltos numa espécie de massa folhada. Do outro lado da cidade, no Jardim Jade, o bate-estaca da boate que fica embaixo perturba um pouco, mas não tanto que chegue a atrapalhar as raízes de lótus recheadas com arroz cremoso ou o pato defumado no chá, que está para a ave assim como o *Lapsang souchong* está para o Lipton.

No dia de Ano-Novo, fomos de carro a Hangzhou, onde Han Feng foi criada. Segundo um ditado chinês, quando você morre, vai para o céu; quando está vivo, vai para Hangzhou. A cidade fica à beira do lago Oeste, onde barcos de passeio vão de ilha em ilha, e o sol ilumina o perfil urbano de um lado e altos e belos pagodes do outro. Um jantar típico local inclui *chou doufu*, ou "tofu fedido", que tem gosto de meias velhas de atleta trancadas num armário durante todo um verão escaldante e depois cozidas em leite azedo. Um vendedor ambulante de *chou doufu* foi preso há pouco tempo por poluir o ar. É um gosto refinado que ainda tenho de adquirir. Fomos à inauguração de gala da nova Ópera de Hangzhou e depois, para encerrar os trabalhos, nos permitimos uma massagem nos pés em altas horas. Nossos pés foram mergulhados num banho de ervas chinesas, batidos com martelo de borracha, esfregados com sal aquecido e apertados de todas as formas possíveis. Voltamos para o hotel às duas da manhã, em êxtase.

No dia seguinte, fomos almoçar no Longjing, um minúsculo estabelecimento com oito mesas dispostas em ambientes privados em volta de um lindo jardim plantado no meio de uma lavoura de chá.

A cozinha chinesa ali era tão refinada que alguns de seus triunfos principais se perderam em nossos paladares inexperientes. Serviram 22 pratos: iguarias raras, como tartaruga no vapor envolta em folhas de lótus; caldo de lagosta e pato velho (dizem que pato velho é bom para aquecer no inverno), o que soa estranho, mas na verdade é uma glória; uma sopa delicada chamada sopa do herói, em homenagem ao peixe, que é cozido vivo; porco gordo cozido em fogo lento durante quatro dias e servido com ovos; e carne de veado assada na panela. Comemos bolinhos de peixe que se fazem pregando o peixe a uma tábua, raspando a carne camada por camada para que fique muito tenra, batendo a massa assim obtida com água gelada até formar-se uma espuma, que é finalmente escaldada. "Fazer isso é difícil como o diabo", disse Han Feng, "e nunca ninguém fez melhor, nem mesmo para um imperador."

Bebemos o chá fresco Longjing, a bebida local que dá nome ao restaurante, enquanto um violinista prodígio, ganhador do concurso Paganini e um dos inúmeros amigos de Han Feng, fazia uma apresentação virtuosística e arrebatadora, ao mesmo tempo exata, apaixonada e emocionante. Han Feng nos levou ao jardim da família Guo, da Era Ming, no extremo oeste do lago, menos cheio de turistas que outros parques de Hangzhou e muito repousante. Mais tarde fomos ao restaurante Zhiweiguan. Enquanto o Longjing serve comida exótica para o paladar ocidental, com sabores raros e sutis impossíveis de imaginar fora da China, o Zhiweiguan era tão brilhantemente esplêndido e ao mesmo tempo tão acessível que bem poderia ter um carrinho no Upper East Side em Nova York. Para preparar um dos pratos, o chef cortou uma tira estreita de carne de porco, de três metros de comprimento (como a casca de uma laranja), a arranjou em espiral como uma pirâmide de Chichén Itzá e a assou. Na mesa, o garçom desenrolou a carne, cortou-a em pedaços pequenos e envolveu-os em panquecas de espinafre. Uma galinha inteira recheada de alho foi envolta numa fina folha de papel e depois em sal antes de assar — a carne ficou incrivelmente suculenta.

Poucos estrangeiros vão a Shaoxing, e é difícil saber por quê. Os canais são românticos e encantadores; as casas, da dinastia Qing, debruçam-se sobre a água, com suas janelas de folhas de madeira talhada, e mulheres de joelhos à beira d'água lavam roupa; os barcos são aconchegantes como gôndolas e os barqueiros empurram os remos com os pés. O grande pagode da colina que fica depois da cidade está sempre visível, e no dia em que estivemos lá alguém ouvia a ópera de Beijing num volume tão alto que a música ecoava pelas passagens. Para chegar aos barcos, percorrem-se ruas tortuosas e enigmáticas em riquixás, pois elas são estreitas demais para a passagem de carros. Em Xianheng, comemos diversas variantes de *chou doufu*, um pouco mais palatáveis. Consumi com mais avidez outra especialidade local fermentada: o vinho de arroz de Shaoxing. Comemos também berinjela com uma espécie de quiabo apimentado e pãezinhos de porco caramelizados, adocicados e gostosos. De sobremesa, havia doce de arroz cremoso com sementes de gergelim preto, de sabor quase amargo, e mel. Han Feng fez um brinde e nos sentimos explodir de tanta comida, álcool e prazer. Percebemos que estávamos consumindo uma média de doze pratos por refeição, fazendo duas refeições por dia e íamos ficar na China durante 21 dias, o que quer dizer que na hora de ir embora teríamos experimentado mais de quinhentos pratos. Respiramos fundo.

Para os chineses, existem duas grandes cozinhas — a de Sichuan e a cantonesa. Os turistas conhecem mais a cantonesa porque é a cozinha de Hong Kong, enquanto a província de Sichuan ainda fica fora da maior parte dos roteiros turísticos. Os naturais de Sichuan falam das pimentas como outras pessoas falam de times esportivos. Sua culinária faz a comida mexicana parecer fichinha, mas o preparo da pimenta é complexo e feito por etapas. Diferentes especiarias picantes, tostadas e frescas, são misturadas e remisturadas, mergulhadas em diferentes agentes para criar uma escala de prazer intenso e sofrimento requintado. A marca registrada da pimenta de Sichuan é o *hua jiao*, que não é exatamente uma pimenta, e sim o fruto seco do freixo espinhoso. Potentíssimo, ele amortece a boca, porém o amortecimento é delicioso. É possível sentir o efeito anestésico se instalando assim que o fruto é provado, mas ao mesmo tempo é como se ele excitasse ainda mais as papilas gustativas. É quase como se o que se estivesse comendo fosse cozido em cocaína. Estranho e preocupante de início, depois provoca saudade.

Almoçamos no My Humble House [Minha Humilde Casa], que de humilde não tem nada, num parque de Chengdu cercado de bosques de bambu e córregos. O estilo é chinês moderno de alto nível, com imensas cadeiras escolares, uma cama com dossel de seda para se recostar, tanques de carpas, iluminação halógena e pétalas de rosa de seda espalhadas pelas mesas. A culinária é uma *fusion* chinesa — com influência não da comida ocidental, mas dos múltiplos ramos da cozinha da China e do Sudeste Asiático —, como, por exemplo, a tradicional sopa cantonesa de barbatanas de tubarão servida com creme de abóbora.

A fama das casas de chá de Sichuan é justificada. Muitos homens de negócios de Chengdu abandonam seus escritórios depois do almoço e continuam trabalhando à mesa do chá. As mulheres vão para jogar mahjong, os fofoqueiros para fofocar, as crianças para brincar. Fomos a Yi Yuan, a casa de chá mais bonita de Chengdu, que fica num jardim restaurado da Era Ming, com uma porção de pátios, espelhos d'água, pavilhões, trilhas, mesas de jogos, grandes rochas esculpidas e pontes emolduradas de pinheiros. Ocupamos uma mesa perto de alguns monges budistas e tomamos chá perfumado.

Ao entrar no China Grand Plaza para jantar, eu me senti como Marco Polo às portas da Cidade Proibida. Aqui, onde eu tolamente pensava estar no meio do nada, a opulência era ofuscante. Passando por portas enormes, entra-se em um amplo saguão onde um pianista toca Chopin num piano de cauda, e veem-se porcelanas e mobília que poderiam estar em algum dos melhores museus do mundo. O China Grand Plaza tem ainda uma galeria de arte, um spa com três gigantescas piscinas aquecidas e um grupo de lindas massagistas, dois bares de karaokê (um deles com teto de vidro pelo qual se veem peixes nadando), quatro restaurantes e quartos de hotel. A sensação é de elegância extravagante com um toque de *007 contra Goldfinger*.

Postado diante de cada uma das portas de um corredor abobadado e laqueado em vermelho, havia um funcionário vestido de preto, avental branco e luvas brancas. Fomos escoltados a uma das salas privadas que caracterizam os melhores restaurantes de Sichuan, nos quais não há um salão comum. Entre candelabros polidos e a expressiva caligrafia Ming, serviram-nos chá fresco e taças de *baijiu* (um conhaque de Sichuan), que queima como fogo durante todo o percurso. Pedimos "marido e mulher" (carne apimentada com pulmões de porco) e medusa com coentro, depois um leve consomê de fungos de lagarta frescos, famosos por suas propriedades medicinais, que chegam a custar 4 mil dólares o quilo nas feiras livres. Na China, não se faz distinção clara entre alimentos e remédios. Flutuando no caldo, havia um suflê de tofu e galinha. Os abalones foram servidos sobre quadradinhos de arroz crocante. A galinha à Kung Pao veio carregada do mais fresco *hua jiao*. No meio do jantar, apareceu uma dançarina em nossa sala para um show privado. Na antiga tradição de Sichuan, ela usava diversas máscaras sobrepostas, de tecidos coloridos. Enquanto dançava, puxava um cordão oculto e uma das máscaras caía, revelando a seguinte. Depois do jantar, ofereceram-nos charutos cubanos e uma garrafa de Château Lafite Rothschild 1988, mas preferimos massagens.

Chengdu é a grande cidade não proclamada da China. Além da comida incomparável, tem coisas belíssimas para se apreciar: um centro de criação de pandas, onde se veem os animais de pertinho, inclusive os adoráveis filhotes; o mosteiro de Wenshu, com seus monges cantores e procissões sagradas; e, a duas horas de carro, o Grande Buda de Leshan, de 71 metros de altura, esculpido no século VIII numa face da rocha situada na confluência de três rios. É o maior Buda do mundo — o dedo grande do pé mede mais de 8,5 metros de comprimento.

Naquela noite comemos como os nativos: ensopado de Sichuan. Inúmeros restaurantes de Chengdu servem o ensopado, e um amigo nosso da cidade nos levou ao Huang Cheng Laoma. No centro de cada mesa há duas bocas de chama, onde são postos um caldeirão abarrotado de pimenta e outro com um caldo suave de galinha e cavalo-marinho. Pedimos umas vinte bandejas de comida para cozinhar nos caldeirões, com filé-mignon, galinha, fígado de jacaré, miolo de bambu, fungo de miolo de bambu, espinafre chinês, salsichas, enguias de água doce e de água salgada, cinco tipos de cogumelos, samambaia de Sichuan, raízes frescas de lótus e lascas de carne de pescoço. Tudo o que cozinhamos no caldo apimentado foi mergulhado em óleo de gergelim com cebola; o que cozinhamos no caldo suave foi embebido num molho salgado de ervas. Depois do jantar, fomos a outra casa de chá para assistir a uma ópera de Sichuan — uma mixórdia de lutas, marionetes, dança, lendas folclóricas interpretadas por hábeis palhaços, acrobacias, mágica e engolidores de fogo mascarados.

Os moradores de Beijing, proibidos de discutir sobre quem seria o melhor líder do Partido, voltaram sua atenção crítica para uma questão mais urgente: quem faz o melhor pato laqueado da cidade? São muitos os detalhes a levar em conta. O preparo é requintado demais ou extravagante? A pele está gordurosa ou muito seca? Foi preparado com lenha de macieira ou de damasco? O molho é de feijão ou de frutas? A pele foi passada em açúcar? Como o pato deve ser trinchado? Fomos à caça do pato sete vezes. Entre os restaurantes que atendem a grande número de ocidentais, gostamos do Commune by The Great Wall e do Made in China; entre os mais frequentados por chineses, preferimos o Xiangmanlou. O Commune by the Great Wall é um hotel composto de *villas* projetadas por renomados arquitetos contemporâneos. De cada *villa* se pode subir à Grande Muralha e andar sobre um trecho não restaurado dela reservado só para você. Escolhemos o menu Pequim tradicional, com bolinhos de camarão fritos, sopa de pato, bacalhau refogado, almôndegas e… pato.

O Made in China fica no Grand Hyatt, um hotel em que com certeza ninguém se sentiria como se estivesse descobrindo um lugar oculto; você poderia estar em Los Angeles ou em Nova York. No entanto, é voz corrente em Beijing de que se trata do melhor restaurante da cidade, e tudo o que comemos ali estava uma delícia. Pedimos camarões cozidos em chá verde e galinha cozida com amendoim temperado. A pele do pato estava completamente solta; crocante, firme e sem gordura, mas não quebradiça. Os crepes eram finos como papel, e o molho de feijão doce misturado com mel e óleo de gergelim foi reduzido a uma espessura satisfatória.

O Xiangmanlou não tem luxos, embora seja limpo e agradável, e o montante da conta para seis pessoas dificilmente pagaria sanduíches em Nova York. Todas as mesas estavam ocupadas com famílias de Beijing. Aqui a pele do pato vem dividida — a melhor parte é posta num prato especial, e a "pele dura" é servida separadamente. O pato é mais gordo que no Made in China, mas de uma forma que não compromete, como o foie gras. Segue-se uma sopa de ossos de pato. Pedimos peixe também, que nos foi trazido se debatendo numa cesta antes de sua execução.

A melhor comida de rua de Beijing é o *jianbing*, e o melhor lugar para saboreá-la são os quiosques que ficam diante do templo de Baoguo, atualmente um mercado de pulgas. O vendedor distribui a massa sobre uma grande chapa de ferro para fazer um crepe com cebolinha; depois quebra um ovo sobre ele e o espalha, para que cozinhe na massa; despeja-o em molho de feijão e de pimenta; e finalmente enrola tudo em volta de um pedaço de pão doce frito. Fica fumegante, fresco, empanado, amiláceo e delicioso.

Para variar a nossa massagem complementar, experimentamos uma massagem auricular noturna. O lugar parecia um hospital confortável — limpíssimo, com massagistas que usavam gorros de enfermeira. Diante de uma estátua da deusa budista da compaixão, Guanyin, havia diversas oferendas, entre elas uma bebida saudável altamente calórica — para o caso de a compaixão estar um pouco magra.

Celebramos e lamentamos nossa última noite em Beijing no ultrachique Green T. House, com cadeiras estofadas de plumas, luzes giratórias coloridas, mostras de arte contemporânea, cavalo de balanço no canto, mesas espelhadas e muito mais. O ambiente descolado é gritantemente blasé. O menu, um monumento ao absurdo, tem uma poesia já canhestra em chinês que beira o ridículo quando traduzida: "Pequeno sashimi de caviar com um molho inacreditável", ou "Rolinhos místicos de carne recheados com cogumelos *enoki* e muçarela", ou "Êxtase sobre sépias", ou ainda — meu preferido —"Dança erótica de seis cogumelos em volta de uma castanha solitária". A comida é menos impressionante que seus nomes, mas as modelos fumando longos cigarros e os jovens moderninhos com cortes de cabelos bizarros são inigualáveis.

Durante 21 dias, comemos comida chinesa em todas as refeições exceto numa noite, em Beijing, em que amigos americanos residentes deram um jantar para nós em seu apartamento. Eles tomaram de empréstimo o chef da embaixada da França, que preparou uma comida incrível. Mas a comida ocidental tinha um gosto estranho depois dos excitantes sabores do Oriente. Ter de cortar o alimento nos pareceu vulgar e maçante; era como se faltasse imaginação aos legumes frescos salteados na manteiga, e a carne, embora preparada à perfeição, parecia abrutalhada e insípida. A readaptação foi difícil. Padecíamos de jet lag culinário, e todas as comidas conhecidas nos pareceram erradas durante algum tempo. Como mergulhadores, tínhamos de voltar à superfície devagar para evitar o mal-estar da mudança de ambiente.

"Para o povo, a comida vem em primeiro lugar", reza um antigo provérbio chinês, e a cultura gastronômica floresceu na China à medida que o hedonismo se tornava menos estigmatizado. Em 2015, o cidadão chinês gastava em média mais dinheiro com comida do que em qualquer outra época, e os programas culinários, como *Um Bocado da China*,[1] têm grande audiência. Quase dois terços dos chineses usuários de telefones celulares fotografam sistematicamente o prato antes de comer e compartilham essas fotos em aplicativos relacionados com comida ou em redes sociais.[2] A fluência na cultura gastronômica é considerada um sinal de sofisticação. A Associação de Cozinha da China pediu à Unesco que inserisse a culinária do país na lista do Patrimônio Cultural Imaterial.[3] A demanda de produtos especiais e orgânicos é crescente.[4] Uma pesquisa recente revelou que as pessoas que ingerem alimentos apimentados o tempo todo são mais longevas. As causas disso continuam desconhecidas, porém a pesquisa teve uma acolhida calorosa.[5] Foi aberta uma torrente de novos e ótimos restaurantes, para chineses e ocidentais ricos; só em Xangai, há cinco deles na lista dos melhores restaurantes da Ásia.[6]

No entanto, ao mesmo tempo, a poluição cada vez maior do solo e da água faz com que alguns produtos alimentícios sejam prejudicados.[7] Quase um quinto das terras agriculturáveis da China já está contaminado. Outros alimentos foram adulterados: 300 mil bebês ficaram doentes depois de ingerir leite em pó com melanina; brotos de feijão foram tratados com produtos tóxicos para ficarem mais brilhantes; farinha com alto conteúdo de alumínio foi detectada em bolinhos e pãezinhos cozidos; o arroz contém cádmio e outros metais pesados; e a carne de porco foi infectada com bactérias fosforescentes identificadas por consumidores porque brilham na cozinha escura. Vinagre contaminado com anticongelante matou onze muçulmanos no jantar do Ramadã em 2011, enquanto ovos falsos de gesso, cera e aditivos viscosos apareceram em mercados provinciais. Em 2013, uma vistoria feita num depósito de alimentos encontrou pés de galinha congelados desde 1967; eram descoloridos para parecerem frescos. Em 2015, carne de porcos doentes foi aprovada por fiscais subornados. Uma de cada dez refeições na China é preparada com óleo reciclado, muitas vezes oriundo de canos instalados debaixo dos restaurantes.[8]

Embora se pretenda sanar esses problemas com leis mais severas, elas não são postas em prática com a constância necessária, e muitos chineses são céticos em relação a elas, pois acreditam, por exemplo, que muito do que é anunciado como orgânico na verdade não é.[9] Muitos chineses ricos preferem consumir alimentos frescos importados, que lhes parecem menos comprometidos — o mercado de frutas importadas chega perto de 10 bilhões de dólares.[10] Alguns dos cultivos orgânicos na China foram implantados para atender apenas a gente politicamente bem relacionada e não vendem seus produtos a pessoas comuns.[11] Ao mesmo tempo, a proliferação de restaurantes de fast-food ocidental indica que estão comendo de forma menos saudável. O consumo de sal na China sempre foi extremamente alto, mas agora os chineses também estão ingerindo gorduras em proporção cada vez maior. O comércio do arroz decaiu, contudo a ingestão de derivados de milho disparou.[12] A compra de alimentos processados embalados é maior que nos Estados Unidos e representa cerca de 250 bilhões de dólares por ano. A obesidade está em franco aumento, e cerca de 12% dos chineses são portadores de diabetes, o que significa que a China tem, portanto, a maior população de diabéticos do mundo.[13]

CHINA

Opulência externa para a paz interior: O jardim de recolhimento de Qianlong

Monumentos mundiais: Cinquenta lugares insubstituíveis para descobrir, explorar e apoiar, 2015

Passei algum tempo no jardim de Qianlong e no Juanqinzhai, em Beijing, durante minha viagem gastronômica à China em 2005. Mesmo depois de diversas visitas à Cidade Proibida, ainda não conhecia essa sua parte elegante e reservada. Estudei arte chinesa na faculdade e estava interessado no período em que o jardim foi projetado e construído. Estudei também arquitetura de preservação. Eu me tornara um dos curadores do Fundo Mundial de Monumentos (WMF, na sigla em inglês) e procurava saber mais sobre as dificuldades de preservação das estruturas do jardim. Como o quinquagésimo aniversário do WMF estava próximo, pediram-me que escrevesse um ensaio sobre um de seus projetos de preservação, e escolhi o jardim de Qianlong.

As questões referentes à preservação são uma preocupação mundial, mas na China o esquecimento do passado em favor de um presente e um futuro melhores foi promovido com um gosto discutível. Sou totalmente a favor de um presente e um futuro melhores, no entanto não creio que a destruição do passado seja um bom caminho para chegar lá.

O eixo central da Cidade Proibida foi projetado para impressionar e intimidar; o Juanqinzhai, ou Estúdio da Exaustão por um Serviço Diligente, pavilhão construído pelo imperador Qianlong na década de 1770 para sua aposentadoria, tem o propósito de mimar e acariciar. Embora clandestina como pode ter sido para as massas, a Cidade Proibida era aberta a visitantes privilegiados, como representação do ser imutável do imperador; o Juanqinzhai acena com uma privacidade quase solitária. Em geral, os grandes monumentos eram abertos ao público, mas o

Juanqinzhai e os jardins circundantes foram construídos pelo imperador Qianlong para si mesmo, imaginando um alojamento que lhe permitisse viver de acordo com seus hábitos, mas livre de suas responsabilidades. No entanto, não há nada de modesto no Juanqinzhai. Uma discrição requintada apenas modera sua opulência. Se a Cidade Proibida é uma escultura monumental, o Juanqinzhai é uma verdadeira joia. Como elo entre o céu, o homem e a terra, o imperador representava um ser formal e imutável, porém o Juanqinzhai reconhece a passagem do tempo; apesar de toda a sua magnificência, ele humaniza os que nele penetram.

Quando estive na China pela primeira vez, em 1982, as ruas de Beijing ainda eram formadas principalmente pelos *hutongs*, vielas compridas com as tradicionais casas de pátio. Por essas passagens estreitas, pessoas preocupadas vestidas com o uniforme de Mao passavam de bicicleta, em velocidade apática, mantendo uma distância deliberada dos estrangeiros. A cidade estava suja e decadente. O luxo, ideia anticomunista corrupta, praticamente inexistia. Na dinastia Qing, a área hoje ocupada pela praça da Paz Celestial era um corredor norte-sul edificado, cercado de edifícios oficiais. Na década de 1950, inspiradas na praça Vermelha de Moscou, as autoridades demoliram esses edifícios e criaram o grande espaço livre que constitui a praça da Paz Celestial como a conhecemos hoje. A praça tornou-se um lugar estéril, brutalmente austero e insuportavelmente grandioso, onde se fazia desfilar a pompa do Estado comunista diante das massas submissas e acovardadas. Em meio a toda essa decadência, ergue-se a Cidade Proibida, durante muito tempo reverenciada como o baluarte derradeiro do poder, onde os mais prósperos governantes do mundo tiveram no passado sua corte oculta. É claro que o palácio de Buckingham é muito mais grandioso que as casas do outro lado da rua, e que o Louvre põe a rue de Rivoli no chinelo. Mas nunca, antes ou depois, deparei com um contraste tão imediato e gritante quanto o que existe entre a Cidade Proibida e a Beijing de Deng Xiaoping.

A Cidade Proibida foi erigida em apenas catorze anos, graças ao esforço de 1 milhão de trabalhadores, e constitui o maior conjunto de edificações de madeira do mundo. A madeira é rara e preciosa, e cada telha de cerâmica amarela (a cor imperial) do telhado glorifica o imperador. A Cidade Proibida foi sede de governo durante seiscentos anos, para 24 imperadores das dinastias Ming e Qing. Em 1982, ao nos mostrar o local, nosso astuto e diplomático cicerone tentou minimizar os valores que ele representa, mas não conseguiu eliminar totalmente da voz o tom de maravilhamento ao narrar a vida que outrora se desenrolou ali.

360

No pátio externo, pudemos sentir o isolamento dos governantes da China imperial; nada nesses edifícios foi projetado para oferecer alívio. No pátio interno, até mesmo os aposentos do imperador mostravam-se como manifestações hostis da posição imperial. O ambiente todo reflete a riqueza hereditária e os direitos de exploração de uma aristocracia oficialmente rejeitada pelo país. Nosso guarda--costas se sentia mais à vontade com o militarismo da Grande Muralha que nas dependências palacianas, mas reconhecia que sua beleza conceitual e suas proporções soberbas representam o apogeu de alguma coisa chinesa refulgente — que elas fazem parte de seu patrimônio cultural.

Na época, nunca tínhamos visto ou ouvido falar dos jardins recônditos do imperador Qianlong, no extremo mais distante de onde fica Juanqinzhai. O lugar era demasiado pessoal para as multidões cada vez maiores de turistas, e na China ninguém tinha os requisitos técnicos para sua conservação, mas décadas de negligência levam a crer também numa dose de descuido deliberado. Embora os comunistas acusem a dinastia Qing de exploração, aqueles imperadores representavam a autoridade total, um legado que Mao e seus sucessores mantiveram com entusiasmo. Os pavilhões do jardim de recolhimento representam um materialismo desmedido e um intelecto rarefeito — portanto, um anátema absoluto ao maoismo. A permanência da Cidade Proibida como núcleo do comando chinês e o enorme retrato de Mao que ainda está pendurado diante da entrada são indícios poderosos de sua autoridade duradoura. Em contraste, o jardim de recolhimento foi um lugar luxuoso de um imperador que desejava proporcionar solidão a si próprio depois de renunciar ao poder — e os atuais governantes da China não estavam interessados numa vida depois do poder. Nem eram defensores da ação coletiva interessada no isolamento de uma pessoa para meditar.

Voltei à Cidade Proibida em diversas ocasiões, porém só fiquei sabendo da existência dos jardins de recolhimento em 1999. Suas construções, inclusive o Juanqinzhai de nove pilastras, não poderiam ter sofrido pouco vandalismo ou saques pelo tempo em que ficaram abandonadas. O imperador Qianlong promulgou uma espécie de edito de preservação antecipado, determinando que o jardim deveria ser mantido perpetuamente para servir de retiro aos imperadores aposentados, mas, como nenhum outro imperador se aposentou, o lugar tornou-se objeto de uma negligência tolerante durante as décadas restantes da dinastia Qing. Ao longo de seiscentos anos, as residências dos príncipes e os aposentos das concubinas foram reconstruídos muitas vezes, mas isso não ocorreu com o Juanqinzhai. É o único lugar do conjunto que reflete a visão de um único imperador. Uma imperatriz viúva viveu ali durante algum tempo, e alguns membros da corte deram festas de aniversário no local. Pu Yi, o último imperador, acrescentou uma pintura ao conjunto. Fora isso, ele permaneceu vazio, foi trancado em 1924 e usado apenas como depósito pelo pessoal do Palácio Museu dedicado às áreas públicas da Cidade Proibida. Quando foi destrancado, em 1999, durante os preparativos do Palácio Museu para os Jogos Olímpicos, era uma cápsula do tempo — uma das poucas que sobreviveram ao ataque à história que o século xx representou para a China. Estava deteriorado, gasto e um pouco decadente, mas conservava sua integridade, e cuidar de sua preservação exigiria menos especulações do que as que arruinaram as intervenções em outros prédios históricos chineses.

O imperador Qianlong, sexto governante da dinastia manchu Qing, reinou oficialmente de 1735 a 1796, embora na verdade tenha permanecido no poder até 1799. Em criança, destacou-se pelo brilho e foi ungido em detrimento de seus irmãos por sua sobriedade e seus modos, seus conhecimentos de literatura e filosofia e seu pendor para as relações humanas. Era homem de ambições monumentais, o equivalente de Luís xv, Catarina, a Grande, ou do imperador Francisco José. Expandiu as fronteiras da China e tornou-se o homem mais rico do mundo. Durante seu reinado, a balança comercial da China com o Ocidente foi positiva. Escreveu mais de 40 mil poemas, era um irretocável connaisseur, espirituoso, elegante e artisticamente talentoso. Mas também supervisionava a queima de livros e a tortura e execução dos escritores cuja obra o desagradava. Qianlong, no fim da vida, autodesignou-se "o velho das dez vitórias perfeitas" — e, com efeito, consolidou o domínio Qing e aumentou em um terço o tamanho da China. Quando morreu, a população do país tinha crescido mais de 20%.

Qianlong era neto do imperador Kangxi, cujo reinado foi o mais longo da história da China. Em sinal de respeito, Qianlong decidiu não ofuscar o reinado de seu avô e, com isso em mente, previu a própria aposentadoria — ele foi o primeiro imperador a considerar essa possibilidade. Para se desvincular da máquina do Estado, ele queria um jardim, que previa como uma paisagem magnífica de rochas e pavilhões esculpidos. Deu início ao projeto quando já contava mais de sessenta anos, contudo só se aposentou aos 85, quando seu reinado tinha um ano menos que o de seu avô. O projeto e a construção de seus aposentos, o Juanqinzhai, mantiveram-no ocupado de 1771 a 1774. A decoração levou mais dois anos. Nesse período, ele descuidou de muitos assuntos de Estado e permitiu que a corrupção se infiltrasse em sua corte. Depois que morreu, seu genro Hashen foi obrigado a cometer suicídio por enriquecimento ilícito. Os sessenta anos de governo de Qianlong foram os mais estáveis do mundo, o que trouxe grande prosperidade, mas também engendrou uma estagnação cultural. A China foi ultrapassada pela modernidade e pelos primeiros raios da industrialização. No período que se seguiu a seu reinado, foi invadida por estrangeiros, e as despesas com guerras e com a contenção de rebeliões empobreceram a corte.

O projeto do Juanqinzhai manifesta a mistura de requinte, brilho e leniência decadente do próprio Qianlong. Ele construiu esse santuário precioso como divertimento artístico e jamais passou nele uma só noite. Embora tenha se aposentado formalmente em 1796, na verdade reinou até a morte, três anos depois, recusando-se a sair dos aposentos imperiais ou a abrir mão de sua autoridade.

O jardim do recolhimento reproduz a estrutura processional básica das edificações imperiais. Seus edifícios principais lembram os primeiros do grande conjunto, com pátios públicos antecedendo pátios privados. Seus quase 8 mil metros quadrados foram pensados para resumir toda a estrutura de 73 hectares da Cidade Proibida. Pretendia ser também uma versão ampliada de um jardim de meditação, por meio da adaptação de princípios paisagísticos sutis dos jardins do sul de Suzhou, Yangzhou e Hangzhou para objetivos grandiosos. Não seria um jardim de meditação clássico em pedra, nem um local de magnificência imperial; mesclaria a poesia contemplativa do primeiro com a ambição majestosa do segundo. Para os europeus, as montanhas representam o sublime aterrorizante, mas, para os chineses, representam o paraíso, a geografia dos iluminados. O jardim lembra essa geografia.

É um jardim de inverno, erguido com o propósito de ser usado durante os meses em que o imperador permanecesse na Cidade Proibida. O conjunto se divide em quatro pátios ao longo de um eixo norte-sul. Essa disposição garante que o visitante não perceba que o espaço é longo e estreito, mas sim uma sequência de praças próximas. Portões estreitos — adentra-se o conjunto por um caminho em curva que passa por uma abertura entre dois rochedos — conferem ao lugar uma escala humana. O imperador deu a suas 27 estruturas nomes que ilustram o que ele esperava do lugar: entra-se pelo Portão do Auspício em Disseminação e passa-se, entre outros, pelo Salão da Realização de Desejos Originais (um dos mais altos edifícios da Cidade Proibida), o Edifício do Deleite Ampliado, o Belvedere das Realizações e a Suprema Câmara do Cultivo da Harmonia. O imperador não só deu nomes às edificações como foi o principal arquiteto do jardim. A concepção do Pavilhão do Perfume de Bambu lembra um livro, totalmente ornamentado com caligrafia. Grande parte da mobília original foi feita de madeira extraída de raízes, uma técnica dispendiosa valorizada pelos imperadores, mas voltada para desconsiderar o requinte humano em favor do ideal budista de uma natureza impoluta.

A oposição entre intrigas da corte e a vida dos intelectuais, essencial para o estudo da cultura do país, vem sendo registrada desde o período dos Estados Combatentes (475-221 a.C.) e foi aprimorada numa estética deliberadamente estranha para os de fora da corte durante a dinastia Song do norte (960-1127). Embora pintores acadêmicos, muitas vezes banidos por críticas ao governo, produzissem quadros e poemas em seu mísero exílio, é geralmente aceito que sua obra teve influências maiores que as obras decorativas exibicionistas da corte. Com efeito, a pintura e a caligrafia de muitos dos acadêmicos expulsos da capital foram mais tarde incorporadas à coleção imperial. A estética dos letrados define o projeto do jardim de Qianlong, moldada por suas viagens de inspeção aos territórios meridionais de seu reino. Os rochedos, as plantas e os córregos do jardim do recolhimento, todo ele construído num terreno plano, lembram as paisagens montanhosas do Sul da China, como se veem nas pinturas das eras Song e Ming. Os meandros próprios do clássico jardim acadêmico sucumbiram, no período Ming, à simetria do gosto setentrional. No jardim de Qianlong, as surpreendentes vistas de Suzhou e as trilhas serpenteantes foram trazidas à disciplina manchu, mas parte dessa divagação foi reestruturada numa forma concisa, sintética.

A vida que se esperava no Juanqinzhai seria solitária, como prescreve o ideal letrado da contemplação; a construção engenhosa prenuncia uma reclusão culta. "Exausto pelo trabalho aplicado", escreveu Qianlong, "vou me dedicar ao cultivo de mim mesmo, rejeitando os ruídos do mundo." O teatro profusamente decorado que ocupa grande parte do interior tem uma única poltrona. Mas, apesar de sua concepção intelectualizada, a obra toda de Juanqinzhai reflete a prodigalidade efervescente de Qianlong. Até mesmo a madeira estrutural do edifício é de lei e polida. As cinco pilastras a leste abrigam os aposentos do imperador, em dois níveis, com plataformas para dormir e sentar-se em dezesseis espaços distintos. Esse lado tem uma parede inteira de *zitan*, madeira de sândalo roxa apreciada pelos imperadores, que na época já era raríssima e hoje está praticamente extinta.

Grandes placas de jade estão montadas em biombos. A rara arte Suzhou do bordado de dupla face foi empregada na fabricação de 173 janelas internas transparentes. Nas paredes da parte mais baixa, há cenas de cervos na floresta. O fundo consiste em marchetaria *zitan*, sobre a qual se aplica um primeiro plano feito da parte interna da casca de bambu entalhada (*tiehuang*). O andar superior mostra uma cena de pavões, gralhas e fênix realizada no mesmo material e pelo mesmo método. Outras superfícies são ornamentadas com marchetaria de bambu, recurso trabalhoso que apenas serve de fundo decorado para a ornamentação montada sobre a superfície. Essas técnicas, normalmente empregadas em pequenos objetos decorativos, são encontradas em grandes superfícies — é o único caso conhecido de sua aplicação arquitetônica. Da mesma forma, a laqueadura do edifício é única em complexidade e proporções. Detalhes em porcelana na parede mostram a mesma sofisticação de um vaso precioso. Os painéis das paredes são decorados em azurita, jade, jaspe e outras pedras semipreciosas. O papel de parede feito à mão é decorado à pressão com mica e impresso em malaquita. O interior guarda um dos maiores objetos em esmalte *cloisonné* de que se tem conhecimento, um par de dísticos do próprio imperador. Qianlong participou de cada passo do processo. Há registros em arquivo de que ele recomendou a substituição de uma maçaneta por um trabalho em *cloisonné*, o que foi feito.

O Juanqinzhai se destaca por incorporar influências estrangeiras. Qianlong importou enormes espelhos, o que teria sido uma ideia inconcebível na China do século XVIII. As estantes do Juanqinzhai são chinesas em sua construção elaborada, mas sua assimetria mostra influência japonesa. As janelas internas são de vidro europeu, e o vidro usado no trono traça uma espécie de paralelo entre a visão chinesa dos conceitos estéticos ocidentais e a visão distorcida da China evidente nos objetos chineses vistos no Ocidente. As quatro pilastras da parte oeste do Juanqinzhai, onde fica o teatro com seu palco e o trono, ostenta uma treliça falsa, pintada sobre madeira de lei para parecer mais efêmera, menos durável que o bambu pintado. As paredes e o teto são cobertos de espetaculares pinturas *trompe l'oeil* baseadas na técnica do escorço e na perspectiva de ponto de fuga criada no Renascimento italiano. Foram fortemente influenciadas pela obra de Giuseppe Castiglione — conhecido entre os chineses pelo nome de Lang Shining —, pintor, missionário jesuíta e conselheiro imperial que viveu na China de 1715 até a morte, em 1766. Os murais têm elementos pintados por Castiglione, apesar de a construção do Juanqinzhai ter sido empreendida depois da morte dele. O teto, especialmente atraente, mostra a representação de uma treliça de bambu vergada sob o peso de uma esplêndida glicínia em plena florada — símbolo jubiloso de muitas gerações de prole. Os murais da parede representam um jardim, trazendo para o interior a estética externa. Aqui dentro, as peônias pintadas continuavam floridas e os céus permaneciam azuis durante os invernos longos e gelados de Beijing. Os murais eram pintados em seda, com o uso de pigmentos chineses em estilo ocidental, mas com a manutenção da estética chinesa. A influência chinesa sobre a arte ocidental durante esse período foi muito discutida, entretanto essa reciprocidade entrelaçada, embora menos frequente e talvez menos profunda, merece atenção.

Qianlong gostava da fantasia de ser um eremita nas montanhas. O Juanqinzhai reflete claramente a natureza ambígua dessas fantasias. Ele não via contradição entre o fato de ser o homem mais rico do mundo e levar uma vida ascética. Dizia que queria ser conhecido como "o homem sem nada para fazer", mas nunca buscou esse lazer. É um sinal da decadência imperial em todos os níveis canalizar recursos fabulosos para manter a possibilidade de escolha simplesmente pela escolha, e não porque se queira fazer uma escolha. O prazer desse jardim de contemplação foi mais a construção que sua ocupação; ele o construiu para impressionar a si mesmo. Contudo, o conteúdo do jardim indica um compromisso profundo com os preceitos budistas. Confúcio diz que, para governar, um imperador deve ser um iluminado, e o conjunto do jardim expressa essa aspiração à iluminação, um lugar onde Qianlong poderia buscar a humildade de sua consciência humana, fora de sua condição de imperador. Aparentemente, ele sentia que seus objetivos budistas seriam os definitivos.

A dinastia manchu Qing era adepta do budismo tibetano, e não do budismo chan, mais popular na China. Os manchus foram aliados dos mongóis no século XVII, e o dalai-lama conferiu aos governantes manchus a condição de Budas vivos em meados daquele século. O budismo tibetano é mais ortodoxo, tão distante do budismo quanto o catolicismo do protestantismo. Ele é centrado na compaixão para com o próximo, mais do que na viagem interior em busca da iluminação. Qianlong foi criado junto a um Buda vivo, um mongol chamado Rolpai Dorje, que veio morar na corte e foi educado com Qianlong. Tornou-se o mentor budista, professor e guia do imperador. Identificado como descendente do budista Manjusri, Qianlong fez longas visitas aos lugares santos do monte Wutai, onde se dizia que estava guardada uma mecha do cabelo de Manjusri. Qianlong pode ter entrado em decadência em seus últimos anos, mas ainda aspirava a cultivar a mente. Seu jardim está cheio de espaços para meditação e contemplação. Por trás disso, há uma visão extremamente espiritual, ainda que dispendiosa. Qianlong meditava todos os dias, construiu muitos templos e mandou que se criassem muitas imagens budistas. A ideia de um budismo de opulência pode parecer contraditória aos olhos ocidentais, no entanto é o princípio que guiou tudo aquilo. A estética tibetana é evidente no jardim.

É comum que os ocidentais percebam a decoração dos edifícios e a estrutura do jardim separadamente, o natural e o feito pelo homem, o eu interior destacado dos atos externos. Essa dualidade cartesiana não se aplica à sensibilidade de Qianlong. Todos os ambientes internos do Juanqinzhai têm vista para fora, e não existe algo como "casa" e "jardim" — é tudo um conjunto. O homem, sendo feito pela natureza, é apenas uma representação dela.

Não é fácil desenhar um retrato humano de um imperador chinês. A aura divina desses homens penetra de tal forma o pensamento coletivo que seus aspectos pessoais ficam ocultos a ponto de tornar difícil saber até mesmo se existiram. O jardim de Qianlong ajuda. Com ele, começamos a perceber que o imperador era uma pessoa, e não apenas o instrumento supremo de uma estrutura de poder absoluto. Ele tinha interesses próprios, sua personalidade e seus desejos — fossem eles espirituais ou de outra índole. Qianlong era em muitos aspectos um romântico. Sua primeira mulher morreu aos quarenta anos, mas ele lhe escreveu cartas em forma de poemas até a morte.

No Ocidente, opiniões abalizadas muitas vezes indicam que a estética chinesa chegou ao auge entre a dinastia Song tardia e o começo da Ming, decaiu durante toda a dinastia Qing para atingir seu ponto mais baixo na era pós-Qianlong. A qualidade do artesanato no Juanqinzhai às vezes se sobrepõe à do gosto, assim como a opulência predomina sobre a sutileza. Muitos especialistas ocidentais preferem o monocromatismo e o minimalismo chineses, e alguns opinam que até mesmo as obras do reinado de Yongzheng, pai de Qianlong, são mais refinadas. Mas Qianlong representa o desabrochar pleno do gosto Qing, e muitos chineses da atualidade preferem o desenho tortuoso e o esmalte dourado à austeridade e à disciplina. "Se Qianlong vivesse nos dias de hoje", diz um acadêmico, "usaria Versace." Numa época em que os ocidentais estão "descobrindo" a arquitetura vitoriana e o modernismo de meados do século xx, os monumentos Qing devem ser salvos enquanto é tempo.

Em 1998, fui ver o jardim do palácio da Felicidade Estabelecida na Cidade Proibida, que na época estava sendo reconstruído em parte sob a égide de alguém que ostenta o curioso nome de Happy Harun. Esse jardim, que remonta aproximadamente à mesma época que o Juanqinzhai, pegou fogo em 1923 e estava sendo reconstruído com base nas imagens e plintos que sobraram dos edifícios. Um dos trabalhadores contou que o ministro da Cultura da China tinha visitado a obra e disse: "Todas as estruturas de madeira são belas, mas a pedra está em condições terríveis e deve ser substituída". O trabalhador explicou que a pedra era o que havia sobrado dos edifícios originais e por isso estava sendo conservada. O ministro respondeu: "Você usaria um terno novo com sapatos velhos?".

Essa atitude mostra que as equipes de restauração do Juanqinzhai tiveram o trabalho arrebatado de suas mãos com a mudança de propósito de reconstrução para o de conservação. Para complicar ainda mais, as técnicas empregadas no Juanqinzhai eram refinadas a ponto de estarem fora das possibilidades dos artesãos da atualidade. Por exemplo, foi usada no edifício uma espécie de gaze endurecida e laqueada cuja técnica se perdeu (embora a mesma técnica tenha sido usada em sapatos da dinastia Han e em chapéus da dinastia Song). É possível reproduzir seu aspecto, porém não a coisa em si. O WMF implantou os protocolos por meio dos quais as técnicas científicas e a microscopia puderam ajudar a determinar muitos dos processos originais usados para obter um efeito ou acabamento; isso permitiu que aqueles processos, que quase sempre envolviam muitas camadas ornamentais, fossem reproduzidos com precisão. Para a conservação do Juanqinzhai, foi necessário misturar conceitos, estéticas, técnicas e materiais do Oriente e do Ocidente, como se fez na construção e nos jardins originais. Técnicas artesanais havia muito esquecidas tiveram de ser reinventadas e reaprendidas, e depois adaptadas a tecnologias modernas. Foi preciso muita ciência para entender as técnicas desaparecidas e mais ciência para restabelecê-las, embora a execução fosse uma questão de requinte extraordinário.

Ao transpor as maquetes para o tamanho real, os artesãos de Qianlong criaram novas subcamadas de apoio. Restauradores habituados a trabalhar com pequenos objetos tiveram de empenhar-se muito para conseguir adaptar a grandes superfícies arquitetônicas as práticas de restauração que empregavam em caixinhas e outras obras de arte pequenas. Os governadores das províncias do Sul foram mobilizados para localizar hábeis artesãos, que vieram de Anhui, a oeste de Nanjing, e de Zhejiang, ao sul de Xangai. Os conservadores que trabalharam no projeto acharam que o papel usado nas restaurações devia ser de produção chinesa, e assim um especialista em papel veio da Inglaterra para treinar trabalhadores chineses numa técnica inventada na China. Todo o trabalho tinha de ser feito dentro das paredes da Cidade Proibida para evitar o risco de enviar um original e receber de volta uma falsificação engenhosa. Graças em parte à experiência que sua faculdade adquiriu com essa colaboração internacional, o Centro de Conservação do Patrimônio Cultural da Universidade de Tsinghua agora oferece um curso de pós-graduação em conservação arquitetônica de estruturas de madeira, interiores e mobiliário históricos. É o primeiro curso avançado de conservação de interiores e mobília de madeira da China.

O jardim e suas estruturas, construídos para que um imperador pudesse brincar de eremita filósofo, não mostram como ele vivia, já que ele nunca viveu ali. Mostram, sim, o que o imperador pensava: como ele queria que o paraíso fosse. É um ensaio sobre o fim da vida, uma reflexão sobre o que significa envelhecer. Em sua poesia desenfreada, suas guarnições luxuosas e sua austeridade barroca, eles expressam as ambiguidades do poder e do isolamento. Maria Antonieta era dada a simular simplicidade com um cajado de pastora em seu Hameau de Versalhes mais ou menos na mesma época em que o imperador Qianlong construía seu jardim da aposentadoria, mas aquilo que nela se vê como afetação nele parece idealismo autêntico. Na placa de *cloisonné* dependurada no Juanqinzhai leem-se as palavras do imperador: "Pureza e ordem na mente sobre dezenas de milhares de assuntos devem caber num só coração". A vida de um imperador implica o caos de um reino ingovernável; o jardim da aposentadoria devia ser o lugar em que uma vida tão complicada pudesse se tornar transparente sem perder a magnificência.

ANTÁRTICA

Aventuras na Antártica

Travel + Leisure, novembro de 2008

O turismo catástrofe é uma atividade discutível que se ocupa de transportar pessoas a lugares em extinção antes que se percam totalmente — embora se espere que, mostrando esses lugares, elas se decidam a lutar para salvá-los. A Antártica é profundamente vulnerável. Enquanto grandes massas de gelo derretem e a temperatura do mar se eleva, os ecossistemas do mundo entram em crise. É sempre mais impressionante ver a queda de um grande homem do que a de um homem comum. É por isso que dedicamos tanta atenção às tragédias históricas, e é por isso também que tantos heróis de Shakespeare são reis. A Antártica é um poderoso imperador a ponto de se dissolver.

Vale a pena observar que, quando meu marido e eu nos inscrevemos na Expedição à Antártica pelo Centenário da *Nimrod*, sabíamos que a expedição original empreendida pelo explorador Sir Ernest Shackleton tinha sido um fracasso e que nos aventurar ao polo Sul usando esse nome poderia ser uma provocação ao destino. Mas estávamos tentando apenas fazer o que ele tinha conseguido — na verdade, só uma parte do que ele tinha conseguido — e não o que ele pretendia fazer. Com cem anos de progresso tecnológico, pensamos que seria fácil chegar até a cabana que ele construiu à beira do mar de Ross, com a expectativa de que durasse apenas um inverno, há cem anos, mas que está de pé até hoje, dando testemunho dos altos padrões do aventureiro e do clima hostil até mesmo para os microrganismos que causam a deterioração.

Antes da partida, às quatro da tarde do dia de Ano-Novo de 2008, do mesmo ancoradouro de Lyttelton, Nova Zelândia, de onde Shackleton saiu, à mesma hora, em 1º de janeiro de 1908, recebemos uma bênção na mesma igreja anglicana em que o grupo de Shackleton tinha rezado e cantamos o mesmo cântico que eles tinham entoado, com o refrão "Escuta-nos quando a Ti elevamos nossa voz/

por todos aqueles que estão em perigo no mar". A cerimônia reuniu bastante gente, inclusive descendentes da tripulação de Shackleton. Havia uma banda de sopros; cães samoiedos descendentes dos que puxaram os trenós de Shackleton latiam enquanto a multidão acenava; e fomos acompanhados ao mar pelo mesmo rebocador que puxara o *Nimrod*.

Atada ao corrimão do deque superior de nosso barco, uma bandeirinha — como essas que se usam para anunciar a solene abertura de uma lavanderia — carregava os dizeres *Spirit of Enderby*, segundo o material promocional de nossa viagem. Em contraste, gigantescas letras cirílicas no casco proclamavam o nome de *Professor Khromov*, assim como os botes salva-vidas, mapas e todo equipamento existente a bordo. Entrávamos e saíamos dos portos como *Professor Khromov* porque esse era na verdade o nome do navio. *Spirit of Enderby* foi um voo da fértil imaginação de Rodney Russ, dono da Heritage Expeditions e líder de nossa viagem. O mesmo material publicitário falava de um "quebra-gelo russo remodelado". A palavra "remodelado" criara a expectativa de algo além da instalação de um carpete azul por todo o barco de pesquisa de 1983 — mas não estávamos ali em busca de cabines luxuosas, por isso as acomodações espartanas pareciam fazer parte da bravata viril de nossa aventura.

O itinerário levaria um mês, e a primeira atração, dois dias depois, foram as ilhas Snares, pequeno arquipélago situado entre a Nova Zelândia e a Antártica. Essas ilhas têm uma população de aves tão grande que qualquer trajeto que se faça interfere em ninhos ou áreas de procriação, então tivemos de andar em círculos para ver os atraentes pinguins-das-snares endêmicos. De volta ao navio, John e eu nos misturamos aos outros 46 passageiros, entre eles outros dois americanos, um canadense, um costa-riquenho, além de neozelandeses, australianos, britânicos, zimbabuanos e namíbios brancos. Adiante, enfrentamos ondulações de doze metros de altura, o que me fez sentir como se estivesse dentro de uma secadora de roupas. As características do *Professor Khromov* próprias para enfrentar o gelo, fiquei sabendo mais tarde, acarretavam perda de estabilidade em mares encrespados. Demos um jeito de separar nossos pertences de modo que o barulho de laptops se chocando com câmeras fotográficas fosse abafado por casacos e cuecas térmicas. Mesmo na relativa segurança de nossa cabine, às vezes a cabeça batia numa extremidade do beliche, comprimindo o pescoço, então os pés batiam na outra extremidade, comprimindo os joelhos. Eu esperava perder algum peso, mas não altura, durante a aventura atlética em climas adversos.

A ilha Enderby, nossa primeira parada, estava misericordiosamente fixa no lugar, como costuma acontecer com as ilhas. Toda a superfície é coberta de vegetação: florestas de arbustos em flor, outras plantas grossas e espinhosas presas à terra dura e fria, e uma variedade de gramas bonitas de apreciar mas difíceis de atravessar. Vimos uma diversidade espantosa de aves, entre elas mandriões, várias espécies de albatroz e um ou outro pinguim-de-olho-amarelo. Cruzamos com leões-marinhos-de-hooker por toda parte, que deixavam claro por que são chamados de leões: eram do tamanho de uma geladeira, tinham uma espécie de juba e, se alguém chegasse muito perto — como às vezes acontecia por causa do matagal —, eles erguiam a cabeça e rugiam. Havia algo de surreal na decisão desses bichos de sair da praia e se meter nas moitas, como se estivessem tentando enganar alguém, convencendo-o de que são animais terrestres. De vez em quando, eles se erguiam sobre as quatro nadadeiras e se deslocavam penosamente pela grama, pesadões e vagarosos como burros velhos.

Mais mares revoltos nos levaram, dois dias depois, à ilha Macquarie, uma reserva natural com uma pequena estação de pesquisa que só admite poucas centenas de visitantes por ano. Suas praias são cheias de animais selvagens: pinguins-reis, pinguins-gentoo e pinguins-de-penacho-amarelo, além de elefantes-marinhos. Os pinguins se aproximam das pessoas, curiosos, e, se alguém estender a mão para um pinguim-real, ele vai mordiscar-lhe um dedo. Usando as asas em forma de nadadeira principalmente para gesticular, acenar para a frente e para trás quando se agrupam, parecem passageiros da estação Grand Central perambulando de um lado para outro antes que a partida de seu trem seja anunciada, alguns deles trocando de penas como velhas senhoras envoltas em casacos de pele roídos pelas traças. Mais de 200 mil casais de pinguins-reis vivem num dos extremos da ilha, tão apertados que fazem Tóquio parecer espaçosa. As focas gostam de subir umas nas outras, formando pirâmides como as líderes de torcida da década de 1950. As mais jovens têm feições incrivelmente doces, com olhos imensos e brilhantes; os machos mais velhos têm nariz comprido, protuberante como uma tromba, trêmulo e marcado de cicatrizes de briga.

Passamos pelos Vendavais da Latitude Quarenta e pelos da Latitude Cinquenta, um cinturão circumpolar de tempestades, e estávamos prontos para a prolongada travessia do oceano Austral, no qual nenhuma massa terrestre de importância detém o vento que açoita o globo. Rodney criou um bolão de apostas sobre quando veríamos o primeiro iceberg. O ornitólogo de bordo contava as espécies marinhas, e a presença do sétimo continente era forte em nós. Shackleton suscita tanta devoção quanto o mestre Gurdjieff, e o navio transbordava de especialistas em exploração polar. Aos poucos, as ondas perderam as características límpidas e bravias da região subantártica, e a água ficou espessa e calma, quase como os músculos de uma imensa estátua ondulando sob a pele tesa. Em 12 de janeiro, nos encontramos num quebra-cabeça de pedaços de gelo flutuantes, com o traçado das linhas escuras formadas pela água entre os fragmentos de neve como uma grande teia de aranha preta.

Os pedaços de gelo mediam mais de seis metros de ponta a ponta, em formatos que lembravam uma águia, um fusca da Volkswagen, um mapa do relevo da Espanha. A maior parte dos climas tem luz e sombra ou ainda um cinza neutro, mas lá encontramos um branco gelo amplificado e sem sombras, como um estroboscópio. Alguns dos gelos mais antigos usavam um avental de turquesa bem abaixo da linha-d'água, e alguns icebergs tinham cavidades cerúleas refratadas. Em outros lugares, grande parte do que é belo pode ser visto num olhar, mas nesta área o que impacta o visitante é a vastidão inóspita, intrincada e primitiva, que só se pode interpretar estando lá. O mundo acaba em gelo. Os tripulantes russos puseram-se na proa, vigiando o aparecimento de obstruções mais espessas, e o imediato nos conduzia para bombordo e boreste, conforme o caso; o capitão, na ponte, consultava mapas de navegação. O barco subia um pouco no gelo flutuante mais fino, depois o peso do casco caía sobre ele e abria uma brecha. No fim da tarde, fomos todos chamados ao convés de proa para tomar um vinho quente enquanto cruzávamos o Círculo Antártico.

Dirigindo-nos para o sul a cerca de 180 graus de longitude, onde correntes sazonais costumam facilitar a passagem pelo mar de Ross, chegamos à luminosidade interminável dos dias do alto verão antártico, e muitos dos passageiros ficaram acordados naquela noite e na seguinte até as duas e meia para vê-la. Na manhã seguinte, 14 de janeiro, acordamos com más notícias. Em um "comunicado" transmitido na abafada sala de conferência de dentro do navio, Rodney anunciou que a camada de gelo era mais grossa do que se esperava e que por volta das três da madrugada tínhamos voltado para redefinir o curso e tentar entrar no gelo um pouco mais a leste. "O navio poderia ter seguido por aquele caminho", disse ele, "mas enfrentaríamos 150 milhas de banquisas e teríamos avançado a apenas três nós." Minha matemática rudimentar mostrou-me que isso significava que levaríamos dois dias a mais na travessia, e me perguntei se seria sensato perder um dia para voltar, mas a falta de experiência me fez ficar calado. Dmitri, o capitão, falou depois. "Este navio não quebra-gelo", disse ele em seu inglês capenga. "Muito gelo."

Alguém verbalizou o receio geral: "Há alguma possibilidade de não conseguirmos passar?".

Rodney ficou pálido. "Fiz 36 viagens à Antártica e sempre passei." Falou como se seu amigo mais dileto faltasse ao jantar organizado em sua homenagem. Quando fomos para o convés, aquela imensa área de gelo marinho que, ao ser avistada pela primeira vez, nos dera uma alegre antecipação do mundo gelado que tínhamos vindo explorar se transformara numa barricada sinistra e indesejável a impedir nosso avanço. Da mesma forma, a graça que acháramos ao ouvir o barulho surdo do barco contra o gelo agora nos mantinha constantemente preocupados com que estivéssemos num beco sem saída, detidos a pouca distância do tão esperado mar de Ross. Nossas conversas alegres adquiriram um tom forçado, como aconteceria com os comentários sobre o tempo bom num campo de prisioneiros de guerra. Durante o dia seguinte, vivemos a estranha sensação de estar num bunker flutuante. Descíamos de vez em quando para ouvir os comunicados na sala de conferência, onde Rodney nos relatava o que lhe parecia bom nos mapas do gelo, e Dmitri, o que lhe parecia mau. Alguns passageiros acreditavam que íamos ter sucesso; para outros, devíamos desistir.

O navio seguiu um caminho entre o gelo a 178 graus. Na terceira noite consecutiva, na hora de dormir, o navio se erguia e afundava no gelo, mas, ao acordar, estávamos numa embarcação imóvel e, obedientemente, fomos em fila novamente para a sala de conferência. Rodney ficava de pé até as três da madrugada todas as noites, tentando, com sedução ou ameaças, fazer com que Dmitri mantivesse o curso; Dmitri queria ir dormir às três da manhã, e os passageiros a essa hora estavam fora do caminho, portanto era a hora ritual dos erros da jornada. Para um observador sem compromisso, parecia que tínhamos avançado muito pelo gelo, e o barco parecia ir ora mais rápido, ora mais devagar, mas com firmeza. Porém, uma vez mais, às três da madrugada, o capitão declarou que o gelo era intransponível. Rodney admitiu que o gelo estava inusualmente denso para a época, contudo insistiu que o navio conseguiria passar. O capitão, que tinha a particularidade tipicamente russa de ser ao mesmo tempo pouco comunicativo e melodramático, disse que o gelo "ainda assim era muito" e deu de ombros. Disse: "Eu tentei apenas", e receamos que essa expressão correspondesse mais à realidade do que o que ele de fato pretendia dizer: "Eu tentei a duras penas". Achamos que não íamos conseguir passar.

Os olhos de Rodney se encheram de lágrimas ao explicar como era difícil para ele esse fracasso, como se sua situação fosse a que mais precisasse de solidariedade. De início, nos comportamos todos como britânicos, ficamos firmes e fortes, mas muitos passageiros mais tarde admitiram que tinham chorado em suas cabines naquele dia, como se suas lágrimas salgadas fossem capazes de derreter a salmoura gelada que atrapalhava nosso caminho. Uns poucos se entregaram a piedosas homilias sobre como era inspirador sermos lembrados de que nem sempre se pode tirar o que se quer da natureza. Foi então que alguém formulou a pergunta óbvia: se não vamos à Antártica, o que faremos nos próximos quinze dias? Rodney disse que não tinha pensado no assunto. "O que querem fazer?", perguntou. Era uma besteira pretender decidir pelo voto num grupo que não era unido nem homogêneo. Em pouco tempo, propostas obscuras e desesperadas pululavam na sala.

O *Professor Khromov* encheu-se de uma tristeza contagiosa. Apesar de não se tratar de uma viagem de luxo, era caríssima, e as pessoas tinham assumido compromissos importantes por ela. A família de Conrad poupou durante oito anos para lhe dar a viagem de presente pelos cinquenta anos. Lynne, que já havia feito uma viagem com a Heritage, tinha convencido o marido e cinco amigos a aderir à grande aventura. Em seu leito de morte, a mãe de Nick tinha lhe dito que usasse a pequena herança que ela lhe deixava para realizar o sonho de infância de ir à Antártica. Greg tinha reservado para a viagem todas as suas férias e alguns dias de licença sem vencimentos, e só teria outras em 2009. Lauren abriu mão da aposentadoria e trabalhou durante um ano inteiro para pagar sua viagem com Stephen. E os jovens descolados — Dean, José, Glenn, John e Carol — eram tripulantes profissionais de iates de alto nível e pagaram pela expedição três anos antes, gastando todas as suas economias. Havia algo de shakespeariano na decepção, e nada se podia fazer a respeito. A tendência britânica de ver o melhor lado de uma situação ruim convivia com o hábito americano de correr atrás de sonhos impossíveis. Britânicos e neozelandeses são propensos a pensar que, quando se recebem limões, o melhor a fazer é uma limonada. Australianos, americanos e africanos achavam que, se tinham recebido limões, o melhor seria lançá-los de volta aos responsáveis por nossa frustração.

Na primeira noite depois da rendição, só uns poucos passageiros ficaram vigiando a vastidão interminável do mar gelado. Apesar de tudo, ainda era difícil acreditar no quanto nos sentíamos decepcionados por estar naquele mundo estranho. No convés, eu me perdia em dúvidas sobre onde estávamos tanto quanto na tristeza de onde não estávamos, porque o chamado sol da meia-noite fizera sua estreia espetacular por volta das dez horas, dourando um céu de flocos de algodão sobre os taludes de claras batidas formados pelo gelo sulcado. Havia mamíferos e aves marinhas para olhar, e competíamos para documentá-los com nossas muitas câmeras digitais — fosse a rara foca-de-ross ou os banais pinguins-de-adélia. Estes estavam espalhados, um aqui, quatro ali, e ficavam calmamente sentados em suas ilhotas de gelo marinho até que nosso barco estivesse quase em cima deles, e então saltavam de barriga na água. Os petréis-brancos nos circundavam, parecendo, quando o sol batia sobre suas penas alvas, imagens do Espírito Santo nas pinturas do Renascimento nórdico. Se uma pessoa ficasse na escada de metal de modo a poder se debruçar sobre a proa, poderia captar seu reflexo prismático nas porções mais brilhantes do gelo partido antes que o navio as dissolvesse. O próprio ar era um tônico purificador.

Contudo, alguma rudeza em nós não se aplacava com a luz permanente do não mundo branco em que estávamos desamparados e à deriva, privados de nosso continente perdido e fora do tempo. É verdade para as situações em geral, mas especialmente para as viagens, que as pessoas se entusiasmam com qualquer coisa extraordinária e perdem a calma com qualquer coisa esperada que lhes falte. Você pode nunca ter ouvido falar do camaleão arborícola do dedo gordo, ou do pátio do claustro de santa Ivete, no entanto, quando o guia diz que você teve a sorte rara de ver o bicho, ou que calhou de chegarem ao convento com as portas abertas por capricho das irmãs, você fica exultante. Quando ocorre o contrário, você se sente não apenas decepcionado como traído. Você se recrimina por ter gastado tanto dinheiro numa experiência que não está se concretizando. E se ressente antecipadamente com o refrão: "Bem, na verdade não estivemos lá".

Com as expectativas radicalmente reduzidas, programamos no dia seguinte um cruzeiro em círculo ao redor da ilha Scott, um afloramento de rocha raramente visitado a norte da camada mais espessa de gelo. Eufóricos, vimos uma foca-leopardo — predador conhecido por atacar seres humanos — tomando sol; parecia um cruzamento de molusco com dinossauro. No boletim daquela tarde, Rodney informou que achava que o gelo poderia estar abrindo espaço mais ao sul e propôs que esperássemos um dia ou dois perto da ilha Scott pela oportunidade de poder passar. Até mesmo os ateus foram para a cama rezando naquela noite. Descobrimos uma frágil camaradagem na possibilidade de adiar a desesperança, como se passar juntos por essa experiência estivesse forjando vínculos de combatentes entre nós, ainda que com uma sensação arrepiante de *Huis Clos*,* de não podermos escapar uns aos outros.

Numa época em que o meio ambiente está ameaçado e em que as plataformas de gelo se encontram em notório encolhimento, qualquer coisa sobre a redução da escala de destruição da paisagem era reconfortante. Todos nós chegamos ali receosos do enverdecimento da Antártica, e o que encontramos foi a interminável serenidade gelada. Esperando poder manter a rota e entrar no continente, ainda estávamos espantados e humilhados pela majestade que nos cercava, e, embora rezássemos pedindo que o gelo espesso desaparecesse do caminho de nosso navio, esperávamos que não desaparecese da terra.

No dia seguinte, nos aproximamos da ilha Scott, esperando mais um pouco. Os terríveis boletins estavam começando a parecer sessões de tomada de consciência de meados da década de 1970, em que cada participante dizia sua parte enquanto os outros rangiam os dentes. Rodney passara a se concentrar no tempo que levaríamos para sair do mar de Ross se conseguíssemos entrar, mas ter problemas na volta nos parecia menos alarmante do que não conseguir entrar. Comecei a entender os exploradores históricos que queriam tanto chegar aos polos que se aventuravam por territórios não mapeados sem saber se algum dia voltariam, perdendo membros ulcerados pelo frio, desaparecendo em fissuras no gelo ou em tempestades nebulosas. Dmitri anunciara que levaríamos vários dias para passar pelo gelo, que teríamos de voltar pelo mesmo gelo e que já não tínhamos tempo para a viagem de ida e volta. Rodney disse, sem muita convicção, que o comandante estava certo.

Todos ficaram ao mesmo tempo arrasados e indignados. O problema agora era de tempo, depois de todos aqueles dias de idas e vindas. Rodney achara que podíamos passar. Dmitri se recusou a ir. Ficamos reféns daquele confronto de personalidades. O que a natureza faz, aceita-se com algum conformismo. O que é causado pela ambição humana nos enfurece. Se a mensagem que nos transmitiram tivesse realmente a ver com o gelo, teríamos aceitado, mas a atuação in-

---

* *Huis clos*, expressão francesa que significa "entre quatro paredes", dá nome a uma peça de Jean-Paul Sartre, de 1944. (N. E.)

competente e o conflito pessoal tornavam aquilo difícil de engolir. Naquela noite, na ponte, Ian comentou que estávamos viajando a apenas nove nós, "como se este barco tivesse sido construído mais para conforto do que para velocidade". Mary disse: "Não tenho certeza de que tenha sido construído para uma ou outra coisa, na verdade". As coisas estavam nesse pé. Muita gente a bordo estava lendo *The Worst Journey in the World*, o brilhante relato da expedição fatal de Robert Falcon Scott entre 1910 e 1913, e começamos a chamar o *Nimrod* Centennial de "segunda pior viagem do mundo".

Ainda tínhamos duas semanas. Podíamos ir em direção ao leste para caçar icebergs, depois tomar o caminho de volta para a Nova Zelândia pela região subantártica. Até então, havíamos pisado em terra firme quatro vezes, e os intrépidos aventureiros que estavam a bordo começavam a ficar claustrofóbicos. Sempre detestei sentir frio, entretanto, naqueles dias de prisão, tiritar no convés era estranhamente emocionante, e eu tinha prazer com aquele toque de dormência gelada nos dedos e na ponta do nariz. O frio era antártico, embora não tivéssemos o continente sob nossos pés; ele materializava nossa breve afinidade com pinguins, focas e baleias. Para convencer-nos de que tínhamos ido a algum lugar, criamos um novo vocabulário: gelo oleoso e panquecas de gelo, escamas de gelo e gelo em pilhas, *bergs* tabulares e *bergs* em pedacinhos, gelo de primeiro ano e gelo de muitos anos, gelo fragmentado e dunas de gelo. Não são os inuítes os que têm cem palavras para neve: somos nós.

Finalmente encontramos os icebergs. Muitos pareciam quase de vanguarda: vimos um iceberg de Frank Gehry, o iceberg de Santiago Calatrava, o iceberg deliciosamente retrô de Frank Lloyd Wright, para não falar dos vários icebergs da Walmart e da Ikea que avistamos pelo caminho. Eles acabam com a crença popular de que a neve é branca: a neve é azul, com reflexos brancos devido a certa luz, às vezes é verde ou amarela, e muito raramente tem estrias rosa. Em seu cerne glacial, é a neve densa que absorve tudo menos a luz mais azul, que brilha como se fragmentos de neon do céu tropical tivessem sido apanhados por uma ventania e trazidos para cá. O último iceberg tabular de que chegamos perto deu nosso adeus definitivo à fantasia da Antártica que havia nos reunido. Foi o mais belo que vimos, e o maior, e, quando nos aproximamos em nossa volta ao redor da ilha, desprendeu-se dele um bloco do tamanho de um edifício de três andares que mergulhou no mar gélido com um estrondo digno de um Quatro de Julho.

Entre as ilhas de nosso lento e lúgubre retorno, a Campbell foi uma alegria. O albatroz-real faz ninho ali, e um grupo do nosso navio teve a sorte de ver uma rara mudança de guarda, quando o macho vem substituir a fêmea no choco dos ovos para que ela saia em busca de alimento. Depois de meia hora de cuidados mútuos, a fêmea deixa cautelosamente o ninho, e o macho se instala para seu longo turno. Nem mesmo o ornitólogo do grupo tinha visto esse ritual anteriormente.

Nossa estratégia alternativa consistia em chegar perto de uma ilha para ter uma vista de suas colinas, depois subir as colinas para ter uma vista do barco, depois voltar ao barco para uma última olhada nas colinas. Rodney ia na frente, deixando seus clientes mais idosos lutando sozinhos com a ravina íngreme e lamacenta. As pessoas contavam os dias: não que as ilhas fossem destituídas de interesse, mas a Heritage oferece um tour à região subantártica que dura apenas uma semana e custa cerca de 5 mil dólares por pessoa. Nossa viagem, considerando que havíamos pago vários extras, custou à revista que nos enviou mais de 40 mil dólares por uma cabine dupla, sem contar a passagem aérea para a Nova Zelândia e o custo de nosso afastamento do trabalho.

Esperávamos que Rodney propusesse ao menos um reembolso parcial, ou que no mínimo nos proporcionasse um *open bar* por uma noite, no entanto isso não aconteceu. Quando o interpelei, ele respondeu: "Esta viagem me custou tanto quanto se tivesse sido completa". Na última noite, o tempo estava incrivelmente delicioso, e ficamos naquele calor luminoso tão diferente do que tínhamos nos proposto, diabolicamente deprimidos pelo céu azul, a água tremeluzente, a beleza da costa neozelandesa no verão.

Éramos como visitantes estrangeiros que durante a vida toda sonharam conhecer Nova York, viajam com esse propósito, mas ficam presos durante um mês em Newark sem ter como voltar para casa. A decepção chegava em ondas. Houve o choque inicial. Depois veio um sentimento reconfortante de que não poderíamos ficar aborrecidos indefinidamente, e o prazer real de ver mais de cem espécies de aves, duas dúzias de mamíferos e gelo em quantidade oceânica. Por fim, veio a sensação de deixar o navio sem ter feito o que tínhamos nos proposto — um sentimento de raiva, fracasso, ingenuidade, culpa e desconfiança. Subimos a bordo com a esperança de juventude renovada e voltávamos com a frustração da velhice.

De início, vimos a informalidade da Heritage Expeditions como despojamento e apreciamos a aura de aventura que cercava Rodney. O *Nimrod* Centennial transformou-se num desastre porque um problema real da natureza coincidiu com um amadorismo igualmente real. Mais tarde, soubemos que outro barco, o *Marina Svetaeva*, enfrentou o mesmo gelo, no mesmo momento, mudou de curso e aportou na baía da Commonwealth na Antártica. Havia algo de agradável e revigorante a respeito da turbulência da Heritage, algo quase trágico no sentimento de que estávamos todos juntos naquela empreitada. Nunca nos sentimos como se fôssemos turistas que compraram um serviço; nossa sensação era a de estranhos que tinham feito amizade e que combinaram dar-se as mãos e entrar com decisão na maior área selvagem que resta no mundo. Viajar dessa forma é muito romântico, mas também arriscado, e para nós, infelizmente, o risco sobrepujou o romantismo. Se tivéssemos chegado ao grande e branco fim de mundo, eu teria elogiado as mesmas qualidades que deplorei em nossa viagem frustrada. Ainda assim, testemunhamos um tipo de beleza a que poucos homens tiveram acesso. Usamos essa felicidade reconfortante contra o gelo implacável de nosso arrependimento.

O mar de gelo que interferiu em nossa viagem ficou ainda mais abundante quando as geleiras começaram a se quebrar, tornando cada vez mais difícil a chegada de cientistas a suas estações de pesquisa.[1] A obstrução de gelo se agrava pelo vento hostil que resulta da rarefação do ozônio polar, o aumento dos gases causadores do efeito estufa e o diferencial de temperatura causado pelo aquecimento mais rápido dos trópicos em relação ao da Antártica. Esses ventos trazem para baixo das geleiras águas relativamente mais quentes, fazendo com que derretam. As características estruturais de certas geleiras da Antártica Ocidental as tornam particularmente vulneráveis; a degenerescência da camada de gelo dessa região da Antártica provavelmente vai elevar o nível do mar em pelo menos 120 centímetros num futuro próximo, num processo que a Nasa classifica de "irrefreável".[2] A geleira Totten, na Antártica Oriental, está recebendo água mais quente por duas vias simultâneas. Ela retém uma superfície de gelo equivalente a três quartos do estado do Texas; se derreter, o nível do mar pode subir mais de três metros adicionais.[3]

Em 24 de março de 2015, a temperatura bateu um recorde e chegou a 17,5 graus Celsius na Base Esperanza, no extremo norte da península Antártica.[4] Novas variedades de fungos estão surgindo ali, trazidas por essas temperaturas mais elevadas. O número de varietais de fungos pode aumentar em mais de um quarto no fim do século XXI. Esses fungos podem desencadear uma enxurrada de espécies invasoras. As temperaturas mais elevadas fizeram da Antártica um destino atraente para o caranguejo-rei, que pode ameaçar seriamente outros animais marinhos que não têm defesa contra ele. O derretimento das geleiras deposita ferro nas águas, o que é bom para o fitoplâncton, o que por sua vez é bom para os pinguins, mas também altera o ecossistema.[5]

A proibição da mineração polar estabelecida pelo Tratado da Antártica expira em 2048. Os chineses já construíram quatro estações de pesquisa no continente gelado e têm uma quinta em construção. A China vem capturando grandes quantidades de krill das águas antárticas. Liu Shenli, presidente do Grupo de Desenvolvimento Nacional Agrícola da China, diz: "A Antártica é uma casa do tesouro para todos os seres humanos, e a China deve ir lá em busca de sua parte". O país assinou um tratado recente de cinco anos com a Austrália que permite o reabastecimento de navios chineses que se dirigem ao sul. Esse pacto vai possibilitar aos chineses capturar animais marinhos, explorar os abundantes recursos minerais e o petróleo do continente, além de extrair água doce dos icebergs. Anne-Marie Brady, professora de ciência política da Universidade de Canterbury, na Nova Zelândia, afirma: "A China está fazendo um jogo paciente na Antártica"; o desejo de iniciar operações de mineração no continente já foi transmitido "em alto e bom som para o público interno".[6]

INDONÉSIA

Quando todos falam por sinais

Longe da árvore, 2012

Nicholas Evans, linguista australiano que conheci em 2006 quando ambos tínhamos bolsas de estudos de um mesmo programa, contou-me sobre uma cidade em Bali onde uma linhagem de surdos levou à formação de uma cultura regulada pela surdez, e durante muito tempo eu quis visitá-la. Depois das frustrações de nossa viagem à Antártica, John e eu quisemos passar por Bali, na volta para casa, e fazer essa pesquisa.

Quando falei de Bengkala como um lugar idílico em *Longe da árvore*, alguns leitores acharam que eu estava entusiasmado com a vida primitiva de nobres silvícolas. Eu nunca quis minimizar a importância da luta de pessoas em aldeias como essa. Isso só é utópico do ponto de vista dos direitos dos deficientes. Os surdos de todo o mundo vivem a exclusão social; uma sociedade em que todos possam falar por meio de sinais realiza o sonho comum de fluência compartilhada, mesmo que esse sonho seja circunscrito ao esforço da agricultura de subsistência de um lugar pobre.

Na pequena aldeia de Bengkala, no norte de Bali, uma forma de surdez congênita persiste há cerca de 250 anos e atinge consistentemente cerca de 2% da população.[1] Todos em Bengkala cresceram com pessoas surdas, e todos conhecem a linguagem de sinais exclusiva usada na aldeia, por isso a distância entre a experiência das pessoas surdas e não surdas é menor do que talvez em qualquer outro lugar do mundo.[2] Descobri que, onde é lugar-comum, a surdez não é percebida como deficiência. Surdos e ouvintes casam entre si livremente, e as pessoas ficam tão felizes com um filho surdo quanto com um ouvinte.

Bengkala também é conhecida como Desa Kolok, ou Aldeia dos Surdos. Em 2008, quando a visitei, 46 dos cerca de 2 mil habitantes da aldeia eram surdos. Conheci pais ouvintes com filhos surdos, pais surdos com filhos ouvintes, famílias surdas com pais e filhos surdos, pais surdos ou ouvintes com uma mistura de filhos surdos e ouvintes. É uma aldeia pobre, e o nível geral de educação é baixo, mas é ainda mais baixo entre os surdos. O único ensino oferecido aos surdos pelo governo era uma adaptação do indonésio para a linguagem de sinais, e a única escola para surdos de Bali ficava na capital, Denpasar. A linguagem indonésia de sinais emprega uma gramática oral para reger uma sequência de sinais. As pessoas para as quais a gramática é principalmente visual têm dificuldade para aprender. Kanta, um professor não surdo da aldeia, introduziu em 2007 um programa de educação para os surdos de Bengkala em sua própria linguagem de sinais, o kata kolok; a primeira turma de surdos tinha alunos de sete a catorze anos, porque nenhum deles tivera educação formal anteriormente. Estavam aprendendo a soletrar palavras balinesas com os dedos e também trabalhando com números.

A vida nas aldeias do norte de Bali baseia-se em um sistema de clãs. Os surdos podem tanto participar de seus clãs como ultrapassá-los; para os aniversários, por exemplo, eles convidam o próprio clã, bem como a aliança de surdos da aldeia, enquanto as pessoas que ouvem não convidam ninguém de fora de seu clã. Os surdos têm certos empregos tradicionais. Eles enterram os mortos e são policiais, embora não haja quase nenhum crime; consertam tubulações do sistema frequentemente defeituoso de água. Em sua maioria, também são agricultores que plantam mandioca, inhame e capim-elefante, usado para alimentar as vacas. Bengkala tem um chefe tradicional, que preside as cerimônias religiosas; um chefe administrativo, escolhido pelo governo central de Bali para supervisionar as funções governamentais; e um chefe dos surdos, tradicionalmente a pessoa surda mais velha.

Cheguei em Bengkala com o linguista balinês I Gede Marsaja, nascido em uma aldeia vizinha, que estudou kata kolok em profundidade. Descemos um desfiladeiro onde um rio corria sob uma parede de pura rocha de sessenta metros de altura. Vários moradores surdos nos esperavam junto à água, onde mantêm uma fazenda com um bosque de rambuteiras. Na meia hora seguinte, o restante dos surdos de Bengkala chegou. Sentei-me num cobertor vermelho em uma das extremidades de uma grande lona, e os surdos se organizaram em torno das extremidades. As pessoas faziam sinais para mim, confiantes de que eu poderia entender. Gede traduziu e Kanta, o mestre-escola ajudou. Logo aprendi alguns sinais. Sempre que eu os usava, todo o grupo sorria. Eles pareciam ter vários níveis e tipos de sinais, porque, quando estavam fazendo sinais para mim, eram como um bando de mímicos, e eu podia seguir claramente suas narrativas, mas quando trocavam entre eles eu não conseguia de forma alguma descobrir o que estavam dizendo, e quando faziam sinais para Gede, estavam em algum lugar entre os dois extremos. Algumas das pessoas não surdas da aldeia faziam sinais melhores que outras. Enquanto o kata kolok tem uma gramática precisa, sinais puramente icônicos podem ser decifrados por pessoas que não são fluentes sem a necessidade de uma organização gramatical.

Para dizer *triste* em kata kolok, põem-se os dedos indicador e médio nos cantos internos dos olhos e depois eles descem como lágrimas. O sinal para *pai* é um dedo indicador acima do lábio superior para sugerir um bigode; o sinal para *mãe* é uma mão aberta virada para cima no nível do peito, segurando uma mama imaginária. Para dizer *surdo*, gira-se o dedo indicador enfiado no ouvido; o sinal para *audição* é a mão inteira mantida fechada ao lado da orelha e depois aberta enquanto se afasta da cabeça, como uma espécie de explosão que sai do crânio. Em kata kolok, as palavras positivas em geral envolvem apontar para cima, enquanto as negativas envolvem apontar para baixo; um aldeão que tinha viajado disse aos outros que o dedo médio erguido é um palavrão no Ocidente, então eles mudaram o sinal e agora usam o dedo médio apontado para baixo para indicar *horrendo*. O vocabulário está em constante evolução, enquanto a gramática é bastante estática. Essa língua provavelmente passa a ter regras, como muitas línguas de sinais, ao longo das décadas; a linguagem de segunda geração é sempre mais sofisticada e organizada que a de primeira geração.

A língua falada pelos agricultores ouvintes locais não apresenta um grande vocabulário, tampouco o kata kolok. Cerca de mil sinais foram identificados pelos estudiosos, mas os surdos de Bengkala conhecem claramente mais sinais do que isso e podem combinar sinais existentes para comunicar novos significados. Para os ocidentais instruídos, a intimidade requer o conhecimento mútuo alcançado à medida que a linguagem revela os segredos de duas mentes. Mas, para algumas pessoas, são menos dadas à articulação: o eu se expressa em grande parte na preparação de alimentos e no universo da paixão erótica e do trabalho compartilhado, e para essas pessoas o significado embutido nas palavras é secundário; mais um enfeite para o amor do que seu canal. Eu havia entrado em uma sociedade na qual, para surdos e não surdos, a linguagem não era o pré-requisito necessário da familiaridade nem o principal meio de sobrevivência no mundo.

Quando terminamos o almoço, catorze homens vestiram sarongues e duas mulheres puseram elaboradas blusas de náilon rendadas. Como a maioria das pessoas surdas, eles eram capazes de sentir as vibrações do tambor e sua dança tinha movimentos que pareciam fluir de sua linguagem mimética — era possível distinguir quando eles dançavam como se estivessem num barco, quando estavam fumando e quando estavam fugindo. Cada uma das mulheres convidava um dos homens presentes para dançar. Uma delas me convidou, e aceitei. Ela pendurou flores ao redor do meu pescoço enquanto dançávamos. Então as mulheres manifestaram que estavam ficando com muito calor e cansadas, pois o dia estava incrivelmente úmido, e pararam. Os homens se ofereceram para nos mostrar as artes marciais que usam como agentes de segurança da aldeia. Eu estava interessado na maneira como eles misturam a língua de sinais e o uso de mãos e pés como armas; um homem jovem chamado Suarayasa resistiu a participar da demonstração até que foi obrigado pela mãe a fazê-lo, e durante todo o tempo em que nos mostrou suas habilidades, também disse por sinais repetidamente: "Olhe para mim!". Era furioso, mas ao mesmo tempo engraçado.

As dançarinas voltaram e deram uma Sprite para todos, e depois os homens propuseram um mergulho no rio; então descemos através da grama-elefante e das pimenteiras e fomos nadar nus. A parede de rocha íngreme erguia-se acima de nós e longas trepadeiras pendiam, e os homens surdos se balançavam nelas. Fiz cambalhotas na água, outros plantaram bananeira, e montamos iscas para a pesca de enguias. Às vezes, um deles nadava debaixo da água até chegar ao meu lado e então saltava para fora de repente. Eles continuavam a fazer sinais para mim, e havia algo de exuberante, até mesmo alegre, na comunicação. Naquela luminosidade do pôr do sol, parecia possível contemplar aquilo como idílio, apesar da pobreza e da deficiência dos aldeões.

No dia seguinte, Kanta traduziu do kata kolok para o balinês, dirigindo-se ocasionalmente a mim em seu inglês limitado; Gede traduziu o balinês de Kanta para o inglês, falando vez ou outra por sinais em seu kata kolok limitado; e os habitantes surdos de Bengkala dirigiram-se diretamente a mim na animada língua de sinais. A comunicação nessa confusão linguística se estabelecia pela pura força da vontade coletiva. Era difícil dizer ao certo o número de ouvintes e surdos de cada família, já que cada um tinha uma ideia própria sobre o que se entende por família: todos os parentes homens? Todos os adultos? Todos os que partilhavam uma mesma cozinha? Havia limites para o que se podia perguntar porque muitas estruturas gramaticais não podem ser traduzidas. Por exemplo, o kata kolok não tem futuro do pretérito; não havia maneira de perguntar *por quê*. A língua também não tem palavras que designem categorias genéricas (como "animais" ou a noção abstrata de "nome"), apenas específicas (como "vaca" ou o nome de alguém).

Conversamos primeiro com a família de Pinda, que atualmente tem duas esposas e já se divorciou de outras duas. Era pai de duas crianças: uma filha, com Ni Md Resmini, e um menino com sua outra mulher. Três filhos dos casamentos anteriores tinham morrido. Suas mulheres e filhos eram surdos. Pinda disse: "Não gosto das pessoas ouvintes daqui. Se peço dinheiro, sempre recusam". Vaidoso, queria ser fotografado o tempo todo, mas era receptivo e ria por qualquer coisa. Ele gostava de Resmini porque ela cortava capim o dia todo para as vacas e nunca falava. "Os ouvintes falam demais", ele esclareceu. Resmini disse: "Sempre achei que queria me casar com um surdo, mas nunca me importei se meus filhos seriam capazes de ouvir ou não. Com um marido ouvinte, minha filha provavelmente será mais rica, e com um marido surdo ela vai acabar na luta como eu. Ter uma linguagem em comum com o marido não é uma vantagem. Fica tudo mais emotivo". Pinda aparentava sentir um orgulho obscuro desse prognóstico. "O surdo, quando alguma coisa vai mal com sua mulher, ele a chuta na mesma hora", diz ele. "Se ela for gentil demais com outro homem, é chutada sem perguntas. Eu nunca me casaria com uma ouvinte. E gostaria que meu filho também se casasse com uma surda." Ficou claro que seria difícil para ele dominar a família se tivesse uma mulher ouvinte.

Conheci a família de Santia, filho surdo de pais ouvintes, e sua esposa, Cening Sukesti, filha surda de pais surdos. Os dois tinham sido amigos de infância. Santia era um pouco lento, ao passo que Cening Sukesti era vibrante, animada e inteligente. Sukesti escolheu se casar com um homem surdo cujos pais não surdos tinham terra suficiente para eles trabalharem. Ela contou: "Se você é surdo, é surdo. Se é ouvinte, é ouvinte. Simples assim. Nunca senti ciúmes de pessoas ouvintes. A vida não é fácil para eles. Se trabalharmos duro, vamos ganhar dinheiro também. Eu cuido das vacas, planto as sementes, fervo a mandioca. Se eu morasse em outra aldeia, talvez quisesse ouvir, mas gosto daqui, e aqui isso não tem importância".

Três dos quatro filhos de Santia e Sukesti são surdos. Quando seu filho Suara Putra tinha nove meses, amigos ouvintes de seus pais disseram que ele ouvia. Aos onze meses, começou a usar a língua de sinais e agora é fluente, embora se sinta mais fluente na fala. Agora jovem, Suara Putra muitas vezes traduz para seus pais. Ele jamais desistiria de sua audição: "Eu tenho duas onde a maioria das pessoas tem uma", disse-me. Mas afirmou que poderia ter sido igualmente feliz se fosse surdo. Metade de seus amigos era surda. "Porém eu não os separo dessa maneira", explicou, "porque para mim é tudo a mesma coisa." Não obstante, disse, "acho que meus pais gostam de ter um filho ouvinte. No entanto, haveria menos tensão se eu fosse como eles". Sukesti contou que Suara Putra usa a língua de sinais ainda melhor que seus irmãos surdos porque a língua falada o deixou mais à vontade para expressar ideias complexas.

O filho surdo, Suarayasa, que na véspera fazia sinais enquanto demonstrava seus movimentos de artes marciais, disse que tinha amigos surdos e ouvintes, mas que gostava mesmo de se embebedar com os surdos. "Os surdos da minha idade não vão à escola, então têm tempo para trabalhar, ganham dinheiro e compram bebidas." O uso abusivo de álcool é mais frequente na comunidade surda de Bengkala, e muitos dos jovens surdos mostram com orgulho as cicatrizes que ganharam em brigas de bêbados. A avó surda de Suarayasa disse que ele precisa controlar a bebida e balançou a cabeça quando o neto lhe disse que ia se casar com uma ouvinte. Perguntei-lhe o porquê da escolha, e ele respondeu: "Todas as garotas surdas já me rejeitaram. Elas não gostam que eu beba, embora eu nunca vomite".

Um casal mais velho, Sandi e sua esposa Kebyar, morava com os dois filhos surdos, Ngarda e Sudarma. A esposa ouvinte de Ngarda, Molsami, veio de outra aldeia e, quando percebeu que estava grávida, achou melhor aprender a linguagem dos sinais. "O que me preocupa é a diferença entre um marido trabalhador e um preguiçoso", disse ela. "Ser ouvinte ou surdo não faz muita diferença." Ngarda estava contente por ter quatro filhos não surdos. "Já temos muita gente surda aqui", disse ele enfaticamente. "Se todos nós formos surdos, isso não é bom."

Sudarma, por outro lado, tinha opinião inversa. É casado com uma surda, Nym Pindu, e insistiu que jamais se casaria com uma mulher ouvinte. Mais do que qualquer outra pessoa que conheci em Bali, ele assumia posições afins com as políticas ocidentais para surdos.[3] "Os surdos devem ficar juntos", disse-me. "O ouvinte é bom para o ouvinte, e o surdo é bom para o surdo. Quero viver entre as pessoas surdas e quero filhos surdos." Seus três filhos são surdos. Sudarma é um grande bebedor e exibe cicatrizes de suas bravatas.

Devíamos ter começado o dia com uma visita a Getar, o chefe surdo da aldeia, e sua irmã, Kesyar, mas Getar tinha sido chamado muito cedo para reparar tubulações, por isso conversamos no dia seguinte. Aos 75 anos, ele não só repara tubulações como faz visitas regulares ao bordel de uma cidade vizinha, quando tem dinheiro, e fala sobre elas em detalhe. Em sua última visita, conseguiu três "garotas" por 30 mil rupias (pouco mais de três dólares). O número de surdos em Bengkala varia; Getar disse que, quando nasceu, a aldeia tinha apenas seis pessoas surdas — mas depois esclareceu que por *pessoas* entendia "homens adultos" e que, se fossem incluídas as mulheres, ele se lembrava de onze surdos. Comunica-se com frequência com ouvintes, e sua língua de sinais era icônica. Faltavam-lhe a elegância da linguagem de Cening Sukesti ou o vigor da expressão de Sudarma.

Getar se casou apenas uma vez. A mulher, que lhe dera cinco filhos, morreu por ter comido muita jaca. Quatro de seus filhos, todos eles surdos, sobreviveram à infância. A principal responsabilidade de Getar era arrumar emprego para membros da aliança de surdos. "Há tubulações para reparar. Há um emprego na segurança", explicou. "O chefão vem a mim e eu decido quem vai fazer o serviço. Quando morre alguém, a família me procura e eu decido quem vai cavar a sepultura. A pessoa que faz o serviço fica com a maior parte do dinheiro, mas um pouco é destinado ao fundo da aliança dos surdos. De seis em seis meses matamos um porco — ou vários, se tivermos dinheiro — e dividimos a carne igualmente entre os surdos." Getar contou-me que a escolha de quem vai ficar com o trabalho é política, já que todos querem os empregos que pagam melhor. "Tenho um registro de quem faz cada trabalho, assim posso mostrar que as decisões são justas", diz ele. "Se alguém está passando fome e precisa trabalhar, eu lhe dou o serviço. Se alguém fica muito tempo sem trabalho, eu lhe dou uma oportunidade." Quando outros surdos se dirigem a Getar, usam sinais mais polidos, mais formais; ele, por sua vez, usa essas formas para se dirigir a ouvintes. Getar não foi vítima de preconceito, no entanto fala com saudade sobre a liberdade dos jovens surdos. Havia mais surdos, ele acha, e a vida deles era mais fácil. Atualmente eles estão até indo à escola.

Depois de nossos longos dias de entrevistas, Cening Sukesti nos convidou para ir a sua lavoura. Estava chovendo, mas Santia sacudiu um coqueiro, trouxe-nos cocos verdes e comemos mandioca e farinha de milho. Contaram-se piadas picantes; Cening Sukesti riu ao revelar que recusou favores sexuais a Santia até que ele terminasse a construção de sua nova choupana. A aliança de surdos tem uma descontração agradável, a intimidade é rápida e envolvente. Quando perguntei a respeito de preconceitos contra surdos, todos eles responderam que isso não existia na aldeia. Todos tinham amigos ouvintes e surdos que se misturavam à vontade.

Nessa comunidade, as pessoas falavam sobre surdez e audição do mesmo modo como pessoas de sociedades mais familiares poderiam falar sobre altura ou raça — como características pessoais, com vantagens e desvantagens. Eles não desconsideram o significado da surdez nem subestimam seu papel em suas vidas; não esquecem se são surdos ou ouvintes e tampouco esperam que os outros esqueçam. Mas consideram que essas características estão dentro do domínio das variantes comuns e não se constituem em deficiência grave ou aberração. A aliança surda em Bengkala é extremamente livre em todos os sentidos, exceto a geografia; sua liberdade baseia-se numa fluência linguística compartilhada apenas em sua aldeia. Eu tinha ido lá para investigar o modelo construcionista social de deficiência e descobri que onde a surdez não prejudica a comunicação ela não é uma desvantagem.

Entre as línguas de sinais para surdos, o kata kolok tem a singularidade de ser usado por um número maior de ouvintes que de surdos. Mas essa característica está ameaçada, à medida que cada vez mais os adolescentes surdos de Bengkala estão sendo enviados a internatos onde aprendem a língua indonésia de sinais (LIS). Muitos deles se casam com surdos de outras partes de Bali e passam a usar a LIS no lugar do kata kolok. Nos últimos anos, oito pessoas surdas de Bengkala se mudaram para outros pontos de Bali ou da Austrália. Mesmo que os cônjuges de fora de Bengkala sejam surdos, é pouco provável que esses casais tenham filhos surdos, já que os de fora não têm o gene causador da surdez das pessoas nascidas em Bengkala. Desde 2005 não nascem filhos surdos de casais usuários do kata kolok, portanto não ocorreu nenhuma transmissão recente da língua de pais surdos para filhos surdos. Conforme cai o número de surdos em Bengkala, cai também a utilidade comunicativa do kata kolok.[4]

BRASIL

Rio, cidade da esperança

Travel + Leisure, outubro de 2011

Viajei ao Rio de Janeiro em 2010, a fim de escrever uma matéria para a revista *Travel + Leisure* que mostrasse como a cidade estava mudando com vistas à Copa do Mundo e aos Jogos Olímpicos. A questão central era a dinâmica em mutação entre os privilegiados e os pobres. Tratei do assunto no artigo publicado, mas realizei uma investigação mais profunda, que é apresentada nesta versão ampliada.

Numa época em que grande parte do mundo se encontra em alguma forma de declínio, o Rio de Janeiro tem o olhar voltado para o futuro; a cidade pode dar a impressão de ser a capital da esperança. A onda de mudança deve um pouco à florescente economia brasileira, um pouco à descoberta de petróleo em alto-mar, um pouco ao que a cidade ganhou ao ser escolhida como sede das finais da Copa do Mundo de 2014[1] e dos Jogos Olímpicos de 2016[2] e, principalmente, à redução espetacular do índice de criminalidade. Todas essas mudanças estão intrincadamente entrelaçadas. O Rio não alcançou a placidez de Zurique ou de Reikjavik, mas, da mesma forma que qualquer alegria, por modesta que seja, é vivida como um êxtase depois de uma depressão, a melhora ali experimentada cria um clima de festa que nenhuma daquelas cidades tranquilas jamais conhecerá.

Muitas cidades grandes surgiram à beira-mar, porém nenhuma se integra ao oceano como o Rio. Pode-se imaginar San Francisco localizada no interior da Califórnia, ou Boston sem seu porto, mas imaginar o Rio sem a orla marítima é o mesmo que imaginar Nova York sem arranha-céus, Paris sem cafés, Los Angeles sem celebridades. A paisagem tem uma premência quase veneziana. "Se você não for à praia, não sabe nada do que está acontecendo", disse o artista plástico Vik Muniz.[3] "Não importa que use o Twitter ou tenha um celular, você tem de ir à praia todos os dias, das quatro até o sol se pôr." As praias são inerentemente democráticas, pois, se você convive em público com as pessoas, usando apenas um calção de banho, o dinheiro perde os direitos reservados sobre o glamour. Embora as praias do Rio continuem bastante segregadas por classe, já que a cor de sua pele e a marca de seu traje de banho e de seus óculos determinam sua condição social, grande parte do que você mostra na praia é seu corpo, sua habilidade no vôlei e o quanto consegue ser descolado. As implicações sociais são significativas. Dá trabalho ser esnobe no Rio.

A topografia ditou outra anomalia social. Os privilegiados moram nas áreas planas à beira-mar, que não estão sujeitas a deslizamentos de terra, na Zona Sul, a qual abrange as famosas praias de Copacabana, Ipanema e Leblon. Esses bairros são pontilhados de morros íngremes, nos quais, nos últimos cem anos mais ou menos, se instalaram os pobres. Embora neles viva um quarto da população do Rio, essas áreas escarpadas, conhecidas como *favelas*, não aparecem em detalhe na maioria dos mapas da cidade e, historicamente, não contam com serviços como coleta de lixo, sistemas de esgoto e proteção policial. Mesmo na rica Zona Sul, nunca se está a mais de cinco minutos de uma favela. Muniz disse o seguinte: "Você está sentado em Saint-Tropez e cercado por Mogadíscio".

A construção nas favelas não é regulamentada, e, quando as chuvas vêm, muitas casas caem. Separados da cidade propriamente dita, esses enclaves, dominados por quadrilhas, são cenários de uma violência incessante. A maioria das grandes cidades tem áreas como essas, contudo em muitas — inclusive várias outras no Brasil — elas se localizam nos arrabaldes ou num único enclave fechado. As favelas do Rio estão espalhadas por toda a cidade, como pedacinhos de chocolate em um *cookie*. Sua geografia é tão peculiar que os tiros disparados numa favela podem ser escutados nos bairros mais ricos. As distâncias sociais ali superam as distâncias geográficas.

Parte significativa da cultura brasileira originou-se nas favelas do Rio. Ali surgiu o samba, como também o funk. Muitos craques do futebol vieram das favelas, assim como algumas das modelos mais famosas do Brasil. O carnaval do Rio, a maior festa pré-Quaresma do mundo, quando 2 milhões de foliões se divertem nas ruas, baseia-se largamente nas escolas de samba das favelas, que competem entre si para apresentar os desfiles mais esfuziantes.[4] Os aristocratas franceses nunca dizem que a França nada seria sem os cortiços de Paris, e a máfia causa embaraço à maior parte dos italianos de classe alta; apesar da cultura hip-hop, a maior parte dos americanos opta pelos subúrbios. No Rio de Janeiro, entretanto, os que gozam de privilégios admiram os desprivilegiados. José Maria Zacchi, um dos arquitetos da mudança no Rio, disse-me que, no Brasil do século XIX, era pequena a distância entre a casa senhorial e os alojamentos dos escravos, e que nesse sentido pouca coisa mudou. "A classe média educada adora misturar-se com o povo", disse o poeta e crítico Ítalo Moriconi. "Isso faz parte da cultura carioca." (A palavra "carioca" designa pessoas ou coisas do Rio.) No entanto, o Brasil continua a ser uma das sociedades mais desiguais do mundo, um lugar, como disse a antropóloga Lilia Moritz Schwarcz, de "inclusão cultural e exclusão social".[5]

O orgulho carioca começou a desvanecer-se em 1960, quando a capital do país foi transferida para a distante Brasília e o funcionalismo público se viu reduzido.[6] Antes um distrito federal, como Washington, D.C., ou a Cidade do México, o Rio foi inserido, para fins administrativos, no estado circundante e subdesenvolvido. Cada vez mais os negócios se transferiram para São Paulo, e o Rio se desindustrializou. A violência vinda das favelas ameaçava ricos e pobres. Os ricos contratavam forças de segurança privadas, dirigiam carros blindados e deixaram de usar joias. Quadrilhas de traficantes de drogas lutavam entre si e com uma força policial inacreditavelmente corrupta. As quadrilhas às vezes metiam seus inimigos em torres de pneus e os incendiava — método de execução conhecido como forno de micro-ondas, semelhante à atrocidade sul-africana chamada colar.[7]

Alguns policiais faziam bicos em organizações de proteção em favelas e cortiços, as chamadas milícias privadas, difíceis de distinguir das quadrilhas que teoricamente reprimiam. Moriconi referiu-se à "relação promíscua entre a polícia e o crime". Em 2008, Philip Alston, relator especial das Nações Unidas sobre execuções extrajudiciais, sumárias ou arbitrárias, escreveu: "Um número notável de policiais tem vida dupla. Em serviço, combatem quadrilhas de traficantes, mas nos dias de folga trabalham como soldados rasos para o crime organizado".[8] Em 2008, uma de cada 23 pessoas presas pela força policial do Rio de Janeiro era morta em custódia por policiais ou outros, antes de ser levada a julgamento — uma estatística impressionante, se consideramos que essa proporção nos Estados Unidos é de uma para 37 mil.[9]

Luiz Eduardo Soares dirigiu por algum tempo a Secretaria Nacional de Segurança Pública no primeiro mandato do presidente Luiz Inácio Lula da Silva, mais conhecido como Lula, que governou o país de 2003 a 2010. Soares instituiu um programa pelo qual a polícia entraria em áreas pobres com respeito.[10] "Estávamos ali prestando um serviço público, e não invadindo", ele me disse. Contudo, o policiamento é uma questão municipal, e é difícil modificar procedimentos e atitudes com uma política nacional. "Quando se dá a um policial autoridade discricionária para matar, você também está lhe dando autoridade para vender vida", disse Soares. "Ele pode dizer ao suspeito: 'Eu posso matar você. Isso não me custaria nada. Mas também posso não matar você. Quanto você me daria?'." Não demora muito para que esse comportamento se torne organizado. Os moradores das favelas se armaram, e muito. Pessoas inocentes eram feridas e mortas no fogo cruzado, e a expectativa de vida era curta. Na Zona Sul, o crime de rua tornou-se comum. Mais de mil pessoas eram mortas pela polícia, por ano, apenas no Rio e em São Paulo, um número bem maior do que em todos os estados americanos juntos.[11] O chefe de operações especiais no Rio de Janeiro foi indiciado por corrupção.[12] "Se você era pobre, tinha medo da polícia; se fosse rico, não confiava nela", disse Roberto Feith, dono de uma importante editora na cidade.

Diante da importância dos esportes para a psique brasileira, não surpreende que a Copa do Mundo e os Jogos Olímpicos inspirassem a liderança carioca a uma tentativa de mudança. Depois de décadas de rixas fratricidas entre suas administrações, o prefeito, o governador e o governo federal começaram a trabalhar em sincronia. Em 2008, o secretário de Segurança do Rio, José Mariano Beltrame, criou as UPPs (Unidades de Polícia Pacificadora), uma nova força integrada por policiais mais jovens, supostamente incorruptíveis, sob a égide da polícia militar, e não de chefes locais. "Precisamos de cabeças frescas e fortes, e não de um Rambo", disse o comandante-geral, coronel José Carvalho, quando da criação dessas unidades.[13]

Desde o início do programa, as favelas têm sido ocupadas, uma a uma, quase como atos de guerra. Beltrame anuncia seu plano antes de entrar em cada uma delas, o que dá aos traficantes oportunidade de fugir. Seu foco está em eliminar armas, e não em fechar as redes de contrabando e distribuição de drogas. Ele ocupa a área usando de força, lançando mão de helicópteros, unidades do Exército e fuzileiros navais. Terminado o processo de limpeza, a polícia cria uma UPP Social, uma espécie de Plano Marshall, destinada a implantar ou melhorar a educação, os serviços sanitários, as ligações elétricas e de televisão a cabo legais e a promover qualificação profissional. A polícia permanece ali para proteger os cidadãos das favelas, em vez de proteger os residentes da Zona Sul das ameaças vindas das favelas. Antes de Beltrame, a presença reativa da polícia criava um domínio provisório em resposta a determinados atos de violência; atualmente, a UPP procura cultivar uma paz proativa. Os programas anteriores eram movidos pelo objetivo de passar um trator nas favelas; os atuais pretendem reformá-las.

Durante a ditadura das décadas de 1960 e 1970, os policiais recebiam um aumento de vencimentos por cada "inimigo" que matavam nas favelas.[14] O novo regime virou esse incentivo de cabeça para baixo, ao declarar que até os criminosos têm direitos humanos. Somente 68 UPPS foram criadas nas 1100 favelas do Rio, mas Beltrame começou o programa em algumas das mais complicadas, e quase 300 mil pessoas já vivem em áreas pacificadas.[15] A meta final é de que todas as favelas se transformem em bairros dentro da cidade, deixando de ser entidades isoladas. Perguntei a ele quanto tempo seria necessário para pacificar o restante das favelas, e ele respondeu que o problema estava em encontrar um número suficiente de policiais honestos.

As forças conservadoras vinham afirmando, havia muito, que o crime poderia ser reprimido pela escalada do uso da força. Em essência, as iniciativas anteriores nas favelas tinham sido verdadeiras conquistas, com todos os moradores tratados como combatentes inimigos, de modo que as mortes extrajudiciais eram consideradas baixas de guerra. Para a perspectiva mais liberal, a violência era produto de uma estrutura social falha e só chegaria ao fim se as injustiças fossem solucionadas; esse ponto de vista gerava programas sociais débeis e uma proliferação de ONGs. A direita era ineficaz por sua violência; a esquerda, pela complacência. A maior qualidade do programa de Beltrame está em satisfazer aos dois lados. A direita está feliz com o decréscimo da criminalidade; a esquerda, com a promoção de justiça social. Os ricos estão mais seguros, e os pobres, mais ricos. Beltrame me disse ter demitido um número enorme de policiais por corrupção, mas ressaltou que a polícia era "somente um elemento no projeto maior de segurança pública". Já Luiz Eduardo Soares declarou: "Metade da força policial regular é corrupta; outros 35% são indiferentes; e 15% se importam com a injustiça. Agora esses 15% estão em ascendência".

Os moradores das favelas suspeitavam, e muito, dos membros dessa nova força policial que estariam ali para lhes prestar serviços, e não para oprimi-los. Aos poucos, começaram a dizer que se sentem seguros em suas moradias. À medida que a tensão entre os moradores e a polícia diminuía, também os policiais passaram a se sentir mais seguros, e alguns deixaram, voluntariamente, de portar armas pesadas. A polícia neutraliza a geografia demolindo casamatas, reparando buracos de projéteis e removendo pichações referentes a quadrilhas. No primeiro dia depois de uma pacificação, o governador visita a favela para comunicar aos residentes que está atento ao que lhes acontece. Ainda há traficantes de drogas, mas a maioria das pessoas já não porta armas, e a violência fortuita que consumiu tantas vidas foi radicalmente reduzida. Os bandidos expulsos de uma favela enfrentam dificuldades para se instalar em territórios de outros bandidos. As lutas entre facções — as principais são o Comando Vermelho e o Terceiro Comando — já não ocorrem nas ruas de favelas pacificadas. O *patrão* (comandante) do Comando Vermelho assim se queixou: "Isso está ferrando com nossa vida. Está atrapalhando demais nossos negócios".[16]

Segundo Beltrame, o problema fundamental era de trânsito. "O Estado deixou de fornecer escolas, eletricidade, água, esgotos ou creches às favelas, ou de fazer cumprir obrigações simples como pensões alimentícias, alegando que os oficiais de justiça não tinham como entrar nelas", disse. "Assim que as pessoas passam a poder entrar e sair das favelas, todos esses serviços tornam-se obrigações do Estado." Ele encarou as UPPS Sociais como o passo lógico seguinte, um passo que teria de ser concebido de forma diferente da pacificação forçada. "As tropas que desembarcaram na Normandia não reconstruíram a Europa", disse ele. "A UPP pôs fim a um império tenebroso dos senhores das drogas, uma espécie de ditadura, e agora as pessoas podem reconstruir." Ricardo Henriques, secretário estadual de Assistência Social e Direitos Humanos, órgão a que estão ligadas as UPPS Sociais, afirmou que as pessoas precisam de um novo tipo de relacionamento que substitua o que elas mantinham com o crime. "É preciso construir uma sociedade civil", explicou. Beltrame acrescentou que os moradores de favelas que no passado aspiravam apenas a ser importantes em suas comunidades agora dispunham de uma infinidade de outras possibilidades. "A UPP está abrindo portas para um mundo exterior que eles nem sabiam que existia, e muito menos que podiam integrar-se a ele", explicou. "A presença da polícia lhes dá oportunidade de transformar sua vida, oportunidade que não tinham antes."

Alguns moradores das favelas argumentam que o processo de pacificação apenas repete a violência de terror — as condições não são muito diferentes das que reinavam na época das quadrilhas e dos chefes do tráfico. O coronel Robson Rodrigues da Silva, que articulou o plano básico das UPPS e organizou a nova força policial, esclareceu: "A primeira fase da pacificação é, naturalmente, repressiva; fazemos muitas prisões. Mas a segunda fase é o oposto. Pesquisamos o que a polícia e a população da favela têm em comum, e, como somos um país cristão, entendemos que esse ponto comum é a família. Por isso, os policiais são sempre treinados para estabelecer uma boa relação com as crianças". Em uma das favelas, a polícia distribuiu ovos de Páscoa. Em outra, ensinou às crianças a empinar papagaios de papel — um símbolo muito forte, porque crianças cooptadas como vigias costumavam soltar papagaios para avisar aos traficantes que a polícia estava chegando. A polícia já criou competições esportivas em que crianças de ambos os sexos e de diversas favelas, cada uma delas usando uma camiseta com o nome de sua comunidade, se reúnem para empinar papagaios. Antes da pacificação, isso teria sido impossível, pois as quadrilhas rivais travariam uma guerra mortal.[17]

Rodrigues me mostrou, com orgulho, desenhos feitos por crianças em idade escolar, alguns exibindo policiais jogando futebol ou dançando. "Em cada desenho aparece um sol brilhando", destacou. "Olhamos desenhos feitos antes, e todos aqueles em que apareciam policiais eram sombrios." A polícia consulta os membros da comunidade a respeito de suas necessidades específicas. É o que o coronel Rodrigues chama de "controle social brando". E acrescenta: "Não vamos nos tornar uma cidade sem violência. Vamos ser uma cidade com violência normal. Sabemos que o plano está dando certo porque os moradores da favela começaram a informar crimes sem gravidade à polícia. Isso representa a confiança que estamos tentando criar". Alguns policiais estão frequentando aulas de teatro para aprender a modular a voz e a atitude, a fim de transmitir autoridade sem agressividade. Outros têm se mostrado cínicos em relação a essas táticas. Um deles queixou-se: "E depois? Balé?". Entretanto, Rodrigues contrapõe que a iniciativa os tem ajudado a aprimorar a atenção, a percepção e a fala. A afabilidade é uma arte.

O próprio Rodrigues frequenta bailes funk nas favelas.[18] Turistas descolados se hospedam em pousadas, algumas de bom gosto, montadas em favelas.[19] Agências de turismo oferecem tours em favelas. "Como um safári, em vans abertas", disse Moriconi, e o novo Museu da Favela é um dos espaços mais dinâmicos no Rio de Janeiro.[20] Entretanto, o turismo de favela às vezes pode parecer mais voyeurístico que engajado, e muitos moradores dali veem os tours como estigmatizantes e paternalistas. Não querem ser fotografados pelos turistas que exploram o lado pitoresco da miséria e do crime.

Só nos dois últimos anos, o índice de ferimentos a bala no Rio caiu pela metade; o de homicídios é hoje menor que o de Washington, D. C.[21] As mudanças nem sempre se dão de forma consistente, mas a cidade está, claramente, vivendo um momento de transformação. Em todo o mundo, a imprensa popular vive de histórias de crime e de desastres, no entanto esse governo pôs a serenidade nas manchetes. Beltrame me disse que tanta gente foi beneficiada pelas UPPS que elas simplesmente não permitirão o ressurgimento do antigo sistema de domínio das gangues. "Qualquer político que decidir pôr fim ao processo de pacificação perderá muitos votos. Será impossível", afirmou. "A vida das pessoas melhorou demais." O verdadeiro sucesso das UPPS pode ser avaliado pela redução do medo na economia social. Graham Denyer Willis, professor na Universidade de Cambridge e especialista britânico no mundo em desenvolvimento, observa que o objetivo aqui foi "diminuir a distância — espacial, social e psicológica — entre os cidadãos e o Estado".

Não obstante, o plano de ocupação contínua das favelas pelas UPPS pode parecer infantilizador, ao dar a entender que, sem uma força de segurança visível, seus moradores retornarão à criminalidade. Christopher Gaffney, professor americano de planejamento urbano que reside no Rio de Janeiro, observou: "Aqueles que torcem pelas UPPS estão dizendo: 'Bem, as UPPS estão aí, e nós nos livramos dos traficantes de drogas armados', mas não dizem: 'Nós substituímos uma força armada por outra'. E isso foi tudo o que eles fizeram, já que não criaram mecanismos para o florescimento de uma sociedade civil".[22]

O psicanalista Marcus André, que cobra caro para tratar cariocas bem de vida e não cobra nada a moradores de favelas, declarou: "Eu estava cansado de ter medo das favelas; e eles também estavam cansados de ter medo de nós. Tínhamos uma fantasia sobre quem eles eram, e eles tinham outra igual sobre nós. Quando, finalmente, o muro é transposto, resolve-se a paranoia dos dois lados". Quando ele começou a trabalhar nas favelas, uma adolescente lhe perguntou por que ele tinha ido para lá. "Eu vim para aprender com você", ele respondeu. Ela riu e replicou: "Você deve ser muito burro se precisa aprender com a gente". Marcus espera promover a autoestima em pessoas que estiveram de mãos atadas durante tanto tempo. E leva os próprios filhos até favelas não pacificadas. "Existe algum perigo", disse, "mas o perigo de crescer com aquela paranoia, aquela fantasia, é pior."

André Urani, destacado economista e um dos autores do livro *Rio: a hora da virada*, disse-me que, no fim da década de 1980, entre 188 países reconhecidos pelo Fundo Monetário Internacional (FMI), somente um, Mianmar, tinha uma economia mais fechada que a do Brasil.[23] Vale recordar que a democracia brasileira tem apenas 26 anos. A sociedade de consumo é ainda mais recente. Urani comentou: "A ausência de uma atividade econômica significativa corroeu a autoestima de todos e teve como resultado uma decadência colossal em termos econômicos, políticos e sociais". Fernando Gabeira, conhecido político e escritor brasileiro, disse: "Desde a ditadura, o Brasil se fez cada vez mais presente no mundo, e o mundo se fez cada vez mais presente no Brasil". Essa presença recíproca exigiu novas competências e qualificações. Segundo o artista Vik Muniz, "em termos evolutivos, os seres humanos não são bons em muitas coisas. Não temos uma visão excelente, não somos muito rápidos, não temos dentes enormes e não somos particularmente fortes. Só podemos dominar os outros animais com nossa capacidade de organização. Por alguma razão, nos esquecemos disso aqui no Rio".

Há uma necessidade de organização urgente, como também de instrumentos organizacionais. Rodrigo Baggio procura transpor a barreira digital brasileira recolhendo doações de computadores antigos e criando centros comunitários nas favelas a fim de oferecer treinamento técnico. Menos de um terço dos brasileiros tem acesso à internet (nos Estados Unidos são quase três quartos da população). O trabalho de Baggio teve início muito antes da pacificação, mas se acelerou depois dela. "Estamos eliminando as atividades para as quais eles estavam sendo treinados, como a de distribuidor de drogas", disse ele. "É preciso dar-lhes outras oportunidades." Essa análise faz sentido humanitário, mas também econômico.

Maria Sílvia Bastos Marques, a mais bem-sucedida executiva brasileira, assumiu a presidência da Companhia Siderúrgica Nacional em 1999 — uma façanha e tanto para uma mulher num país latino. Foi-lhe oferecida a presidência da Petrobras, porém ela a recusou, e hoje, aos 55 anos, está cuidando da parte econômica dos Jogos Olímpicos de 2016, como presidente da Empresa Olímpica Municipal, do Rio de Janeiro.[24] Ela frisa que, embora o crédito pela reviravolta no Brasil seja dado a Lula, na verdade o processo começou com seu predecessor, o presidente Fernando Henrique Cardoso. Na década de 1980 e no início da seguinte vivenciou-se uma terrível inflação. "Os ricos não sofrem tanto com a inflação; suas casas e seus carros aumentam de valor e compensam a elevação dos preços",

398

disse Maria Sílvia. "Mas para os pobres, que dependem do dinheiro que ganham a cada semana, a inflação é uma tragédia. O trabalho que na semana passada lhes rendia o suficiente para alimentar a família já não basta esta semana."

Mesmo para uma pessoa na posição dela, a alta taxa de inflação representava o caos. Ela definia o orçamento da empresa para o ano, e dois meses depois aquele trabalho tinha perdido o sentido. "Ninguém podia fazer planos", declarou, com um suspiro. No entanto, assim que o presidente Fernando Henrique conseguiu domar a inflação, o planejamento começou a funcionar. "Aquilo mudou toda a mentalidade do Brasil", ela afirmou. A pacificação do Rio, em sua opinião, faz parte do arco maior de mudança. Ela me disse que sempre dirigiu carros blindados, mas que recentemente comprou um carro com janelas que se abrem. Seus filhos nunca tinham ocupado um carro assim antes e adoraram.

O plano olímpico provoca controvérsias. Maria Sílvia participou da renegociação da dívida internacional do Brasil junto ao FMI no começo da década de 1990, que estimulou a recuperação da economia interna, e acredita que os Jogos Olímpicos hão de proporcionar igual "oportunidade de pôr nossa casa em ordem". Eduardo Paes, prefeito do Rio, disse: "A palavra "Olímpico" designa uma meta difícil de alcançar. Veja, Barcelona renasceu com os Jogos Olímpicos; Atenas estava quase falida. O que temos de fazer não é fácil. Em meu entender, podemos deixar que os Jogos usem a cidade ou que a cidade use os Jogos para atingir metas permanentes". Alguns pobres questionam a decisão de construir um sistema de trens para a Barra da Tijuca, bairro rico que foi importante para eleger Paes como prefeito. O plano parece mais destinado a reforçar a estratificação social do que a reduzi-la. Muitas pessoas estão sendo removidas de suas casas — 19 mil famílias em um ano — para permitir a instalação das novas linhas.[25]

"Deveríamos planejar de acordo com as necessidades da cidade, e não com as necessidades dos Jogos", opina Gabeira. "Chamá-los de planos para os Jogos significa que tudo pode ser feito a toque de caixa sem uma revisão democrática." O ator e ativista Marcus Vinícius Faustini declarou: "Se a pacificação das favelas for, realmente, apenas um engodo para atrair mais dólares para as Olimpíadas por meio do turismo, o programa vai dar muito errado. A remoção de pessoas é um desastre. Já há indícios de que os planos de construção para os Jogos são mecanismos de controle social".[26]

Os moradores das favelas não pagam imposto predial, e alguns eleitores de classe média reclamam disso. À medida que os serviços aumentarem, parece inevitável que esses impostos passem a ser cobrados. A água encanada e o fornecimento de energia elétrica confiável serão acompanhados de contas de água e eletricidade. "Assim que as favelas deixarem de ser perigosas", disse Faustini, "seus moradores estarão sujeitos a toda a exploração comercial que é rotineira nas cidades prósperas, mas a que eles são inexperientes demais para resistir."

Há moradores de favelas que ocupam a mesma casa há três gerações, e não parece realista afirmar que não tenham direitos de propriedade sobre ela. Outros se instalaram no local no ano passado, e não é uma conclusão inevitável que devam ter direitos de posse. Se a propriedade de casas na favela for concedida às pessoas, elas a venderão a ricos que desejem o privilégio da vista? Muitas favelas têm vistas extraordinárias. De algumas delas se descortina toda a paisagem do Rio, inclusive a estátua do Cristo Redentor e do mar. Em qualquer outra cidade, as pessoas iriam à falência por esses panoramas. Alguns moradores de favelas pagam aluguel, que já dispararam onde foram criadas UPPS. A opinião que prevalece entre a maioria dos cariocas de classe média é que as favelas devem ser preservadas. Muitos não gostam da ideia de ver todos os pobres exilados. Perguntei a todos os moradores de favelas com quem falei se gostariam de se mudar para um bairro "melhor", e os únicos que responderam que sim foram migrantes recentes de outras partes do Brasil. Os nativos das favelas querem se manter no mundo que amam. Embora a favela Batan fique na zona noroeste da cidade — a parte realmente feia e a mais pobre, longe das praias —, um menino que conheci ali disse: "Se a gente pudesse engarrafar a alegria que existe aqui, poderia vendê-la na Zona Sul".

Há quem diga que todo o programa das UPPS foi criado como um quebra-galho para a Copa do Mundo e os Jogos Olímpicos e que, com certeza, se desintegrará por falta de financiamento assim que esses eventos tiverem se encerrado, com enormes cortes de orçamento em 2017; e que, se ou quando as quadrilhas voltarem, quem tiver cooperado com as UPPS será alvo de vingança. Em 2010, dois anos após o lançamento das UPPS, o Escritório do Alto-Comissariado das Nações Unidas para os Direitos Humanos avaliou que o programa nada tinha realizado, queixou-se de suas táticas violentas e militaristas e criticou a ideia de que "invasões violentas ocasionais podem trazer segurança".[27] As Convenções de Genebra se aplicam a situações de guerra, mas não ao policiamento, por um Estado, dos próprios cidadãos. Enquanto as forças militares são treinadas para matar, a polícia, na maioria dos países, é treinada para prender; a ação da polícia não é igual à do Exército. Qualquer confusão a respeito da linha divisória entre os dois papéis leva a abusos. O medo da corrupção persiste. "A corrupção nunca é unilateral", disse Maria Sílvia. "Alguém tem de estar disposto a pagar e alguém tem de se dispor a receber, e temos de cuidar dos dois lados." Resta a questão de até que ponto as UPPs protegem a classe superior e até onde realmente melhoram a vida nas favelas. Segurança é um objetivo militar, e garantia, um objetivo social. A segurança pode ser alcançada por meio de violência, contudo garantia requer paz. Será que as UPPs estão contribuindo para a garantia, ou só estão voltadas para a segurança? Até uma ação policial benigna pode descambar para a ocupação militar, principalmente num país que se livrou de uma ditadura há tão pouco tempo.

Participei de um encontro na favela recém-pacificada do morro dos Prazeres, em que líderes comunitários dessa área e dos bairros circunvizinhos se reuniram com um grande número de representantes do governo. Durante a estação chuvosa, a coleta de lixo tinha sido suspensa pela prefeitura porque as ruas íngremes tornavam perigosa a operação dos caminhões. Os moradores das favelas não queriam que o lixo ficasse apodrecendo nas ruas durante meses. Como o abastecimento de água de alguns moradores deixara de funcionar, eles foram obrigados a buscar água em baldes. "Alguém em Santa Teresa está buscando água em baldes?", perguntou um morador com ironia, referindo-se ao bairro próspero colado a sua favela. O Rio de Janeiro não tem um programa de saneamento universal que possa ser executado antes de 2025.

A empresa de eletricidade instalou medidores em determinadas ruas, porém eles foram programados de forma incorreta, de modo que algumas pessoas estavam pagando a energia consumida por outras. As empresas de serviços públicos atuavam onde a polícia tinha montado postos, mas não em outras partes do morro. O governo fechara uma creche que não cumpria as normas legais, e por isso as crianças não tinham onde ficar quando as mães saíam para trabalhar. Haviam sido anunciados planos para a demolição de casas instáveis em áreas íngremes e sujeitas a deslizamentos, porém ninguém propôs uma solução para abrigar os moradores desalojados. Pessoas que chegavam ao morro ou dele saíam eram revistadas em busca de armas, pelo simples fato de serem jovens, do sexo masculino e de pele escura. O programa da UPP Social estava começando de forma bastante periclitante.

Mesmo assim, quando uma pessoa se levantou e disse: "Apesar de tudo, a gente tinha medo da polícia, mas agora a respeitamos", a multidão, de aproximadamente trezentas pessoas, apoiou-a com entusiasmo. Erik Vittrup Christensen, que trabalha no Rio para UN-Habitat, programa de assentamentos humanos da ONU, declarou: "Reconhecimento é o oxigênio aqui". Um adolescente com quem falei na favela Batan disse: "Eu achava que ia passar a vida toda me sentindo abandonado, que, se eu quisesse estudo, saúde, dinheiro e cultura, teria de sair daqui, mas agora acho que posso ficar e ter essas coisas". Outro disse: "A polícia velha matou meu primo, mas hoje os policiais da Batan são meus amigos. Tem um que está me dando aulas de capoeira [uma arte marcial brasileira] e outro está me ensinando música. Para ele, a música só serve para a gente ouvir. Para mim, é uma chance de salvar a vida". No entanto, ele ainda tinha medo do que poderia acontecer no futuro, depois das Olimpíadas, "depois que a novidade passar para esses policiais". Como ele observou, os mesmos problemas antigos estavam acontecendo a poucas centenas de metros dali, em outra favela, não pacificada, "e eles podem voltar para cá fácil, fácil".

Sem dúvida, a população carioca de pele mais clara leva uma vida melhor. Os brasileiros se classificam, oficialmente, em uma dentre cinco categorias: as pessoas são brancas, pretas, amarelas, indígenas ou pardas.[28] Essa última categoria foi definida livremente, por um demógrafo da cidade, como "et cetera". No entanto, quando pediram a uma ampla amostra de cariocas que se classificassem, eles deram 136 definições diferentes de sua cor.[29] No Brasil, raça é um conceito que se identifica explicitamente com privilégio. Numa reunião de que eu participava, um jornalista apontou para o outro lado da sala e perguntou: "Quem é aquele preto lá?". Os pretos a quem ele tinha dirigido a pergunta retrucaram: "Ele não é preto. É o nosso líder". O próprio líder disse em seguida: "Quando eu era preto, minha vida era mais difícil". Numa pesquisa recente, brasileiros urbanos afirmaram notar mais racismo em cidades pequenas do que nas grandes; por outro lado, os habitantes de cidades pequenas declararam que não existia racismo onde moravam, mas que era forte nas cidades grandes.[30] Todo mundo se dá conta do problema, entretanto ninguém o admite. Numa pesquisa feita entre moradores de São Paulo, 97% declararam que não eram racistas, mas 98% disseram ter um parente próximo que era. O autoconhecimento não abunda em lugar nenhum.[31]

Marcus Vinícius Faustini deixou as favelas para se tornar ator e voltou com alto-falantes no carro para anunciar, enquanto dirigia pelas áreas mais pobres, que daria aulas de teatro a estudantes. Já matriculou 2 mil jovens em programas educacionais e profissionalizantes. Segundo ele, a atração que a classe média sente pelas favelas é uma cilada para os moradores dessas áreas. "Não é justo dizer que, se você nasceu na favela, só pode se expressar por meio do funk ou do samba", disse. "Os favelados deveriam ter a opção de se expressar com Beethoven, se assim desejarem." Ele comentou que o governo financia aulas de capoeira nas favelas, mas não cursos de marketing ou administração. Admite que o programa de pacificação pretendia tornar a vida nas favelas menos caótica. "Mas quem define o que é o caos?", perguntou. A vida funciona nas favelas devido a sistemas orgânicos, emendados, que atendem às necessidades das pessoas. "Se o caos é resolvido mediante a destruição do que funciona, as ramificações podem ser alarmantes", ele conclui. Seu sonho é que, depois de ter ensinado às crianças da favela todas as coisas do mundo exterior que elas ignoram, o mundo exterior procure aprender com a favela. "O que as UPPS lhes dão não terá nenhum sentido", disse ele, "se eles não puderem dar algo em troca."

Cíntia Luna, líder comunitária no morro do Fogueteiro, caminhou comigo por sua favela ao pôr do sol.[32] Apontou para um prédio inacabado que tinha sido erguido dez anos antes para ser uma escola. "Verifiquei toda a documentação", disse. "A escola recebia uma verba anual. Havia dinheiro para pagar professores, merenda e material de consumo. Mas a escola nunca abriu as portas. Para onde acha que foi o dinheiro?" Imaginei que essa suspeita de corrupção a tivesse tornado cética quanto à pacificação. Quando lhe perguntei isso, ela pôs a mão em meu braço e disse: "Não diga nada por um momento". Ficamos em silêncio, e depois ela explicou: "Não havia um instante em que pudéssemos ouvir o vento assim. Aqui só havia tiros e gritaria, sem parar".

Apesar de todo esse perigo e dessa desordem, ela insistiu que a favela era pacífica, a seu modo, mesmo antes de a polícia ter expulsado as quadrilhas. "Todo mundo conhece todo mundo, e nós temos um ritmo de vida legal", disse ela. "Nunca tivemos medo das quadrilhas, que na verdade eram muito mais eficientes para consertar as ligações elétricas ou oferecer serviços do que as repartições públicas da cidade, para onde temos de telefonar agora. Mas tínhamos medo da guerra entre as quadrilhas e a polícia. Por isso, agora o pessoal da Zona Sul está satisfeito com o fim de nossas quadrilhas, e nós estamos satisfeitos com o fim da polícia corrupta deles. Não passa de uma acomodação, mas que dá a todos nós uma qualidade de vida melhor."

O Brasil foi, em seu início, uma colônia, depois uma ditadura e, apesar de breves intervalos de governos eleitos, a ideia de que o país pertence ao próprio povo só começou a se firmar amplamente em 1988. "Todas as instituições tiveram de se ajustar à democracia", disse Luiz Eduardo Soares. "Primeiro, as instituições políticas, depois as empresas, em seguida a cultura. Mas a polícia, essa nós herdamos de dois séculos de brutalidade: o tempo da escravidão, da ditadura. A atual mudança é a última." Soares contou ter acompanhado Lula nas favelas durante sua primeira campanha presidencial. Lula lhe disse: "Quero falar sobre assistência médica, educação, emprego, mas eles só querem saber de polícia!". Soares disse que respondeu a Lula: "As coisas são assim porque eles querem ter certeza de que seus filhos vão chegar vivos em casa. É preciso estar vivo para querer lutar por um emprego ou por educação. É preciso estar vivo até para adoecer e querer ser tratado".

Planos para melhorar as favelas nada têm de novo. Uma pessoa ligada a serviços de assistência social brincou comigo dizendo que no Brasil existem mais ONGs do que habitantes. Pela primeira vez, porém, moradores das favelas estão criando organizações próprias de serviços públicos. Luiz Carlos Dumontt e Dudu de Morro Agudo criaram na internet o portal Enraizados,[33] que se dedica à "militância cultural" e tem mais de 600 mil acessos por mês. Dudu, um rapper, ensina jovens a fazer música e vídeos como forma de mantê-los longe das quadrilhas. Os artistas da Enraizados também grafitam murais para embelezar as favelas. A operação criou uma biblioteca de rua: a pessoa encontra um livro, deixado de propósito em algum lugar, acessa o portal e deixa um comentário dizendo onde o achou, se gostou dele e onde vai deixá-lo para que outra pessoa o ache. Com isso os livros circulam pelas favelas.

Fernando Gabeira ficou famoso por participar do grupo que sequestrou o embaixador americano no Brasil em 1969, como parte de um protesto contra a ditadura. O episódio foi tema de um livro de sucesso e do filme *O que é isso, companheiro?* de 1997.[34] Em 2008, Gabeira perdeu a eleição para prefeito do Rio de Janeiro por menos de 1% dos votos. Quando me sentei com ele num bar de calçada, carros que passavam buzinavam para saudá-lo. "Essas UPPS estão conquistando aprovação e os políticos estão festejando", disse ele. "Mas será que eles estão festejando as pessoas que conquistaram?" Gabeira observou que o antigo cenário que a polícia definia como um conflito entre a justiça e o crime na verdade se constituía em um conflito entre dois tipos de crime, com a polícia tentando se apropriar dos lucros e do poder dos traficantes. "Contudo, a estabilidade é tanto uma impressão quanto uma realidade", explicou. "Se as pessoas acham que as coisas estão melhores, estão melhores. Os ricos estão mais satisfeitos agora, e os pobres também. Isso já é um enorme sucesso."

Os cariocas manifestam opiniões extremadas a respeito da recuperação de locais históricos no furor de obras que fazem parte dos preparativos para a Copa do Mundo e os Jogos Olímpicos. Para uns, o Maracanã, um estádio de futebol, está sendo arruinado; para outros, está sendo salvo.[35] O Theatro Municipal acaba de ser restaurado para celebrar seu centenário; inspirado no Palais Garnier, ou Ópera de Paris, foi onde Arturo Toscanini estreou como regente.[36] O teatro recebeu Sarah Bernhardt e Igor Stravinsky. Tem capacidade para 2400 espectadores e sua lotação se esgota com frequência para programas de ópera, balé e música clássica. Aos domingos, há apresentações com ingressos a um real, e a casa fica cheia de visitantes das favelas. Por ocasião do aniversário do teatro, em 14 de julho, o público é convidado a entrar de graça, e as portas ficam abertas o dia inteiro. Luciana Medeiros, crítica de música, comentou: "Seria de imaginar que a mudança no crime não afetasse a vida cultural, mas, com essas mudanças que estão acontecendo no Rio, todos ganham. Quando eu era menina, uma das coisas mais impressionantes era a sujeira nas ruas. De repente, todo mundo está cuidando".

No dia em que fui me encontrar com o prefeito, no prédio barroco da prefeitura, metade das pessoas que estavam ali usava sandálias de dedo. O Rio é uma cidade informal. No entanto, informalidade não significa desmazelo. Enquanto a maioria das culturas criou uma moda e depois procurou modelos que a exibissem, o Brasil produziu modelos e, depois, passou a fazer moda com que vesti-las.

"Nossas modelos saem das favelas com essa incrível elegância natural", disse Sérgio Mattos, dono de uma das maiores agências de modelos do Rio de Janeiro. "Elas precisam aparecer bem sem as roupas. Nós temos a única indústria de moda no mundo sem transtornos alimentares."[37] Os brasileiros têm um senso de beleza física agudo, e quase nenhum senso de feiura física. As mulheres jovens e bonitas usam trajes de banho mínimos (inclusive o chamado "fio dental"), mas as velhas e gordas também usam maiôs minúsculos, sem nenhum embaraço. O Brasil é um país singularmente dedicado à estética da sensualidade. Uma moça que conheci numa favela me disse, baixinho, que gastava um terço do salário em produtos para o cabelo. "Meu cabelo é a única coisa bonita que eu tenho", disse, "e vou apostar nele pelo resto da vida."

Ítalo Moriconi disse que no Rio, quando ele era adolescente, a identidade de todo intelectual era como brasileiro, mas que cada vez mais as pessoas têm uma identidade internacional e forte identidade local, baseada no orgulho que sentem do Rio de Janeiro e de sua transformação. Agora que as ruas estão relativamente seguras, sua ocupação renasceu, e grandes espaços são usados como áreas de lazer entre o crepúsculo e a madrugada. O centro da vida noturna é o histórico, glamoroso e degradado bairro da Lapa, no centro da cidade. Tal como nas praias, as ruas ali se enchem de ricos e pobres, embora algumas casas noturnas sejam caras. Depois da meia-noite, a música jorra de muitas portas. O tipo de decoração e a qualidade musical não têm relação entre si, de forma que é preciso parar e ouvir antes de decidir onde entrar. Muitos lugares parecem, ao mesmo tempo, históricos e transitórios, como se tivessem sido montados para ser temporários, mas sobreviveram e se tornaram permanentes. Certa noite resolvi checar o que parecia ser uma capelinha, com as paredes cobertas de imagens devocionais, e logo descobri que se tratava de um bar, dirigido por uma mulher transgênero de meia-idade que se mudara do vizinho estado de Minas Gerais para o Rio. Serviu-nos um licor típico de seu estado natal, que recendia a cravo, e nos contou histórias engraçadíssimas sobre a definição de sua identidade de gênero numa fazenda no meio do mato. Não é somente o sol que aquece nessa latitude; a amizade cresce depressa no Rio, e é comum você se ver conversando intimamente com pessoas que acabou de conhecer. Por sua vez, elas o apresentam alegremente aos amigos — alguns dos quais também conheceram há pouco — e, depois de algumas noites, você está coberto de convites para festas, jantares e passeios nas florestas.

Um desses novos amigos nos convidou para uma roda de samba no fim da tarde. As pessoas se reúnem para tocar informalmente. Qualquer um pode levar um instrumento e juntar-se ao grupo. Nossa reunião aconteceu no centro da cidade, numa área que atraía tanto funcionários de escritório que, saindo do trabalho, iam para casa como moradores de favelas que daí a pouco iriam limpar esses escritórios. Do ponto de vista musical e do social, a regra ali era a improvisação. Os músicos só pararam de tocar uma vez, para avisar que o cheiro de maconha poderia chamar a atenção da polícia. Duas baianas fritavam acarajés, deliciosos bolinhos, feitos com camarão e feijão-fradinho, e o bar diante do qual estávamos reunidos servia caipirinhas em copos plásticos. O Rio não é o Rio sem uma trilha sonora; a música tempera todos os outros sentidos.

Vik Muniz fez carreira examinando essas ironias. O filme *Lixo extraordinário* (2011) mostra como ele fez amizade com catadores que viviam do que conseguiam achar num lixão perto do Rio e acabou por transformá-los em parceiros de sua arte.[38] "Se você conhece uma pessoa em Nova York, ela pergunta: 'Como é seu nome?'", ele disse. "E a segunda pergunta é: 'O que você faz?'. No Rio, as perguntas são: 'Como é seu nome? O que você *gosta* de fazer?'." Várias pessoas que conheci citaram Antônio Carlos (Tom) Jobim, o compositor de "Garota de Ipanema", que certa vez declarou: "Morar em Nova York é bom, mas é uma merda; morar no Rio é uma merda, mas é bom".[39]

Regina Casé, popular estrela de um talk show, me recebeu em sua mansão extravagante, usando um caftã ondulante, pelo menos dois quilos de bijuterias e o equivalente a um balcão de cosméticos. "Viajei pela América do Norte e pela Europa", disse ela. "Vocês têm pinheirais. Têm também os carvalhos. Já viu a nossa Mata Atlântica? Nela existem cem espécies de árvores, uma crescendo em cima da outra, todas competindo pelo sol e pela água, e, não sei como, todas sobrevivem, há mais exuberância ali do que em qualquer outro lugar do mundo. A estrutura social do Rio também é assim. Do mesmo modo que a Amazônia cria oxigênio para o planeta, nós aqui produzimos oxigênio social. Se não aprenderem a integrar as suas sociedades como nós integramos as nossas, vocês não vão dar certo. Nos Estados Unidos, vocês têm um monte de problemas, um monte de injustiças, um monte de conflitos. Vocês tentam solucionar os problemas." Ela levantou as mãos para o céu, se fazendo de horrorizada. "No Rio, nós convidamos todos os problemas para um festão e botamos os problemas para dançar juntos. E estamos convidando o mundo para vir dançar aqui também."

Em agosto de 2014, quatro anos depois de escrever este artigo, passei alguns dias no Rio de Janeiro. Àquela altura, as UPPS estavam atendendo, a um custo astronômico, 1,5 milhão de pessoas em quarenta favelas ou em suas proximidades. Nove mil policiais receberam treinamento para descriminalizar e revigorar as favelas, e a expectativa era de que, em 2016, esse número passasse de 12 mil.[40] Entre 2009 e 2014, o número de pessoas mortas pelas quadrilhas ou pela polícia caiu pela metade, e os índices de crimes violentos reduziram-se ainda mais. De acordo com o *New York Times*, os alunos de escolas nas favelas pacificadas estavam apresentando rendimentos duas vezes melhores que a média dos estudantes no Rio.[41]

A despeito desse progresso, o Instituto de Estudos Sociais e Políticos (Iesp) verificou que metade das favelas do Rio permanecia sob o controle de milícias; mais de um terço estava nas mãos de traficantes de drogas; e menos de 20% contavam com uma UPP.[42] Entre 2011 e 2013, a ouvidoria da polícia recebeu quase 8 mil queixas de violência policial, que incluíam agressões, estupros, torturas e assassinatos — mas somente dezoito policiais foram punidos.[43] Um estudo recente da Anistia Internacional concluiu que, ao longo de cinco anos, policiais em serviço foram responsáveis por 1519 homicídios no Rio — quase 17% do total de homicídios ocorridos na cidade.[44] Na maioria dos casos, a UPP Social incumbida de proporcionar serviços médicos, esportivos e educacionais simplesmente não tinha sido criada.

O dossiê *Olimpíada Rio 2016, os jogos da exclusão*, compilado basicamente por ONGs e publicado no final de 2015, abordou a violação dos direitos das crianças e das liberdades civis básicas durante os preparativos para os Jogos Olímpicos de 2016. Segundo o dossiê, foi registrado um aumento da violência policial, que acompanhou o enfraquecimento do programa de pacificação; mais de 4 mil famílias teriam sido removidas de suas casas, enquanto outras 2500 corriam o mesmo risco. Além disso, foi mencionado o desaparecimento de várias crianças de rua em episódios das chamadas limpezas sociais.[45] O governo do Rio de Janeiro contestou algumas dessas queixas.

Houve também o caso Amarildo. Em 14 de julho de 2014, um ajudante de pedreiro epiléptico chamado Amarildo de Souza, morador da favela da Rocinha, foi visto entrando na UPP local.[46] Nunca mais apareceu. Amarildo foi dado como "desaparecido" durante dois meses, até que passeatas, em toda a cidade, com a presença de milhares de pessoas que exigiam saber "Onde está

Amarildo?", enfim levaram a uma investigação. Dez policiais, entre eles o comandante da UPP da Rocinha, foram acusados de torturas — que incluíam choques elétricos e asfixia com saco plástico — e, depois, ocultação de seu cadáver.

Em abril de 2014, o dançarino Douglas Rafael da Silva Pereira foi espancado pela polícia até a morte.[47] Um morador de sua favela declarou mais tarde: "Essa iniciativa de pacificar as favelas é um fracasso. A violência da polícia está apenas substituindo o que as quadrilhas de traficantes faziam antes". No morro "pacificado" de Santa Marta, as pessoas se queixavam de tensão crescente. O jornal *Washington Post* informou que ocorreram pelo menos dez tiroteios em bases da polícia em favelas pacificadas.[48] Depois de um período de relativa paz, a animosidade cada vez maior entre a polícia e os bandidos provocou um aumento de mortes, incêndios e homicídios por vingança. Um morador da Rocinha, Cléber Araújo, afirmou sucintamente: "É como se estivéssemos numa guerra".[49] Uma pesquisa do Pew Research Trust constatou que, em 2014, os brasileiros confiavam menos na polícia do que quatro anos antes.[50] Quando batalhões chegaram para expulsar as quadrilhas que dominavam o complexo de favelas da Maré, moradores que nada tinham a ver com o crime tiveram suas casas invadidas e seus pertences destruídos, enquanto helicópteros da polícia atiravam indiscriminadamente.[51] Em 2015, Átila Roque, diretor executivo da Anistia Internacional no Brasil, declarou que todo o plano estava "falhando desastrosamente e deixando uma trilha de sofrimento e devastação".[52] São muitos os que creem que o programa de pacificação será abandonado assim que os Jogos Olímpicos terminarem. Ao ser perguntado quanto tempo as quadrilhas levariam para retomar suas posições, um morador de favela respondeu: "Elas e a polícia vão se encontrar na porta".[53]

Visitei o morro do Vidigal, recém-pacificado na época, com Márcio Januário, dramaturgo, ator e dançarino. Januário é negro, muito tatuado, assumidamente gay, muito benquisto. Caminhar com ele pelo Vidigal é parar a cada dez passos, pois há sempre alguém querendo falar com ele. Januário monta peças com crianças e adultos no Vidigal. Quando o conheci, ele saía de uma apresentação de *Romeu e Julieta*, ambientada na favela e encenada na língua que ele chama de favelês — o idioma psicológico das favelas — por sua Companhia Completa Mente Solta. A favela do Vidigal, que ocupa um morro logo depois da praia do Leblon e antes da Barra da Tijuca, tem uma das mais belas vistas do Rio de Janeiro. Januário queixou-se de que o preço de tudo disparou com a pacificação. Várias famílias já tinham vendido as casas, onde moravam havia gerações, por um preço que lhes parecera bastante elevado. No entanto, acreditava que essas pessoas jamais conseguiriam achar casas semelhantes, pois os preços não paravam de subir, à medida que compradores da classe média davam continuidade à aventura da favela. O Vidigal conta com áreas ricas e áreas pobres, e essas populações raramente interagem. Perguntei-lhe se algum dia cogitaria se mudar dali, e ele riu. "Eu tenho de ficar aqui", disse-me em seu apartamento tipo estúdio simples e atraente. "Quando ficar caro demais para mim, saio de uma vez do Rio de Janeiro."

O Vidigal tem péssimas escolas e poucos serviços. Januário, que presta serviço voluntário nas escolas, disse que as crianças não estão interessadas em educação porque os professores não estão interessados em ensinar. Ele trabalha com trinta a quarenta estudantes por ano, e muitos entram em faculdades. "Há sete anos, quando comecei esse projeto, um professor me disse: 'Você está louco! Essa escola é para patetas. Pretos pobres não precisam de teatro'." Januário respondeu que pessoas capazes de rir tanto seriam capazes de aprender. "Quando elas acordam", disse ele, "abrem os olhos e perguntam: 'Onde estão os leões? Vamos enfrentá-los'. A gente só tem de mudar os leões que elas enfrentam." Perguntei se as pessoas estavam com menos medo nas favelas, e ele respondeu: "Para nós, é normal viver com medo. Não é tão ruim como seria para você. A violência é uma cultura, e muita gente gosta da violência. Não imagine que todos nós desejamos vidas pacíficas". Como muitos moradores de favelas, ele não só não se deixava impressionar por toda a ideia de pacificação, como também duvidava da realidade do problema que o programa pretendia resolver.

410

GANA

Na cama com o presidente de Gana?
New York Times, 9 de fevereiro de 2013

O casamento de meu amigo Meri Nana-Ama Danquah me levou a Gana. A cerimônia tradicional teve início quando um representante da família do noivo disse ao representante da família da noiva: "Vimos uma bela flor crescendo em seu jardim e queremos colhê-la". Mantendo a tradição, as duas famílias trocaram desafios, o que parece ritualizar a complexa ambivalência que pais e mães comumente sentem quando os filhos se casam. Mas também não paravam de cantar. Era como se estivessem, ao mesmo tempo, guerreando e comemorando. A apresentação do dote não me pareceu, como eu imaginara, uma coisificação da noiva. Pareceu-me respeitosa, não como se estivessem comprando o meu amigo, e sim como se oferecessem um tributo em homenagem ao valor da noiva.

Meu futuro marido e eu conhecemos o político ganês John Dramani Mahama no casamento de um amigo, perto de Accra, há oito anos, e logo gostei dele. Acompanhei sua carreira principalmente por intermédio de amigos comuns e fiquei feliz ao saber, em 2009, que ele havia sido eleito vice-presidente de seu país. Ao ler uma versão preliminar de suas vigorosas memórias, *My First Coup d'État* [Meu primeiro golpe de Estado], em 2010, me dispus espontaneamente a apresentá-lo a agentes e editores em Nova York. Muitas pessoas no mundo desenvolvido esperam que os líderes africanos sejam ou bem-educados e afáveis, ou vaidosos e ideológicos. A surpresa causada pelo livro de John Mahama foi seu humanismo ameno, e achei que ele contribuiria em muito para quebrar preconceitos nos Estados Unidos. Escrevi uma sinopse elogiosa para a sobrecapa do livro quando ele foi publicado, em julho passado; o autor fez uma referência a mim nos agradecimentos, no final do livro; dei uma festa para comemorar sua publicação e organizei uma entrevista pública com John Mahama na Biblioteca Pública de Nova York em 10 de julho de 2012.

Em 24 de julho, faleceu o presidente ganês, John Atta Mills, e Johan Mahama assumiu a presidência; em dezembro, ele foi eleito para outro mandato. No final de janeiro de 2013, a imprensa ganesa encheu-se de referências a respeito da relação de Mahama comigo. "O presidente John Dramani Mahama foi acusado de ter ido para a cama com Andrew Solomon, um lobista gay", lia-se em uma notícia. Outra proclamou: "Ao que parece, Andrew Solomon reuniu algumas pessoas abastadas da comunidade gay para angariar recursos para a campanha do presidente Mahama, com o entendimento de que, se ele ganhasse as eleições, promoveria os direitos dos gays". Uma terceira matéria afirmava que eu teria pago 20 mil dólares por exemplares do livro.

Essas revelações saíram na imprensa quando Mahama nomeou Nana Oye Lithur, a quem um jornal chamou de "veemente defensora dos direitos humanos e dos gays", para titular do recém-criado Ministério de Gênero, Crianças e Proteção Social. Em audiências perante uma comissão parlamentar, Lithur afirmou que "todas as pessoas, inclusive os homossexuais, devem ter seus direitos protegidos", o que provocou uma tempestade. A presunção era de que eu havia imposto a nomeação de Lithur, embora nunca tivesse ouvido falar dela. A argumentação de que ela fora escolhida não por seus notáveis atributos, mas por causa de um demônio estrangeiro, encaixava-se na ideia, defendida por alguns africanos, de que o homossexualismo é uma importação do Ocidente decadente.

Não tenho capacidade nem inclinação para me imiscuir em eleições estrangeiras e não paguei um centavo pelo livro em que John Mahama escreveu uma dedicatória para mim. A única forma como posso tê-lo influenciado com relação aos direitos dos gays foi recebê-lo no lar de uma família feliz com dois pais. É profundamente desconfortável estar implicado num escândalo nacional e saber que minhas tentativas de ser amável e útil para uma pessoa se tornaram uma pedra de moinho amarrada em seu pescoço.

Em 1º de fevereiro de 2013, uma sexta-feira, o porta-voz da presidência declarou que o presidente Mahama não me conhecia. No sábado, o presidente me telefonou para pedir desculpas. No domingo, o governo emitiu uma nota segundo a qual Mahama e eu nos conhecíamos, que eu nunca tinha feito uma contribuição de campanha ou persuadido alguém a fazê-la e que o presidente "não endossa o homossexualismo nem tomará medida alguma para promovê-lo em

Gana". Não tenho certeza quanto ao que seja promover o homossexualismo, mas para mim é um prazer saber que a amizade cordial que ele nutria por mim não constitui esse tipo de promoção.

A situação dos gays na maior parte da África é deplorável, e as afirmações ambíguas do governo ganense pouco contribuem para satisfazer preocupações válidas. Como resultado desse alvoroço, tenho recebido centenas de comunicações de ganenses, por intermédio de meu site e do Facebook. Metade delas são de gays que falam de sua situação calamitosa. Um deles declarou: "Estou cansado dessa humilhação e desse embaraço. Não sei se, por ser gay, não sou um ser humano. Já tentei fingir ser o que eles queriam. Preciso de uma palavra sua de conselho e ajuda. Lamento dizer que tenho vontade de me suicidar. Minhas lágrimas caem tanto que tenho de parar este e-mail aqui".

Outras mensagens vêm de pessoas furiosas, que fazem ameaças terríveis sobre o que me acontecerá se por acaso eu voltar ao país deles: muitas são cruéis; algumas, assustadoras. Não estou habituado a ser tão odiado. Mas há mensagens mais numerosas de aliados heterossexuais, que parecem ser legiões. Uma mulher se queixou: "Sou tão enganada pelos homens que quero, por favor, juntar-me a seu grupo LGBT". Outra disse: "Gostaria que Deus tivesse me abençoado como fez com você. Não sou gay, mas respeito e amo tanto, tanto. Que você viva muito para sempre ajudar a humanidade". Um número surpreendente de mensagens vem de padres e outros clérigos que declaram acreditar que todas as pessoas são iguais aos olhos de Deus, agradecem por minha atuação e dizem que recomendarão a suas congregações aceitação e amor, em oposição a atitudes de julgamento e punição.

Por uma coincidência curiosa, tudo isso aconteceu enquanto eu estava na Índia, promovendo um livro que trata, em grande parte, da maneira como qualquer condição pode deixar de ser vista como uma doença para ser vivida como uma identidade. Ele se baseia em minha experiência de uma transição dessas — no caso, para os gays nos Estados Unidos. Na primeira vez em que estive na Índia, há mais ou menos vinte anos, as únicas pessoas obviamente gays eram miseráveis e marginalizadas. Em minha segunda viagem, no final da década de 1990, encontrei uma subcultura de gays de certa forma refinados, mas que se ruborizavam sempre que o fato que nos unia era admitido. No Festival de Literatura de Jaipur, em fevereiro de 2013, o "grupo gay" de que participei atraiu mais de mil pessoas, muitas das quais se queixaram do preconceito medonho existente na Índia; apesar disso, elas tiveram coragem de objetar publicamente ao problema num tom que fazia prever a resolução final. Também ali havia muitos aliados heterossexuais.

Em Gana, os artigos que atacavam o presidente Mahama por me conhecer faziam referência "ao ruidoso debate nacional sobre os direitos de gays e lésbicas" no país. A existência desse debate — mesmo que o que se discute seja a proposta de nos linchar — já constitui um progresso significativo. O fato de propagandistas locais poderem propor, plausivelmente, que o presidente de um país da África Ocidental está nas mãos de lobistas gays reflete um mundo em evolução. Espero que o presidente Mahama aproveite essa ocasião para assumir uma posição de liderança na região quanto aos direitos do grupo LGBT. Muitas pessoas de seu país me escreveram quando estourou o escândalo, o que indica que estão refletindo sobre essas questões. Espero que não esteja distante o tempo em que conhecer uma pessoa como eu seja visto menos como um risco e mais como uma ventura.

A saga bizarra narrada neste texto continua. Meu nome aparece em quase tudo o que se publica sobre direitos de gays em Gana e é citado por homofóbicos, de Accra a Zabzugu, como símbolo do mal que ameaça o país. Enquanto isso, cartas de partir o coração continuam inundando minha caixa postal. Em meados de 2015, apareceu nos meios ganenses de comunicação um boato segundo o qual eu tivera alguma coisa a ver com a morte do ex-presidente John Mill, como parte de uma conspiração nefanda para instalar no poder o meu John Mahama, "a fim de preparar o caminho para a disseminação do lesbianismo e do homossexualismo no país" — isso, apesar da relutância persistente do presidente Mahama em apoiar os direitos dos gays.[1] Mahama teve pouco contato comigo desde o surgimento das primeiras acusações, há anos.

Outra matéria recente na imprensa ganense mencionou a visão extática de um advogado de Legon, um subúrbio de Accra, segundo a qual em breve eu passaria por uma profunda conversão religiosa. Uma notícia anunciava que "Moses Foh-Amoaning, professor da Faculdade de Direito da Universidade de Gana, vaticinou que Andrew Solomon, conhecido ativista da causa gay, que seria amigo do presidente John Dramani Mahama, um dia se tornará pastor. 'Andrew Solomon será, um dia, chamado de pastor Andrew Solomon', declarou.[2] O professor afirmou à rádio Atinka AM Drive que o cruzado do movimento gay em breve estará mais perto de Deus". Outro artigo a respeito do assunto afirmava, referindo-se a Foh-Amoaning: "Segundo ele, as forças por trás da recente legalização do casamento entre pessoas do mesmo sexo nos Estados Unidos da América são deploráveis — ele também citou o conhecido defensor dos gays Andrew Solomon como o principal propagador —, mas 'Deus o encontrará [Andrew Solomon] em determinado momento e o ferirá para que mude'". Ainda não fui ferido, mas estou ansioso para que ocorra esse encontro.

Em janeiro de 2016, lia-se outra reportagem publicada em Gana: "Citando a ligação do presidente com Andrew Solomon, conhecido ativista dos direitos dos gays, o aspirante ao Parlamento pelo distrito eleitoral de Ningo Prampram afirmou, para reforçar seu argumento, que o presidente Mahama fará qualquer coisa por dinheiro. 'Se o presidente Mahama é capaz de aceitar dinheiro dos gays para levar avante sua campanha, ele se disporá a hipotecar Gana ao anticristo a fim de ganhar as eleições de 2016', declarou, furioso".[3]

Fico pensando se eu não poderia receber juros sobre a hipoteca quando ela for firmada.

ROMÊNIA

Gays, judeus, doentes mentais e um patrocinador dos ciganos na Romênia

New Yorker, 7 de julho de 2014

Quando este artigo foi publicado no site da revista *New Yorker*, provocou de imediato centenas de comentários, principalmente por parte de romenos indignados. Eu tinha viajado à Romênia por conta da publicação, naquele país, de meu livro *O demônio do meio-dia*. O editor foi generoso, a imprensa, elogiosa, e meus amigos romenos, de uma hospitalidade impecável, mas encontrei preconceitos que me abalaram bastante. Nos poucos anos passados desde então, recebi muitas outras cartas sobre este artigo, e nesse período muitos romenos passaram a aceitar melhor os argumentos nele expostos. Embora este ensaio ainda chame atenção, a maioria de meus correspondentes romenos continua a escrever, em reação a meus livros, basicamente para pedir conselhos, por sofrerem de depressão ou por terem um filho deficiente.

Na adolescência, perguntei a minha tia-avó Rose de que lugar da Romênia tinha vindo nossa família. Ela disse que não se lembrava. Insisti: "Tia Rose, a senhora morou lá até os dezenove anos. O que quer dizer com isso de não me lembro?". Ela respondeu: "Era um lugar horrível, e tivemos sorte de sair dali. Não há motivo para alguém voltar lá". Implorei que ela me dissesse ao menos o nome do lugar. Ela me dirigiu um olhar desusadamente gélido e disse, num tom que não admitia réplica: "Não me lembro". E a conversa acabou aí.

Meu avô paterno — o irmão mais velho de tia Rose, um trabalhador agrícola — imigrara para os Estados Unidos antes dela, aos dezesseis anos, fugindo dos pogroms e da pobreza que atravessava gerações. Passou pela ilha Ellis e se instalou em Nova York, onde manteve a família em condições financeiras difíceis, mal conseguindo alimentar os filhos. Mesmo assim, fez com que meu pai tivesse uma boa educação, e desde então minha família levou uma vida relativamente próspera. Eu pensava muitas vezes na vida que meu avô havia deixado para trás. Presumo que meus antepassados tivessem mentes inquiridoras e abertas como a minha, a de meu irmão e a de meu pai, e já refleti sobre como seria se vivêssemos numa sociedade que oferecesse pouca margem de mobilidade social.

Minha amiga Leslie Hawke mudou-se para a Romênia há quinze anos e ali fundou uma ONG, a OvidiuRo, para educar crianças *rom* (ciganas). Integrei o conselho de diretores da organização, em parte por ver um paralelo entre a opressão sofrida por meus ancestrais judeus e a opressão dos *rom*. Melhoramos de vida graças ao acesso à educação fora da Romênia; eles poderiam melhorar a deles por meio da escolarização na Romênia.

No ano passado, uma editora romena comprou os direitos de *O demônio do meio-dia: Uma anatomia da depressão*, o que reacendeu minha curiosidade a respeito daquele lugar ancestral e me levou a assinar o contrato para uma turnê promocional. Percebi uma circularidade interessante no contraste entre a saída de meu avô, desvalido, e minha volta como um autor publicado. Uma prima distante que desencavei no Facebook disse que, em sua opinião, éramos de Dorohoi, cidadezinha a mais ou menos quatrocentos quilômetros de Bucareste, ao norte, perto da fronteira com a Ucrânia. Uma amiga dela, genealogista amadora, ofereceu-se para fazer mais pesquisas e localizou documentos que confirmavam que a família realmente provinha de Dorohoi. Meu avô e dois de seus irmãos partiram de Hamburgo, na terceira classe de um navio, em 1900, e quatro anos depois mandaram buscar os pais e os irmãos.

Meu editor receava que os romenos não quisessem falar abertamente de depressão, mas o *Zeitgeist* tinha mudado mais do que eles imaginavam. O maior escritor vivo da Romênia, Mircea Cărtărescu, concordou em escrever uma introdução e participar do lançamento do livro. Mesmo antes de minha chegada a Bucareste, o livro já era um best-seller, e nos dois primeiros dias que passei ali fui entrevistado pelas três maiores redes de televisão, pela Rádio Nacional Romena e por muitos jornais de peso. Uma multidão abarrotou uma livraria espaçosa para a festa de lançamento, e no dia seguinte *O demônio do meio-dia* foi para sua segunda impressão. Todos me tratavam muito bem, e fiquei impressionado com o alto nível do discurso intelectual e político.

No entanto, nem tudo correu tão bem como se planejava. Antes de minha chegada, Leslie havia entrado em contato com Florin Buhuceanu, que dirige uma organização de direitos dos gays chamada ACCEPT. Genevieve Fierau, amiga de

Leslie, era ligada à Biblioteca Central Universitária, um prédio espetacular no centro de Bucareste, com um salão de conferências magnífico, inaugurado pelo rei Carlos I em 1914. Ambas concordaram que aquele seria o lugar ideal para eu me dirigir à comunidade LGBT da capital. Genevieve marcou uma reunião de Leslie e Florin com a diretora da biblioteca, que, depois do que elas chamaram de uma conversa cordial de uma hora, confirmou que o salão estava à disposição e se disse contente com a realização da reunião ali. Florin agradeceu-lhe pela coragem de apoiar uma organização LGBT, assinou e devolveu o contrato e postou detalhes sobre o evento no Facebook.

A Romênia retificou sua lei relativa aos direitos dos gays quando os Estados Unidos nomearam para Bucareste um embaixador abertamente gay, Michael Guest, que serviu ali de 2001 a 2004, durante o governo de George Bush filho. Entretanto, o preconceito continua incrustado na cultura romena, e a sombra homofóbica de Putin, que cobre a Europa Oriental, só piorou a situação. No começo de junho de 2014, a Câmara dos Deputados da Romênia, por 298 votos contra e apenas quatro a favor, rejeitou um projeto de lei que teria dado reconhecimento legal a casais gays. Na mesma semana, a diretora da biblioteca telefonou para Genevieve, acusou-a de ter mentido sobre a natureza da palestra e disse que a biblioteca jamais teria concordado em sediar um evento em que a identidade gay seria discutida. Depois disso, não deu retorno às várias mensagens de Florin e de Leslie.

A ACCEPT entrou em campo e encontrou um local menor e menos central para a palestra, na Universidade Nacional de Artes Cênicas e Cinema. Depois de minha palestra, a sessão de perguntas e respostas durou quase uma hora. Muitas perguntas diziam respeito a minha vida familiar: como era ter um marido e filhos; como foi obter a aceitação de meu pai e de um contexto social mais amplo, uma situação tão inimaginável para eles quanto teria sido, para meus bisavós, minha vida de relativa abastança. Vários dos presentes disseram que sonhavam emigrar para algum lugar onde pudessem encontrar esse tipo de aceitação. Muitos revelaram ter passado por uma grave depressão como resultado da opressão social, assim como muitos se referiram à mudança do local de minha palestra como exemplo dessa perseguição. Embora não pudesse, de forma alguma, ser comparado a um pogrom, o incidente me ajudou a imaginar o que tinha sido, para minha família, pertencer a um grupo que seus compatriotas consideravam repugnante.

No dia seguinte, Leslie e eu dirigimos durante sete horas até uma fazenda de criação de cavalos nas montanhas da Moldávia, no Norte, onde passamos a noite, jantamos um prato campeiro e bebemos uma aguardente caseira feita de amora-preta. Na manhã seguinte, pegamos um dos poucos judeus restantes na região, outro genealogista amador, e seguimos para Dorohoi. Foi emocionante contemplar a paisagem de colinas suaves perto de nosso destino e imaginar meu avô e o avô dele vendo aqueles mesmos morrotes. A vida parecia ter mudado pouco durante o século transcorrido. Lavradores em carros de boi levavam a cabo sua labuta, e mulheres com lenços na cabeça capinavam os roçados. Seus rostos mostravam a pele gretada pela rápida sucessão de verões e invernos brutais. Tomamos uma estradinha de terra comprida que ia dar no cemitério judeu, fechado por uma cerca metálica alta. Um homem que morava perto dali tinha a chave e por cerca de cinco dólares por cabeça nos deixou entrar, explicando com animação: "Eu não sou judeu, mas gosto dos judeus".

O cemitério estava muito abandonado, como praticamente tudo nas cercanias de Dorohoi. Uma vaca mugia, perambulando pelas lápides cobertas de urtigas. Foi Leslie quem avistou a primeira tumba de um Solomon. Logo achamos outras, muitas de pessoas nascidas depois que meu avô emigrou. Era impossível saber se as sepulturas eram de parentes meus, mas a comunidade judia nunca foi muito expressiva (o condado tinha cerca de 4500 túmulos de judeus), de modo que parecia plausível que aquelas pessoas fossem minhas parentes. Depositei seixos em cima de algumas tumbas, seguindo a tradição judaica de usar pedras no lugar de flores. Pensei naquelas pessoas que poderiam ter ido embora, mas não foram. Entramos numa capela fúnebre, que não passava de um pequeno celeiro com uma estrela de Davi, onde havia uma velha carroça fúnebre.

Em uma das sepulturas havia uma inscrição em homenagem aos Solomon que morreram "nas mãos de Hitler". Muitos daqueles mortos tinham prenomes comuns em minha família mais ampla. Uma placa no centro do campo-santo recordava os 5 mil judeus que foram levados da área e nunca mais voltaram. Ouvi minha tia Rose dizendo que tivemos sorte por sair de lá. Eu alimentara a esperança de que ela pudesse não estar inteiramente certa, que a fonte de minha família fosse ao menos pitoresca, que eu sentisse uma surpreendente identificação com o lugar. Ignorava como ficaria atormentado ao me imaginar aprisionado no que ainda parecia ser uma vida limitada, sem o mais remoto sinal do encanto intelectual de Bucareste. Faz décadas que trabalho como enviado a zonas de combate e sociedades indigentes, e elas sempre me pareceram profundamente diferentes, mas aquele lugar me passava uma sensação chocante de proximidade. Eu poderia ter nascido ali, viver e morrer daquele jeito.

Ao sairmos, passamos por cinco ginjas altas, num canto do cemitério, e corremos para colher seus frutos maduros. O sumo arroxeado manchou minhas mãos, e comecei a pensar em quem, da família, poderia ter estado sob aquelas árvores e sentido o mesmo gosto, intenso e adocicado. Pensei em como meus próprios filhos teriam se atirado àquelas frutinhas, tão semelhantes a cerejas, se estivessem comigo. Dei-me conta, de repente, de que meus antepassados tinham sido crianças, em sua época, que aquele lugar não fora visitado apenas pelos velhos barbaças que eu visualizara como meus ancestrais, mas também por meninos e meninas que teriam trepado nas árvores para colher os frutos abundantes de seus galhos mais altos.

Ao sair da cidade, olhei para os camponeses do lugar e passou pela minha cabeça que, se os antepassados deles não tivessem queimado as casas dos meus, os meus antepassados não teriam ido embora. Refleti sobre o que tinha acontecido a minha família ao longo de duas gerações e também no que não tinha acontecido a eles, e, em vez de me sentir afrontado pela história de agressão, senti-me privilegiado por ela. Não raro, as vítimas da opressão são mais beneficiadas do que os opressores. Enquanto aqueles que destroçam as vidas alheias esgotam suas energias na destruição, aqueles cujas vidas são despedaçadas têm de despender seu vigor em soluções, algumas das quais podem ser transformadoras. O ódio levou minha família para os Estados Unidos e para suas liberdades antes inimagináveis.

As condições dos assentamentos dos *rom* a que Leslie me levou em seguida fizeram com que Dorohoi parecesse East Hampton. Enquanto os lavradores pobres do Norte da Romênia se alimentavam com simplicidade, os ciganos de Colônia passavam fome; enquanto os agricultores tinham uma esperança de vida relativamente breve, os ciganos mostravam sinais óbvios de doenças crônicas. Os camponeses podiam não dispor de encanamentos modernos, mas os ciganos não tinham encanamento nenhum e defecavam nos pastos em que viviam, os quais fediam horrivelmente. No momento em que escrevo, como resultado do trabalho da OvidiuRo, 1500 crianças *rom* estão recebendo a educação fundamental que talvez as tire da miséria. Conheci algumas delas, de olhos brilhantes e alegres, e espero que consigam evitar tornar-se adolescentes intratáveis e adultos de olhos vidrados como os que vi sentados em Colônia, no meio da sujeira.

Na volta para Bucareste, recebi uma ligação de Duane Butcher, o *chargé d'affaires* da embaixada dos Estados Unidos (na prática, embaixador, uma vez que não tínhamos um embaixador na Romênia nessa época). Ele queria saber o que tinha ocorrido em relação ao meu problema com a biblioteca. Um comentário sobre o incidente que eu tinha postado no Facebook fora captado por uma agência de notícias e estava sendo amplamente divulgado nos meios de comunicação romenos. Butcher disse que pretendia enviar ao governo romeno uma carta oficial sobre o assunto.

A ACCEPT logo emitiu um comunicado à imprensa em que se citavam palavras de Florin Buhuceanu: "Uma organização de direitos humanos que defende os direitos do grupo LBGT na Romênia não pode ter acesso a um salão de palestras na mais importante biblioteca de Bucareste? Um ilustre escritor e jornalista americano não deve falar sobre sexualidade e identidade numa instituição cultural? Livros de escritores gays, estrangeiros ou romenos, serão desconsiderados nos meios acadêmicos e literários por causa da orientação sexual de seus autores?". Remus Cernea, um parlamentar, declarou à imprensa que havia pedido ao Ministério da Educação punição aos responsáveis pela Biblioteca Central Universitária. (Depois de censuradas no Parlamento e nos meios de comunicação, as autoridades da biblioteca deram uma desculpa ridícula, alegando que a ACCEPT tinha feito uma "aproximação ruim".)

Para aquela noite, estava marcada uma conversa pública de 45 minutos entre mim e Cărtărescu no Colégio Nova Europa, em Bucareste, um ponto de encontro da intelligentsia urbana. Eram esperadas cinquenta ou sessenta pessoas, mas encontramos cerca de trezentas, que ocupavam todos os assentos, enchiam os corredores e lotavam o saguão. Como se previa, o começo de nossa conversa foi afável, porém lá pelo vigésimo minuto Cărtărescu disse: "E agora eu gostaria de lhe pedir desculpas, em meu nome, pelo que lhe aconteceu na biblioteca. Espero que você compreenda que essas concepções atrasadas não representam a mentalidade de todos os romenos". A plateia irrompeu em aplausos estrondosos. "Só podemos esperar que suas outras experiências na Romênia tenham lhe mostrado o verdadeiro coração de nosso povo", disse Cărtărescu, suscitando novos aplausos. Nossa conversa terminou depois de quase três horas. Autografei outros duzentos livros, e seus donos manifestaram seu apoio. O último na fila era Cernea, que disse: "A legislação pelo reconhecimento da união civil não foi aprovada, como você sabe, mas houve três dias de debate sobre um tema que há um ano ninguém imaginaria que pudesse ser discutido. Dê-nos um pouco mais de tempo, por favor. Nossos políticos são mais conservadores do que a nossa sociedade".

Qual era a atitude da Romênia no tocante aos judeus, aos doentes mentais, aos gays e aos ciganos? Muitos grupos que eu represento, de uma maneira ou de outra, têm sido vítimas de preconceito naquele país, em algum momento (como também foram vítimas em outras épocas e de outras maneiras, em meu país). Eu não pretendia suscitar um escândalo, nem previra minha tristeza ressonante com esse aspecto de minha viagem de seis dias. Da mesma forma, tampouco imaginara os surtos de alegria debaixo dos pés de ginja e no Colégio Nova Europa. Aqueles que apoiam a liberalização social num país conservador e profundamente religioso não constituem o grupo dominante, contudo o mesmo pode ser dito de seus opositores. O romeno é uma língua latina, e os romenos combinam o calor dos italianos com a chama combativa dos eslavos. Vários romenos observaram que, como meu avô tinha nascido lá, eu poderia obter um passaporte romeno, e alguns me pediram que o solicitasse. Estou pensando no assunto. Compreendo por que tia Rose definiu a Romênia como um lugar horrível, do qual tivemos a sorte de sair, mas o país é também um lugar maravilhoso e estou feliz por ter voltado lá.

Em 2015, fiquei sabendo que Andrei Rus, o professor que tinha conseguido que minha palestra ocorresse na Universidade Nacional de Artes Cênicas e Cinema, sofrera fortes críticas do Comitê de Ética dessa instituição. Seu contrato foi encerrado por "denegrir a imagem da universidade" devido à sua "propaganda gay e a sua agenda homossexual" — o que é particularmente bizarro, uma vez que ele próprio não é gay. Seus colegas me pediram que escrevesse uma carta de apoio a ele, o que fiz. Por fim, ele foi punido, mas não demitido.[1]

MIANMAR

A hora de Mianmar

Travel + Leisure, novembro de 2014

Meu compromisso com a revista *Travel + Leisure* era de escrever sobre as atrações turísticas mais fascinantes e os hotéis mais luxuosos de Mianmar. Como pouco antes fui eleito presidente do PEN American Center, organização que defende a liberdade de expressão, tive acesso a um grupo de escritores que estavam formando um centro PEN em Mianmar. Por isso, o mês que passei no país que durante muito tempo foi conhecido como Birmânia oscilou entre cruzeiros fluviais deslumbrantes e entrevistas com ex-presos políticos. O contraste não foi tão extremo como pode parecer; o luxo era bem menos opulento, e os egressos das prisões eram pessoas do mais alto-astral que se poderia esperar. Este ensaio examina a vida social, política e econômica de Mianmar numa profundidade bem maior do que era pertinente para a *Travel + Leisure*.

Eu tinha previsto uma época de esperança para Mianmar.[1] Nos dezoito meses que antecederam minha visita, em janeiro de 2014, nada menos que 1100 presos políticos,[2] entre os quais os mais famosos haviam sido libertados; a censura aos meios de comunicação fora aliviada; algumas eleições parlamentares tinham sido realizadas; e a maior parte das sanções internacionais estava suspensa.[3] Investimentos estrangeiros conferiam novo vigor à economia. A líder oposicionista Aung San Suu Kyi, ganhadora do prêmio Nobel da Paz em 1991 e um ícone de coragem em nome da justiça, fora solta em 2010, depois de duas décadas de prisão domiciliar.[4] Ela estava em campanha para a presidência, e seu partido, a Liga Nacional pela Democracia (LND), finalmente conquistara algumas cadeiras no Legislativo. O país parecia estar progredindo do ponto de vista econômico e social.

No entanto, o que encontrei lá foi uma neutralidade extremamente cautelosa. Ninguém negava que a situação estivesse melhor, mas ninguém achava que a situação fosse duradoura. A exuberância da transição era temperada pela filosofia budista, majoritária, de um povo que já vira muitas centelhas débeis de esperança se extinguir. Talvez a população tivesse ficado otimista com o movimento que levou à independência, em 1948; voltara a abraçar o otimismo em 1988, quando revoltas de estudantes acenaram com uma nova justiça; e mais uma vez tomou-se de otimismo durante a Revolução Açafrão de 2007, quando milhares de monges se levantaram contra o governo e foram brutalmente reprimidos. Em 2014, as pessoas riscaram a esperança em seu repertório de atitudes e estavam só à espera do que poderia acontecer.

Tampouco estavam amarguradas com a dolorosa história do país. Eu tinha imaginado que os ex-presos políticos iriam protestar contra o péssimo tratamento de que foram vítimas quando encarcerados, mas poucos fizeram isso. Muitos declararam que estavam gratos pela experiência. A prisão lhes dera tempo para desenvolver a mente e o coração, muitas vezes por intermédio da meditação. A maior parte deles agira sabendo que seus atos os levariam à prisão e entrou em suas celas de cabeça erguida. Ao serem libertados, ainda mantinham essa postura. A escritora e ativista Ma Thanegi, que passou muitos anos presa por ter sido assistente pessoal de Aung San Suu Kyi, disse-me que a melhor forma de se opor ao regime era ser feliz na prisão. "É como cuspir na cara dos militares", disse. "Eles queriam que nos sentíssemos infelizes, e não iríamos fazer a vontade deles." Se pudessem ser felizes na cadeia, a punição que lhes fora imposta fracassaria e mostraria que o regime não tinha poder sobre eles. Como ela me explicou, o ânimo adamantino deles era tanto uma disciplina como uma opção.

Em 1993, a escritora, ativista e médica Ma Thida foi condenada a vinte anos de prisão por "ameaçar a tranquilidade pública", manter contato com organizações ilegais e imprimir e distribuir materiais ilícitos. Sua saúde agravou-se drasticamente na prisão, e ela contraiu tuberculose e endometriose. Em seu pior momento, chegou a pesar apenas 36 quilos e mal conseguia beber água e dar alguns passos. Em seguida, seu fígado deu sinais de que iria parar de funcionar. Ma Thida estava autorizada a manter consigo um suprimento de medicamentos para tratar outros presos, mas, quando tentou usá-los em si mesma, o médico da prisão os confiscou, alegando que ela poderia se suicidar, e só voltou atrás quando ela entrou em greve de fome. Mantida em confinamento solitário, Ma Thida implorou que lhe dessem uma companhia, mesmo que fosse um assassino ou ladrão, porém seu pedido foi negado. Não tinha direito a papel ou lápis, e em seis anos só pôde escrever três contos, usando materiais contrabandeados. "Entretanto, eu ainda era dona de meu corpo e minha mente", disse. "Por isso, tratei esse período como um tempo para aprender a me libertar do círculo da vida. Com isso, pude achar a liberdade total." Quando seus captores lhe perguntaram o que ela desejava, Ma Thida respondeu: "Quero ser uma boa cidadã. Só isso. Nada mais, nada menos". Ela notou a expressão de incompreensão em seus rostos. Seu carcereiro, porém, lhe disse um dia: "Ma Thida, a senhora está livre, mas nós não". Ao ser libertada em 1999, ela lhe disse: "Obrigada por esse período na prisão". Recusou-se a lhe agradecer por libertá-la. Agarrou-se à perspectiva de escrever sobre sua experiência durante aqueles anos, sabendo que seu livro só poderia ser lido pelos censores, mas ao menos fazer com que esses funcionários entendessem sua perspectiva já valia alguma coisa. Hoje, quando suas memórias da prisão são um best-seller em Mianmar, ela pode incentivar a geração mais jovem a resistir. "Por isso, minha prisão torna-se totalmente positiva", ela me disse.[5]

Foi doloroso para ela apontar que as reformas em Mianmar tinham sido instituídas pelo governo militar e Ma Thida as encarava com cinismo. "Nós, birmaneses, exibimos uma tremenda dignidade quando pressionados. Mas também nos mostramos ressentidos sob uma capa de coragem, e o fato de essas reformas terem começado a ser aplicadas não muda os problemas profundos existentes nesta sociedade, que aprendemos a ver com tanta clareza na prisão. O que realmente mudou aqui não foram as leis, nem mesmo a imposição das leis. O que mudou foi a conscientização. As pessoas estão conscientes de seus direitos e os usam para fazer exigências e debater. Essa é a medida plena do progresso." Isso não é pouco, na visão da ativista; mais importante do que o próximo presidente era a população que esse presidente lideraria.

Durante o governo da junta militar, as pessoas eram presas com frequência em razão de suas opiniões, mas somente depois de expressá-las em público. Em Mianmar, a opinião nunca foi controlada tão severamente quanto na Coreia do Norte ou na Arábia Saudita. "Sempre foi um prazer trabalhar aqui, em comparação com o Camboja, por exemplo, onde a intelligentsia é reprimida", disse Vicky Bowman, a ex-embaixadora britânica. "Aqui, a intelligentsia é sempre visível. Às vezes, foi para a cadeia; às vezes, teve de esperar para ser publicada. Porém está sempre presente."

Embora os generais que tomaram o poder em 1988 tenham mantido fechadas as fronteiras como norma geral, a atenção do mundo exterior foi vital para seus adversários. Ficou famosa uma frase de Aung San Suu Kyi proferida em 1997: "Por favor, usem sua liberdade para lutar pela nossa".[6] Em 2014, a oposição já não precisava com tanta urgência dessa amplificação externa. Muitas análises dessa mudança eram tecidas entre as pessoas que conheci, e havia numerosas tentativas de quantificá-las. O poeta e ativista Maung Tin Thit disse de brincadeira que as pessoas que antes eram presas em segredo por suas opiniões radicais passariam a ser presas publicamente. O artista plástico Aye Ko, um dos líderes do levante de 1988, e que viria a ser preso, declarou: "Não vou acreditar neste governo até serem tirados do poder".[7] O comediante Lu Maw recorreu a sua reserva de frases feitas para definir as reformas ostensivas. "As cobras mudam de pele, mas não deixam de ser cobras", disse-me. "De 1952 até hoje, são os mesmos militares. De vez em quando eles mudam a farda. Agora, são os mesmos sujeitos, mas sem a farda."[8]

Ko Minn Latt, o jovem e dinâmico prefeito de um município no estado de Mon,[9] que espera candidatar-se a uma cadeira no Parlamento, disse: "À medida que as pessoas ficam menos assustadas, ficam também mais zangadas, porque atualmente é seguro zangar-se. Dez por cento delas estão ocupadas com religião, 10% se dedicam a enriquecer, e os 80% restantes estão furiosos. Contudo, os problemas acumulados durante os últimos sessenta anos não podem ser resolvidos em três. Esta é uma democracia distorcida — não apenas porque essas mudanças são realizadas pelo governo militar, que ainda está no poder, mas também porque as pessoas não sabem ainda como agir numa democracia". No entanto, ele acreditava que a liderança tinha se tornado apegada demais a seu novo status no cenário mundial para abrir mão dele; agora a reforma possibilitava o agrado ao ego que antes era alcançado mediante o exercício brutal do poder.

Moe Satt, curador de arte independente, disse-me que os birmaneses tinham começado a falar sobre o pós-modernismo.[10] "Mas como podemos fazer comentários pós-modernos numa sociedade pré-moderna?", perguntou. "Há muito atraso a recuperar antes disso." Para ele, muitos artistas plásticos e intelectuais birmaneses não estavam prontos para criar arte a partir da perspectiva de autoridade. "Nós resistimos ao fim da pressão", explicou, comentando que os artistas podem produzir suas melhores obras numa situação de opressão, seja política ou do mercado. Nay Phone Latt, que cumpriu quatro anos de sua pena de 21 por fazer comentários sobre a Revolução Açafrão em seu blog, declarou: "As pessoas não estão habituadas a assumir responsabilidades e acham que alguém fará isso por elas. Se ainda não existe democracia por aqui, não é somente por culpa dos generais".[11]

No entanto, até as reformas parciais e defeituosas acarretaram mudanças palpáveis. Thant Myint-U, escritor e assessor presidencial, disse: "Para as pessoas comuns, em especial as situadas na metade inferior da escala social, a vida cotidiana não está muito melhor em nenhum sentido. Entretanto, o país se baseava no medo, e agora o medo foi retirado da equação".[12] Sammy Samuels, judeu birmanês dono de uma agência de viagens chamada Myanmar Shalom, declarou: "Há dois ou três anos, toda vez que eu voltava dos Estados Unidos, ficava muito assustado no aeroporto, ainda que não estivesse trazendo nada. O agente da imigração começava perguntando: 'O que você fez por lá?'. Hoje eles começam falando: 'Seja bem-vindo de volta'".[13] Nem mesmo os pessimistas acham que a situação irá voltar ao nível de opressão anterior. Temem que as reformas possam empacar, mas não que possam retroceder.

À medida que o governo começou a afrouxar as rédeas, as pessoas passaram a alimentar expectativas absurdamente altas de que os investimentos estrangeiros jorrariam, de que novos aeroportos seriam construídos e de que todo mundo ficaria rico. Um amigo comentou com um taxista o mau estado das vias públicas, e o homem respondeu: "Se Aung San Suu Kyi for eleita, todas elas serão pavimentadas". Na realidade, é a ausência de serviços básicos que impede um progresso autêntico. Muitas pessoas ficaram decepcionadas ao se darem conta de como o desenvolvimento é lento em toda parte. Os birmaneses chamam a internet de *internay*, pois *nay* em birmanês quer dizer "lento", e o serviço só é acessível a 1% da população de 70 milhões de habitantes. "Aqui, nada funciona", disse Lucas Stewart, consultor literário do Conselho Britânico em Yangon. "Tudo enguiça. Tudo tem de ser comprado ilegalmente, de modo que tudo é de segunda mão, porcarias quebradas que vêm da China e da Tailândia. O Skype não funciona. É preciso um dia para baixar um videoclipe de três a quatro minutos." Um estudo recente mostrou que o uso de celulares era mais lento em Mianmar do que até na Coreia do Norte ou na Somália, embora o preço de um cartão SIM tenha caído, há pouco tempo, de mais de 1500 dólares para menos de quinze.[14] Em geral, os carros são modelos japoneses de segunda mão, preparados para serem conduzidos pelo lado direito, apesar de as regras de trânsito terem sido elaboradas com base no tráfego pelo lado esquerdo.[15] A aquisição de carros particulares ainda está fora do alcance da maior parte da população, porém menos do que no passado; por isso, as ruas, durante muito tempo vazias, agora estão congestionadas.

Muitas guerras e revoluções foram catalisadas: o assassinato de Franz Ferdinand foi a causa imediata da Primeira Guerra Mundial; o sequestro de Mikhail Gorbatchóv prenunciou o fim da União Soviética; Mohamed Bouazizi ateou fogo às vestes e provocou a Primavera Árabe. Já em Mianmar, as reformas como que se materializaram do nada. Não há consenso sobre as razões dessas mudanças, nenhum acordo quanto aos motivos que as geraram e à época em que se deram. Essas reformas não resultaram de um forte movimento popular, e sim de um processo desencadeado de cima para baixo, um programa controlado de reconfiguração da política nacional. Como disse o embaixador americano Derek Mitchell, "Mianmar poderia ter passado por um momento de reivindicações como os vivenciados na praça da Paz Celestial, vindo de baixo para cima, em 1988 ou em 2007. Agora, contudo, trata-se de um movimento burocrático vindo do alto". Ele acrescentou que o regime poderia, provavelmente, ter patinado durante algum tempo, da mesma forma como a União Soviética poderia ter persistido se Gorbatchóv não houvesse começado a desmontá-la. Às vezes a abertura pode parecer a melhor opção, mesmo para os ditadores.

A junta declarou que a liberalização é um processo de sete etapas iniciado em 2003, portanto, tal como a Glasnost de Gorbatchóv, é possível que o afrouxamento tenha sido iniciado por pessoas que não sabiam até que ponto ele poderia chegar. No roteiro de 2003, a etapa final consistia em entregar o poder a um novo governo — mas se supunha que viesse a ser um governo escolhido pelos líderes militares. O presidente Thein Sein, que assumiu o poder em 2011, é o primeiro líder em Mianmar que evitou a mácula da corrupção. "Erroneamente, eles escolheram um sujeito decente, e não um corrupto", disse Ma Thanegi. "Por isso, terão de aceitar as consequências."

Alguns birmaneses julgam que foram as sanções internacionais que provocaram as mudanças, ao empobrecer o país e isolar seus governantes. Como Mianmar se tornou visivelmente mais pobre do que seus vizinhos, como o Camboja e o Laos, seus líderes se desprestigiaram e a asfixia a que submetiam o país tornou-se menos atraente, até para eles. Muitas pessoas sofriam de desnutrição crônica; de acordo com o Unicef, 25% das crianças em Mianmar estavam abaixo do peso, e um terço delas apresentava problemas de crescimento.[16] Muita gente carecia de acesso a água potável. A repressão à Revolução Açafrão, em 2007, foi amplamente coberta pela imprensa estrangeira, maculando a imagem internacional da junta, já deplorável.

Mais importante, talvez, tenha sido o fato de o isolamento global ter tornado Mianmar perigosamente dependente da China, que na longa e belicosa história dos dois países nunca respeitou os interesses de seu vizinho menor. Em conversa comigo, uma autoridade do governo lamentou que os birmaneses possam vir a fornecer drogas, prostitutas e espaços para jogatina a chineses poderosos. A Primavera Árabe também foi instrutiva, e a junta pode ter considerado que era melhor começar a fazer concessões a esperar que a população descontente se tornasse ingovernável. Os membros da junta e seus parceiros — empresários corruptos, muitos ex-militares, que enriqueceram com o regime — assistiram ao fim patético de Muammar Kadhafi e Saddam Hussein. Ao que parece, preferiram imitar o círculo de Suharto na Indonésia, pessoas que conservaram sua riqueza e influência mesmo depois que ele abriu mão do poder, em 1998. Todo regime militar é contestado, e uma saída gradual pode evitar um desfecho aflitivo. Como o escritor Pe Myint se expressou secamente, "os líderes sabem que o povo pode perder várias vezes, mas que o governante só pode perder uma".

O isolamento de Mianmar, não obstante tenha custado um alto preço, preservou a introspecção mística da maioria budista. O pagode Shwedagon é um dos lugares mais sagrados do país, e gente de todos os recantos do território vai até ali para fazer suas devoções. Consta que os generais embelezaram a estupa central com muitas toneladas de ouro — não ouro em folhas, mas placas grossas e sólidas de ouro — e que de seu ápice pendem receptáculos cheios de joias. Muitos birmaneses sustentam que o pagode vale mais do que o Banco da Inglaterra. Destoando de Yangon, que passa por um processo de modernização, o pagode se eleva de maneira monumental e transcendente — a basílica de São Pedro do budismo theravada. As estupas douradas reluzem ao sol, em qualquer dia. À sombra dessas torres sagradas, camponeses se esfalfam em condições duras. Uma pessoa do lugar comentou, mordaz, que o país é rico, mas as pessoas são pobres.

Para muita gente, a vida parece continuar praticamente inalterada há séculos: camponeses, carros de boi, a mesma dieta básica e as roupas simples, os mesmos pagodes fulgurantes, dourados nas cidades mais ricas, apenas pintados nas mais pobres. Nada acontece quando deve, nunca, e é assombroso que o sol se ponha na hora certa. O país vive num equilíbrio inquietante entre esse estilo de vida passado, ainda existente, uma vida presente de contato incipiente com o mundo exterior e as emoções de reformas e um futuro absolutamente imaginado de democracia e prosperidade a respeito do qual muita gente falava como se fosse tão incompreensível quanto inevitável.

Os turistas, que contribuem com uma parcela substancial da receita pública, viajam ao país para se deslumbrar com as relíquias históricas que seus cidadãos muitas vezes subestimam.[17] Thant Myint-U comentou que ninguém em Mianmar já teve a experiência agradável de viver num prédio construído há mais de trinta anos. Cerca de setecentos edifícios importantes foram demolidos no centro histórico de Yangon nos últimos quinze anos. Muitos dos grandiosos prédios coloniais ainda remanescentes pertencem a ministérios, mas em 2005 o governo se transferiu para Naypyidaw, tornando incerto o destino dessas construções. Os de propriedade privada com frequência são onerados por processos cíveis, inquilinos que pagam um aluguel fixo ou titulares de direitos não residentes (inclusive repartições públicas extintas), o que cria um cipoal jurídico para qualquer candidato a preservacionista.

Até 1944, Mianmar foi uma colônia britânica chamada Birmânia, nome que persistiu até 1989.[18] Os britânicos ocuparam parte do território em 1834 e a partir daí costuraram um país multiétnico para que servisse de Estado-tampão para o governo britânico da Índia. Em 1885, ampliaram o território nacional, que assumiu a conformação atual. A administração colonial governava diretamente os vários grupos étnicos e só exigia lealdade à Coroa. A Birmânia, que se tornou um campo de batalha importante entre os Aliados e os japoneses na Segunda Guerra Mundial, perdeu centenas de milhares de civis. Um herói militar, o general Aung San — pai de Aung San Suu Kyi —, forjou um pacto de unidade étnica como meio de conquistar a independência, mas prometeu autonomia regional às etnias se elas o apoiassem, assegurando-lhes que poderiam se retirar da federação depois de uma década se estivessem insatisfeitas com o governo central. Aung San foi assassinado antes mesmo que a independência fosse concedida, em

1948, e surgiu no país uma democracia disfuncional. Os grupos étnicos karen, shan e kachin declararam-se independentes. Todos queriam dissociar-se daquele país artificial que, em seu entender, não cumprira suas promessas. Em 1962, a democracia desmoronou num golpe incruento dirigido por Ne Win, ex-comandante do Exército birmanês. Ele controlou o país durante uma geração de isolamento obstinado e confusão econômica, sob a bandeira do socialismo. Em meados da década de 1980, passou a recorrer a táticas cada vez mais brutais, com forte censura, corrupção ilimitada e controle opressivo: os cidadãos tinham de se registrar em todos os lugares para onde iam.

Em 1988, rebeliões estudantis, nas quais Aung San Suu Kyi surgiu como personagem de destaque, tentaram substituir a versão autocrática de socialismo de Ne Win por uma democracia.[19] Os estudantes se mobilizaram depois de um confronto, numa casa de chá, no qual a polícia matou um deles. No entanto, eram jovens e inexperientes, e, passados vários meses de inflamados protestos, durante os quais Ne Win renunciou, os militares reagiram com uma repressão violenta, que se acredita teria sido orquestrada pelo próprio Ne Win, com a matança indiscriminada de estudantes, monges e até crianças em idade escolar. Como a revolta tinha sido liderada por estudantes, o governo restringiu a educação, considerando que era mais fácil controlar pessoas sem formação. Com isso, desmantelaram um dos melhores sistemas educacionais da Ásia, numa época em que o índice de alfabetização chegava perto de 80%. De início, fecharam-se as universidades; logo foram fechadas também as escolas particulares e as de missionários. Em 1990, o país realizou suas primeiras eleições livres, vencidas por ampla margem pela LND, de Aung San Suu Kyi, mas o governo militar se recusou a entregar o poder.

Um país que os britânicos tinham deixado com instituições razoavelmente bem administradas se transformou em um lugar sem nenhuma infraestrutura humana, nenhuma infraestrutura legal e nada além de um simulacro de infraestrutura física. Não havia nenhuma educação, nenhum sistema de assistência médica, nenhum serviço ferroviário. Estradas, pontes e ferrovias antes bem conservadas logo se deterioraram a ponto de se tornarem intransitáveis. Esse estado policial dependia de uma rede de informantes. Casas de chá onde no passado os estudantes se reuniam tornaram-se alvos dos serviços militares de informações. Por sorte, era bastante fácil identificar os informantes: os integrantes das Forças Armadas eram as únicas pessoas que sempre usavam meias, para evitar o atrito das botas contra os pés. Olhos treinados podiam identificar esses espiões, mesmo que estivessem de sandálias, pela marca em círculo deixada pelas meias em volta dos tornozelos.

A chamada Geração de 1988 manteve-se sempre ativa. Alguns de seus membros instalavam estações de rádio em países vizinhos para fazer circular opiniões de oposição. O espírito de protesto nunca chegou ao fim, e, depois de mais duas décadas de subjugação, o descontentamento transbordou com a Revolução Açafrão em 2007, depois da qual, em 2008, uma Constituição quase democrática foi adotada. Em certos aspectos, essa Constituição é um documento admirável, mas contém artigos muito preocupantes.[20] Um deles estipula que ficam garantidos aos militares 25% das cadeiras do Parlamento; outro impede qualquer mudança na Constituição, a menos que ela seja apoiada por mais de 75% dos votos dos parlamentares. Isso dá aos militares amplo poder de veto. Há um debate popular a respeito da forma exata como a Constituição poderia ser emendada, embora haja consenso de que o papel dos militares precisa ser reduzido e de que os processos do governo deveriam ser mais democráticos. A Constituição pode ser alterada de modo a garantir direitos às minorias étnicas? O veto militar pode ser restringido? Questões ambientais urgentes podem ser consideradas? Como deve ser imposto o cumprimento da Constituição? Existem nos livros ao menos quatrocentas leis que contradizem os diretos básicos criados pela Constituição.

A educação também não se recuperou do ataque sistemático que sofreu, a despeito de o índice de alfabetização ter melhorado nos últimos anos. Atualmente, o governo paga os jovens para estudarem, mas muitos ainda preferem não fazê-lo. A maior parte da escolarização se concentra em memorização, e muitos professores podem ser subornados, em vista da remuneração miserável que recebem — sessenta dólares mensais. Professores progressistas queixam-se de que é quase impossível ensinar pensamento crítico a estudantes que nunca ouviram falar de discordância. Somente em 2014 as universidades urbanas foram reabertas como instituições de ensino superior. "Numa democracia, as pessoas são os atores principais", comentou Nayh Phone Latt, "e, se não forem educadas, como poderão exercer essa função?" Ko Minn Latt, o ambicioso prefeito no estado de Mon, envolveu-se na política depois de ver uma estudante de sétima série ser baleada pela polícia em 1988. "No começo, eu fui um dos ativistas. Quero isso e quero aquilo. Nada de meio-termo, nada de discussão", disse. "O que estou tentando fazer agora é ajudar as pessoas a serem democratas."

O país que hoje é Mianmar raramente voltou seu poder militar contra o exterior. Jamais poderia medir forças com a China e a Índia, os leviatãs entre os quais está ensanduichado. A principal preocupação das Forças Armadas consiste em defender suas fronteiras com Bangladesh e a Tailândia, além de reprimir as várias milícias étnicas que vêm lutando há gerações para ganhar autonomia. Entrevistados em acampamentos na Tailândia há alguns anos, refugiados birmaneses afirmaram que tudo o que desejavam era voltar para seu país, e o que o governo fizesse ou dissesse não importava.[21] Hoje em dia, as pessoas declaram que os líderes da junta deviam pedir desculpas, sem que sejam levados a julgamento ou punidos.[22] Os generais percebem que a opinião popular vem se movendo na direção da prestação de contas e reagem com uma paranoia não de todo irracional.

Em 1995, o monge budista americano Alan Clements entrevistou Suu Kyi para seu livro *The Voice of Hope* [A voz da esperança].[23] Clements perguntou como ela poderia conciliar a ideia budista de perdão com a necessidade de punir os opressores. Suu Kyi disse que, se os generais confessassem seus crimes, seria mais fácil perdoá-los. O resultado foi um escarcéu imediato. No futuro próximo não surgirão em Mianmar "comitês de verdade e reconciliação" ao estilo da África do Sul. Todo mundo entende que os generais só se afastarão se suas contas bancárias estiverem protegidas. "Eles estão velhos e não querem voltar a ter de cuidar do país de novo", disse Ma Thanegi. "Não estão interessados. Na verdade, nunca estiveram. A esta altura, não me importo que eles não sejam punidos. Puni-los é um luxo, e não podemos nos dar esse luxo."

O governo de Mianmar, sediado durante muito tempo em Yangon, foi transferido repentinamente, em 2005, para a novíssima cidade planejada de Naypyidaw, cerca de 320 quilômetros ao norte, onde antes nada existia.[24] Os Estados Unidos construíram uma embaixada bastante fortificada em Yangon depois dos ataques de 11 de setembro de 2001 e se recusaram a mudar a embaixada para a nova capital. Participei de uma manifestação em Yangon, cujos organizadores — depois de obterem as licenças necessárias — protestavam contra a exigência de solicitar autorização para realizarem a manifestação. A multidão estava colérica e sua mensagem era clara, mas as autoridades do governo e os legisladores — os alvos da passeata — não a ouviriam nem a veriam. Naypyidaw é uma cidade de repartições públicas, praticamente fora do alcance dos radicais de Yangon e Mandalay. Esse tampão geográfico protege o governo contra seu próprio povo.

Mais de um quarto do Produto Interno Bruto (PIB) de Mianmar vem de recursos naturais. Grandes empresas começaram a investir no país: fabricantes de bens de consumo, como Coca-Cola, Pepsi e General Electric; companhias de serviços financeiros, como Visa e MasterCard; e companhias de extração mineral, como ExxonMobil e Chevron.[25] Empresas com menos margem de manobra temem a persistente violência de Mianmar, a falta de transparência de seu governo, sua política inconstante e seus serviços públicos indignos de confiança. Muitas pessoas qualificadas deixaram o país depois de 1988, o que criou um vácuo de competência. Só em Cingapura vivem centenas de milhares de profissionais birmaneses, os quais atuam como supervisores de construção, contabilistas, dentistas e médicos.[26] Sem eles, as empresas estrangeiras lutam para se instalar no país, no entanto, antes de começarem suas operações, muitos emigrantes não têm incentivos para voltar. Os governos estrangeiros também se mostram hesitantes nessa dança incômoda. Como Derek Mitchell me disse, "a comunidade internacional tratou Mianmar como uma causa e agora tem de tratá-lo como um país".

Ativistas políticos em Mianmar calculam que um terço dos integrantes do governo, inclusive Thein Sein, era de reformistas; um terço apoiava o programa militar de rearmamento; e um terço estava em cima do muro. "Se você fizer a opção errada nesse ambiente, perde muito", observou Mitchell. Thein Sein nunca foi uma figura heroica, porém resistiu aos linhas-duras. Uma pessoa ligada a Sein me disse que ele desejava tornar as mudanças irreversíveis. Desde 2011, encontrou-se com Suu Kyi numerosas vezes, mas, segundo os observadores, ela não confia nele.[27] "Ela é extremamente decidida, e com frequência trata a cautela dele como indecisão", disse um diplomata. "Suu Kyi não esperava a solução conciliatória que lhe foi oferecida, e sim uma reviravolta revolucionária." Fala-se muito em Mianmar de "a Dama e os Caçadores" — referências a Suu Kyi e a uma força militar corrupta.[28] Ma Thanegi caracterizou o estereótipo como "a história da vítima formosa e dos valentões, que serviu tão bem a ela". Tão logo Thein Sein deteve a caçada, a Dama teve de sujar-se com a política, antes mesmo de chegar ao poder real. Esse imperativo não foi de todo bem-vindo.

O comparecimento às urnas na eleição suplementar de 2012 foi enorme. Todas as pessoas com que falei achavam que, se uma eleição fosse realizada em 2015, a possibilidade de autodeterminação garantiria uma avalanche de votos. A premência daquele entusiasmo fazia eco ao que eu tinha ouvido na África do Sul no período que antecedeu as importantes eleições de 1994, quando milhões de pessoas esperaram três dias em filas para votar. Em Yangon, entretanto, o que percebi foi uma preocupação quase unânime de que a eleição seria fraudada. A LND de Suu Kyi parecia destinada a ganhar, mas membros do Partido da União, da Solidariedade e do Desenvolvimento (Pusd), de Thein Sein, pareciam estar apostando na possibilidade, muito real, de que a LND fosse incompetente para governar e de que — como ocorreu na Coreia, em Taiwan e na Mongólia — os opressores derrubados pudessem se reorganizar e vencer as eleições. Entre os reformadores mais surpreendentes no partido governante estava Shwe Mann, presidente do Parlamento. Quando ele assumiu esse papel, presumiu-se que endossaria o programa dos militares, como tinham feito seus antecessores. Mas ele procurou transformar o Parlamento num fórum de debates reais e recusou-se a aceitar sem discussão os pronunciamentos vindos de cima. No entanto, Shwe Mann disse a Derek Mitchell: "Nós tentamos o socialismo; tentamos um governo militar; ambos fracassaram. Acreditamos que a democracia nos tornará fortes. Se as pessoas não tiverem voz ativa em seus assuntos, Mianmar será um país instável e ninguém investirá aqui". Suu Kyi, então integrante do Parlamento, fez com ele uma aliança, o que o levou a admitir que, na prática, o único caminho para a permanência seria manter-se junto dela.

Não há como exagerar o prestígio de Daw Aung San Suu Kyi (*daw* é uma forma de tratamento respeitosa, Aung San é o nome de seu pai, Suu Kyi é seu prenome, e ela em geral é chamada apenas de "A senhora"). "Ela não é tratada como uma estrela do rock", disse Derek Mitchell. "É tratada como o Segundo Advento." O pai de Suu Kyi liderou a revolução e arquitetou o pacto multiétnico mediante o qual a Birmânia se tornou independente da Grã-Bretanha. Com seu assassinato, ele foi mitificado. Suu Kyi foi criada pela mãe, Khin Kyi, primeiro em Rangum (hoje Yangon) e depois na Índia e no Nepal (onde Khin Kyi foi designada embaixadora diversas vezes).

Suu Kyi formou-se pela Universidade de Oxford, em 1969. Após um breve período em Nova York, voltou para o Reino Unido, onde se casou com o britânico Michael Aris, seu colega em Oxford, e com ele teve dois filhos. Por acaso, estava em visita à Birmânia, cuidando da mãe, hospitalizada, quando começou a revolução de 1988, e semanas depois fez seu primeiro discurso, clamando por "união". Derrotada a revolução, ela se aliou a alguns dos ex-companheiros de seu pai no movimento pró-democracia e tomou uma decisão heroica que se revestiu da luminosidade de uma epifania: ficar em Mianmar em vez de voltar à Inglaterra, onde estavam o marido e os filhos. Chamando cada vez mais atenção, foi posta em prisão domiciliar um ano mais tarde e ganhou o Nobel da Paz em 1991.[29] Esteve em liberdade entre 1995 e 2000, mas sua prisão domiciliar foi de novo imposta, e ela nunca teve permissão de viajar livremente. Essas circunstâncias contribuíram para sua aura de virtude, e ela tem mostrado sensibilidade e carisma. Nunca encontrei alguém que não tivesse ficado impressionado depois de conhecê-la. Thant Thaw Kaung, que trabalha com ela, disse-me, com reverência: "Não se pode encontrar uma pessoa igual a ela em todo o mundo".

A maioria dos birmaneses que não estejam ligados à junta gostaria de ter Suu Kyi como presidente, mas a Constituição de Mianmar foi redigida de modo a frustrar essas esperanças.[30] O artigo 59F proíbe que qualquer pessoa casada com um estrangeiro ou cujos filhos sejam estrangeiros concorram a cargos eletivos — uma proibição criada especificamente para excluí-la. Quando estive em Yangon, a conveniência da ab-rogação do artigo 59F era um assunto constante das conversas. Qualquer eleição de que ela não possa participar será forçosamente vista, em Mianmar e no exterior, como inane. Por outro lado, sua eleição atuaria como um ímã para atrair ajuda internacional e revitalização econômica, porém Suu Kyi permanece presa na burocracia constitucional. Muita gente se preocupa com o fato de ela não ter formado uma equipe de especialistas, nem escolhido alguém que a substituísse. Membros da LND lamentam que a obstinação que lhe permitiu sobreviver por tanto tempo em prisão domiciliar, distante da família, não lhe seja tão útil atualmente.

O que ela procura em outras pessoas é a capacidade de contribuir para a promoção de sua causa, e não amizade. Não conheci ninguém que julgasse ter um relacionamento pessoal com ela. Para a empresária birmanesa Misuu Borit, ela tem "uma espécie de estilo solitário"; outros disseram que Suu Kyi parecia não poder ou não querer estabelecer as relações humanas de confiança necessárias a quem exerce liderança. "Ela não revela seus pensamentos. Tudo gira em torno dela", disse Mitchell. "Nesse aspecto, trata-se de uma estrutura autoritária." Uma diplomata britânica observou que o próximo Parlamento talvez incluísse mais cadeiras pró-democracia, mas teria menos membros com experiência de serviço público. "Essas pessoas estavam na cadeia, e desde que foram soltas têm dirigido casas de chá", disse ela. "São inteligentes, cheias de boas intenções, mas sabem liderar um governo?" A LND só obteve registro oficial como partido político em 2012, embora muitos de seus membros mais destacados estivessem participando da vida política bem antes do registro. "Com que velocidade será possível recrutar todas as pessoas capazes?", perguntou Borit. "Não se pode fazer um neném em um mês transando com nove mulheres. Essas coisas levam tempo... E, se você não tem dinheiro, certamente o recrutamento não será mais rápido." Outras pessoas fizeram eco a essas ideias.

A barreira constitucional à elegibilidade de Suu Kyi reflete problemas maiores no sistema legal de Mianmar. Robert San Pe, um de seus consultores legais, debateu a conveniência da adoção do direito consuetudinário ou do direito legislado.[31] Havia uma preocupação: a possibilidade de não haver um histórico de causas suficientes para o direito consuetudinário. San Pe destaca que muitas leis mal redigidas estão tramitando pelo Legislativo com atropelo. Em 2013, Shwe Mann montou uma vasta biblioteca de consulta e contratou 1500 assessores parlamentares, contudo os esforços de pesquisa foram frustrados pela impossibilidade de localizar informações numa coleção não catalogada, organizada segundo os doadores, e não por autor, título ou temática.[32] As leis são redigidas em birmanês, sem traduções oficiais; os investidores estrangeiros veem-se submetidos a regulamentações que não podem ler. Nos sinais de trânsito, em Yangon, camelôs vendem a estrangeiros desesperados traduções para o inglês das leis sobre investimentos.

"Nosso povo não confia nos tribunais. Não acreditamos na justiça que vem dos tribunais", disse Suu Kyi. A Constituição foi ratificada em 2008, quando o país estava atordoado pelo ciclone Nargis, que menos de seis meses antes havia matado aproximadamente 140 mil pessoas.[33] Recentemente, criou-se uma comissão mista para avaliar a revisão da Constituição. Os juristas acreditavam que seria mais fácil introduzir emendas no documento existente e que a reserva de 25% das cadeiras parlamentares para militares devia ser abolida. Contestavam também a inexistência de restrições ao poder do presidente durante um estado de emergência. O presidente nomeia os ministros do Supremo Tribunal e seu presidente, e os ministros não precisam ter nenhuma formação jurídica. A comissão revisora da Constituição, de 109 membros, convidou os cidadãos comuns a enviar sugestões e já recebeu mais de 40 mil.

Ma Thida argumentou que havia necessidade de uma reforma constitucional para que Sun Kyi se candidatasse; que tal reforma exigiria a cooperação da junta; e que, se a reforma fosse promulgada pela junta, Suu Kyi seria vista como parte do plano da junta, e não como sua adversária feroz. "Ela os salva", disse Thida, parecendo feliz com a ideia de que Shwe Mann pudesse disputar a eleição com Suu Kyi.

Mianmar padece de duas paranoias essenciais: a de que o país será invadido pela China e a de que será dominado pelos 160 milhões de muçulmanos de Bangladesh e por aqueles do próprio território. Muitos budistas birmaneses — tal como os anti-imigrantistas na Europa e nos Estados Unidos — afirmam que os muçulmanos não se deixam assimilar. Na Birmânia, as queixas são de que eles guardam suas riquezas para si mesmos (ainda que os muçulmanos em sua maioria sejam pobres), dedicam-se a emprestar dinheiro e, o pior de tudo, tomam várias esposas com o objetivo de construir uma eventual maioria demográfica que poderia acabar com os budistas. Os birmaneses não gostam de pessoas de pele mais escura, de modo que existe também racismo nessa paranoia. O racismo é aceito em quase todos os níveis da sociedade em Mianmar. Em 2009, por exemplo, o cônsul-geral de Mianmar em Hong Kong dirigiu a todos os seus subordinados uma circular em que afirmava que a pele escura dos *rohingyas* fazia com que fossem "feios como ogros", ao contrário dos birmaneses, "claros e frágeis".[34]

Os descendentes muçulmanos de colonizadores oriundos de Bengala — as famílias de muitos deles vivem na Birmânia há tempos — residem sobretudo no estado de Rakhine.[35] Identificam-se como *rohingyas*, mas são chamados de bengaleses por muitos nacionalistas, que os consideram estrangeiros.[36] "Os birmaneses não entendem que essa atitude, longe de salvá-los, vai arruinar sua sociedade, sua reputação e sua capacidade de desenvolvimento", disse Mitchell. "Eles dizem que a questão dos *rohingyas* e dos muçulmanos envolve a identidade nacional. E eu digo: 'Vocês têm razão. Que tipo de nação vocês serão? Vão construir uma nação baseada na ilegalidade e na violência contra uma categoria de pessoas porque não confiam nelas, ou vão respeitar as leis, os valores humanistas, tudo aquilo que pensávamos que vocês defendiam?'."

Mianmar é um país extremamente religioso, e a maior parte dos rapazes vive, durante algum tempo, como monges. A riqueza concentra-se, ostentosamente, nos pagodes. O temor de que o budismo esteja ameaçado permeia a cultura. São muitos os que temem que Mianmar e o Sri Lanka sejam os últimos bastiões do budismo theravada num mundo dominado pelo cristianismo, pelo islã e pelo hinduísmo. Para eles, embora o budismo tenha nascido na Índia, invasores muçulmanos destruíram seu contexto clássico, extirpando-o em sua terra natal. (Na realidade, muitos budistas fugiram da Índia mogol e se estabeleceram no Tibete.) Como explicou Thant Myint-U, "a autoidentidade birmanesa tem raízes na ideia de que a Birmânia é um reduto da religião verdadeira e que nenhum outro lugar do mundo pode pretender sê-lo".

O estado birmanês que hoje se chama Rakhine foi conhecido como Arakan até 1989. Um império litorâneo antigo e poderoso, Arakan era habitado por muçulmanos pelo menos desde o século XVII. Mais tarde foi conquistado pelos bramás ou birmanes, a etnia budista dominante, dos quais provém o nome Birmânia, dado ao país em 1784. Na época da conquista britânica, quarenta anos depois, era pequena a população da área, coberta de florestas e pântanos. Os britânicos concederam terras a colonos para que as desmatassem, atraindo imigrantes bengaleses para trabalharem ali. Após a primeira imigração muçulmana moderna para região, o norte de Arakan tornou-se predominantemente islâmico. No começo do século XX, os birmaneses, budistas, começaram a se dar conta de que os colonizadores britânicos e os imigrantes chineses e bengaleses estavam prosperando na área colonial, enquanto eles próprios eram explorados. Na década de 1920, uma nova onda de imigrantes alterou ainda mais o quadro demográfico. Dois milhões de indianos imigravam a cada ano para Rangum, na maior mudança populacional do mundo, e no fim da década 80% da população da capital era formada por indianos. Como muitos indianos residentes lutaram ao lado dos britânicos contra grupos independentistas birmaneses, os nacionalistas passaram a afirmar que qualquer pessoa que não fosse bramá era estrangeira, ainda que nascida em Mianmar.

Depois da partilha da Índia, em 1947, um grupo separatista de guerrilheiros muçulmanos, que desejava a união da Birmânia com o Paquistão, expulsou muitos budistas do Norte da Birmânia, provocando indignação. Essa rebelião foi reprimida rapidamente, e desde meados da década de 1950 não houve novas insurgências muçulmanas. Muitos birmaneses afirmam que os *rohingyas* têm vínculos com a al-Qaeda e outros grupos terroristas.[37] De fato, na década de 1980, alguns *rohingyas* lutaram contra a União Soviética, ao lado dos *mujahidin*, no Afeganistão, e, mais tarde, um pequeno grupo deles combateu ao lado do Talibã. Ainda que descendam de bengaleses, a maior parte dos *rohingyas* não deseja ser cidadão de Bangladesh; apesar de nascidos em Mianmar, permanecem apátridas, já que Mianmar os classifica como estrangeiros. Carentes de identidade nacional, não têm acesso à educação e vivem em pobreza absoluta. Desde o início do recente movimento de liberalização, alguns dentre os 2 milhões de budistas que vivem em Rakhine têm submetido os *rohingyas*, quase tão numerosos quanto eles, a pogroms, incendiando bairros, povoados e mesquitas em plena luz do dia.[38]

O primeiro ataque recente aos *rohingyas*, ocorrido em junho de 2012, foi causado pelo estupro e assassinato de uma budista, supostamente por *rohingyas* muçulmanos. Os seguintes, no mesmo ano, provocados por extremismo e conveniência política, foram incitados pelo monge budista Ashin Wirathu, que recomenda a seus seguidores "levantar-se" e "fazer seu sangue ferver" a fim de reprimir uma suposta conspiração muçulmana internacional que visa destruir o estilo de vida "dourado e birmanês". Em sermões, entrevistas e inúmeras postagens na internet, ele se refere aos muçulmanos como *kalar* (termo birmanês ofensivo, correspondente ao inglês *nigger*), "encrenqueiros" e "cachorros raivosos". Panfletos distribuídos durante um sermão advertiam que "Mianmar enfrenta atualmente um veneno perigosíssimo e terrível, poderoso o bastante para erradicar toda a civilização".[39] Na imprensa ocidental, Wirathu tem sido comparado a Hitler. Ele lançou o movimento 969 para marcar casas, lojas e até táxis em locais onde os muçulmanos não são bem-vindos. O nome do movimento joga com o uso, pelos muçulmanos, do número 768 para identificar lojas que vendiam carne *halal* (termo árabe para "autorizado", "permitido") — o que Wirathu rotulou como um ato de separatismo (embora os comerciantes *halal* nunca tenham excluído não muçulmanos). Praticamente todos os táxis em Mianmar têm um adesivo com o número 969. Um taxista me fez uma arenga, a fim de mostrar que o fato de os muçulmanos poderem ter mais de uma esposa comprova que mulheres budistas estavam sendo sequestradas e obrigadas a ter filhos muçulmanos.

A paranoia é absurda, mas a preocupação subjacente pode estar ligada a fatos históricos. Há mil anos, os muçulmanos expulsaram à força os budistas do Afeganistão; mais recentemente, o Talibã destruiu antigos locais budistas sagrados do Paquistão;[40] e fundamentalistas islâmicos denunciaram os "budistas selvagens"[41] da Birmânia a fim de estimular a aceitação, pela Indonésia, de refugiados *rohingyas*.[42] O relaxamento da censura permite que as opiniões marginais circulem mais livremente, para, além de promover o pluralismo, incitar o preconceito. Como disse Nay Phone Lett, "muita gente acha que a suspensão da censura é uma licença para insultos mútuos".

Wirathu e seu grupo promovem uma campanha agressiva pelo Facebook.

Em Mianmar, quem não tem acesso à internet recebe as notícias por parte de quem tem. As acusações viralizam até mesmo entre aqueles que nunca viram um computador. Wirathu foi condenado por incitamento ao ódio, mas, libertado em 2012, no contexto da anistia geral, voltou de imediato a agitar as massas, alegando que a nova liberdade de expressão tornara sua cruzada legal. Monges começaram a distribuir panfletos em Rakhine, pedindo aos budistas que não se aliassem a *rohingyas*. Nem o governo, nem Aung San Suu Kyi,[43] o que é significativo, denunciaram as agitações genocidas em Rakhine. Parece evidente que fazê-lo significaria perda de votos.

Com os incêndios e saques em bairros de *rohingyas* em Rakhine, eles têm sido transferidos para campos de refugiados, onde vivem em condições aterradoras. Uma professora *rohingya* de sessenta anos declarou que viu uma aluna, de quem gostava, atear fogo a sua casa. Em Rakhine, as casas de budistas suspeitos de ter *rohingyas* como parceiros comerciais foram incendiadas. O hospital de Sittwe, a capital de Rakine, só tem dez leitos para muçulmanos. Nos abarrotados campos de refugiados da cidade, a assistência médica é prestada por um único médico, que faz uma visita semanal de uma hora. O embaixador Mitchell declarou ter visto crianças morrerem de doenças facilmente curáveis.

Os campos de refugiados de Rakhine também são palco de violência fratricida.[44] Um assistente social a serviço da ONU declarou ter assistido a estupros, incesto e alcoolismo entre essas pessoas desesperadas, não obstante a violência por parte dos guardas fosse muito pior. Muitos refugiados passam fome; alguns viram os filhos ser mortos. Esses campos situam-se, em geral, em áreas baixas, que são inundadas durante a monção de verão, quando chove mais de novecentos milímetros por mês. Mesmo em janeiro, quando os visitei, estavam enlameados e imundos. Como esses campos ficam ao lado dos bairros de *rohingyas*, muitos refugiados podem ver dali suas antigas casas e suas mesquitas. O velho gueto muçulmano está agora cercado de arame farpado. Muitos *rohingyas* deixaram Mianmar, mas nenhum país vizinho quer lhes conceder asilo, por isso muitos morrem em embarcações superlotadas em busca de um porto seguro. Suas vagueações desesperadas criaram uma crise internacional. Nesse ínterim, o preço do peixe dobrou na província, uma vez que metade dos pescadores está em campos de detenção. Nem há trabalhadores braçais para a colheita do arroz.

O conflito joga bramás, *rakhines* e *rohingyas* uns contra os outros. Os bramás consideram-se os governantes naturais de um império que inclui os *rakhines*; os *rakhines*, na maioria budistas da escola theravada, creem que têm direito de domínio sobre os *rohingyas*. Os *rakhines*, cujo império Arakan ancestral compreendia grande parte da Birmânia, odeiam os bramás quase tanto quanto detestam os *rohingyas*. O budismo theravada, como muitas doutrinas ideológicas, reivindica superioridade religiosa e racial, no entanto foi também a base da Revolução Açafrão, para a qual o governo militar violara os preceitos da *sasana* budista, ou a virtuosa lei moral. Suu Kyi emprega a retórica budista em seus discursos e recorre a ideais budistas em sua busca de democracia. Seu discurso político e sua religião são inseparáveis. No que parece ser um cálculo eleitoral, ela tem se recusado a condenar claramente os maus-tratos dispensados aos *rohingyas*. Qual seria o lugar dos muçulmanos nessa visão?

Organizações assistenciais do Ocidente vêm tentando ajudar os *rohingyas*, porém com frequência os *rakhines* impedem essa ajuda. Os *rakhines* são pobres, e recursos escassos não conduzem a relações amistosas. O estado de Rakhine situa-se em penúltimo lugar entre os menos desenvolvidos de Mianmar, e muita gente não tem acesso a latrinas e a água potável. Para funcionar minimamente, as entidades beneficentes internacionais têm de garantir uma espécie de paridade, ainda que os *rakhines* vivam em liberdade e os *rohingyas* padeçam nos campos de refugiados.

Os *rohingyas* se encontram em situação pior, mas aumentou a fúria contra todos os muçulmanos. A maioria das empresas de construção de Yangon pertence a esse grupo, e os budistas começaram a se recusar a contratá-las. Mandalay,[45] a segunda cidade do país, tem assistido a distúrbios voltados contra muçulmanos. Quando estive em Mianmar, foram impostos toques de recolher em áreas de Yangon habitadas por muitos deles. "Vimos grupos passando de carro por ruas próximas de onde moramos, avisando os muçulmanos de que seriam mortos. As pessoas estavam se escondendo atrás de portas fechadas", disse Lucas Stewart, que trabalha no Conselho Britânico em Yangon e se referiu ao movimento 969 como "quase uma organização terrorista".

Os muçulmanos em Mianmar podem ser divididos em quatro categorias.[46] A primeira é a dos bramás, que se instalaram na área há quase 1200 anos. Historiadores acharam inscrições, em monumentos antigos, referentes a muçulmanos que serviram aos primeiros reis do país. Comerciantes de cavalos, soldados de artilharia e mercenários que chegaram nos séculos XVI e XVII foram assimilados por esse grupo. A segunda categoria é a dos muçulmanos chineses, que, originários principalmente da província de Yunnan e descendentes de colonos turcomanos da época mongol, se concentram no Nordeste do país. A terceira reúne aqueles cuja nacionalidade mudou quando o império de Arakan foi incorporado à Birmânia pelos britânicos. E a quarta se compõe de imigrantes vindos da Índia ou Bangladesh ao longo dos últimos duzentos anos. "Existe um preconceito étnico e existe também um preconceito religioso por parte dos monges", disse Thant Myint-U. "Esses preconceitos recaem sobre as mesmas pessoas, mas por motivos ligeiramente diversos."

O professor Aye Lwin, que ganhou uma medalha de ouro como integrante da equipe nacional de vôlei de Mianmar num torneio fora do país, é o líder dos muçulmanos bramás. Homem elegante, reside num simpático apartamento no centro de Yangon. Segundo ele, a violência no estado de Rakhine foi incitada por interesses arraigados que se opõem ao frouxo controle por parte do governo. "Há pessoas, ocultas, que tentam sabotar a democratização", disse ele, "porque, se houver uma democracia completa, o império da lei será imposto. E o império da lei terá repercussões para a classe dominante atual. Crimes e estupros acontecem todos os dias, mas essas pessoas manipulam os fatos e os transformam em conflito religioso. Elas poderiam ter extirpado o incêndio de casas no nascedouro. No entanto, o nacionalismo pode ser usado para exaurir a energia das pessoas. Ele retarda o processo de reformas."

Misuu Borit observou que os grupos mais pobres se reproduzem mais depressa em todo o mundo e que, enquanto o crescimento da população minoritária impulsionou o preconceito da maioria, este, por sua vez, impulsionou o crescimento da população minoritária. Em seguida, o boato de que uma budista tinha sido estuprada e assassinada por muçulmanos atiçou episódios genocidas. O estupro tem sido utilizado, ao longo de toda a história, como um ato impessoal de agressão em guerras religiosas, nacionalistas e étnicas, e Borit considera sinistro que esses estupros transétnicos tenham recebido tanta atenção, sobretudo em vista da "vergonhosa" falta de interesse da polícia pelos estupros que ocorrem entre os bramás ou os *rohingyas*. "Alguém está tramando alguma coisa entre os muçulmanos e budistas", disse ela. "Quando as coisas saem de controle, os governantes chamam o Exército e dizem que estão 'salvando o país' e que nós somos os fracotes. E isso valida aquilo."

Para Ma Thida, há um ressentimento mais profundo e generalizado que se expressa nas atrocidades contra os muçulmanos. "Os generais não discriminavam em sua crueldade", disse ela. "Era uma crueldade democrática." Ela entende que as pessoas que nunca acreditaram que as leis visavam protegê-las agora estão se vingando contra a própria autoridade. "Por isso, essa situação dos muçulmanos não é simplesmente uma violência entre comunidades, nem religiosa ou racial", disse ela. "É a manifestação de algo mais profundo: de violência antidemocrática."

Leva cinco horas a viagem de barco de Sittwe, onde eu vira os bairros e os campos de refugiados incendiados, e Mrauk-U, a capital imperial de Arakan entre 1430 e 1785. Nessa área do norte de Rakhine, a sombra do ódio religioso parecia quase implausível. Na primeira manhã que passei em Mrauk-U, levantei-me às 4h45 e andei de carro pelas vielas escuras da cidade empobrecida até o sopé de um morro onde havia degraus escavados. Em Mianmar, as manhãs são encobertas por uma neblina de feitiço que paira sobre os vales e em torno dos morros, delineando tanto o que é pequeno e próximo quanto o que é grande e distante. Templos e outros monumentos que parecem ser do mesmo tamanho à primeira vista têm sua escala diferenciada pelo esmaecimento de seus contornos, o que indica uma distância maior. Recomenda-se aos visitantes que vejam todos os locais importantes na alvorada, por causa do apelo estético da névoa.

Depois de um desjejum típico do lugar — sopa de peixe com talharim de arroz e um bocado de especiarias e temperos —, saí para visitar algumas aldeias no estado vizinho de Chin. O rei birmanês era dado a escolher mulheres belas para seu harém. Para se protegerem, segundo a lenda, as mulheres chin passaram a tatuar linhas no rosto,[47] como uma teia de aranha, para parecerem desagradáveis aos birmaneses, costume que persistiu por muito tempo depois que a ameaça desapareceu. Talvez como resultado disso, as aldeias dos chins de mais fácil acesso são cheias de turistas, e mulheres tatuadas posam para milhares de fotografias. Ali, a poucos quilômetros da fronteira com Bangladesh, pessoas de vários grupos étnicos não parecem sequer informadas sobre a crise enfrentada pelos *rohingyas*. Num país com uma infraestrutura de comunicações tão precária, a radicalização se espalha de forma intermitente, poupando áreas inteiras. Não vi ali um único adesivo com o número 969.

No território em que hoje fica Mianmar habitam mais de cem grupos étnicos, com uma longa história de violência na miríade de impérios em constantes mutações. Os estudantes do movimento de 1988 mostraram-se quase tão impiedosos quanto a junta que os derrotou e não recuraram um milímetro em suas exigências, montando os próprios campos de prisioneiros e praticando torturas. Os muitos guerrilheiros da nação se mostram, com frequência, assustadoramente implacáveis. O budismo theravada, porém, aponta para uma serenidade indestrutível, e também isso se manifestava na maioria dos ativistas e artistas que conheci. Por sugestão deles, cruzei o país e visitei a Rocha Dourada, um dos santuários mais sagrados de Mianmar. No alto de um morro íngreme, o local estava cheio de peregrinos, monges e freiras. Comidas de rua e ingredientes para a fabricação de remédios tradicionais eram apregoados por toda parte: espinhos de ouriços-cacheiros, uma perna de cabra impregnada de óleo de gergelim, maços de ervas secas. Muita gente dormia em esteiras de bambu ou em barracas improvisadas. As chamas de milhares de velas tremeluziam, o som de preces era onipresente e o ambiente recendia a incenso e ao aroma de oferendas de comida. Casais jovens vão ali não por piedade, mas também pela oportunidade de estarem a sós no anonimato das multidões. Telas eletrônicas piscantes, com tecnologia de LED, engrinaldavam os prédios e até os santuários animistas. Eu não estaria exagerando se dissesse que, comparada ao santuário, a Grand Central Station à hora do rush parece um recanto de retiro espiritual. No entanto, apesar de tudo isso, o lugar parecia pacífico.

A própria Rocha Dourada é notável: um matacão quase redondo, com seis metros de diâmetro, equilibrado na beirada do morro, como se estivesse prestes a cair. Segundo a lenda, ela se mantém nesse equilíbrio precário graças a três fios de cabelo de Buda. A rocha foi toda revestida de folhas de ouro, que lhe são acrescentadas continuamente por romeiros, de modo que em alguns pontos o revestimento de ouro tem 2,5 centímetros de espessura e forma grumos. No alto da rocha, bem fora do alcance das pessoas, fica o pagode Kyaiktiyo. O orbe de ouro refulge aos primeiros raios de sol, à luz da tarde, ao crepúsculo e à noite, devido aos fortes refletores. Com as mudanças das fontes de luz, o efeito se altera sutilmente, mas nunca deixa de causar pasmo. Subi por debaixo dele, estive de pé ao lado dele. De qualquer lugar em que se esteja é possível perceber a fragilidade de seu equilíbrio estranho, o drama de sua massa enorme e a tranquilidade que os locais sagrados podem transmitir. O lugar leva, a um só tempo, a uma empolgação mística e a uma serenidade incomum. Como qualquer grande paisagem, atrai a atenção do observador, mesmo que ele não esteja orando.

Existem em Mianmar cerca de meio milhão de monges[48] e uma grande população de freiras — pelo menos 1% dos mianmarenses tomou ordens sacras, e muitos outros foram monges no passado. Muitos rapazes passam algum tempo como monges e depois retornam à sua família. Mesmo um visitante eventual capta um pouco dos mistérios budistas. Os seis tipos de construção religiosa são o pagode ou estupa (ou *zedi*), uma estrutura sólida que, com frequência, contém uma relíquia; o templo, uma edificação quadrada e vazada, para o culto; a caverna, que serve como centro de meditação para os monges; o salão de ordenação; o mosteiro, onde residem os monges; e a biblioteca, que guarda os textos de Buda. A maior parte dos monumentos figurativos de Buda é feita com uma base de tijolos ou, ocasionalmente, arenito, cobertos de gesso e laca. Em geral, o gesso e a laca são reparados quando desbotam ou racham, o que resulta em Budas que parecem recém-refeitos, sem nenhuma pátina de tempo. O Buda reclinado do século XI, em Thaton, recém-restaurado, dá a impressão de ter sido produzido esta semana por um confeiteiro.

Em Mianmar, há uma ex-capital em qualquer cidade a que se vá — um lugar em que um grupo étnico exerceu o poder durante certo tempo. Bagan foi a capital do século IX ao XIII. Foi nessa época que surgiu a moda de construir pagodes e templos, e os nobres competiam entre si para erguer os edifícios mais grandiosos e esplêndidos, enquanto os pobres edificavam estruturas mais modestas. O que ficou dessa exibição de poder é uma planície de 67 quilômetros quadrados adornada com 4446 monumentos religiosos. É impossível compreender esse tesouro arquitetônico por meio de fotografias, pois a força deles está em suas dimensões. Caminhamos entre os pagodes, andamos de carro entre eles; escalamos um dos templos para ver o pôr do sol; e contemplamos do alto toda a paisagem, gloriosamente abarrotada, voando num balão a ar quente. A Planície dos Templos é maior do que Manhattan, mais de oito vezes maior que a propriedade de Versalhes. Algumas construções foram mal restauradas pela junta, outras estão dilapidadas, porém ainda coerentes, e inúmeras outras estão em ruínas. Enquanto se olha para qualquer edificação, mil outras são captadas pela visão periférica. Se você ficar empolgado diante da Rocha Dourada, o que vai sentir em Bagan é humilhação, tanto pelo que a planície foi como pelo que ainda é.

As questões de fé são um tema constante de conversas, e muitas experiências seculares são filtradas pelo budismo. San San Oo, uma psiquiatra em Yangon que conheci por intermédio de amigos, ouvira muitas vezes que os birmaneses se curavam pelo budismo e dispensavam seu auxílio. Ela havia tentado explicar que a terapia poderia ajudar pessoas brutalizadas pelo regime a se libertar de um transtorno de estresse pós-traumático, mas os estressados insistiam que só poderiam se livrar de seus problemas pela prática religiosa. San San Oo usa a hipnose e finalmente conseguiu formar uma clientela definindo sua técnica como um meio de conduzir a um estado meditativo. Ela me disse que tinha certeza de que a hipnose tinha o mesmo perfil de onda cerebral. Seu marido, o artista plástico Aung Min, que fora um agitador antes das reformas, revelou: "O caminho budista diz que a cólera é ruim, pois subverte a emoção e o pensamento, causando apenas negatividade e destruição. Mas eu estava zangado demais. Por isso, fiz quatro meses de hipnose, e minha raiva diminuiu. A hipnose não passa de meditação profunda".

Em Mianmar predomina o budismo, com o islã ocupando o segundo lugar, mas existem também outros credos. Há uma população cristã significativa e até alguns poucos judeus birmaneses.[49] Sammy Samuels descende de mercadores judeus iraquianos que chegaram a Yangon no século XIX e passaram a vender chá e arroz da Birmânia à Índia. Criaram a sinagoga da cidade, uma escola judaica e um cemitério e se casaram com mulheres budistas convertidas ao judaísmo. Em 1919, havia em Mianmar cerca de 3 mil judeus. Depois de 1969, a maior parte da comunidade emigrou para Israel ou para os Estados Unidos, mas os Samuels ficaram. Todos os dias, o pai de Samuels[50] vai à sinagoga para saudar visitantes do exterior.[51] O ministro das Religiões participou de um culto inter-religioso nessa sinagoga. A independência da Birmânia foi conquistada no mesmo ano da criação de Israel, o que provocou o estabelecimento de uma conexão inesperada. O primeiro-ministro da Birmânia foi o primeiro chefe de Estado a visitar Jerusalém depois da independência. Moshe Dayan e David Ben-Gurion visitaram a sinagoga de Yangon. Mesmo durante o governo da junta, Mianmar enviava estudantes a Israel, onde estudavam ciências agrícolas. Hoje os judeus se veem defendendo a causa dos muçulmanos, já que as duas comunidades são minorias sitiadas que se unem facilmente contra o fundamentalismo budista. "Aqui sempre fomos irmãos, os judeus e os muçulmanos", disse Aye Lwin.

A situação dos *rohingyas* não se confunde com os conflitos armados travados cronicamente por diversas rebeliões étnicas que tencionam criar um sistema federal no qual gozariam de maior autonomia, embora esteja com elas relacionada. O problema muçulmano provém de tensões sectárias, demográficas e religiosas; o conflito armado, de um nacionalismo minoritário. "É possível que se travem duas guerras civis num país. Aqui há dezessete, ao mesmo tempo", comentou Mitchell. Todos os grupos étnicos litigiosos anseiam pelo direito de eleger seus parlamentos e de ter sistemas educacionais em sua língua. Em 2014, o governo propôs um cessar-fogo nacional como precondição para conversações de paz preliminares entre todos os grupos.[52] O acordo a que se chegou estipulava que as futuras negociações incluiriam líderes políticos e sociais, e não apenas chefes militares, e também tratariam de não discriminação, emendas à Constituição em apoio a mais controle étnico/regional, um setor de segurança que prestasse mais contas e a eliminação de minas terrestres. "Eles estão dispostos a permitir que o governo central cuide da defesa, da moeda e do comércio internacional", explicou Win Min, um consultor presidencial, "mas querem controlar a educação, os setores sociais, a pesca e o transporte dentro do próprio Estado. E desejam cobrar impostos sobre os recursos naturais extraídos em seus territórios."

Os conflitos étnicos em Mianmar são igualmente ideológicos. No auge da Guerra da Coreia, da Revolução Cultural e do Khmer Vermelho, a ameaça de escalada da luta de guerrilhas aterrorizava muitos birmaneses. Temendo uma invasão, os militares estavam ansiosos por expulsar das montanhas próximas da fronteira com a China o que restava do exército do Kuomintang de Chiang Kai-shek.[53] Ao mesmo tempo, as Forças Armadas da Birmânia estavam lutando contra os comunistas que se opunham ao regime. Em diversas oportunidades, líderes de vários grupos étnicos apoiaram os comunistas simplesmente porque isso lhes dava maior poder de combate. Thant Myint-U, que também está envolvido nas negociações de paz, destacou que o governo militar de Mianmar se justificava com um exagero: "meio século de uma campanha de contrainsurgência no piloto automático". Para Ma Thanegi, "houve tantas rebeliões, desde a independência, voltadas não só contra o governo central, como também entre umas e outras, que é incrível como conseguem manter as coisas em ordem e não atirar contra seu próprio povo".

Nos últimos anos houve poucos combates contínuos, embora ocorram choques quando o governo entra num território contestado para recuperar o controle de uma estrada, construir uma represa ou conquistar o domínio de uma operação de extração mineral lucrativa. O governo colonial britânico nunca penetrou plenamente nessas áreas remotas e acidentadas, onde a infraestrutura é tão precária quanto a estabilidade política. Algumas milícias pretendem defender a população local contra aproveitadores; outras cobram impostos aos aldeões. As demais forças autoproclamadas procuram impor uma agenda de negócios própria. A Aliança Democrática Nacional Mong La,[54] por exemplo, que reúne 3 mil homens, é liderada por um ex-guarda vermelho chinês, acusado de dirigir quadrilhas de jogos de azar e tráfico de drogas, além de comerciar espécies ameaçadas de animais silvestres. No estado de Kachin, 120 mil pessoas permanecem em prisões do governo em decorrência de seu ativismo ou de simpatias étnicas. Vídeos recentes mostram o Exército de Mianmar bombardeando trincheiras em Kachin. As minas de jadeíta de Kachin são responsáveis por uma produção orçada em muitos bilhões de dólares por ano, mas pouco desse dinheiro chega até o povo kachin. Na região de Karen, o aldeão médio ganha mil dólares por ano, contudo pode ver que os karens na Tailândia, a 1,5 quilômetro de distância, ganham dez vezes mais.[55]

Quando viajei ao estado de Mon, um político e professor local, Kyi Zaw Lwin, disse-me que não conseguia progredir porque era apenas meio mon, o que não o tornava digno da confiança nem dos mons nem dos birmaneses. Sua etnia mista era mais importante que sua atitude política, sua experiência ou sua educação. No passado, os mons foram donos de um reino comparável em escala à Tailândia, conquistado pelos birmaneses em 1057 — e ainda o desejam de volta. Cada um dos estados de Mianmar tem seu parlamento, de modo que os componentes do federalismo existem. No entanto, quanto poder deve caber a esses parlamentos? E eles representam toda a população do estado ou somente o grupo étnico dominante? O consenso é que o governo central deve dividir o poder com os legislativos regionais, mas ainda se discute em que proporções isso deve ocorrer.

Thant Myint-U acredita que um acordo de paz esteja mais próximo de se tornar realidade do que em qualquer momento desde 1948. O consultor presidencial Win Min considera que o nível de confiança entre os combatentes étnicos e o Exército de Mianmar é excepcionalmente elevado. Entretanto, Ko Minn Latt manifestou uma séria preocupação. Se a nação como um todo não está preparada para a competição global, os estados autônomos tampouco estariam prontos para enfrentar grandes economias vizinhas, como as da Tailândia e do Camboja. A questão fundamental consiste em saber se Mianmar pode se democratizar sem se fragmentar em pequenos estados impotentes. Como poderá o governo central apoiar diversas identidades étnicas sem perder uma identidade unificadora nacional? Na verdade, como forjar uma unidade nacional que não seja um resíduo da identidade artificial dos generais? Muitos observadores de Mianmar temem uma delegação de poderes semelhante à que causou a fragmentação da antiga Iugoslávia em repúblicas antagônicas e em conflito.

A ênfase budista no perdão não deixa de ter ramificações aqui. Mais uma vez, pouco se fala sobre justiça punitiva — avançar é mais importante do que responsabilizar pessoas por seus atos. Win Min passou anos na selva, depois da insurreição de 1988; em seguida foi estudar nos Estados Unidos e então se mudou para a Tailândia, onde se tornou professor. Ao ser convidado a assessorar o novo governo birmanês, foi avisado pela família de que o regime talvez pretendesse usá-lo para criar um arremedo de reforma, mas ele queria participar das mudanças que tinha aguardado. "Ainda não estamos decolando", ele disse. "Isso leva tempo."

As casas de chá literárias, onde os escritores se reúnem para apresentações e leituras, espalharam-se por Yangon e Mandalay. "Há uma casa de chá dedicada a contos bem ali", disse-me um morador enquanto caminhávamos por Yangon. "Os autores de histórias policiais e de mistério frequentam uma que fica ao lado da parada do Edifício Macon. Os poetas vão à rua 37, e os romancistas, a uma casa na rua 33." Esses eventos teriam sido impossíveis há cinco anos. No tempo da junta, a censura era muito rigorosa em relação a política, religião e nudez. Segundo Tin Win Win (mais conhecido por seu pseudônimo, Ju), as descrições de pobreza também eram proibidas, pois prejudicariam a imagem do país no exterior. Era preciso solicitar licença para publicar um livro, que tinha de passar antes por uma apreciação da censura. Em 2012, o diretor da censura declarou na televisão, em rede nacional, que, "se o país pretende ser uma verdadeira democracia, temos de abolir a censura". Hoje, como disse Ma Thanegi, "toda notícia de qualquer injustiça, em qualquer lugar, sai nos jornais. Nunca tínhamos visto uma situação assim. Mesmo que nada seja feito, pelo menos ficamos sabend". Jornalistas que durante muito tempo não podiam criticar o governo agora praticamente não fazem outra coisa.

Thant Thaw Kaung,[56] importante editor e distribuidor de livros estrangeiros, começou a vender uma enciclopédia em inglês em 2007. Um amigo chamou sua atenção para um verbete de um parágrafo sobre "direitos humanos". Thant retirou do mercado toda a enciclopédia, recolhendo todas as coleções distribuídas a livrarias, para que ninguém no governo tomasse conhecimento do verbete e o metesse na cadeia. No presente, a área de distribuição de seus livros em inglês ampliou-se e ele criou bibliotecas itinerantes e livrarias que levam livros em birmanês às aldeias.

A repartição do governo encarregada da publicação de livros, antes denominada Departamento de Registro e Escrutínio da Imprensa, chama-se atualmente Departamento de Direitos Autorais e Registro. Os livros não são mais censurados linha por linha antes da publicação, mas o departamento os analisa depois de publicados e os impede de circular se suas críticas ao governo e às Forças Armadas forem excessivas. Um autor de sucesso em Mianmar pode vender 100 mil exemplares de um livro, porém poucos livros estrangeiros são traduzidos para o birmanês. A maior parte dos escritores se concentra em textos breves e em poesia para revistas. Os blogs estão ganhando certa penetração. No entanto, Ma Thida considera que os escritores internalizaram o espírito da censura e que será preciso que se passe uma geração antes que os autores comecem a escrever com verdadeira liberdade. Ela lançou uma revista e um jornal e tem recomendado que os autores mais jovens expandam sua esfera de ação, afirmando que a liberdade agoniza se não for exercida. As publicações abordam temas antigos e candentes, como conflitos étnicos, além de questões mais recentes, como direitos das mulheres, dos gays e dos deficientes físicos.

Nay Phone Latt decidiu, em 2007, prestar informações a expatriados sobre o que vinha acontecendo em Mianmar e para isso criou um blog, plataforma que na época não estava sujeita a censores ou editores. Como não havia provedores de internet em Mianmar, o site do blog estava hospedado em Cingapura. Ele nunca criticava o governo diretamente, mas escrevia contos e poemas carregados de metáforas. Um deles falava de um tigre que chegava a uma aldeia, entrava num pagode e resolvia ali se instalar. Para os aldeões, o lugar dos animais selvagens era a floresta, e alguns deles queriam matar o animal. A filha do chefe da aldeia disse que o problema não era o tigre, e sim o lugar que escolhera como habitação. Entretanto, como ninguém fosse capaz de expulsá-la do pagode, viviam em constante estado de terror. "As revistas publicavam esses contos porque os censores não sabiam o que eu pretendia dizer", explicou Nay Phone Latt.

Ao voltar de Cingapura, pouco antes da Revolução Açafrão, ele criou a Sociedade Blogueira de Mianmar, para que os jornalistas aprendessem a postar matérias em Yangon que alcançassem o mundo exterior. Nay Phone Latt considera que o envio de matérias emanadas do próprio país foi fundamental para as reformas concretizadas nos anos seguintes. O governo prendeu Nay Phone Latt depois que alguém localizou em sua caixa de e-mails cartuns que desrespeitavam o governo. Ele disse que qualquer pessoa podia enviar qualquer coisa para sua caixa postal sem sua aprovação, mas seus inquisidores não acreditaram. Ele foi interrogado durante dez dias, período em que não lhe permitiram dormir, espancaram-no várias vezes, foi amarrado, levado de um lugar a outro de olhos vendados para que não soubesse onde estava ou quem eram seus interrogadores. "Num regime militar, estar na prisão ou fora dela não é muito diferente, pois o país inteiro é uma prisão", disse ele.

Condenado a mais de vinte anos de reclusão, Nay Phone Latt primeiro foi mandado para a conhecida Prisão Insein, em Yangon, onde Ma Thida estivera presa. Transferido para um presídio de menor segurança em Rakhine, teve permissão de escrever cartas para a família, e mais uma vez recorreu a metáforas para descrever o que via. "É um lugar muito, muito bom para uma pessoa se concentrar", disse. "Tínhamos o direito de ler. Meus pais vinham me visitar todos os meses e levavam livros para mim. Eu nunca me sentia triste. Minha cela parecia uma pequena livraria." Ele convidava outros presos à sua cela e lhes ensinava inglês ou lia para eles. Ensinou-lhes a usar computadores, embora não existisse nenhum ali. Ditava novos contos a seus pais, que os fizeram publicar sob pseudônimo. Depois da anistia geral de 2012, ele publicou suas *Cartas da prisão*.

Nay Phone Latt declarou que nenhum dos presos políticos que ele conhecia sentiu medo durante o confinamento. "A prisão nos tornou mais fortes e mais educados. A cadeia foi nossa universidade. Aprendi ali a nunca focar o futuro distante. Aprendi a focar o presente." Mesmo agora, afirma, o governo controla a liberdade de expressão por meio da lei. "Não por pressão, e sim por meio da lei. Podemos escrever, mas às vezes eles processam o periódico, o editor, o autor. Ele observou que a Lei de Transição Eletrônica, segundo a qual foi condenado, permanece nos códigos, embora tenha sido emendada de modo a impor penas de prisão mais leves. A decisão sobre quais regras aplicar cabe aos militares. "Não estamos tão seguros", disse. O efeito desencorajador sobre os jornalistas é intenso.

A censura confere poder aos artistas ao deixar implícito que a liberdade de expressão é, ao mesmo tempo, imensamente poderosa e perigosa. A censura é um gesto de medo, e o medo investe de autoridade seus objetos. Htein Lin foi um dos líderes do movimento de 1988, quando ainda estava na faculdade de direito.[57] Durante a repressão, ele se escondeu em um acampamento de refugiados na Índia. Em 1992, a Índia normalizou suas relações com o governo militar de Mianmar. Embora a Índia alegasse apoiar a democracia em Mianmar, membros da Frente Democrática Pan-birmanesa dos Estudantes rapidamente a trocaram por acampamentos na selva de Mianmar, perto da fronteira com a China. Logo surgiu um conflito sinistro, digno de *O senhor das moscas*, entre os recém-chegados e os que já se encontravam refugiados nesses campos. Htein Lin e cerca de oitenta outros, acusados de serem informantes, foram torturados e encarcerados por seus camaradas. Dez deles morreram de infecção depois de terem os dedos decepados, e quinze foram executados pelos ex-companheiros. "Não se pode escapar da selva", disse Htein Lin. "Depois que você se molha, nunca mais seca. Afunda no solo a cada passo que dá. Onde tem comida? A gente não se livra nunca da malária. E ainda existe o problema das sanguessugas. Se você dorme, elas grudam em seu ponto mais sensível, e você acorda sentindo os bichos chupando sangue do seu olho."

Por fim, Htein Lin fugiu da selva e terminou o curso de direito. Em 1998, seu nome apareceu numa lista secreta de pessoas que planejavam uma manifestação, e todas foram postas na cadeia. Ele foi condenado a sete anos de reclusão. Comparada com a selva, a vida na cadeia era um mar de rosas. Ele aprendeu a desenhar na Índia e na prisão fez amizade com um dos carcereiros, que nunca tinha ouvido falar de pinturas. Dispôs-se a fazer um quadro para ele, e o homem lhe trouxe um pouco de tinta de parede. Htein Lin tirou o pavio de um isqueiro, que usou como pincel. Na cadeia não havia papel higiênico; para se limpar, os presos usavam tiras de uniformes velhos. Htein Lin guardou metade de seu quinhão, e nessas faixas surradas de algodão branco pintou algumas das mais impressionantes imagens já saídas de uma guerra. Usava uma tampa de garrafa, um caco de vidro, uma barra de sabão e uma rede de pescar velha para criar monotipos. Uma seringa proveniente da enfermaria da prisão foi adaptada para desenhar linhas finas.

Um guarda confundiu a pintura abstrata de Htein Lin com um mapa da prisão, destinado a facilitar fugas, e todas as suas obras foram destruídas. Mas ele começou tudo de novo. Ao longo de seus sete anos de confinamento, produziu cerca de trezentos quadros. Com o passar do tempo, o carcereiro de Htein Lin fez com que vários outros se aproximassem dele, explicando que se tratava de um artista consumado. Quando todos os guardas estavam de serviço ao mesmo tempo, as pinturas eram tiradas da cadeia e enviadas para sua família. Um amigo dele procurou a embaixadora britânica, Vicky Bowman, e lhe pediu que cuidasse da coleção. Ela concordou em fazê-lo e se apaixonou por Htein Lin por intermédio de sua arte. Pouco tempo depois que ele foi solto, casaram-se. Em 2005, os quadros foram apresentados numa exposição em Yangon. Ele convidou o carcereiro que lhe conseguira os materiais para ver a exposição, e juntos brindaram à colaboração entre eles. Htein Lin me falou a respeito do papel da arte na formulação de uma nova ideologia. "Conheci na cadeia muitos políticos e advogados", disse. "Lá, todos eles se tornaram poetas e compositores."

Quando o conheci, ele estava montando uma instalação intitulada Uma Mostra de Mãos.[58] Htein Lin tentou entrar em contato com o maior número possível dos 3 mil ex-presos políticos de Mianmar (muita gente considera essa contagem oficial baixa demais) para fazer moldes de gesso de suas mãos. Quando visitei seu estúdio, já havia cerca de duzentos desses moldes. O gesso é usado para consertar um objeto quebrado, mas também para contê-lo no interior de um bloco maciço, de onde não possa escapar, e essa dualidade encerrava para ele grande força metafórica. Ma Thanegi disse que ele poderia moldar sua mão, desde que pudesse escolher o gesto com que posaria — e ergueu o dedo médio para as autoridades que a haviam trancafiado. Htein Lin comentou: "Não é de admirar que você não tenha morrido".

Outros artistas se relacionam com a política de forma mais tortuosa. Wah Nu me disse que sua família fazia artesanato para vender a turistas.[59] Entre as peças mais populares estavam bustos de Aung San. Depois de 1988, a família deixou de produzi-los e escondeu os que já tinha feito. Quando Wah Nu e seu marido, Tun Win Aung, começaram a fazer exposições, a partir de 2012, montaram uma galeria em que o último discurso de Aung San, transmitido interminavelmente como propaganda pelo governo socialista, era reproduzido de forma contínua numa sala com dúzias de bustos de Aung San, não mais ilegais. A instalação era, ao mesmo tempo, nostálgica e irônica, reverenciava Aung San e troçava da maneira quase religiosa com que seu nome é usado para indicar tudo o que há de bom em Mianmar — mais ou menos como os artistas chineses usam a imagem de Mao. É claro que todas as referências a Aung San são também referências a sua filha. "Aung San Suu Kyi não pode nos mudar", disse Tun Win Aung. "Espero que ela seja eleita, vou ficar muito feliz, mas não espero que ela me mude. Fomos corrompidos por viver sob esse governo, e agora temos de aprender a ser honestos e inocentes."

Quando conheci Maung Tin Thit em Mandalay,[60] ele parecia cansado. Outro dos ativistas de 1988, conseguira evitar ser preso até 1998, quando a polícia vasculhou seu apartamento, achou um caderno pessoal de poemas e aborreceu-se especialmente com um deles:

A rua diante de minha casa precisa da iluminação do luar.
Eu não sou o dono da rua.
Mas, se não uso essa rua, não consigo chegar a minha casa.
Para purificar o espírito, talvez eu precise limpar a rua.

Por causa desses quatro versos, Maung Tin Thit cumpriu mais de sete anos de cadeia. Ele vem trabalhando num livro sobre o oleoduto e o gasoduto que vão de Rakhine à China, exatamente o tipo de pesquisa de intenção moralizante que o regime ainda pune. "Antes de cumprir pena, eu era dado a entusiasmo e cólera, e meus poemas se baseavam nessas emoções", ele disse. "Entretanto, na prisão refleti e cheguei à conclusão de que a raiva não constrói nada. Esse trabalho novo não se baseia em raiva. E agora não tenho mais medo de voltar para a cadeia, porque aprendi a viver lá."

Ma Thanegi também escreveu um livro sobre o tempo que passou presa, *Nem ferro fecha uma cela.*[61] "Eu não tinha nenhum interesse por política", disse ela. "Mas em 1988 os estudantes jovens que protestavam nas ruas estavam sendo derrubados a tiros. Eu me senti culpada e me juntei a eles. Aí Aung San Suu Kyi veio falar, e muitos de nós nos juntamos num campo lamacento para ouvi-la. Grilos e sapinhos pulavam perto de nós. Havíamos levado sacos de plástico para sentar, e esperamos duas horas por ela. O sistema de som era tão ruim que não ouvíamos nada. Eu tinha visto Aung San Suu Kyi em minha escola quando estava na quinta série e ela na segunda. Mencionei isso e conversamos em inglês. Levada pela emoção, eu disse, como outros também disseram: 'Se pudermos ajudar com alguma coisa, diga-nos, por favor'. No dia seguinte, ela mandou alguém me chamar. Entendi imediatamente que iria enfrentar armas e acabar na cadeia. Eu tinha de ter certeza de que não iria desmontar. Portar-se dignamente é um critério asiático de boa formação. Por isso, pensei se conseguiria me manter digna e disse: 'Estou pronta'."

Alguns anos depois, Ma Thanegi opôs-se publicamente às sanções que Suu Kyi apoiou,[62] prevendo acertadamente que elas permitiriam aos generais criar monopólios e encher os bolsos. Vaticinou que os generais derrubariam toda a madeira de lei das florestas e esvaziariam as minas de jade, deixando pouca coisa para as novas gerações. "Não restou uma única árvore", disse ela. Suu Kyi denunciou Ma Thanegi como traidora, mas esta se submeteu à cadeia sem protestar, por causa da ligação entre elas. Ela afirma que seus laços com os amigos na prisão são mais fortes do que os de sangue. "Esta tarde estive com um de nossos amigos da cadeia, na casa de um de nós", ela me disse. "Todos os presos jovens e todos nós, almoçando e só conversando. Alguns eu não via desde aquela época, mas, quando nos encontramos de novo, depois de 25 anos, foi como se tivesse sido ontem."

Misuu Borit, também chamada Yin Myo Su, é uma das mais bem-sucedidas empresárias de Mianmar, criadora dos hotéis mais encantadores do país e líder de sua cultura gastronômica. Disse que considerava a meditação completamente impossível. "Não posso ir a um lugar onde me mandam não fazer nada e só me concentrar. Tentei fazer isso quando era pequena, mas minhas pernas ficavam absolutamente dormentes, aí eu não sentia mais nada e só me aborrecia. A meditação de minha avó é cozinhar, e esse é meu tipo de meditação também."

Os pais de Borit tinham uma pequena pousada perto do lago Inle. Quando ela era criança, na década de 1970, o pai recebia os hóspedes, a mãe cozinhava para eles e Borit os divertia dançando como um palhacinho. No ensino médio, em 1988, ela começou a frequentar reuniões políticas, porém teve medo de falar aos pais sobre isso. Num dia em que voltou tarde para casa, o pai exigiu saber onde estivera, e ela teve de responder à pergunta direta dele. "Meu pai disse: 'Vá tomar um banho e jantar. Depois, iremos juntos ao lugar onde os estudantes estão se reunindo'. Ele não estava me castigando. Em vez disso, juntou-se a mim. Foi assim que se tornou político. E eu acabei fazendo campanha para meu pai e meu primeiro voto foi dado a ele." Depois que o pai foi eleito, em 1990, Borit tirou seu primeiro passaporte e foi estudar hotelaria na Suíça.

No período subsequente a 1988, cerca de 85% dos candidatos eleitos anteriormente foram presos, alguns condenados a longas penas. O pai de Borit recebeu uma pena de apenas dois anos. Pediu à família que nada dissesse a Borit, pois queria que ela terminasse os estudos no exterior. Entretanto, um amigo lhe mandou uma carta em que dizia: "Lamento por seu pai". Uma tia de Borit, em Yangon, tinha telefone, e, quando ela ligou para saber o que acontecera ao pai, a tia desligou. Com isso, compreendeu que havia ocorrido algo grave e correu para o aeroporto. Ao entrar em casa, a mãe lhe gritou que voltasse, para não deixar o pai ainda mais preocupado. "Foi cruel, mas foi o jeito que ela encontrou para me ajudar", disse Borit, "e estava certa, porque naquele tempo os generais tinham medo de tudo. O fato de alguém que estava no exterior ter voltado a Mianmar era suspeito. Passei três noites com minha mãe, e eles vieram me procurar." A mãe a escondeu, e, no dia seguinte, em que completava dezenove anos, fugiu para a Tailândia, onde passou fome antes de conseguir voltar à Europa, para uma escola de hotelaria na França, na qual trabalhou em troca de cama e comida. Cinco anos depois, voltou enfim para casa e viu o pai. Ele tinha abandonado a política e montara um hotel de 25 quartos, no qual passou a trabalhar.

Pouco a pouco, Borit expandiu as propriedades da família. Atualmente, ela tem um pequeno hotel em Mrauk-U, uma pousada junto do lago Inle, no norte, uma fazenda de 22 hectares e uma escola de gestão hoteleira, agricultura orgânica e artes tradicionais. Emprega mais de duzentas pessoas em tempo integral. Além disso, fundou a Inthar Heritage House, que dá treinamento a artesãos em técnicas históricas de construção, para que possam ajudar a construir um museu de ofícios tradicionais. Mobiliou essa propriedade com móveis de seus avós e antiguidades reunidas quando os vizinhos optaram por peças novas, fabricadas na China. A Inthar Heritage House inclui um centro de criação de gatos birmaneses,[63] que por muito tempo ficaram desaparecidos de Mianmar, e ainda o melhor restaurante do país, que serve versões deliciosas das receitas de sua avó, como o prato nacional, o *lahpet*, uma salada de folhas de chá fermentadas e misturadas com pimenta, óleo de gergelim, alho frito, camarão seco, amendoim e gengibre. É um prato com bastante cafeína, pouco indicado para ser consumido antes de dormir. Os hóspedes de Borit às vezes se espantam com o fato de tudo ser cultivado ali mesmo na propriedade e preparado a mão, mas Borit observa: "Sempre adotamos o estilo 'do campo para a mesa' porque não havia onde comprar nada para servir".

O Inle é um lago lindo e raso, e a população local sempre viveu da pesca. De pé nos barcos, os pescadores remam com uma das pernas a fim de manter as mãos livres para usar a rede. É uma cena digna de ser vista: eles avançam com espantosa facilidade e movimentos sinuosos. Podem-se visitar nesses barcos muitos santuários, numerosos pagodes, aldeias pitorescas e um grupo de templos abandonados, hoje cobertos de mato. Há também um famoso mercado flutuante e alguns mercados menos turísticos ao longo das margens do lago, nos quais os tecelões fabricam panos com fibras da raiz de lótus.

Em 2011, Mianmar recebeu 200 mil visitantes; em 2012, 1 milhão; em 2013, quase 2 milhões; em 2014, mais de 3 milhões.[64] Acima da margem oriental do lago Inle, um corte na paisagem marca o começo de um projeto de construção que triplicará o número de quartos de hotel em torno do lago. A infraestrutura precária da área não pode, de forma alguma, sustentar esse dilúvio de visitantes. O próprio lago está sendo assoreado devido a práticas agrícolas insustentáveis, e os regatos estreitos ao redor dele já mostram sinais de utilização excessiva. A beleza do lago — na verdade, a beleza de todo o Mianmar — é, em parte, consequência de sua duradoura inacessibilidade. Agora o lago está ficando acessível com tanta rapidez que em breve talvez não haja nada a ser acessado.

No começo de 2014, muitos escritores e jornalistas foram presos. O diretor executivo e quatro jornalistas do *Unity Journal* foram condenados a dez anos de prisão com trabalhos forçados, pena depois reduzida para sete anos, por ter publicado uma matéria sobre a suposta construção de uma fábrica de armas químicas.[65] Mais de cinquenta outras pessoas foram presas por protestarem contra essas condenações.[66] Enquanto Aung Kyaw Naing, ex-guarda-costas de Aung San Suu Kyi, cobria o conflito entre rebeldes karens e o Exército birmanês no estado de Mon, foi detido pelo Exército e morto em custódia.[67] Outro jornalista foi encarcerado por "perturbar um funcionário público em serviço" e invadir uma propriedade do governo quando tentava entrevistar uma autoridade da área de educação sobre um programa de bolsas de estudo numa nova escola do governo no estado de Chin.[68] As leis exigem que os jornais sejam registrados, mas o governo usa de artifícios para não liberar os documentos de registro, de modo que os jornais são obrigados a funcionar sem registro oficial até incomodarem as autoridades, quando são fechados. Quatro jornais foram fechados no estado de

Chin no outono de 2014. Quando o *Bi Mon Te Nay* publicou uma declaração equivocada de um grupo militante, em que afirmava que Aung San Suu Kyi tinha formado um governo provisório, três repórteres e os dois donos do jornal foram condenados a dois anos de prisão.[69] Htin Kyaw foi condenado a treze anos por perturbar a ordem pública — tinha organizado uma manifestação de protesto em Yangon.[70]

Quanto à liberdade de imprensa, a posição relativa de Mianmar tem melhorado continuamente.[71] Entre 180 países, ocupava a 169ª posição em 2011; a 151ª em 2012; e a 145ª em 2013. No entanto, Dave Mathieson, pesquisador sênior em Mianmar da organização Human Rights Watch, observou que em 2014 foram detidas duzentas pessoas, entre as quais participantes de manifestações pacíficas, jornalistas e ativistas. Yanghee Lee, relator especial da ONU sobre direitos humanos em Mianmar, informou à Assembleia Geral que o governo continua a "criminalizar e impedir as atividades da sociedade civil e dos meios de comunicação", condenando pessoas a penas "desproporcionalmente duras".[72] Todos os escritores, artistas plásticos e outros intelectuais que entrevistei em Mianmar foram postos em liberdade de acordo com o artigo 401 do Código de Processo Penal, que só admite perdões *condicionais*: os condenados correm o risco de ter de cumprir o restante da sentença se desagradarem ao governo.

"Estamos começando a ver que a vigilância modificou não só o pensamento dos escritores, como também o pensamento da sociedade", disse Ma Thida. "As pessoas não podem confiar umas nas outras. E, quando isso acontece, fica muito fácil manipulá-las. Por isso, a própria sociedade ainda não está pronta para a democracia." Ela não esperava que o "governo reformista" trouxesse uma liberdade imediata, de modo que, tal como Nay Phone Latt, não ficou surpresa com o retrocesso. No entanto, teve de revisar suas expectativas quanto à recuperação da sociedade birmanesa: "Entendo agora que o que nos falta é um sonho coletivo. Nossa história é de luta contra a opressão: o colonialismo, o regime socialista, o regime militar. Nós nos esquecemos totalmente do tipo de sociedade em que queremos viver. Tudo o que podemos esperar é que a geração jovem tenha uma visão mais ampla".

Os birmaneses balançam a cabeça ao ouvir dizer que jornalistas foram detidos, porém já viram coisas muito piores. A ausência de um otimismo entusiástico na esteira de uma importante mudança positiva chama menos atenção do que a equanimidade e a tranquilidade insensível que caracterizam aqueles que têm pouca esperança de uma sorte pessoal melhor. Os birmaneses não mostravam tanto otimismo, mas tampouco muito pessimismo — o que talvez seja uma expressão cultural dos ideais do budismo theravada. Apesar da inexistência de um sonho coletivo, o caráter coletivo é de uma robustez surpreendente: uma apoteose de resistência paciente que não garante reformas, mas constitui sua própria essência.

A crise dos *rohingyas* aumentou muito no período que antecedeu as eleições de 2015.[73] O movimento 969 ampliou-se com a criação da Associação Patriótica de Mianmar, mais conhecida pela abreviação Ma Ba Tha, que afirma defender o budismo theravada.[74] O monge Wirathu é um de seus membros mais destacados. A perseguição por parte de radicais budistas levou muito *rohingyas* a fugir, e os que ficaram no país enfrentam condições bárbaras onde residem e nos campos de refugiados. Essas pessoas não têm para onde ir. Um grupo americano ajuizou uma ação contra o presidente Thein Sein, acusando-o de genocídio. Os budistas radicais tentaram alterar a eleição em favor do partido de Thein Sein,[75] porém fracassaram, e não é provável que voltem a insistir.

A LND não demonstrou interesse em ajudar os muçulmanos. Depois das eleições, um destacado líder do partido, U Win Htein, disse: "Temos outras prioridades".[76] Embora a maior parte dos muçulmanos esteja em Mianmar há várias gerações, ele explicou: "Temos de tratar com o governo de Bangladesh, pois quase todos vieram de lá", e disse que eles deveriam ser "devolvidos". A LND não apoiou candidatos muçulmanos, e pela primeira vez desde a independência, em 1948, o novo Parlamento não conta com nenhum membro muçulmano. Não obstante, os muçulmanos expressaram a esperança de que a LND traga o estado de direito e que com ele seus direitos sejam mais respeitados do que antes.

Desde a dissolução oficial da junta militar governante, em 2011, e o relaxamento das restrições às publicações privadas no ano seguinte, 32 jornais diários, cerca de quatrocentos periódicos semanais e 350 revistas mensais passaram a ser publicados, entretanto muitos já fecharam desde então.[77] A retórica de reforma de Thein Sein foi desmentida pela redução cada vez mais acentuada da liberdade de expressão em seu governo quase civil. Muitos jornalistas foram libertados, mas as leis que permitiram que fossem condenados permanecem em vigor.

Repórteres e editores continuam a ser condenados por crimes vagamente definidos, como "incitar a intranquilidade". A censura prévia oficial deu lugar a uma autocensura generalizada. Repórteres que prezam sua liberdade aprenderam a se manter longe de temas controversos. Qualquer tentativa de investigar a corrupção do governo, a situação dos *rohingyas*, conflitos entre grupos étnicos, estupros cometidos por soldados, a remoção de pessoas em decorrência de projetos de desenvolvimento econômico ou os aspectos letais do nacionalismo budista constitui um convite à vigilância, assédio e perseguição — senão pelo governo, por milícias insatisfeitas. O novo governo da LND terá muito trabalho para reverter os danos causados a pessoas perseguidas injustamente e à jovem imprensa independente de Mianmar. No entanto, parte da mudança pode não estar em suas mãos, pois o acesso à internet através de smartphones disparou no país, e muita gente passou a se informar por meio do Facebook.

As reformas constitucionais que teriam permitido à líder pró-democracia Aung San Suu Kyi concorrer à presidência foram bloqueadas, mas não impediram a vitória eleitoral da LND em novembro de 2015. O apoio popular a Aung San Suu Kyi não diminuiu desde o triunfo do partido nas urnas em 1990. Sua longa prisão domiciliar e as manobras constitucionais destinadas a impedir que assumisse a presidência só serviram para reforçar a sensação de que sua ascensão era inevitável. A votação foi tão irrefutável que os generais preferiram não contestá-la. Ainda assim, continua reservado para os militares um quarto das cadeiras do Legislativo, o que lhes confere efetivo poder de veto. Os ministérios do Interior, da Defesa e da Segurança de Fronteiras continuam sob a égide dos militares.[78]

Resta ver se a Dama poderá ser tão eficaz no governo como foi na oposição. Não se pode prever se uma líder tão inclinada a tomar suas próprias decisões conseguirá delegar responsabilidades a outros. Esse ícone da democracia já declarou que, enquanto não for presidente, se elevará "acima do presidente", que "não terá autoridade alguma" — uma erosão do cargo que lhe foi negado. Ela se referiu à Constituição de forma depreciativa, chamando-a de um documento "muito bobo".[79] Realmente, a Constituição é muito problemática, inclusive por causa do artigo 59F, que a impede de assumir a liderança oficial do país, mas esse desprezo pelos processos mediante os quais se eliminam as leis ruins cheira a autoritarismo.

O tempo dirá se um partido formado em grande parte por pessoas sem experiência de governo poderá ter êxito em governar um país; se os militares e seus aliados endinheirados reagirão a mudanças de política que reduzirão a vantagem econômica dos líderes; e se um novo governo birmanês remediará a persistente violência inter-racial do país e a negação desumana dos direitos de cidadania a pessoas que sempre residiram ali.

AUSTRÁLIA

Perdido no mar

The Moth, 2015

Este livro começa com minhas viagens em criança e termina com minha viagem com uma criança. Começa com uma sede incipiente de aventuras e termina com reservas em relação àquele impulso para bravatas. Insinuações de imortalidade deram lugar à certeza da mortalidade. Cresci.

Fui um garotinho assustado. Não gostava de brinquedos velozes em parques de diversão, de filmes que provocassem medo ou de qualquer coisa que me fosse estranha ou desconhecida. Ficava nervoso com facilidade. Certa noite, quando eu tinha seis anos, a mãe de Mindy Silverstein nos levou a um bingo; fiquei tão agoniado que vomitei e ela teve de me levar para casa. Quando visitávamos o tio Milton e me mandavam brincar lá fora com meu primo Johnny, um menino brigão, eu tinha ataques de pânico e corria para dentro a fim de ficar com meus pais. Como muitas outras crianças assustadas, eu vivia nos livros, e não na realidade. Via programas sobre a natureza na TV e gostava especialmente dos documentários de Jacques Cousteau sobre a vida submarina. Adorava as aventuras de outras pessoas, mas não queria nenhuma em minha vida.

Quando eu tinha doze anos, minha mãe me levou para almoçar fora e, a propósito de algo que esqueci há muito tempo, ela deu a entender que eu perdia muita coisa por não ser mais corajoso. "Mas, mamãe!", protestei. "Eu não acabei de pedir um prato de enguias?"[1] Ela respondeu, delicadamente: "Ser corajoso em relação à comida não é o mesmo que ser uma pessoa corajosa".

Decidi tornar-me corajoso por simples força de vontade. Ao contrário da maior parte das pessoas, que ficam cada vez mais cautelosas à medida que envelhecem, eu me tornei cada vez menos limitado na vida adulta. Já fiz paraquedismo e voei de asa-delta; como jornalista, cobri zonas de guerra e desastres; e enfrentei alguns constrangimentos, às vezes brutais, por falar abertamente sobre minha vida pessoal.

Fazer um curso de mergulho autônomo me pareceu uma boa ideia quando me encomendaram uma matéria que me obrigaria a cruzar as ilhas Salomão. Antes da viagem, combinei com um amigo alemão que nos visitava em Nova York de tomar aulas de mergulho numa piscina pública da rua 90 East, mas as datas disponíveis não nos convinham. Ainda assim, decidimos tentar um mergulho em águas abertas; fomos de carro até a Pensilvânia, a uma pedreira inundada cujo solo era decorado, um tanto sinistramente, com ônibus escolares velhos, de modo que os candidatos ao certificado de mergulhador pudessem ver "naufrágios".[2] Além disso, também poderíamos pensar em crianças afogadas. Entendendo mal a recomendação de um instrutor grosseiro, saltei na água antes da hora, e por isso ele nos mandou sair da água e foi embora. Voltamos para casa depois de ver um único ônibus afundado.

Em nossa lua de mel, John e eu viajamos a Zanzibar. Nosso casamento o deixou com um alto-astral incrível, pois a cerimônia tinha sido muito alegre; já eu me sentia bastante deprimido porque a festa tinha acabado. Em nossa primeira noite em Zanzibar, ele disse: "Não consigo parar de pensar no casamento", e eu respondi: "Nem eu". Ele continuou: "Não consigo parar de pensar como tudo foi bonito, perfeito, festivo, com tantos de nossos amigos incríveis nos cumprimentando". Eu respondi: "Não consigo parar de pensar como teria sido bem melhor se eu tivesse posto Nicky na mesa 5, e não na mesa 6".

John concluiu que eu precisava de um pouco de distração a fim de acabar com essas bobagens e propôs que fizéssemos o curso de mergulho de uma semana de duração oferecido no hotel. Aceitei a ideia porque não me parecia haver muito mais o que fazer num centro turístico em Zanzibar, mas fiquei muito intimidado com a complexidade do equipamento de mergulho. Eu prestei o exame para tirar a carteira de motorista três vezes — e no fim minha mãe disse que a única razão pela qual o examinador me aprovou foi o medo de entrar num carro comigo novamente. Sou disléxico e não distinguia o lado esquerdo do direito até usar a aliança de casado. Jacques Cousteau havia feito o mergulho parecer muito fácil e tranquilo. E eu me esforçava para aprender o nome dos vários componentes do aparelho de respiração e também para montá-los.

Depois tivemos de treinar o que fazer no caso de uma falha no suprimento de ar.

464

Reajo bem diante de qualquer crise que me permita pelo menos meia hora de reflexão. Sou capaz de definir uma estratégia e encontrar o melhor caminho em situações complicadas. Já consegui me livrar de uma detenção policial em Berlim Oriental, analisar como sair de um labirinto intrincado de tratamentos tenebrosos para a depressão, dominar a logística barroca de criar filhos sendo gay. Mas não sou bom em coordenar olhos e mãos, ou em reagir instintivamenmte, numa fração de segundo — e a perspectiva de ter de encontrar meu companheiro de mergulho e partilhar com ele a mangueira de ar, se não conseguisse respirar por mim mesmo a nove metros de profundidade, me deixava tão nauseado como na noite do bingo com Mindy Silverstein.

Mesmo assim, aprendi a mergulhar, e nos anos seguintes pratiquei sempre que estávamos num lugar em que houvesse o que admirar debaixo d'água. Durante muito tempo, nutri o desejo de ver a tão elogiada Grande Barreira de Corais no mar de Coral, na costa nordeste da Austrália. Por isso, quando fui convidado a fazer o discurso de abertura do Festival de Escritores em Sydney,[3] levei comigo John e nosso filho, George, e tomamos providências para visitar os recifes. Minha querida amiga Sue Macartney-Snape, uma cartunista brilhante que desenha as esquisitices superficiais de uma pessoa para revelar suas profundezas mais ocultas, foi quem me incentivou a participar do festival. Com seu incrível dom de reunir pessoas, apresentou-me a meus mais novos amigos de infância em Sydney e organizou inúmeros programas durante a visita. Convenci-a a ir conosco aos recifes, embora ela não se interessasse por mergulho, e Sue generosamente se dispôs a ficar com George, que acabara de fazer cinco anos, durante nossa expedição. Em geral, os melhores hotéis nas proximidades dos recifes não aceitam crianças, o que, como não passam de hotéis de praia, beira o absurdo. O Orpheus Island é um dos poucos onde elas são bem-vindas, de modo que foi lá que nos hospedamos.[4]

Em nosso primeiro dia no hotel, simpático e descontraído, John e eu escolhemos o equipamento — o colete de mergulho ou dispositivo inflável de controle de flutuação, que ajuda a pessoa a subir à superfície, os cilindros de ar, os reguladores pelos quais respiraríamos, os pesos extras a serem presos num cinturão de náilon etc. — e subimos na confortável lancha do hotel. Sue e George, já construindo castelos de areia, acenaram para nós. Também estavam na lancha a instrutora de mergulho e um homem afável de Maryland, que viajava com sua agitada filha universitária. Ela logo anunciou que o mergulho era sua atividade de lazer predileta. Confessou que, quando estava longe do mar, "passo muito, muito tempo em aquários". Ela e o pai haviam feito centenas de mergulhos juntos, e ela descreveu muitos deles.

A lancha passou primeiro por umas ilhotas e só depois tomou o rumo do mar aberto; então se distanciou da terra a ponto de não vermos nem sinal dela e lançou ferro para que pudéssemos descer para a água, um a um, pelo cabo da âncora. A instrutora avisou que a área tinha correntes fortes e repassou o plano de mergulho: nós desceríamos, deixaríamos a corrente nos carregar um pouco e em seguida seríamos resgatados no ponto em que subíssemos à superfície. Era plano conveniente, ela disse, porque nos permitiria cobrir uma boa distância e ver muita coisa sem despender muita energia.

As coisas começaram mal. O regulador do homem de Maryland não funcionava e ele não conseguia respirar. Por sorte, ele descobriu o defeito com antecedência e voltou para a lancha para esperar os que mergulharam. Eu estava preocupado demais para me abater com a irresponsabilidade do hotel ao mandar um hóspede mergulhar em mar aberto com um equipamento defeituoso. Desci do barco corajosamente. Os corais tinham sua beleza, embora nada extraordinária, e os peixes eram coloridos, mas nem de longe numerosos e variados como os que eu vira doze anos antes, ao mergulhar com um snorkel, na boca da lagoa Marovo, nas ilhas Salomão. A corrente forte tinha levantado areia e sedimentos, o que prejudicava a visibilidade. A moça dos aquários viu uma lula e acenou para nós, usando os sinais manuais corretos para "venham ver" e "lula", mas não tivemos tempo para tanto. A súbita redução da luz indicava que o sol havia se escondido atrás de uma nuvem. Como sempre fico nervoso ao mergulhar, respiro com muito mais intensidade do que fazem os mergulhadores hábeis, de modo que meu medidor de ar chegou à zona vermelha muito mais depressa que o dos outros. Mostrei o aparelho à instrutora, que perguntou, usando sinais manuais, se eu estava bem para subir e retornar à lancha sozinho; com um enfático sinal de positivo, respondi que sim. E subi, fazendo uma parada de descompressão no caminho.

De acordo com o protocolo, o mergulhador chega à superfície e acena com um braço no ar; em seguida, o barco vem tirá-lo da água. Quando atingi a superfície, percebi que a corrente não tinha nos levado para tão longe como parecia a nove ou doze metros de profundidade. Animado, agitei o braço sobre a cabeça. O jovem capitão olhava vagamente na minha direção, e esperei que ele viesse me buscar. A lancha não se moveu. Acenei de novo, com um pouco mais de vigor. O capitão continuava de frente para onde eu estava, com o olhar vidrado, e acenei mais uma vez, agora com os dois braços. Levantei a máscara, tirei o regulador da boca e tentei gritar, porém o vento soprava na minha direção e eu sabia que ele não me escutaria. Pensei no "apito para chamar a atenção", sempre mencionado nos salva-vidas de aviões.

Vale lembrar que, em geral, uma pessoa fica exausta depois de um mergulho, que o sol australiano é violento, que as ondas não eram pequenas e que a corrente era forte. Por isso, eu precisava de fato sair da água. Lembrando de filmes vistos tarde da noite na televisão, soltei um grito de Tarzan.[5] O capitão então caminhou para o outro lado da lancha e me deixou fitando o vazio.

Quando eu encarava o vento, de frente para a lancha, as ondas quebravam sobre minha cabeça. Eu nunca compreendera, antes disso, como uma pessoa podia se afogar usando um colete salva-vidas, mas, inflando o colete de mergulho, percebi que não poderia me manter voltado para o barco sem respirar e engolir água. Aquilo era a versão da natureza para a modalidade de tortura que chamam de afogamento simulado. Por essa razão, virei-me de costas para a lancha, lançando olhares para ela a intervalos de alguns minutos, a fim de verificar se o capitão tinha voltado para onde eu pudesse vê-lo, quando então ele também poderia me ver. Esperei, esperei e esperei até que, depois de uns dez minutos, ele por fim voltou e de novo parecia estar olhando para mim. Àquela altura, meus acenos eram dignos do Cirque du Soleil, com os dois braços oscilando rapidamente sobre a cabeça, para a frente e para trás, para trás e para a frente e também de um lado para outro. Cheguei a tentar usar os pés de pato para saltar acima da água, como uma espécie de peixe-voador com braços. O capitão olhou calmamente na minha direção por alguns minutos e em seguida retomou sua peregrinação pela lancha.

Quando uma pessoa faz um curso de mergulho, na Pensilvânia ou em Zanzibar, recebe muitas instruções sobre como proceder se o fornecimento de ar falhar, aprende sinais que alertam o instrutor se alguma coisa sair errado e decora técnicas para minimizar uma grande variedade de erros, defeitos e perigos. Mas não recebe nenhuma orientação sobre o que fazer na superfície se, por algum motivo, ficar invisível.

A correnteza estava me levando para longe da lancha, e tentei nadar contra a corrente. Mesmo com meu mais vigoroso nado livre, não avançava um palmo, e logo percebi que não poderia nadar contra as ondas — além do mais, estava sobrecarregado com os cilindros de ar e os pesos no cinto —, e ao mesmo tempo respirar, a não ser que repusesse a máscara e usasse o pouco ar que restava nos cilindros. Eu tinha subido à superfície porque estava ficando sem ar e precisava do ar não só para respirar como para me manter flutuando, pois o colete de mergulho estava vazando um pouco e eu precisava inflá-lo continuamente. E os pesos na cintura? A vantagem de não me desfazer deles era que retardavam a velocidade com que eu estava me afastando do barco. A desvantagem era que impediam que eu nadasse mais depressa e poderiam estar aumentando o arrasto sobre meu colete de mergulho, cada vez mais vazio. Procurei despertar minha mente lógica e tomar uma decisão, mas, apesar de mais de meia hora pensando sobre a questão, não tinha ideia do que fazer. Os outros já deviam estar na lancha, preparando-se para começar a me procurar. A despeito da falta de marcações, a instrutora sabia o ponto em que eu havia subido. Só havia uma direção em que eu poderia ter me afastado: a da corrente. Não seria tão difícil me achar. Mantive os pesos na cintura, calculando que, quanto mais perto eu estivesse da lancha, mais fácil seria me encontrar.

Nesse caso, não havia nada a fazer senão deixar-me levar pela corrente e conservar a energia, enquanto mantinha o rosto afastado do vento e da lancha, cercado pelo mar sem limite.

Por fim, ouvi um som animador. O motor da lancha havia sido ligado. Dei um longo suspiro de alívio, girei o corpo, retomei meus acenos olímpicos — e vi a lancha começar a se mover e partir na direção oposta. Afastando-se de mim e sumindo no horizonte.

Eu estava sozinho no mar, vendo apenas água e céu em todas as direções. Não havia ninguém para quem acenar, nenhum ponto em cuja direção nadar. Pela primeira vez naquela manhã, pensei: "É assim que as pessoas morrem". Presumi que a corrente estivesse me levando, cada vez mais, para alto-mar. Lembrei-me de que o oceano Pacífico é uma imensa massa de água; lembrei-me de que nele existem tubarões — na maioria inofensivos, mas alguns agressivos. Minha cabecinha balouçante parecia um alvo minúsculo para quem quer que se aventurasse a me procurar.

Em alguns momentos morri de medo; em outros, achei que estaria bem enquanto o colete de mergulho funcionasse e eu pudesse simplesmente flutuar por um ou dois dias. Nunca imaginara que iria morrer afogado e pensava se a agonia se estenderia e se eu sofreria muito. Não conseguia enfrentar a possibilidade de não poder respirar, mas lembrava vagamente de que algumas pessoas que foram reanimadas depois de quase se afogarem haviam declarado que a experiência trazia certa paz perto do fim. Calculava por quanto tempo o ar que restava no cilindro me manteria à tona. Estava muito cansado e me perguntei se chegaria a adormecer flutuando no mar.

Foi então que ouvi a voz de meus pais. Vislumbrei meu pai perguntando: "Você correu esse risco todo só para ver peixes exóticos?". Pude escutá-lo sugerindo que eu passasse bastante tempo vendo peixes em aquários. Não havia nenhuma nuvem no céu, e imaginei minha mãe, que tinha morrido havia 25 anos, me repreendendo: "É por isso que é preciso usar protetor solar sempre".

As ondas pareciam crescer. Se eu fosse levado para além dos recifes, estaria em meio a vagalhões e não conseguiria manter a cabeça fora d'água por muito tempo.

Às vezes eu tentava nadar, só para fazer alguma coisa, e logo desistia.

E ninguém vinha. Outros vinte minutos se passaram. E mais quarenta. E uma hora.

Senti pena de John, aflito na lancha. Imaginei Sue e ele explicando a George o que tinha acontecido. Pensei em minha filha Blaine, no Texas com a mãe, e me senti mal diante da ideia de que não a veria crescer. Eu tinha enorme curiosidade a respeito de como meus filhos seriam quando adultos. Pensei em Oliver e Lucy, nossos filhos mais velhos, que moravam em Minneapolis com suas mães. Eu havia conquistado muitas coisas que sempre desejara: amor, filhos, aventuras, uma carreira expressiva. Era grato pela vida que havia vivido, mesmo que não tivesse muito mais a desfrutar. Passou pela minha cabeça que meu desaparecimento poderia matar meu pai e lamentei seu sofrimento. Sobretudo, temi que meus filhos pensassem que eu os tinha abandonado e me senti culpado por isso — culpado e muito triste. Será que eles se lembrariam de mim?

"Esses podem ser meus últimos pensamentos. Eu devia estar pensando em algo importante", refleti. Mas não me ocorria nada de importante em que pensar. Minha mente vagava entre Shakespeare e os grandes filósofos, no entanto não me vinha nada. Tentei fazer com que minha vida passasse diante de meus olhos como um filme, porém tudo o que vi foram as cores prismáticas e rápidas decorrentes do longo tempo ao sol flutuando no mar. Pensei em minhas últimas palavras, mesmo que não houvesse ninguém por perto para escutá-las. Não consegui formular nada de profundo ou espirituoso para dizer às ondas. Dei comigo lembrando do meu episódio favorito da série Ursinho Pooh — "Na qual Leitão é inteiramente cercado de água" —, em que Leitão, assustado, sente saudades de Pooh e pensa: "Com dois é muito mais divertido".[6]

Eu me sentia feliz por John estar em segurança (e poder cuidar de George e Blaine) e lamentei que ele não estivesse comigo — as duas coisas, ao mesmo tempo. Àquela altura, já fazia uma hora e meia que eu vinha lutando para flutuar. Já estava muito queimado de sol e me sentia febril. Tinha a impressão de ter engolido galões e mais galões de água do mar.

Nunca me senti tão sozinho.

Lembrei do clichê segundo o qual todos morremos sós, qualquer que seja a causa da morte.

Tentei enumerar o que havia planejado fazer com meus filhos e para eles. Minha vida não estava passando diante de meus olhos como um filme, mas a deles sim. Nunca fui bom em relação ao momento presente, de modo que mais uma vez me refugiei em planejar um futuro cujo planejamento era impossível.

Eu sentia minha própria insignificância, sentia a pequenez do homem. Senti como era desimportante, realmente, que qualquer pessoa vivesse ou morresse.

Meu devaneio foi interrompido por uma voz no vento, uma voz que estranhamente lembrava a de John, que gritava: "Ajudem! Ajudem!". Tentei gritar de volta, mas o vento continuava a frustrar meus esforços. Em seguida ouvi outra voz. Então me ocorreu que os outros três poderiam estar na mesma situação que eu. Como eu me encontrava a favor do vento, podia ouvi-los, só que eles não me ouviam. A julgar por suas vozes, estávamos longe uns dos outros e do barco. Mas talvez a instrutora de mergulho tivesse ciência de tudo que eu ignorava.

De repente avistei um barco no horizonte, mas não tinha certeza de que era o nosso.

Vi uma coisa que parecia uma gigantesca mama cor-de-rosa, com cerca de 1,5 metro de altura, que ia na direção do barco, agora claramente discernível. Talvez as vozes, o barco e a mama não passassem de alucinações. O barco, que começava a parecer bastante com nossa lancha, seguiu na direção da mama cor-

-de-rosa, e foi como se os dois se fundissem. Em seguida ele avançou para o ponto de onde vinham as outras vozes. Parou ali por alguns minutos.

E então começou a vir na minha direção.

Nunca na vida eu havia saudado um amante com a alegria que tomou conta de mim quando agarrei a escadinha de mergulho. Subi, tremendo, e caí nos braços de John.

John também passara por uma experiência difícil, mas bem diferente da minha. Estava em companhia de duas outras pessoas, uma das quais era instrutora de mergulho, que tinham subido à superfície 45 minutos depois de mim. Enfrentaram o mesmo dilema de não conseguir chamar a atenção do capitão do barco. Revezaram-se na tentativa de nadar para a lancha, que sempre ia para outro lugar antes que a alcançassem. Num momento, John chegou a quinze metros dela. A mama cor-de-rosa era na verdade um balão de emergência trazido pela instrutora de mergulho. Mais tarde, perguntei-me como alguém que sabia que um objeto daqueles poderia ser necessário podia ter deixado que um novato como eu voltasse à superfície sozinho. A instrutora inflou o balão ao avistar a lancha e depois nadou ao lado dele até que o capitão finalmente o avistasse e fosse buscá-la. Uma vez a bordo, ela mostrou onde estavam John e a moça dos aquários. Durante todo o tempo em que John e a moça estiveram na superfície, ele imaginara que eu já estivesse no barco, e quando soube que eu estava desaparecido foi tomado de angústia. Mas a instrutora havia escutado meus gritos e soube para onde o barco deveria ir. Eu tinha flutuado durante quase duas horas e me afastara por muitas milhas.

Só depois de subir a bordo é que comecei a sentir raiva — do capitão, da instrutora e da direção do hotel. Mas também me senti felicíssimo por estar vivo, e é difícil sentir raiva e felicidade ao mesmo tempo. Abracei John, abracei a moça dos aquários, abracei a instrutora de mergulho e abracei o homem de Maryland, deixando-o meio espantado. O capitão tentou entabular uma conversa cordial, a que respondi num tom que John mais tarde descreveu como minha "voz de Linda Blair", um grunhido gutural como o da menina possuída pelo demônio no filme *O exorcista*.

Na verdade, uma pessoa pode se sentir feliz e colérica ao mesmo tempo.

Enquanto estive à deriva, pensei muito em meus filhos. Não que eu me tenha em altíssimo conceito como pai, mas realmente tenho uma noção clara de minha responsabilidade. De volta a terra, decidimos não contar a George o ocorrido.

Achei que o assustaria, como ainda assustava a mim. No entanto, embora eu me mantivesse em silêncio, ele narrou animadamente suas aventuras — como fora seu café da manhã, o que ele e Sue haviam feito na praia, as conchas e gravetos que cataram e o tanto que ele tinha nadado sozinho. Na ânsia de sua narrativa, achei o complemento de meu infortúnio. Compreendi que a temeridade de pedir enguias no almoço, os saltos de paraquedas e as viagens a países em guerra empalidecem se comparados à domesticidade aventureira de ser pai, atividade que envolve, simultaneamente, levar em conta a vastidão do mundo e aceitar, ao menos durante algum tempo, ser essa vastidão para nossos filhos.

POSFÁCIO

Uma última palavra sobre "Os Estados Unidos em primeiro lugar"
Novembro de 2016

Um livro sobre viagens é necessariamente um livro sobre o mundo. Trata de como vemos e de como somos vistos. As histórias sobre as quais estes ensaios refletem são de especial relevância numa sociedade que, contra si mesma, começou a voltar-se para dentro. De repente, muitos países estão se distanciando, e a importância de defender ligações entre fronteiras e fusos horários assume grande urgência. O tipo de tirania contra o qual muitos dos povos aqui mencionados lutaram — Afeganistão, Líbia, Rússia, África do Sul, Camboja, Ruanda e muitos outros — agora ameaça partes do mundo nas quais isso parecia impensável. Suas histórias são prova de que resistência e coragem podem ser aprendidas, e assim deve ser. Se pretendemos sobreviver à autocracia que floresce no Ocidente, devemos estudar a história recente dos países castigados e ouvir as pessoas que dentro desses países defenderam a liberdade, apesar da perseguição implacável.

Alexander von Humboldt, o grande naturalista do século XIX, disse: "Não há visão de mundo tão perigosa quanto a daqueles que não viram o mundo". Cada vez mais, as reviravoltas políticas recentes vêm depositando o poder em mãos de pessoas que abertamente se abstêm de ver o mundo, incluindo aqueles que viajam sem ver. Tenho dupla nacionalidade, americana e britânica, e em 2016 votei contra o Brexit e contra Trump — e perdi. A vitória do Brexit e de Trump são tentativas de rejeitar as coisas como são em favor de uma fantasia sobre como as coisas já foram. Mas as tentativas de recapitular o passado são sempre reinterpretações. Mostram o que pretendem repetir apenas como uma silhueta grosseira. Assim é o novo nacionalismo, e não um regresso a qualquer política real do passado. O resultado das urnas — incluída também a eleição de governos nacionalistas na Polônia, Hungria, Turquia, Itália, Rússia e em outros países — representa até certo ponto uma rejeição da diversidade humana, do internacionalismo e do mundo sem fronteiras que vem caracterizando o Ocidente desde a Segunda

Guerra Mundial. Reflete a frustração com as forças que impulsionaram o mundo com firmeza em direção à abertura. Algumas pessoas, do lado vencedor, foram motivadas pelo medo e por frustrações econômicas pessoais; outras, pela incursão naquilo que elas veem como autossuficiência. Eleitores que não eram racistas nem nacionalistas passaram a tolerar o racismo e o nacionalismo dos candidatos. Como era de se esperar, sucederam-se incidentes de ódio racial e nacional. Manifestações públicas de misoginia, homofobia e antissemitismo estão em alta. Na Grã-Bretanha, houve uma escalada abrupta de crimes de ódio depois do plebiscito que aprovou o Brexit, e desde então o número de ataques desse tipo permaneceu elevado. Nos Estados Unidos, cerca de mil casos de assédio motivado por ódio foram contabilizados nas três semanas seguintes à eleição de novembro de 2016.

Na Europa continental, houve um surto recente de xenofobia explícita. Embora a Polônia não tenha uma população muçulmana significativa, a retórica antimuçulmana emergiu como característica determinante na campanha eleitoral de 2015, na esteira da controvérsia europeia sobre a política para refugiados. Durante a campanha, Jarosław Kaczyński, líder do Partido da Lei e da Justiça, que acabou ganhando as eleições, acusou os imigrantes, como se estes fossem vetores de doenças, de hospedar "parasitas e protozoários que não afetam o organismo deles, mas que aqui podem ser perigosos". As redes sociais e parte da imprensa publicaram também imagens e lemas antimuçulmanos. Seguiram-se protestos em massa contra refugiados. Os manifestantes fizeram marchas, queimaram bandeiras da União Europeia e entoaram lemas nacionalistas. Em muitas cidades polonesas, estudantes e turistas "árabes" de pele escura foram agredidos ou ridicularizados. Na cidade de Wrocław, um grupo de extrema direita fez uma manifestação e — mudando rapidamente de uma forma de intolerância para outra — queimou a efigie de um judeu ortodoxo.

Na Hungria, o primeiro-ministro Viktor Orbán declarou que os imigrantes recém-chegados à Europa eram um "veneno". Um panfleto em papel brilhante patrocinado pelo governo e distribuído a 4,1 milhões de domicílios tratava os imigrantes de terroristas e a imigração como um perigo para a cultura e os costumes húngaros. Cartazes financiados pelo governo preveniam os visitantes: SE VIER À HUNGRIA, NÃO TIRE O EMPREGO DOS HÚNGAROS.

Em dezembro de 2016, numa consulta popular, os italianos rejeitaram sem hesitar uma redução no tamanho do Parlamento, com o que se pretendia estabilizar o sabidamente volátil governo do país. O resultado, uma vitória dos partidos populistas de extrema direita, provocou a renúncia do primeiro-ministro reformista Matteo Renzi e questionou o envolvimento da Itália com a União Europeia, da qual o país foi membro fundador.

O sentimento nacionalista na Turquia alimentou ambições territoriais. Recentemente, o presidente Recep Erdoğan desqualificou o Tratado de Lausanne de 1923, que estabelece os limites da Turquia moderna, referindo-se à "perda" de Mossul e das ilhas gregas no mar Egeu. O Partido da Justiça e Desenvolvimento, de Erdoğan, entende implicitamente que ser muçulmano sunita é condição essencial de um verdadeiro turco — preconceito que discute a legitimidade dos cidadãos armênios, alevitas, xiitas e judeus. Recentemente, o vice-primeiro-ministro Numan Kurtulmus exortou os turcos a "ficar de cabeça erguida e chamar o infiel de infiel", encorajando a discriminação e levando defensores dos direitos humanos a processá-lo por violação das leis do país e de tratados internacionais. No verão de 2015, a ala jovem do Partido do Movimento Nacionalista da Turquia, neofascista, chamada Lobos Cinzentos, protestou contra a proibição chinesa do jejum no Ramadã, atacando chineses, coreanos e até turcos uigures muçulmanos. Um dos líderes do grupo disse que não havia como distinguir uns de outros entre pessoas de "olhos oblíquos".

Esse tipo de reação preconceituosa está borbulhando pelo mundo desenvolvido, mesmo em lugares onde os extremistas não assumiram o controle. O *New York Times* publicou uma matéria feita em Copenhague com Johnny Christensen,

bancário aposentado corpulento e de bigodes brancos, que sempre se considerou solidário com pessoas que fugiam das guerras e receptivo a imigrantes. Mas depois que 36 mil pessoas, majoritariamente muçulmanos, pediram asilo na Dinamarca nos dois últimos anos, o sr. Christensen, de 65 anos, disse: "Tornei-me racista".

E acrescentou: "É chutá-los e pronto", dando um chute num alvo imaginário. Julie Jeeg, estudante de direito que combate o racismo na Dinamarca, disse: "A Dinamarca está se fechando em si mesma. As pessoas estão se voltando para dentro".

Em junho de 2016, os eleitores do Reino Unido decidiram, por estreita margem de votos, sair da União Europeia. O Brexit é reflexo da aversão crescente no mundo todo ao governo de entidades multinacionais. Baseia-se essencialmente na retórica tribalista, que por sua vez se apoia na percepção da similitude. Ao que parece, alguns dos que votaram a favor do Brexit acreditam que se parecem com outras pessoas de sua mesma nacionalidade e diferem de todos os demais. Mas os argumentos nativistas sobre soberania quase sempre situam a percepção de interesses comuns onde na verdade eles são poucos — e fomentam o desafeto onde a solidariedade real deveria estar. A crença que esses ingleses velhos e de meia-idade da classe trabalhadora que votaram a favor do Brexit têm mais em comum com os banqueiros de Londres e com os membros da Câmara dos Lordes do que com espanhóis velhos e de meia-idade da classe trabalhadora reflete noções arcaicas e étnicas de lealdade, nacionalidade e identidade.

Na Conferência do Partido Conservador de outubro de 2016, a primeira-ministra do Reino Unido, Theresa May, que assumiu o cargo logo depois do plebiscito, disse: "Se você se acredita cidadão do mundo, não é cidadão de lugar nenhum. Não entende o que a palavra 'cidadania' significa". Não haverá solução para as tensões manifestadas no plebiscito do Brexit até que os cidadãos sintam que devem fazer essa escolha. Mas uma cidadania não exclui outra. Se britânicos natos forem obrigados a escolher entre serem britânicos ou europeus, claro que ser britânico ganha, sobretudo porque ser europeu é visto praticamente como uma traição. Mas patriotismo é diferente de nacionalismo; pode-se ser patriota sem ser nacionalista e defender a exclusão. Se a identidade política não nos ensinou nada mais, pelo menos nos deu o vocabulário da intersecionalidade — pode-se ser, por exemplo, preto e homossexual, ou pobre, branca e feminista; ou latino e republicano, ou gay e de direita; ou americano e britânico e cidadão do mundo também. A capacidade de tolerar e personificar identidades convergentes é um indicador de sofisticação; a ausência dela, um indicador de alienação. O voto favorável ao Brexit foi, ironicamente, um voto nostálgico do domínio perdido que abdica ainda mais do poder.

Os que votaram a favor do Brexit acreditavam, em muitas instâncias, que os favoráveis à permanência pretendiam sobrepor os interesses globais aos de seus concidadãos. Muitos sentiam que tinham poucos motivos para atender a necessidades distantes quando as suas próprias pesavam tanto. Mas o internacionalismo não é um projeto de caridade pensado para salvar hordas sujas no estrangeiro; é o reconhecimento pragmático de que o destino das nações tornou-se cada vez mais inexoravelmente entrelaçado e que a exclusão atinge os exclusores tanto quanto os excluídos. No mundo globalizado, nem a Grã-Bretanha é uma ilha, completa em si mesma.

No dia do plebiscito, o Centro de Análise de Redes Sociais Demos constatou que 300 mil tuítes tinham usado a hashtag #stopislam [#pareoislã]. O Conselho Nacional de Chefes de Polícia da Inglaterra, Gales e Irlanda do Norte identificou mais de 3 mil denúncias de assédio étnico e racial nas duas semanas que antecederam e nas duas que se seguiram ao plebiscito, um aumento de quase 60% em relação ao mesmo período no ano anterior. Duas semanas mais tarde, o número subiu a mais de 6 mil e, no fim de setembro, três meses depois da consulta popular, Sir Bernard Hogan-Howe, chefe da polícia metropolitana de Londres, referiu-se à escalada como "um horrível pico de crimes de ódio".

Os atendentes da linha telefônica Stop Hate UK [Chega de Ódio no RU] registraram um aumento de 61% nas chamadas feitas no mês seguinte ao do plebiscito. No mesmo período, dezenas de chamadas foram feitas a embaixadas de países europeus no Reino Unido para relatar episódios de ódio. O vice-ministro das Relações Exteriores da Lituânia, Mantvydas Bekešius, disse que crianças lituanas tinham sido vítimas de abuso nas escolas britânicas por parte não só de outros alunos, mas de pais e mesmo professores. Num episódio supostamente de ódio, foram feitos disparos contra uma casa de lituanos em Lurgan, na Irlanda do Norte. Imigrantes letões disseram que uma agência dos Correios de Londres e uma loja de telefones celulares de Bristol negaram-lhes atendimento nos dias seguintes à consulta. Em julho, a loja de um romeno em Norwich foi incendiada, episódio que a polícia de Norfolk tratou como crime de ódio. A embaixada da Polônia relatou oito agressões, além de sete ataques contra lojas de poloneses, assim como muitas ocorrências de discurso de ódio. Em Essex, um homem foi morto com um único soco na cabeça numa briga com adolescentes que começou quando eles o ouviram falando polonês com um amigo. Uma família de Plymouth acordou e encontrou o jardim em chamas. Um bilhete avisava: "Voltem para seu país de merda, da próxima vez será sua família".

Jon Burnett, pesquisador do Instituto de Relações Raciais, disse que: "O recrudescimento dos ataques contra europeus do Leste não representa surpresa, dado que eles têm sido retratados repetidamente como parasitas, trapaceiros e, por fim, uma ameaça". Muitos sociólogos falaram de "racismo e xenofobia pós-

-plebiscito". O uso desse termo indica a relação estreita entre racismo interno e nacionalismo exclusivista — a ideia segundo a qual, à medida que nos separamos da diversidade em nossa própria sociedade, cortamos relações com a diversidade no mundo. Os inimigos de além-fronteiras tornam-se inimigos dentro de nosso país e vice-versa.

Entre as mais perniciosas e eficazes estratégias de campanha de Donald Trump para a eleição de novembro de 2016 esteve a promessa de voltar à fantasia que desaparecera havia muito da uniformidade americana, a que foi sonhada pelos pais fundadores e não considera americanos os povos que viviam no continente antes da colonização, nem os que foram trazidos à força da África e escravizados nas colônias. Os eleitores brancos que se alinharam atrás de Trump não teriam gostado de repartir sua hegemonia minguante num país cada vez mais diversificado. Além disso, eles se ressentem com a condescendência da elite culta, que continua lhes dizendo quais são seus interesses. Muita gente que tem emprego insatisfatório culpa a terceirização de algumas funções para o mundo em desenvolvimento e a destinação de outros empregos a imigrantes dispostos a aceitar salários mais baixos. A mais repetida promessa de campanha de Trump era de que, se você se livrasse do que ele chamava convenientemente de "hombres maus", corrigiria esses problemas. Quanto a um autêntico compromisso com países estrangeiros, Trump dizia: "Não tenho tempo de viajar — os Estados Unidos precisam de minha atenção agora". É possível dar atenção aos Estados Unidos ignorando ou ofendendo todos os demais? É possível *ver* os Estados Unidos sem às vezes dar uma olhada no exterior? O egocentrismo de Trump reflete um lugar-comum no solipsismo americano: a suposição de que uma nação tem todas as cartas na mão. Nem o poder militar nem o econômico conferem independência autêntica em relação a outras nações; nem espicaçar os outros ou distanciar-se deles é benéfico para a defesa.

Num artigo publicado depois da eleição, o historiador de Yale Timothy Snyder escreveu:

> Ele definiu o mundo como fonte de ameaças sem fim e os outros países como berço de incontáveis inimigos. As conspirações globais estão supostamente dirigidas contra seu país e seu povo singularmente justo. Seus opositores de esquerda e as

minorias nacionais, ele repetia, não eram pessoas, mas expressões da implacável animosidade internacional contra as justas demandas de seu próprio povo.

Snyder falava de Hitler, mas a correspondência com a presidência de Trump é irrefutável, como ele pretendia. Os execráveis ataques de Trump a muçulmanos, mexicanos e minorias raciais são apenas um fragmento de seu grande processo de desumanização de todo aquele que não seja "americano".

Como aconteceu no Reino Unido após o plebiscito, o preconceito explodiu depois da eleição americana. Só no mês de novembro, o Southern Poverty Law Center reuniu centenas de depoimentos sobre atos hostis contra imigrantes, muçulmanos, pretos, gays e mulheres, incluindo vandalismo com uso da suástica. O procurador-geral do estado de Massachusetts instalou uma linha telefônica para atendimento de denúncias pós-eleitorais de assédio. Recebeu quatrocentas chamadas na primeira semana de funcionamento. Crimes de ódio mais do que dobraram em Nova York na semana seguinte à eleição. Michigan registrou o dobro de crimes ideológicos e o triplo de incidentes de ódio. O FBI contabilizou 67% de aumento nos crimes de ódio contra muçulmanos em 2016, que começaram bem antes da eleição. Houve ocorrência de abuso em escolas primárias, médias, faculdades e universidades. Dentro e fora das instituições de ensino, ele foi dirigido principalmente contra mulheres, famílias inter-raciais, latinos, asiáticos, população LGBTQ, muçulmanos e imigrantes.

Uma pesquisa feita em escolas nos dias posteriores à eleição mostrou

uma explosão no uso de linguajar depreciativo e racista pelos estudantes, na exibição de símbolos racistas, incluindo suásticas, saudações nazistas e bandeiras dos Confederados. Numerosos depoimentos falam de estudantes que assediam colegas negros e imigrantes, afirmando que eles e suas famílias seriam deportados depois do dia da posse.

Os jovens que foram alvo desses ataques apresentaram crises de pânico, depressão e agressividade. Uma professora de educação infantil do Tennessee contou que uma criança latina perguntava todos os dias: "O muro ainda está aqui?" depois que seus colegas lhe disseram que ela seria deportada e emboscada atrás de um muro. Um menino de doze anos no Colorado ouviu um colega dizendo: "Agora que Trump é presidente, vou dar um tiro em você e em todos os pretos que puder encontrar". No Texas, um filho de filipinos de treze anos ouviu na escola que "Quando eles virem seus olhos, você será deportado". Na Califórnia, colegas de uma adolescente adotada proveniente de Moçambique disseram-lhe: "Agora que Trump ganhou, você vai ter de voltar para a África, que é o seu lugar". Num curso preparatório da Filadélfia, um aluno mostrou em seu laptop a imagem da bandeira dos Confederados, enquanto outro a seu lado segurava uma foto de Donald Trump. Em toda a região, apareceram nas paredes dísticos de poder branco, grafites racistas e suásticas. Alunos do ensino médio de um subúrbio de Detroit foram filmados entoando "Construa o muro" na hora do almoço do dia seguinte ao da eleição. Alunos do oitavo ano no Colorado confrontaram colegas latinos no ônibus, dizendo: "Trump devia não só construir o muro, mas eletrificá-lo, e os mexicanos deviam ser obrigados a usar coleiras elétricas".

No dia seguinte ao da eleição, a professora muçulmana de uma escola secundária na Geórgia recebeu um bilhete anônimo dizendo que o uso do véu "já não é permitido", sugerindo que ela o amarrasse no pescoço e se enforcasse. A assinatura dizia: "Estados Unidos!". Estudantes brancos em DeWitt, Michigan, impediram colegas latinos de entrar na escola; em Ann Arbor, um estudante judeu recebeu um aviso: "Como Trump ganhou, os judeus terão de deixar o país". Uma professora do estado de Indiana escreveu que, depois da eleição, "cada uma das escolas secundárias de nosso distrito teve problemas com comentários racistas, xenófobos ou misóginos". Ela testemunhou pessoalmente que rapazes "agarravam e tocavam meninas, mesmo quando elas diziam que não", o que, disse ela, "nunca tinha acontecido antes da eleição"; estudantes brancos advertindo colegas não brancos de que poderiam ser expulsos da escola; e estudantes brancos dizendo a não brancos desconhecidos: "Trump vai jogar vocês pelo muro, sabiam?", e "Não vemos a hora de que você e os outros escuros vão embora". Um professor de ensino médio no Kansas relatou que os rapazes estavam "agarrando meninas, encurralando-as contra armários" e dizendo aos colegas latinos que eles seriam devolvidos ao México. Uma professora secundária de espanhol no Tennessee disse que um estudante negro tinha sido impedido de entrar em sala por "dois alunos brancos que gritavam 'Trump, Trump'", e que outros disseram a ela que já não precisavam aprender espanhol porque o presidente eleito "mandaria todos os mexicanos de volta". Em Redding, Califórnia, um estudante secundarista distribuiu cartas com a palavra DEPORTAÇÃO a certo número de alunos e depois postou um vídeo de sua "proeza" no Twitter. Em Cedar Falls, Iowa, uma aluna de dezesseis anos abandonou a escola depois que seus assediadores chamaram-na repetidamente de "sapatão" e "machona", ameaçando "pegá-la pela boceta", imitando a bravata do presidente eleito quando disse que sua celebridade lhe dava o direito de atacar sexualmente mulheres, sem consequências. Uma professora do ensino médio na Carolina do Norte percebeu que seus alunos latinos passaram a levar consigo a certidão de nascimento e o cartão da previdência o tempo todo por medo de serem deportados.

A barbárie escolar não se limitou a estudantes. Um gravador de áudio oculto gravou uma professora de Los Angeles dizendo a uma aluna que seus pais seriam deportados com a ajuda de informações fornecidas pela escola. Ela explicou: "Tenho seus números de telefone, seu endereço, o endereço de sua mãe, o endereço de seu pai, está tudo no sistema, queridinha". Um membro do corpo docente de uma escola secundária de Pasco County, na Flórida, foi acusado de dizer a um grupo de alunos afro-americanos que estava no saguão: "Não me obriguem a chamar Donald Trump para mandá-los de volta à África". Um professor de matemática de um subúrbio da Filadélfia disse a seus alunos: "Parem de choramingar por serem pretos".

Nos campi das universidades, o racismo e os avanços sexuais indesejáveis também explodiram. Na manhã seguinte à eleição, uma segundanista da Universidade Baylor foi empurrada por outro aluno, que lhe disse: "Proibido crioulos na calçada... estou tentando apenas tornar os Estados Unidos grandes outra vez". No mesmo dia, alunos judeus da New School em Manhattan encontraram suásticas em suas portas, e o mesmo aconteceu com negras LGBTQ. Membros da Associação de Estudantes Muçulmanos da Universidade de Nova York encontraram grafites ofensivos na porta de sua sala de oração. Um aluno asio-americano da Universidade Wesleyan recebeu um bilhete ameaçador que dizia: "Seu tempo acabou, china". Uma universitária de San Diego foi assaltada por dois homens que "fizeram comentários sobre o presidente eleito Trump e os muçulmanos antes de agarrar sua bolsa e roubar seu carro". A polícia investigou o caso como crime de ódio. Cartazes na Universidade Estadual do Texas pediam que os funcionários da escola que apoiassem iniciativas voltadas para a diversidade fossem torturados. A hostilidade contra estudantes muçulmanos explodiu na Universidade do Tennessee. Um cidadão americano nascido no México, numa faculdade de Nebraska, teve de trocar de dormitório depois que seus colegas ameaçaram linchá-lo.

A intolerância comandou distúrbios fora dos campi também, muitos deles dirigidos contra mulheres e, em particular, contra afro-americanas. Conheço uma jovem de Los Angeles que saiu de seu carro, decorado com adesivos de Clinton e Sander, e um homem se aproximou dela, segurou-a entre as pernas e disse: "Você não pode fazer nada contra os Estados Unidos de Trump, sua cadela crioula liberal". A uma mulher em Boston, disseram: "Pensa que é engraçado, sua puta imunda? Vou cuspir em você, puta imunda. Posso sentir o cheiro da África em você". Uma mulher que visitava um hospital em Chicago disse que foi abordada por um homem no elevador que a chamou de "crioula delinquente" e festejou: "Graças a Deus, Trump agora é presidente. Ele vai deportar sua bunda de terrorista". Uma mulher na Louisiana lembrou: "Eu estava esperando o sinal abrir para atravessar a rua. Um caminhão preto com três homens brancos parou no sinal vermelho. Um deles gritou: 'Vá se foder, crioula!'. Os outros dois começaram a rir. Um começou a entoar 'Trump!' enquanto iam embora". A vendedora negra de uma loja em Kalamazoo, Michigan, perguntou a um cliente se precisava de ajuda, e ele respondeu: "Não preciso pedir-lhe merda nenhuma; Donald Trump é presidente". Chamou-a de "puta negra" e cuspiu nos sapatos dela.

Suásticas e lemas violentos proliferaram de repente. Na Califórnia, apareceu uma suástica pichada num cartaz do filme *Almost Christmas* [Quase Natal], cujo elenco é majoritariamente negro. Na Filadélfia, surgiram suásticas em muitos edifícios, junto com grafites pró-Trump e ofensas raciais. Na cidade de Wellsville, estado de Nova York, uma suástica foi pintada na lateral de um campo de softbol com as palavras: ESTADOS UNIDOS BRANCOS OUTRA VEZ. Em Durham, Carolina do Norte, alguém pintou numa parede: VIDAS DE PRETOS NÃO CONTAM, E SEUS VOTOS TAMBÉM NÃO.

Pessoas que se relacionam publicamente com indivíduos de outras raças foram alvo de uma mordacidade especial. Pouco depois da eleição, o marido branco de uma negra em Louisville, Kentucky, recebeu uma carta de um vizinho que dizia: "A coisa mais importante é que nossos filhos cresçam num ambiente puramente branco e cristão. Não fica claro por que você tem em casa uma puta crioula. Acreditamos que nos Estados Unidos da América todas as raças devem ficar separadas". Um homem branco de Natick, Massachusetts, que convidou amigos afro-americanos à sua casa, recebeu três cartas avisando que sua comunidade tinha "tolerância zero para com pretos". Uma delas dizia: "Reivindicamos nosso país de volta elegendo Trump, e você agora quer embaralhar tudo". Outra das cartas avisava: "Acabamos de limpar a Casa Branca de pretos! Não traga pretos pro nosso bairro... Vamos matá-los". Em Brundidge, Alabama, um alvo de tiro e um par de forcas foram pregados na porta dianteira de um restaurante pertencente a um casal racialmente misto. Um casal branco de Fitchburg, Wisconsin, que tinha adotado onze crianças dos Estados Unidos, Gana e China, recebeu uma carta que dizia: "Vocês e os seus devem ficar separados — NÃO SÃO IGUAIS". Na Califórnia, durante um jantar, uma mulher foi abordada por um estranho que usava um chapéu de Trump. O homem apontou a filha dela, mestiça, e disse, rindo: "Agora vai ter de mandar aquela de volta".

Os latinos não tiveram melhor sorte. Em West Springfield, Massachusetts, dois dias depois da eleição, um veterano do Exército acordou e encontrou as palavras TRUMP e GO HOME riscadas com uma chave na capota do carro da família. Em Spokane, Washington, uma família ficou aterrorizada ao encontrar uma suástica pintada na garagem, ao lado dos dizeres NÃO PODEM DETER O TRUMP, MEXICANOS. Em Grand Rapids, Michigan, uma família que tinha um latino entre seus membros encontrou a entrada da casa bloqueada por uma parede de caixas enfeitadas com os dizeres MEXICANOS DE MERDA. TRUMP, TRAGA OS ESTADOS UNIDOS DE VOLTA. Os asiáticos tampouco estavam a salvo. Em Hartland, Michigan, uma indígena americana contou que um estranho cuspiu nela, chamou-a de terrorista e lhe disse que fosse embora do país. Num posto de gasolina de Farragut, Tennessee, um branco recebeu uma adolescente sino-americana com: "Nem posso esperar que Trump deporte você, ou eu mesmo te deportarei, sapatão amarelo".

Os judeus também foram duramente insultados. A mãe de um amigo, de 87 anos, passava entre dois homens ao atravessar uma rua em Nova York quando um deles de repente exclamou: "Heil Hitler, puta imunda". Ainda em Nova York, o senador estadual Brad Hoylman, que é judeu, recebeu um panfleto antissemita que dizia: "As falsas ordens religiosas devem desaparecer... Isso vale para o judaísmo", e mostrava uma figura mascarada com o dístico "A ira de Deus" brandindo uma espada sobre símbolos que representavam o islã, a paz, a comunidade gay e lésbica, o judaísmo e outros grupos. Em Albuquerque, uma advogada encontrou um estranho cuspindo na mala de seu carro, na tentativa de remover um adesivo de Hillary Clinton. Quando interpelado, o estranho disse enfurecido que ela "parecia judia" e avisou-a: "Prepare-se para o próximo êxodo, moça, porque vamos limpar este país".

A população LGBTQ é muito visada pelos partidários de Trump, muitos dos

483

quais apoiaram a enérgica oposição do vice-presidente Mike Pence às leis e aos programas sociais que beneficiam gays. Em Sarasota, Flórida, um gay de 75 anos foi tirado de seu carro e agredido por pessoas que disseram: "Você sabe que meu novo presidente diz que agora podemos matar todas as bichas". Em Austin, Texas, vândalos pintaram com spray as palavras LÉSBICA, TRUMP e uma suástica na porta da casa de um casal de lésbicas. Em North Canton, Ohio, um casal de lésbicas que vivia pacificamente em sua comunidade havia anos encontrou a porta e a capota de seu carro rabiscadas com o insultuoso SAPATÃO logo depois da eleição. Em Rochester, estado de Nova York, foram incendiadas bandeiras com o arco-íris do orgulho gay hasteadas nas casas. Em Bean Blossom, Indiana, vândalos pintaram HEIL TRUMP, IGREJA SERVIL e uma suástica numa das paredes laterais da Igreja Episcopal de Saint David, que aceitava membros LGBTQ. Um casal da Carolina do Norte recebeu uma mensagem de arrepiar escrita em seu para-brisa: "Não posso esperar até que seu 'casamento' seja abolido por um verdadeiro presidente. Famílias gays queimarão no inferno. #Trump2016". Uma nota tão odiosa quanto essa apareceu no carro de um ministro religioso gay de Burlington, Iowa: "Então, pai homo, como é ter Trump como presidente? Pelo menos ele tem um par de colhões. Eles porão o casamento de volta no lugar que Deus quer e levarão os seus embora. Os Estados Unidos cuidarão de sua bunda de veado".

As piores invectivas foram dirigidas contra muçulmanos e imigrantes. Nas semanas posteriores à eleição, dez mesquitas da Califórnia receberam uma carta dirigida aos "filhos de Satã", chamando os muçulmanos de "asquerosos e sujos" e pedindo seu extermínio. Dizia:

"Há um novo xerife na cidade — o presidente Donald Trump", que vai "limpar os Estados Unidos e fazê-los brilhar de novo. E vai começar por vocês, muçulmanos. Ele vai fazer com vocês o que Hitler fez com os judeus. Seria bom que vocês fizessem as malas e caíssem fora bem rápido". E terminava: "Viva o presidente Trump, e Deus abençoe os Estados Unidos". Em Astoria, Queens, Nova York, um motorista da Uber nascido no Marrocos foi escarnecido por outro: "Trump é presidente, idiota, então você pode se despedir de seu visto, nojento. Eles vão deportá-lo em breve, não se preocupe, terrorista de merda". Em Grand Rapids, Michigan, um taxista nascido na Etiópia foi esmurrado por um passageiro que gritava "Trump!". Em Iowa City, alguém pregou uma mensagem na porta de uma família sudanesa-americana: "Agora vocês todos podem ir para casa. Não queremos pretos e terroristas aqui. #trump". Vale a pena lembrar que imigrantes sem documentos que recebem essas ameaças quase nunca informam a polícia, por medo de serem deportados — portanto, é certo que todos esses casos e estatísticas representam apenas a ponta do iceberg.

Então, existe o homem em si. Praticamente todas as vezes que menciona um grupo minoritário, Trump usa o artigo definido: "os hispânicos", "os muçulmanos", "os pretos" e "os imigrantes". O que se insinua é que as pessoas integrantes desses grupos podem ser definidas por um aspecto único e monolítico de sua identidade. Ele aplica estereótipos a qualquer pessoa diferente dele, declarando, por exemplo:

> Tenho contadores negros no Trump Castle e no Trump Plaza. Caras pretos contando meu dinheiro! Odeio isso. O único tipo de gente que quero contando meu dinheiro são caras baixinhos que usam quipá todos os dias. Esse é o tipo de gente que quero ter para contar meu dinheiro. Ninguém mais.

Em outra ocasião, ele criticou um membro de sua equipe, dizendo: "A preguiça é um traço de pretos". Com frequência, grupos visados por Trump são falsamente acusados de comportamento reprovável. "Eu vi quando o World Trade Center desabava", vangloriou-se Trump diante de uma multidão em Birmingham, Alabama, num comício de 2015. "E vi em Jersey City, Nova Jersey, milhares e milhares de pessoas festejando a queda do edifício. Milhares de pessoas davam vivas". Uma pesquisa abrangente feita pelo *Washington Post* confirmou que nenhuma multidão dando vivas tinha estado lá. A afirmação de Trump era uma mentira destinada a aterrorizar e demonizar.

As posições de Trump sobre imigração se baseiam em generalizações como essa, embora sua própria mãe e seu avô paterno, tenham sido imigrantes e ele tenha se casado com duas imigrantes. Em 2015, ele tuitou: "Temos de deter o crime e a máquina mortífera que é a imigração ilegal. Problemas sem controle só fazem piorar. Pegue seu país de volta!". Pouco depois, declarou:

> Donald J. Trump pede uma suspensão total e completa da entrada de muçulmanos nos Estados Unidos até que os representantes de nosso país possam avaliar o que

está acontecendo. Segundo o Centro de Pesquisas Pew, entre outros, há muito ódio aos americanos em vastos setores da população muçulmana.

Numa entrevista concedida em março de 2016 a Anderson Cooper, da CNN, Trump afirmou: "Acho que o islã nos odeia", confundindo a crença e seu 1,6 bilhão de adeptos com os que cometem atrocidades em seu nome. Usando um termo normalmente aplicado à pesca esportiva, ele disse: "Terminando com o pega e solta na fronteira, encerraremos o ciclo de contrabando humano e violência. As travessias ilegais de fronteira vão diminuir. Vamos acabar com isso, isso não vai continuar por muito tempo. Acreditem em mim". E acrescentou: "Cerca de 180 mil imigrantes ilegais com antecedentes criminais, com a deportação decretada, estão andando livres por aí para ameaçar cidadãos pacíficos", sem mencionar que os "antecedentes criminais" daqueles imigrantes quase sempre se deviam à sua condição de ilegais e não a crimes de agressão. Poucas semanas depois, ele explicava que os Estados Unidos deixariam de admitir mesmo os imigrantes que estivessem em situações desesperadas de vida ou morte: "Lembrem-se, numa administração Trump, os Estados Unidos vêm em primeiro lugar. Lembrem-se disso. Escolhem-se imigrantes com base no mérito. Mérito, qualificação e eficiência. Não parece bom?".

Com efeito, quando o Partido Nazista Americano decidiu apoiar Trump, seu líder disse: "Não precisamos de muçulmanos. Precisamos de brancos inteligentes e instruídos que serão assimilados por nossa cultura. Vote em Trump". Numa campanha financeira pós-eleitoral de fim de ano, Kevin MacDonald, antigo professor de Cal State, Long Beach, que baseou sua carreira em justificativas pseudoacadêmicas do nacionalismo branco e do antissemitismo, escreveu:

> Neste novo clima, milhões de brancos estão percebendo que é perfeitamente legítimo opor-se à imigração e ao multiculturalismo. A Direita Alternativa vem sendo a única perspectiva intelectual identificável de apoio a Trump. Representamos a única perspectiva intelectual que leva a raça a sério e aceita a pesquisa social científica não apenas sobre a raça, mas sobre os custos desastrosos do multiculturalismo imposto a maiorias brancas e o pavoroso futuro que espera pelos brancos se eles se tornarem minorias humilhadas e odiadas.

Trump vai mudar a relação que os Estados Unidos têm com o mundo. Hostilizou e insultou numerosos países, pondo em dúvida a boa-fé de seus líderes, cidadãos e governos. No mundo de ganhadores e perdedores de Trump, o valor principal é monetário. Ameaçando retirar tropas americanas de países que não paguem por sua presença, anunciando sua desconsideração para com tratados em virtude dos quais os americanos estão defendendo quem ele acha que não poderia nos defender, Trump omite o quanto a ordem mundial liberal beneficiou os americanos, monetária e moralmente. Ele demonstra uma indiferença infantil pela possibilidade de falência dessa ordem, da disseminação da guerra e da proliferação de armas nucleares, que provavelmente selariam o fim da economia americana e de sua preponderância militar, ameaçando a vida de pessoas por todo o país — tornando assim os Estados Unidos vulneráveis outra vez. Colin Dueck, especialista em política da Universidade George Mason, disse:

> Isolacionistas autênticos, tanto de esquerda quanto de direita, embora equivocados, tendem a ser mais sensatos, fiéis a princípios e autênticos do que Donald. O nicho real de Trump, criado a seu próprio e estranho modo, é simplesmente nacionalismo americano.

Thomas Wright, do Instituto Lowy de Política Internacional, afirmou:

> Suas convicções essenciais são de oposição aos acordos americanos sobre alianças, oposição ao livre-comércio e apoio ao autoritarismo, principalmente na Rússia. Se governar de maneira coerente com essas convicções, os Estados Unidos se transformarão de líderes de uma ordem liberal internacional numa superpotência isolada que se retira de seus compromissos internacionais, corrói a economia global aberta e se alinha com a Rússia de Putin.

O jornalista Charles Krauthammer, identificando a arrogância simplória e ameaçadora de Trump, escreveu: "Sua política externa se apoia num orgulhoso nacionalismo segundo o qual essas tribos e nações recalcitrantes são indignas do investimento americano em sangue e riquezas".

A questão que vem dominando o pensamento de Trump há quase três décadas é a percepção de que os Estados Unidos estão fazendo maus negócios em suas alianças com outras nações. Ele é profundamente hostil à integração econômica internacional. "A globalização", disse ele num discurso de 2016 em Monessen, Pensilvânia, "enriqueceu muito a elite financeira que faz doações para os políticos, mas deixou milhões de trabalhadores nossos na pobreza e na desgraça. Essa onda de globalização eliminou a classe média." Trump acredita que os Estados Unidos têm sido mal atendidos pelas alianças e instituições internacionais que surgiram depois da Segunda Guerra Mundial e levaram uma até então impensável estabilidade à Europa Ocidental. No periódico conservador *Wall Street Journal*, George Melloan, especialista em assuntos internacionais com carreira de 54 anos no jornal, comentou: "Trump busca nada menos que o fim da ordem liberal liderada pelos Estados Unidos". E embora tenha mostrado entusiasmo com o livre-comércio durante a campanha, fez ataques violentos à NAFTA, à Parceria Transpacífica e à maior parte dos outros tratados de livre-comércio. Quanto a essa posição contraditória, Thomas Wright observou, no *Politico*: "Ele quer aplicar tarifas a outros países — mais uma vez voltando ao protecionismo do século XIX — e negociar acordos bilaterais. A maior parte dos economistas acredita que isso criaria uma espiral descendente na economia global, mas parece que Trump não se importa".

A propensão de Trump ao uso de argumentos econômicos de curto prazo sem pensar na segurança de nossos interesses a longo prazo abalou o país. Num discurso sobre política externa em abril de 2016, ele declarou:

> Gastamos trilhões de dólares ao longo do tempo em aviões, mísseis, navios, equipamento, construindo nossas Forças Armadas para proteger fortemente a Europa e a Ásia. Os países que defendemos devem pagar os custos dessa defesa, caso contrário os Estados Unidos devem se preparar para deixar esses países se defenderem por si. Não temos escolha.

Numa entrevista ao *New York Times*, indagado sobre se pretendia cumprir nossas obrigações para com os membros da OTAN, ele disse: "Eles cumpriram suas obrigações para conosco? Se cumpriram com suas obrigações para conosco, a resposta é sim". Sobre o que ele faria se esses países não tivessem cumprido essas obrigações, ele disse: "Bem, não estou dizendo 'se'. Estou dizendo agora mesmo que muitos países não cumpriram suas obrigações para conosco". E continuou:

> A OTAN é economicamente injusta conosco, com os Estados Unidos. Porque na verdade ajuda-os [os países] muito mais do que ajuda os Estados Unidos, e nós paga-

mos uma parte desproporcional. A OTAN precisa ser mudada quanto aos custos, porque os Estados Unidos arcam com custos grandes demais da OTAN.

Em seu discurso de abril de 2016 sobre política externa, ele disse: "Tanto nossos amigos quanto nossos inimigos põem seus países acima do nosso, e nós, para sermos justos, devíamos começar a fazer o mesmo. Já não vamos submeter este país e seu povo à falsa cantilena do globalismo".

Em apoio a essa agenda, Trump lançou sua campanha "America First", ou "Os Estados Unidos em primeiro lugar", adotando sem cerimônia o lema usado por Charles Lindbergh quando defendia a permanência dos Estados Unidos fora da Segunda Guerra Mundial. Esse lema está ligado ao antissemitismo e à admiração pelos nazistas, pela KKK e pela incipiente supremacia branca. A versão de Trump para "Os Estados Unidos em primeiro lugar" encerra o desprezo a outros países e às relações dos Estados Unidos com eles. Ele disse:

> Americanismo, não globalismo, será nosso credo. Enquanto formos liderados por políticos que não põem os Estados Unidos em primeiro lugar, podemos ter certeza de que as outras nações não tratarão os Estados Unidos com respeito. O respeito que merecemos.

Não fica claro em que consiste o respeito que merecemos, nem como o respeito — conceito muitas vezes invocado por gângsteres para justificar seus crimes de honra — de repente se traduziria em relações internacionais, como se fosse um recurso fungível e quantificável. Ao ouvir as palavras de Trump, lembrei-me de uma passagem de *Anna Kariênina* em que a heroína declara: "O respeito foi inventado para ocupar o lugar vazio onde devia estar o amor".

Trump lançou todos os líderes da Europa no mesmo saco ao tuitar, em dezembro de 2015: "Um novo alarme de terror soou para as cidades europeias. Em que momento vamos dar um basta e agir com firmeza e inteligência? Líderes fracos!". E, na sequência, tuitou: "O Reino Unido está tentando a todo custo dissimular seu grande problema muçulmano. Todo mundo sabe o que está acontecendo, é muito triste! Sejam honestos". Mais tarde, disse: "Você vai a Bruxelas — estive em Bruxelas há muito tempo, há vinte anos, tão bonita, tudo tão bonito — é como viver num inferno agora". Na entrevista ao *New York Times*, disse: "A Alemanha está sendo destruída pela ingenuidade de Merkel, ou coisa pior", acrescentando que o país é "uma bagunça total — grande crime", e "passa por inúmeros ataques a seu povo perpetrados por migrantes autorizados a entrar no país".

Dirigindo seu foco para a Ásia, disse:

Devemos à China 1,3 trilhão de dólares. Ao Japão devemos mais que isso. E então eles chegam, tomam nossos empregos, tomam nosso dinheiro e depois nos emprestam esse dinheiro, que pagamos com juros, e então o dólar sobe e o negócio deles fica ainda melhor. Serão tão estúpidos nossos líderes? Serão tão estúpidos os políticos que permitem que isso aconteça?

Mais tarde, ele continuou: "É o maior roubo da história do mundo o que a China fez aos Estados Unidos. Reconstruímos a China com o que eles tinham tomado de nosso país". E ainda:

Quando foi a última vez que se viu derrotarmos a China, digamos, num acordo de negócios? Eles nos matam. Derroto a China o tempo todo. O tempo todo. Quando vamos derrotar o Japão em alguma coisa? Eles vendem carros aos milhões, e o que fazemos nós? Quando foi a última vez que você viu um Chevrolet em Tóquio? Não existe, minha gente. Eles nos derrotam o tempo todo.

Sobre o Oriente Médio, disse: "Estão decepando cabeças dos nossos no Oriente Médio. Eles querem nos matar, querem nos matar. Eles querem matar nosso país". Por falar nisso: "O Irã nos espoliou fazendo um dos melhores negócios de qualquer tipo da história". Atacando mais perto de casa, ele chamou o governo do México de "totalmente corrupto", já que de alguma maneira "ficamos com os assassinos, drogas e crime, e eles com o dinheiro!"; e depois: "Quando vamos derrotar o México na fronteira? Eles riem de nós, de nossa burrice. E agora estão nos derrotando economicamente. Não são nossos amigos, acreditem".

Trump é defensor inveterado de homens fortes. "Éramos os valentões, mas não fomos conduzidos com inteligência. E como grandes valentões fomos na verdade os grandes estúpidos, sistematicamente espoliados por todo mundo", disse ele, aparentemente lamentando menos ter sido um valentão do que um valentão ineficiente. Ele tem essa atitude há muito tempo. Numa entrevista à revista *Playboy* em 1990, disse que o massacre dos manifestantes da praça da Paz

Celestial pelo governo chinês tinha sido um exemplo bem-sucedido do "poder da força", explicando: "Quando os estudantes acorreram à praça da Paz Celestial, o governo chinês quase os explodiu. Então eles foram cruéis, foram horríveis, mas resolveram aquilo pela força. Isso mostra o poder da força". Em outra entrevista, ele disse, com admiração:

Saddam Hussein era um cara mau, mas numa coisa ele era bom: matar terroristas. Ele matou terroristas como ninguém, certo? Agora, aquilo é a Harvard do terrorismo. Se você quer ser terrorista, vai para o Iraque. Mas ele matou terroristas. Está bem, então nós destruímos isso.

Trump trata a tolerância como indício de fraqueza. Defendeu o uso da tortura em suspeitos de terrorismo, ignorando as convenções de Genebra e apesar das evidências cada vez maiores de que a tortura é ineficaz. "Se não funciona, eles a merecem, seja como for, pelo que estão fazendo", disse ele, prometendo métodos "muitíssimo piores" do que o afogamento. A Anderson Cooper, ele disse:

É muito interessante o que acontece com as convenções de Genebra. Todo mundo acredita nas convenções de Genebra até que começa a perder, e aí diz: "Ora, vamos usar a bomba". Tudo bem. Quando começa a perder. Temos de jogar com um conjunto de regras mais rígido. Apoio sem reservas o afogamento. Então eles estão autorizados a decepar cabeças e nós não estamos autorizados a usar o afogamento. De alguma forma, estamos em grande desvantagem.

A percepção de que o governo está quebrado — o que parece ter sido um fator importante para a vitória do Brexit, para a eleição de Trump e para desdobramentos paralelos na Europa — reflete uma fantasia sobre o que deveria ser um governo funcional: uma instituição que vai fazer mais por você pedindo menos em troca. Mas votar contra as normas do establishment — falando em termos filosóficos, uma posição mais liberal que conservadora — raramente engendra maior coerência; muitas vezes aponta para um mergulho no caos. Ignora com que rapidez, historicamente falando, os libertadores chegam a se parecer com aqueles que destronaram. A ideia segundo a qual os problemas nacionais se resolvem melhor por isolamento nacional remete a um tempo imaginário em que as atividades de uma nação podiam ser autenticamente destacadas das de outras. O liberalismo sustenta que os interesses de um país coincidem com o aperfeiçoamento do mundo; o conservadorismo radical da atualidade acha que esses interesses concorrem com os do resto do mundo. A nação mais poderosa da Terra simplesmente não se digna a interagir com suas inferiores; o poder dos Estados Unidos vem exatamente de dar forma a essas interações, de seu papel histórico como modelo para o mundo, a despeito de seus fracassos e de sua hipocrisia. Nunca foi um país em que um presidente esbanja louvores a ditadores, defende a tortura e escarnece dos destituídos de direitos.

Este é um livro sobre fronteiras: tanto sobre a beleza de nossas diferenças quanto sobre as surpreendentes simetrias que persistem em nós apesar das diferenças. É sobre a diversidade e a intimidade da experiência humana. O governo Trump acha a diferença mais ameaçadora do que bela, e portanto repudia a humanidade de todos nós. Representa o oposto dos argumentos contidos nestas páginas. Em tempos de antiliberalismo como estes, os interesses das minorias perseguidas são subjugados pela violência ou pelo abandono. Uma ameaça secundária é a fragmentação, decorrente da falsa ideia de que as minorias têm interesses completamente divergentes: os muçulmanos, os pobres, as diversas sexualidades e identidades de gênero alternativas; os judeus; a população birracial ou multirracial; os deficientes e os de capacidades diferentes; os afro-americanos e africanos; os latinos e os asiáticos; os intelectuais; os integrantes de relacionamentos mistos em relação à raça ou à religião; os pais solteiros; os presos por infrações menores condenados a penas inexplicavelmente pesadas; os imigrantes legais; os que são submetidos a opressão e tragédias em seus países, seja por traumas pessoais dentro da família, seja por traumas sociais na comunidade; os imigrantes sem documentos; os refugiados; os muito jovens ou muito velhos; os sem-teto; mulheres que trabalham porque querem; mulheres que trabalham porque são forçadas a isso; mulheres que são mães em tempo integral; mulheres que pretendem abortar e os médicos que cuidam delas.

O profundo choque evidenciado por muitos liberais no momento de sucesso de Trump mostra o quanto uma metade dos cidadãos americanos é desconhecida para a outra metade. Além do mais, ele reflete a falência das pesquisas de opinião e corrói a confiança na imprensa supostamente neutra. Multiplicam-se as acusações de que os algoritmos do Facebook criaram filtros-bolhas, em razão dos quais os liberais só têm acesso a postagens de liberais e conservadores às de conservadores, reforçando os tipos de interesses vigentes, aprofundando as divisões e fazendo com que cada lado acredite que a maioria está de acordo quanto ao essencial. Em vista do desvio que vem levando o mundo a se distanciar da tolerância, em especial na presidência de Donald Trump, os membros desses grupos devem reconhecer suas afinidades à medida que se veem como alvo de ódios equivalentes. Cada categoria oprimida é fraca enquanto permanecer isolada, mas o corpo coletivo de pessoas oprimidas pode ser forte. Todos os que se horrorizam com as suásticas têm algo em comum. A necessidade de uma unificação é premente. A democracia é um jogo de números, como a maior parte dos protestos. Uma pessoa está mais segura ao apoiar a maioria do que se opondo a ela, e os que se opõem ficam em maior segurança em companhia de outros dissidentes do que sozinhos. A voz do pertencimento deve ser tão alta quanto a voz do estranhamento. A planície de nossa humanidade compartilhada é mais vasta e mais receptiva do que a cidadela dentro da qual os poderosos da vez querem nos manter sequestrados.

Provavelmente haverá sempre países desejosos de expandir seus limites e anexar territórios, e outros que preferirão fechar suas fronteiras para proscrever a imigração e a heterogeneidade. Os mapas antigos mostram a evolução constante das divisões políticas; os territórios demarcados por montanhas, oceanos e rios podem ter uma aura reconfortante de permanência, mas mesmo eles vêm sendo repetidamente violados. Na falta de uma geografia mais robusta, os muros se dispõem a assumir seu lugar, e os políticos modernos não são os únicos a considerar sua singularidade fortificada. O poeta americano Robert Frost sugere, no poema "Construir muros", que a natureza repudia essas barricadas:

Antes de erguer um muro, eu ia querer saber
O que deixaria dentro ou fora
E a quem poderia ofender.
Existe algo que não gosta de muros,
Que quer o muro abaixo.

Ao que o vizinho, no poema, só consegue dizer: "Boas cercas fazem bons vizinhos". Mas a história mostra que em muitos casos boas cercas fazem inimigos reais. Os muros são símbolos concretos de exclusão, e a exclusão raramente é uma jogada diplomática sábia. No entanto, mais de um quarto de século depois da destruição do muro de Berlim — o símbolo extremo do aprisionamento —, os muros estão de volta às manchetes. Erguer muros, manter os estrangeiros de fora, banalizar a delicada paz forjada na Europa depois de duas guerras mundiais e expressar preconceito escancarado contra populações imigrantes são atitudes cada vez mais apresentadas como política externa viável e procedimentos de segurança sensatos.

Trump prometeu um muro entre os Estados Unidos e o México — pago pelos mexicanos. A Grã-Bretanha está construindo "a grande muralha de Calais", assim chamada por parte da imprensa, na esperança de reduzir a imigração ilegal. Falou-se também em manter os "muros da paz" que separam os bairros católicos e protestantes na Irlanda do Norte. Há um projeto em andamento para a construção de uma nova cerca ao longo da fronteira húngara. Israel continua avançando no sentido de ser uma nação murada, ainda que continue se expandindo para além das fronteiras estabelecidas. Enquanto o mundo continuar infectado de guerras, fome e desigualdades profundas, algumas pessoas vão tentar escapar de lugares turbulentos e empobrecidos para buscar lugares aparentemente menos turbulentos e mais prósperos. O problema não será resolvido por muros; ele exige uma renovação permanente do contrato social.

Liberdade é um verbo. É uma coisa que se vive e se conquista, que se revive e se reconquista a cada dia. Não é estática, não é um estado presumivelmente contínuo. Leva tempo e enorme empenho construir a liberdade, mas a liberdade conquistada a duras penas pode desaparecer com alarmante rapidez. Nazismo, apartheid, poder hutu, Grande Sérvia — em cada um desses casos houve uma queda abrupta que varreu a justiça que a precedeu. Em cada caso, os que se tornaram vítimas da violência dirigida não acreditavam que ela fosse possível em tão grande escala. Provavelmente não estamos à beira de uma crise tão extrema nos Estados Unidos e no Reino Unido — mas estamos, no mínimo, numa onda de intolerância sem precedentes. Se há de existir uma resistência eficaz à sua institucionalização, ela virá de nossa abertura sustentada, dos atos mais radicais possíveis de oposição aos governos que suprimem vozes rebeldes.

Meu amigo Hasan Agili, da Líbia, foi aceito nos Estados Unidos como refugiado depois que intervim em seu favor, e ele agora vive com minha família. É brilhante, caloroso e muito dinâmico. Desempenha um papel particularmente importante na vida de nosso filho de sete anos, George, para quem Hasan, mesmo aos 33 anos, é na prática o tão sonhado irmão mais velho. Mantivemos Hasan conosco porque ele é uma pessoa ótima e fascinante; porque gostamos de sua companhia e porque a vida que vivemos como gays americanos na Nova York atual implica tantos privilégios inacessíveis a outros gays que nos sentimos na obrigação moral de ajudar. Acredito também que nos tempos atuais o fato de ter um imigrante muçulmano como parte da família envia a nossos filhos, às pessoas que conhecemos e até a nós mesmos uma mensagem: alguém que já foi chamado de "outro" pode tornar-se íntimo e querido.

Numa noite do último verão, quando estive fora por alguns dias, não muito tempo depois da chegada de Hasan a Nova York, recebi um e-mail seu contando o que tinha sido, para ele, uma experiência surpreendente. Ele estava sentado na escada da frente de nossa casa, em Nova York, quando passaram dois homens de mãos dadas. Eles pararam, se beijaram e retomaram o passeio. Em nosso bairro, essas intimidades comuns ocorrem o tempo todo; às vezes, fui eu o homem que beijou o outro homem na rua. Mas para Hasan a ausência de vergonha foi uma revelação. Ele escreveu:

> Meu coração bateu tão forte, de excitação ou de euforia, não sei. Fiquei ali sentado mais meia hora, esperando que acontecesse outra coisa parecida, mas não aconteceu. Tive vontade de experimentar, de sentir a mão de outra pessoa na minha e caminhar pela rua. Mal posso esperar para experimentar esse sentimento.

Na mesma semana, um de seus primos adolescentes levou um tiro e ficou gravemente ferido quando uma gangue tentava roubar-lhe o carro. Dois outros primos foram baleados e mortos ao visitar a vítima no hospital.

Exigimos demais de refugiados e imigrantes, que por necessidade vivem duas realidades diferentes. Meu marido e eu assistimos aos debates presidenciais ao lado de Hasan, que comentou as numerosas referências de Trump a seu país natal ao invocar o ataque de 2012 à embaixada americana em Benghazi, perpetrado por militantes islâmicos. No dia seguinte à eleição, a mãe dele telefonou. "Suponho que nunca poderei ir ver você", disse ela, chorando. Fiquei abalado com a tristeza dela, ainda que nunca a tenha conhecido, assim como fiquei abalado pelo medo de Hasan. Nossas vidas e identidades se superpõem e divergem todos os dias, e isso na política e no âmbito pessoal. Foi uma atitude política que levou Miep Gies e seus amigos a esconder Anne Frank e sua família, embora isso tenha sido determinado, até certo ponto, por afeição pessoal. Mildred e Richard Loving tomaram uma atitude política ao se casar, em 1958, e passar nove anos combatendo as leis da Virgínia que proibiam casamentos racialmente mistos até chegar à Suprema Corte, embora o motivo original tenha sido o amor que sentiam um pelo outro. Para nós, é uma atitude política ter Hasan como membro de nossa casa, embora ele esteja treinando George no futebol, trabalhando num hospital, assando bolos magníficos para ocasiões especiais e nos fazendo rir. Eu esperava que o passar do tempo despojasse sua presença em nossa casa de seu caráter político, deixando apenas o primado de nossa estima e de nosso afeto recíprocos. Essa possibilidade desapareceu para nós na noite da eleição.

Identidade e afinidade, no passado, eram determinadas, em grande medida, pela geografia e pela classe social. Um agricultor de Indiana não ia cruzar com um aluno da Universidade de Beijing. A internet permite que se formem tribos fora das antigas restrições. O contraste entre uma comunidade de vizinhos e uma comunidade com esses amigos remotos é acentuado. A campanha de Trump surgiu em resposta ao medo do outro experimentado por parte dos americanos, um medo que aumentou mesmo depois que o contato amigável on-line com esses outros tornou-se uma realidade diária para muitos usuários das redes sociais. O "encolhimento do mundo" pode permitir que americanos joguem gamão com indonésios, mas não humanizou necessariamente as diferenças de nacionalidade ou mesmo de filiação política. Pessoas no mundo em desenvolvimento, ao ver o enorme luxo de que se desfruta no Ocidente, reagem com indignação, revoltadas ao vislumbrar privilégios com os quais nunca vão se beneficiar. Nem mesmo Trump chega a sugerir que um muro possa deter a disseminação da tecnologia global, da robótica e da internet — recursos que, aparentemente, aumentam não só as desigualdades globais, mas a consciência sobre as desigualdades.

Ódio e ressentimento não respeitam fronteiras nacionais. Um professor bósnio de teoria crítica, Damir Arsenijević, escreveu-me de Tuzla, em solidariedade, poucas semanas depois da eleição de 2016. Eu disse que não era tão ruim quanto o que tinha acontecido no país dele há vinte anos, mas ele contestou:

> São tempos estarrecedores, e imagino que o sol não brilha mesmo na comparação com a Bósnia. Quando a coisa bate forte e pela primeira vez, como agora, como

aconteceu com Trump, os tempos são muito traumáticos. É o começo de uma longa discussão, que deve ser internacional.

Mas essa discussão não será internacional se os povos do mundo não se abrirem para ela. Postei parte da carta de Damir no Facebook e recebi comentários indignados de diversos amigos, horrorizados pela comparação de uma eleição "infeliz" a um genocídio. A carta de Damir não insinua que o desfecho eleitoral se equipare ao genocídio da Bósnia, nem à violência, em outros lugares, sobre a qual escrevi, mas achei desanimadora sua advertência. A violência costuma ganhar força devagar — pelo menos em suas fases iniciais —, e os que já viram suas próprias sociedades destruídas talvez possam reconhecer mais facilmente os indícios.

Um sintoma perturbador é a recusa de uma figura pública a tomar distância da violência cometida em seu nome. Trump se dispôs a pagar as despesas legais para um de seus partidários que espancou uma pessoa por ter protestado durante um comício, e fez também uma famosa piada sobre Hillary Clinton e a Segunda Emenda que soou como um convite para atirar nela. Ele não está macaqueando conscientemente Adolf Hitler ou o sérvio Slobodan Milošević, mas os habitantes de países onde ocorreram coisas indescritíveis muitas vezes são alertados pelo que se desenrola à sua volta, e deveríamos dar atenção a seus avisos. Quem já viveu sob repressão quase sempre tem mais a dizer sobre a liberdade do que os que sempre viveram em democracias pacíficas.

Num artigo frequentemente citado, publicado pelo *New York Times* e intitulado "O fim do liberalismo identitário", o cientista político Mark Lilla escreveu:

> Ainda em tenra idade, nossos filhos são incentivados a falar sobre sua identidade individual, mesmo antes de tê-la. Ao chegar à faculdade, muitos deles supõem que o discurso da diversidade esgota o discurso político, e têm pouquíssimo a dizer sobre questões permanentes como classe social, guerra, economia e o bem comum. O fascínio pelo drama da identidade afeta até mesmo a maneira de ver o que acontece no exterior. No entanto, por mais interessante que seja ler, por exemplo, sobre o destino dos transgêneros no Egito, isso em nada contribui para a educação dos americanos a respeito das poderosas correntes religiosas e políticas que determinarão o futuro do Egito, e, indiretamente, o nosso.

E continua: "A política identitária é extremamente expressiva, não persuasiva. É por isso que nunca ganha eleições — mas pode perdê-las". Em resposta, Katherine Franke, colega de Lilla na Universidade Columbia, escreveu:

O ex-presidente do Egito Hosni Mubarak e o atual presidente Abdel Fattah el-Sisi usaram a perseguição espetacular a homens gays e mulheres trans como manobra para legitimar e fortalecer a expansão do poder de Estado autoritário e eliminar da sociedade egípcia um símbolo adequado da contaminação colonial britânica. Na verdade, as prisões em massa de pessoas LGBT e a infiltração em salas de bate-papo gays são claramente a ponta de lança de uma iniciativa do governo destinada a calar a liberdade de expressão e os pontos de resistência ao governo autoritário do Egito. A perseguição aos direitos dos LGBT desempenhou papel fundamental na repressão às iniciativas tendentes a trazer uma reforma liberal democrática ao Egito. O caso egípcio ilustra claramente a ligação essencial entre política identitária e governo autoritário.

Lilla supõe que algumas informações são úteis e outras nada significam, comparativamente, e que se pode ver de imediato a diferença; Franke afirma que é preciso conhecer a história toda. Nosso conhecimento é sempre imperfeito, de modo que a onisciência a que Franke aspira é impossível, enquanto a sugestão de Lilla, de que podemos prever quais informações do exterior são significativas, é perigosa. A política identitária é quase sempre satirizada por seu isolacionismo, constituindo uma câmara de ressonância complacente dentro da qual as vozes dissidentes não são ouvidas. Os direitos de identidade não devem se sobrepor ao direito a um ponto de vista individual, e um idealismo baseado na identidade que não ganha votos é de pouca utilidade numa democracia. A identificação com um grupo, seja de esquerda ou de direita, não é desculpa para a falta de compaixão para com os que estão fora do grupo. Mas a solução não é o abandono da identidade; é ampliá-la e torná-la inclusiva, deixando que as pessoas definam as particularidades de seus relacionamentos. Enquanto as identidades individuais podem ser extremamente específicas, a autorrealização radicada na política identitária é praticamente universal. Todas as identidades se enriquecem com contatos externos ao grupo.

O "Ulysses" de Tennyson diz: "Sou uma parte de tudo que conheci". Tudo que ele conheceu era parte dele também; Tennyson sabia que cruzar fronteiras

498

constitui uma língua. E está se tornando uma língua ameaçada de extinção. Quando pesquisei a deficiência, era sempre chamado para debates sobre a educação para deficientes. Muita gente acredita que pessoas intelectualmente deficientes devem frequentar escolas separadas, focadas em suas necessidades específicas. Mas, como separar não nivela, outros propõem que essas crianças sejam incluídas em salas de aula comuns para interagir com estudantes não deficientes. As pessoas precisam das duas coisas: estar com aqueles que são como elas e participar da comunidade mais ampla. O mesmo vale para o internacionalismo: não precisamos nos associar exclusivamente a estrangeiros, mas também não devemos ser apartados deles. Precisamos de um tempo com os que são nossos semelhantes e com os diferentes. Se uma pessoa não conhece ninguém como ela, imaginar quem é e o que é torna-se quase impossível. Mas sem os diferentes, a pessoa se tornaria uma caricatura de si mesma, provinciana ao extremo. Felizmente, nenhum desses modelos precisa ganhar; nenhum subverte o outro. Dizem-se e fazem-se coisas estúpidas em nome da política identitária: os direitos de pequenos grupos são postos acima dos direitos dos grupos maiores, e as questões são debatidas especificamente, mais que inclusivamente. Mas nosso progresso em questões de direitos civis e de minorias estará em perigo se destruirmos as instituições que os protegem. Pode-se tomar distância dos excessos da política identitária sem desistir do valor da inclusão.

A justiça pode aparecer numa nação ou desaparecer dela com surpreendente rapidez. Visitei a África do Sul em 1992 para escrever um artigo sobre a luta dos artistas negros e brancos para entender o apartheid (artigo que incluí neste livro). Pouco depois da eleição americana de 2016, William Kentridge, o mais destacado artista sul-africano de uma geração anterior, de quem fiquei amigo, veio a Nova York para uma palestra. Depois fomos jantar, e perguntei a ele como se sentia ao visitar os Estados Unidos num momento tão crítico, e ele disse: "É como descobrir que parte de sua família sofreu um terrível acidente de carro; você vem ver quem ainda está respirando". Disse depois: "O mais impressionante não é o quanto você está chocado agora, mas o quão indiferente você estará em seis meses". Naquela noite, fiz uma promessa silenciosa de continuar chocado. Continuar chocado é um jogo prolongado; nosso impulso natural é dar uma resposta cheia de adrenalina à crise seguida de normalização. Continuar chocado exige que você resista à dessensibilização provocada pela repetição. Tem a ver com a capacidade de permanecer alerta ao valor da conectividade, e não assumir o que Sebastian Haffner, em seu memorial de Hitler, chamou de "transe hipnótico em que seu público embarca, sucumbindo com resistência cada vez menor aos atrativos da depravação e ao êxtase do mal".

Escrevi nestas páginas a respeito de viagens que fiz para entender a depressão, mas na verdade viajar é o oposto de depressão. A depressão é um enroscar-se para dentro, e viajar é abrir-se para fora. Assistir a um mundo global é um meio de fazer um mundo global. A abertura nos dá segurança. O internacionalismo é complicado e confuso, fonte de conflito tanto quanto de paz, mas ao viajar e receber viajantes estaremos favorecendo a justiça. Ao mesmo tempo, aqueles que defendem o internacionalismo devem reconhecer suas falhas. Negociar é demorado, confuso, difícil. O internacionalismo leva à exploração de mão de obra barata no mundo em desenvolvimento, que extingue empregos para trabalhadores qualificados no Ocidente. Favorece a administração do mundo desenvolvido, o que tantas vezes resulta em exploração dos pobres dispersos. Lacunas de linguagem podem levar a terríveis mal-entendidos, e os sistemas de valores são muitas vezes postos à prova. Mas recolher-se cada qual a seu canto e construir muros não resolve o problema. Dizer que "o globalismo é muito imperfeito e inevitavelmente cobra um preço a todos — mas é melhor ter o sistema vigente do que nenhum sistema" seria um péssimo lema de campanha. Mas devemos afirmar isso, porque a xenofobia isolacionista põe outros povos e nações contra nós. Em resumo, é uma debilidade mascarada de fortaleza. Ao dizer que os que se acreditam cidadãos do mundo não sabem o que significa cidadania, Theresa May inverteu as coisas. Devemos agir como cidadãos de nossos próprios países e ainda abranger um todo maior. Acreditando que não podemos ser cidadãos do mundo, estaremos perdendo o mundo do qual poderíamos ter sido cidadãos.

Agradecimentos

Ao começar a montar este livro, equivoquei-me ao imaginar que fazer uma antologia exigiria somente escanear alguns textos que eu tinha escrito havia muito tempo e mandá-los para meu editor. Na realidade, o processo exigiu uma seleção dos artigos, a escrita de uma introdução para o conjunto, a redação de prólogos e epílogos e o polimento incessante de ensaios que eu já havia escrito, alguns dos quais tiveram de ser retrabalhados. Certa vez, F. Scott Fitzgerald disse que não desejava repetir sua inocência, mas que gostaria de repetir o prazer de perdê-la, e produzir uma antologia dessa natureza me proporcionou uma oportunidade de perder de novo minha ingenuidade. O trajeto pela Rua das Lembranças foi uma volta não só a minhas aventuras passadas, como também aos editores com quem trabalhei nos textos originais. Tive a felicidade de ser mandado a lugares fantásticos e também de ter meus relatos sobre eles editados com muito carinho. Agradeço a Nicholas Coleridge e a Meredith Etherington-Smith, da *Harpers & Queen*, que me incumbiram de minhas primeiras grandes viagens jornalísticas e acreditaram em mim antes que houvesse qualquer razão visível para isso. Pela orientação que me deram na *New York Times Magazine*, agradeço a Jack Rosenthal, Adam Moss e Annette Grant, que me ajudaram a crescer, a me tornar quem sou e a conquistar uma plateia. Na *New Republic*, tive a sorte de trabalhar com David Shipley. Com relação a meu trabalho na *New Yorker*, agradeço a David Remnick, Henry Finder, Amy Davidson e Sasha Weiss pela valiosa assistência. Assim que assumiu a *Travel + Leisure*, Nancy Novogrod começou a me mandar para todos os lugares a que eu sempre quis ir; ela me proporcionou uma vida maior e melhor do que eu teria sem ela. Nossas décadas de colaboração contam--se entre os pontos altos de minha vida profissional e pessoal. Agradeço também aos editores com quem trabalhei na *T + L*, particularmente Sheila Glaser e o maravilhoso Luke Barr. Por seu apoio na *Food & Wine*, agradeço a Dana Cowin; ninguém jamais teve uma amiga melhor, e eu daria de bom grado o mundo em troca do prazer que seu afeto generoso e sua firme sabedoria me proporcionaram. Agradeço a Catherine Burns e todos os seus colegas na The Moth pelo bom humor constante com que sempre me ajudaram a produzir reportagens.

Como sempre, sou profundamente grato a minha magnífica editora na Scribner, Nan Graham, cuja mescla característica de lealdade, integridade, talento e cortesia sempre foi uma força organizadora para meu trabalho e além dele. Inestimáveis também na equipe da Scribner são Brian Belfiglio e a divina Kate Lloyd, meus queridos agentes publicitários; Daniel Loedel, cuja infindável paciência muitas vezes me protegeu de uma burocracia estressante; e a queridíssima Roz Lippel, que publica com um entusiasmo tão generoso; também a incansável Katie Rizzo, que fez correções sem fim com infinita paciência. Sou grato ainda a Henry Boldt, um excelente preparador de texto, e a Eric Rayman, por seu minucioso trabalho legal. Na At Chatto & Windus, agradeço a minha editora Clara Farmer, absolutamente esplêndida, e a sua assistente, Juliet Brooke. Agradeço a David Solomon pela fotografia da capa da edição em inglês, a Farouq Samim pela fotografia na lombada dessa mesma edição, a Luca Trovato pela fotografia na folha de rosto, e a Claire Jones por seu trabalho de digitalização dessas imagens. Agradeço a Julia Mandeville por sua ajuda na conceitualização da capa, e a Jaya Miceli pelo belo projeto da sobrecapa. Meu agente, Andrew Wylie, tem sido o farol de minha carreira, e a cada livro percebo como sou feliz por tê-lo como meu representante e amigo. Sou grato também a outras pessoas da Wylie Agency que se dedicaram generosamente a esta obra: Jeffrey Posternak, Sarah Chalfant, Charles Buchan, Percy Stubbs e Alba Ziegler-Bailey.

Tenho uma enorme dívida para com Alice Truax, que realizou em meu texto o equivalente ao projeto da carroceria para um carro, dando a cada frase capenga um brilho excelente e substituindo todos os vidros arranhados e foscos de meus argumentos por uma transparência assombrosa. Kathleen Seidel identificou erros de pesquisa e localizou a resposta correta para todas as dúvidas e incertezas; ela trabalhou minha prosa com imenso cuidado e tornou-a mais lúcida; organizou as notas de rodapé, as referências bibliográficas, o site e tudo o mais que pudesse ser organizado. Escrever é um temerário número de trapézio, e ela é a minha rede. Deixo aqui também uma palavra de agradecimento a Jane McElhone pela ajuda na verificação de dados. Escrevi partes deste livro na Yaddo, onde escrevo mais depressa e com mais clareza do que em qualquer outro lugar, e sou profundamente grato pelo tempo que passei lá. Agradeço em especial à encantadora presidente da Yaddo, Elaina Richardson, que acrescenta uma pátina de alegria a cada uma dessas visitas produtivas.

Agradeço a meus colegas do PEN, que me ajudaram a refletir com mais profundidade sobre liberdade e justiça, e principalmente à notável diretora executiva do PEN, Suzanne Nossel.

Agradeço a Bonnie Burnham, Henry Ng e George McNeely, do World Monuments Fund, que foram valiosos conselheiros sobre locais remotos do planeta.

Christian Caryl tem sido uma espécie de musa para mim. Recebeu-me na Alemanha quando comecei a escrever sobre a Rússia, na década de 1980, e quando os artistas plásticos tinham começado a fazer exposições em Berlim. Fiquei com ele quando viajei ao Casaquistão e escalei montanhas, físicas e etnográficas, em sua companhia. Hospedei-me com ele e sua família em Tóquio, quando ele morava no Japão. Ele me persuadiu a visitar o Afeganistão quando eu estava com medo de fazer isso e se certificou de que eu teria um lugar onde ficar e alguém para me servir de guia quando lá chegasse. Além disso, leu os originais deste livro e me deu informações utilíssimas. Este livro e minha vida teriam sido muito diferentes sem ele.

Agradeço às pessoas que aparecem nestas várias histórias, e que são muitas para serem novamente mencionadas aqui: todas aquelas que me permitiram observá-las ou entrevistá-las. Algumas que me ajudaram onde estive ou que me ajudaram a ir até lá merecem um agradecimento especial: Beezy Bailey, Sara Barbieri, Janet Benshoof, Eliot Bikales, Bonnie Burnham, Mario Canivello, Hans van Dijk, Ashur Etwebi, Susannah Fiennes, Fred Frumberg, Maria Gheorghiu, Philip Gourevitch, Guo Feng, David Hecht, Harold Holzer, Roger James, Cheryl Johnson, Susan Kane, Aung Kyawmyint, Francesca Dal Lago, Lee Yulin, Elvira

Lupsa, I Gede Marsaja, Joan B. Mirviss, Freda Murck, Henry Ng, Brent Olson, I Gede Primantara, Michaela Raab, Emily K. Rafferty, Jack Richard, Ira Sachs, Hélène Saivet, João Salles, Gh. Farouq Samim, Gabriel Sayad, Andreas Schmid, Lisa Schmitz, Jill Schuker, Luiz Schwarcz, Julie Krasnow Streiker, Andrea Sunder-Plassmann, Corina Şuteu, Dina Temple-Raston, Farley Tobin, Ko Winters e Mauricio Zacharias.

Tenho também uma dívida para com muitos companheiros de viagem, entre eles Anne Applebaum, Jessica Beels, Chuck Burg, S. Talcott Camp, Meri Nana-Ama Danquah, Kathleen Gerard, Kathryn Greig, Han Feng, John Hart, Leslie Hawke, Cheryl Henson, Michael Lee, Sue Macartney-Snape, David Solomon, Claudia Swan e sempre, acima de todos, minha amada Alexandra K. Munroe, que esteve comigo em continente após continente. Quero agradecer a Richard A. Friedman e Richard C. Friedman, que mantiveram minha sanidade mental durante episódios que muitas vezes pareciam insanos, e a Jon Walton por prestar orientação espiritual quando a vida parecia menos que celestial. Judy Gutow tomou providências para as viagens ano após ano, descobrindo tarifas aéreas com descontos e reservas em hotéis nos destinos menos corriqueiros. Faço uma homenagem a Danusia Trevino, que não se furta a ajudar em tantas tarefas ingratas e jamais perde a paciência, e também a Tatiana Martushev, que prestou uma ajuda semelhante nos primeiros anos deste projeto. Muitos agradecimentos igualmente a Celso, Miguela e Olga Mancol, que mantiveram minha casa como um brinco enquanto eu escrevia freneticamente e me mimaram quando eu estava ocupado demais para me mimar; a Sergio Avila, que me faz chegar a todo lugar aonde tenho de ir; e a Kylee Sallak e Ildikó Fülöp, que trouxeram amor e ordem à vida de meu filho e, portanto, à minha.

Agradeço a minha mãe, que me incentivou a ser audacioso. Faz um quarto de século que ela se foi, mas ela leu e comentou os primeiros textos desta coletânea. Ela sempre insistiu que meus textos fossem claros; sempre desejou que fossem gentis. Retomar esses textos antigos fez com que eu me desse conta do quanto ela influenciou tudo o que veio depois. Pouco a pouco, meu pai aceitou a ideia de que eu viajasse a lugares aonde ele nunca iria e gostaria também que eu não fosse. Ele ainda é meu primeiro e mais leal leitor e tem estado sempre a postos, de braços abertos, toda vez que me aproximo demais do sol. Agradeço também a minha madrasta, Sarah Billinghurst Solomon, que apoiou este projeto sem esmorecer. E a Tamara Ward e Laura Scher por estarem sempre junto de mim, cheias de amor e alegria.

Agradeço a Blaine Smith, cuja presença radiante e judiciosa se manteve firme quando tudo mais parecia tempestuoso, e cujas percepções serenas me ajudaram a crescer bem.

Agradeço a Oliver Scher, Lucy Scher, Blaine Solomon e George Solomon. Ninguém mais poderia me prender tanto ao mundo como eles têm feito. Por fim, agradeço a meu marido, John Habich Solomon, que me acompanha em minhas jornadas exteriores e interiores. Não existe outra pessoa com quem eu goste tanto de ver o mundo, nem viver nele. Ele é meu polo norte e meu polo sul, meus trópicos de Câncer e de Capricórnio, meus sete continentes e meus sete mares.

Notas

MENSAGENS DE TODA PARTE [pp. 11-53]

1. Os Padrões da Boa Forma Clínica do Exército dos Estados Unidos (Regulamento 40-501) remetem ao Conselho de Avaliação Clínica para *"pes planus*, quando sintomáticos, mais que moderados, com pronação no sustentamento do peso que impeça o uso de calçado militar, ou quando associados a alterações vasculares". Casos leves e moderados de pés chatos não desqualificam um indivíduo para o serviço militar.

2. O obituário de Erika Urbach pode ser encontrado no site dos Norwegian Bachelor Farmers, em: <http://norwegianbachelorfarmers.com/lakewoodrock/stories/Erika.html>.

3. Essa deliciosa coletânea continua sendo impressa: Frances Carpenter, *Tales of a Korean Grandmother* (1989).

4. As ruínas de Ingapirca — também conhecidas como "a muralha inca"— estão sendo restauradas. Ver "En Ingapirca continúa proceso de restauración en piedras", *El Tiempo*, 8 abr. 2015.

5. O desastre nuclear de Tchernóbil é descrito em British Broadcasting Corporation, "Chernobyl: 20 years on", BBC News, 12 jun. 2007. Para uma impactante coletânea de fotos do lugar na época do incêndio do reator e durante os 25 anos seguintes, ver Alan Taylor, "The Chernobyl disaster: 25 years ago", *Atlantic*, 23 mar. 2011.

6. Na peça *As três irmãs*, de Tchékhov (1900), a irmã mais nova, Irina, anseia pela volta da família à sua cidade natal. O segundo ato acaba com sua súplica "Moscou... Ó, Senhor. Se pudéssemos voltar a Moscou"; ver Anton Tchékhov, *The Three Sisters: A Play by Anton Chekhov Adapted by David Mamet* (1992).

7. O primeiro leilão da Sotheby's de arte contemporânea soviética, realizado em 7 de julho de 1988, foi relatado em meu primeiro livro, *The Irony Tower: Soviet Artists in a Time of Glasnost* (1991).

8. A declaração de Nikita Alexeev aparece na página 283 de Solomon (1991), ibid.

9. Para a edição russa, ver *The Irony Tower. Советские художники во времена гласности* (2013).

10. O "Ulysses" de Tennyson pode ser encontrado na página 88 do volume 2 dos *Poems by Alfred Tennyson in Two Volumes* (1842).

11. A mais antiga citação da frase atribuída a Santo Agostinho aparece na página 2 de John Feltham, *The English Enchiridion* (1799).

12. Christian Caryl é o autor de *Strange Rebels: 1979 and the Birth of the 21st Century* (2013) e de inúmeras matérias perspicazes de jornalismo político; ver, por exemplo, "The young and the restless", *Foreign Policy*, 17 fev. 2014, e "Putin: During and after Sochi", *New York Review of Books*, 3 abr. 2014.

13. Para mais informações sobre as mudanças na posição oficial de Cuba quanto à religião, ver Rone Tempest, "Pope meets with Castro, agrees to a Cuba visit", *Los Angeles Times*, 20 nov. 1996; e Marc Frank, "Cuba's atheist Castro brothers open doors to Church and popes", Reuters, 7 set. 2015.

14. Relembro mais detidamente minha festa da véspera de Ano-Novo em Cuba no artigo "Hot night in Havana", *Food & Wine*, jan. 2002.

15. Ver Robert S. McNamara e Brian Van De Mark, *In Retrospect: The Tragedy and Lessons of Vietnam* (1996).

16. O Museu Estatal Judaico Vilna Gaon continua a receber visitas; seu endereço na internet é: <http://jmuseum.lt>.

17. A citação de John Ruskin aparece no ensaio "The moral of landscape", no volume 5 (1904) da antologia *The Works of John Ruskin*, pp. 370-1.

18. A citação de E. M. Forster foi tirada de uma entrevista concedida a P. N. Furbank e F. J. H. Haskell, "E. M. Forster: The art of fiction n. 1", *Paris Review*, primavera de 1953.

19. A citação de Samuel Johnson foi tirada de *Life of Johnson*, de Boswell (1887).

20. Os "arquitetos do papel" foram tema de meu artigo "Paper tsars", *Harpers & Queen*, fev. 1990.

21. O conselho de Walter Pater pode ser encontrado na "Conclusão" de *The Renaissance*, e aparece na página 60 dos *Selected Writings of Walter Pater* (1974).

22. O comentário de Zhou Enlai sobre a Revolução Francesa é controverso, mas "um mal-entendido delicioso demais para ensejar a correção"; ver Richard McGregor, "Zhou's cryptic caution lost in translation", *Financial Times*, 10 jun. 2011.

23. Ver Andrew Solomon, *The Noonday Demon: An Atlas of Depression* (2001) e *Far from the Tree: Parents, Children, and the Search for Identity* (2012).

24. Para uma relação recente de países que permitem o casamento entre pessoas do mesmo sexo, ver Freedom to Marry (http://www.freedomtomarry.org/), "The freedom to marry internationally", 2015.

25. Para um resumo atualizado da legislação internacional referente à homossexualidade, ver, no site da Associação Internacional de Lésbicas, Gays, Bissexuais, Trans e Intersexuais, "The lesbian, gay and bisexual map of world laws" (http://old.ilga.org/Statehomophobia/ILGA_WorldMap_2015_ENG.pdf>, ILGBTIA, maio 2015.

26. Entre as matérias veiculadas na imprensa sobre meu casamento, ver Eric Pfanner, "Vows:

Andrew Solomon and John Habich", *New York Times*, 8 jul. 2007; Laurie Arendt, "A toast to her brother", *Ozaukee Press*, 30 set. 2007; e Geordie Greig, "My big fab gay wedding", *Tatler*, out. 2007.

27. Para um relatório das sessões da ONU sobre abusos cometidos por terroristas contra gays, ver Lucy Westcott, "Gay refugees addresses [*sic*] U.N. Security Council in historic meeting on LGBT rights", *Newsweek*, 25 ago. 2015.

28. As atrocidades cometidas contra gays na Síria e no Iraque estão documentadas em James Rush, "Images emerge of 'gay' man 'thrown from building by Isis militants before he is stoned to death after surviving fall'", *Independent*, 3 fev. 2015; e Jamie Dettmer, "The Isis hug of death for gays", *Daily Beast*, 24 abr. 2015.

29. A execução de Makwan Moloudzadeh está narrada na British Broadcasting Corporation, "Iranian hanged after verdict stay", BBC News, 6 dez. 2007.

30. Para mais informações sobre as acusações contra os 26 homens presos numa sauna do Cairo, ver John McManus, "Egypt court clears men accused of bathhouse 'debauchery'", BBC News, 12 jan. 2015.

31. A prisão dos convidados em um casamento gay no Egito é relatada na British Broadcasting Corporation, "Egypt cuts 'gay wedding video' jail terms", BBC News, 27 dez. 2014.

32. A sentença draconiana imposta por um tribunal saudita a dois homens por sodomia está relatada em Doug Ireland, "7000 lashes for sodomy", *Gay City News*, 11 out. 2007.

33. Sobre a deplorável situação na Rússia, ver Tanya Cooper, "License to harm: Violence and harassment against LGBT people and activists in Russia", *Human Rights Watch*, 15 dez. 2014.

34. Armadilhas contra gays no Quirguistão estão documentadas em Anna Kirey, "'They said we deserved this': Police violence against gay and bisexual men in Kyrgyzstan", Human Rights Watch, 28 jan. 2014. Propostas mais recentes para uma legislação antigay no Quirguistão são o tema de Hugh Ryan, "Kyrgyzstan's anti-gay law will likely pass next month, but has already led to violence", *Daily Beast*, 18 set. 2015.

35. As consequências humanas da decisão dos tribunais indianos quanto a recriminalizar a homossexualidade são debatidas em Andrew Buncombe, "India's gay community scrambling after court decision recriminalises homosexuality", *Independent*, 26 fev. 2014.

36. Para um catálogo de leis homofóbicas na África, ver Diretoria de Pesquisa Legal Global, "Laws on homosexuality in African nations", Biblioteca do Congresso, 9 jun. 2015.

37. Para uma exaustiva resenha da perseguição a gays na Nigéria e em outros pontos da África, ver Thomas Probert et al., "Unlawful killings in Africa", Centro de Governança e Direitos Humanos, Universidade de Cambridge, 2015. As consequências arrepiantes da legislação antigay na Nigéria estão documentadas em Katy Glenn Bass e Joey Lee, "Silenced voices, threatened lives: The impact of Nigeria's anti-LGBTI law on freedom of expression", PEN American Center, 29 jun. 2015.

38. A condenação de Roger Jean-Claude Mbede e o calvário de dois outros camaroneses encarcerados por supostas atividades homossexuais são discutidos na British Broadcasting Corporation, "Cameroon 'gay sex' men acquitted", BBC News, 7 jan. 2013; ver também David Artavia, "Cameroon's 'gay problem'", *Advocate*, 7 jul. 2013.

39. Para mais detalhes sobre a condenação radical dos homossexuais por Robert Mugabe, presidente do Zimbábue, ver South African Press Association, "Mugabe condemns Europe's gay 'filth'", *IOL News*, 14 abr. 2011; Obey Manayiti, "Mugabe chides homosexuals again", *NewsDay* (Bu-

lawayo), 25 jul. 2013; e Dan Littauer, "Mugabe promises 'hell for gays' in Zimbabwe if he wins", *Gay Star News*, 17 jun. 2013.

40. A cruzada legislativa de Uganda contra os gays entrou numa nova etapa; ver Saskia Houttuin, "Gay Ugandans face new threat from anti-homosexuality law", *Guardian*, 6 jan. 2015.

41. Protestos contra a censura dissimulada de obras traduzidas por editores chineses são tratados em Alexandra Alter, "China's publishers court America as its authors scorn censorship", *New York Times*, 28 maio 2015; e PEN America, "Publishers' pledge on Chinese censorship of translated works", PEN America, 15 out. 2015.

42. Ver Bettina Zilkha, "Andrew Solomon named President of PEN", *Forbes*, 5 mar. 2015.

43. "Palavras não são atos" aparece em William Shakespeare, *Henrique VIII*, ato 3, cena 2, verso 152.

44. A repetida citação de Emma Lazarus "Até que sejamos todos livres nenhum de nós será livre" aparece originariamente em "Epistle to the Hebrews", uma série de colunas publicadas na *American Hebrew* de 3 de novembro de 1882 a 23 de fevereiro de 1883; ver a antologia do centenário *An Epistle to the Hebrews* (1987), p. 30.

45. O pedido de Aung San Suu Kyi foi utilizado como título de seu artigo "Please use your liberty to promote ours", publicado na página de opinião do *New York Times*, 4 fev. 1997.

46. Sobre Dima Prigov na sala de visitas, pensei especificamente no brilhante filme de Luis Buñuel intitulado *O discreto charme da burguesia*, de 1972.

47. Ver "Reporter Daniel Pearl is dead, killed by his captors in Pakistan", *Wall Street Journal*, 24 fev. 2002.

48. A proposta do candidato presidencial republicano Donald Trump e de outros conservadores de proibir a entrada de muçulmanos nos Estados Unidos e submeter os muçulmanos americanos a vigilância permanente, depois dos ataques terroristas de 15 de novembro em Paris, é discutida em Jenna Johnson, "Conservative suspicions of refugees grow in wake of Paris attacks", *Washington Post*, 15 nov. 2015; Jose DelReal, "Donald Trump won't rule out warrantless searches, ID cards for American Muslims", *Washington Post*, 19 nov. 2015; Patrick Healy e Michael Barbaro, "Donald Trump calls for barring Muslims from entering U.S.", *New York Times*, 7 dez. 2015.

49. Ver a dissertação de Brigitte Vittrup Simpson, *Exploring the influences of educational television and parent-child discussions on improving children's racial attitudes*, Universidade do Texas em Austin, maio 2007. Tomei conhecimento desse trabalho por meio de Po Bronson e Ashley Merryman, "Even babies discriminate: A NurtureShock excerpt", *Newsweek*, 4 set. 2009.

50. A citação de Jung aparece na página 125 de seu tratado de alquimia *Mysterium coniunctionis* (1977).

51. A citação de Rainer Maria Rilke aparece em "Requiem for a friend", em *Selected Poetry of Rainer Maria Rilke* (1984), p. 85.

AS CORES DO INVERNO [pp. 54-66]

1. Entre os estudos recentes sobre o mundo das artes plásticas russas, merecem menção Anna Kaminski, "In Russia, contemporary art explodes from Soviet shackles", BBC News, 23 fev. 2014; Kelly

Crow, "Moscow's contemporary art movement", *Wall Street Journal*, 4 jun. 2015; e Ekow Shun, "Moscow's new art centres", *Financial Times*, 15 mar. 2013.

2. Para mais informação sobre as feiras de arte na Rússia, ver Alexander Forbes, "Manifesta 10 succeeds despite controversy", *Artnet News*, 27 jun. 2014; Masha Gontcharova, "Cosmoscow: A fair for the Russian art collector", *New York Times*, 17 set. 2015; Rachel Donadio, "Museum director at Hermitage hopes for thaw in relations with West", *New York Times*, 14 maio 2015; e Zoë Lescaze, "An abbreviated Moscow Biennale unites scrappy performances, bourgeois spiders, and one former Greek finance minister", *ARTnews*, 16 out. 2015.

3. As citações de membros da "gangue artística anarcopunk" Voina encontram-se em Marion Dolcy, "Russian art anarchists explain themselves", *Don't Panic*, 20 dez. 2010; ver também Taryn Jones, "The art of 'War': Voina and protest art in Russia", *Art in Russia*, 29 set. 2012.

4. A citação de Andrei Klimov figura em Sasha Shestakova, "Outcry: Ten recent art exhibitions that caused a storm in Russia", *Calvert Journal*, 29 jul. 2015.

5. Essa ampla variedade de controvérsias artísticas, inclusive as que se relacionam a exposições de conteúdo LGBT, são revistas em Shestakova, op. cit.; e "Moscow venue refuses to host pro-LGBT teen photo display, cites police pressure", *Queer Russia*, 13 jun. 2015.

6. Para uma análise abrangente do mercado de arte da Rússia, ver a dissertação de Renata Sulteeva, *The market for Russian contemporary art: An historical overview and up-to-date analysis of auction sales from 1988 to 2013*, Instituto de Arte Sotheby's, 2014.

7. O comentário de Vladimir Ovtcharenko sobre artistas trabalhando na cozinha foi publicado originalmente em Emma Crichton-Miller, "Young Russian curators tap into country's recent art history", *Financial Times*, 27 jun. 2014.

A OBSTINADA DECADÊNCIA DA JOVEM RÚSSIA [pp. 77-107]

1. "Stewaedessa po imeni Jeanna" foi um sucesso de 1996 do cantor pop Vladimir Presnyakov. Atualmente, seus fãs podem encontrá-lo no Facebook, no SoundCloud e no Instagram.

2. Para obituários e memoriais dos artistas russos falecidos que aparecem em "A obstinada decadência da jovem Rússia", ver Kathrin Becker, "In memoriam Timur Novikov", *Art Margins*, 23 maio 2002; "Poslednyi Geroi: Georgy Guryanov (1961-2013)", *Baibakov Art Projects*, 20 jul. 2013; e "In memory of Vlad Mamyshev-Monroe, 1969-2013", *Baibakov Art Projects*, 22 mar. 2013. Herwig Höller presta tributo a Petlyura em "Aleksandr Ilich Lyashenko known as Petlyura: A controversial protagonist of Russian contemporary art", *Report: Magazine for Arts and Civil Society in Eastern and Central Europe*, jun. 2006. Petlyura participou do Piquete de Um Homem Só na Bienal de Moscou de 2015; ver Moscow Biennale of Contemporary Art, "One-man picket". O caso do indiciamento de Garik Vinogradov em mãos do prefeito de Moscou é contado em Konstantin Akinsha, "Art in Russia: Art under attack", *ARTnews*, 10 out. 2009. Valera Katsuba fala sobre seu projeto mais recente, "Pai e filho" (*Отцы и дети*), em: <http://katsuba.net>.

3. A carreira musical de Boris Grebenshchikov é o tema de Aleksandr Gorbatchóv, "Meet Boris Grebenshchikov, the Soviet Bob Dylan", *Newsweek*, 25 maio 2015; e de Alexandra Guryanova, "Boris Grebenshchikov: The founding father of Russian rock", *Russia and India Report*, 19 out. 2014.

4. As observações de MC Pavlov sobre tendências musicais na Rússia estão em Lisa Dickey, "Moscow: Rap star Pavlov MC", Russian Chronicles, *Washington Post*, 2 nov. 2005.

5. O protesto à fantasia de Artyom Troitsky contra a fraude eleitoral está relatado em British Broadcasting Corporation, "Moscow protest: Thousands rally against Vladimir Putin", BBC News, 25 dez. 2011.

6. Os negócios de Yuri Begalov são discutidos em Nadejda Ivanitskaya, "As a State Duma deputy and businessman Yuzhilin Kobzar built a billion-dollar business", *Forbes Russia*, 22 out. 2011; e seu divórcio em *"Татьяна Веденеева расстается с мужем* (Tatiana Vedeneeva divorciou-se)", *DNI*, 2 jun. 2008.

7. A lucrativa renúncia de Kiselev está narrada em *"Киселев после увольнения из 'Почты России' получит почти 3 млн руб* (Depois de renunciar ao 'Correio da Rússia', Kiselev receberá cerca de 3 milhões de rublos)", *RIA Novosti*, 19 abr. 2013.

8. A carreira política de Serguei Stankevich e as acusações de fraude que o levaram a fugir para a Polônia figuram em Andrew Higgins, "Putin and Orthodox church cement power in Russia", *Wall Street Journal*, 18 dez. 2007; e em Sergey Strokan e Vladimir Mikheev, "EU-Russia sanctions war to continue", *Russia Beyond the Headlines*, 26 jun. 2015.

9. O *Pravda* promove a vida noturna da Rússia em Marcelo de Vivo, "Experience the best of Russian nightlife", *Pravda*, 10 out. 2013.

10. A filosofia estética de Avdotja Alexandrova, na qual se baseia sua inovadora agência de modelos, se encontra em Maeve Shearlaw, "30 under 30: Moscow's young power list", *Guardian*, 8 jun. 2015.

11. A citação do editor independente Serguei Kostromin foi tirada de Sasha Pershakova, "Zine scene: How Russia's long tradition of self-publishing is still thriving today", *Calvert Journal*, 28 out. 2014.

12. A revista de Andrey Urodov, *A Rússia sem Nós*, é comentada por Michael Idov, "No sleep till Brooklyn: How hipster Moscow fell in love with Williamsburg", *Calvert Journal*, 31 dez. 2013; esse artigo é fonte também da citação "Todo restaurante de Moscou é temático [...]".

13. A censura imposta aos músicos Andrei Makarevich e MC Noize por seu apoio ao povo da Ucrânia está relatada em Karoun Demirjian, "Russian youths find politics as their pop icons face pressure", *Washington Post*, 2 dez. 2014.

14. A organização Human Rights Watch documentou em detalhe a opressão da população LGBT e seus simpatizantes. Ver Cooper, op. cit.

15. As reações oficiais e populares ao trabalho criativo de Yelena Klimova estão relatadas em Alec Luhn, "LGBT website founder fined under Russia's gay propaganda laws", *Guardian*, 29 jul. 2015.

16. As citações de Dmitry Kuzmin foram tiradas de seu ensaio "On the Moscow metro and being gay", tradução de Alexei Bayer, *Words without Borders*, 2013.

17. O papel da autoridade religiosa conservadora aparece na estrutura de poder da Rússia contemporânea, e as acusações contra o patriarca Cirilo I se encontram em Peter Pomerantsev, "Putin's God squad: The Orthodox Church and Russian politics", *Newsweek*, 10 set. 2012. O hábito de frequentar a igreja na Rússia pós-soviética está documentado em Alan Cooperman, Phillip Connor e Erin O'Connell, "Russians return to religion but not to church", Pew Research Center, 10 fev. 2014. As citações do patriarca Cirilo I, Ivan Ostrakovsky, Georgi Mitrofanov e dos gângsteres *skinhead* ortodoxos se encontram na matéria da *Newsweek*.

18. O vínculo entre Vladimir Putin e as gangues criminosas da Rússia está relatado em Tom Porter, "Vladmir [sic] Putin allies named as 'key associates of Russian gangsters' by Spanish prosecutors", *International Business Times*, 30 jun. 2015. Porter discute a máfia russa em profundidade em "Gangs of Russia: Ruthless mafia networks extending their influence", *International Business Times*, 9 abr. 2015.

19. A avaliação da corrupção na Rússia pela Freedom House aparece em "Nations in transit 2015: Russia", 2015.

20. A anistia oferecida por Putin a criminosos com bens no exterior e a citação de Andrey Makarov encontram-se em Rob Garver, "Putin lets criminals bring money back to Russia", *Fiscal Times*, 11 jun. 2015. A fuga de capitais russos foi estimada em 150 bilhões de dólares em Stephanie Saul e Louise Story, "At the Time Warner Center, an enclave of powerful Russians", *New York Times*, 11 fev. 2015.

21. As restrições das autoridades russas a queijos importados estão relatadas em Shaun Walker, "Russia swoops on gang importing £19m of banned cheese from abroad", *Guardian*, 18 ago. 2015.

22. A desigualdade econômica na Rússia moderna é discutida em Maria Hagan, "The 10 richest Russians in 2014", que traz a lista dos oligarcas mais ricos do país, 10 out. 2014.

23. As escolas russas para aspirantes a magnatas estão descritas em Alexandra Tyan, "Classes aimed at raising a new generation of Russian businessmen", *Moscow Times*, 27 jul. 2015.

24. Minha discussão sobre a economia russa se baseia principalmente no excelente artigo de Ian Bremmer, "These 5 facts explain Russia's economic decline", *Time*, 14 ago. 2015.

25. Max Katz, Isabelle Magkoeva, Roman Dobrojotov e outros jovens de destaque são tema de Shearlaw, op. cit

26. O movimento de protesto na Rússia moderna e a retaliação oficial contra seus líderes são analisados em Alexander Korolkov, "Is the protest movement dead?", *Russia Beyond the Headlines*, 15 jan. 2015; esse artigo é a fonte das citações de Georgy Chijov, Nikita Denisov e Yelena Bobrova.

IRONIA, HUMOR (E ARTE) PODEM SALVAR A CHINA [pp. 108-43]

1. Os preços estratosféricos obtidos por obras de artistas chineses contemporâneos estão mencionados em Nazanin Lankarani, "The many faces of Yue Minjun", *New York Times*, 5 dez. 2012; Ian Johnson, "Some Chinese artists are testing their limits", *Wall Street Journal*, 2 out. 2009; e Eileen Kinsella, "Who are the top 30 Chinese artists at auction?", *Artnet News*, 8 set. 2014.

2. As citações de Lao Li (Li Xianting) foram tiradas de Jackie Wullschager, "No more Chinese whispers", *Financial Times*, 2 out. 2004.

3. As citações de Cao Fei e Huang Rui foram extraídas de Christopher Beam, "Beyond Ai Weiwei: How China's artists handle politics (or avoid them)", *New Yorker*, 27 mar. 2015.

4. A história das aldeias de artistas chineses é contada em Angela Lin Huang, "Leaving the city: Artist villages in Beijing", *Media Culture Journal* v. 14, n. 4 (ago. 2011). A citação de Li Wenzi foi tirada de Zhu Linyong, "Art on the move", *China Daily*, 25 jan. 2010.

5. O elogio de Fang Lijun a Lao Li aparece em Andrew Cohen, "Off the page: Li Xianting", *Art Asia Pacific* 71, nov./dez. 2010.

6. O fechamento do Festival de Cinema Independente de Beijing foi contado em Jonathan

Kaiman, "Beijing independent film festival shut down by Chinese authorities", *Guardian*, 24 ago. 2014.

7. As desventuras de Yan Zhengxue, "prefeito" de Yuanmingyuan, são relatadas em William Wan, "Chinese artist recounts his life, including the one time he painted 'X' on Mao's face", *Washington Post*, 2 jun. 2014.

8. A detenção e a prisão de Ma Liuming em 1994 encontram-se relatadas na biografia do artista "Ma Liuming", *Chinese Contemporary*, 2002, em: <http://chinesecontemporary.com>.

9. A celeuma em torno do vídeo de Zhu Yu na mostra Fuck Off está contada em Wullschager, op. cit.

10. A citação de Wang Peng foi tirada de William Wan, "China tried to erase memories of Tiananmen. But it lives on in the work of dissident artists", *Washington Post*, 31 maio 2014.

11. A obra de Chen Guang e a reação oficial a ela são comentadas em Mallika Rao, "Five Chinese dissident artists who aren't Ai Weiwei", *Huffington Post*, 10 jun. 2014.

12. A prisão de Dai Jianyong é relatada em Jamie Fullerton, "Chinese artist who posted funny image of president Xi Jinping facing five years in prison as authorities crackdown [*sic*] on dissent in the arts", *Independent*, 28 maio 2015.

13. O caso e a citação de Zhao Zhao foram tirados de Ulrike Knöpfel, "Risky business: China cracks down on Ai Wei Wei protégé Zhao Zhao", *Spiegel International*, 28 ago. 2012.

14. Wu Yuren é o tema de Arvind Dilawar em "Teatime with Big Brother: Chinese artist Wu Yuren on life under surveillance", *Vice*, 15 jun. 2015. A conversa de Wu com os policiais se baseia numa comunicação pessoal por intermédio de Ysabelle Cheung, Klein Sun Gallery, Nova York, em 4 de novembro de 2015.

15. A narrativa da prisão e tortura de Wang Zang e a citação de sua mulher foram tiradas de Wan, op. cit. O comentário de Tang Jianying sobre os limites da liberdade de expressão na China moderna foi extraído de Jack Chang, "Chinese art colony's free-speech illusion shatters", *Asahi Shimbun*, 17 out. 2014.

16. Citações de Xi Jinping e outras autoridades da República Popular da China sobre o papel da arte e dos artistas na sociedade foram tiradas de Fullerton, op. cit.

17. Minha discussão da obra de Ai Weiwei e a reação das autoridades chinesas a ele se baseiam em Emily Rauhala, "Complete freedom, always just eluding the grasp of Chinese artist Ai Weiwei", *Washington Post*, 30 jul. 2015. A citação "A arte chinesa não passa de um produto [...]" foi tirada de Ai Weiwei, "Ai Weiwei: China's art world does not exist", *Guardian*, 10 set. 2012; "Eles sempre ficam do lado do poder" foi tirada de Beam, op. cit. O comentário do curador crítico de Ai Weiwei foi tirado de Wan, op. cit.

18. As palavras do curador chinês anônimo e de Ouyang Jianghe foram tiradas de Lankarani, op. cit.

OS ARTISTAS DA ÁFRICA DO SUL: SEPARADOS E IGUAIS [pp. 144-79]

1. Os comentários sobre o ambiente artístico sul-africano feitos pelo diretor da National Gallery Naidoo foram tirados de Jason Edward Kaufman, "South Africa's art scene is poised for a breakthrough — at home and abroad", *Huffington Post*, 19 fev. 2013.

2. Para o texto completo das objeções do CNA a *The Spear*, ver Jackson Mthembu, "ANC outraged by Brett Murray's depiction of president Jacob Zuma", Congresso Nacional Africano, 17 maio 2012. A vandalização das pinturas por manifestantes está narrada em Alex Perry, "South Africa: Over-exposing the president", *Time*, 23 maio 2012. A convocação do líder da Igreja Shembe ao apedrejamento de Brett Murray até a morte e as citações de Steven Friedman, Aubrey Masango e Jonathan Jansen foram extraídas de Karen MacGregor, "A spear to the heart of South Africa", *New York Times*, 5 jun. 2012. Para a retirada do termo "nociva" da classificação da pintura, ver South African Press Association, "Appeal tribunal declassifies 'The Spear'", *City Press*, 10 out. 2012.

3. A retirada e a reposição da pintura de Zuma realizada por Ayanda Mabulu são o tema de "Zuma, Marikana painting pulled from Jo'burg Art Fair", *Mail & Guardian*, 27 set. 2013; e a citação de Avanda Mabulu ("Não é a primeira vez que sou censurado [...]") foi tirada de Matthew Krouse, "Art Fair forced to reinstate Mabulu painting after Goldblatt threat", *Mail & Guardian*, 28 set. 2013.

4. A controvérsia sobre a escolha de curadores e exibidores da África do Sul para a Bienal de Veneza de 2015 é examinada nas reportagens de Stefanie Jason, "Venice Biennale: SA Pavilion finally announces artists", *Mail & Guardian*, 16 abr. 2015; e "SA trips as Joburg lands on the steps of the Venice Biennale", *Mail & Guardian*, 30 abr. 2015 (fonte da citação "reputação de carniceiros estrangeiros"); ver também Jeremy Kuper, "Venice Biennale: View from the ground", *Mail & Guardian*, 20 maio 2015.

AS CONQUISTAS DE VLADY [pp. 180-2]

1. A avaliação de Vladimir Jirinóvski feita pela BBC aparece em British Broadcasting Corporation, "Profiles of Russia's 2012 presidential election candidates", BBC News, 10 de março de 2012; a caracterização de Howard Amos foi tirada de Howard Amos, "Russian publisher prints books about Putin under names of western authors", *Guardian*, 11 ago. 2015.

"NÃO MEXAM COM O NOSSO PATRIMÔNIO CULTURAL!" [pp. 183-205]

1. A renovação e a reabertura do Museu Nacional do Palácio foram relatadas em Keith Bradsher, "Rare glimpses of China's long-hidden treasures", *New York Times*, 28 dez. 2006. As estatísticas sobre visitantes foram tiradas de "Blackout hits Taipei's Palace Museum Thursday afternoon", *Want China Times*, 10 jul. 2015. A abertura da filial de Chiayi é tema de "NPM southern branch to open with jadeite cabbage display", *Want China Times*, 18 set. 2015.

2. A recusa do Museu Nacional do Palácio a exibir esculturas supostamente saqueadas do Palácio de Verão é relatada em British Broadcasting Corporation, "Taiwan rejects 'looted' China art", BBC News, 7 out. 2009. O empréstimo de relíquias da dinastia Qing pela República Popular da China e as restrições de Taiwan a empréstimos a outros países são discutidos em Tania Branigan, "Chinese treasures to be reunited in Taiwan", *Guardian*, 19 fev. 2009. Para mais informações sobre a cooperação entre os dois museus, ver Yin Pumin, "Probing ancient mysteries", *Beijing Review*, 7 dez. 2009.

3. Citações do fundador do Exército da Camisa Branca, Liulin Wei, foram tiradas de William

Wan, "Taiwan's 'white shirt army', spurred by Facebook, takes on political parties", *Washington Post*, 11 nov. 2013.

4. O Movimento Girassol é descrito em "'Sunflower' protesters break on to political scene", *Economist Intelligence Unit*, 2 abr. 2014.

EM CADA PALETA, UMA ESCOLHA DE CORES POLÍTICAS [pp. 206-11]

1. Escrevo sobre o projeto *Foguete dourado* de Cai Guo-Qiang em Andrew Solomon, "As Asia regroups, art has a new urgency", *New York Times*, 23 ago. 1998.

ZÂMBIA, UMA TERRA ENCANTADORA [pp. 219-27]

1. Acontecimentos recentes favoráveis ao desenvolvimento da indústria do turismo em Zâmbia são discutidos em Matthew Hill, "Yellow fever relaxation by South Africa helps Zambia tourism", Bloomberg, 5 fev. 2015.

OS TRÊS PASSOS DE PHALY NUON [pp. 228-34]

1. Os horrores do Khmer Vermelho estão amplamente documentados. Para uma representação vívida ainda que levemente ficcional das atrocidades, eu recomendaria o filme *Os gritos do silêncio*, de 1984.

2. A morte de Phaly Nuon foi anunciada em Rob Hail, "Madame Nuon Phaly is gone", *Out of the Blog*, 27 nov. 2012; seu funeral foi relatado em Sophanna Ma, "Funeral of our beloved Mum Phaly Nuon", Ezra Vogel Special Skills School, dez. 2012.

3. Para uma análise em profundidade do impacto do tráfico de pessoas e do deslocamento forçado sobre a saúde mental dos cambojanos, ver Ligia Kiss et al., "Health of men, women, and children in post-trafficking services in Cambodia, Thailand, and Vietnam", *Lancet Global Health 3* (março de 2015); e Jayson Richardson et al., "Mental health impacts of forced land evictions on women in Cambodia", *Journal of International Development*, 27 set. 2014.

4. As estatísticas sobre suicídios no Camboja foram tiradas do *Atlas de saúde mental 2011: Camboja*, do Departamento de Saúde Mental e Abuso de Substâncias, da Organização Mundial da Saúde (OMS).

5. O número de doentes mentais permanentemente incapacitados do Camboja e os dados sobre o orçamento do país destinado à saúde mental se baseiam em Daniel McLaughlin e Elisabeth Wickeri, "Mental health and human rights in Cambodia", Leitner Center for International Law and Justice, 31 jul. 2012.

6. Os dados sobre o número de psiquiatras no Camboja foram tirados de Tanja Schunert et al., "Cambodian mental health survey", Universidade Real de Phnom Penh, Departamento de Psicologia, 2012.

7. A proposta de instalar portadores de doenças mentais em pagodes é discutida em Radio

Free Asia Khmer Service, "Cambodian province plans campaign for monks to care for mentally ill", Radio Free Asia, 20 abr. 2015.

OS ESPAÇOS ABERTOS DA MONGÓLIA [pp. 235-45]

1. O declínio do nomadismo na Mongólia é registrado em "WHO country cooperation strategy for Mongolia 2010-2015", da Organização Mundial da Saúde (OMS), 2010.

2. Os dados sobre a economia da Mongólia se baseiam no comunicado à imprensa do Banco Mundial intitulado "Poverty continued to decline, falling from 27,4 percent in 2012 to 21,6 percent in 2014", 10 jul. 2015.

3. Os distúrbios causados por suposta fraude eleitoral na Mongólia foram relatados em Tania Branigan, "Mongolia declares state of emergency as riots kill five", Guardian, 2 jul. 2008; a condenação do ex-presidente Nambar Enkhbaya é comentada pela Agência de Notícias Xinhua, "Former Mongolian president jailed for four years", CRI English, 3 ago. 2012.

4. O declínio de muitas espécies exploradas de maneira predatória na Mongólia é discutido em Jeffrey Reeves, "Mongolia's environmental security", Asian Survey, v. 51, n. 3 (2011).

5. As consequências sobre o ambiente da exploração intensiva das pastagens são analisadas em Sarah Wachter, "Pastoralism unraveling in Mongolia", New York Times, 8 dez. 2009; ver também Troy Sternberg et al., "Tracking desertification on the Mongolian steppe through NDVI and field--survey data", International Journal of Digital Earth, v. 4, n. 1 (2011).

6. Para mais informação sobre o impacto da tecnologia moderna sobre a vida cotidiana na Mongólia, ver Jim Yong Kim, "How Mongolia brought nomads TV and mobile phones", Bloomberg View, 14 out. 2013; e Mark Hay, "Nomads on the grid", Slate, 5 dez. 2014.

7. A inclusão de Naadam na relação do Patrimônio Cultural Imaterial da Humanidade pela Unesco está documentada em "Naadam, Mongolian traditional festival", Organização das Nações Unidas para a Educação, a Ciência e a Cultura, 2010.

8. A reformulação do antigo Museu Lênin de Ulaanbaatar é tema de Tania Branigan, "It's goodbye Lenin, hello dinosaur as fossils head to Mongolia museum", Guardian, 27 jan. 2013.

INVENTANDO A CONVERSA [pp. 246-55]

1. O índice de suicídios na Groenlândia à época de minha pesquisa original foi publicado mais recentemente em Tine Curtis e Peter Bjerregaard, Health Research in Greenland (1995), p. 31.

2. Os relatos sobre histeria polar, síndrome do deambulismo nas montanhas e ansiedade do caiaque foram tirados de Inge Lynge, "Mental disorders in Greenland", Man & Society, v. 21 (1997). Agradeço a John Hart por me dar um equivalente da "síndrome de amok".

3. A citação de Malaurie foi tirada de Jean Malaurie, The Last Kings of Thule (1982), p. 109.

A alta incidência do suicídio na Groenlândia é tratada em Jason George, "The suicide capital of the world", Slate, 9 out. 2009; e Lene Bech Sillesen, "Another word for suicide", Al Jazeera, 21 nov. 2015. A reportagem de Sillesen é fonte dos atuais índices de suicídio na Groenlândia e da citação de Astrid Olsen. Para um debate acadêmico sobre o tema, ver Peter Bjerregaard e Christina

Viskum Lytken Larsen, "Time trend by region of suicides and suicidal thoughts among Greenland Inuit", *International Journal of Circumpolar Health*, v. 74 (2015).

4. A decisão da Groenlândia em favor da independênca é relatada em British Broadcasting Corporation, "Self-rule introduced in Greenland", BBC News, 21 jun. 2009.

5. A expansão da energia hidrelétrica na Groenlândia é discutida em "Greenland powers up fifth hydroelectric plant", *Arctic Journal*, 6 set. 2013.

6. O trágico desprendimento de um bloco de gelo do tamanho de Manhattan de uma geleira da Groenlândia está relatado em British Broadcasting Corporation, "Greenland's Jakobshavn Glacier sheds big ice chunk", BBC News, 24 ago. 2015.

NU, COBERTO DE SANGUE DE CARNEIRO, TOMANDO
UMA COCA-COLA E ME SENTINDO MUITO BEM [pp. 256-63]

1. Para uma discussão sobre a tradição de comunicação com os espíritos entre os senegaleses, ver William Simmons, *Eyes of the Night: Witchcraft among a Senegalese People* (1971).

2. Meus comentários sobre o estado da saúde psiquiátrica pública no Senegal se baseiam em dados do *Atlas de saúde mental 2011: Senegal*, do Departamento de Saúde Mental e Abuso de Substâncias, Organização Mundial da Saúde (OMS).

3. Essa citação foi tirada do seminal estudo acadêmico de William Louis Conwill sobre o ritual *n'deup*: William Louis Conwill, "N'deup and mental health: Implications for treating Senegalese immigrants in the U.S.", *International Journal for the Advancement of Counselling*, v. 32, n. 3 (set. de 2010).

UM DESPERTAR DEPOIS DO TALIBÃ [pp. 264-79]

1. As estatísticas sobre o número de baixas americanas no Afeganistão se baseiam no "relatório de baixas" do Departamento de Defesa dos Estados Unidos, de 10 de novembro de 2015; o número de militares que ainda estão no país é dado por Matthew Rosenberg e Michael D. Shear, "In reversal, Obama says U.S. soldiers will stay in Afghanistan to 2017", *New York Times*, 15 out. 2015.

2. O comentário de Dominic Tierney foi tirado de seu artigo "Forgetting Afghanistan", *Atlantic*, 24 jun. 2015.

3. Os assassinatos de jornalistas do sexo feminino no Afeganistão são relatados em Declan Walsh, "Second female Afghan journalist killed in five days", *Guardian*, 6 jun. 2007; e Associated Press, "Women journalists targeted in Afghanistan", NBC News, 26 jun. 2007.

4. A performance de Kubra Khademi e suas derivações estão relatadas em Emma Graham-Harrison, "Afghan artist dons armour to counter men's street harassment", *Guardian*, 12 mar. 2015.

5. Para mais informações sobre o Centro de Arte Contemporânea, ver "Introducing the Center for Contemporary Art Afghanistan (CCAA)", ARCH International, [s.d.], em <http://archinternational.org>.

6. A citação de Munera Yousefzada foi tirada de Peter Holley, "In Afghanistan, the art of fighting extremism", *Washington Post*, 12 set. 2015.

7. Os projetos da Montanha Turquesa são detalhados em seu alentado site, <http://turquoi-semountain.org>, e em Daud Rasool, "Rebuilding Afghanistan's creative industries", British Council, 14 out. 2013.

8. Um dos fundadores da Berang Arts discute a situação dos artistas no Afeganistão em Francesca Recchia, "Art in Afghanistan: A time of transition", *Muftah*, 6 ago. 2014.

9. A apreciação do professor Alam Farhad sobre o aumento do interesse pelos cursos de arte na Universidade de Cabul se encontra em Mujib Mashal, "Women and modern art in Afghanistan", *New York Times*, 6 ago. 2010.

10. A queixa de Ali Akhlaqi foi extraída de Chelsea Hawkins, "9 artists challenging our perceptions of Afghanistan", *Mic*, 9 out. 2014.

11. A citação de Shamsia Hassani vem da entrevista concedida a Lisa Pollman, "Art is stronger than war: Afghanistan's first female street artist speaks out", *Art Radar*, 19 jul. 2013.

12. A afirmação de Azim Fakhri foi tirada de Hawkins, op. cit.

13. O projeto *"artlords"* de Kabir Mokamel está descrito em Fazul Rahim e Sarah Burke, "Afghan artist Kabir Mokamel takes aim at corruption with blast wall art", NBC News, 19 set. 2015.

14. Marla Ruzicka era muito querida e sua morte foi lamentada por muita gente; ver, por exemplo, Ellen Knickmeyer, "Victims' champion is killed in Iraq", *Washington Post*, 18 abr. 2005; Robert F. Worth, "An American aid worker is killed in her line of duty", *New York Times*, 18 abr. 2005; Simon Robinson, "Appreciation: Marla Ruzicka, 1977-2005", *Time*, 18 abr. 2005; Jonathan Steele, "Marla Ruzicka", *Guardian*, 19 abr. 2005; Janet Reitman, "The girl who tried to save the world", *Rolling Stone*, 16 jun. 2005; Sarah Holewinski, "Marla Ruzicka's heroism", *Nation*, 18 set. 2013.

UM MUSEU SEM PAREDES [pp. 280-4]

1. Informações atualizadas sobre o Centro de Artes Benesse podem ser encontradas em seu site: <http://benesse-artsite.jp>. Para uma resenha recente do Benesse, ver Susan Adams, "Treasure islands: Inside a Japanese billionaire's art archipelago", *Forbes*, 29 jul. 2015. A citação de Soichiro Fukutake foi tirada da dissertação de Lee Yulin intitulada *Strategies of spatialization in the contemporary art museum: A study of six Japanese institutions*, New York University, 2012.

CÂNTICO DE SALOMÕES [pp. 285-94]

1. Para informações sobre a indicação da lagoa Marovo pela Unesco, ver "Tentative lists: Marovo-Tetepare complex", da Organização das Nações Unidas para a Educação, a Ciência e a Cultura, 23 dez. 2008.

2. Relatos de grandes eventos sísmicos nas ilhas Salomão encontram-se em Richard A. Lovett, "Deadly tsunami sweeps Solomon Islands", *National Geographic News*, 2 abr. 2007; James Grubel, "Tsunami kills at least five in Solomons after big Pacific quake", Reuters, 6 fev. 2013; Lincoln Feast, "Strong quake hits near Solomon Islands; tsunami warning cancelled", Reuters, 12 abr. 2014; Sandra Maler e Peter Cooney, "Magnitude 6.6 quake hits Solomon Islands in the Pacific: USGS", Reuters, 12 ago. 2015.

3. A mudança de Choiseul é relatada em Megan Rowling, "Solomons town first in Pacific to relocate due to climate change", Reuters, 15 ago. 2014; Adam Morton, "The vanishing island", *Age*, 19 set. 2015.

4. Iniciativas financiadas pelo Banco Mundial para melhorar a infraestrutura e resistir melhor aos desastres foram anunciadas no comunicado à imprensa "World Bank, Govt. of Solomon Islands launch two new projects towards improved power supply, disaster & climate resilience", 10 abr. 2014.

5. Os fenômenos tectônicos que ameaçam as ilhas Salomão são discutidos em Gerald Traufetter, "Climate change or tectonic shifts? The mystery of the sinking South Pacific islands", *Spiegel International*, 15 jun. 2012.

AS CRIANÇAS DAS MÁS LEMBRANÇAS [pp. 295-309]

1. Citações sem menção de fonte em meu ensaio sobre Ruanda foram tiradas de entrevistas pessoais feitas nesse país em 2004. Entre os livros consultados sobre o genocídio de Ruanda, incluem-se Alison Liebhafsky Des Forges, *Leave None to Tell the Story: Genocide in Rwanda* (1999); Jean Hatzfeld, *Machete Season: The Killers in Rwanda Speak* (2005); Elizabeth Neuffer, *The Key to My Neighbour's House: Seeking Justice in Bosnia and Rwanda* (2002); Binaifer Nowrojee, *Shattered Lives: Sexual Violence during the Rwandan Genocide and Its Aftermath* (1996); Philip Gourevitch, *We Wish to Inform You That Tomorrow We Will Be Killed with Our Families: Stories from Rwanda* (1999); e Jonathan Torgovnik, *Intended Consequences: Rwandan Children Born of Rape* (2009). Para a cobertura jornalística, ver Donatella Lorch, "Rape used as a weapon in Rwanda: Future grim for genocide orphans", *Houston Chronicle*, 15 maio 1995; Elizabeth Royte, "The outcasts", *New York Times Magazine*, 19 jan. 1997; Lindsey Hilsum, "Rwanda's time of rape returns to haunt thousands", *Guardian*, 26 fev. 1995; Lindsey Hilsum, "Don't abandon Rwandan women again", *New York Times*, 11 abr. 2004; Emily Wax, "Rwandans are struggling to love children of hate", *Washington Post*, 28 mar. 2004.

2. O papel da imprensa ruandense na incitação ao genocídio é discutido no notável livro *Justice on the Grass* (2005), de Dina Temple-Raston; ver também Russell Smith, "The impact of hate media in Rwanda", BBC News, 3 dez. 2003. Em sua tese de doutorado, intitulada *Propaganda and conflict: Theory and evidence from the Rwandan genocide* (Universidade de Estocolmo, 2009), o economista David Yanagizawa desvenda uma relação direta entre o ódio pregado pelo rádio e a violência analisando a localização das torres de transmissão, os obstáculos topográficos a ela e a localização e o número dos inquéritos por genocídio que se seguiram.

3. Esse provérbio ruandense está reproduzido em Nowrojee, op. cit., p. 20.

4. Informações gerais sobre o estupro como arma de guerra podem ser encontradas em Susan Brownmiller, *Against Our Will* (1975); Maria de Bruyn, *Violence, Pregnancy and Abortion: Issues of Women's Rights and Public Health* (2003); e o relatório do Centro de Justiça Global, *The Right to an Abortion for Girls and Women Raped in Armed Conflict* (2011).

5. A expressão "morrer de tristeza" e o relato das atrocidades cometidas contra uma sobrevivente de estupro estão documentados em Nowrojee, op. cit.

6. As estatísticas sobre os estupros de guerra em Ruanda são referendadas pelo relatório do Escritório das Nações Unidas para a Coordenação de Assuntos Humanitários: "Our bodies, their

battle ground: Gender-based violence in conflict zones", *Irin News*, 1º set. 2004. A estimativa do número de estupros e nascimentos na guerra aparece na introdução de Marie Consolée Mukagendo, "The struggles of Rwandan women raising children born of rape", em Torgovnik, op. cit.

7. A expressão "crianças das más lembranças" (*enfants de mauvais souvenir*) foi tirada de Nowrojee, op. cit., mas tem amplo uso.

8. A expressão "herança viva de um tempo de morte" foi tirada de Wax, op. cit.

9. Citação tirada de Wax, op. cit.

10. Citação tirada de Nowrojee, op. cit.

11. A citação de Catherine Bonnet está presente em Nowrojee, op. cit., p. 79, e faz referência ao documento de trabalho de Bonnet "Le Viol des femmes survivantes du génocide du Rwanda", em *Rwanda: Un génocide du XXe siècle* (1995), p. 18.

12. A citação de Godelième Mukasarasi foi tirada de Nowrojee, op. cit.

13. O trabalho da Avega está relatado em Alexandra Topping, "Widows of the genocide: How Rwanda's women are rebuilding their lives", *Guardian*, 7 abr. 2014.

14. Jean Damascène Ndayambaje examina as raízes psicológicas do genocídio de Ruanda em sua tese *Le Genocide au Rwanda: Une analyse psychologique*, Universidade Nacional de Ruanda, 2001.

15. Os nomes escolhidos por algumas ruandenses para os filhos estão catalogados em Wax, op. cit.

16. Os números referentes ao crescimento anual do PIB e à facilidade para começar negócios em Ruanda se baseiam em "Rwanda overview", do Banco Mundial, 6 out. 2015; e em "Ease of doing business in Rwanda", Banco Mundial (2015).

17. Assassinatos, atrocidades, invasões e exploração praticados pelo regime de Paul Kagame estão relatados em Howard W. French, "Kagame's hidden war in the Congo", *New York Review of Books*, 24 set. 2009; Judi Rever e Geoffrey York, "Assassination in Africa: Inside the plots to kill Rwanda's dissidents", *Globe & Mail*, 2 maio 2014; Siobhan O'Grady, "Former Rwandan official worries that Kagame's administration is backsliding into mass murder", *Foreign Policy*, 29 set. 2014; e Campanha Global pelos Direitos Humanos em Ruanda, "Crimes and repression vs. development in Rwanda: President Paul Kagame's many shadows", *Africa Faith & Justice Network*, 13 jul. 2015.

18. Informações sobre as proporções da exclusão política e a referência a Ruanda como "um país de confinamento" foram extraídas de Marc Sommers, "The darling dictator of the day", *New York Times*, 27 maio 2012.

19. A afirmação segundo a qual Paul Kagame pretendia abolir a proibição de um terceiro mandato presidencial em resposta à "exigência popular" foi encontrada na Agence France-Presse, "US opposes third term for Rwanda's Kagame: Diplomat", *Guardian* (Nigéria), 5 jun. 2015. O sucesso de sua campanha é relatado em Clement Uwiringiyimana, "Rwandan parliament agrees to extend Kagame's rule", Reuters, 29 out. 2015. O plebiscito convocado para aprovar o fim do limite do mandato está relatado em British Broadcasting Corporation, "Paul Kagame's third term: Rwanda referendum on 18 December", BBC News, 9 dez. 2015.

20. A incapacidade do Partido Verde de Ruanda de conseguir um representante legal para abrir processo contra o fim do limite do mandato presidencial é relatada em Agence France-Presse, "Rwanda opposition says can't find lawyer for Kagame 3rd term case — one said 'God was against it'", *Mail & Guardian*, 8 jul. 2015.

CÍRCULO DE FOGO: UMA CARTA DA LÍBIA [pp. 310-46]

1. Para relatórios da época sobre o ataque ao consulado dos Estados Unidos em Benghazi, ver Associated Press, "Assault on u.s. consulate in Benghazi leaves 4 dead, including u.s. Ambassador J. Christopher Stevens", Associated Press/cbs News, 12 set. 2012; Luke Harding e Chris Stephen, "Chris Stevens, us ambassador to Libya, killed in Benghazi attack", *Guardian*, 12 set. 2012; David Kirkpatrick e Steven Lee Myers, "Libya attack brings challenges for u.s.", *New York Times*, 12 set. 2012. Em 2015, a ex-secretária de Estado Hillary Clinton defendeu sua posição antes e depois do ataque diante do Congresso americano; ver Byron Tau e Peter Nicholas, "Hillary Clinton defends actions in Benghazi", *Wall Street Journal*, 22 out. 2015; Stephen Collinson, "Marathon Benghazi hearing leaves Hillary Clinton largely unscathed", *CNN Politics*, 23 out. 2015.

2. A captura da cidade de Sirte pelas forças do Isis (ou Daesh) é relatada em "Isil 'brutally' quells rebellion in Libya's Sirte", *Al Jazeera*, 17 ago. 2015.

3. A relação entre conflito étnico e tráfico de pessoas é explorada em Callum Paton, "Libya: Scores killed in ethnic clashes for control of south's people-trafficking routes", *International Business Times*, 23 jul. 2015.

4. A Anistia Internacional registrou o assassinato de centenas de cidadãos líbios por forças islâmicas no documento "The state of the world's human rights", Amnesty International, 11 mar. 2015.

5. A citação do ministro do Exterior da França foi tirada de Nathalie Guibert, Yves-Michel Riols e Hélène Sallon, "Libya's Tripoli and Tobruk dilemma no nearer to resolution", *Guardian*, 27 jan. 2015. As reações às propostas de um "governo de unidade" são discutidas em Suliman Ali Zway e Carlotta Gall, "Libyan factions reject unity government plan", *New York Times*, 20 out. 2015. As ameaças do general Khalifa Haftar de formar outro governo foram reproduzidas em Mary Fitzgerald, "Libyan renegade general Khalifa Haftar claims he is winning his war", *Guardian*, 24 jun. 2014.

6. As palavras perturbadoras de Saif Kadhafi estão registradas em Lindsey Hilsum, "Saif al--Islam Gaddafi: The prophet of his own doom", *Guardian*, 5 ago. 2015.

7. Saif Kadhafi narra a amputação de seus dedos por seus captores em Fred Abrahams, "In his first interview, Saif al-Islam says he has not been given access to a lawyer", *Daily Beast*, 30 dez. 2012.

8. A condenação e a sentença de Saif Kadhafi foram relatadas em Chris Stephen, "Gaddafi's son Saif al-Islam sentenced to death by court in Libya", *Guardian*, 28 jul. 2015; e Hilsum, op. cit.

9. O refrão dos manifestantes pró-Kadhafi em agosto de 2015 foi citado em Hilsum, ibid.

TODA A COMIDA DA CHINA [pp. 347-58]

1. A programação culinária da televisão chinesa é comentada em Li Xiaoyu, "A bite of food culture", *BJ Review*, 2 jul. 2015.

2. As estatísticas sobre a proporção de chineses que postam regularmente na internet fotos de suas refeições se baseiam em Angela Xu, "China's digital powered foodie revolution", *Lab Brand*, 6 jan. 2015.

3. As tentativas de persuadir a Unesco a incluir a cozinha chinesa na lista do Patrimônio Imaterial da Humanidade estão relacionadas em Li, op. cit.

4. A popularidade cada vez maior dos alimentos orgânicos na China é o tema de Cai Muyuan, "Eat green, think greener", *China Daily Europe*, 5 jun. 2015

5. Os supostos benefícios da comida condimentada para a saúde estão documentados em Jun Lv et al., "Consumption of spicy foods and total and cause specific mortality: Population based cohort study", *British Medical Journal* 351, 4 ago. 2015.

6. O predomínio de Xangai na classificação dos melhores restaurantes é comentado em Jessica Rapp, "Locavores, health food, and celebrity chefs: The hottest trends in Shanghai's dining scene", *Jing Daily*, 24 ago. 2015.

7. A poluição generalizada do solo chinês se discute em British Broadcasting Corporation, "Report: One fifth of China's soil contaminated", BBC News, 18 abr. 2014.

8. Entre as fontes sobre a adulteração de alimentos na China estão Yanzhong Huang, "The 2008 milk scandal revisited", *Forbes*, 16 jul. 2014; Peter Foster, "Top 10 Chinese food scandals", *Telegraph*, 27 abr. 2011; Associated Press, "Vinegar contaminated with antifreeze kills Chinese Muslims at Ramadan meal", *Guardian*, 22 ago. 2011; Patrick Boehler, "Bad eggs: Another fake-food scandal rocks China", *Time*, 6 nov. 2012; Patrick Boehler, "Police seize chicken feet in storage since 1967, smuggled from Vietnam", *South China Morning Post*, 8 jul. 2013; British Broadcasting Corporation, "Chinese police arrest 110 for selling 'contaminated pork'", BBC News, 12 jan. 2015; Elizabeth Barber, "'Gutter oil' scandal raises food-safety fears once again in greater China", *Time*, 8 set. 2014.

9. O ceticismo dos chineses quanto ao rótulo "orgânico" é exposto em Dominique Patton, "Cashing in on health scares, China online food sales boom", Reuters, 11 ago. 2013.

10. A popularidade dos alimentos importados, sobretudo frutas, é o tema de Rebecca Kanthor em "In China, imported fruit is the must-have luxury item for the New Year", *The World*, Public Radio International, 20 fev. 2015; Nan Zhong, "China has a healthy appetite for food imports", *China Daily*, 2 mar. 2015.

11. O cultivo secreto de alimentos orgânicos para a elite política chinesa é revelado em Barbara Demick, "In China, what you eat tells who you are", *Los Angeles Times*, 16 set. 2011.

12. Para mais informações sobre a popularidade cada vez maior de alternativas ao arroz na dieta chinesa, ver Te-Ping Chen, "In latest mash-up, China puts spotlight on spuds", *Wall Street Journal*, 17 ago. 2015.

13. Recentes aumentos nos índices de diabetes e obesidade na China são discutidos em Laurie Burkitt, "Selling health food to China", *Wall Street Journal*, 13 dez. 2010; Lily Kuo, "By 2015, China will be the world's largest consumer of processed food", *Quartz*, 23 set. 2013.

AVENTURAS NA ANTÁRTICA [pp. 370-81]

1. O impacto do aquecimento global sobre as dificuldades enfrentadas pelos cientistas para chegar a suas estações de pesquisa na Antártica é tema de Michael Safi, "Antarctica's increasing sea ice restricting access to research stations", *Guardian*, 11 maio 2015.

2. A deterioração da camada de gelo da Antártica Ocidental é discutida em Chris Mooney, "Scientists declare an 'urgent' mission-study West Antarctica, and fast", *Washington Post*, 29 set. 2015.

3. O provável destino da geleira Totten Glacier está relatado em James Hamblin, "How the most important glacier in east Antarctica is melting", *Atlantic*, 20 mar. 2015; o mesmo artigo é fonte da citação da Nasa.

4. Os recordes de temperatura na Antártica estão relatados em Katia Hetter, "Antarctic hits 63 degrees, believed to be a record", CNN News, 1º abr. 2015.

5. As consequências das temperaturas mais elevadas sobre fungos, crustáceos e pinguins são expostas em Australian Associated Press, "Temperature affects fungi in Antarctica", Special Broadcasting Service, 28 set. 2015; Chelsea Harvey, "Next up from climate change: Shell-crushing crabs invading Antarctica", *Washington Post*, 28 set. 2015; Chris Mooney, "The melting of Antarctica is bad news for humans. But it might make penguins pretty happy", *Washington Post*, 13 ago. 2015.

6. As tentativas chinesas de expansão de suas operações na Antártica são detalhadas em Jane Perlez, "China, pursuing strategic interests, builds presence in Antarctica", *New York Times*, 3 maio 2015.

QUANDO TODOS FALAM POR SINAIS [pp. 382-9]

1. Bengkala é o foco de 1 Gede Marsaja, *Desa Kolok: A Deaf Village and Its Sign Language in Bali, Indonesia* (2008). O primeiro relato na literatura médica da variedade de surdez prevalente nessa aldeia é o de S. Winata et al., "Congenital non-syndromal autosomal recessive deafness in Bengkala, an isolated Balinese village", *Journal of Medical Genetics*, v. 32 (1995). Para uma discussão geral e acessível da surdez sindrômica em comunidades endógamas, ver John Travis, "Genes of silence: Scientists track down a slew of mutated genes that cause deafness", *Science News*, 17 jan. 1998. Além disso, para uma visão geral opinativa da pesquisa acadêmica sobre o tema, ver Annelies Kusters, "Deaf utopias? Reviewing the sociocultural literature on the world's 'Martha's Vineyard situations'", *Journal of Deaf Studies & Deaf Education*, v. 15, n. 1, jan. 2010.

2. Essas complexas teias de relações entre os balineses são o tema de *Kinship in Bali*, obra frequentemente citada de Hildred e Clifford Geertz (1975).

3. A palavra "surdos" designa tanto as pessoas com deficiência auditiva como a cultura das pessoas que se comunicam entre si com a língua de sinais e se identificam como membros de uma comunidade. Para uma exploração das políticas para surdos nos Estados Unidos nos anos 1990, ver meu artigo "Defiantly deaf", *New York Times Magazine*, 28 ago. 1994.

4. O pós-escrito sobre a língua kata kolok se baseia no trabalho de Connie de Vos, do Instituto de Psicolinguística Max Planck, que se destaca como a mais prolífica personalidade acadêmica sobre o tema. Ver, por exemplo, Connie de Vos e N. Palfreyman, "Deaf around the world: The impact of language", *Journal of Linguistics*, v. 48, n. 3 (nov. 2012), que dá a proporção de usuários surdos e ouvintes do kata kolok; Connie de Vos, "Absolute spatial deixis and proto-toponyms in Kata Kolok", *Nusa: Linguistic Studies of Languages In and Around Indonesia*, v. 56 (2014), que examina o reassentamento de usuários do kata kolok oriundos de Bengkala; Connie de Vos, "A signers' village in Bali, Indonesia", *Minpaku Anthropology News*, 2011, que relata o declínio da transmissão dessa língua.

RIO, CIDADE DA ESPERANÇA [pp. 390-410]

1. As finais da Copa do Mundo de 2014 são alvo de investigações nacionais e internacionais sobre corrupção; ver Lisa Flueckiger, "Brazil's federal police to investigate after Fifa scandal", *Rio Times*, 29 maio 2015; Vincent Bevins, "Coming 'tsunami'? In Brazil, calls for reform in wake of Fifa scandals", *Los Angeles Times*, 12 jun. 2015.

2. As circunstâncias nas quais o Brasil foi selecionado como sede dos Jogos Olímpicos de 2016 também estão sob suspeita; ver Caroline Stauffer, "Brazil's Petrobras corruption investigators to probe Olympic contracts", Reuters, 25 nov. 2015; Tariq Panja e David Biller, "Soccer icon Romario, Rio mayor Paes cited in corruption tape", Bloomberg, 25 nov. 2015.

3. Para mais informações sobre a obra de Vik Muniz, ver Carol Kino, "Where art meets trash and transforms life", *New York Times*, 21 out. 2010; Mara Sartore, "Lampedusa: Migration and desire, an interview with Vik Muniz", *My Art Guides*, junho de 2015.

4. Para uma história mais abrangente do samba e do Carnaval do Rio de Janeiro, ver Marlene Lima Hufferd, "Carnaval in Brazil, samba schools and African culture: A study of samba schools through their African heritage", teses e dissertações retrospectivas, documento de trabalho 15 406, Universidade de Iowa, 2007. No entanto, nem mesmo o maior espetáculo do mundo está livre de acusações de corrupção; ver Anderson Antunes, "When samba meets African dictators: The ugly side of Rio de Janeiro's Carnival", *Forbes*, 19 fev. 2015.

5. Lilia Moritz Schwarcz discute ideias sobre a cultura de seu país com Robert Darnton, "Talking about Brazil with Lilia Schwarcz", *New York Review of Books*, 17 ago. 2010. Para uma amostragem de seu trabalho acadêmico, ver Lilia Moritz Schwarcz, "Not black, not white: Just the opposite: Culture, race and national identity in Brazil", documento de trabalho CBS-47-03, Centro de Estudos Brasileiros, Universidade de Oxford, 2003.

6. Para uma discussão em profundidade sobre Brasília, ver Benjamin Schwarz, "A vision in concrete", *Atlantic*, jul./ago. 2008.

7. Uma descrição clínica da horrenda prática de execução com pneus em chamas ocorre em Carlos Durão, Marcos Machado e Eduardo Daruge Jr., "Death in the 'microwave oven': A form of execution by carbonization", *Forensic Science International*, v. 253 (agosto de 2015).

8. A citação de Philip Alston foi tirada de Todd Benson, "U.N. watchdog denounces police killings in Brazil", Reuters, 15 set. 2008.

9. As estatísticas sobre a proporção de detidos mortos pela polícia no Rio de Janeiro e nos Estados Unidos foram extraídas de Fernando Ribeiro Delgado, "Lethal force: Police violence and public security in Rio de Janeiro and São Paulo", Human Rights Watch, 8 dez. 2009.

10. Luiz Eduardo Soares propôs repetidamente uma reestruturação completa da estrutura policial do Brasil; ver Nashla Dahás, "Luiz Eduardo Soares", *Revista de História*, 11 jan. 2014; Leandro Resende, "'A nação está perturbada', define antropólogo Luiz Eduardo Soares", *O Dia Brasil*, 10 out. 2015.

11. As estatísticas sobre o número de pessoas mortas pela polícia no Rio e em São Paulo foram tiradas do relatório da Human Rights Watch, Delgado, op. cit.

12. A prisão do coronel Alexandre Fontenelle Ribeiro, chefe de operações especiais da Polícia Militar no Rio de Janeiro, foi noticiada pela British Broadcasting Corporation, "Brazil corruption: Rio police arrested over 'extortion racket'", BBC News, 16 set. 2014.

13. A citação do coronel José Carvalho foi tirada de um telegrama diplomático de 2009 revelado pelo WikiLeaks; ver Consulado Americano no Rio de Janeiro, "Counter-insurgency doctrine comes to Rio's favelas", 30 set. 2009.

14. Para uma discussão sobre a prática de oferecer aumento de salário a policiais por atos de "bravura" contra favelados, ver Steven Dudley, "Deadly force: Security and insecurity in Rio", Congresso Norte-Americano sobre a América Latina, novembro de 1998.

15. As estatísticas sobre o número de favelas atendidas por UPPs foram tiradas de Andrew Downie, "Rio finally makes headway against its drug gangs", *Time*, 26 nov. 2010; e do relatório *Country reports on human rights practices for 2011: Brazil*, Departamento de Estado dos Estados Unidos, 2012.

16. A queixa do *patrão* do Comando Vermelho foi retirada de Jonathan Watts, "Rio police tackle favelas as World Cup looms", *Guardian*, 10 jun. 2013.

17. O coronel expõe em detalhe sua perspectiva sobre a pacificação em Robson Rodrigues, "The dilemmas of pacification: News of war and peace in the 'marvelous city'", *Stability Journal*, 22 maio 2014.

18. Graças à preocupação do governo com a influência das quadrilhas, os bailes funk não autorizados tornaram-se uma espécie em extinção; ver Beth McLoughlin, "Rio's funk parties silenced by crackdown on gangs", BBC News, 5 maio 2012; Jillian Kestler-D'Amours, "Silencing Brazil's baile funk", *Al Jazeera*, 5 jul. 2014.

19. Para um exemplo mais recente da hospedagem em favelas, ver Joanna Hansford e Mary Bolling Blackiston, "Luxury boutique hostel opens in Vidigal", *Rio Times*, 4 mar. 2014.

20. O trabalho do Museu da Favela é detalhado em British Broadcasting Corporation, "Rio de Janeiro's favelas reflected through art", BBC News, 29 maio 2011.

21. Sobre a redução no número de ferimentos à bala no Rio, ver Melissa Rossi, "Gun wounds down in Complexo do Alemão", *Rio Times*, 3 jul. 2012. Sobre a estatística comparativa dos assassinatos no Rio e em Washington, D.C., ver Richard Florida, "Gun violence in U.S. cities compared to the deadliest nations in the world", *Citylab*, 22 jan. 2013.

22. Para mais informações sobre as ideias de Christopher Gaffney em sua pátria de adoção, ver Christopher Gaffney, "Global parties, galactic hangovers: Brazil's mega event dystopia", *Los Angeles Review of Books*, 1º out. 2014.

23. André Urani morreu pouco depois da publicação de seu livro *Rio: a hora da virada* (2011); ver obituário "Morre o economista André Urani", *O Globo*, 14 dez. 2011.

24. Quando entrevistei Maria Sílvia Bastos Marques, ela presidia a Empresa Olímpica Municipal, mas posteriormente deixou o cargo; ver Nick Zaccardi, "President of company preparing Rio for Olympics resigns", NBC Sports, 1º abr. 2014.

25. A polêmica sobre a remoção forçada de moradores da favela para abrir caminho à implantação de meios de transporte para os Jogos Olímpicos é apresentada em Donna Bowater, "Olympics bus route to displace 900 families from Rio favela", *Al Jazeera*, 1º set. 2014; Matthew Niederhauser, "Rio's Olympic inequality problem, in pictures", *Citylab*, 9 set. 2015; Bruce Douglas, "Brazil officials evict families from homes ahead of 2016 Olympic Games", *Guardian*, 28 out. 2015.

26. Para uma entrevista mais completa com Faustini, ver Luiz Felipe Reis, "As muitas redes do agitador da 'perifa' Marcus Vinicius Faustini", *O Globo*, 21 jul. 2012.

27. A denúncia que Philip Alston fez da afirmação "invasões violentas ocasionais podem trazer segurança" foi tirada do comunicado à imprensa "UN Special Rapporteur finds that killings by Brazilian police continue at alarming rates, government has failed to take all necessary action", do

Alto-Comissariado das Nações Unidas para os Direitos Humanos, 1. jun. 2010. Para uma análise detalhada da situação do Brasil, ver Philip Alston, "Report of the Special Rapporteur on extrajudicial, summary or arbitrary executions: Follow-up to country recommendations — Brazil", do Conselho de Direitos Humanos das Nações Unidas, 28 maio 2010.

28. Para um panorama histórico das políticas de identidade racial no Brasil, ver Antônio Sérgio e Alfredo Guimarães, "The Brazilian system of racial classification", *Ethnic and Racial Studies*, v. 35, n. 7, 2012.

29. A confusa variedade de identidades raciais reivindicadas pelos brasileiros é discutida em Melissa Block, "Skin color still plays big role in ethnically diverse Brazil", *All Things Considered*, National Public Radio, 19 set. 2013; para o relatório de uma pesquisa que encontrou 136 variantes raciais, ver Cristina Grillo, "Brasil quer ser chamado de moreno e só 39% se autodefinem como brancos", *Folha*, 25 jun. 1995.

30. A pesquisa que examina as atitudes dos brasileiros do meio urbano e do rural em relação ao racismo se encontra em Étore Medeiros e Ana Pompeu, "Brasileiros acham que há racismo, mas somente 1,3% se consideram racistas", *Correio Braziliense*, 25 mar. 2014.

31. A pesquisa sobre a percepção do racismo próprio e alheio por parte dos paulistanos se encontra em Lilia Moritz Schwarcz, "Especificidade do racismo brasileiro", em *História da vida privada no Brasil* (1998).

32. Cíntia Luna fala sobre seu trabalho em Rachael Hilderbrand, "Conheça Cíntia Luna, presidente da Amust do morro do Fogueteiro", *Rio On Watch*, 4 jul. 2014.

33. O site dos Enraizados encontra-se disponível em: <http://enraizados.com.br>.

34. Para as memórias de Fernando Gabeira, ver *O que é isso, companheiro?* (1979), adaptado para o cinema em 1997 [São Paulo: Companhia de Bolso, 2009].

35. Para as perspectivas de renovação do estádio do Maracanã, ver Tom Winterbottom, "The tragedy of the Maracanã Stadium", *Rio On Watch*, 13 jun. 2014; Mark Byrnes, "A brief history of Brazil's most treasured World Cup stadium", *Citylab*, 16 jun. 2014.

36. A renovação do Theatro Municipal está relatada em Sean Collins, "City's theater re-opens in style", *Rio Times*, 8 jun. 2010.

37. Sérgio Mattos discute as tendências da indústria de modelos em Jenny Barchfield, "Transgenders break into Brazil's modeling sector", *CNS News*, 6 dez. 2012.

38. Ver o filme de Vik Muniz, *Lixo extraordinário* (2011); ver também Kino, op. cit.

39. A afirmação "Morar em Nova York é bom, mas é uma merda; morar no Rio é uma merda, mas é bom", supostamente de Tom Jobim, ganhou a condição de lenda urbana no Brasil. Na internet abundam referências a ela. Jornalistas mais cautelosos destacam que a afirmação é "atribuída" ao músico; ver, por exemplo, Antônio Carlos Miguel, "Ser ou não ser carioca da gema não é a questão", *O Globo*, 28 fev. 2015 ("O conceito atribuído a Tom Jobim [...] é daqueles infalíveis"); Fernando Canzian, "É bom, mas é ruim", *Folha*, 13 jul. 2009 ("A frase é atribuída a Tom Jobim [...]").

40. As estatísticas sobre as UPPS foram tiradas de Clarissa Lins, "Providing electricity to Rio de Janeiro's favelas", *Guardian*, 18 mar. 2014; Janet Tappin Coelho, "Brazil's 'peace police' turn five. Are Rio's favelas safer?", *Christian Science Monitor*, 19 dez. 2013.

41. A queda na criminalidade depois da implementação das UPPS é comentada em Simon Jenkins, "Vision of the future or criminal eyesore: What should Rio do with its favelas?", *Guardian*, 30 abr. 2014; os progressos na educação são relatados em Robert Muggah e Ilona Szabo de Carvalho, "Fear and backsliding in Rio", *New York Times*, 15 abr. 2014.

42. As conclusões da pesquisa feita pelo Instituto de Estudos Sociais e Políticos sobre a criminalidade nas favelas do Rio se encontram em Coelho, op. cit.

43. O ínfimo número de sanções decorrentes de denúncias de violência policial pelos cidadãos é discutido em Human Rights Watch, "Letter: Brazil: Protect detainees in police custody", 25 jul. 2014.

44. Para um relatório da Anistia Internacional sobre homicídios praticados pela polícia do Rio de Janeiro, ver *Você matou meu filho!: Homicídios cometidos pela Polícia Militar na cidade do Rio de Janeiro*, Anistia Internacional, 3 ago. 2015.

45. Para o relatório sobre a remoção de favelas e o sumiço de meninos de rua durante a preparação para os Jogos Olímpicos de 2016, ver Karin Elisabeth von Schmalz Peixoto et al., *Rio 2016 Olympics: The exclusion games*, Comitê Popular da Copa e das Olimpíadas do Rio de Janeiro, 7 dez. 2015; ver também Jonathan Watts, "Rio Olympics linked to widespread human rights violations, report reveals", *Guardian*, 8 dez. 2015.

46. O desaparecimento de Amarildo de Souza enquanto estava sob custódia policial foi amplamente noticiado e analisado; entre os artigos a respeito está o de Jonathan Watts, "Brazil: Rio police charged over torture and death of missing favela man", *Guardian*, 2 out. 2013; ver também Human Rights Watch, "Brazil: Reforms fail to end torture", 28 jul. 2014.

47. A morte de Douglas Rafael da Silva Pereira por espancamento provocou protestos generalizados; ver Wyre Davies, "Brazil: Protesters in Rio clash with police over dancer's death", BBC News, 23 abr. 2014.

48. Os tiroteios em favelas "pacificadas" são relatados em Donna Bowater, "Rio's police-occupied slums see an increase in drug-related violence", *Washington Post*, 19 fev. 2014.

49. A citação de Cléber Araújo foi tirada de Loretta Chao, "Rio faces surge of post-World Cup violence in slums", *Wall Street Journal*, 22 jul. 2014.

50. O Pew Research Trust constatou uma desconfiança cada vez maior da polícia por parte dos cidadãos brasileiros; ver Judith Horowitz et al., "Brazilian discontent ahead of World Cup", Pew Research Global Attitudes Project, 3 jun. 2014.

51. O impacto sobre os moradores das tentativas policiais de expulsar organizações criminosas da favela da Maré está tratado em Jonathan Watts, "Rio police tackle favelas as World Cup looms", *Guardian*, 10 jun. 2013. A pacificação da Rocinha teve também consequências devastadoras sobre cidadãos cumpridores das leis; ver Paula Ramon, "Poor, middle class unite in Brazil protests", CNN News, 24 jul. 2013.

52. A citação de Átila Roque foi tirada do relatório *Você matou meu filho!: Homicídios cometidos pela Polícia Militar na cidade do Rio de Janeiro*, op. cit.

53. A citação do favelado anônimo figura em Rodrigo Serrano-Berthet et al., "Bringing the state back into the favelas of Rio de Janeiro: Understanding changes in community life after the UPP pacification process", Banco Mundial, out. 2012.

NA CAMA COM O PRESIDENTE DE GANA? [pp. 411-5]

1. As especulações de que eu teria desempenhado algum papel na morte do presidente de Gana foram publicadas em Daniel Danquah Damptey, "Investigate Mills' death", *GhanaWeb*, 29 jul. 2015.

2. A profecia de Moses Foh-Amoaning de que um dia eu seria pastor foi transmitida pela rádio ganense; ver Kweku Antwi-Otoo, "Gay activist Andrew Solomon will be a pastor one day: Moses Foh-Amoaning", Atinka 104.7 FM, 13 jul. 2015. A citação "Deus o encontrará em determinado momento e o ferirá para que mude" vem de outro relatório que trata longamente da minha identidade sexual, "'Prayer' is the key against 'devilish' homosexuality worldwide: Moses Foh-Amoaning", *Daily Guide Ghana*, 14 jul. 2015.

3. Para demagogia similar, mas menos promissora, ver Gyasiwaa Agyeman, "'Mahama will soon mortgage Ghana to anti-Christ'", *Adom Online*, 8 jan. 2016.

GAYS, JUDEUS, DOENTES MENTAIS E UM
PATROCINADOR DOS CIGANOS NA ROMÊNIA [pp. 416-22]

1. A sanção contra Andrei Rus, professor da Universidade Nacional de Artes Cênicas e Cinema, por "denegrir a imagem da universidade" com sua "propaganda gay e sua agenda homossexual" foi relatada em Dorina Calin, "Decizie Unatc: Criticul de film Andrei Rus nu va fi dat afara din institut ie, dar va fi sanct ionat", *Mediafax*, 2 jul. 2015.

A HORA DE MIANMAR [pp. 423-62]

1. Todas as citações de meu ensaio sobre Mianmar vieram de entrevistas pessoais, salvo indicação em contrário.

2. A libertação de 1100 presos políticos em Mianmar foi admitida num relatório de 2014 preparado por Tomás Ojea Quintana, relator da ONU para os direitos humanos na Birmânia; ver Samantha Michaels, "Quintana releases final report on Burma human rights", *Irrawaddy*, 14 mar. 2014.

3. O relaxamento inicial das sanções americanas contra a Birmânia é relatado em Karen De Young, "Ban on U.S. investment in Burma is lifted", *Washington Post*, 11 jul. 2012.

4. A libertação de Suu Kyi de sua prisão domiciliar é relatada em Tracy McVeigh, "Aung San Suu Kyi 'released from house arrest'", *Guardian*, 13 nov. 2010. A vitória da LND nas eleições gerais de 2012 é tratada em Esmer Golluoglu, "Aung San Suu Kyi hails 'new era' for Burma after landslide victory", *Guardian*, 2 abr. 2012.

5. Paradoxalmente, pelo menos um comentarista birmanês interpretou a libertação prematura de Ma Thida como um artifício cínico por parte da junta militar; ver Aung Zaw, "The SPDC's diplomatic gambit", *Irrawaddy*, fevereiro de 1999.

6. Aung San Suu Kyi, op. cit.

7. O artista plástico Aye Ko discute sua obra em Whitney Light, "Pressing questions with Aye Ko", *Myanmar Times*, 18 maio 2014.

8. Lu Maw e seu irmão já falecido Par Par Lay foram presos depois de uma apresentação de sua companhia de comédia em 1996; ver Philip Heijmans, "Skirting comedy limits in Myanmar", *New York Times*, 29 jul. 2015.

9. Além de prefeito, Ko Minn Latt é editor do jornal *Than Lwin Times*, na língua mon; ver

Banyar Kong Janoi, "Pushing for ethnic language media in a changing Burma", *Asia Calling*, 10 nov. 2012.

10. Moe Satt também foi alvo de desconfiança do governo por causa de sua arte; ver Hillary Luong, "Artists detained by Myanmar police", *Art Asia Pacific*, 8 jun. 2012.

11. A coragem jornalística de Nay Phone Latt conquistou para ele um lugar na lista dos cem mais de 2010 da revista *Time*; ver Salman Rushdie, "Heroes: Nay Phone Latt", *Time*, 29 abr. 2010. Para uma entrevista recente, ver "Nay Phone Latt speaks", *Myanmar Times*, 3 mar. 2014.

12. Thant Myint-U, neto do ex-secretário-geral da ONU U Thant, é um prolífico escritor de temas políticos e presidente da Yangon Heritage Trust, que busca documentar a arquitetura histórica, estabelecendo leis de zoneamento, e preservar a arquitetura urbana de Yangon. O site da organização é: <http://yangonheritagetrust.org>.

13. Para um artigo recente sobre Sammy Samuels, ver Joe Freeman, "Myanmar's Jewish vote", *Tablet*, 9 nov. 2015. O site da agência de viagens de Sammy Samuels, a Myanmar Shalom, é: <http://myanmarshalom.com>.

14. A drástica expansão da telefonia celular em Mianmar foi tratada em Jason Motlagh, "When a SIM card goes from \$2,000 to \$1.50", *Bloomberg Business*, 29 set. 2014; Michael Tan, "One million SIM cards sold in Myanmar", *Cnet*, 2 out. 2014; Jared Ferrie, "SIM sales soar as Myanmar races to catch up in telecoms", Reuters, 6 maio 2015.

15. Por motivo de segurança, Mianmar aprovou uma lei que exige que o volante esteja do lado esquerdo nos novos carros importados; ver Kyaw Hsu Mon, "Govt to push left-hand steering wheels on future car imports", *Irrawaddy*, 25 nov. 2014; Aye Nyein Win, "Right-hand drives to remain on the roads", *Myanmar Times*, 23 out. 2015.

16. As estatísticas sobre nutrição infantil em Mianmar são da "Country statistics: Myanmar", do Unicef, 2015.

17. Para um análise detalhada sobre a contribuição do turismo para a economia de Mianmar, ver Rochelle Turner et al., "Travel and tourism: Economic impact 2015: Myanmar", do Conselho Mundial de Viagens e Turismo, 2015.

18. Mais informações sobre a história birmanesa pode ser encontrada em Michael Aung-Thwin e Maitrii Aung-Thwin, *A History of Myanmar since Ancient Times* (2012).

19. Para mais detalhes sobre os levantes estudantis de 1988, ver British Broadcasting Corporation, "Burma's 1988 protests", BBC News, 25 set. 2007; e Rodion Ebbighausen, "Myanmar: The uprising of 1988", *Deutsche Welle*, 8 ago. 2013.

20. O texto na íntegra da Constituição da República de Mianmar (2008) pode ser encontrado no site da Organização Mundial da Propriedade Intelectual: <http://wipo.int/edocs/lexdocs/laws/en/mm/mm009en.pdf>. Para uma discussão sobre os aspectos problemáticos da Constituição e as tentativas de reformá-la, ver Thomas Fuller, "Myanmar's leader backs change to constitution", *New York Times*, 2 jan. 2014; Jared Ferrie, "Myanmar president enacts law allowing referendum on disputed constitution", Reuters, 12 fev. 2015; Thomas Fuller, "Myanmar's military uses political force to block constitutional changes", *New York Times*, 15 jun. 2015.

21. A nostalgia dos refugiados birmaneses é tratada em Julia Lyon, "Invited to escape to America, some refugees just say no", *St. Louis Tribune*, 14 set. 2009; Ron Corben, "Burmese refugees in Thailand long to return home", *Deutsche Welle*, 13 dez. 2011.

22. Entre os dissidentes que exigem um pedido de desculpas por parte de seus captores está

Win Tin; ver Kyaw Phyo Tha, "Ex-political prisoner Win Tin demands apology from junta leaders", *Irrawaddy*, 30 out. 2013.

23. Ver Aung San Suu Kyi, *The Voice of Hope: Conversations with Alan Clements* (2008).

24. A baixíssima densidade populacional da capital de Mianmar é tratada em Matt Kennard e Claire Provost, "The lights are on but no one's home in Myanmar's capital Naypyidaw", *Guardian*, 19 mar. 2015; Katie Amey, "Government-issued housing, super-highways that span 20 lanes but not a soul in sight: Inside Myanmar's haunting capital city", *Daily Mail*, 18 abr. 2015.

25. Ver o documento do Departamento de Estado dos Estados Unidos "u.s. economic engagement with Burma", Embaixada dos Estados Unidos em Rangoon, junho de 2014.

26. Embora muitos profissionais birmaneses tenham sido removidos para Cingapura, aos poucos a maré está mudando; ver Kyaw Zwa Moe, "Burmese professionals earn good money in Singapore but still miss home", *Irrawaddy*, março de 2007; Joanna Seow, "More Myanmar professionals in Singapore heading home to tap booming economy", *Straits Times*, 24 mar. 2014.

27. A aliança pragmática de Shwe Mann com Aung San Suu Kyi provocou desconforto entre os membros do Pusd, entre eles o presidente Thein Sein, que preparou a dramática destituição de Mann do cargo de presidente do partido; ver Thomas Fuller, "Conservatives in Myanmar force out leader of ruling party", *New York Times*, 13 ago. 2015; British Broadcasting Corporation, "Aung San Suu Kyi hails Shwe Mann as an 'ally'", bbc News, 18 ago. 2015; Hnin Yadana Zaw e Antoni Slodkowski, "Myanmar's ousted ruling party head to work with Suu Kyi", Reuters, 5 nov. 2015.

28. Ver a respeitada biografia *The Lady and the Peacock: The Life of Aung San Suu Kyi* (2012), de Peter Popham.

29. O discurso pronunciado por Aung San Suu Kyi ao receber o prêmio Nobel pode ser encontrado no site: <http://nobelprize.org/nobel_prizes/peace/laureates/1991/kyi-lecture_en.html>.

30. Ver fontes anteriormente citadas sobre a Constituição birmanesa: Fuller (2014 e 2015), op. cit., e Ferrie, op. cit.

31. Robert San Pe discute a reforma constitucional no vídeo de 24 minutos "Legal adviser to Aung San Suu Kyi, Robert Pe", Reliefweb Labs, 5 maio 2015.

32. Entre os doadores da incipiente Biblioteca Parlamentar de Mianmar estão o Canadá, os Estados Unidos e a Fundação Ásia; ver "Baird bears gifts", *Mizzima*, 9 mar. 2012; Conselho de Negócios Malaios em Mianmar, "u.s. contributes publications to parliamentary library", 24 out. 2012; Fundação Ásia, "The Asia Foundation donates books to parliamentary library in Burma", 24 out. 2012.

33. Para uma discussão sobre o impacto e a dinâmica do Nargis, ver Michael Casey, "Why the cyclone in Myanmar was so deadly", *National Geographic News*, 8 maio 2008.

34. A afirmação ofensiva do cônsul-geral Ye Myint Aung aparece numa carta datada de 9 de fevereiro de 2009 (pode ser encontrada em: <http://asiapacific.anu.edu.au/newmandala/wp-content/uploads/2009/02/the-consul-generals-letter.pdf>) e foi divulgada originalmente em Greg Torode, "Myanmese envoy says Rohingya ugly as ogres", *South China Morning Post*, 11 fev. 2009.

35. Para uma interpretação do governo de Mianmar sobre a história de sua população muçulmana, ver República da União de Mianmar, "Final report of inquiry commission on sectarian violence in Rakhine State", 8 jul. 2013.

36. Diversas ongs redigiram em linhas gerais a história dos *rohingyas*; ver, por exemplo, Euro-

-Burma Office, "The Rohingyas: Bengali Muslims or Arakan Rohingyas?". Documento de informação n. 2 do EBO, Euro-Burma Office, 2009; Eliane Coates, "Sectarian violence involving Rohingya in Myanmar: Historical roots and modern triggers", Instituto do Oriente Médio, 4 ago. 2014.

37. As especulações sobre supostos vínculos dos *rohingyas* com grupos terroristas são contestadas por especialistas em segurança e por parlamentares birmaneses; ver Paul Vrieze, "Experts reject claims of 'Rohingya mujahideen' insurgency", *Irrawaddy*, 15 jul. 2013.

38. A organização Human Rights Watch documentou a perseguição a que foram submetidos os *rohingyas* em Matthew Smith et al., "'All you can do is pray': Crimes against humanity and ethnic cleansing of Rohingya Muslims in Burma's Arakan State", Human Rights Watch, abril de 2013.

39. O sermão de Ashin Wirathu que teria provocado o massacre de *rohingyas* em Meiktila pode ser encontrado em "Anti Muslim monk Wira thu talk about Meiktila before riot", YouTube, 24 mar. 2013; uma tradução resumida para o inglês encontra-se em Maung Zarni, "Racist leader monk Rev. Wirathu's speech", *M-Media*, 24 mar. 2013. As exortações de Wirathu — a "levantar-se" e "fazer seu sangue ferver" — foram citadas em Hannah Beech, "The face of Buddhist terror", *Time*, 1º jul. 2013. A citação do texto do panfleto distribuído por ocasião de um dos sermões de Ashin Wirathu aparece em Thomas Fuller, "Extremism rises among Myanmar Buddhists", *New York Times*, 20 jun. 2013. Wirathu é comparado a Hitler em Sarah Kaplan, "The serene-looking Buddhist monk accused of inciting Burma's sectarian violence", *Washington Post*, 27 maio 2015.

40. Ver Yassin Musharbash, "The 'Talibanization' of Pakistan: Islamists destroy Buddhist statue", *Der Spiegel*, 8 de novembro de 2007.

41. A expressão "budistas selvagens" é citada em Jonathan Pearlman, "Jihadist group calls on Muslims to save Burmese migrants from 'savage Buddhists'", *Telegraph*, 20 maio 2015.

42. A fuga dos *rohingyas* de Mianmar está documentada em David Mathieson, "Perilous plight: Burma's Rohingya take to the seas", Human Rights Watch, 2009.

43. O silêncio de Suu Kyi sobre a questão dos *rohingyas* foi amplamente notado; ver, por exemplo, Moshahida Sultana Ritu, "Ethnic cleansing in Myanmar", *New York Times*, 12 jul. 2012; Charlie Campbell, "Arakan strife poses Suu Kyi political problem", *Irrawaddy*, 13 jul. 2012.

44. As tensões entre os budistas de Arakan e os estrangeiros enviados por organizações internacionais de ajuda estão relatadas em Lawi Weng, "Arakan monks boycott UN, Ingos", *Irrawaddy*, 6 jul. 2012.

45. Os distúrbios de Mandalay em 2014 foram relatados em "Five injured in Mandalay unrest, damage limited", *Irrawaddy*, 2 jul. 2014.

46. Para uma discussão acadêmica sobre a diversidade dos muçulmanos residentes em Mianmar, ver Khin Maung Yin, "Salience of ethnicity among Burman Muslims: A study in identity formation", *Intellectual Discourse*, v. 13, n. 2 (2005).

47. Para mais informações sobre as mulheres tatuadas do estado de Chin, ver Sarah Boesveld, "Stealing beauty: A look at the tattooed faces of Burma's Chin province", *National Post*, 15 jul. 2011.

48. O número de monges de Mianmar é calculado entre 400 mil e 500 mil em Sarah Buckley, "Who are Burma's monks?", BBC News, 26 set. 2007.

49. A história da migração dos judeus de e para o Sul da Ásia é explorada em Nathan Katz e Ellen S. Goldberg, "The last Jews in India and Burma", *Jerusalem Letter*, 15 abr. 1988.

50. Moses Samuels morreu em 29 de maio de 2015; ver Jonathan Zaiman, "Remembering Moses Samuels, the man who preserved Jewry in Myanmar", *Tablet*, 2 jun. 2015.

51. O próprio Moses Samuels afirmou: "aqui não temos problemas de religião"; ver Seth Mydans, "Yangon Journal; Burmese Jew shoulders burden of his heritage", *New York Times*, 23 jul. 2002. Ver também uma tocante lembrança de Moses Samuels e uma apreciação sobre a comunidade judaica em Mianmar: Sammy Samuels, "Hanukkah with spirit in Yangon", *BBC News*, 4 dez. 2015.

52. O desfecho das negociações para um cessar-fogo com os grupos rebeldes de Mianmar é relatado em Shibani Mahtani e Myo Myo, "Myanmar signs draft peace deal with armed ethnic groups", *Wall Street Journal*, 31 mar. 2015.

53. Para mais informação sobre os remanescentes do Kuomintang em Mianmar, ver Denis D. Gray, "The remaining veterans of China's 'lost army' cling to old life styles in Thailand", *Los Angeles Times*, 7 jun. 1987.

54. A Aliança Democrática Nacional Mong La e seu líder, Sai Leun, aparecem em Michael Black e Roland Fields, "Virtual gambling in Myanmar's drug country", *Asia Times*, 26 ago. 2006; Sebastian Strangio, "Myanmar's wildlife trafficking hotspot", *Al Jazeera*, 17 jun. 2014.

55. A lucrativa indústria do jade do estado de Kachin é analisada em Andrew Marshall, "Myanmar old guard clings to $8 billion jade empire", Reuters, 1º out. 2013. A alta taxa de mortalidade numa mina de jadeíta é relatada em Kyaw Myo Min, Kyaw Kyaw Aung e Khin Khin Ei, "Hopes fade for Myanmar landslide survivors as lawmakers urge greater safety for miners", Radio Free Asia, 24 nov. 2015.

56. A história de Thant Thaw Kaung é contada em Mary O'Shea, "Journey of shelf discovery", *Post Magazine*, 14 out. 2012.

57. A vida e a obra de Htein Lin são temas de Thomas Fuller, "Back to a Burmese prison by choice", *New York Times*, 6 dez. 2014.

58. O projeto de Htein Lin Uma Mostra de Mãos está descrito em seu site: <http://hteinlin.com/a-show-of-hand>; e em Kyaw Phyo Tha, "Hands of hardship; artist Htein Lin spotlights political prisoners' travails", *Irrawaddy*, 27 jul. 2015.

59. A obra de Wah Nu e Tun Win Aung é discutida em Mike Ives, "Culling Myanmar's past for memories", *New York Times*, 16 out. 2013; Susan Kendzulak, "Burma's flying circus", *Art Radar*, 18 out. 2013.

60. Maung Tin Thit (também conhecido como U Ye Mon) conquistou uma cadeira no Hluttaw (a Assembleia Legislativa) nas eleições gerais de 2015; ver Pyae Thet Phyo, "Ex-minister's agent denies seeking recount", *Myanmar Times*, 12 nov. 2015.

61. Ma Thanegi, *Nor Iron Bars a Cage* (2013).

62. Ma Thanegi expõe sua oposição às sanções em "The Burmese fairy tale", *Far Eastern Economic Review*, 19 fev. 1998.

63. As tentativas de Misuu Borit de reintroduzir o gato birmanês em sua terra natal são relatadas em Kelly McNamara, "Burmese cats return to a new Burma", *Bangkok Post*, 14 set. 2012; Kyaw Phyo Tha, "A purr-fect pedigree in Burma", *Irrawaddy*, 24 fev. 2014.

64. As estatísticas sobre turismo em Mianmar foram tiradas de Turner et al., op. cit.

65. Os funcionários do *Unity Journal* condenados continuam presos; ver San Yamin Aung, "Supreme Court rejects appeal of *Unity* journalists", *Irrawaddy*, 27 nov. 2014.

66. As acusações a alguns manifestantes acabaram sendo suprimidas; ver "Charges dropped against 23 journalists", *Nation* (Bancoc), 25 ago. 2014.

67. A morte de Aung Kyaw Naing (Par Gyi) quando estava sob custódia policial é relatada em Lawi Weng, Nyein Nyein e Kyaw Hsu Mon, "Missing reporter killed in custody of Burma army",

Irrawaddy, 24 out. 2014. Sobre repercussões do acontecimento, ver British Broadcasting Corporation, "Myanmar court 'must investigate Aung Kyaw Naing death'", BBC News, 3 dez. 2014.

68. A condenação de Zaw Pe por "invasão" quando investigava um programa de bolsas de estudo está relatada em Zarni Mann, "DVB reporter jailed for one year", *Irrawaddy*, 7 abr. 2014.

69. A condenação dos funcionários do *Bi Mon Te Nay* está relatada em Nobel Zaw, "Court sentences 3 journalists, 2 media owners to 2 years in prison", *Irrawaddy*, 16 out. 2014.

70. A prisão e a condenação de Htin Kyaw são tema de Nobel Zaw, "Activist hit with additional sentence, totaling over 13 years", *Irrawaddy*, 31 out. 2014.

71. A classificação dos países quanto à liberdade de imprensa foi tirada do Índice Mundial de Liberdade de Imprensa 2015, Repórteres sem Fronteiras. Disponível em: <http://index.rsf.org>.

72. As citações de Yanghee Lee foram extraídas de Yanghee Lee, "Report of the Special Rapporteur on situation of human rights in Myanmar", Escritório do Alto-Comissariado das Nações Unidas para os Direitos Humanos, 23 set. 2014.

73. A situação cada vez mais desesperada do povo *rohingya* está narrada em Rishi Iyengaar, "Burma's million-strong Rohingya population faces 'final stages of genocide', says report", *Time*, 28 out. 2015; Penny Green, Thomas MacManus e Alicia de la Cour Venning, "Countdown to annihilation: Genocide in Myanmar", Iniciativa Internacional contra Crimes de Estado, 2015.

74. O movimento 969 é tema das reportagens "The 969 catechism", Reuters, 26 jun. 2013; e "Myanmar gives official blessing to anti-Muslim monks", Reuters, 27 jun. 2013, de Andrew Marshall. Para uma discussão sobre o partido Ma Ba Tha, ver Annie Gowen, "Hard-line Buddhist monks threaten Burma's hopes for democracy", *Washington Post*, 5 nov. 2015.

75. O processo em curso contra o presidente Thein Sein é discutido em Agence France-Presse, "Muslim groups sue Myanmar president for Rohingya 'genocide'", *Guardian*, 5 out. 2015.

76. A vitória eleitoral da Liga Nacional pela Democracia está relatada em Oliver Holmes, "Aung San Suu Kyi wins outright majority in Myanmar election", *Guardian*, 13 nov. 2015. Os comentários de U Win Htein sobre os muçulmanos da Birmânia, feitos depois das eleições, foram tirados de Austin Ramzy, "After Myanmar election, few signs of a better life for Muslims", *New York Times*, 18 nov. 2015.

77. A expansão da imprensa em Mianmar e sua simultânea supressão pelo governo são o tema de Julie Makinen, "Myanmar press freedom: Unprecedented but still subject to pressures", *Los Angeles Times*, 27 mar. 2015; Paul Mooney, "Jail, lawsuits cast shadow over Myanmar media freedom", Reuters, 15 maio 2014; e "Caught between state censorship and self-censorship: Prosecution and intimidation of media workers in Myanmar", Anistia Internacional, 16 jun. 2015.

78. O domínio constitucionalmente instituído das Forças Armadas na política birmanesa é tratado em "A milestone for Myanmar's democracy", *New York Times*, 12 nov. 2015.

79. As observações de Suu Kyi sobre a Constituição de Mianmar foram reproduzidas em Claire Phipps e Matthew Weaver, "Aung San Suu Kyi vows to make all the decisions in Myanmar's new government", *Guardian*, 10 nov. 2015; ver também Fergal Keane, "Myanmar election: Full BBC interview with Aung San Suu Kyi", BBC News, 10 nov. 2015.

PERDIDO NO MAR [pp. 463-72]

1. Eu não seria visto como um aventureiro gastronômico se tivesse nascido quarenta anos mais tarde. A enguia tornou-se tão popular que tanto a variedade japonesa como a americana aparecem na Lista Internacional de Espécies Ameaçadas; ver Frances Cha, "Japanese eel becomes

latest 'endangered food'", *CNN Travel*, 5 fev. 2013; Annie Sneed, "American eel is in danger of extinction", *Scientific American*, 1º dez. 2014.

2. Dutch Springs Quarry em Lehigh, Pensilvânia, é o túmulo marítimo não apenas de um ônibus escolar, mas de um carro de bombeiros, um bonde, três aviões e um helicóptero Sikorsky H-37; ver Julie Morgan, "Keeping'em diving in the Keystone State", *Sport Diver*, 21 abr. 2006.

3. Meu discurso de abertura para o Festival de Escritores em Sydney pode ser encontrado no site do festival. Disponível em: <http://swf.org.au>.

4. O Hotel Orpheus Island, lugar bastante agradável quando você não é abandonado no mar por seus funcionários incompetentes e intimado a pagar pela viagem por um gerente sem escrúpulos, tem um site: <http://orpheus.com.au>.

5. Embora o grito de Tarzan seja inconfundível, sua origem é polêmica; ver Bill De Main, "The disputed history of the Tarzan yell", *Mental Floss*, 22 ago. 2012.

6. A história "Na qual Leitão é inteiramente cercado de água" é o capítulo 9 de A. A. Milne, *Winnie-the-Pooh* (1926).

Referências bibliográficas

ABADI, Mark. "'The Blacks,' 'the Gays,' 'the Muslims' — Linguists Explain One of Donald Trump's Most Unusual Speech Tics". *Business Insider*, 17 out. 2016.

ABRAHAMS, Fred. "In his first interview, Saif al-Islam says he has not been given access to a lawyer". *Daily Beast*, 30 dez. 2012.

ABRAMSON, Samara. "Local Business Helps Family that Had 'Trump,' 'Go Home' Keyed into Car". *Western Mass News*, 21 nov. 2016.

ADAMS, Susan. "Treasure islands: Inside a Japanese billionaire's art archipelago". *Forbes*, 29 jul. 2015.

ADEKOYA, Remi. "Xenophobic, Authoritarian — and Generous on Welfare: How Poland's Right Rules". *Guardian*, 25 out. 2016.

ADEWUNMI, Bim. "Kimberlé Crenshaw on Intersectionality". *New Statesman*, 2 abr. 2014.

AGENCE FRANCE-PRESSE. "AG Healey's Hate Crime Hotline Received 400 Calls in First Week". WBUR, 21 nov. 2016.

_____. "EU Flag Burned as Tens of Thousands Join Warsaw National Demo". *Telegraph*, 12 nov. 2015.

_____. "'Infidel!' Ottoman Slur Raises Hackles in Turkey". *Tribune* (Pakistan), 15 dez. 2016.

_____. "Muslim Groups Sue Myanmar President for Rohingya 'Genocide'". *Guardian*, 5 out. 2015.

_____. "Rwanda opposition says can't find lawyer for Kagame 3rd term case — one said 'God was against it'". *Mail & Guardian*, 8 jul. 2015.

_____. "US opposes third term for Rwanda's Kagame: Diplomat". *Guardian* (Nigéria), 5 jul. 2015.

AGYMAN, Gyasiwaa. "'Mahama will soon mortgage Ghana to anti-Christ'". *Adom Online*, 8 jan. 2016.

AI Weiwei. "Ai Weiwei: China's art world does not exist". *Guardian*, 10 set. 2012.

AKINSHA, Konstantin. "Art in Russia: Art under attack". *ARTnews*, 1º out. 2009.

ALCORN, Chauncey; PARASCANDOLA, Rocco; RAYMAN, Graham. "Anti-Semitic Pamphlet Lands in State

Sen. Brad Hoylman's Home in Latest Spate of Post-Election Hate Crimes". *New York Daily News*, 21 nov. 2016.

ALEXANDER, Rachel. "Police Investigate Swastika Spray-Painted on Logan Home". *Spokesman-Review*, 16 nov. 2016.

ALGEMEINER STAFF. "Polish Anti-Refugee Demonstrators Burn Effigies of Orthodox Jews at Wrocław Protest". *Algemeiner Zeitung*, 18 nov. 2015.

ALSTON, Philip. "Report of the Special Rapporteur on extrajudicial, summary or arbitrary executions: Follow-up to country recommendations — Brazil". United Nations Human Rights Council, 28 maio 2010.

ALTER, Alexandra. "China's publishers court America as its authors scorn censorship". *New York Times*, 28 maio 2015.

AMERICAN CONSUL RIO DE JANEIRO. "Counter-insurgency doctrine comes to Rio's favelas", 30 set. 2009.

AMEY, Katie. "Government-issued housing, super-highways that span 20 lanes but not a soul in sight: Inside Myanmar's haunting capital city". *Daily Mail*, 18 abr. 2015.

AMNESTY INTERNATIONAL. "Caught between state censorship and self-censorship: Prosecution and intimidation of media workers in Myanmar", 16 jun. 2015.

_____. "State of Libya". In: *The state of the world's human rights*, 11 mar. 2015.

AMOS, Howard. "Russian publisher prints books about Putin under names of western authors". *Guardian*, 11 ago. 2015.

ANISTIA INTERNACIONAL BRASIL. *Você matou meu filho!: Homicídios cometidos pela Polícia Militar na cidade do Rio de Janeiro, You killed my son: Homicides by military police in the city of Rio de Janeiro*. Amnesty International, 3 ago. 2015.

ANSARI, Maira. "Neighbor Mails Man Typed Letter Laced with Hate". *WAVE 3 News*, 15 nov. 2016.

"Anti Muslim monk Wira thu talk about Meiktila before riot". YouTube, 24 mar. 2013. Disponível em: <http://youtube.com/watch?v=N7irUgGsFYw>.

ANTUNES, Anderson. "When samba meets African dictators: The ugly side of Rio de Janeiro's Carnival". *Forbes*, 19 fev. 2015.

ANTWI-OTOO, Kweku. "Gay activist Andrew Solomon will be a pastor one day: Moses Foh-Amoaning". *Atinka 104.7 FM Online*, 13 jul. 2015.

ARENDT, Laurie. "A toast to her brother". *Ozaukee Press*, 13 set. 2007.

ARTAVIA, David. "Cameroon's 'gay problem'". *Advocate*, 7 jul. 2013.

ASHDOWN, Nick. "Public Muslims, Secret Jews: A Turkish Sect Faces Crackdown". *Forward*, 5 ago. 2016.

ASIA FOUNDATION. "The Asia Foundation donates books to parliamentary library in Burma". Asia Foundation, 24 out. 2012.

ASLAM, Senem. "Different Faces of Turkish Islamic Nationalism". *Washington Post*, 20 fev. 2015.

ASSOCIATED PRESS. "Assault on U.S. consulate in Benghazi leaves 4 dead, including U.S. Ambassador J. Christopher Stevens". CBS News, 12 set, 2012.

_____. "Erdoğan Comments on Historic Treaty Irk Opposition, Greece". *Washington Post*, 30 set. 2016.

_____. "Trump at Mexico Border: 'Hispanics Are Going to Love Trump.'" *Chicago Sun Times*, 23 jul. 2015.

_____. "Vinegar contaminated with antifreeze kills Chinese Muslims at Ramadan meal". *Guardian*, 22 ago. 2011.

_____. "Women journalists targeted in Afghanistan". NBC News, 26 jun. 2007.

AUNG SAN Suu Kyi. "Please use your liberty to promote ours". *New York Times*, 4 fev. 1997.

_____; CLEMENTS, Alan. *The Voice of Hope: Conversations with Alan Clements*. Nova York: Seven Stories Press, 2008.

AUNG-THWIN, Michael; AUNG-THWIN, Maitrii. *A History of Myanmar since Ancient Times*. Chicago: Universidade de Chicago, 2012.

AUNG ZAW. "The SPDC's diplomatic gambit". *Irrawaddy*, fev. 1999.

AUSTRALIAN ASSOCIATED PRESS. "Temperature affects fungi in Antarctica". Special Broadcasting Service, 28 set. 2015.

AYE NYEIN Win. "Right-hand drives to remain on the roads". *Myanmar Times*, 23 out. 2015.

"Baird bears gifts". *Mizzima*, 9 mar. 2012.

BANCO MUNDIAL. "Ease of doing business in Rwanda", 2015.

_____. "Poverty continued to decline, falling from 27.4 percent in 2012 to 21.6 percent in 2014", 1 jul. 2015.

_____. "Rwanda overview", 6 out. 2015.

_____. "World Bank, Govt. of Solomon Islands launch two new projects towards improved power supply, disaster & climate resilience", 1 abr. 2014.

BARBER, Elizabeth. "'Gutter oil' scandal raises food-safety fears once again in greater China". *Time*, 8 set. 2014.

BARCHFIELD, Jenny. "Transgenders break into Brazil's modeling sector". *CNS News*, 6 dez. 2012.

BARNES, Mo. "Homeowner Claims N-word Sign Isn't Offensive". *Rolling Out*, 15 nov. 2016.

BASS, Katy Glenn; LEE, Joey Lee. "Silenced voices, threatened lives: The impact of Nigeria's LGBTI law on Freedom of Expression". PEN American Center, 29 jun. 2015.

BEAM, Christopher. "Beyond Ai Weiwei: How China's artists handle politics (or avoid them)". *New Yorker*, 27 mar. 2015.

BEAUMONT, Peter. "Israel Builds Wall Deep Underground to Thwart Hamas Tunnels". *Guardian*, 8 set. 2016.

BECKER, Kathrin. "In memoriam Timur Novikov". *Art Margins*, 23 mar. 2002.

BEECH, Hannah. "The face of Buddhist terror". *Time*, 1 jul. 2013.

BENSON, Todd. "U.N. watchdog denounces police killings in Brazil". Reuters, 15 set. 2008.

BEVINS, Vincent. "Coming 'tsunami'? In Brazil, calls for reform in wake of Fifa scandals". *Los Angeles Times*, 12 jun. 2015.

BIESECKER, Michael. "Trump's 'America First' Echoes Old Isolationist Rallying Cry". Associated Press, 29 jun. 2016.

BIGLIN, Kevin. "Three Types of racially Charged Posters Found on University of Michigan Campus". *Michigan Daily*, 26 set. 2016.

BILEFSKY, Dan; BARTHELEMY, Claire. "Donald Trump Finds New City to Insult: Brussels". *New York Times*, 27 jan. 2016.

BJERREGAARD, Peter; LYTKEN LARSEN, Christina Viskum. "Time trend by region of suicides and suicidal thoughts among Greenland Inuit". *International Journal of Circumpolar Health*, v. 74, p. 26 053, 19 fev. 2015.

BLACK, Michael; FIELDS, Roland. "Virtual gambling in Myanmar's drug country". *Asia Times*, 26 ago. 2006.

"Blackout hits Taipei's Palace Museum Thursday afternoon". *Want China Times*, 10 jul. 2015.

BLOCK, Melissa. "Skin color still plays big role in ethnically diverse Brazil". *All Things Considered*, National Public Radio, 19 set. 2013.

BOCCELLA, Kathy. "Hate Wave: Post-Election Incidents Reported in Region". *Philadelphia Inquirer*, 25 nov. 2016.

BOEHLER, Patrick. "Bad eggs: Another fake-food scandal rocks China". *Time*, 6 nov. 2012.

_____. "Police seize chicken feet in storage since 1967, smuggled from Vietnam". *South China Morning Post*, 8 jul. 2013.

BOESVELD, Sarah. "Stealing beauty: A look at the tattooed faces of Burma's Chin province". *National Post*, 15 jul. 2011.

BOSWELL, James. *Boswell's Life of Johnson*. George Birkbeck Hill, org. Oxford: Clarendon Press, 1887.

BOWATER, Donna. "Olympics bus route to displace 900 families from Rio favela". *Al Jazeera*, 1º set. 2014.

_____. "Rio's police-occupied slums see an increase in drug-related violence". *Washington Post*, 19 fev. 2014.

BRADSHER, Keith. "Rare glimpses of China's long-hidden treasures". *New York Times*, 28 dez. 2006.

BRANIGAN, Tania. "Chinese treasures to be reunited in Taiwan". *Guardian*, 19 fev. 2009.

_____. "It's goodbye Lenin, hello dinosaur as fossils head to Mongolia museum". *Guardian*, 27 jan. 2013.

_____. "Mongolia declares state of emergency as riots kill five". *Guardian*, 2 jul. 2008.

BREDDERMAN, Will. "NYPD Reports 'Huge Spike' in Hate Crimes since Donald Trump's Election". *Observer*, 5 dez. 2016.

BREMMER, Ian. "These 5 facts explain Russia's economic decline". *Time*, 14 ago. 2015.

BRILLIANT, Jeremy. "Brown County Church Vandalized Overnight". WTHR, 13 nov. 2016.

BRITISH BROADCASTING CORPORATION. "Aung San Suu Kyi hails Shwe Mann as an 'ally'". BBC News, 18 ago. 2015.

_____. "Brazil corruption: Rio police arrested over 'extortion racket'". BBC News, 16 set. 2014.

_____. "Burma's 1988 protests". BBC News, 25 set. 2007.

_____. "Cameroon 'gay sex' men acquitted". BBC News, 7 jan. 2013.

_____. "Chernobyl: 20 years on". BBC News, 12 jun. 2007.

_____. "Chinese police arrest 110 for selling 'contaminated pork'". BBC News, 12 jan. 2015.

_____. "Egypt cuts 'gay wedding video' jail terms". BBC News, 27 dez. 2014.

_____. "Greenland's Jakobshavn Glacier sheds big ice chunk". BBC News, 24 ago. 2015.

_____. "Iranian hanged after verdict stay". BBC News, 6 dez. 2007.

_____. "Moscow protest: Thousands rally against Vladimir Putin". BBC News, 25 dez. 2011.

_____. "Myanmar court 'must investigate Aung Kyaw Naing death'". BBC News, 3 dez. 2014.

_____. "Paul Kagame's third term: Rwanda referendum on 18 December". BBC News, 9 dez. 2015.

_____. "Profiles of Russia's 2012 presidential election candidates". BBC News, 1º mar. 2012.

_____. "Report: One fifth of China's soil contaminated". BBC News, 18 abr. 2014.

_____. "Rio de Janeiro's favelas reflected through art". BBC News, 29 maio 2011.

BRITISH BROADCASTING CORPORATION. "Self-rule introduced in Greenland". BBC News, 21 jun. 2009.

_____. "Taiwan rejects 'looted' China art". BBC News, 7 out. 2009.

BRONSON, Po; MERRYMAN, Ashley. "Even babies discriminate: A Nurture Shock excerpt". *Newsweek*, 4 set. 2009.

BROWNMILLER, Susan. *Against Our Will: Men, Women and Rape*. Nova York: Simon & Schuster, 1975.

BUCKLEY, Sarah. "Who are Burma's monks?". BBC News, 26 set. 2007.

BULT, Laura. "Vandal Wrote 'Trump!' on Door to Prayer Room Used by New York University's Muslim Student Organization". *New York Daily News*, 10 nov. 2016.

BUMP, Philip. "Donald Trump Reverses Course on Paying Legal Fees for Man Who Attacked Protester. But Could He Do It?" *Washington Post*, 15 mar. 2016.

_____. "Here's What Donald Trump Said in His Big Immigration Speech, Annotated". *Washington Post*, 31 ago. 2016.

BUMP, Philip; BLAKE, Aaron. "Donald Trump's Dark Speech to the Republican National Convention, Annotated". *Washington Post*, 21 jul. 2016.

BUNCOMBE, Andrew. "India's gay community scrambling after court decision recriminalises homosexuality". *Independent*, 26 fev. 2014.

BURKITT, Laurie. "Selling health food to China". *Wall Street Journal*, 3 dez. 2010.

BYRNES, Mark. "A brief history of Brazil's most treasured World Cup stadium". *Citylab*, 16 jun. 2014.

CAI MUYUAN. "Eat green, think greener". *China Daily Europe*, 5 jun. 2015.

CALIN, Dorina. "Decizie Unatc: Criticul de film Andrei Rus nu va fi dat afară din institu ie, dar va fi sanc ionat". *Mediafax*, 2 jul. 2015.

CALLAHAN, Molly. "US Ambassador to Britain Champions Listening as Key to Diplomacy". *News@ Northeastern*, 7 out. 2016.

CAMPBELL, Charlie. "Arakan strife poses Suu Kyi political problem". *Irrawaddy*, 13 jul. 2012.

CANZIAN, Fernando. "É bom, mas é ruim (It's good, but it's bad)". *Folha*, 13 jul. 2009.

CARLSON, Jen. "Racist Teacher Who Threatened Student with Deportation Put On 'Do Not Hire' List". *LAist*, 14 nov. 2016.

CARPENTER, Frances. *Tales of a Korean Grandmother*. St. Louis, MO: Turtleback Books, 1989.

CARYL, Christian. "Putin: During and after Sochi". *New York Review of Books*, 3 abr. 2014.

CASEY, Michael. "Why the cyclone in Myanmar was so deadly". *National Geographic News*, 8 maio 2008.

CERVANTES, Denise. "Pro-Trump Flyers on Texas State Campus Call for Torture of School Officials". *University Star*, 10 nov. 2016.

CHA, Frances. "Japanese eel becomes latest 'endangered food'". *CNN Travel*, 5 fev. 2013.

CHANG, Jack. "Chinese art colony's free-speech illusion shatters". *Asahi Shimbun*, 17 out. 2014.

CHAO, Loretta. "Rio faces surge of post-World Cup violence in slums". *Wall Street Journal*, 22 jul. 2014.

"Charges dropped against 23 journalists". *Nation* (Bancoc), 25 ago. 2014.

CHEN Te-Ping. "In latest mash-up, China puts spotlight on spuds". *Wall Street Journal*, 17 ago. 2015.

COATES, Eliane. "Sectarian violence involving Rohingya in Myanmar: Historical roots and modern triggers". Middle East Institute, 4 ago. 2014.

COELHO, Janet Tappin. "Brazil's 'peace police' turn five. Are Rio's favelas safer?". *Christian Science Monitor*, 19 dez. 2013.

COHEN, Andrew. "Off the page: Li Xianting". *Art Asia Pacific* 71, nov./dez. 2010.

COHEN, Claire; MENDIOLA, Orlando. "Students Wake Up to Doors Vandalized with Swastikas at Kerrey Hall". *New School Free Press*, 12 nov. 2016.

COLLINS, Sean. "City's theater re-opens in style". *Rio Times*, 8 jun. 2010.

COLLINSON, Stephen. "Marathon Benghazi hearing leaves Hillary Clinton largely unscathed". *CNN Politics*, 23 out. 2015.

CONWILL, William Louis. "N'deup and mental health: Implications for treating Senegalese immigrants in the U.S.". *International Journal for the Advancement of Counselling*, v. 32, n. 3, set. 2010, pp. 202-13.

COOK, Tony; SCHNEIDER, Chelsea. "What We Know about Gov. Mike Pence's Position on Gay Rights over the Years". *Indianapolis Star* 13, jan. 2016.

COOPER, Tanya. "License to harm: Violence and harassment against LGBT people and activists in Russia". Human Rights Watch, 15 dez. 2014.

COOPERMAN, Alan; CONNOR, Phillip; O'CONNELL, Erin. "Russians return to religion but not to church". Pew Research Center, 10 fev. 2014.

CORBEN, Ron. "Burmese refugees in Thailand long to return home". *Deutsche Welle*, 13 dez. 2011.

CORASANTI, Nick; HABERMAN; Maggie. "Donald Trump Suggests 'Second Amendment people' Could Act Against Hillary Clinton". *New York Times*, 9 ago. 2016.

CORCORAN, Hannah; SMITH, Kevin. "Hate Crime, England and Wales, 2015/6". Home Office, 13 out. 2016.

COSTELLO, Maureen. "After Election Day, the Trump Effect: The Impact of the 2016 Presidential Election on Our Nation's Schools". Southern Poverty Law Center, 29 nov. 2016.

_____. "The Trump Effect: The Impact of the Presidential Campaign on Our Nation's Schools". Southern Poverty Law Center, 13 abr. 2016.

CRAIG, Gary. "Gay Pride Rainbow Flags Burned in Rochester". *Democrat & Chronicle*, 10 nov. 2016.

CRENSHAW, Kimberlé. "Demarginalizing the Intersection of Race and Sex". *University of Chicago Legal Forum*, v. 1989, n. 1, 1989.

CRICHTON-MILLER, Emma. "Young Russian curators tap into country's recent art history". *Financial Times*, 27 jun. 2014.

CROW, Kelly. "Moscow's contemporary art movement". *Wall Street Journal*, 4 jun. 2015.

CURTIS, Tine; BJERREGAARD, Peter. *Health Research in Greenland*. Copenhague: Danish Institute for Clinical Epidemiology, 1995.

DAHAS, Nashla. "Luís Eduardo Soares". *Revista de História*, 11 jan. 2014.

DAMPTEY, Daniel Danquah. "Investigate Mills' death". *GhanaWeb*, 29 jul. 2015.

DANFORTH, Nick. "Turkey's New Maps are Reclaiming the Ottoman Empire". *Foreign Policy*, 23 out. 2016.

DARNTON, Robert. "Talking about Brazil with Lilia Schwarcz". *New York Review of Books*, 17 ago. 2010.

DAVIES, Christina. "Shasta High School Student Hands Out 'Deportation Letters'". KRCR, 10 nov. 2016.

DAVIES, Wyre. "Brazil: Protesters in Rio clash with police over dancer's death". BBC News, 23 abr. 2014.

DAY, Matthew. "Polish Police Tell British Sikh Man 'What Do You Expect after Paris Attacks' after Nightclub Beating". *Telegraph*, 2 dez. 2015.

DEARDEN, Lizzie. "Hungary Planning 'Massive' New Border Fence to Keep Out Refugees as PM Vows to 'Hold Them Back by Force.' " *Independent*, 27 ago. 2016.

DE BRUYN, Maria. *Violence, Pregnancy and Abortion: Issues of Women's Rights and Public Health*. 2. ed. Chapel Hill, NC: Ipas, 2003.

DELGADO, Fernando Ribeiro. "Lethal force: Police violence and public security in Rio de Janeiro and São Paulo". Human Rights Watch, 8 dez. 2009.

DELREAL, Jose. "Donald Trump won't rule out warrantless searches, ID cards for American Muslims". *Washington Post*, 19 nov. 2015.

DE MAIN, Bill. "The disputed history of the Tarzan yell". *Mental Floss*, 22 ago. 2012.

DEMICK, Barbara. "In China, what you eat tells who you are". *Los Angeles Times*, 16 set. 2011.

DEMIRJIAN, Karoun. "Russian youths find politics as their pop icons face pressure". *Washington Post*, 2 dez. 2014.

DEPARTAMENTO DE DEFESA DOS ESTADOS UNIDOS. *Casualty report*. US Department of Defense, 10 nov. 2015.

DEPARTAMENTO DE ESTADO DOS ESTADOS UNIDOS. *Country reports on human rights practices for 2011: Brazil*. US Department of State, 2012.

_____. *U.S. economic engagement with Burma*. US Embassy in Rangoon, jun. 2014.

DEPARTAMENTO DO EXÉRCITO DO ESTADOS UNIDOS. *Standards of medical fitness*. Army Regulation 40--501, 4 ago. 2011.

DES FORGES, Alison Liebhafsky. *"Leave None to Tell the Story": Genocide in Rwanda*. Nova York: Human Rights Watch, 1999.

DETTMER, Jamie. "The Isis hug of death for gays". *Daily Beast*, 24 abr. 2015.

DE VIVO, Marcelo. "Experience the best of Russian nightlife". *Pravda*, 10 out. 013.

DE VOS, Connie. "Absolute spatial deixis and proto-toponyms in Kata Kolok". *Nusa: Linguistic Studies of Languages in and around Indonesia*, v. 56, pp. 3-26, 2014.

_____. "A signers' village in Bali, Indonesia". *Minpaku Anthropology News*, 2011.

_____; PALFREYMAN, N. "Deaf around the world: The impact of language". *Journal of Linguistics*, v. 48, nº 3, pp. 731-5, nov. 2012.

DE YOUNG, Karen. "Ban on U.S. investment in Burma is lifted". *Washington Post*, 11 jul. 2012.

DIAMOND, Jeremy. "Donald Trump: Ban all Muslim Travel to U.S". CNN, 8 dez. 2015.

DICKERSON, Caitlin; SAUL, Stephanie. "Campuses Confront Hostile Acts Against Minorities after Donald Trump's Election". *New York Times*, 10 nov. 2016.

DICKEY, Lisa. "Moscow: Rap star Pavlov MC". Russian Chronicles, *Washington Post*, 2 nov. 2005.

"Die economist André Urani". *O Globo*, 14 dez. 2011.

DILAWAR, Arvind. "Teatime with Big Brother: Chinese artist Wu Yuren on life under surveillance". *Vice*, 15 jun. 2015.

DOLCY, Marion. "Russian art anarchists explain themselves". *Don't Panic*, 20 dez. 2010.

DONADIO, Rachel. "Museum director at Hermitage hopes for thaw in relations with West". *New York Times*, 14 maio 2015.

DORMAN, Travis. "UT Student Paper's Anti-Muslim Letter Stirs Controversy". *USA Today*, 24 out. 2016.

DOUGLAS, Bruce. "Brazil officials evict families from homes ahead of 2016 Olympic Games". *Guardian*, 28 out. 2015.

DOWNIE, Andrew. "Rio finally makes headway against its drug gangs". *Time*, 26 nov. 2010.

DUDLEY, Steven. "Deadly force: Security and insecurity in Rio". North American Congress on Latin America, nov. 1998.

DUECK, Colin. "Donald Trump, American Nationalist". *National Interest*, 3 nov. 2015.

DURÃO, Carlos; MACHADO, Marcos; DARUGE JR., Eduardo. "Death in the 'microwave oven': A form of execution by carbonization". *Forensic Science International*, v. 253, pp. e1-3, ago. 2015.

EBBIGHAUSEN, Rodion. "Myanmar: The uprising of 1988". *Deutsche Welle*, 8 ago. 2013.

EMERY, David. "Race evasions". *Snopes*, 8 ago. 2016.

ERDEMIR, Aykan; TAHIROGLU, Merve. "Turkish Grey Wolves Target 'Chinese'". *Politico*, 30 jul. 2015.

ESCRITÓRIO DE COORDENAÇÃO DE ASSUNTOS HUMANITÁRIOS DAS NAÇÕES UNIDAS. "Our bodies, their battle ground: Gender-based violence in conflict zones". *Irin News*, 1 set. 2004.

ESCRITÓRIO DO ALTO-COMISSARIADO DAS NAÇÕES UNIDAS PARA OS DIREITOS HUMANOS. *UN Special Rapporteur finds that killings by Brazilian police continue at alarming rates, government has failed to take all necessary action.* United Nations Office of the High Commissioner for Human Rights, 1 jun. 2010.

EURO-BURMA OFFICE. "The Rohingyas: Bengali Muslims or Arakan Rohingyas?". EBO Briefing Paper n. 2, Euro-Burma Office, 2009.

"Ewa Kopacz w burce i z dynamitem. Kontrowersyjna okładka 'wSieci'". *Dziennik*, 20 set. 2015.

"Exclusive Interview with Donald Trump". *Anderson Cooper 360°*, CNN, 9 mar. 2016.

FEAST, Lincoln. "Strong quake hits near Solomon Islands; tsunami warning cancelled". Reuters, 12 abr. 2014.

FELTHAM, John. *The English Enchiridion*. Bath: R. Crutwell, 1799.

FERRIE, Jared. "Myanmar president enacts law allowing referendum on disputed constitution". Reuters, 12 fev. 2015.

_____. "SIM sales soar as Myanmar races to catch up in telecoms". Reuters, 6 maio 2015.

FINNEGAN, Michael. "Trump Stokes Terrorism Fears, Citing Refugee 'Disaster' in Minnesota". *Chicago Tribune*, 6 nov. 2016.

FITZGERALD, Mary. "Libyan renegade general Khalifa Haftar claims he is winning his war". *Guardian*, 24 jun. 2014.

"Five injured in Mandalay unrest, damage limited". *Irrawaddy*, 2 jul. 2014.

Florida, Richard. "Gun violence in U.S. cities compared to the deadliest nations in the world". *Citylab*, 22 jan. 2013.

FLUECKIGER, Lisa. "Brazil's federal police to investigate after Fifa scandal". *Rio Times*, 29 maio 2015.

FORBES, Alexander. "Manifesta 10 succeeds despite controversy". *Artnet News*, 27 jun. 2014.

FOSTER, Peter. "Top 10 Chinese food scandals". *Telegraph*, 27 abr. 2011.

FRANK, Marc. "Cuba's atheist Castro brothers open doors to Church and popes". Reuters, 7 set. 2015.

FRANKE, Katherine. "Making white Supremacy Respectable. Again". *Los Angeles Review of Books*, 21 nov. 2016.

FREEDOM HOUSE. "Nations in transit 2015: Russia", 2015.

FREEDOM TO MARRY. "The freedom to marry internationally", 2015.

FREEMAN, Joe. "Myanmar's Jewish vote". *Tablet*, 9 nov. 2015.

FRENCH, Howard. "Kagame's hidden war in the Congo". *New York Review of Books*, 24 set. 2009.

FRIZELL, Sam. "Here's what Chinese Hackers Actually Stole from U.S. Companies". *Time*, 20 maio 2014.

FROST, Robert. *North of Boston*. Nova York: Henry Holt, 1914.

FULLER, Thomas. "Back to a Burmese prison by choice". *New York Times*, 6 dez. 2014.

_____. "Conservatives in Myanmar force out leader of ruling party". *New York Times*, 13 ago. 2015.

_____. "Extremism rises among Myanmar Buddhists". *New York Times*, 20 jun. 2013.

_____. "Myanmar's leader backs change to constitution". *New York Times*, 2 jan. 2014.

_____. "Myanmar's military uses political force to block constitutional changes". *New York Times*, 15 jun. 2015.

FULLERTON, Jamie. "Chinese artist who posted funny image of president Xi Jinping facing five years in prison as authorities crackdown [sic] on dissent in the arts". *Independent*, 28 maio 2015.

FURBANK, P. N.; HASKELL, F. J. H. "E. M. Forster: The art of fiction n. 1". *Paris Review*, primavera 1953.

GABEIRA, Fernando. *O que é isso, companheiro?* Rio de Janeiro: Codecri, 1979.

GAFFNEY, Christopher. "Global parties, galactic hangovers: Brazil's mega event dystopia". *Los Angeles Review of Books*, 1 out. 2014.

GARVER, Rob. "Putin lets criminals bring money back to Russia". *Fiscal Times*, 11 jun. 2015.

GEERTZ, Hildred; GEERTZ, Clifford. *Kinship in Bali*. Chicago: University of Chicago Press, 1975.

GEORGE, Jason. "The suicide capital of the world". *Slate*, 9 out. 2009.

GERA, Vanessa. "Right-Wing Polish Leader Kaczy ski Says Migrants Carry Diseases to Europe". *U.S. News & World Report*, 14 out. 2015.

GLOBAL CAMPAIGN FOR RWANDAN HUMAN RIGHTS. "Crimes and repression vs. development in Rwanda: president Paul Kagame's many shadows". Africa Faith & Justice Network, 13 jul. 2015.

GLOBAL JUSTICE CENTER. *The Right to an Abortion for Girls and Women Raped in Armed Conflict*. Nova York: Global Justice Center, 2011.

GLOBAL LEGAL RESEARCH DIRECTORATE. "Laws on homosexuality in African nations". US Library of Congress, 9 jun. 2015.

GOLLUOGLU, Esmer. "Aung San Suu Kyi hails 'new era' for Burma after landslide victory". *Guardian*, 2 abr. 2012.

GONTCHAROVA, Masha. "Cosmoscow: A fair for the Russian art collector". *New York Times*, 17 set. 2015.

GORBACHEV, Aleksandr. "Meet Boris Grebenshchikov, the Soviet Bob Dylan". *Newsweek*, 25 maio 2015.

GOUREVITCH, Philip. *We Wish to Inform You That Tomorrow We Will Be Killed with Our Families: Stories from Rwanda*. Nova York: Picador, 1999.

GOWEN, Annie. "Hard-line Buddhist monks threaten Burma's hopes for democracy". *Washington Post*, 5 nov. 2015.

GRAHAM-HARRISON, Emma. "Afghan artist dons armour to counter men's street harassment". *Guardian*, 12 mar. 2015.

GRAY, Denis. "The remaining veterans of China's 'lost army' cling to old life styles in Thailand". *Los Angeles Times*, 7 jun.1987.

GRECO, Jonathan. "OU Professor Tweets Pictures of White Supremacist Flyers Found on Campus". KOCO, 14 nov. 2016.

GREEN, Penny; MACMANUS, Thomas; VENNING, Alicia de la Cour. "Countdown to annihilation: Genocide in Myanmar". International State Crime Initiative, 2015.

"Greenland powers up fifth hydroelectric plant". *Arctic Journal*, 6 set. 2013.

GREIG, Geordie. "My big fab gay wedding". *Tatler*, out. 2007.

GRILLO, Cristina. "Brasil quer ser chamado de moreno e só 9% se autodefinem como brancos". *Folha*, 25 jun.1995.

GRUBEL, James. "Tsunami kills at least five in Solomons after big Pacific quake". Reuters, 6 fev. 2013.

GUERRA, Kristine. "'It's a Sickness': Letters Calling for Genocide of Muslims Sent to Mosques Across the Country". *Washington Post*, 29 nov. 2016.

_____. "'Trump Is President… They'll Deport You Soon': Man Filmed Unloading on Muslim Uber Driver". *Washington Post*, 21 nov. 2016.

GUIBERT, Nathalie; RIOLS, Yves-Michel; SALLON, Hélène. "Libya's Tripoli and Tobruk dilemma no nearer to resolution". *Guardian*, 27 jan. 2015.

HABERMAN, Maggie; SANGER; David E. "Transcript: Donald Trump Expounds on His Foreign Policy Views". *New York Times*, 26 mar. 2016.

HAFFNER, Sebastian. *Defying Hitler: A Memoir*. Nova York: Macmillan, 2003.

HAGAN, Maria. "The 10 richest Russians in 2014". *Richest*, 10 out. 2014.

HAIL, Rob. "Madame Nuon Phaly is gone". *Out of the Blog*, 27 nov. 2012.

HALEVI, Suki. "ADL Stands with Immigrants and Refugees: Once We Were Strangers". *New Mexico Jewish e-Link*, 21 dez. 2016.

HAMBLIN, James. "How the most important glacier in east Antarctica is melting". *Atlantic*, 20 mar. 2015.

HAMPSON, Rick. "Donald Trump Says 'America First' Like Isolationists Before World War II". *USA Today*, 11 abr. 2016.

HANSFORD, Joanna; BLACKISTON, Mary Bolling. "Luxury boutique hostel opens in Vidigal". *Rio Times*, 4 mar. 2014.

HANSON, Melissa. "'Natick Has Zero Tolerance for Black People,' Says Letter Threatening 'Serious Warning' to Resident". *Mass Live*, 14 nov. 2016.

HARDING, Luke; STEPHEN, Chris. "Chris Stevens, US ambassador to Libya, killed in Benghazi attack". *Guardian*, 12 set. 2012.

HARVEY, Chelsea. "Next up from climate change: Shell-crushing crabs invading Antarctica". *Washington Post*, 28 set. 2015.

HATZFELD, Jean. *Machete Season: The Killers in Rwanda Speak*. Nova York: Farrar, Straus & Giroux, 2005.

HAWKINS, Chelsea. "9 artists challenging our perceptions of Afghanistan". *Mic*, 9 out. 2014.

HAY, Mark. "Nomads on the grid". *Slate*, 5 set. 2014.

HEALY, Patrick; BARBARO, Michael. "Donald Trump calls for barring Muslims from entering U.S.". *New York Times*, 7 dez. 2015.

HEIJMANS, Philip. "Skirting comedy limits in Myanmar". *New York Times*, 29 jul. 2015.

HETTER, Katia. "Antarctic hits 63 degrees, believed to be a record". CNN News, 1º abr. 2015.

HIGGINS, Andrew. "Putin and Orthodox church cement power in Russia". *Wall Street Journal*, 18 dez. 2007.

HILDERBRAND, Rachael. "Conheça Cíntia Luna, presidente da Amust do Morro do Fogueteiro". *Rio On Watch*, 4 jul. 2014.

HILL, Matthew. "Yellow fever relaxation by South Africa helps Zambia tourism". Bloomberg, 5 fev. 2015.

HILSUM, Lindsey. "Don't abandon Rwandan women again". *New York Times*, 11 abr. 2004.

_____. "Rwanda's time of rape returns to haunt thousands". *Guardian*, 26 fev. 1995.

_____. "Saif al-Islam Gaddafi: The prophet of his own doom". *Guardian*, 5 ago. 2015.

HNIN, Yadana Zaw; SLODKOWSKI, Antoni. "Myanmar's ousted ruling party head to work with Suu Kyi". Reuters, 5 nov. 2015.

HOAG, Andy. "Cops Investigate Anti-Hispanic 'Wall' of Cardboard Boxes Marked with Trump". *Michigan Live*, 14 nov. 2016.

HOLEWINSKI, Sarah. "Marla Ruzicka's heroism". *Nation*, 18 set. 2013.

HÖLLER, Herwig. "Aleksandr Ilich Lyashenko known as Petlyura: A controversial protagonist of Russian contemporary art". *Report: Magazine for Arts and Civil Society in Eastern and Central Europe*, jun. 2006.

HOLLEY, Peter. "In Afghanistan, the art of fighting extremism". *Washington Post*, 12 set. 2015.

_____. "Top Nazi Leader: Trump Will Be a 'Real Opportunity' for White Nationalists". *Washington Post*, 7 ago. 2016.

HOLMES, Oliver. "Aung San Suu Kyi wins outright majority in Myanmar election". *Guardian*, 13 nov. 2015.

_____. "Much still at stake in Myanmar after Aung San Suu Kyi's election victory". *Guardian*, 13 nov. 2015.

HOROWITZ, Judith et al. "Brazilian discontent ahead of World Cup". Pew Research Global Attitudes Project, 3 jun. 2014.

HOUTTUIN, Saskia. "Gay Ugandans face new threat from anti-homosexuality law". *Guardian*, 6 jan. 2015.

HUANG, Angela Lin. "Leaving the city: Artist villages in Beijing". *Media Culture Journal*, v. 14, n. 4, pp. 1-7, ago. 2011.

HUANG, Yanzhong. "The 2008 milk scandal revisited". *Forbes*, 16 jul. 2014.

HUFFERD, Marlene Lima. "Carnaval in Brazil, samba schools and African culture: A study of samba schools through their African heritage". Retrospective Theses and Dissertations, Paper 15 406, Universidade de Iowa, 2007.

HUMAN RIGHTS WATCH. "Brazil: Reforms fail to end torture"., 28 jul. 2014.

_____. "Letter: Brazil: Protect detainees in police custody", 25 jul. 2014.

HUNT, Elle. "Facebook to Change Trending Topics After Investigation into Bias Claims". *Guardian*, 23 maio 2016.

IDOV, Michael. "No sleep till Brooklyn: How hipster Moscow fell in love with Williamsburg". *Calvert Journal*, 31 dez. 2013.

"In memory of Vlad Mamyshev-Monroe, 1969-2013". *Baibakov Art Projects*, 22 mar. 2013.

INTERNATIONAL LESBIAN, GAY, BISEXUAL, TRANS AND INTERSEX ASSOCIATION. *The lesbian, gay and bisexual map of world laws*, maio 2015.

"Introducing the Center for Contemporary Art Afghanistan (CCAA)". Arch International [s.d.].

IRELAND, Doug. "7000 lashes for sodomy". *Gay City News*, 11 out. 2007.

"Isil 'brutally' quells rebellion in Libya's Sirte". *Al Jazeera*, 17 ago. 2015.

IVANITSKAYA, Nadezhda. "As a State Duma deputy and businessman Yuzhilin Kobzar built a billion-dollar business". *Forbes Russia*, 22 out. 2011.

IVES, Mike. "Culling Myanmar's past for memories". *New York Times*, 16 out. 2013.

IYENGAR, Rishi. "Burma's million-strong Rohingya population faces 'final stages of genocide', says report". *Time*, 28 out. 2015.

JANAVEL, Al. "Downtown Durham Graffiti Takes Aim at Black Voters". WNCN, 9 nov. 2016.

JANOI, Banyar Kong. "Pushing for ethnic language media in a changing Burma". *Asia Calling*, 10 nov. 2012.

JASON, Stefanie. "SA trips as Joburg lands on the steps of the Venice Biennale". *Mail & Guardian*, 30 abr. 2015.

_____. "Venice Biennale: SA Pavilion finally announces artists". *Mail & Guardian*, 16 abr. 2015.

JENKINS, Simon. "Vision of the future or criminal eyesore: What should Rio do with its favelas?". *Guardian*, 30 abr. 2014.

JERVIS, Rick. "Texas Campus Tense with Incidents since Donald Trump's Election". *USA Today*, 18 dez. 2016.

JOHNSON, Ian. "Some Chinese artists are testing their limits". *Wall Street Journal*, 2 out. 2009.

JOHNSON, Jenna. "Conservative suspicions of refugees grow in wake of Paris attacks". *Washington Post*, 15 nov. 2015.

_____. "Trump Says 'Torture Works,' Backs Waterboarding and 'Much Worse'". *Washington Post*, 17 fev. 2016.

JOHNSON, Kevin. "FBI: Hate Crimes Targeting Muslims Up 67% in 2015". *USA Today*, 14 nov. 2016.

JONES, Taryn. "The art of 'War': Voina and protest art in Russia". *Art in Russia*, 29 set. 2012.

JUHL, Wesley. "Man Who Attacked People on Strip Not Facing Hate Charge". *Las Vegas Review-Journal*, 17 nov. 2016.

JUNG, C. G. *Mysterium Coniunctionis: An Inquiry into the Separation and Synthesis of Psychic Opposites in Alchemy*. Princeton, NJ: Princeton University Press, 1977.

KAIMAN, Jonathan. "Beijing independent film festival shut down by Chinese authorities". *Guardian*, 24 ago. 2014.

KAMINSKI, Anna. "In Russia, contemporary art explodes from Soviet shackles". BBC News, 23 fev. 2014.

KANTHOR, Rebecca. "In China, imported fruit is the must-have luxury item for the new year". *The World*, Public Radio International, 10 fev. 2015.

KAPLAN, Sarah. "The serene-looking Buddhist monk accused of inciting Burma's sectarian violence". *Washington Post*, 27 maio 2015.

KATSUBA, Valera. "The roosters are coming". *Independent*, 12 fev. 1997.

KATZ, Nathan; GOLDBERG, Ellen S. "The last Jews in India and Burma". *Jerusalem Letter*, 15 abr. 1988.

KAUFMAN, Jason Edward. "South Africa's art scene is poised for a breakthrough — at home and abroad". *Huffington Post*, 19 fev. 2013.

KEANE, Fergal. "Myanmar election: Full BBC interview with Aung San Suu Kyi". BBC News, 10 nov. 2015.

KENDZULAK, Susan. "Burma's flying circus". *Art Radar*, 18 out. 2013.

KENNARD, Matt; PROVOST, Claire. "The lights are on but no one's home in Myanmar's capital Naypyidaw". *Guardian*, 19 mar. 2015.

KESSLER, Glenn. "Trump's Outrageous Claim that 'Thousands' of New Jersey Muslims Celebrated the 9/11 Attacks". *Washington Post*, 22 nov. 2015.

KESTLER-D'AMOURS, Jillian. "Silencing Brazil's baile funk". *Al Jazeera*, 5 jul. 2014.

KHIN, Maung Yin. "Salience of ethnicity among Burman Muslims: A study in identity formation". *Intellectual Discourse*, v. 13, n. 2, pp. 161-79, 2005.

KIM, Jim Yong. "How Mongolia brought nomads TV and mobile phones". *Bloomberg View*, 14 out. 2013.

KING, Shaun. "Tweet (Placed on Their car in NC)". Twitter, Tweet n. 796542537255239681, 9 nov. 2016.

KINGSLEY, Patrick. "Hungary's Refugee Referendum not Valid after Voters Stay Away". *Guardian*, 2 out. 2016.

KINO, Carol. "Where art meets trash and transforms life". *New York Times*, 21 out. 2010.

KINSELLA, Eileen. "Who are the top 30 Chinese artists at auction?". *Artnet News*, 8 set. 2014.

KIREY, Anna. "'They said we deserved this': Police violence against gay and bisexual men in Kyrgyzstan". Human Rights Watch, 28 jan. 2014.

KIRKPATRICK, David; MYERS LEE, Steven. "Libya attack brings challenges for U.S.". *New York Times*, 12 set. 2012.

"*Киселев после увольнения из 'Почты России' получит почти 3 млн руб* (Kiselev after the dismissal of 'Mail of Russia' will receive nearly 3 million rubles)". *RIA Novosti*, 19 abr. 2013.

KISS, Ligia et al. "Health of men, women, and children in post-trafficking services in Cambodia, Thailand, and Vietnam: An observational cross-sectional study". *Lancet Global Health*, v. 3, n. 3, pp. e154-e161, mar. 2015.

KNICKMEYER, Ellen. "Victims' champion is killed in Iraq". *Washington Post*, 18 abr. 2005.

KNÖPFEL, Ulrike. "Risky business: China cracks down on Ai Wei Wei protégé Zhao Zhao". *Der Spiegel*, 28 ago. 2012.

KOMAROMI, Priska; SINGH, Karissa. "Post-Referendum Racism and Xenophobia: The Role of Social Media Activism in Challenging the Normalisation of Xeno-Racist Narratives". *PostRef Racism*, 11 jul. 2016.

KOROLKOV, Alexander. "Is the protest movement dead?". *Russia Beyond the Headlines*, 15 jan. 2015.

KRAUTHAMMER, Charles. "Trump's Foreign Policy is Isolationism with Engagement". *Hartford Courant*, 30 abr. 2016.

KROUSE, Matthew. "Art fair forced to reinstate Mabulu painting after Goldblatt threat". *Mail & Guardian*, 28 set. 2013.

KUO, Lily. "By 2015, China will be the world's largest consumer of processed food". *Quartz*, 23 set. 2013.

KUPER, Jeremy. "Venice Biennale: View from the ground". *Mail & Guardian*, 20 maio 2015.

KUSTERS, Annelies. "Deaf utopias? Reviewing the sociocultural literature on the world's 'Martha's Vineyard situations'". *Journal of Deaf Studies & Deaf Education*, v. 15, n. 1, pp. 3-16, jan. 2010.

KUZMIN, Dmitry. "On the Moscow metro and being gay". Trad. de Alexei Bayer. *Words without Borders*, 2013.

KYAW, Hsu Mon. "Govt to push left-hand steering wheels on future car imports". *Irrawaddy*, 25 nov. 2014.

549

KYAW MYO, Min; KYAW KYAW, Aung; KHIN KHIN, Ei. "Hopes fade for Myanmar landslide survivors as lawmakers urge greater safety for miners". Radio Free Asia, 24 nov. 2015.

KYAW PHYO, Tha. "Ex-political prisoner Win Tin demands apology from junta leaders". Irrawaddy, 30 out. 2013.

_____. "Hands of hardship; Artist Htein Lin spotlights political prisoners' travails". Irrawaddy, 27 jul. 2015.

_____. "A purr-fect pedigree in Burma". Irrawaddy, 24 fev. 2014.

KYAW ZWA, Moe. "Burmese professionals earn good money in Singapore but still miss home". Irrawaddy, mar. 2007.

LANKARANI, Nazanin. "The many faces of Yue Minjun". New York Times, 5 dez. 2012.

LAPOWSKY, Issie. "Of Course Facebook is Biased; that's How Tech Works Today". Wired, 11 maio 2016.

LAWI, Weng. "Arakan monks boycott UN, Ingos". Irrawaddy, 6 jul. 2012.

_____; NYEIN, Nyein; KYAW HSU, Mon. "Missing reporter killed in custody of Burma army". Irrawaddy, 24 out. 2014.

LAWLER, David; LIAN, Ruby. "U.S. Panel Launches Trade Secret Theft Probe into China Steel". Reuters, 29 maio 2016.

LAZARUS, Emma. An Epistle to the Hebrews. Nova York: Jewish Historical Society, 1987.

LEE, Jasmine C.; QUEALY, Kevin. "The 282 People, Places and Things Donald Trump has Insulted on Twitter: A Complete List". New York Times, 23 out. 2016.

LEE, Yanghee. "Report of the Special Rapporteur on situation of human rights in Myanmar". Escritório do Alto-Comissariado das Nações Unidas para os Direitos Humanos, 23 set. 2014.

LEE, Yulin. Strategies of spatialization in the contemporary art museum: A study of six Japanese institutions. Dissertação, Universidade de Nova York, 2012.

LEIGHTON, Heather. "Racist Fliers Titled 'Why White Women Shouldn't Date Black Men' Found on SMU Campus Monday Morning". Houston Chronicle, 15 nov. 2016.

LEFEVRE, Amy Sawitta; DIKMEN, Yesim. "Thai PM Defends Decision to Send Uighurs Back to China". Reuters, 9 jul. 2015.

LESCAZE, Zoë. "An abbreviated Moscow Biennale unites scrappy performances, bourgeois spiders, and one former Greek finance minister". ARTnews, 16 out. 2015.

LI, Xiaoyu. "A bite of food culture". BJ Review, 2 jul. 2015.

LIGHT, Whitney. "Pressing questions with Aye Ko". Myanmar Times, 18 maio 2014.

LILLA, Mark. "The End of Identity Liberalism". New York Times, 18 nov. 2016.

LINDSAY, Timothy. "Security Implications of Italian Nationalism". Naval Postgraduate School, mar. 2016. Dissertação (Pós-doutorado).

LINS, Clarissa. "Providing electricity to Rio de Janeiro's favelas". Guardian, 18 mar. 2014.

LITTAUER, Dan. "Mugabe promises 'hell for gays' in Zimbabwe if he wins". Gay Star News, 17 jun. 2013.

LORCH, Donatella. "Rape used as a weapon in Rwanda: Future grim for genocide orphans". Houston Chronicle, 5 maio 1995.

LOVETT, Richard A. "Deadly tsunami sweeps Solomon Islands". National Geographic News, 2 abr. 2007.

LUHN, Alec. "LGBT website founder fined under Russia's gay propaganda laws". Guardian, 29 jul. 2015.

LUONG, Hillary. "Artists detained by Myanmar police". Art Asia Pacific, 8 jun. 2012.

LV, Jun et al. "Consumption of spicy foods and total and cause specific mortality: Population based cohort study". *British Medical Journal*, v. 351, p. h3942, 4 ago. 2015.

LYNGE, Inge. "Mental disorders in Greenland". *Man & Society*, v. 21, pp. 1-73, 1997.

LYON, Julia. "Invited to escape to America, some refugees just say no". *St. Louis Tribune*, 14 set. 2009.

MA, Sophanna. "Funeral of our beloved Mum Phaly Nuon". Ezra Vogel Special Skills School, dez. 2012.

MAATHAI, Wangari. *Unbowed*. Nova York: Alfred A. Knopf, 2006.

MACDONALD, Kevin. "Gifting TOO: We're a Central Cog in the Populist, Alt Right surge". *Occidental Observer*, nov. 2016. Disponível em: <http://webcache.googleusercontent.com/search?q=cache:LlErdzwq2PYJ:www.theoccidentalobserver.net/2016/11/an-amazing-victory>.

MACGREGOR, Karen. "A spear to the heart of South Africa". *New York Times*, 5 jun. 2012.

MAHER, Richard. "As Austria Rejects the Far-Right and Italy Votes No, Europe's Future Hangs in the Balance". *Conversation*, 5 dez. 2016.

MAHTANI, Shibani; MYO MYO. "Myanmar signs draft peace deal with armed ethnic groups". *Wall Street Journal*, 31 mar. 2015.

MAJOR, Kirsty. "Polish Magazine Causes Outrage with Cover Showing White Woman Being Sexually Attacked by Migrants". *Independent*, 17 fev. 2016.

MAKINEN, Julie. "Myanmar press freedom: Unprecedented but still subject to pressures". *Los Angeles Times*, 27 mar. 2015.

MALAURIE, Jean. *The Last Kings of Thule*. Trad. de Adrienne Foulke. Nova York: Dutton, 1982.

MALAYSIAN MYANMAR BUSINESS COUNCIL. "U.S. contributes publications to parliamentary library". Malaysian Myanmar Business Council, 24 out. 2012.

MALER, Sandra; COONEY, Peter. "Magnitude 6.6 quake hits Solomon Islands in the Pacific: USGS". Reuters, 12 ago. 2015.

MANAYITI, Obey. "Mugabe chides homosexuals again". *NewsDay* (Bulawayo), 25 jul. 2013.

MANN, Zarni. "DVB reporter jailed for one year". *Irrawaddy*, 7 abr. 2014.

MANNING, Nat. "Update on USA Election Monitor: Over 300 Reports Published". Ushahidi, 18 nov. 2016.

MANNO, Adam. "Florida Teacher Tells Black Student that Trump Will Send Her 'Back to Africa'". *Orlando Weekly*, 15 nov. 2016.

MARSAJA, I Gede. *Desa Kolok: A Deaf Village and Its Sign Language in Bali, Indonesia*. Nijmegen, Países Baixos: Ishara Press, 2008.

MARSHALL, Andrew. "Myanmar gives official blessing to anti-Muslim monks". Reuters, 27 jun. 2013.

_____. "Myanmar old guard clings to $8 billion jade empire". Reuters, 1 out. 2013.

_____. "The 969 catechism". Reuters, 26 jun. 2013.

MASHAL, Mujib. "Women and modern art in Afghanistan". *New York Times*, 6 ago. 2010.

MASHEK, Kera. "75-Year-Old Sarasota Man Says He Was Attacked for Being Gay". WFTS, 16 nov. 2016.

MA Thanegi. "The Burmese fairy tale". *Far Eastern Economic Review*, 19 fev. 1998.

_____. *Nor Iron Bars a Cage*. San Francisco: Things Asian Press, 2013.

MATHIESON, David. "Perilous plight: Burma's Rohingya take to the seas". Human Rights Watch, 2009.

MAUNG Zarni. "Racist leader monk Rev. Wirathu's speech". *M-Media*, 24 mar. 2013.

MAY, Theresa. "Theresa May's Conference Speech in Full". *Telegraph*, 5 out. 2016.

MCGREGOR, Richard. "Zhou's cryptic caution lost in translation". *Financial Times*, 10 jun. 2011.

MCLAUGHLIN, Daniel; WICKERI, Elisabeth. "Mental health and human rights in Cambodia". Leitner Center for International Law and Justice, 31 jul. 2012.

MCLOUGHLIN, Beth. "Rio's funk parties silenced by crackdown on gangs". BBC News, 5 maio 2012.

MCMANUS, John. "Egypt court clears men accused of bathhouse 'debauchery'". BBC News, 12 jan. 2015.

MCNAMARA, Kelly. "Burmese cats return to a new Burma". *Bangkok Post*, 14 set. 2012.

MCNAMARA, Robert S.; VAN DE MARK, Brian. *In Retrospect: The Tragedy and Lessons of Vietnam*. Nova York: Times Books, 1995.

MCVEIGH, Tracy. "Aung San Suu Kyi 'released from house arrest'". *Guardian*, 13 nov. 2010.

MEDEIROS, Étore; POMPEU, Ana. "Brasileiros acham que há racismo, mas somente 1,3% se consideram racistas". *Correio Braziliense*, 25 mar. 2014.

MELLOAN, George. "Donald Trump, Meet Herbert Hoover". *Wall Street Journal*, 3 nov. 2015.

MEREDITH, Robbie. "Northern Ireland Interfaces: More Residents Want Peace Walls to Stay". BBC News, 15 dez. 2015.

MEYER, Elizabeth. "Burlington Minister Finds Hateful Note Left on His Car". *Hawk Eye*, 11 nov. 2016.

MICHAELS, Samantha. "Quintana releases final report on Burma human rights". *Irrawaddy*, 14 mar. 2014.

"Michigan Girl Who Filmed Students Chanting 'Build a Wall' Says She Faced Backlash after Video Went Viral". CNN, 28 dez. 2016.

MIGUEL, Antonio Carlos. "Ser ou não ser carioca da gema não é a questão (To be or not to be carioca is the question)". *O Globo*, 28 fev. 2015.

"A milestone for Myanmar's democracy". *New York Times*, 12 nov. 2015.

MILLER, Carl et al. "From Brussels to Brexit: Islamophobia, Xenophobia, Racism and Reports of Hateful Incidents on Twitter: Research Prepared for Channel 4 Dispatches 'Racist Britain'". Demos Centre for Analysis of Social Media, 11 jul. 2016.

MILLER, Cassie; WERNER-WINSLOW, Alexandra. "Ten Days After: Harassment and Intimidation in the Aftermath of the Election". Southern Poverty Law Center, 29 nov. 2016.

MILNE, A. A. *Winnie-the-Pooh*. Nova York: Dutton, 1926.

MINFORD, Patrick. "The Economic Case for a Brexit". *Forbes*, 22 jun. 2016.

MOONEY, Chris. "The melting of Antarctica is bad news for humans. But it might make penguins pretty happy". *Washington Post*, 13 ago. 2015.

_____. "Scientists declare an 'urgent' mission — study West Antarctica, and fast". *Washington Post*, 29 set. 2015.

MOONEY, Paul. "Jail, lawsuits cast shadow over Myanmar media freedom". Reuters, 15 maio 2014.

MORGAN, Julie. "Keeping 'em diving in the Keystone State". *Sport Diver*, 21 abr. 2006.

MORTIMER, Caroline. "Hungarian PM Viktor Orbán Says 'All the Terrorists Are Basically Migrants' in Response to Paris Attacks". *Independent*, 24 nov. 2015.

_____. "Post-Brexit Increase in Hate Crimes Continues as Police Promise Crackdown". *Independent*, 22 jul. 2016.

MORTON, Adam. "The vanishing island". *Age*, 19 set. 2015.

MOSCOW BIENNALE OF CONTEMPORARY ART. "One-man picket". Moscow Biennale of Contemporary Art, 2015.

"Moscow venue refuses to host pro-LGBT teen photo display, cites police pressure". *Queer Russia*, 13 jun. 2015.

MOTLAGH, Jason. "When a SIM card goes from $2,000 to $1.50". *Bloomberg Business*, 29 set. 2014.

MTHEMBU, Jackson. "ANC outraged by Brett Murray's depiction of president Jacob Zuma". African National Congress, 17 maio 2012.

MUGGAH, Robert; SZABÓ DE CARVALHO, Ilona. "Fear and backsliding in Rio". *New York Times*, 15 abr. 2014.

MURPHY, Paul P.; GUFF, Samantha. "The Libyan Refugee Who Made it Into the U.S. before the Ban". CNN, 3 fev. 2017.

MUSHARBASH, Yassin. "The 'Talibanization' of Pakistan: Islamists destroy Buddhist statue". *Der Spiegel*, 8 nov. 2007.

MYDANS, Seth. "Yangon Journal; Burmese Jew shoulders burden of his heritage". *New York Times*, 23 jul. 2002.

NAKASHIMA, Ellen. "U.S. Indicts 6 Chinese Citizens on Charges of Stealing Trade Secrets". *Washington Post*, 19 maio 2015.

NATIONAL POLICE CHIEFS' COUNCIL. "Hate Crime Undermines the Diversity and Tolerance We Should instead Be Celebrating". 8 jul. 2016.

NAY PHONE LATT. "Nay Phone Latt speaks". *Myanmar Times*, 3 mar. 2014.

NDAYAMBAJE, Jean Damascène. *Le genocide au Rwanda: Une analyse psychologique*. Tese, Universidade Nacional de Ruanda, Butare, 2001.

NEUFFER, Elizabeth. *The Key to My Neighbour's House: Seeking Justice in Bosnia and Rwanda*. Londres: Bloomsbury, 2002.

NIEDERHAUSER, Matthew. "Rio's Olympic inequality problem, in pictures". *Citylab*, 9 set. 2015.

NIR, Sarah Maslin. "Finding Hate Crimes on the Rise, Leaders Condemn Vicious Acts". *New York Times*, 5 dez. 2016.

NOBEL ZAW. "Activist hit with additional sentence, totaling over 13 years". *Irrawaddy*, 31 out. 2014.

_____. "Court sentences 3 journalists, 2 media owners to 2 years in prison". *Irrawaddy*, 16 out. 2014.

NOWROJEE, Binaifer. *Shattered Lives: Sexual Violence during the Rwandan Genocide and Its Aftermath*. Nova York: Human Rights Watch, 1996.

"NPM southern branch to open with jadeite cabbage display". *Want China Times*, 18 set. 2015.

NPR STAFF. "Fact Check: Donald Trump's Republican Convention Speech Annotation". National Public Radio, 21 jul. 2016.

O'DONNELL, John. *Trumped!* Nova York: Simon & Schuster, 1991.

O'GRADY, Siobhan. "Former Rwandan official worries that Kagame's administration is backsliding into mass murder". *Foreign Policy*, 29 set. 2014.

O'SHEA, Mary. "Journey of shelf discovery". *Post Magazine*, 14 out. 2012.

ORGANIZAÇÃO DAS NAÇÕES UNIDAS PARA A EDUCAÇÃO, A CIÊNCIA E A CULTURA. "Naadam, Mongolian traditional festival". United Nations Educational, Scientific and Cultural Organization, 2010.

_____. "Tentative lists: Marovo-Tetepare complex". United Nations Educational, Scientific and Cultural Organization, 23 dez. 2008.

ORGANIZAÇÃO MUNDIAL DA SAÚDE. "Mental health atlas 2011: Cambodia". Departamento de Saúde Mental e Abuso de Substâncias, Organização Mundial da Saúde, 2011.

_____. "who country cooperation strategy for Mongolia 2010-2015".

_____. "who mental health atlas 2011: Senegal". Departamento de Saúde Mental e Abuso de Substâncias, Organização Mundial da Saúde, 2011.

ORTIZ, Devonaire; DAVIS, Jenny. "Wave of Post-Election Hate Crimes Hits Wesleyan". *Wesleyan Argus*, 14 nov. 2016.

PANJA, Tariq; BILLER, David. "Soccer icon Romario, Rio mayor Paes cited in corruption tape". Bloomberg, 25 nov. 2015.

PARISER, Eli. *The Filter Bubble: What the Internet Is Hiding from You*. Nova York: Penguin, 2011.

PATER, Walter. *Selected Writings of Walter Pater*. Org. de Harold Bloom. Nova York: Columbia University Press, 1974.

PATON, Callum. "Libya: Scores killed in ethnic clashes for control of south's people-trafficking routes". *International Business Times*, 23 jul. 2015.

PATTON, Dominique. "Cashing in on health scares, China online food sales boom". Reuters, 11 ago. 2013.

PEARLMAN, Jonathan. "Jihadist group calls on Muslims to save Burmese migrants from 'savage Buddhists'". *Telegraph*, 20 maio 2015.

PEIXOTO, Karin Elisabeth von Schmalz et al. "Rio 2016 Olympics: The exclusion games". World Cup and Olympics Popular Committee of Rio de Janeiro, 7 dez. 2015.

PEN AMERICA. "Publishers' pledge on Chinese censorship of translated works". PEN America, 15 out. 2015.

PERLEZ, Jane. "China, pursuing strategic interests, builds presence in Antarctica". *New York Times*, 3 maio 2015.

PERRY, Alex. "South Africa: Over-exposing the President". *Time*, 23 maio 2012.

PERSHAKOVA, Sasha. "Zine scene: How Russia's long tradition of self-publishing is still thriving today". *Calvert Journal*, 28 out. 2014.

PFANNER, Eric. "Vows: Andrew Solomon and John Habich". *New York Times*, 8 jul. 2007.

PHIPPS, Claire; WEAVER, Matthew. "Aung San Suu Kyi vows to make all the decisions in Myanmar's new government". *Guardian*, 10 nov. 2015.

PIETRUSKO, Mike. "'Sieg Heil,' Swastikas, Racist Trump Graffiti Appear in South Philly". *Philadelphia Inquirer*, 9 nov. 2016.

PILON, Mary. "Donald Trump's Immigrant Mother". *New Yorker*, 24 jun. 2016.

PLASKIN, Glenn. "Playboy Interview: Donald Trump". *Playboy*, 1 mar. 1990.

"Polish family's Plymouth home damaged in 'race hate arson attack'". BBC News, 7 jul. 2016.

POLLMAN, Lisa. "Art is stronger than war: Afghanistan's first female street artist speaks out". *Art Radar*, 19 jul. 2013.

POMERANTSEV, Peter. "Putin's God squad: The Orthodox Church and Russian politics". *Newsweek*, 10 set. 2012.

POPHAM, Peter. *The Lady and the Peacock: The Life of Aung San Suu Kyi*. Nova York: Experiment, 2012.

PORTER, Tom. "Gangs of Russia: Ruthless mafia networks extending their influence". *International Business Times*, 9 abr. 2015.

_____. "Vladmir [sic] Putin allies named as 'key associates of Russian gangsters' by Spanish prosecutors". *International Business Times*, 30 jun. 2015.

"Poslednyi Geroi: Georgy Guryanov (1961-2013)". *Baibakov Art Projects*, 20 jul. 2013.

"'Prayer' is the key against 'devilish' homosexuality worldwide: Moses Foh-Amoaning". *Daily Guide Ghana*, 14 jul. 2015.

PRESS ASSOCIATION. "Man in Harlow Assault Died after Single Punch to the Head, CCTV Shows". *Guardian*, 6 set. 2016.

PROBERT, Thomas et al. "Unlawful killings in Africa". Center for Governance and Human Rights, University of Cambridge, 2015.

PYAE THET PHYO. "Ex-minister's agent denies seeking recount". *Myanmar Times*, 12 nov. 2015.

RADIO FREE ASIA KHMER SERVICE. "Cambodian province plans campaign for monks to care for mentally ill". Radio Free Asia, 20 abr. 2015.

RAHIM, Fazul; BURKE, Sarah. "Afghan artist Kabir Mokamel takes aim at corruption with blast wall art". NBC News, 19 set. 2015.

RAMON, Paula. "Poor, middle class unite in Brazil protests". CNN News, 24 jul. 2013.

RAMZY, Austin. "After Myanmar election, few signs of a better life for Muslims". *New York Times*, 18 nov. 2015.

RAO, Mallika. "Five Chinese dissident artists who aren't Ai Weiwei". *Huffington Post*, 10 jun. 2014.

RAPP, Jessica. "Locavores, health food, and celebrity chefs: The hottest trends in Shanghai's dining scene". *Jing Daily*, 24 ago. 2015.

RASOOL, Daud. "Rebuilding Afghanistan's creative industries". British Council, 14 out. 2013.

RAUHALA, Emily. "Complete freedom, always just eluding the grasp of Chinese artist Ai Weiwei". *Washington Post*, 30 jul. 2015.

RECCHIA, Francesca. "Art in Afghanistan: A time of transition". *Muftah*, 6 ago. 2014.

REEVES, Jeffrey. "Mongolia's environmental security". *Asian Survey*, v. 51, n. 3, pp. 453-71, 2011.

REGULY, Eric. "Support for the EU is Even Dropping in Italy — the Country that Inspired its Creation". *Globe & Mail*, 21 jun. 2016.

REIS, Luiz Felipe. "As muitas redes do agitador da 'perifa' Marcus Vinicius Faustini". *O Globo*, 21 jul. 2012.

REITMAN, Janet. "The girl who tried to save the world". *Rolling Stone*, 16 jun. 2005.

"Reporter Daniel Pearl is dead, killed by his captors in Pakistan". *Wall Street Journal*, 24 fev. 2002.

REPORTERS WITHOUT BORDERS. *World Press Freedom Index, 2015*. Paris: Reporters Without Borders, 2015.

REPUBLIC OF THE UNION OF MYANMAR. "Final report of inquiry commission on sectarian violence in Rakhine State". Republic of the Union of Myanmar, 8 jul. 2013.

RESENDE, Leandro. "'A nação está pertubada', define antropólogo Luiz Eduardo Soares". *O Dia Brasil*, 10 out. 2015.

REUTERS AND AGENCE FRANCE-PRESSE. "Hungarian Prime Minister Says Migrants are 'POISON' and 'not Needed'". *Guardian*, 26 jul. 2016.

REVER, Judi; YORK, Geoffrey. "Assassination in Africa: Inside the plots to kill Rwanda's dissidents". *Globe & Mail*, 2 maio 2014.

RHODAN, Maya. "Donald Trump Raises Eyebrows with 'Bad Hombres' Line". *Time*, 19 out. 2016.

RICCARDI, Nicholas. "Nevada Becomes One of Trump's Big Hopes for Swing State Win". Associated Press, 27 ago. 2016.

RICHARDSON, Jayson et al. "Mental health impacts of forced land evictions on women in Cambodia". *Journal of International Development*, 27 set. 2014.

RILKE, Rainer Maria. *Selected Poetry of Rainer Maria Rilke*. Trad. de Stephen Mitchell. Nova York: Vintage, 1984.

RITU, Moshahida Sultana. "Ethnic cleansing in Myanmar". *New York Times*, 12 jul. 2012.

ROBINSON, Simon. "Appreciation: Marla Ruzicka, 1977-2005". *Time*, 18 abr. 2005.

RODRIGUES, Robson. "The dilemmas of pacification: News of war and peace in the 'marvelous city'". *Stability Journal*, artigo 22, 22 maio 2014.

ROSENBERG, Matthew; SHEAR, Michael D. "In reversal, Obama says U.S. soldiers will stay in Afghanistan to 2017". *New York Times*, 15 out. 2015.

ROSSI, Melissa. "Gun wounds down in Complexo do Alemão". *Rio Times*, 3 jul. 2012.

ROWLING, Megan. "Solomons town first in Pacific to relocate due to climate change". Reuters, 15 ago. 2014.

ROYTE, Elizabeth. "The outcasts". *New York Times Magazine*, 19 jan. 1997.

RUSH, James. "Images emerge of 'gay' man 'thrown from building by Isis militants before he is stoned to death after surviving fall'". *Independent*, 3 fev. 2015.

RUSHDIE, Salman. "Heroes: Nay Phone Latt". *Time*, 29 abr. 2010.

RUSKIN, John. *The Works of John Ruskin, V. 5: Modern Painters*. V. 3. E. T. Cook e Alexander Wedderburn, orgs. Londres: G. Allen, 1904.

RYAN, Hugh. "Kyrgyzstan's anti-gay law will likely pass next month, but has already led to violence". *Daily Beast*, 18 set. 2015.

SAFI, Michael. "Antarctica's increasing sea ice restricting access to research stations". *Guardian*, 11 maio 2015.

SAID-MOORHOUSE, Lauren. "Is Italy's Referendum Result the First Step toward Leaving the EU?" CNN, 5 dez. 2016.

SAMUELS, Sammy. "Hanukkah with spirit in Yangon". BBC News, 4 dez. 2015.

SAN YAMIN Aung. "Supreme Court rejects appeal of Unity journalists". *Irrawaddy*, 27 nov. 2014.

SANGER, David; HABERMAN, Maggie. "Transcript: Donald Trump on NATO, Turkey's Coup Attempt and the World". *New York Times*, 21 jul. 2016.

SARTORE, Mara. "Lampedusa: Migration and desire, an interview with Vik Muniz". *My Art Guides*, jun. 2015.

SAUL, Stephanie; STORY, Louise. "At the Time Warner Center, an enclave of powerful Russians". *New York Times*, 11 fev. 2015.

SCHUNERT, Tanja et al. "Cambodian mental health survey". Universidade Real de Phnom Penh, Departmento de Psicologia, 2012.

SCHWARCZ, Lilia Moritz. "Especificidade do racismo brasileiro". In: NOVAES, Fernando (org.). *História da vida privada no Brasil*. São Paulo: Companhia das Letras, 1998.

_____. "Not black, not white: Just the opposite: Culture, race and national identity in Brazil". Documento de trabalho, Centro de Estudos Brasileiros, Universidade de Oxford, 2003.

SCHWARZ, Benjamin. "A vision in concrete". *Atlantic*, jul./ago. 2008.

SEOW, Joanna. "More Myanmar professionals in Singapore heading home to tap booming economy". *Straits Times*, 24. mar. 2014.

SÉRGIO, Antônio; GUIMARÃES, Alfredo. "The Brazilian system of racial classification". *Ethnic and Racial Studies*, v. 35, n. 7, pp. 1157-62, 2012.

SERRANO-BERTHET, Rodrigo et al. "Bringing the state back into the favelas of Rio de Janeiro: Understanding changes in community life after the UPP pacification process". Banco Mundial, out. 2012.

SHAKESPEARE, William. *Henry VIII*. In: HARRISON, G. B. (org.). *The Complete Works*. Nova York: Harcourt, Brace & World, 1968.

SHARPE, Joshua. "Muslim Gwinnett Teacher Told to 'Hang Yourself' With Her Headscarf". *Atlanta Journal-Constitution*, 11 nov. 2016.

SHEARLAW, Maeve. "30 under 30: Moscow's young power list". *Guardian*, 8 jun. 2015.

SHESTAKOVA, Sasha. "Outcry: Ten recent art exhibitions that caused a storm in Russia". *Calvert Journal*, 28 jul. 2015.

SHUN, Ekow. "Moscow's new art centres". *Financial Times*, 15 mar. 2013.

SIMKINS, Rose. "Stop Hate UK: Report on Post-Referendum Hate Crime". Stop Hate UK, 22 ago. 2016.

SIMMONS, William. *Eyes of the Night: Witchcraft among a Senegalese People*. Boston: Little, Brown, 1971.

SIMPSON, Brigitte Vittrup. *Exploring the influences of educational television and parent-child discussions on improving children's racial attitudes*. Dissertação, Universidade do Texas em Austin, maio 2007.

SMITH, Matthew et al. "'All you can do is pray': Crimes against humanity and ethnic cleansing of Rohingya Muslims in Burma's Arakan State". Human Rights Watch, abr. 2013.

SMITH, Russell. "The impact of hate media in Rwanda". BBC News, 3 dez. 2003.

SNEED, Annie. "American eel is in danger of extinction". *Scientific American*, 1º dez. 2014.

SNYDER, Timothy. "Him". *Slate*, nov. 2016.

SOLOMON, Andrew. "As Asia regroups, art has a new urgency". *New York Times*, 23 ago. 1998.

_____. "Defiantly deaf". *New York Times Magazine*, 28 ago. 1994.

_____. *Far from the Tree: Parents, Children, and the Search for Identity*. Nova York: Simon & Schuster, 2012. [Ed. bras.: *Longe da árvore: pais, filhos e a busca de identidade*. São Paulo: Companhia das Letras. 2013.]

_____. "Hot night in Havana". *Food & Wine*, jan. 2002.

_____. *The Irony Tower: Советские художники во времена гласности*. Moscou: Garage, 2013.

_____. *The Irony Tower: Soviet Artists in a Time of Glasnost*. Nova York: Knopf, 1991.

_____. *The Noonday Demon: An Atlas of Depression*. Nova York: Simon & Schuster, 2001. [Ed. bras.: *O demônio do meio-dia: uma anatomia da depressão*. São Paulo: Companhia das Letras, 2014.]

_____. "Paper tsars". *Harpers & Queen*, fev. 1990.

SOMMERS, Marc. "The darling dictator of the day". *New York Times*, 27 maio 2012.

SOUTH AFRICAN PRESS ASSOCIATION. "Appeal tribunal declassifies 'The Spear'". *City Press*, 10 out. 2012.

_____. "Mugabe condemns Europe's gay 'filth'". *IOL News*, 14 abr. 2011.

SOUTHERN POVERTY LAW CENTER. "Update: Incidents of Hateful Harassment since Election Day now Number 701". 18 nov. 2016.

_____. "Update: More than 400 Incidents of Hateful Harassment and Intimidation since the Election". 15 nov. 2016.

STAFFORD, Katrease; HIGGINS, Lori. "Royal Oak Students Chant 'Build The Wall'". *Detroit Free Press*, 11 nov. 2016.

STAUFFER, Caroline. "Brazil's Petrobras corruption investigators to probe Olympic contracts". Reuters, 25 nov. 2015.

STEELE, Jonathan. "Marla Ruzicka". *Guardian*, 19 abr. 2005.

STEPHEN, Chris. "Gaddafi's son Saif al-Islam sentenced to death by court in Libya". *Guardian*, 28 jul. 2015.

STERNBERG, Troy et al. "Tracking desertification on the Mongolian steppe through NDVI and field--survey data". *International Journal of Digital Earth*, v. 4, n. 1, pp. 50-64, 2011.

STEVENSON, Tom. "The Growing Strength of Turkey's Ultra-Nationalists". *Middle East Eye*, 1 jun. 2016.

STRANGIO, Sebastian. "Myanmar's wildlife trafficking hotspot". *Al Jazeera*, 17 jun. 2014.

STROKAN, Sergey; MIKHEEV, Vladimir. "EU-Russia sanctions war to continue". *Russia Beyond the Headlines*, 26 jun. 2015.

SULTEEVA, Renata. *The market for Russian contemporary art: An historical overview and up-to-date analysis of auction sales from 1988 to 2013*. Dissertação, Sotheby's Institute of Art, Nova York, 2014.

"'Sunflower' protesters break on to political scene". *Economist Intelligence Unit*, 2 abr. 2014.

TAN, Michael. "One million SIM cards sold in Myanmar". *Cnet*, 2 out. 2014.

"*Татьяна Веденеева расстается с мужем* (Tatiana Vedeneeva has divorced)". *DNI*, 2 jun. 2008.

TAU, Byron; NICHOLAS, Peter. "Hillary Clinton defends actions in Benghazi". *Wall Street Journal*, 22 out. 2015.

TCHEKHÓV, Anton. *The Three Sisters: A Play by Anton Chekhov Adapted by David Mamet*. Nova York: Samuel French, 1992.

TAYLOR, Alan. "The Chernobyl disaster: 25 years ago". *Atlantic*, 23 mar. 2011.

TEMPEST, Rone. "Pope meets with Castro, agrees to a Cuba visit". *Los Angeles Times*, 20 nov. 1996.

TEMPLE-RASTON, Dina. *Justice on the Grass*. Nova York: Free Press, 2005.

TENNYSON, Alfred. *Poems by Alfred Tennyson in Two Volumes*. Boston: William D. Ticknor, 1842.

_____. *The Poetical Works of Alfred, Lord Tennyson*. Londres: Macmillan, 1895.

THORPE, Nick. "Hungary's Poster War on Immigration". *BBC News*, 14 jun. 2015.

TIERNEY, Dominic. "Forgetting Afghanistan". *Atlantic*, 24 jun. 2015.

TOPPING, Alexandra. "Widows of the genocide: How Rwanda's women are rebuilding their lives". *Guardian*, 7 abr. 2014.

TORGOVNIK, Jonathan. *Intended Consequences: Rwandan Children Born of Rape*. Nova York: Aperture, 2009.

TORODE, Greg. "Myanmese envoy says Rohingya ugly as ogres". *South China Morning Post*, 11 fev. 2009.

TRAUB, James. "The Party that Wants to Make Poland Great Again". *New York Times*, 2 nov. 2016.

TRAUFETTER, Gerald. "Climate change or tectonic shifts? The mystery of the sinking South Pacific islands". *Der Spiegel*, 15 jun. 2012.

TRAVIS, Alan; CHRISAFIS, Angelique. "UK Immigration Minister Confirms Work to Start on £1.9m Calais Wall". *Guardian*, 7 set. 2016.

TRAVIS, John. "Genes of silence: Scientists track down a slew of mutated genes that cause deafness". *Science News*, 17 jan. 1998.

TRUMP, Donald J. "Donald J. Trump Statement on Preventing Muslim Immigration". DonaldJTrump. com, 7 dez. 2015. Disponível em: <https://www.donaldjtrump.com/press-releases/donald-j.--trump-statement-on-preventing-muslim-immigration>.

_____. "Full text: Donald Trump Announces a Presidential Bid". *Washington Post*, 16 jun. 2015.

TRUMP, Donald J. "Read the Full Transcript of Donald Trump's 'Second Amendment' Speech". *Time*, 9 ago. 2016.

_____. "Transcript: Donald Trump's Foreign Policy Speech". *New York Times*, 27 abr. 2016.

_____. "Tweet (European Leaders Weak)". Twitter, tweet n. 680877571542790144, 26 dez. 2015.

_____. "Tweet (Immigration Killing Machine)". Twitter, tweet n. 630906211790102528, 10 ago. 2015.

_____. "Tweet (Iran Ripped Us Off)". Twitter, tweet n. 661004204962656256, 1 nov. 2015.

_____. "Tweet (Mexico Corrupt)". Twitter, tweet n. 620629175897096193, 13 jul. 2015.

_____. "Tweet (Mexico Killers)". Twitter, tweet n. 620546522556534784, 13 jul. 2015.

_____. "Tweet (Mexico not Friend)". Twitter, tweet n. 615866741994954752, 30 jun. 2015.

_____. "Tweet (UK Muslim Problem)". Twitter, tweet n. 674934005725331456, 10 dez. 2015.

"Trump says he has good relationship with 'the blacks'". CNN, 14 abr. 2011.

TSUJIMOTO, Ben. "Disturbing Acts in Wellsville, at Canisius College Follow Election Day". *Buffalo News*, 9 nov. 2016.

TUNISON, John. "Cab Driver Describes Beating from Man Yelling 'Trump'". *Michigan Live*, 18 nov. 2016.

TURNER, Rochelle et al. "Travel and tourism: Economic impact 2015: Myanmar". World Travel and Tourism Council, 2015.

TYAN, Alexandra. "Classes aimed at raising a new generation of Russian businessmen". *Moscow Times*, 27 jul. 2015.

UNIVERSIDADE ESTADUAL DE SAN DIEGO. "Community Safety Alert: Strong-Arm Robbery". 9 nov. 2016.

UNICEF. "Country statistics: Myanmar". Unicef, 2015.

URANI, André; GIAMBIAGI, Fabio. *Rio: A hora da virada*. Rio de Janeiro: Elsevier, 2012.

USBORNE, David. "Donald Trump on Foreign Policy: 'I've Got no Time to Travel — America Needs My Attention Now'". *Independent*, 27 ago. 2015.

UWIRINGIYIMANA, Clement. "Rwandan parliament agrees to extend Kagame's rule". Reuters, 29 out. 2015.

VRIEZE, Paul. "Experts reject claims of 'Rohingya mujahideen' insurgency". *Irrawaddy*, 15 jul. 2013.

WACHTER, Sarah J. "Pastoralism unraveling in Mongolia". *New York Times*, 8 dez. 2009.

WALKER, Shaun. "Russia swoops on gang importing £19m of banned cheese from abroad". *Guardian*, 18 ago. 2015.

WALSH, Declan. "Second female Afghan journalist killed in five days". *Guardian*, 6 jun. 2007.

WAN, William. "China tried to erase memories of Tiananmen. But it lives on in the work of dissident artists". *Washington Post*, 31 maio 2014.

_____. "Chinese artist recounts his life, including the one time he painted 'X' on Mao's face". *Washington Post*, 2 jun. 2014.

_____. "Taiwan's 'white shirt army', spurred by Facebook, takes on political parties". *Washington Post*, 11 nov. 2013.

WARIKOO, Niraj. "Hate Crimes Increase in Michigan Post-Election, Drawing Concern". *Detroit Free Press*, 20 nov. 2016.

WATTS, Jonathan. "Brazil: Rio police charged over torture and death of missing favela man". *Guardian*, 2 out. 2013.

_____. "Rio Olympics linked to widespread human rights violations, report reveals". *Guardian*, 8 dez. 2015.

_____. "Rio police tackle favelas as World Cup looms". *Guardian*, 10 jun. 2013.

WAX, Emily. "Rwandans are struggling to love children of hate". *Washington Post*, 28 mar. 2004.

WEAVER, Matthew. "'Horrible Spike' in Hate Crime Linked to Brexit vote, Met Police Say". *Guardian*, 28 set. 2016.

_____; LAVILLE, Sandra. "European Embassies in UK log More Alleged Hate Crimes Since Brexit Vote". *Guardian*, 19 set. 2016.

"'We Must Stop Brussels!' Referendum Booklet Warns Hungarians". *Budapest Beacon*, 7 set. 2016.

WESTCOTT, Lucy. "Gay refugees addresses [*sic*] U.N. Security Council in historic meeting on LGBT rights". *Newsweek*, 25 ago. 2015.

"We Urge Our Readers to BELEAVE in Britain and Vote to Quit the EU on June 23". *Sun*, 13 jun. 2016.

WINATA, S. et al. "Congenital non-syndromal autosomal recessive deafness in Bengkala, an isolated Balinese village". *Journal of Medical Genetics*, v. 32, pp. 336-43, 1995.

WINTERBOTTOM, Tom. "The tragedy of the Maracanã Stadium". *Rio On Watch*, 13 jun. 2014.

WOOTSON, Cleve R., Jr. "A Baylor Student Was Shoved and Called the 'n' Word. This is How the School Responded". *Washington Post*, 14 nov. 2016.

WORTH, Robert F. "An American aid worker is killed in her line of duty". *New York Times*, 18 abr. 2005.

WRIGHT, Thomas. "Trump's 19th Century Foreign Policy". *Politico*, 20 jan. 2016.

_____. "The 2016 Presidential Campaign and the Crisis of U.S. Foreign Policy". Lowy Institute for International Policy, 10 out. 2016.

WULLSCHAGER, Jackie. "No more Chinese whispers". *Financial Times*, 2 out. 2004.

XINHUA NEWS AGENCY. "Former Mongolian president jailed for four years". *CRI English*, 3 ago. 2012.

XU, Angela. "China's digital powered foodie revolution". *Lab Brand*, 6 jan. 2015.

YANAGIZAWA, David. *Propaganda and conflict: Theory and evidence from the Rwandan genocide.* Dissertação, Universidade de Estocolmo, 2009.

YIN Pumin. "Probing ancient mysteries". *Beijing Review*, 7 dez. 2009.

YOUNG, Toby. "Voting Remain is an Act of Heartless Snobbery". *Spectator*, 14 maio 2016.

ZACCARDI, Nick. "President of company preparing Rio for Olympics resigns". *NBC Sports*, 1º abr. 2014.

ZAIMAN, Jonathan. "Remembering Moses Samuels, the man who preserved Jewry in Myanmar". *Tablet*, 2 jun. 2015.

ZHONG Nan. "China has a healthy appetite for food imports". *China Daily*, 2 mar. 2015.

ZHU Linyong. "Art on the move". *China Daily*, 25 jan. 2010.

ZILKHA, Bettina. "Andrew Solomon named president of PEN". *Forbes*, 5 mar. 2015.

ZUCCHINO, David. "'I've Become a Racist': Migrant Wave Unleashes Danish Tensions over Identity". *New York Times*, 6 set. 2016.

"Zuma, Marikana painting pulled from Jo'burg Art Fair". *Mail & Guardian*, 27 set. 2013.

ZUROWSKI, Cory. "Maple Grove Students Greeted with 'Fuck Niggers' the Day After Election". *City Pages*, 9 nov. 2016.

ZWAY, Suliman Ali; GALL, Carlotta. "Libyan factions reject unity government plan". *New York Times*, 20 out. 2015.

Índice remissivo

007 contra Goldfinger (filme), 354
11 de setembro de 2001, ataques terroristas de, 47, 264, 433

Absolutely Fabulous (programa de TV), 215
Abu Ghraib, 338
Academia Central (Beijing), 113, 134
ACCEPT (organização romena de defesa dos direitos de gays), 417-8, 421
Acer America, 186
Adriano, imperador romano, 216
Aegis Trust, 295
Afeganistão: amigos do autor, 47; atualização, 278; cineastas, 270-1; comunidade artística no, 265-70, 279; depois do Talibã, 264-79; destruição da cultura, 38, 265-6; grupos étnicos, 273, 440; invasão soviética, 16, 21, 267, 270, 439; jantar, 274-7; mulheres, 37, 265, 270-1, 278; música, 271-4; poetas, 268-9; Prêmio de Arte Contemporânea, 279; reconstrução, 267; Talibã no, 37, 47, 264-9, 272-4, 439, 440; televisão no, 267, 272
África: "arte nativa", 149; gays, 413; leis contra a sodomia, 44; sociedades de transição, 246; turismo, 33, 227; *ver também países específicos*
África do Sul, 144-78, 499; apedrejamento público, 178; arte como base do diálogo na, 158; arte de transição, 156; arte no interior, 167-75; artistas liberais brancos, 151; atualização, 177; bairros negros, 154-60; boicote cultural (década de 1980), 151; censura na, 177; centros de arte durante o apartheid, 154, 156; cestaria, 163; categorias do apartheid, 159; "colar" (atrocidade), 392; colecionadores de arte brancos, 160; *coloreds* (mestiços) na, 152, 159; competições de arte, 161; e Bienal de Veneza, 162, 178; eleições (1994), 434; escolas de arte, 154; exposição Tributaries, 173; falta de tradição de apreciação de arte, 163; fim do apartheid, 38, 144, 151, 164; Galeria Nacional, 146-8; hotentotes, 148; Igreja Shembe, 177; influência mútua entre negros e brancos, 175-7; Iniciativa Nacional das Artes (INA), 146, 165-6; invisibilidade de negros, 145, 148, 163, 177; política, 165-6, 176; programas diri-

gidos por brancos para negros, 163-4; *sangomas* (xamãs), 168, 175; *shebeens* (tabernas), 166; teatro absurdo de respeito simbólico, 166; trabalho xhosa com miçangas, 147; viagens na, 29

África Ocidental Francesa, menu na, 31

afro-americanos, generalização de Trump, 485

Agência Internacional de Energia Atômica (Aiea), 336

Agili, Hasan, 44, 47, 324, 345, 494-6

Agostinho de Hipona, 26

Ahmida, Ali Abdullatif, 315, 334

Ai Weiwei, 108, 132, 140, 142-3

Ainslie, Bill, 154

Akhlaqi, Ali, 279

Al Jazira, 330

Al Shams [O Sol] (jornal líbio), 316, 327

albatroz-real, 379

Alborough, Alan, 149

Alcorão, 310

Alemanha, 50, 73, 310, 325, 489-90

Alexander, Jane, 153

Alexandre, o Grande, 216, 218, 266

Alexandrova, Avdotja, 102

Alexeev, Nikita, 23

al-Fateh, 329

Alkikli, Omar, 324

al-Qaeda, 266, 275, 313-4, 439

Alston, Philip, 392

Alvarez, A., 247

Amach, Sanga, 278

Amazônia, 407

Amin, Idi, 323

Amos, Howard, 180

Ando, Tadao, 281, 283

André, Marcus, 397

Animais ferozes (filme), 127

Anistia Internacional, 345, 408-9

"ansiedade de caiaque", 252

Antártica, 370-81: atualização, 380; coleta de krill, 381; estações de pesquisa chinesas, 381; Expedição à Antártica pelo Centenário da *Nimrod*, 370; *icebergs*, 378; neve azul, 378; novos fungos, 381; pinguins, 381; proscrição de mineração polar, 381; recursos petrolíferos e minerais, 381; Tratado da, 381; travessia do Círculo Polar Antártico, 373; vulnerabilidade, 370

antimuçulmana, retórica *ver* islamofobia

antissemitismo, 35, 180, 474, 483, 486, 489

Anufriev, Serguei, 56-7

aquecimento global, 244, 294

Arábia Saudita, 425; complô para assassinar o príncipe herdeiro da, 330; pena de morte para gays, 44

Arakan (Rakhine, estado birmanês), 439, 442-4; *ver também* Rakhine

Araújo, Cléber, 409

Argumenty i Fakty (jornal russo), 77

Aris, Michael, 435

armamentos, desenvolvimento de, 50

Arman [Esperança] (jornal afegão), 269

Arsenijevi , Damir, 496

arte: arte pela arte, 155; como entretenimento, 23; conceitual, 115, 207; e política, 25, 165-6, 184-5; e protecionismo, 186; e verdade, 64, 67; expectativas comerciais da, 23, 63-4, 116; finalidades da, 24, 62, 64; finalidades dos museus, 189; formalismo, 138; interpretação da, 187; miniaturas pintadas, 267; minimalismo, 138, 367; modernismo, 138; mundo dos leilões, 61; performática, 56, 81-2, 140, 278; pintura figurativa, 115, 157; poder para mudar o mundo, 23, 155; radicalismo da forma, 113; realismo, 112, 128; *trompe l'oeil*, 365; visual, 151

arte chinesa, 108-42: arte extravagante, 138, 142; arte performática, 140; assédio e perseguição de artistas, 135-6, 140; caligrafia, 189, 201-3, 364; caligrafia "ouro fino", 203; Coleção Imperial, 188, 189-90; coleções de, 187-8; como veículo de propaganda, 142; contemporânea, 138-43; estilos *guohua*, 128, 131; história da, 112; influência japonesa, 365; modelo soviético, 112; no exterior, 132; Novos Revolucionários, 123, 132; pintura tradicional com pincel e tinta nanquim, 112, 117, 128, 131; pop político, 115-6, 122; realismo, 112, 128; realismo cínico, 115-6, 122; recorte de papel, 134; turnê nos Estados Unidos (*Tesouros da arte chinesa*, 1961), 190; vanguarda, 109-14, 117-28, 130; vendas, 138

arte ocidental: contemporânea, 112, 131; egocentrismo dos artistas ocidentais, 118; emulação chinesa da, 112-3; expectativas comerciais da, 23, 63-4, 116; exposições chinesas de, 129-34; foco no futuro, 204; influência chinesa sobre a, 366; influência da, 210, 280

arte soviética: atualização, 65-6; autorreferência, 64; contemporânea, 57-6; descoberta pelo Ocidente, 58, 137; influência sobre a arte chinesa, 112; mercado, 54-66; primeira venda pela Sotheby's, 54, 57-64; *The Irony Tower* (Solomon), 24, 54; vanguarda, 55-9, 61, 63-6

Asefi, Yousof, 265, 268

Ásia: apoio dos EUA às democracias asiáticas, 187; Central, 264, 339; Sudeste Asiático, 199, 353

ásio-americanos, abuso verbal de, 483

Atatürk, Kemal, 325

Atenas, Jogos Olímpicos de, 399

Attiga, Giumma, 324

Aung Kyaw Naing, 458

Aung Min, 447

Aung San (general), 430, 435, 454

Aung San Suu Kyi, 46, 423-4, 426-7, 430-1, 433-8, 455-6, 458-9, 461; antecedentes, 435; e eleições, 435-7, 442, 455, 461; e grupos étnicos, 441-2; *The Voice of Hope* [A voz da esperança], 433

Austrália, 381, 389, 465

autocracia, advento moderno da, 473

Aye Ko, 426

Aye Lwin, 443, 447

Azerbaijão, crime organizado no, 92

Baggio, Rodrigo, 398

Bahkstein, Josif, 71, 74

Bailey, Beezy, 150, 168, 171

Balanchine, George, 292

Baldwin, James: *Giovanni's Room*, 86

Bali, sistema de clãs em, 383

Baloyi, Vincent, 158

Banco de Compensações Internacionais (Suíça), 336

Banco Mundial, 294, 308, 337

Bangladesh, 433, 438-9, 443-4, 460

Bangweulu, pântanos de (Zâmbia), 222, 224

Barcelona, Jogos Olímpicos de, 399

Barker, Wayne, 150

Bashir, Omar al-, 327

Bastrykin, Alexander, 105

Baywatch (programa de TV), 27, 48

BBC, 133, 180

Bebe Scott (babá), 13

Begalov, Yuri, 89-90, 102

Beijing: Academia Central, 113, 134; Cidade Proibida, 126, 188-9, 354, 359-63, 368-9; comida em, 354-6; Festival de Cinema Independente de Beijing, 139; jardim de Qianlong, 359-69; jardim do palácio da Felicidade Estabelecida, 368; massagem auricular em, 356

Bekešius, Mantvydas, 477

Belas-Artes na China (revista), 113-4

Beltrame, José Mariano, 393-5, 397

Benesse, Ilha (Japão), 280-4; Centro de Artes, 281-3; Museu Chichu, 283; Projetos Casa de Arte, 283

Benghazi (Líbia), 323-4, 334, 341, 344-6, 495

Bengkala (Bali): alcoolismo, 387; governo, 383; surdez congênita em, 382-9

Ben-Gurion, David, 447

Berlusconi, Silvio, 337

Bermudas, mapa das, 58

Bernhardt, Sarah, 405

Bester, Willie, 159-60

Bi Mon Te Nay (jornal birmanês), 459

Bienal de Moscou, 65

Bienal de Veneza, 162, 178

Bin Laden, Osama, 314, 336

Birch, James, 129

Birman, Yevgeny, 79, 83

Birmânia, 430; comunistas na, 448; gatos birmaneses, 457; *ver também* Mianmar

Bisgaard, Poul, 248

Black, Robert, 335

Blair, Gavin, 219-226

Blair, Marjorie, 220-6

Blair, Tony, 37, 337

Blignaut, Belinda, 149

Bo Xiaobo, 131

Bobrova, Yelena, 107

Bocado da China, Um (programa de TV), 357

Bolsa de valores de Moscou, 89

Boltanski, Christian: *Les Archives du Coeur*, 284

Bolton, John, 337

Bonnet, Catherine, 297

Borit, Misuu, 436-7, 443, 456-7

Botha, Andries, 153

Botsuana: elefantes, 33; viagens, 219

Botticelli, Sandro, 128

Bouazizi, Mohamed, 428

Bowman, Vicky, 425, 454

Brady, Anne-Marie, 381

Brâncuşi, Constantin: *Coluna infinita*, 280

Brasil, 390-410; democracia, 398, 404; desigualdade social, 392; ditadura, 401, 404-5; economia, 390, 398-9; Floresta Amazônica,
407; modelos, 405; ONGS, 404; petróleo, 390;
ver também Rio de Janeiro; São Paulo

Brasília, 392

Bratskii Krug, 105

Brejnev, Leonid, 54-6, 68, 96, 322

Bremmer, Ian, 106

Bronya, Pani, 82, 101

Brown, David J., 153

Bruskin, Grisha, 60-1

Bruxelas, 489

Buckingham, palácio de, 360

Buda vivo, 366

budismo: chan, 366; estruturas arquitetônicas
religiosas, 446; ideal de natureza pura, 364;
ideia de perdão, 433; mosteiros, 281, 429;

nascimento na Índia, 438; theravada, 429,
438, 442, 445, 460; tibetano, 236, 366

Buhuceanu, Florin, 417, 421

Bulatov, Erik, 65

Bulgária, 16, 35, 323

Burnett, Jon, 477

Burnett, Ricky, 173

Bush, George H. W. (pai), 336

Bush, George W., 37, 95, 315, 336, 418

Butcher, Duane, 421

Cahill, James, 203

Cai Guo-Qiang, 108; *Banho de fusão cultural*, 282;
Foguete dourado, 211

Calder, Alexander, 282

Camarões, punição da homossexualidade em,
44

Camboja: depressão, 228-34; guerra civil, 228-9;
Khmer Vermelho, 229-31, 448; mediciona
tradicional khmer, 232; Orfanato da Luz
Futura, 234; saúde mental, 234

Cambridge Energy Research Associates, 333

Camp, S. Talcott, 33

Campbell, ilha, 379

Canadá, 47, 50

Cao Fei, 138

capitalismo, 88, 100, 200, 240, 321, 333, 343

Cardiff, Janet, 284

Cardoso, Fernando Henrique, 398

Carlos I, rei da Romênia, 418

Cărtărescu, Mircea, 417, 421

Carvalho, José, 393

Caryl, Christian, 26

Casa Central dos Artistas (Moscou), 91

casamento gay, 43-4

Casaquistão, nômades no, 26-7

Casé, Regina, 407

Castiglione, Giuseppe (Lang Shining), 365

Castro, Fidel, 28

Catarina, a Grande, 15, 362

Ceauşescu, Nicolae, 16, 123

cegonha-bico-de-sapato, 223

Cele, Alois, 158

censura: e o PEN, 45; em Mianmar, 423, 431, 440, 450-2, 459, 461; na África do Sul, 177; na China, 45-6, 177; na Rússia, 65, 102, 177

Centro de Análise de Redes Sociais Demos, 477

Centro Sakharov (Moscou): exposição Arte proibida, 65

Cernea, Remus, 421

Cézanne, Paul, 187, 214

Chang Lin-Sheng, 184

Chang, Johnson, 124

Chang, K. C.: *Comida na cultura chinesa*, 350

Charles, príncipe de Gales, 213

Chen Guang, 140

Chen Hui-chiao, 208

Chen Shaoping, 117

Chen Shih-meng, 200

Chen Yifei, 128

Chengdu (China), comida em, 353-5

Chiang Kai-shek, 185-6, 190, 192, 194, 199-200, 448

Chin (Birmânia), 458; tatuagens de mulheres chin, 444

Chin Hsiao-yi, 186, 191

China: arte na *ver* arte chinesa; atualizações, 137-42, 357-8; budismo, 366; Campanha de Higiene (1991), 120; censura, 45-6, 177; Cidade Proibida, 126, 188-9, 354, 359-63, 368-9; civilização avançada na, 131; comércio internacional, 448; comida na, 347-58; comunismo, 137, 190, 347, 361; críticas ao governo punidas na, 140; dois campos na, 144; domínio do mundo, 135; e Antártica, 381; e Mianmar, 429, 438, 455; e Taiwan, 184-5, 197-8, 205-6; exposições ocidentais na, 129-31; governantes imperiais, 360, 366, 368; Grande Muralha, 235, 355, 361; Guardas Vermelhos, 123, 127, 192; habitação, 121; idealismo, 123, 126; individualismo radical na, 110, 117-9, 137, 139-42; intelectualidade, 109; internet na, 141; Jardim de Qianlong na, 359-69; Jogos Olímpicos na, 130, 142; língua chinesa, 132; mudança social, 348; Muro da Democracia (movimento), 112, 126-7; nacionalismo na, 134, 194, 198; patrimônio cultural, 361; período dos Estados Combatentes na (475-221 a.C.), 364; política, 186; poluição, 357; possibilidade de democracia na, 109, 125, 141; praça da Paz Celestial, 114, 124-6, 140, 360; Revolução Cultural, 38, 112-3, 117, 122-7, 142, 165, 195, 229, 448; sociedade hierárquica, 110; terremoto de Sichuan (2008), 142; tradição de conformismo, 110, 117, 124; Trump e, 490-1; último imperador (Pu Yi), 189, 362; vida na, 38, vida noturna em Xian, 31

Chirac, Jacques, 337

Chitambo, chefe, 224

Chopin, Frédéric, 354

Chou Chuan, 193-4

Chou Hai-sheng, 207, 210

Chou Kung-shin, 205

Christensen, Johnny, 475

Christiansen, René Birger, 252

Chuang-Tzu, 189

Chu Hui-liang, 193, 196

Chu Ko, 192

Chuck (amigo do autor), 286

Chuykov, Ivan: *Fragmento de uma cerca*, 61; *Nadas e cruzes*, 61

Cidade da Guatemala, 34

Cirilo I, patriarca ortodoxo, 104

Civic (Campanha pelas Vítimas Inocentes de Conflitos), 279

Clements, Alan, 433

Clinton, Bill, 95, 195, 336; *Minha vida*, 310

Clinton, Hillary, 344, 483, 497

CNN, 68, 73-4

Coetzee, J. M., 151

Colégio Nova Europa (Bucareste), 421-2

Colômbia, identidade sexual na, 43

Confúcio, 366

Congresso Nacional Africano (CNA), 145-6, 151, 154, 159, 165-6, 177

Congresso Pan-Africano da Azânia (PAC), 166

Congreve, William, 315

Connoisseur (revista), 54

565

Conselho Nacional de Chefes de Polícia da Inglaterra, Gales e Irlanda do Norte, 477

Conservação Internacional (CI), 286

conservadorismo *versus* liberalismo, 491-2

Convenções de Genebra, 401

Conwill, William Louis, 263

Cooper, Anderson, 486, 491

Copacabana, praia de, 391

Coral, mar de, 465

Coreia do Norte, 338, 425, 427

Coreia, eleições na, 435

Cosmoscou (feira de arte comercial), 65

Cousteau, Jacques, 463-4

Cratera Roden (Arizona, EUA), 280

Crimmins, Pamela, 17

cristianismo, 168, 286, 294, 299, 438

Cuba: autocracia, 36; festas, 28; mudanças, 28

D'Offay, Anthony, 129

Dai Jianyong, 140

dalai-lama, 236, 366

Danquah, Meri Nana-Ama, 411

Dayan, Moshe, 447

De Maria, Walter, 123

De Montebello, Philippe, 186, 188, 197

Dean I-mei, 207-8; *Made in Hong Kong*, 208

deficiência, modelo construcionista social de, 389, 499

deixar ir, ato de, 53

democracia: chegada da, 37-8; como eufemismo para o capitalismo, 100, 187; e liberdade, 132; significados locais da palavra, 80, 96-7, 109, 125, 141, 325, 426, 431

Demônio do meio-dia: uma anatomia da depressão, O (Solomon), 41, 212, 228, 246, 256, 416-7

Deng Xiaoping, 38, 110, 137, 360

Denisov, Nikita, 107

depressão: conversa sobre emoções, 250, 253-4; e aprende a esquecer, 232; e aprender a amar, 232-3; e confiança, 233; e distração, 232; e solidão, 254; e suicídio, 246, 253, 255; e trabalho, 232-3; escrever sobre recuperação, 256; *O demônio do meio-dia* (Solomon),

41, 212, 228, 246, 256, 416-7; resgate do isolamento, 233, 254; tratamentos alternativos da, 256

dessensibilização, 500

Didenko, Tanya, 74, 80

Dinamarca, 255, 310; xenofobia na, 475

Ding Fang, 135

Ding Yi, 131, 134

Diouf, Madame, 257, 259-60

diplomacia, 49, 184, 197, 264, 320

Direita, 88, 95, 340, 394, 474-6, 486-7, 498

discurso de ódio, 46, 477

dissonância cultural, 31-2

diversidade: adotar a, 50; rejeitar a, 473, 492

Djebbar, Maître Saad, 312

Dmitri (capitão de barco), 374, 377

Dobrokhotov, Roman, 106

Donadio, sr. (professor), 15

Drevin, Aleksandr, 59

Duchamp, Marcel, 187

Dudu de Morro Agudo, 404

Dumontt, Luiz Carlos, 404

Dupree, Nancy Hatch, 266

Dürer, Albrecht, 128

Egito, 325, 345, 498; homossexuais encarcerados no, 44, 497

ElBaradei, Mohamed, 336

Elkhair, Abdulgader, 331-2

Elton, Louise, 16

Emirados Árabes Unidos, 332

encruzilhadas da história, 16, 31, 38

Enderby, ilha, 372

Enkhbaya, Nambar, 244

Enraizados (organização educacional brasileira), 404

Equador, 18

Erdo an, Recep, 475

Ernst, Max, 292

Escócia, 13, 311, 335

Espanha, 41, 51, 310, 373; e lavagem de dinheiro, 104

esperança, 24-5, 38, 143, 278, 390, 423

566

Ésquilo, 215
esquimós *ver* inuítes
Esquire (revista), 256
Estado Islâmico, 43, 345
"Estados Unidos em primeiro lugar" ("America First", lema de Trump), 489
Estados Unidos, eleições de 2016: eleitores brancos insatisfeitos nas, 478; explosão de racismo e homofobia após, 479-84; liberais e, 492-3; *ver também* Trump, Donald
Estrelas, grupo (China), 112-4, 126-7
estudantes, manifestações públicas de homofobia, misoginia e racismo por, 479-81
Etwebi, Ashur, 343-5
Eugênia, Inesquecível, 180-1
Europa, xenofobia na, 474
Evans, Nicholas, 382
exclusão cultural, 48
expressionismo abstrato, 154

fábulas indianas, 14
Fakhri, Azim, 279
famílias inter-raciais, abuso verbal a, 479
famílias, diferenças dentro das, 48
Fan Kuan, 183-4, 187-91, 196, 198; *Viajantes em meio a regatos e montanhas* (pintura), 188, 190, 196, 198
Fan Rong, 139
Fang Lijun, 115-6, 122, 124, 136, 138-9
fantasias de fuga, 13
fantasias sobre mares do Sul, 285
Farhad, Alam, 279
Farrakhan, reverendo Louis, 329
Faustini, Marcus Vinícius, 399-400, 403
Feith, Roberto, 393
Feldman, Ronald, 58
Fellows, sir Charles, 216
feminismo, 65, 300, 476
Feng Boyi, 140
Feng Mengbo, 125
Festival de Cinema Independente de Beijing, 139
Fiennes, Susannah, 213

Fierau, Genevieve, 417
Filippov, Andrei, 68
filtros-bolhas, 492
Fini, Gianfranco, 342
fitoplâncton, 381
Fluxus, 138
Foh-Amoaning, Moses, 414-5
Fong, Wen C., 185-94, 196-7, 201, 203-4; *Beyond Representation* [Além da representação], 186; *Possessing the Past* [Apossando-se do passado], 203
Food & Wine (revista), 264
Forster, E. M.: *Passagem para a Índia*, 34
fotografia, invenção da, 187
Francisco José, imperador, 362
Frank, Anne, 496
Franke, Katherine, 498
Franz Ferdinand, arquiduque, 428
Freedom House, 105
Frente Popular para a Libertação da Palestina, 335
Friedman, Steven, 178
Frolov, Viktor, 78
Fugard, Athol, 151
Fukutake, Tetsuhiko, 281
Fuller, Buckminster, 292
Fundação Anatoly Sobchak (Rússia), 102
Fundação Chinati (Texas), 280
Fundo Monetário Internacional (FMI), 337, 398-9
Fundo Mundial de Monumentos (WMF), 359, 368
Fundo Nacional para as Artes (EUA), 165

Gabeira, Fernando, 398-9, 404-5
Gable, Clark, 321
Gaffney, Christopher, 397
Gaidar, Yegor, 94
Gainsborough, Thomas, 213
Galápagos, ilhas, 18
Galeria Nacional (África do Sul), 146-8
Galeria Nacional (Cabul), 264
Galeria Nacional de Arte (Beijing) *ver* Meishugan

Gana, 411-5; cerimônia de casamento em, 411; direitos de gays em, 413-4

Gardner, Kevin, 86

"Garota de Ipanema" (canção), 407

"Girls Just Want to Have Fun" [Garotas só querem se divertir] (canção), 18

gatos birmaneses, 457

Gatsinzi, Jean-Pierre, 299

Gauguin, Paul, 291

Gaultier, Jean Paul, 170

gays, 42-4, 495; atrocidades contra, 43-4, 103; casamento gay, 43-4; direitos de, 42-4, 103, 412-3, 417; identidade do autor, 13, 20-1, 42, 412, 416; proteção de, 42; ver também homofobia

Geers, Kendell, 149-50

Gehry, Frank, 280, 378

geleiras, 255, 380

gênero, identidade de, 406

Geng Jianyi, 118, 133, 349

genocídios, monumentos em memória de, 295

George, irmã, 19

Gerasimov, Igor, 88

Getar (chefe balinês), 387-8

Ghanem, Shukri, 317, 319-20, 330, 338, 342-3

Ghaznavi, Aziz, 274-5, 277

Gies, Miep, 496

Gilbert & George, 129-31, 133

globalização, hostilidade de Trump à, 488

Gobi, deserto de, 235, 239-41, 244

Goebbels, Joseph, 66

Goldblatt, David, 178

Golovin, Andrei L., 95-7, 99

Goodhew, Steve, 290

Gorbatchóv, Mikhail, 54, 56, 59, 67-8, 73, 97-8, 180, 322, 428

Gordimer, Nadine, 151

Gottgens, Kate, 153

governo, papel do, 491

Graham, Dan: *Cilindro bissectado por plano* (instalação), 282

Graham, Martha, 288

Grande Barreira de Corais, 292, 465

Grantseva, Arisha, 80

Grebenshchikov, Boris, 84, 101

Grécia, protestos públicos na, 186

Groenlândia: atualização, 255; beleza da, 248; colonização dinamarquesa, 246, 249; depressão na, 246-55; dificuldade de vida na, 247; identidade gay na, 43; inuítes na ver inuítes; língua groenlandesa, 246; onipresença de trauma na, 250; tabu de falar sobre si mesmo, 248

Grupo de Ação Coletiva (K/D — URSS), 55

Gu Dexin, 117-8

Gu Wenda, 132, 135, 142

Guadalcanal, batalha de, 286

Guantánamo, 338

Guanyin (deusa budista da compaixão), 356

guerra ao terror, 311, 313, 337

Guest, Michael, 418

Guo Xi, 187; *Começo de primavera* (pintura), 188, 190, 194, 198, 201, 203

Guryanov, Georgi, 79, 83, 101

Haas, Aleksei, 79-80

Habich, John ver Solomon, John Habich

Habyarimana, Juvénal, 296

Haftar, Khalifa, 345

Hakimian, Timur, 270-1

Hamas, 340

han (etnia chinesa), 199-200

Han Feng, 348-52

Hangzhou (China): comida em, 118, 351; jardins de, 363

Harpers & Queen (revista), 22, 54

Harting, Keith, 281

Harun, Happy, 368

Harvey, Mark, 221-2

Hasan (capitão de veleiro), 216

Hassani, Shamsia, 279

Havel, Václav, 325

Hawke, Leslie, 417

Hearn, Maxwell, 184

Hecht, David, 257-8

Hecht, Hélène, 257-9

Helms, Jesse, 194
Helmsley, Leona, 130
Henriques, Ricardo, 395
Heritage Expeditions, 371, 379
Heritage Foundation, 332
Hermenêutica Médica (movimento russo), 56
"histeria polar", 252
histórias coreanas tradicionais, 14
Hitchcock, Alfred, 293
Hitler, Adolf, 66, 181, 419, 440, 479, 483-4, 497, 500
Hlungwani, Jackson, 163, 173-4
Hobbes, Thomas, 312
Hobson, Andrew, 213, 215, 217
Hogan-Howe, Sir Bernard, 477
Holocausto, 11, 35, 46, 296
homofobia, 103, 180, 414, 418, 474
homossexualidade *ver* gays
Hong Kong, 124, 128, 131, 193, 347, 353, 438; passeatas pró-democracia em, 141
Honmura (Japão), 280, 283
Houmaidi, Ahmed El, 18
Houston, Whitney, 116
Hsia I-fu, 210
Htein Lin, 453-4; *Uma mostra de mãos* (instalação), 454
Htin Kyaw, 459
Huaisu, 201-3; *Ensaio autobiográfico*, 201
Huang Chih-yang: *Quarto de maternidade* (instalação), 210
Huang Gongwang: *Habitação nas montanhas Fuchun* (rolo), 203
Huang Rui, 138
Huizong, imperador da: *Dois poemas*, 203
Human Rights Watch, 459
Humboldt, Alexander von, 473
Hungria, xenofobia na, 473-4
Hussein, Saddam, 323, 429, 491
hutus, 295-8, 301-2

Ibrahim (tripulante de veleiro), 212, 216
Ibrahim, Ahmed, 315, 343
identidade política, 476

identidade sexual, 43, 45
Idris, rei da Líbia, 311
Igreja Shembe (África do Sul), 177
Ilhas Salomão, 285-94, 464; atóis de coral, 292; atualização, 294; Circuncisão, ilha da, 293; discriminação de gays nas, 45; floresta tropical, 287; Hauta, 287, 289; lago Tegano, 293; línguas, 286; Makira, ilha, 286; Malaita, ilha, 286; Marovo, lagoa, 292, 294, 466; mudança da capital provincial, 294; Uepi, 292; vida na Polinésia, 293
Illiminaq (Groenlândia), 249-54
imigração, imigrantes: efeitos da, 35, 495; invectivas contra, 484; posição de Trump sobre, 485-6; restrições a, 47
incas, 18
Índia: criminalização da homossexualidade, 44; cultura gay, 43, 413; e Mianmar, 453; governo britânico, 430; partilha da (1947), 439
Indonésia, 429, 440; linguagem indonésia de sinais, 383
Indyk, Martin, 336
Ingapirca, ruínas incas em (Equador), 18
Inglaterra: afeição do autor pela, 13-5, 20; hábitos estrangeiros na, 19; mudança do autor para a, 20; união civil homossexual na, 43; *ver também* Reino Unido
inimigos do exterior, 49
Inkomtrust, 88
Instituto Nacional do Câncer, 332
internacionalismo, 49, 176, 473, 476, 499-500; hostilidade de Trump ao, 490
internet, 44, 103, 140-1, 177, 323, 330, 398, 404, 427, 440-1, 451, 461, 496
interseccionalidade, 476
inuítes, 246; caçadores e pescadores, 247; contadores de histórias, 248, 250; depressão, 246-55; doenças mentais, 252; famílias grandes, 248; índice de suicídio, 246, 255; *kiviak* (alimento feito com aves *auks* fermentadas), 247; três mulheres sábias, 250-4; vida em iglus, 247
Inujima, ilha, 283-4

Ionesco, Eugène, 193

Ipanema, praia de, 391

Irã: atrocidades contra gays, 44; e programa nuclear, 337; e terroristas, 335

Iraque: atrocidades contra gays, 43-4; caos no, 38; guerra, 37, 264; refugiados iraquianos, 48

Irlanda do Norte, 477, 494

Irmandade Islâmica Líbia, 345

Irmandade Muçulmana, 340

ironia, 23, 62, 218, 318, 343

Irony Tower: Soviet Artists in a Time of Glasnost, The (Solomon), 24, 54

Islã, 266, 270, 315, 321, 329, 335, 340-1; maliquismo, 320; *ver também* muçulmanos

islamofobia, 474-6, 479, 484-5, 489

Israel, Estado de, 186, 340, 447, 494

Istratsov, Vasily N., 100

IT Park (Taipé), 207-9

Itália, 162, 310, 313, 341, 473; extrema direita, 475; protestos públicos na, 186

Iugoslávia, antiga, 450

Ivanov, Viktor, 105

Ivleva, Viktoria, 67

Jahid, Abdul Raqib, 269

Jaipur, Festival de Literatura de, 413

Jakobshavn, geleira (Groenlândia), 255

James, Roger, 286-7

Jansen, Jonathan, 178

Januário, Márcio, 409-10

Japão, 24, 41, 280, 317, 490; Centro de Artes de Benesse no, 280-3

Jardim de recolhimento de Qianlong (China), 359-69

Jason, Stefanie, 178

Jeeg, Julie, 475

Jessica (amiga do autor), 286, 289, 292

Jiang Wen, 127

Jirinóvski, Vladimir, 180-2

Joanesburgo, Fundação de Arte de, 154-5

João Paulo II, papa, 28

Jobim, Antônio Carlos (Tom), 407

Joburg, Feira de Arte de, 178

Joelson, Amalia, 251, 253

Johansen, Karen, 251-3

John, Elton, 59, 61

Johns, Jasper: *Alfabetos brancos* (pintura), 282

Johnson, Samuel, 35

Johnson, Scott, 276-7

Johnson, Tom, 213, 215

Juanqinzhai (Beijing), 359-69

judaísmo, 447, 483

Judd, Donald, 280

judeu errante, lenda do, 12

judeus, ataques a, 474-5, 480-1, 483

Jung, Carl: *Mysterium coniunctionis*, 49

Kabakov, Ilya, 58, 61

Kabinet (revista), 83

Kaczy ski, Jarosław, 474

Kadhafi, Muammar, 17, 310, 320, 328; e Círculo de Fogo, 343; e corrupção, 332; e eleições, 325; e Nação do Islã, 329; hegemonia, 334; legado, 345; *Livro Verde*, 310, 319, 321; morte, 344, 429; possibilidade de encontro com, 328-9; sistema de *Jamahiriya*, 321-2, 325, 331; Terceira Teoria Universal de, 321

Kadhafi, Saif al-Islam, 17, 311, 315, 317, 322, 326, 346; Fundação Kadhafi, 324

Kagame, Paul, 295-7, 308

Kalimba, Célestin, 300

Kamran, Baktash, 272

Kangerlussuaq, fiorde de gelo (Groenlândia), 249

Kangxi, imperador chinês, 362

Kanta (professor balinês), 383, 385

Karzai, Hamid, 265

Kasparov, Garry, 106

kata kolok (linguagem balinesa de sinais), 383-5, 389

Katsuba, Valera, 86, 101

Katz, Max, 106

Kebyar (mulher balinesa), 387

Kennedy, John F., 165

Kentridge, William, 152-3, 174-6, 499

Kesyar (mulher balinesa), 387

KGB (agência russa de informações), 22, 62, 70, 82, 104

Khademi, Kubra, 278

Khan, A. Q., 336

Khan, Altan, 236

Khan, Gêngis, 266

khanqah (templo sufista no Afeganistão), 273

Khara, Shir Mohammed, 268

Khin Kyi, 435

Khmer Vermelho, 229-31, 448

Khruschóv, Nikita, 56

King, Alice, 131

Kiselev, Aleksandr A., 95-7, 102

Kisevalter, Georgi, 55

Klimov, Andrei, 66

Klimova, Yelena, 103

Ko Minn Latt, 426, 432, 449

Koloane, David, 148, 150, 154, 160-1, 175

Kopystiyanskaya, Svetlana, 61

Kostromin, Serguei, 102

Kounellis, Jannis, 282

Krauthammer, Charles, 487

Krylov, Romuald, 94

Ku Klux Klan, 46

Kuan Kuan, 193

Kuksinaite, Irina, 83-4, 91

Kurlyandtseva, Lena, 72

Kurtulmus, Numan, 475

Kusa, Musa, 315

Kusama, Yayoi, 282

Kuzmin, Dmitry, 103

Kvant International, 89

Kyi Zaw Lwin, 449

La Limonada, bairro (Cidade da Guatemala), 34

lago Iteshi-Teshi (Zâmbia), 226

Lalae (iate), 290, 293

Lange, Amelia, 251, 253

Lantos, Tom, 338

Lao Li (Li Xianting), 110, 130, 132, 138; categorização da arte chinesa, 115; e a arte extravagante, 138; e ação judicial de Yan, 136; e

Belas-Artes na China (revista), 113; e vanguarda chinesa, 110, 111-2, 123, 130, 134; influência de, 111, 125; objetivo moral de, 112, 137

latinos, abuso verbal a, 479, 483

Lauder, Leonard, 317

Lazarus, Emma, 46

Leblon, praia do, 391, 409

Lee Teng-hui, 189, 199, 206

Lee Yulin, 207, 209, 284

Lee, Lily, 209

Legae, Ezrom, 148

Leidermann, Yuri, 71

leis sobre porte de armas, 34

lendas populares russas, 14

Lênin, Vladímir Ilítch, 59, 81-2, 106, 153, 177, 243, 245

Leonardo da Vinci, 128

Leshan, Grande Buda de (estátua), 355

LGBTQ, questões, 43, 66, 413-4, 418, 479, 481, 483-4, 498; *ver também* gays

Li Wenzi, 139

Li Xianting *ver* Lao Li

liberais, liberalismo: conservadorismo *versus*, 491-2; eleição norte-americana de 2016, 492-3; *ver também* internacionalismo

liberdade, ideia de, 35-7

Líbia, 17, 310-46, 494; atrocidades contra gays, 44; atualização, 344; aumento da população, 319; caos, 38, 343-5; Círculo de Fogo, 343; Companhia Nacional de Petróleo, 315, 317, 319, 330, 337, 342; concessão de vistos de estudante a líbios, 47; Congressos Populares Básicos, 311, 326-7, 343; corrupção, 332; e armas nucleares, 336; e grupos terroristas, 335-6, 343; economia, 310, 318, 322, 329-31, 334, 342; enfermeiras búlgaras, 323, 337; estrutura tribal, 316, 326, 332, 343; fundamentalismo, 314, 320; índice de alfabetização, 322; Instituto Nacional do Câncer, 332; Irmandade Islâmica Líbia, 345; Liga das Editoras Líbias, 310; Liga Líbia de Escritores, 324; mulheres, 323, 340; Nasco (Empresa

571

Nacional de Abastecimento), 327, 331; ocupação pela Itália (1912-43), 313, 342; petróleo, 310, 322, 330-1, 336; pobreza, 322; possibilidade de democracia, 317, 325, 339; Praça Verde (Trípoli), 320, 328; prisões, 322; relações dos EUA com a, 334-8, 342; sanções dos EUA e da ONU, 314, 329, 335-6; televisão, 330; viagens, 316-7; vida social, 339; vigilância, 324

Lichtenstein, Roy, 114

Lícia (Turquia), 213-5, 218

Liga das Editoras Líbias, 310

Liga Líbia de Escritores, 324

Lilla, Mark, 497-8

Lindbergh, Charles, 489

língua de sinais, 385-6, 388; linguagem balinesa de sinais *ver* kata kolok; linguagem indonésia de sinais, 383

Lithur, Nana Oye, 412

Litichevsky, Jora, 63

Lituânia, 33, 477; Museu Estatal Judaico Vilna Gaon na, 33

Litvinenko, Alexander, 104

Liu Anping, 125

Liu Shenli, 381

Liu Wei, 115

Liulin Wei, 205

Lixo extraordinário (filme), 407

Lobos da Noite (gangue de motoqueiros russos), 104

Locke, John, 312

Lockerbie, acidente aéreo de (Escócia), 311, 314, 334-5, 337

Long, Richard, 282

Longe da árvore: pais, filhos e a busca da identidade (Solomon), 41, 48, 295, 382

Louvre, Museu do (Paris), 196, 360

Loving, Mildred e Richard, 496

Lu Maw, 426

Lu Shengzhong, 134

Lucy (artífice xhosa), 147

Lugar, Richard, 338

Lugares distantes, ideia de, 42

Luís XV, rei da França, 362

Luís XVI, rei da França, 318

Lujkov, Yuri, 101

Lula da Silva, Luiz Inácio, 392, 398, 404

Lumpen (agência russa de modelos), 102

Luna, Cíntia, 403

Lusaka (Zâmbia), 225

Lynge, Sara, 254

Ma Ba Tha (grupo político budista da Birmânia), 460

Ma Desheng, 112

Ma Liuming, 140

Ma Thanegi, 424, 428, 433-4, 448, 450, 454-6; *Nor Iron Bars a Cage* [Nem ferro fecha uma cela], 455

Ma Thida, 36, 424-5, 437, 443, 451-2, 459

Mabasa, Noria, 168-70, 175

Mabulu, Ayanda, 178

macarthismo, 32

Macartney-Snape, Sue, 465

MacDonald, Kevin, 486

Mack, David, 337-8

Macquarie, ilha, 372

Maelaua, Wilson, 286

Magadlela, Fikile, 161

Maghur, Azza, 338-9

Magkoeva, Isabelle, 106

Mahama, John Dramani, 411-2, 414-5; *My First Coup d'État* [Meu primeiro golpe de Estado], 411

Mahmoudi, Baghdadi al-, 342-3

Maiakóvski, Vladimir, 83

Makarevich, Andrei, 102

Makarov, Andrey, 105

Makoba, Trevor, 162-3

mal: bem *versus* mal, 123, 125; crianças concebidas em estupro consideradas produtos do, 299; do Holocausto, 11, 296; espíritos maus, 261; na sociedade, 229, 344, 414

Malange, Nise, 166

Malaurie, Jean, 252

maliquismo sunita, 320

Mamyshev-Monroe, Vladik, 80, 101

Manaka, Matsemela, 161

Manchúria, invasão japonesa da (1931), 189

Mandela, Nelson, 145, 154-5, 161

Manjusri (budista), 366

Mansour, Abdul, 266-7

Mao Tsé-tung, 112-3, 116, 123-4, 126-7, 165, 360-1, 455

Maomé, profeta: cartuns dinamarqueses de, 341

Mapplethorpe, Robert, 194

Maqhubela, Louis, 150

Marco Polo, 354

Maria Antonieta, rainha consorte da França, 123, 369

Marleni (bailarina cubana), 28

Marques, Maria Sílvia Bastos, 398

Marrakesh (Marrocos), 18

Marrocos, 17, 19, 23, 338, 349, 484

Marsaja, I Gede, 383

Martin, Marilyn, 146-7, 151

Masango, Aubrey, 178

Masekela, Barbara, 145, 177

Mashinee, Abdul Rashin, 275

Matamura, Marie Rose, 300-1

Mathieson, Dave, 459

Matisse, Henri, 215

Matlock, Jack F., 60

Matshoba, Mtutuzeli, 165

Mattawa, Khaled, 312

Mattos, Sérgio, 406

Maung Tin Thit, 426, 455

Mautloa, Pat, 148

May, Theresa, 476, 500

Mazin, Viktor, 83

McNamara, Robert S., 31-2

Medeiros, Luciana, 405

Mediterrâneo, mar, 212, 345

Meherzad, Hafiz, 267-8

Meishugan (Galeria Nacional de Arte — Beijing), 108, 113-4, 129; exposição China/Vanguarda, 114; exposição Plano de vida campestre, 108; mostra de Gilbert & George na, 129

Melloan, George, 488

Melville, Herman: *Moby Dick*, 285, 294

mergulho, curso de, 464-71

Merkel, Angela, 50, 489

Merleau-Ponty, Maurice, 83

Metropolitan Museum de Nova York, 32, 183-5, 195-7, 205, 316, 349

Meu querido companheiro (filme), 86

México, 480-1, 490; muro prometido por Trump entre os Estados Unidos e o, 494; protestos públicos no, 186

Mianmar, 423-62; ameaça de guerrilhas, 448; artistas, 426, 454; atualização, 460; ausência de serviços básicos, 427, 431, 441, 448; *blogs*, 451; censura em, 423, 431, 440, 450-2, 459, 461; ciclone Nargis, 437; Constituição, 432, 436-7, 461; democracia possível, 430-2, 435, 459, 461; e China, 429, 438, 455; e Índia, 453; economia, 433, 449; educação, 431, 432; eleições, 423, 434-7, 460; esperança em, 423, 460; estados de, 449; estruturas demolidas, 430; expatriados, 451; Geração de 1988 em, 432; grupos étnicos, 430, 438-50, 461; história de, 438, 459; ideia de liberdade, 36; independência (1948), 424, 430, 447-8; Inthar Heritage House, 457; leis, 437, 444; maioria budista, 424, 429, 438, 442-3, 446-7, 460; nova capital em Naypyidaw, 430, 433; pagode Kyaiktiyo, 445; pagode Shwedagon, 429; Planície dos Templos (Bagan), 446; pobreza, 428-9, 443; pousada no lago Inle, 456; presos políticos, 423-4, 452-3, 456; revoltas de estudantes (1988), 424, 435, 444, 450, 453-5; Revolução Açafrão (2007), 424, 426, 429, 432, 442, 451; Rocha Dourada, 445-6; *rohingyas* em 438-44, 447, 460-1; sanções internacionais, 423, 428; turismo, 430, 458

Michelangelo, 114

Michener, James, 292

Miller, George Bures, 284

Mills, John Atta, 412

573

Miloševi , Slobodan, 497

Ming, dinastia, 352-4, 360, 364, 367

Minghella, Anthony, 349

Minha vida como guarda vermelho (documentário), 127

minorias: força coletiva de, 493; generalizações de Trump sobre, 485; opressão a, 492-3

Mironenko, Serioja, 72-4

Mironenko, Vladimir, 69, 72

Misiano, Viktor, 63

misoginia, 296, 474, 480

Mitchell, Derek, 428, 434-6, 438, 441, 448

Mitrofanov, Georgi, 104

Miyajima, Tetsuo, 283

Moe Satt, 426

Mokamel, Kabir, 279

Moletsi, Andrew (pseudônimo), 150

Moloudzadeh, Makwan, 44

Molsami (mulher balinesa), 387

Momba, Willie, 222, 224-5

Mona Lisa (Da Vinci), 196

Monastyrsky, Andrei, 55-6

Monet, Claude: *Ninfeias*, 283

Mongólia: *airag* (leite de égua fermentado), 237-8, 241; Bayanzag (região das Escarpas Flamejantes), 240; camelos, 241; comemoração do Naadam (festival esportivo), 237, 238, 242, 245; como símbolo de lugar remoto, 235; criadores de renas, 242; descrição, 235; e manchus, 366; eleições, 435; estradas, 238; iaques, 239; identidade gay, 42; mosteiros, 243; nomadismo, 240-1, 244; *ortz* (tenda), 243; Övörkhangai, província de, 238, 242; viagem de trem, 235; xamãs, 242-3

Monitor Group, 333

Monumento à Terceira Internacional (Moscou), 81

Moriconi, Ítalo, 392, 396, 406

Morrison, Toni, 37

Moscou: "arquitetos do papel", 36; artistas, 22-4, 57, 62-7, 71, 79-80, 90; Bienal de, 65; bilionários, 102; Bolsa de Valores de, 89; Centro Sakharov, 65; Museu de Arte Moderna de,

65; Museu de Arte Multimídia de, 65; Museu Estatal Púchkin de Belas-Artes, 60, 63; Museu Garagem de Arte Contemporânea, 65; Primeira Gagárin (festa), 79, 85; primeira venda de arte soviética na Sotheby's, 54, 57-64; VDNKH, 79, 106; ver também Rússia; URSS

Moth, The (antologia), 256, 463

Mozart, Wolfgang Amadeus, 31-2

Mthembu, Jackson, 177

muçulmanos: em Mianmar, 438-43, 448, 460; generalizações de Trump sobre, 485; poligamia, 440; proibição de entrada nos Estados Unidos proposta por Trump, 485; xiitas *versus* sunitas, 475; *ver também* Islã; islamofobia

mudança, efeitos inesperados da, 37-9

Muhammad, Abdul Akbar, 328-9

Mukamakuza, Alphonsine, 305-6

Mukamana, Espérance, 298

Mukamana, Marianne, 302-3

Mukansanga, Beatrice, 300

Mukasarasi, Godeliève, 298

Mukhuba, Nelson, 174-5

mulheres, abuso verbal e ataques contra, 474, 480-2

Mull, ilha de, 13

Muniz, Vik, 390, 398, 407

Munyai, Albert Mbudzeni, 171-2

Murdoch, Rupert, 349

muro de Berlim, 494

muros, renovação da relevância dos, 493-4, 500

Murray, Brett, 177

Museu de Arte Moderna (Moscou), 65

Museu de Arte Multimídia (Moscou), 65

Museu de Belas-Artes (Taipé), 207, 209-11

Museu do Palácio Nacional (Taipé), 184-92, 196-7, 200-1, 204-5, 209

Museu Estatal Púchkin de Belas-Artes (Moscou), 60, 63

Museu Garagem de Arte Contemporânea (Moscou), 65

Museu Guggenheim (Bilbao), 280

Museu Hermitage (São Petersburgo), 59, 65

Nação do Islã, 329

nacionalismo, 88, 194, 198, 208-9, 269, 443, 448, 461, 473, 478, 486-7; patriotismo *versus*, 476; racismo e, 475

Naidoo, Riason, 177

Naito, Rei, 284

Namíbia, museu nacional da, 147

não ter para onde ir, 11, 26, 33, 460; fantasias de fuga, 13; refugiados, 34, 48-50; sempre algum lugar para ir, 46

Naoshima, ilha, 280, 283

Napoleão Bonaparte, 15, 66

Nasco (Empresa Nacional de Abastecimento — Líbia), 327, 331

National Gallery of Art (Washington, DC): exposição Circa 1492, 186

nativismo, 476, 487

Nauman, Bruce: *100 vivem e morrem*, 282

Navalny, Alexei, 106-7

Nay Phone Latt, 426, 451-2, 459

nazismo/nazistas, 11, 14, 33, 229, 296, 479, 489, 494

Ndayambaje, Jean Damascène, 298, 299

Ndou, irmãos (Goldwin e Owen), 169-170; *Esporte para um cavalheiro*, 170

Ne Win, 431

Nemtsov, Boris, 107

New Republic (revista), 27, 180

Newton-John, Olivia, 217

New Wave, 113

New York Times Magazine (revista), 67, 77, 108, 144, 183

New York Times, The (jornal), 108, 206, 264, 308, 408, 411, 475, 488-9, 497

New Yorker (revista), 310, 416

Ngabonziza, Jean-de-Dieu, 305

Ngarda (homem balinês), 387

Ngcukana, Fitzroy, 166

Nhlengethwa, Sam, 148, 158

Ni Haifeng, 110, 121, 125, 127, 132

Niazi, Mohammed Yasin, 269

Nicolaisen, Flemming, 32

Nigéria, gays mortos por apedrejamento na, 44

Nikolayev, Leonid, 65

Nimrod (navio), 370-1, 378, 380

Nishizawa, Ryue, 284

nível do mar, elevação do, 294, 380

Niyonsenga, Marcelline, 304

Nkosi, Charles, 155, 158

Nkotsi, Tony, 175

Noize, mc, 103

Norman, Jessye, 349

North, Oliver ("Ollie"), 180

Noruega, 345; cardápio de hotel dos fiordes norugueses, 31

Novikov, Timur, 83, 86, 101

Novogratz, Jacqueline, 308

Novos Analistas, Grupo dos (Beijing), 117

Ntobe, Joyce (pseudônimo), 150

Ntshangase, Alson: *Os médicos da Aids*, 156

Nyirahabimana, Alphonsine, 299

O que é isso, companheiro? (filme), 405

Offenbacher, sra., 14

Oficinas Tupelo (Joanesburgo), 154

Olsen, Astrid, 255

Olshvang, Anton, 68

ópera de Sichuan, 355

Oppenheimer, J. Robert, 190

Oprah (programa de tv), 330

Orbán, Viktor, 474

Organização das Nações Unidas (ONU): Convenção contra a Tortura, 323; e África do Sul, 151; e Brasil, 400; e direitos humanos, 459; e execuções extrajudiciais, 392; e Líbia, 329, 335, 345; e Mianmar, 459; e questões LGBTQ, 43; e Ruanda, 296; UN-Habitat, 402

Orpheus Island (hotel australiano), 465

Ostrakovsky, Ivan, 104

OTAN, 488

Ouyang Jianghe, 143

Ovchinnikova, Masha, 87-8

OvidiuRo (ONG romena), 417, 420

Ovtcharenko, Vladimir, 66

Pachugin, Yaroslav, 88

Paes, Eduardo, 399

Pahlavi, xá Mohammad Reza, 325

Palais Garnier (Ópera de Paris), 405

Palestina, 335

Pan Dehai, 110

papel, origem do, 131

Paquistão: armas nucleares, 336; e guerrilheiros muçulmanos, 439; mulheres de *hijab*, 36; serviço de inteligência (isi), 266

paranoia, 252

Paris: ataques terroristas em (novembro de 2015), 48; exposição Sots Art: arte política da Rússia, 66; Palais Garnier (teatro), 405

Parks, Rosa, 328-9

Parque Nacional de Khövsgöl (Mongólia), 242-3

Parque Nacional Kafue (Zâmbia), 225

Parque Nacional Kasanka (Zâmbia), 225

Partido Conservador (Reino Unido), 476

Partido da Justiça e Desenvolvimento (Turquia), 475

Partido do Movimento Nacionalista (Turquia), 475

Partido Nazista Americano, 486

Pascoe, Lynn, 208

Pater, Walter, 38

pátria, noção de, 25

Patricof, Alan, 317

patriotismo *versus* nacionalismo, 476

Pavlov, MC, 80, 85, 102

Payne, Malcolm, 147-9, 153, 161-2

paz, 50

Paz Celestial, massacre da praça da (1989), 36, 114, 119, 124-6, 140, 360; Trump sobre o, 491

Pe Myint, 429

Pearl, Daniel, 47

Pearsall, Cornelia, 31

Peilman, Kirsten, 248

pen: e censura, 45; escritório em Mianmar, 423

pen American Center: o autor como presidente do, 45, 423

Pence, Mike, 484

Penkin, Serguei, 86

Pereira, Douglas Rafael da Silva, 409

Perm (Rússia), exposição Bem-vindo a Sochi, 66

pés chatos, 12

Peterson, Peter G., 317

Petlyura (homem russo), 81-2, 101

Pew Research Trust, 409

Phaly Nuon, 228, 230-4

Picasso, Pablo, 187, 300

Pierneef, Henk, 146-7

Pinda (homem balinês), 386

Pindu, Nym, 387

Plano Marshall, 50, 264, 393

Plutser-Sarno, Alex, 65

Poderoso chefão, O (filme), 92

Pol Pot, 229-30

Política Externa em Foco (projeto), 337

Polônia, 35, 102; xenofobia na, 473-4, 477

Popov, Serguei, 62

Powell, Ivor, 166, 175

Praga, dissonância cultural em, 31

prêmio Figaro por Serviços Humanitários, 230

Prigov, Dima, 46

Primavera Árabe, 37, 428-9

Primeira Guerra Mundial, 131, 428

Professor Khromov (navio), 371, 375

professores, manifestações públicas de racismo por, 481

propaganda, 46

Pu Yi (o último imperador da China), 189, 362

Pury, Simon de, 59-60, 62

Pussy Riot (banda de rock feminista), 65, 104

Putin, Vladimir, 25, 65-6, 77, 101-2, 104-7, 418, 487

Qianlong, imperador chinês, 359-62, 369; jardim de recolhimento de Qianlong (China), 40-1, 359-69

Qing, dinastia, 132, 205, 352, 360-2, 366-7

Qudratullah (*chef* afegão), 275-6

Quirguistão, armadilhas policiais para detectar homens gays no, 44

racismo, 46, 402, 438, 474-5, 477, 481; manifestações públicas de, 474, 479-84; nacionalismo e, 475

Rádio Liberdade, 68

Rados, Antonia, 276

Rafferty, Emily K., 193, 197

Rahim, Said Makhtoum, 266-7

Rakhine (Arakan, estado birmanês), 438-44, 452, 455

Ramabulana, Freddy, 170-1

Reagan, Ronald, 311, 313, 334

Reed, Lou, 349

refugiados: campos de, 34, 297, 441-2, 444, 460; e exclusão cultural, 48; e imigração, 34

Reino Unido: imigração ilegal para o, 494; muçulmanos no, 489; votação do Brexit no, 473; xenofobia no, 477; ver também Inglaterra

Renascimento, 187, 365, 376

Renzi, Matteo, 475

Resmini, Ni Md, 386

Revolução Açafrão (Mianmar — 2007), 424, 426, 429, 432, 442, 451

Revolução Cultural, 38, 112-3, 117, 122-7, 142, 165, 195, 229, 448

Revolução Francesa, 38

Revolução Russa, 39, 69

Rezayee, Shaima, 278

Rezun-Zvezdochetova, Larisa, 23, 68, 73-5

Richards, Colin, 165

Rilke, Rainer Maria, 53

Rio de Janeiro, 390-410; atualização, 408-10; biblioteca de rua, 404; carnaval, 391; competições esportivas, 396; Copa do Mundo, 390, 393, 400, 405; cor da pele, 402; Cristo Redentor, 400; cultura carioca, 392; cultura da praia, 406; desindustrialização, 392; estética da sensualidade, 406; favelas, 391-405, 408-10; *funk*, 391, 396, 403; Jogos Olímpicos (2016), 390, 393, 398-401, 405, 408-9; Museu da Favela, 396; polícia e crime, 392-5, 401, 403, 405, 408-9; programa de pacificação, 397-9, 403, 408-10; recuperação de locais históricos, 405-7; samba, 391, 403, 406; serviços sociais, 394-6, 404, 408, 410; Theatro Municipal, 405; UPPS (Unidades de Polícia

Pacificadora), 393-5, 397, 400-1, 403, 405, 408; vida noturna, 406

"Ríu Ríu Chíu" (canção espanhola), 16

Rockefeller, David, 317

Rodchenko, Alexander, 59, 65; *Linha*, 60

rohingyas (povo), 438-44, 447, 460-1

Roiter, Andrei, 24

Rolpai Dorje, 366

Romênia: *Coluna infinita* (Brâncuşi), 280; depressão, 416-9; direitos de gays, 417, 421-2; Dorohoi (terra dos ancestrais do autor), 417, 419-20; liberalização social, 422; língua romena, 422; Rádio Nacional Romena, 417; *rom* (ciganos), 417, 420; viagem, 16, 35

Ronald Feldman Fine Arts (Nova York), 58

Roque, Átila, 409

Ross, mar de, 370, 373-4, 377

Rossouw, David, 172

Ruanda: atualização, 308; Avega (organização de viúvas), 298-9; colônia belga, 295; estupros, 295-308; genocídio, 295-6; hiv/Aids, 298-302, 304; independência (1962), 295; *les enfants de mauvais souvenir* (crianças nascidas de estupros), 297-308; período pós-genocídio, 300; Rádio Mille Collines, 296

ruínas incas (Equador), 18

Rus, Andrei, 422

Ruskin, John, 34

Russ, Rodney, 371-7, 379-80

Rússia, 38, 77-107; atualização, 101-6; censura na, 65, 102, 177; Constituição, 97, 99, 102; corrupção, 105; crime organizado, 77, 91, 105; desespero, 244; drogas, 78; e capitalismo, 88-9, 100; economia, 105; empresariado, 88-91; festas e boates, 78-9, 102; gays, 44, 66, 77, 86-7, 103; Igreja Ortodoxa, 77, 87, 104; interpretação de democracia, 96-7; Movimento Russo pela Reforma Democrática, 95; mudança política, 94-101, 106; música pop, 83-5, 102; porcelana imperial, 39; raves na, 78-9; sanções, 105; surgimento de classes sociais, 77, 95; *tusovki* (círculo social), 78-9, 82, 92; *ver também* urss

Rússia sem Nós (revista), 102
Rutskoi, Alexander, 181
Ruzicka, Marla, 37, 276, 279

Sakharov, Andrei, 98
Salakhova, Aydan, 90
Samim, Farouq, 47
Samuels, Sammy, 427, 447
San Pe, Robert, 437
San San Oo, 446
Sandi (homem balinês), 387.
Santia (homem balinês), 386, 388
Santyar, Achmed Shekib: "Epitáfio", 269
São Paulo (SP), 392-3, 403
Sarandon, Susan, 349
Sbeta, Abdulmonem M., 333
Scher, Laura, 505
Scher, Lucy, 52, 469
Scher, Oliver, 52, 469
Schönfeldt, Joachim, 149
Schröder, Gerhard, 337
Schwarcz, Lilia Moritz, 392
Scott, ilha, 376-7
Scott, Robert Falcon, 378
Sebidi, Helen, 162
Seck, Stephen, 155
Sediqi, Ismail, 268
Segunda Guerra Mundial, 12, 15, 135, 190, 286, 293, 311, 430, 473-4, 488-9; participação da Birmânia, 430
Sekete, Paul, 176
Selepe, Sydney, 155
Senegal, 256-63; crenças e cultura lebou, 263; imigrantes senegaleses nos EUA, 262; ritual do *n'deup*, 257-63; serviços de saúde mental, 262
Senhor das moscas, O (filme), 453
Senoussi, Abdallah, 315
Seuss, dr. (pseudônimo de Theodore Geisel), 293
Shackleton, Sir Ernest, 370-1, 373
Shakespeare, William, 370, 469; *Henrique VIII*, 46

Shakila, Zamzama, 270-1
Shalgham, Abdurrahman, 324, 334, 341
Shaoxing (China), 352; comida de, 352
Shenzong, imperador chinês, 201
Shia Yan, 192, 210
Shih Shou-chien, 184
Shih, J. J., 208
Shwe Mann, 435, 437-8
Sichuan, província de (China): comida de, 353-4; ópera de, 355
Sihlali, Durant, 148, 157-8, 161
Silêncio Número Nove (programa russo de TV), 80
Silva, Robson Rodrigues da, 395
Silverstein, Mindy, 463, 465
"síndrome do homem que vaga pelas montanhas", 252
sionistas, 329
Siopis, Penny, 165
Síria, 308, 325; atrocidades contra homossexuais, 43; caos, 38; refugiados sírios, 48
Sisi, Abdel Fattah el-, 498
Siwedi, Linos, 161
Skotnes, Cecil, 154
Skotnes, Pippa, 153
Smith, Judith, 193
Snares, ilhas, 371
Snowden, Edward, 106
Snyder, Timothy, 478-9
Soares, Luiz Eduardo, 392, 394, 404
socialização, cuidado pessoal como parte da, 233
Solntsevskaya Bratva, 105
Solomon, Andrew: ancestrais, 35, 416, 419, 422; anglofilia, 13-5, 20; casamento com John Habich, 43; depressão, 212, 256, 258, 465; dupla cidadania, 26, 473; emoções, 52; falando na Romênia, 417, 421-2; intrepidez, 463, 471-2; mergulho, curso de, 464-71; primeira viagem da família ao exterior, 15; sozinho no mar, 467-8, 471
Solomon, Blaine, 51, 469-70
Solomon, George, 51, 465, 469-71, 495-6

Solomon, John Habich: casamento com Andrew Solomon, 43; e discriminação de gays, 45; mergulho, curso de, 464-5, 469-71; na China, 347; nas Ilhas Salomão, 286

Song Shuangsong, 108-9, 118, 137

Song, dinastia, 183, 187, 189, 195, 201, 205, 364, 367-8

Songzhuang (China), 138-9, 141

Sotheby's (empresa de leilões), 54, 57-60, 62-3

Souza, Amarildo de, 408-9

Soweto (África do Sul), 29-30, 155, 157-8, 161

Speedy Bag Factory (Joanesburgo), 148

spirt (álcool de pura cepa), 26-7

Spratt, capitão, 216

Sri Lanka, 438

St. John, Ronald Bruce, 337

Stálin, Ióssif, 23, 27, 38, 68, 123, 181, 244

stalinismo, 229

Stankevich, Serguei B., 95, 97-9, 102

Stepanova, Varvara, 59

Stevens, Christopher, 344

Stewart, Lucas, 427, 442

Stewart, Rod, 217

Stop Hate UK [Chega de Ódio no RU], 477

#stopislam [#pareoislã], tuítes com a hashtag, 477

Stravinsky, Igor, 405

Styajkin, Denis, 66

Su Shi: *Ode ao penhasco vermelho*, 202; *Poemas escritos em Hangzhou durante o Festival de Pratos Frios*, 201-3

Suara Putra (homem balinês), 386-7

Suarayasa (adolescente balinês), 385, 387

Sudarma (homens balinês), 387-8

Sugimoto, Hiroshi, 282

Suharto, 429

Suíça, 15, 336, 456

Sukesti, Cening, 386-8

Suprema Corte dos Estados Unidos, 496

supremacia branca, 489

surdez congênita em Bengkala (Bali), 382-9

Suu Kyi *ver* Aung San Suu Kyi

Suzhou (China), 364; bordado de, 365; jardins de, 363

Suzman, Helen, 164

Sviblova, Olga, 72, 91, 101

Swehli, Ahmed, 325, 333

Taiwan: arte autônoma de, 200; arte chinesa transportada para (1949), 185-6, 188; arte contemporânea, 206-9; autodefinição, 207; como modelo para democracia, 187; crise de identidade, 185, 199, 206-8; e China continental, 184-5, 197-8, 205-6; e reunificação, 204, 207; economia, 198; eleições, 435; Exército da Camisa Branca, 205; Instituto Americano de, 197, 208; massacres (28 de fevereiro de 1948), 209; Movimento Girassol, 205; Museu do Palácio Nacional (Taipé), 184-92, 196-7, 200-1, 204-5, 209; nacionalismo, 208; New Paradise (espaço dirigido por artistas), 209; patrimônio chinês em, 209; política, 194-5, 205-9; relações dos EUA com, 186, 197, 198; tensões étnicas, 198

Talibã, 37, 47, 264-70, 273-5, 277, 335, 440

Tambovskaya Prestupnaya Grupirovka, 105

Tang Hsiao-li, 192

Tang Jianying, 141

Tang, dinastia, 189, 195

TAS (transtorno afetivo sazonal), 247

Tatlin, Vladimir, 81, 282

Tchékhov, Anton, 21, 75

Tchenogramme (pseudônimo), 208

Tchernóbil, desastre nuclear de, 21

Tchetchênia, crime organizado na, 105

Tchijov, Georgy, 107

Tennyson, Alfred, Lord, 26, 498

Teresa, Madre, 130

terrorismo, efeitos do, 47

Teshima, ilha, 283-4

Thant Myint-U, 427, 430, 439, 443, 448-9

Thant Thaw Kaung, 436, 450

Thaton, Buda reclinado de (Mianmar), 446

Thein Sein, 428, 434-5, 460

Thurber, James, 223

Thyssen-Bornemisza, barão Hans Heinrich von, 59

Tibete, budismo no, 439

Tierney, Dominic, 278

Timin, Rose (tia-avó do autor), 416, 419, 422

Tin Win Win, 450

Titomir, Bogdan, 84-5

Tolstói, Liev, 100

tortura, anuência de Trump quanto à, 491

Toscanini, Arturo, 405

Transparência Internacional (ONG), 332

Tratado da Antártica, 381

Tratado de Lausanne (1923), 475

Travel + Leisure (revista), 41, 212, 219, 235, 280, 285, 347, 370, 390, 423

Tremlett, David, 282

Tribunal Penal Internacional, 17, 346

Troitsky, Artyom, 72, 84, 100, 102

Trudeau, Justin, 50

Trump, Donald, 48, 130, 496; "America First" ("Os Estados Unidos em primeiro lugar"), lema de, 489; alianças internacionais reprovadas por, 487-8; dinheiro como obsessão de, 487; ditadores e homens poderosos enaltecidos por, 490-2; diversidade como ameaça para, 492; eleição de 2016, 474, 478; generalização de minorias por, 485; Hitler comparado a, 479; hostilidade ao internacionalismo, 490; mentiras de, 485; muro entre México e Estados Unidos prometido por, 494; nacionalismo de, 487; países insultados por, 487, 489; política de imigração de, 485-6; recusa a se distanciar da violência de seguidores de, 497; retórica racista e xenófoba de, 478, 489-90; tortura incentivada por, 491

tsaatan (xamãs mongóis), 242-3

Tsong Pu, 208

Tsu Ming, 208

Tun Win Aung, 454

Tunísia, 337

turismo: turismo catástrofe, 370; viagens *versus*, 32

Turkina, Olesya, 83

Turquia: cruzeiro no litoral da, 212-7; nacionalismo e intolerância na, 475

Turrell, James, 280, 283

tutsis, 295-8, 301, 306

Tuyisenge, Clémence, 304

Twombly, Cy, 282

U Win Htein, 460

Udaltsov, Serguei, 106-7

Ufan, Lee, 283

Uganda, 296; prática homossexual punida com a pena de morte, 44

Ulan Bator (Mongólia), 235-6, 241, 243-4

Unesco: Lista do Patrimônio Cultural Imaterial, 357; locais considerados Patrimônio Mundial pela, 245, 293

união civil homossexual, 43

União Europeia, 106, 474-6

União Soviética *ver* URSS

Unicef, 428

Universidade de Tsinghua: Centro de Conservação do Patrimônio Cultural da, 369

Urani, André: *Rio: a hora da virada*, 398

Urbach, Erika, 14

Urodov, Andrey, 102

URSS, 54-66; arte na *ver* arte soviética; burocracia, 68; dois campos, 144; fim da, 428; *glasnost*, 24, 39, 59, 72, 82, 87, 129, 428; gulag, 24, 39, 73; ideologia, 100; invasão do Afeganistão, 16, 21, 267, 270, 439; Komsomol, 96; *perestroika*, 58, 95, 97; período de Stálin, 23; renúncia de Gorbatchóv, 67; Revolução Russa, 39; roqueiros soviéticos *underground*, 72; sistema comunista, 94-8

Utopia (revista), 102

Uwamahoro, Christine, 306

van Graan, Mike, 146, 165

Venda (África do Sul), 167-75

Veneza, Bienal de, 162, 178

Versace, Gianni, 367

viagens: com crianças, 51; e morte, 53; e narração de histórias, 34; envolvimento e reciprocidade nas, 28; essência descontextualizada, 30; expectativas nas, 30; importância política de, 35; legado das, 52; novas perspectivas proporcionadas por, 34, 500; observação *versus* envolvimento, 27; tempo parado nas, 26; turismo *versus*, 32

Vickers, Sveta, 80

Vietnã: Guerra do, 12, 32; viagem ao, 31

Vinogradov, Garik, 81-2, 101

Virginia (artífice xhosa), 147

Vittrup Christensen, Erik, 402

Voina ("gangue artística anarcopunk" russa), 65

Volkov, Serguei, 85, 91

voo UTA 772, atentado contra o, 335

Vorotnikov, Oleg, 65

Wah Nu, 454

Waihuru, John, 286-7

Wang Guangyi, 116

Wang Jiaqi, 136

Wang Jinsong, 115-6

Wang Luyan, 117

Wang Peng, 140

Wang Yin, 132

Wang Zang, 141

Warhol, Andy, 150

Washington Post, The, 276, 409, 485

Watt, James C. Y., 193

Waugh, Evelyn, 214

Westminster Classic Tours, 213

Wet, Barend de, 153

Williamson, Sue, 151, 163-4

Willis, Graham Denyer, 397

Wilson, Robert, 101

Win Min, 448-50

Wirathu, Ashin, 440-1, 460

Wolf, John, 336

Wright, Thomas, 487-8

Wu Tien-chang: *Autorretrato como marinheiro*, 210

Wu Wenguang, 127

Wu Yuren, 140

Wu Zhen, 203

Wutai, monte, 366

Xangai, 108, 116, 118, 121, 123-4, 128, 131-4, 140, 185, 189, 350-1, 357, 368; comida de, 348

xenofobia, 48, 208, 474, 477, 500

xhosa, povo, 146-7

Xi Jinping, 140, 142

Xu Bing, 132, 142

Xu Hong, 133

Yan Zhengxue, 135, 137, 139

Yang Feiyun, 128

Yang Shaobin, 122

Yang Xu, 123

Yang Yiping, 126

Yanghee Lee, 459

Yangzhou (China), jardins de, 363

Yashin, Ilya, 106

Yasuda, Kan: *Segredo do céu*, 282

Yéltsin, Boris, 69-71, 73, 77, 96-102

Yin Myo Su *ver* Borit, Misuu

Yokoo, Teshima, 284

Yongzheng, imperador chinês, 367

Younge, Gavin, 153

Yousefzada, Munera, 278

Yu Youhan, 116, 124

Yuan, dinastia, 195, 203

Yuanmingyuan (China), cidade dos artistas de, 121, 132, 134-6, 138-9

Yue Minjun, 122, 138, 143; *Execução*, 138

Zacchi, José Maria, 392

Zagarev, Viktor, 71

Zaki, Zakia, 278

Zâmbia, 219-27; Kapishya Hot Springs Lodge, 221; safári, 220-7; Shiwa Ngandu, casa, 222; turismo, 227

Zamzama (Shakila), 270-1

Zanabazar, rei e escultor mongol, 244

Zarqawi, Abu Musab al-, 314

Zeng Fanzhi: *A última ceia*, 138; *Séries de máscaras 1996 nº 6*, 138

Zhang Peili, 118, 120, 125, 131, 133; *O procedimento correto para lavar uma galinha* (vídeo), 120

Zhang Wei, 134

Zhang Xiaogang, 138

Zhao Bandi, 115-6, 127

Zhao Mengjian, 201

Zhao Zhao, 140

Zhejiang, Academia (Hangzhou), 113, 118

Zhou Enlai, 38

Zhou Tiehai, 123

Zhu Qizhan, 128

Zhu Yu, 140

Zimbábue: ameaça a gays, 44; viagens, 27, 167

Zlitni, A. M., 315, 325, 331

zulu, povo, 146, 156, 159

Zuma, Jacob, 177-8

Zuu, Erdene, 244

Zvezdochetov, Kostya, 24, 68, 71-6

Zvezdochetova, Larisa Rezun-, 23, 68, 73-5

1ª EDIÇÃO [2018] 2 reimpressões

ESTA OBRA FOI COMPOSTA EM DANTE PELO ESTÚDIO O.L.M. / FLAVIO PERALTA
E IMPRESSA EM OFSETE PELA GRÁFICA PAYM SOBRE PAPEL PÓLEN SOFT DA
SUZANO S.A. PARA A EDITORA SCHWARCZ EM JANEIRO DE 2022

A marca FSC® é a garantia de que a madeira utilizada na fabricação do papel deste livro provém de florestas que foram gerenciadas de maneira ambientalmente correta, socialmente justa e economicamente viável, além de outras fontes de origem controlada.